国家哲学社会科学成果文库
NATIONAL ACHIEVEMENTS LIBRARY
OF PHILOSOPHY AND SOCIAL SCIENCES

漢文佛教目録研究

馮國棟　著

上海古籍出版社

圖書在版編目(CIP)數據

漢文佛教目録研究 / 馮國棟著. -- 上海：上海古
籍出版社，2025.5
　ISBN 978-7-5732-0268-0

　Ⅰ. ①漢⋯　Ⅱ. ①馮⋯　Ⅲ. ①佛教—專科目録—研究
Ⅳ. ①Z88：B948

中國版本圖書館 CIP 數據核字(2022)第 100055 號

漢文佛教目録研究

馮國棟　著

上海古籍出版社出版發行

（上海市閔行區號景路 159 弄 1-5 號 A 座 5F　郵政編碼 201101）

（1）網址：www.guji.com.cn

（2）E-mail：guji1@guji.com.cn

（3）易文網網址：www.ewen.co

上海盛通時代印刷有限公司印刷

開本 710×1000　1/16　印張 38.5　插頁 9　字數 508,000

2025 年 5 月第 1 版　2025 年 5 月第 1 次印刷

印數：1—1,100

ISBN 978-7-5732-0268-0

B·1256　定價：198.00 元

如有質量問題,請與承印公司聯繫

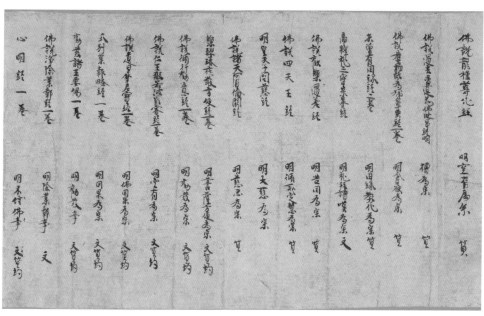

P3747 號佚名《衆經別録》（法國國家圖書館提供）

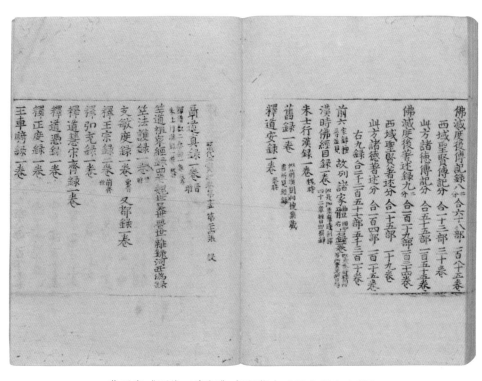

費長房《歷代三寶紀》高麗藏本（日本增上寺藏）

僧祐《出三藏記集》寫本（中國國家圖書館藏）

P3739 號道宣《大唐內典錄》（法國國家圖書館提供）

四川安岳臥佛院 46 號窟石經本《靜泰錄》（采自《中國佛教石經》四川省第三卷）

大唐開元釋教廣品歷章卷第三　振　新編入錄

京兆華嚴寺沙門釋玄逸撰

大乘經重單合譯且有二百卷　二千俠

第二分緣起品第一
大般若波羅蜜多經卷第四百一
第二分歡喜品第二
大般若波羅蜜多經卷第四百二
第二分觀照品第三之一
大般若波羅蜜多經卷第四百三
第二分觀照品第三之二
大般若波羅蜜多經卷第四百四
第二分觀照品第三之三
大般若波羅蜜多經卷第四百五
第二分觀照品第三之四
大般若波羅蜜多經卷第四百六
第二分無等等品第四
大般若波羅蜜多經卷第四百七
第二分舌根相品第五
大般若波羅蜜多經卷第四百八
第二分善現品第六之一
第二分善現品第六之二
第二分善現品第六之三

玄逸《大唐釋教廣品歷章》廣勝寺金藏本（中國國家圖書館藏）

八明　雜跋渠初
　坐法者
七明　七滅諍法　計五行
六明　眾學法
五明　舍尼法初
　卷四十之四
三明　三十車法
四明　一百四十波夜提法
之一
二明　十九僧殘法

從梵《一切經源品次錄》高麗初雕本（采自《高麗大藏經初刻本輯刊》）

俱證道果乃至尊者阿難廣
為眾會如應說法示教利喜
作佛事已一切大眾皆發淨心
各獲善利
上一部中天竺梵本所出
右三藏沙門法護證梵義惟淨譯沙
門不動證梵義沙門忍
吉祥證梵文沙門文一筆
受沙門遇榮綴文沙門法嶷
志純鑒深慧濤善慈潛政
清滿善初義崇清于證義
樞密副使兵部侍郎夏竦
潤文入內內侍省內侍高品
陳文一黃元吉監譯是月八
日監譯中使引三藏等詣

呂夷簡、宋綬《景祐新修法寶録》廣勝寺金藏本（中國國家圖書館藏）

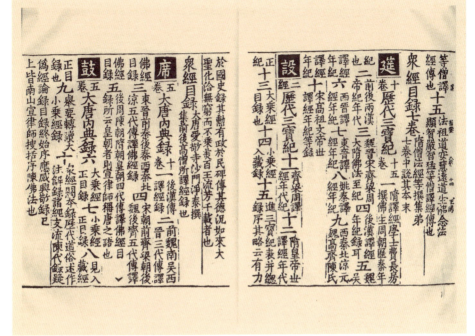

惟白《大藏經綱目指要録》宋刻本（采自《中華再造善本》）

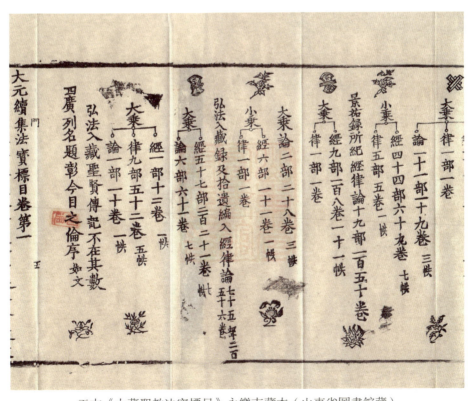

王古《大藏聖教法寶標目》永樂南藏本（山東省圖書館藏）

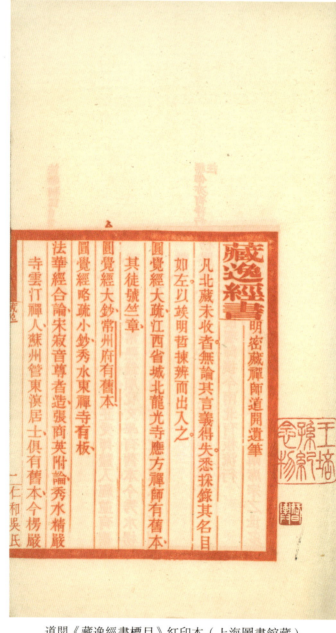

道開《藏逸經書標目》紅印本（上海圖書館藏）

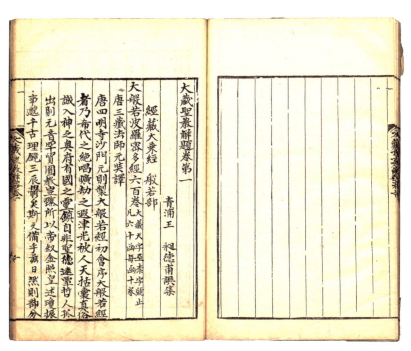

王昶《大藏聖教解題》抄本（南京圖書館藏）

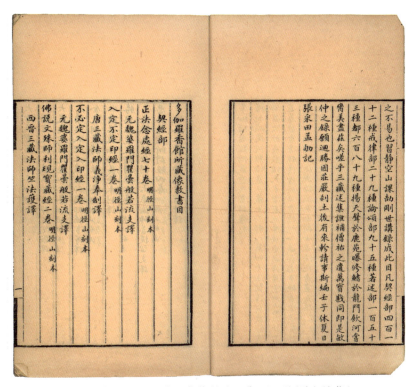

張采田《多伽羅香館所藏像教書目》（上海圖書館藏）

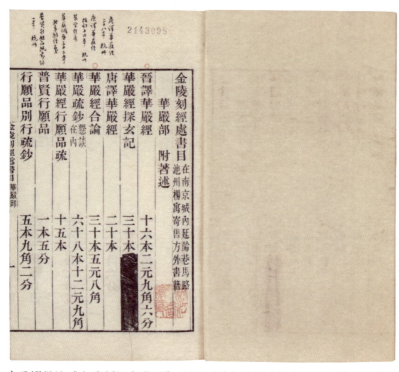

余重耀批注《金陵刻經處書目》（浙江圖書館藏《鐵山居士所藏經目》）

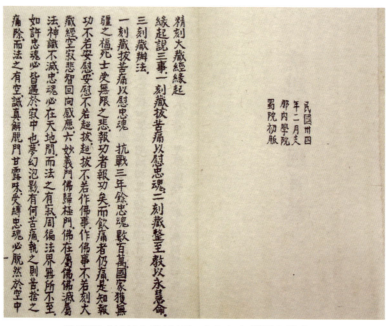

歐陽漸《精刻大藏目録》（南京大學圖書館藏）

《國家哲學社會科學成果文庫》
出版説明

　　爲充分發揮哲學社會科學優秀成果和優秀人才的示範引領作用，促進我國哲學社會科學繁榮發展，自 2010 年始設立《國家哲學社會科學成果文庫》。入選成果經同行專家嚴格評審，反映新時代中國特色社會主義理論和實踐創新，代表當前相關學科領域前沿水平。按照"統一標識、統一風格、統一版式、統一標準"的總體要求組織出版。

全國哲學社會科學工作辦公室

2025 年 3 月

序

　　佛教文獻是中國佛教史研究的一個重要環節。佛教文獻的涵蓋面很廣，既有以經、律、論爲中心的佛教基本經典，也包括歷代譯經、佛典詮釋著述、佛教學派和宗派的著作、各種體裁的佛教史書、歷代經録和大藏經、佛書版本、輯佚佛籍等。馮國棟教授新著《漢文佛教目録研究》的完成，應當説是中國佛教文獻研究、中國佛教史研究領域的最新成果，對當前中國佛教界和學術界正在深入考察佛教中國化的歷史進程和取得的成績、成功經驗，提供了新的參考資料。

　　公元前後的兩漢之際，佛教從古印度傳入中國，既是中國文化發展史上的大事，也是亞洲乃至世界文化史的大事。爲什麽這樣説呢？因爲佛教在經歷了漫長的中國化歷程，在與中國傳統文化和民間習俗會通結合之後，形成了無論在教理還是在傳法組織、修行方法等方面皆具有鮮明民族特色的北傳漢語系佛教，不僅深遠地影響了中國的社會歷史和文化思想，而且也隨著中外文化交流傳到朝鮮、日本和其他國家，對這些國家的歷史文化產生影響，而在進入近現代之後，又傳入歐美諸國。

　　何爲佛教中國化？概括地説，就是佛教所奉佛、法、僧“三寶”的中國化。佛、菩薩以及阿羅漢是佛教信奉和崇敬的至尊；法，是佛教的教義體系，包括經、律、論三藏以及歷代特別是隋唐諸宗、僧俗學者的佛教著作；至於僧，或稱僧伽，是信仰和弘傳佛教的核心組織，加上在家居士，構成信奉佛教的群體。佛教的中國化，正是圍繞這三個方面實現的。

自然，在這當中最重要的是佛法中國化問題。因爲佛教的核心是教義教理，是思想。佛教傳入要實現中國化，最重要的也是在教義、思想上實現中國化。概而言之，首先體現於用漢字漢語翻譯佛經方面，其次體現於南北朝以來形成的帶有民族特色的佛教學派當中，此後體現於實現國家大一統的隋唐時期形成的帶有鮮明民族特色的佛教宗派的教理體系和宋元以後諸宗會通形成的融合型的佛教之中。

這裏特別指出，隨著佛教廣泛傳播和發展，創新編撰譯經目録（經録）、書寫乃至雕印大藏經，是佛法實現中國化進程中的突出現象。

佛教傳入中國之後，歷代印度、西域以及漢族僧人把大量佛教典籍譯成漢文，致使社會上流傳的各種手抄經本也日益繁多。然而有的佛經具有幾種不同題目的譯本（“異譯”），也有的佛經已不知譯者（“失譯”）和譯出年代，并且出現不少中國人編撰的“僞經”……在這種情況下，富有遠見卓識的佛教學者便出來著手對流傳的各種佛典進行收集，然後加以梳理對比和分類，標明時代、譯者，考察真僞等，編出經録，旨在引導僧俗信衆便於閱讀和理解佛經。

在東晋道安（312—385）最早編撰《綜理衆經目録》之後，繼有南朝梁僧祐（445—518）編撰的《出三藏記集》，此後隋唐時代所編撰的經録，開始在經録中增編“入藏録”，即按大、小乘，經、律、論三藏等的分類，編撰擬收入“大藏經”（最早稱“衆經”“一切經”）的經典的目録。唐代智昇編撰的《開元釋教録·入藏録》收入大小乘經律論及聖賢集傳 1 076 部 5 048 卷，後續有增加。至北宋，朝廷設譯場翻譯佛經，先後編出《大中祥符法寶録》《天聖釋教總録》《景祐新修法寶録》，所雕印的《開寶藏》主要是以唐《開元録·入藏録》爲依據，所收大小乘經律論和西方東土撰述共 1 076 部 5 048 卷，此後又收入新譯的佛經和佛教著述。據元代慶吉祥《至元法寶勘同總錄》統計，宋代共譯大小乘經律論及西方聖賢集傳 285 部 741 卷。

可見，編撰經錄最重要的特色，是將佛典進行對比核實、系統化分類和整理，編撰具有嚴格編目排列體系的經錄；然後按照擬定的"入藏錄"嚴格選取經典，以手寫或雕版刊印大藏經，使之流通於社會。這在古印度和西域的佛教史上是没有的。

筆者過去因講學和研究的需要也涉足考察和研究過佛經翻譯和經錄，深知這是個十分艱苦繁雜的工作。馮國棟這部《漢文佛教目錄研究》，收羅考察的經錄十分周全，考察也很細密，成果十分可觀。作者在序論對以往國内外的經錄研究情況有所介紹；在上編對經錄的起源、發展和演變，以歷史上前後形成的幾個著名經錄爲重點作了比較詳細的説明；此後對中國經錄的重要特色的分類問題進行考察，特別對影響較大的大乘佛經五部分類，至源於天台宗判教論的五部分類，作了比較清楚的論述；還專門辟章介紹外典（指佛教之外的文史著作）目錄中對佛典的著錄情況，從一個側面反映佛教在社會的流行情況；上編的最後一章是通過考察宋代編撰的三部經錄，介紹宋代國家譯場的建置和運作概況。作者在下編對經錄的存佚情況作了廣泛細緻的介紹，提出了自己的見解。筆者這裏挂一漏萬，讀者通過閲讀可以看到此書内容之豐富，考證之細密，論述之嚴謹。

筆者與馮國棟教授接觸時間雖然不多，然而通過參加學術會議、請他參加筆者主編的《中國禪宗典籍叢刊》等，對他的學術功底有所瞭解，并且是十分信任的。記得在 2009 年筆者尚任中國佛教文化研究所所長期間，曾聯合山西臨汾佛教協會、民族宗教事務局主辦過"法顯紀念館落成典禮暨法顯學術研討會"，邀請馮國棟與夫人李輝參加，然而馮國棟因事未能出席。會後我在著手編輯會議論文集時，決定在書後附上法顯《佛國記》以方便讀者，便約請馮國棟將此書重新校訂。他果然不負所望，按期將《〈佛國記〉新校》完成。此後，得知他多年從事對著名禪宗燈史《景德傳燈錄》的研究，便約他參加我主編、中州古籍出版社出版的《中國禪宗典籍叢刊》，請他校點《景德傳燈録》，他如約完成，可喜的是此書已在去年出版。

回憶以往，應當説我們彼此之間是有緣分的，是信任的。惟其如此，當他請我爲新著《漢文佛教目録研究》寫序之時，因老衰多病事多想一推了事，然而又難以明説，便勉强答應了下來。經過近一周的閲讀、準備，才斷斷續續寫出如上文字。

謹以此爲序，并藉以表示我的欣喜之意吧。

楊曾文

2021 年 5 月 20 日於北京華威西里自宅

（中國社會科學院榮譽學部委員，世界宗教研究所教授）

目　録

上編　經録研究

下編　經録考稿

CONTENTS

PART II　AN ANNOTATED STUDY OF CHINESE BUDDHIST CATALOGUES

圖表目錄

序　論

　　漢文佛教目録是指用漢文撰寫的，記録佛教典籍譯傳、結集、分類、典藏乃至於流傳情況的目録。漢文佛教目録隨著漢文佛教典籍的譯傳、佛教典籍分類思想的發展、目録撰作方式的探索而萌芽、興起、發展、演變。從漢文佛教目録中可以看出佛教典籍的譯傳與聚集、佛教知識的積累與擴展、佛教思想的激盪與演變、佛教宗派的競争與興衰。同時，漢文佛教目録又是印度佛教傳統與中華目録學傳統相結合的産物，是佛教中國化的重要表現形式。故而，漢文佛教目録的研究不僅可爲佛教文獻學的研究提供基礎，也可爲整個漢文佛教研究提供資鑒。

一、　漢文佛教目録研究述評

　　1926 年，梁啓超於《圖書館學季刊》第一卷第一期發表《佛家經録在中國目録學之位置》，揭出久湮千年佛教目録之價值，不僅爲中國古典目録學開一新領域，亦爲佛教研究拓一新戰場。其後，學壇教界之宿學大德、後進新鋭多曾涉足其中。九十餘年來，佛教目録研究，取得了相當豐富的成果，形成了一定的規模，然而總體來講，還不夠廣泛、成熟，研究有待進一步深入。

（一）漢文佛教目録研究回顧

　　佛教目録雖然起源甚早、名家輩出、著述豐富，然而對佛教目録的研究則肇始於近代。較早著意於佛教目録者爲梁啓超，梁氏作《佛家經録在中國目録學之位置》《佛教典籍譜録考》探賾索隱，導夫前路。其高足弟子姚名達撰作《中國目録學史》，特設《宗教目録》一篇，鈎沉拾遺，考校最爲詳明；沿波討源，論説尤稱通達。復有陳垣、馮承鈞、周叔迦、吕澂、板原闡教、常盤大定、小野玄妙、林屋友次郎、金克木、蘇晋仁、童瑋、蔡念生、白化文、羅炤、李富華、藍吉富、方廣錩、譚世保、陳士强、川口義照、徐建華諸先生，先後繼起，皆爲佛教目録研究獻力輸功。考版本、提旨要、辨源流、明類例，共同構成佛教目録研究的豐富面貌。綜觀近世佛教目録研究，主要集中於以下方面：

1. 漢文佛教目録之總體研究與介紹

　　早期對佛教目録做總體研究者，首推梁啓超《佛家經録在中國目録學之位置》《佛教典籍譜録考》。此二文對中國佛教目録之重要著作如道安《綜理衆經目録》、僧祐《出三藏記集》、道宣《大唐内典録》、智昇《開元釋教録》等一一提其旨要，評其優劣。最後，總結佛家目録學優於普通目録學之五大特點：一歷史觀念甚發達，二辨別真僞極嚴，三比較甚審，四蒐採遺逸甚勤，五分類極複雜而周備。此二文既有個案探討，復有總體概括，爲近世漢文佛教目録研究的奠基之作。姚名達評論曰："自爾（《佛家經録在中國目録學之位置》）以還，恍如敦煌經洞之發露，殷虚卜辭之出土焉，目録學宫黑暗之一角，重幕驟揭而大放光明。"[1]可謂知言。1931 年馮承鈞發表《大藏經録存

────────────

[1] 姚名達《中國目録學史》，上海古籍出版社，2002 年，第 186 頁。

佚考》，對自《古録》至《續貞元釋教録》等 40 餘種古代經録，考其存佚，辨其真僞。[1] 1937 年姚名達《中國目録學史》出版，專設《宗教目録篇》，於佛教目録尤所著意，繼梁啓超之後，爬梳剔抉，對佛教目録做了全面而深入之探究。梁氏佛教目録之研究，以元代爲限，而姚氏則擴充其範圍，直至清代。而對目録真僞、作者、撰時之研究，姚氏之書對梁氏之論多所修正。評論更確，考訂轉精，的爲佛教目録研究的典範之作。同年 4 月，《微妙聲》刊載由吳敦元譯、日人板原闡教著《佛教目録學大綱》，此文首次提出佛教目録學的概念，并對佛教目録的種類、著録項以及製作方式等進行了探討，是較早試圖建立佛教目録學理論的文章。[2] 1938 年，日本學者常盤大定出版《後漢至宋齊譯經總録》。全書分上、下兩編，上編爲譯經史及經録之具體研究，下編爲後漢至南齊譯家譯經之總録。上編中，第一章爲經録概説，對歷代亡佚經録進行考訂，對《出三藏記集》所引《別録》《古録》《舊録》，特別是朱士行的《漢録》進行了詳細研究。第二章爲道安《綜理衆經目録》之研究與復原，第三章爲《出三藏記集》中失譯經之研究。此書的著眼點雖在後漢至南齊譯經的校理，然而對早期佛教經録的研究考訂嚴密精審，較姚名達之研究更爲細緻。[3] 三年之後，林屋友次郎出版《經録研究·前篇》。此書分三部分，第一部分爲經録之概述，於經録之分類、特點、内容、發展歷史以及經録與譯經史之間的關聯皆有論述。第二部分爲道安之前經録的探討，對早期佛教經録的歷史進行了詳明之考訂。第三部分爲道安《綜理衆經目録》之研究。此書爲一專門之研究，對早期佛教經録的研究甚有勞績。特別對道安《綜理衆經目録》之研究，可謂考訂詳明，用力甚深。[4] 1933 年，小野玄妙主編《佛書解説大辭典》出版，其中經録相關的詞條由林屋友次郎撰寫，可以

---

1 馮承鈞《大藏經録存佚考》，《燕京學報》1931 年第 10 期，第 2139—2146 頁。
2 菩提學會編《微妙聲》1937 年第 6 期，第 7—23 頁。
3 常盤大定《後漢より宋齊に至る訳経総録》，東京國書刊行會，1973 年影印 1938 年本。
4 林屋友次郎《經録研究·前篇》，東京岩波書店，1941 年。

見出其對《出三藏記集》之後經録的研究情況，也頗具參考價值。[1] 1946 年，蔣伯潛《校讎目録學纂要》出版，其宗教目録篇對佛教目録亦有概述，是繼姚名達之後於目録學史中介紹佛教目録者。[2]

此後，對漢文佛教經録做總體研究者，當推蘇晉仁先生爲巨擘，其作有《佛教目録研究五題》《經録概説》《佛教經籍目録綜考》《入唐五家求法目録中外典考》。《佛教目録研究五題》對佛教目録學史、目録學理論皆有深入之探究。全文分源流、功用、方法、體裁、外典目録五篇。源流篇概述佛教目録之發展歷程，并對佛教目録進行了分類。功用篇將佛教目録之功用概括爲綱紀經籍、知經籍存亡、鑒別真偽、評騭譯本、勘正史實、知譯本全否、知譯本單重、知譯人事迹、讀經門徑、記録當代史料、勘漢藏異同、知原本來由十二項。方法篇將佛教目録編撰方法分爲著録法、分類法、解題法三類。體裁篇則將經録依文體分爲有小序、有解題、有列傳、小序解題俱有、小序列傳俱有、小序解題列傳俱無六類；而依類別又將經録分爲失譯録、闕本録、疑偽録、別生録等九類。外典目録篇則介紹外典目録對佛書之著録與分類。此文發前人所未發，體大思深，彌綸群言，是一篇功力甚深、貢獻甚巨之作。[3]《經録概説》與《佛教經籍目録綜考》突破以往以提要形式研究佛教目録之樊籬，將佛教目録學史分爲四期，即兩晉爲經録創始階段，南北朝爲經録完備階段，隋唐爲經録發展階段，宋元明清爲經録演變階段，首次對漢文佛教目録學的發展進行了比較明確的分期。[4]而《入唐五家求法目録中外典考》首先注意到日本僧人所作求法目録的文獻價值，可謂獨具隻眼。[5]

---

1 小野玄妙主編《佛書解説大辭典》，東京大東出版社，1933 年初版，1980 年重版。

2 蔣伯潛《校讎目録學纂要》，台灣正中書局，1969 年。

3 蘇晉仁《佛教目録研究五題》，《佛學研究》2000 年，第 186—200 頁。

4《經録概説》《佛教經籍目録綜考》二文分別載於《現代佛學》1951 年第 7 期，《法音》1986 年第 4、5 期。

5 蘇晉仁《佛教文化與歷史》，中央民族大學出版社，1998 年，第 235—259 頁。

南開大學徐建華先生爲近來對漢文佛教目録關注較多的學者，其論文有
《中國古代讀藏目録叙略》《中國古代佛典目録分期研究》《中國歷代佛教目
録類型瑣議》等。《中國古代讀藏目録叙略》首先提出"讀藏目録"此一概
念，并對惟白《大藏經綱目指要録》、王古《大藏聖教法寶標目》、寂曉《大
明釋教彙目義門》及智旭《閱藏知津》等讀藏目録予以介紹與研究。[1]《中國
古代佛典目録分期研究》將佛教目録之發展分爲三期，即魏晋南北朝爲記録、
整理佛典時期，隋唐五代爲手寫大藏時期，宋至清爲雕版大藏時期，[2]是繼蘇
晋仁之後對佛教目録進行分期研究的又一嘗試。而《中國歷代佛教目録類型
瑣議》則從不同角度對佛教目録進行了分類：如依編製目的，分爲譯經目録、
藏經目録、雕版大藏目録、讀經目録、出版目録；依内容，分爲分類目録、
解題目録、讀書記與辨僞目録；從著録佛教典籍的簡繁，分爲足本目録、節
本目録、簡本目録、補充目録、校勘目録、民族文字佛教典籍的漢譯目録等；
從修撰者角度，分爲個人私修目録、國家敕修目録、後人補編目録和外道僞
造目録。分類周嚴而詳明，是研究佛教目録分類的一篇力作。[3]2000 年，日本
學者川口義照出版《中國佛教經録研究》。全書分爲四章，第一章爲概述，
第二章對《出三藏記集》《法經録》《仁壽録》《静泰録》《大唐内典録》與
《開元釋教録》進行了介紹與研究。全書的重點爲後二章，主要考訂了《法
苑珠林》《諸經要集》等佛教類書所引亡佚經典。[4]英語世界研究漢文佛教目
録的學者有斯托奇（Tanya Storch），其 1995 年博士論文爲《中國佛教目録》，
分別從歷史、經典分類、經典觀念、佛教目録與其他目録比較諸方面對中國

1 徐建華《中國古代讀藏目録叙略》，《文獻》1990 年第 4 期，第 225—236 頁。
2 徐建華《中國古代佛典目録分期研究》，《南開大學圖書館建館八十周年紀念集》，南開大學出版社，1999 年，第 443—457 頁。
3 徐建華《中國歷代佛教目録類型瑣議》，《佛教圖書館館訊》2002 年第 29 期，第 22—31 頁。
4 川口義照《中国仏教における経録研究》，京都法藏館，2000 年。

佛教目録進行了研究。[1] 2014 年，在博士論文基礎上，出版了《中國佛教目録史：佛教三藏的審查與形變》，聚焦於佛教目録與中國傳統的互動，從書籍史的視角審視佛教目録，頗具啓發意義。[2]

除此之外，譚世保、方廣錩二先生對漢文佛教目録也有專門研究。譚氏《漢唐佛史探真》上編《〈房録〉及其所載諸經録考》，對費長房《歷代三寶紀》及其所載之二十餘種經録進行了考辨，研究之結果爲：《房録》所載多數目録皆爲僞作。[3]其結論雖不免主持太過，頗有可商，然其研究之態度則實事求是，對佛教目録研究之深入甚有裨益。方廣錩先生《佛教典籍概論》設有"佛教經録"一章，對《綜理衆經目録》、敦煌本《衆經別録》《出三藏記集》《法經録》《歷代三寶紀》《大唐内典録》《大周録》《開元釋教録》等進行了介紹與評價。特別是對《歷代三寶紀》之評價客觀公允，而在論述《大唐内典録》等經録時緊密聯繫敦煌出土的新材料，具有鮮明的特色。而《經録與功德》一篇，以文化史的方法透視佛教經録之社會價值，突破前人就經録論經録之樊籬，最具啓發意義。[4]台灣大學河惠丁碩士論文《歷代佛經目録初探》對漢文佛教目録進行了總體概覽，其中第四章《佛經目録之體制與分類》提出了佛教目録中典籍分類的問題，較有特色。[5]曹仕邦先生《中國佛教史學史》第五"目録篇"，亦對東晉至五代佛教經録發展進行了概要性的介紹。[6]

---

1 Tanya Storch, *Chinese Buddhist Bibliography*, A Dissertotion for Doctor in the University of Pennsylvania, 1995.

2 Tanya Storch, *The History of Chinese Buddhist Bibliography: Censorship and Transformation of the Tripitaka*, Cambria Press, 2014.

3 譚世保《漢唐佛史探真》，中山大學出版社，1991 年。

4 方廣錩《佛教典籍概論》，中國邏輯與語言函授大學教材，1993 年。

5 河惠丁《歷代佛經目録初探》，台灣大學圖書館研究所碩士論文，1988 年。

6 曹仕邦《中國佛教史學史》，台灣法鼓文化出版社，1999 年。

　　其他一般性介紹文章尚有：胡平《我國佛經目録特點和成就》、[1]高舉紅《談我國古代佛經專科目録學的成就》、[2]林霞《我國古代佛經目録的目録學思想及成就》、[3]林申清《佛教文獻目録初探》、[4]魏哲銘《論魏晋南北朝佛典目録的歷史地位》、[5]文平志《目録學苑一奇葩——佛經目録學探勝》、[6]魏申申《佛教經録文獻之目録學價值管窺》、[7]張岩《中國古代佛經目録概述》[8]等。

　　1949 年之後出版的目録學專著，多數對佛教目録有或詳或略之介紹與叙述，然深入研究不多。較有特點者，有如下數家：來新夏先生所撰《古典目録學》將魏晋南北朝時期概括爲 "私家目録與佛典目録的興起"，將一個時代的目録學特點概括爲 "佛典目録的興起"，足見先生對佛教目録之重視。[9]來新夏、徐建華主編《古典目録學研究》第四章第一節 "中國古代佛典目録的分類與著録" 由徐建華執筆。文中詳細分析了中國古代佛典目録的分類方法，提出許多新的見解。如認爲據天台五時判教進行分類是寂曉的創舉，比此前學者認爲依天台五時組織佛典爲智旭所創，顯然更加合乎實際。[10]彭斐章、喬好勤等編《目録學》，將佛教目録置於中國目録學發展歷程中給予關照與研究，較能突出佛教目録在中國目録學史上的地位。[11]余慶蓉、王晋卿《中國目録學思想史》第三章《魏晋南北朝目録學思想的演進》設 "釋家目録及其目録學思想" 一節，概括論述了道安、僧祐的目録學思想。第四章《隋唐目録

　1　胡平《我國佛經目録特點和成就》，《圖書館學刊》1985 年第 1 期，第 67—71 頁。
　2　高舉紅《談我國古代佛經專科目録學的成就》，《雁北師院學報》1996 年第 2 期，第 74—76 頁。
　3　林霞《我國古代佛經目録的目録學思想及成就》，《圖書館論壇》1996 年第 6 期，第 29—30 頁。
　4　林申清《佛教文獻目録初探》，《四川圖書館學報》1997 年第 5 期，第 51—56 頁。
　5　魏哲銘《論魏晋南北朝佛典目録的歷史地位》，《西北大學學報》1998 年第 3 期，第 120—122 頁。
　6　文平志《目録學苑一奇葩——佛經目録學探勝》，《佛教文化》2000 年第 1 期，第 62—64 頁。
　7　魏申申《佛教經録文獻之目録學價值管窺》，《江西社會科學》2003 年第 9 期，第 58—59 頁。
　8　張岩《中國古代佛經目録概述》，《世界宗教文化》2005 年第 1 期，第 28—30 頁。
　9　來新夏《古典目録學》，中華書局，1991 年。
　10　來新夏、徐建華主編《古典目録學研究》，天津古籍出版社，1997 年。
　11　彭斐章、喬好勤《目録學》，武漢大學出版社，2003 年。

學思想的發展》特設"釋智昇《開元釋教録》及其撰録思想"一節，總結智昇的目録學思想及撰録方法。較早注意到佛教目録學思想的問題，彌覺珍貴。[1]

其他目録學著作，如王重民《中國目録學史論叢》、[2]羅孟禎《中國古代目録學簡編》、[3]吕紹虞《中國目録學史稿》、[4]李端良《中國目録學史》、[5]徐國仟《目録學》、[6]周少川《古籍目録學》[7]等，或於專科目録之内，或於目録學史的歷史叙述之中，對佛教目録皆略有涉及。

2. 漢文佛教目録之搜集與解題

對佛教經録的搜集，是佛教目録學研究的基礎，資料搜集的多寡決定了研究視域的廣窄與研究結論的可信性。故自梁啓超始，研究者便十分重視佛教目録之搜集。

梁啓超《佛家經録在中國目録學之位置》所附《元前經録一覽表》共收元代以前經録 49 種，若加上《佛教典籍譜録考》所提及的寂曉《大明釋教彙目義門》及智旭之《閲藏知津》，則梁氏搜集之佛教目録共 51 種之多。姚名達《中國目録學史》所附《中國歷代佛教目録所知表》，收自漢至清佛教經録 77 種。徐建華《中國歷代佛教目録類型瑣議》所附《佛教目録知見録》更將佛教目録搜集擴展至近代，收亡佚録 54 種，知見録 51 種，共 105 種。烏林西拉等編《蒙古文甘珠爾・丹珠爾目録》附録《佛教典籍目録綜考》，收録範圍更廣，分漢文佛教典籍目録與少數民族文字佛教典籍目録兩部分，

---

1 余慶蓉、王晋卿《中國目録學思想史》，湖南教育出版社，1998 年。
2 王重民《中國目録學史論叢》，中華書局，1984 年。
3 羅孟禎《中國古代目録學簡編》，重慶出版社，1983 年。
4 吕紹虞《中國目録學史稿》，安徽教育出版社，1984 年。
5 李端良《中國目録學史》，台灣文津出版社，1993 年。
6 徐國仟《目録學》，中國醫藥科技出版社，1994 年。
7 周少川《古籍目録學》，中州古籍出版社，1996 年。

共收漢文佛教目録 168 種，藏、蒙、滿、西夏等佛教目録 74 種，總計 242 種。[1]

對佛教目録之解題，起源較早，宋惟白《大藏經綱目指要録》、王古《大藏聖教法寶標目》、明寂曉《大明釋教彙目義門》、智旭《閲藏知津》等都對所收佛教目録進行了解題。然多較爲簡單，僅能略示梗概。近代以來最早對佛經目録進行解題的是 20 世紀 30 年代東方文化事業委員會所編《續修四庫全書總目提要》，此書對《出三藏記集》《大唐内典録》等 14 種經録進行解題。這些提要大多由周叔迦先生撰成，相當精審。而所選經録有數種爲新發現之材料，如《大中祥符法寶録》《天聖釋教總録》《景祐新修法寶録》三書，爲金藏廣勝寺本中首次發現。而周叔迦所撰《釋家藝文提要》又對數種佛教目録進行了解題。[2]

1942 年，陳垣先生撰成《中國佛教史籍概論》初稿，對《出三藏記集》《歷代三寶紀》《開元釋教録》進行解題，一一探究其版本、作者、内容、體制、得失以及史料價值，解説詳明，考證精審，實爲佛教目録解題之精品。[3]此後，對漢文佛教目録進行解題之作：一爲陳士强先生《佛典精解》，其書對自《出三藏記集》至《閲藏知津》等現存 25 種佛教經録進行了詳細的解題，對漢文佛教目録之解題頗爲精審深入。二爲中國佛協編《中國佛教》第四輯，分別由蘇晋仁、田光烈、李安諸先生對《出三藏記集》《歷代三寶紀》《開元釋教録》《至元法寶勘同總録》及《閲藏知津》五部經録進行解題。其他解題之作尚有劉保金《中國佛典通論》、[4]妙浄《佛經目録解題筆記》、[5]烏林

1 烏林西拉等編《蒙古文甘珠爾·丹珠爾目録》，遠方出版社，2002 年。

2 周叔迦《釋家藝文提要》，北京古籍出版社，2004 年。此書雖出版於 2004 年，然撰成則在 20 世紀 30 年代。具體參《釋家藝文提要·蘇題後記》。

3 《中國佛教史籍概論》撰成時間，據劉乃和、周少川等：《陳垣年譜配圖長編》，遼海出版社，2000 年，第 467 頁。

4 劉保金《中國佛典通論》，河北教育出版社，1997 年。

5 妙浄《佛經目録解題筆記》，台灣《佛教圖書館館訊》2002 年第 29 期，第 52—54 頁。

西拉《佛教典籍目録綜考》等。

3. 佛教目録個案之研究

個案研究之多寡，常可反映一門學科研究的深廣度與成熟度。早期的佛教目録研究多採用宏觀的叙述方式，較少微觀分析與個案探研，隨著研究之深入，個案研究漸多。

首先是對道安《綜理衆經目録》的研究與復原。此録雖已亡佚，然其内容多存於《出三藏記集》之中，梁啓超首先根據僧祐之書對《道安録》的組織與内容進行了復原。[1]其後小野玄妙、常盤大定、林屋友次郎皆有研究，其中林屋友次郎的復原工作尤其精密，不僅復原《道安録》的組織形式，而且對每部經典皆有考證。[2]

其次是《出三藏記集》的研究。《出三藏記集》爲現存最早的完整的佛教目録，甚受研究者重視，故研究成果甚豐。黄志洲《〈出三藏記集〉研究》全文共八章，前三章爲外部研究，對僧祐的生平與師承，《出三藏記集》之撰作目的與體制，《出三藏記集》版本、經名、卷數之異同進行了深入詳明之考訂與論辨。四至七章爲内部研究，分别對該書撰緣記、銓名録、總經序、述列傳四部分進行探討，并將其與《道安録》《高僧傳》等書進行比較研究。[3]1995 年，蘇晉仁、蕭鍊子點校出版《出三藏記集》，雖限於當時條件，所用底本爲磧砂藏本。然而全書校點精審，堪稱佛典整理的典範之作。而其《序言》亦爲《出三藏記集》研究之佳作，該文對僧祐事迹、《出三藏記集》之成書、撰寫年代、資料來源、版本、校勘皆有深入探討。提出許多新見解，如認爲《出三藏記集》十卷本撰於南齊，是爲其原本，入梁後不斷修訂而成

---

1 梁啓超《佛家經録在中國目録學之位置》，《圖書館學季刊》第 1 卷第 1 期（1926），第 8—10 頁。
2 常盤大定《後漢より宋斉に至る訳経総録》，第 87—181 頁。林屋友次郎《經録研究・前篇》，第 333—1334 頁。
3 黄志洲《〈出三藏記集〉研究》，高雄師範大學國文研究所博士論文，1991 年。

今日所見之十五卷本。Arthur E. Link 撰寫的《僧祐及其著述》一文，對僧祐的生平和著述進行了梳理，并將《高僧傳》中的僧祐傳及《出三藏記集》的序文翻譯成英文。[1]其他關於此書的研究論文有董群、王豔秋《從目録學的角度看佛教——談談〈出三藏記集〉的目録學特色》、[2]謝水華《〈出三藏記集〉在佛經目録學方面的貢獻》、[3]吳平《論〈出三藏記集〉的目録學價值》。[4]

由於《文心雕龍》作者劉勰曾依止僧祐十餘年，故《出三藏記集》與《文心雕龍》之關係也成爲學界關注的重要問題。這一研究最值一提的是興膳宏的《〈文心雕龍〉與〈出三藏記集〉》，在這篇共十三章的大文中作者深入細密地探討了《文心雕龍》與《出三藏記集》的關係。前六部分，以《出三藏記集》爲出發點，以《出三藏記集序》與《胡漢譯經音義同異記》爲研究對象，從理論、語彙、文體諸方面揭示出《出三藏記集》與《文心雕龍》之關聯。七至十一部分，以《文心雕龍》爲出發點，通過對其結構與文本之分析，提出"原始要終""沿波討源"的回歸理論爲《文心雕龍》之中心。以此回歸理論反照《出三藏記集》及僧祐的其他著作，發現僧祐之作與《文心雕龍》具有極大的相似之處。其實此文提出一個學界爭議已久的問題，即《出三藏記集》的著作權問題。明人曹學佺、徐燉等已提出《出三藏記集》可能出於劉勰之手的觀點。其後姚名達、范文瀾、楊明照、饒宗頤、王更生等皆主此説，故《出三藏記集》之著作權問題成學界一大疑案。興膳宏對此問題也提出自己的看法："然而不論劉勰在此書中曾作了多大貢獻，其師僧祐爲公認的作者這一既定事實是無法動搖的。儘管從上文的探討中，可以看出

---

1 Arthur E. Link, Shih Seng-Yu and His Writings, Journal of the American Oriental Society, Vol. 80. No. 1（1960）pp. 17－43.

2 董群、王豔秋《從目録學的角度看佛教——談談〈出三藏記集〉的目録學特色》，《佛教文化》1997 年 3 期，第 46—47 頁。

3 謝水華《〈出三藏記集〉在佛經目録學方面的貢獻》，《上饒師專學報》2000 年第 1 期，第 93—95 頁。

4 吳平《論〈出三藏記集〉的目録學價值》，《法音》2002 年第 5 期，第 17—20 頁。

書中文章出於劉勰之手的可能性極大，但誰也無法否認僧祐曾負最終責任對全書進行整理。或者可以説：就《出三藏記集》而論，僧祐與劉勰分享著作者的資格。"[1]這種看法無疑是通達而客觀的。同類文章尚有陶禮天《〈出三藏記集〉與〈文心雕龍〉新論》，[2]李最欣、馮國棟《僧祐之學與〈文心雕龍〉》等。[3]

《歷代三寶紀》是一部重要的佛教目録，然而由於費長房過於高漲的護教熱情和相對較弱的判裁能力，對材料的考訂闕失較多，故歷來爲學者詬病。譚世保先生撰《漢唐佛史探真》對之駁斥不遺餘力。此後，研究較少。2009年，台灣黃碧姬出版《費長房〈歷代三寶紀〉研究》，是一本研究《歷代三寶紀》的專書。[4]大内文雄《南北朝隋唐佛教史研究》第一編爲《歷代三寶紀》的專門研究，對《歷代三寶紀》"帝年"部分的體例，《歷代三寶紀》與《大唐内典録》的關係均有發明。[5]陳志遠《〈歷代三寶紀〉三題》考訂處理了三個問題。第一，《歷代三寶紀》作者費長房本名費節；第二，作者對比日本聖語藏中《金光明經》僧隱序與《歷代三寶紀》之記載，認爲《歷代三寶紀》之記載當有所本；第三，作者認爲在大藏經本流傳過程中，有人以道宣《大唐内典録》對《歷代三寶紀》進行了校訂。[6]此文對於重新認識費長房其人及《歷代三寶紀》的成書流傳皆有重要的參考價值。

其次是《大唐内典録》《開元釋教録》的研究：陳雅貞《〈大唐内典録〉——目録體例探究》全文共七章，分別探討道宣的生平及《大唐内典

1　興膳宏著，彭恩華譯《興膳宏〈文心雕龍〉論文集》，齊魯書社，1984 年，第 88 頁。

2　陶禮天《〈出三藏記集〉與〈文心雕龍〉新論》，《安徽師範大學學報》1999 年第 3 期，第 339—346 頁。

3　李最欣、馮國棟《僧祐之學與〈文心雕龍〉》，《西南民族大學學報》2006 年第 1 期，第 177—179 頁。

4　黄碧姬《費長房〈歷代三寶紀〉研究》，台灣花木蘭文化出版社，2009 年。

5　大内文雄《南北朝隋唐佛教史研究》，京都法藏館，2013 年。

6　陳志遠《〈歷代三寶紀〉三題》，《文獻》2016 年第 5 期，第 127—133 頁。

錄》的體制與内容。著重研究了《大唐内典録》十録中的《傳譯録》《入藏録》與《轉讀録》。其中《内典録》著録體例之分析、《傳譯録》與《歷代三寶紀》關係研究諸方面，較有特色。[1]方廣錩發現敦煌 S6298 號爲《大唐内典録·單本一切經序》，而此序未見於傳世《大唐内典録》，此無疑是《大唐内典録》文獻研究方面的重要發現。[2]黄志洲《〈大唐内典録·歷代衆經總撮入藏録〉序説》以道宣《大唐内典録·總撮入藏録》爲研究中心，論述了《大唐内典録·入藏録》與《西明寺録》之關係，以及入藏録與大藏經庋藏與插架之關係，注意到佛教目録與佛經典藏的關係，頗有新見。[3]王振芬、孟彦宏《新發現旅順博物館藏吐魯番經録——以〈大唐内典録·入藏録〉及其比定爲中心》，通過對旅順博物館所藏 5 個殘片，俄藏、大谷、書道博物館所藏 4 個殘片的研究，認爲這些殘片與 P. 3807、S. 2079 爲同一底本的寫本，是以《大唐内典録·入藏録》爲藍本製作的點勘、收藏目録，説明它不僅流行於敦煌，也流行於吐魯番地區。[4]

王晉卿《論智昇佛教經録思想與方法》於智昇所編數部經録中抽繹出智昇目録學思想。指出智昇的撰録思想有"我撰經録護法城""别真僞、明是非""科條各别，覽者易知""討求諸録，備載遺亡"等。而在撰録過程中廣泛運用"類示法""序例法""注記法""統計法""比較法""調研法"等目録學方法。其概括或有可商之處，然能從經録中提取抽繹目録學思想，此思路與方法却是值得重視的。[5]方廣錩提出《開元釋教録略出》非智昇所撰説，

1 陳雅貞《〈大唐内典録〉——目録體例探究》，台灣中國文化大學史學研究所碩士論文，1993 年。

2 方廣錩《敦煌佛教經録輯校》，江蘇古籍出版社，1997 年，第 126—127 頁。

3 黄志洲《〈大唐内典録·歷代衆經總撮入藏録〉序説》，台灣《佛教圖書館館訊》2002 年第 29 期，第 32—41 頁。

4 王振芬、孟彦宏《新發現旅順博物館藏吐魯番經録——以〈大唐内典録·入藏録〉及其比定爲中心》，《文史》2017 年第 4 期，第 171—196 頁。

5 王晉卿《論智昇佛教經録思想與方法》，《湘潭大學學報（社會科學版）》1992 年第 2 期，第 116—119 頁。

無疑是《開元釋教録》文獻研究的重要發現。[1]關於智昇及《開元釋教録》的研究文章尚有：杜潔祥《佛教目録學之類例及其編藏思想述論——以唐〈開元釋教録〉爲中心的考察》，[2]党燕妮《從〈開元釋教録〉看佛經目録的目録學意義》，[3]林敏《唐代仏典目録の作者としての智昇について》等。[4]

4. 敦煌佛教目録之録文與研究

1900 年，敦煌藏經洞發現，久已沉埋的大量典籍重現於世，大大推動了20 世紀的文史研究。而敦煌新發現的佛教目録也備受研究者的注意，其中探討最多的無過於敦煌本《衆經別録》。

20 世紀 30 年代，王重民先生首先發現藏於巴黎的 P3747 號爲《衆經別録》。王氏《敦煌古籍叙録》云："此卷爲佛經目録，首尾俱殘，存百零九行，無書題，以余考之，蓋即費長房《歷代三寶記》卷十五所稱'《衆經別録》二卷，未詳作者，似宋時述者'之《衆經別録》也。"[5]并提出三條證據：一、所記經數相符，二、所分類目相符，三、所記經典之時代相符。1951 年，蘇晉仁先生據周叔迦所提供照片，首次發表《衆經別録》之録文，并認爲此録之分類受劉宋時慧觀五時判教思想影響，對此目録在中國佛教目録學史上之地位給予中肯評價。[6] 1956 年 7 月，王重民爲姚名達《中國目録學史》重版所作《後記》又對此目録進行了研究，指出此録爲"我國現存第一部最古佛

1 方廣錩《中國寫本大藏經研究》，上海古籍出版社，2006 年，第 403—415 頁。

2 杜潔祥《佛教目録學之類例及其編藏思想述論——以唐〈開元釋教録〉爲中心的考察》，《佛光人文社會學刊》2001 年 6 月，第 107—146 頁。

3 党燕妮《從〈開元釋教録〉看佛經目録的目録學意義》，《圖書館工作與研究》2005 年第 1 期，第 32—34 頁。

4 林敏《唐代仏典目録の作者としての智昇について》，《印度学仏教学研究》第 65 卷第 2 號 2017 年，第 84—90 頁。

5 王重民《敦煌古籍叙録》，中華書局，1979 年，第 264 頁。

6 蘇晉仁《敦煌寫本衆經別録殘卷》，《現代佛學》1951 年第 7 期，第 12—13 頁。

經目錄，也是僅次於《漢書·藝文志》的第二部最古目錄"。[1] 1958 年，日人横超慧日根據《衆經別録》的篇名推測此録概成於梁代。[2] 1967 年，日人内藤龍雄發表《敦煌殘本〈衆經別録〉研究》，提出《衆經別録》可能撰於齊末、梁初的觀點。[3] 1979 年，潘重規先生發表《敦煌寫本〈衆經別録〉之發現》，認爲此録之優勝有三端：一、藏經目録，現存者此爲最古。二、此録每一經典，皆標明宗旨。三、每一經下，皆標明文質。并對此卷進行重新録校。[4]

1987 年白化文先生發表《敦煌寫本〈衆經別録〉殘卷校釋》指出，除 P3747 號外，S2872 號亦爲《衆經別録》之一部分。在此文中，作者對兩殘卷進行了録文整理，并説明王重民《敦煌古籍叙録》將 P3848 號誤爲《衆經別録》之原因。文章還考證了《衆經別録》的成書與亡佚年代，認爲此録"極可能最終完成於梁初"，《歷代三寶紀》"似宋時述"論斷不準確。此録之亡佚年代，應在唐高宗麟德元年（664）之後，唐玄宗開元十八年（730）之前。并提出一種假設，即撰成《衆經別録》須具二條件：一、非精通三教擅長文學批評之大知識分子莫辦；二、要有編目之條件。白先生認爲齊末梁初，具此條件者，只有僧祐所領導的一批僧人，故"這部書的編纂，即使没有劉勰這樣的人作領導，也必受其影響"。[5] 雖然此推測尚需新材料的進一步證實，然其思考是頗具啓發意義的。方廣錩也對 S2872 號《衆經別録》進行了研究，并指出此卷"屬《衆經別録》第一篇"，"在原卷中的位置應排在伯 3747 號之前"。文章對日本學者岡部和雄《敦煌藏經目録》一文中認爲《衆經別録》爲日本學者内藤龍雄首先發現的錯誤觀點進行了回應，捍衛了王重民對敦煌

1　王重民《姚名達中國目録學史·後記》，姚名達《中國目録學史》，商務印書館，1956 年。

2　横超慧日《中国仏教の研究》，京都法藏館，1958 年，第 305 頁。

3　内藤龍雄《敦煌殘缺本〈衆經別録〉について》，《印度学仏教学研究》第 15 卷第 2 號，1967 年，第 268—270 頁。

4　潘重規《敦煌寫本〈衆經別録〉之發現》，香港新亞研究所敦煌學會編《敦煌學》第 4 輯，1979 年，第 69—79 頁。

5　白化文《敦煌寫本〈衆經別録〉殘卷校釋》，《敦煌學輯刊》1987 年第 1 期，第 14—25 頁。

本《衆經別録》的發現權。[1]此外，同類文章尚有徐建華《敦煌本〈衆經別録〉考述》[2]等。

對敦煌佛教經録做全面搜集、録文與整理者，首推方廣錩先生。其《敦煌佛教經録輯校》是全面研究敦煌佛教經録之力作。此書將敦煌佛教經録分爲九類：全國性經録、品次録、藏經録、點勘録、流通録、轉經録、配補録、抄經録、雜録。對敦煌殘卷中經録進行了系統、全面的搜集、整理、録文與研究，其中所涉之經録 235 種，所涉卷號 385 個，搜剔零遺，掇拾瑣細。對每種經録之解題又能刮垢磨光，取精用弘，實爲研究敦煌佛教經録之集大成之作。此外，方先生其他論著，如《讀敦煌佛典經録劄記》[3]《敦煌遺書中所存全國性佛教經録研究》[4]《佛教大藏經史》《佛教典籍概論》等皆從不同方面對敦煌佛教經録做出了深入的探研。

5. 刻本大藏經目録之研究

1931 年，朱慶瀾於西安發現磧砂藏，引起 20 世紀搜訪古本藏經之熱潮。其後，趙城金藏、初刻南藏、元官版等多種古本藏經得以重見天日。這些新材料之發現，又引發了學者對刻本藏經研究的興趣。職是之故，對歷代刻本藏經之研究成爲 20 世紀佛教文獻學研究的重點與熱點。前賢對刻本藏經之刊刻經過、版本、流傳及學術價值進行研究的同時，也常涉及刻本藏經的目録問題。如 1934 年，蔣唯心調查趙城藏後，發表《金藏雕印始末考》，據《高麗版大藏目録》及《至元録》編成《廣勝寺大藏經簡目》，爲研究趙城金藏目録的

---

1 方廣錩《也談敦煌寫本〈衆經別録〉的發現》，《中國敦煌吐魯番學會研究通訊》1989 年第 1 期，第 8—13 頁。

2 徐建華《敦煌本〈衆經別録〉考述》，《津圖學刊》1988 年第 1 期，第 98—106 頁。

3 方廣錩《讀敦煌佛典經録劄記》，《敦煌學輯刊》1986 年第 1 期，第 105—118 頁。

4 來新夏、徐建華主編《古典目録學研究》，第 263—293 頁。

奠基之作。[1]考察近人對刻本大藏經目錄之研究，主要集中於以下兩方面：

（1）大藏經目錄之還原：自開寶藏始，中土藏經開雕達二十餘版，然時至今日，早期刻本大藏或大部分亡佚，如開寶藏；或部分亡佚，如金藏。故而如何恢復其本來面貌，便成爲佛教文獻研究者關注的問題。如呂澂系列論文《宋刻蜀版藏經》《契丹大藏經略考》《金刻藏經》《福州版藏經》《思溪版藏經》《磧砂版藏經》《元刻普寧寺版藏經》，[2]已對這些早期藏經目錄進行研究與還原。日本學者小野玄妙《佛教經典總論》第三部第五章《欽定大藏經下——刊本時代》對開寶藏、契丹藏、金藏等目錄進行了還原，其中對契丹藏與金藏目錄的復原用功尤深。[3]其後有鄭正姬《高麗再雕大藏目錄之研究》、[4]童瑋《北宋〈開寶大藏經〉雕印考釋及目錄還原》。[5]李富華、何梅《漢文佛教大藏經研究》雖主要著意於大藏經之雕印與刊刻史，其中對大藏經目錄的研究也取得了相當大的成績，如對開寶藏目錄的研究即糾正了呂澂、小野玄妙的一些錯失。在遼藏目錄的研究與復原、崇寧藏目錄的還原、元官版藏經與《至元法寶勘同錄》關係、初刻南藏最後八十七函目錄的還原諸方面，都取得了新的成果。[6]何梅《歷代漢文大藏經目錄新考》在此基礎上對諸種大藏經目錄進行了復原，頗便學人參用。[7]

（2）藏經目錄之比勘：各代藏經所收經典有相當大的差異，了解研究這些差異，對於大藏經使用、研究，以及新編藏經皆有重要意義。此一方面研究成果以台灣蔡運辰最爲突出。其《二十五種藏經目錄對照考釋》分三部分，第一部分以《大正藏》所收經典爲主體，其他目錄爲對照，依次標出

1　蔣唯心《金藏雕印始末考》，《國風》第5卷第12號，1934年，第1—33頁。
2　呂澂《呂澂佛學論著選集》（三），齊魯書社，1991年。
3　小野玄妙著，楊白衣譯《佛教經典總論》，台灣新文豐出版公司，1983年。
4　鄭正姬《高麗再雕大藏目錄之研究》，台灣大學圖書館學研究所碩士論文，1990年。
5　童瑋《北宋〈開寶大藏經〉雕印考釋及目錄還原》，書目文獻出版社，1991年。
6　李富華、何梅《漢文佛教大藏經研究》，宗教文化出版社，2003年。
7　何梅《歷代漢文大藏經目錄新考》，社會科學文獻出版社，2014年。

《大正藏》中每一經典在其他藏經目録中的有無情況及千字文編號。第二部分爲《大正藏》未收經典在其他藏經目録中之有無情況及千字文編號。第三部分對開寶藏至大正藏等二十部藏經目録及《大藏經綱目指要録》等五種非藏經目録之經數、帙數、卷數，經籍之增減情況進行了極爲細密之考證，是迄今爲止大藏經目録比勘研究最爲詳明、權威之著作。[1]童瑋《二十二種大藏經通檢》雖爲聯合目録，實對藏經目録也有比勘之功。[2]

（二）漢文佛教目録研究簡評

九十餘年的漢文佛教目録研究，取得了相當的成果，具備了自己的特色，出現了研究的熱點。這些特色與熱點可以粗略概括爲：一個中心，兩大熱點，即以佛教目録學史研究爲中心，以早期佛教經録之真僞、敦煌《衆經別録》的研究爲兩大熱點。

早期佛教目録研究者，如梁啓超、姚名達、馮承鈞皆以史學名家而兼治佛教目録，故佛教目録的研究從一開始便注重歷史的叙述，形成以佛教目録學史爲中心的研究模式。梁啓超《佛家經録在中國目録學之位置》著眼點雖在評價佛教經録對中國目録學之貢獻，但其文章除引言對佛教目録五大特點做總體概括外，全文實以時間爲綫索，將晋至元的佛教目録串接起來。姚名達之作本以"目録學史"爲名，故其書也以時間爲綱，以解題爲主要方法，對漢文佛教目録做全景式的歷史叙述。他如馮承鈞《大藏經録存佚考》、蘇晋仁《佛教經籍目録綜考》等總體研究文章，陳垣《中國佛教史籍概論》、陳士强《佛典精解》等解題之作，吕澂、小野玄妙等人的大藏目録研究之作，無不是以時間爲順序，以代表性論著爲核心的歷史研究。這便形成了佛

---

1 蔡運辰《二十五種藏經目録對照考釋》，台灣新文豐出版公司，1983 年。
2 童瑋《二十二種大藏經通檢》，中華書局，1997 年。

教目録研究以目録學史爲中心的研究特色。此種模式之優點在於綫索分明，脉絡清晰，然其缺點在於全景式描繪多，深入研究的個案少；歷史的叙述多，而理論、規律、方法的歸納總結少；對目録本身研究多，而對佛教目録與佛教其他學科之間關係的探研少。

　　敦煌本《衆經別録》之研究已如上文所述，此處重點對早期經録真僞問題的争論做一回顧。此問題産生的背景如下：費長房《歷代三寶紀》卷十五、道宣《大唐内典録》卷十，皆於道安《綜理衆經目録》前著録有五部經録，即《古録》《舊録》《漢時佛經目録》《朱士行漢録》《竺法護録》。此五部經録之真僞，久已爲學術界所注意。《四庫全書總目提要》"開元釋教録"提要云："其第十卷則載列代佛經目録，凡古目録二十五家，僅存其名；新目録十六家，具列其數。首爲《古經録》一卷，謂爲秦始皇時釋利防等所齎，其説恍惚無徵。次爲《舊經録》一卷，稱爲劉向校書天禄閣所見。蓋依據向《列仙傳序》稱：七十二人已見佛經之文。至稱爲孔壁所藏，則無庸置辨矣。餘自《漢時佛經目録》以後，則固皆有實徵者也。"[1]四庫館臣認爲古、舊二録爲僞，而《漢時佛經目録》以下則爲真實可徵信者。

　　近世學者對此五部經録真僞之判定，有如下不同觀點：

　　1. 認爲五部經録皆爲僞作。此觀點以譚世保爲代表。其作《漢唐佛史探真》認爲《歷代三寶紀》卷十五所列之經目，多爲費長房所臆造。贊同者有李富華、何梅。與譚世保觀點相似者有小野玄妙，小野氏言："如前所舉《歷代三寶紀》所出之二十四種古逸目録之初，作爲有《漢時佛教目録》《舊録》《朱士行漢録》等目録，而在本文中雖亦將之引載，但如此之目録，并非當初即有，若有則爲後人之僞作。綜合性目録之創作，可視爲至西元第四世紀東晉時代，始由道安法師試作。"[2]其觀點較譚世保爲謹慎。

---

1 永瑢等《四庫全書總目》卷一百四十五，中華書局，1965年，第1237頁。

2 小野玄妙著，楊白衣譯《佛教經典總論》，第5頁。

2. 認爲《古録》《舊録》《朱士行漢録》《漢時佛經目録》四部經録爲僞，此一觀點爲梁啓超首先提出。梁氏認爲，"謂《古録》出秦時釋利防，謂《舊録》爲劉向所見，謂朱士行曾作《漢録》，此皆費長房臆斷之説"，而記載《四十二章經》之《漢時佛經目録》，因"《四十二章經》已是僞書，則此書之僞更不待辨"。[1]贊同者有吕澂、蘇晋仁等。

3. 認爲《古録》《舊録》《漢時佛經目録》爲僞，最早之經録爲朱士行《漢録》。此一觀點以姚名達爲代表，其説曰：《古録》"最早不能出於法護以前，最遲不能更在道安或道龔之後。要之，必爲晋人而非秦人。其書非古……徒以失其撰人，故號爲古耳"；《舊録》"無論如何，其決非漢書則無可疑"；而《漢時佛教目録》"此録之必僞且必無，較之古、舊二録之不僞而僞者，又非其比矣"。認爲"第一部總録，殆爲魏僧朱士行之《漢録》矣"。[2]贊同者有常盤大定、馮承鈞等。

4. 認爲《古録》《舊録》《漢時佛經目録》爲僞，而對朱士行《漢録》表示應存疑者，以方廣錩爲代表。對朱士行《漢録》，方先生認爲："如前所述，東漢時我國譯出的佛經已經達到二九二部，三九五卷。既然有這麽多佛經，客觀上也需要有一個目録。而朱士行又是一個專務經典的僧人，因此，他完全有可能編纂經録。當然，這裏講的只是一種可能性，可能性不等於現實性，不能據此肯定他一定編纂過經録。所以，這還是一個需要進一步考證、研究的問題。我認爲，在新材料發現之前，還是暫且存疑爲好。"[3]

筆者認爲，早期佛教目録之真僞問題本身并不像研究者所叙述的那樣錯雜紛紜，之所以出現莫衷一是之局面，與其説是古籍本身的真僞問題，毋寧説是學者對真僞認識的標準不同，各人所秉持的辨僞理論與觀念不同而造成

---

1 梁啓超《佛學研究十八篇》，上海古籍出版社，2001年，第340—341頁。
2 姚名達《中國目録學史》，第197—199頁。
3 方廣錩《佛教典籍概論》，第43—45頁。

的。故當務之急，不是對早期佛經目録之真僞做總體的、籠統的判裁，而應對之做具體研究。確定其爲何種僞書，是全部皆僞，還是部分僞作；是本無其書，後人妄題，還是曾有其書，因佚而僞；是内容僞，還是僅書名僞。個人認爲，這五部目録中，《漢時佛經目録》爲本無其書，後人妄題之僞。《古録》《舊録》曾爲《出三藏記集》引用，應確有其書。後因佚失，他人妄題年代與史事，使其"不僞而僞"。《朱士行漢録》所引之書多與《高僧傳》《出三藏記集》相合，即使其名爲後人所僞題，其内容爲真之可能性更大。而《竺法護録》竊以爲並無疑點，可判爲真。

回顧佛教目録的研究歷程，前賢時彦克己忘身，[1]孜孜以求，在佛教目録的總體研究、個案研究、敦煌佛教經録研究諸方面，爬梳剔抉，探研考辨，取得的成果是有目共睹的。然而，佛教目録學是一門涉及範圍極廣，研究對象較豐的學科，同時又因研究時間相對較短，研究人員相對較少，故尚有一些不足之處，主要表現爲以下諸方面：

第一，從時間上看，比較重視宋前的佛教目録，而對宋以後，特別是近世佛教目録重視不夠，研究較少。如梁啓超《佛家經録在中國目録學之位置》考察範圍爲元代以前。姚名達《中國目録學史》雖稱通史，然涉及宋以後者，也僅有《至元法寶勘同總録》《閲藏知津》及日本大正大藏目録數種。馮承鈞之研究，範圍未出唐代。常盤大定之研究僅及於南齊，林屋友次郎則斷限於道安，川口義照之研究範圍稍廣，也僅收束於開元。陳垣、周叔迦、陳士强諸賢之解題亦多側重於宋前。蘇晉仁之研究所涉稍廣，然宋後之録亦僅言及寂曉《大明釋教彙目義門》、智旭《閲藏知津》、清代《如來大藏經總目録》及《御譯大藏經目録》四種。徐建華《中國歷代佛教目録類型瑣議》雖已將佛教目録蒐集擴展至近代，然其蒐集仍不夠齊備，特別是對近代佛教

---

1 如蔣唯心爲調查廣勝寺金藏而身染目疾，後在調查初刻南藏途中，爲綁匪殺害。

期刊中所載之佛教目録幾無涉及。

第二，從地域上看，重視中土僧人所撰作之目録，而對日、韓僧人所撰求法目録重視不夠。自唐至元，爲數衆多的日本、高麗僧人入中土求法，將中土佛教經籍帶回本國，而如空海、圓珍、圓仁、惠運、宗睿、常曉、圓行、義天等人皆撰有求法目録，此種資料實爲中日韓三國文化交往之第一手材料，惜乎今日學界對此研究甚少。雖時有個別之探討，然對其做總體考察、全面探研者，尚未嘗見。

第三，從内容上看：（1）很少將佛教目録與道教目録、外典目録進行比較研究，難以對佛教目録特點、價值進行準確的概括與定位。（2）很少將佛教目録與佛教思想，如佛教判教思想等聯繫起來，難以將佛教目録研究提到知識史、學術史、思想史的高度。（3）很少將佛教目録與佛教文獻學的其他方面，如佛教版本學、校勘學、輯佚學、典藏學聯繫起來做總體研究。難以正確估量佛教目録學在佛教文獻學中的地位，難以將佛教目録知識用於佛教文獻的整理實踐之中。

二、　作爲知識與思想的經録

由以上的回顧可以看出，近現代學者對經録的研究主要集中於經録作者、作時、内容的考訂，經録真僞的判裁，經録所載經典數量的變化；或通過經録考訂某部經典的翻譯、流傳，或借助經録研究某類經典的形成、變化；或評述某部經録的優劣成敗，或對經録進行研究與還原，以供今日使用。其背後共同的學術理念是將經録作爲一種文獻，重於經録内容的考察。如果我們轉變一下視角，從經録的結構、組織來研究、看待經録，也許對經録會有不同的認識和看法。

一部經録爲何採用某種特定的體制，爲何某種經録體制會在特定的時代盛行開來？一部經錄爲何要以某種標準分類經典，爲何要以某一名詞概括某一類經典？某類經典何時在經錄中出現，爲何它會在這個時間節點出現？它在經錄中的位置如何變化？在什麽時代，經錄分類級次達到什麽樣的層次與深度？……這些問題背後其實隱藏著佛教學者、經錄家乃至普通信衆的知識興趣、知識邊界和知識深度。經錄體制、分類標準與佛教翻譯、經典結集之間存在著怎樣的互動關係？分類標準背後蘊藏著怎樣的學術理念，特別是經典分類與教相判釋、宗派思想之間又有著什麽樣的關聯？這些問題則昭示著經錄與佛教思想之間的聯繫與糾葛。當我們從經錄的結構、組織，經典在經錄中位置變化這些方面來看待經錄的時候，經錄便成爲知識與思想的載體，而關於佛教經典的知識如何萌芽、形成、發展、深化、演變，佛教經典的知識如何與佛教思想互動等問題便浮現出來，成爲研究的焦點。

　　經錄體制演變的背後隱含著經錄家知識興趣的轉移。知識興趣是指某個時代何種知識成爲學者關注的焦點，知識邊界是指某個時代學者了解哪些知識，而對哪些知識尚不了解。而知識興趣的變化，主要表現爲討論對象的變化、著述體例的變化。如果以智昇《開元釋教錄》作爲標誌，經錄體制的發展史可以分爲前後兩個時期。前期的經錄，無論是竺法護《衆經目錄》等譯經目錄、道安《綜理衆經目錄》等綜合目錄，還是當時衆多的國家、宮廷、寺院的典藏目錄，其共同的知識興趣在於經典譯傳的記錄、經典真僞的考訂，特別是經典分類的探討，此三方面內容成爲當時經錄家最爲關心的問題。而《開元釋教錄》之後一直至晚明時期，無論是經錄家，還是刻藏者，皆奉《開元釋教錄》的分類標準爲圭臬，無敢越雷池半步，經典分類的探討淡出經錄家的視野。而經典的解題、勘同、研習成爲此期經錄家關心的重點，成爲經錄家共同的、新的知識興趣。晚明時期，由於重新刊刻藏經的需要，分類問題再次成爲經錄家關注的焦點，道開、寂曉、智旭等人紛紛在天台判教學説基礎上重新確立分類標準，打破《開元釋教錄》以來的分類體制。如果説《開元釋教録》之前是漢文佛教經典結集、整理的形成過程，那麽從中唐至晚明則可以看作是這一成果被續寫、補充、傳播、閱讀的過程。而晚明對佛教典籍的重新分類，則可以看作這一成果被挑戰、被消解的過程。自漢至盛唐，如果説是一個學術“積”的過程，中唐至晚明是一個“續”的過程，那麽晚明以後，則是一個“消”的過程。佛教經録關注的焦點從結集、考訂、分類到解題、勘同、分派，再到分類問題的復現，恰恰反映了經録家知識興趣的轉移。

　　經録收録經典的類别、分類標準的變化以及分類級次的深入，則顯示了經録家、佛教學者的知識邊界與知識深度。隋唐時期，依據性質與體制將佛教經典分爲經、律、論、撰述的四分體系形成。然而這一個體系中的四個類别并非在同一時間一起形成，經、論兩類在漢文佛教目録中出現較早，而律與撰述則出現較晚。僧祐《出三藏記集》“銓名録”部分，將律部單獨列出，并説明理由：“至於律藏初啓，則詳書本源。”[1]正是律部比經、論二部出現晚的明證。再如撰述一類，雖然道安《綜理衆經目録》即將自己所撰注疏列於經録，然而撰述真正成爲四部之一，則在隋代，《法經録》纔正式將經律論之外的經典分爲撰集、傳記、著述三類。從經、論二分，至經、律、論三分，再到經、律、論、撰述四分的過程，正顯示著佛教經典知識邊界的不斷擴展。經録分類標準的演變也體現著經録家對經典認識的不斷深入。如早期經録分類標準依據的多是經典翻譯的外部特徵，比如有譯（有譯人）、失譯（無譯人）、單本（一次翻譯）、重翻（多次翻譯），甚至卷數的多寡，如一卷、多卷。其後，則多依據經典的性質與體裁，如大乘、小乘（依據經典性質），經、律、論（依據經典的性質與體裁）。最後則依據經典的内容與修學的次第，如明代寂曉將經典分爲華嚴、阿含、方等、般若、法華、涅槃六部；歐

---

1 僧祐撰，蘇晉仁、蕭鍊子點校《出三藏記集》卷二，中華書局，1995年，第23頁。

陽漸、吕澂則依據修學次第，建立"三乘道果法"分類大乘經典。經録分類標準由"據譯單重"到"別分乘藏"，再到"依義詮次"，正體現了經録家對經典性質、内容、特點認識的不斷深化。

　　同時，分類級次的深入，也體現了經録家佛教知識深度的不斷變化。最初譯經目録，僅依據年月，對經典進行簡單的排列，基本没有分類的級次。道安《綜理衆經目録》，將經典分爲有譯經、失譯經、異經、疑經及注經。而異經之下又據時、地分爲涼土、關中、古時等，已是兩級的分類標準。至隋代法經《大隋衆經目録》則先分大小乘，大小乘下再分經律論，經律論下再分一譯、異譯、失譯，分類級次已達三級。而至智昇《開元釋教録》先分有譯有本、有譯無本，其下再分大小乘，大小乘下分經律論，經律論下又有二級分類，如經部下，先分單譯、合譯，合譯之下又分出般若、寶積、大集、華嚴、涅槃五部，已經是五級的分類法。分類是人類認識事物最基本的方法，也是人類表達的一種基本形式。分類源於人類對於世界秩序化的追求，使事物各安其類、各得其所是分類的重要動力。《荀子・正名》言："貴踐不明，同異不别，如是則志必有不喻之患，而事必有困廢之禍。故知者之分别，制名以指實，上以明貴踐，下以辨同異。貴踐明，同異别，如是則志無不喻之患，事無困廢之禍。"[1]正説明分類的重要。分類體現了人類對事物的認識，而歸類的過程也是認識過程的一部分。因此，如何分類實際上藴含了人們對事物認識的觀念。佛教目録分類標準由最初外部形態進入性質體制，最終進入内容，而分類的級次則由一級深入至五級、六級，這正是佛教目録學家對佛典認識不斷深化的過程。可以説，每一次分類標準的變化，每一個類名的發明與定型，每一次分類層級的深入，都標誌著對經典性質、内容、特點認識的深化。

1　荀况撰，王先謙集解《荀子集解》卷十六，《諸子集成》第 2 册，上海書店，1986 年，第 276 頁。

　　不僅佛教經録内部的體制、分類、結構、組織反映了佛教學者、經録家的知識興趣、知識邊界與知識深度，同時，經録還與佛教的其他方面以及更爲廣泛的知識、思想保持著互動與聯繫。比如，佛教分類思想與佛教判教思想之間關聯密切。判教爲“教相判釋”之略稱，即依據説時先後、義理深淺等標準，判别、裁定各類佛教經典的地位、價值與意義。漢傳佛教教相判釋約有二十餘種，如南北朝時期，即有所謂“南三北七”的十家判教學説。在這些判教思想中，尤以天台、華嚴的判裁最爲著名。經録的分類與教相判釋，其實有著相同的目的，即如何將如來一代時教秩序化，故而二者之間有著較多的互動關係。如梁初的《衆經别録》，將經典分爲大乘經録、三乘通教録、三乘中大乘録、小乘經録及大小乘不判録，其“三乘通教”的分類標準，即來自南朝宋時慧觀“二教五時”的判教思想。再如明代末年，道開、寂曉、智旭皆以天台五時判教對佛教經典進行分類組織。以上皆是判教思想與經録分類之間互動關係的明證。

　　作爲一種異質文明、知識體系的佛教如何進入中華文化的知識體系，其實亦可由外典目録中佛教經典的位置反映出來。外典目録自晉《中經新簿》起，即著録佛教經典。南北朝時期，無論是王儉《七志》，還是阮孝緒《七録》，皆將佛典作爲外典附録單獨列出，并未納入中華書籍分類體系中，直至唐編《隋書·經籍志》，釋道二教之典籍，也仍附於四部典籍之外。隨著佛教的深入發展，與中華文化進一步互攝交融，佛教典籍最終進入中華書籍的分類體系之中。《舊唐書·經籍志》《新唐書·藝文志》改變了以往佛教經典作爲外典附録的六朝體制，將佛教典籍歸入“子部道家類”中。雖然將釋教典籍附於道家類中，於義未安，然而却昭示著佛教典籍開始進入中華文化知識體系中，佛教典籍在中華書籍分類體系中取得一席之地。宋代以後，佛教典籍又從子部道家中分離出來，獨立成爲“子部釋家”。至此，外在於中華知識與書籍分類體系的佛教典籍正式成爲中華知識體系的有機組成部分。可以説，佛教典籍在外典目録中位置的變化，正是佛教作爲外來文明一步步爲中華文化吸納、融攝的反映。

　　當我們的視角從經録所記載的具體典籍中抽離出來，將焦點聚集在經録的體制、結構、分類，以及各類經典的名稱演變、在經録中的位置時，我們看到的圖景將會發生很大的變化。當把"作爲文獻的經録"看成"作爲知識與思想的經録"時，我們的認識與視野也將會有很大的不同。從經録中，可以看出佛教學者、經録家知識興趣的轉移，可以看出他們知識的邊界與深度。同時，也可以在更爲廣闊的背景中，理解經録與佛教思想、經録與中華文化的互動交涉。

　　方廣錩先生曾言："經録絕非單純的佛經典籍的書單子，它是佛教傳播的集中反映，從中可以窺見佛教宗派的興衰、佛教思想的流傳、佛教勢力的消長、地區群衆的信仰、佛教經典的來源以及其他許多問題。"[1]誠哉斯言！佛教經録不是孤立的東西，它與佛教學其他分支學科之間有著深刻的聯繫。如佛教目録與佛教傳播的關係，[2]佛教目録學與佛教社會學的關係，[3]佛教目録與佛教思想學術的關係，[4]佛教目録與宗派興起的關係，[5]都是值得進一步探討的問題。佛教目録是在當時的佛教文化背景中產生發展起來的，是一個活生生的東西。只有將其與當時的佛教文化背景聯繫起來，纔可能深入理解這些看似孤立的、不相聯屬的一堆書籍之間真正的關聯。

三、關於本書

　　如前所述，我們可以從兩個不同的視角來看待經録，即"作爲文獻的經

1　方廣錩《敦煌佛教經録輯校·前言》，《敦煌佛教經録輯校》，第2頁。
2　如從流通目録中可以看出，佛教經籍是如何流通傳播的。
3　如佛教轉讀目録與功德思想之間的關係。
4　如通過對比各代佛教目録對同種學術著作的載録數量可以看出該學術之發達程度。
5　如對語録類著作出現與繁榮的目録學考察，可以看出禪宗的發達史。

録”和“作爲知識思想的經録”。在本研究中，筆者也力圖將文獻研究與文化闡釋結合起來，在文獻研究的基礎上，闡釋經録所蘊含的文化意義與價值。職是之故，本書分爲上、下兩編：上編分別從經録體制、分類，經録所記載的譯經情況及外典目録對佛教經籍的著録四個方面，闡釋經録所反映的知識興趣、知識邊界、知識深度的變化，以及經録與其他思想、文化之間的關聯。下編爲“經録考稿”，側重文獻的研究與歷史的考據。通過上、下兩編的設置，分別從文獻、文化兩個視角與層面對經録做較爲立體的考證、探討、研究與呈現。

上編嘗試從知識史、思想史、學術史、書籍史的角度理解佛教經録。此編共分四章，前兩章分別以經録的體制與分類爲主題，從歷時性的角度，論述佛教經録發展與佛教知識興趣、知識邊界的關係。第三章則從外典目録對佛教經典的收録與分判來看佛教經典如何進入中華知識體系。第四章則以宋代爲中心，由佛教經録的記載，考察佛教經典產生的場所——譯場的制度與組織。

第一章主要論述佛教經録的體制演進。本章對於佛教經録發展的分期，不採用過去常用的王朝模式，而以佛教經典的發展、經録體制演進爲分期標準。以晉道安《綜理衆經目録》、唐智昇《開元釋教録》和明寂曉《大明釋教彙目義門》三部經録爲分期標誌，將佛教經録的發展分爲四期：第一期爲道安之前，此期特點爲“從記録譯經到綜理衆經”；第二期爲東晉至盛唐，此期特點爲“從綜理衆經到大藏成立”；第三期爲中唐到晚明，此期的特點爲“藏經的刊刻、比勘與閱讀”；第四期爲晚明到近現代，此期的特點爲“多元的變創與開新”。

第二章主要論述佛教經録分類方式的演進。此章主要討論三個問題：一、經録分類標準的變化，認爲經録分類標準經歷了“據譯單重”“別分乘藏”“依義詮次”與“多軌並途”四個階段，顯示了經録分類標準由主要依據經典翻譯的外部特徵向主要依據經典性質體制，再主要依據經典内容的轉移變化過程。二、大乘經分類的演進，論述佛藏中最爲重要的組成部分——大乘經的分類變化。闡明大乘經的分類方式是怎樣由判析別生眷屬經，形成“因書設類”的般若、寶積、大集、華嚴、涅槃的“舊五部分經法”向以天台五時判教爲基礎的華嚴、方等、般若、法華、涅槃的“新五部分經法”及以唯識學爲基礎的“三乘道果分經法”演變的歷程。三、撰述類經典分類法演進的探討，論述了撰述類經典如何進入經録并成爲佛教典籍的重要組成部分，以及撰述類經典分類原則由“以人隸書”到“以類相從”的變化。

　　第三章主要論述外典目録對佛教經典的著録與分類。此章分三部分：第一節主要論述佛教典籍在外典目録中位置的變化。西晉時期，佛教經籍即已進入外典目録，然而歷南北朝直至唐代，佛教經典皆作爲外典目録的附録存在，至宋代方始變爲外典子部的一類。從“外典附録”到“子部釋家”，正顯示了作爲異質文明的佛教如何進入中華知識、書籍體系的過程。第二節探討外典目録對佛教典籍的分類。外典目録中的一些分類方式較有特點，如阮孝緒《七録》將佛教經典分爲戒律、禪定、智慧、疑似、論記五部，即與當時經録的分類頗有不同。而外典對於“撰述”類經典的分類，更爲詳明切實，反過來影響了佛教經録的分類。第三節主要論述外典目録對佛教經籍的整理，分別從撰小序、作解題、注版本三個方面，對外典目録整理佛教經籍的成就做了提點與概括。

　　第四章主要以宋代三部譯經目録爲資料，探討宋代的譯場制度。宋代三部經録《大中祥符法寶録》《景祐新修法寶録》及《天聖釋教總録》，特別是前兩部經録，對譯經的整個過程有詳細的記述，不僅詳列譯經之人，而且具録與譯經有關的詔令奏議，全面細緻地反映了宋代譯場的情況。此章以三部經録爲核心資料，結合其他文獻，從宋代譯經院的建制、譯經原本的語言與形制、譯經的程序與人員、譯經僧侣的獎顧四個方面，對宋代譯場、譯經進行了較爲全面的考察。

在下編中，筆者將經録依據體制分爲譯經目録、典藏目録、雕版大藏目録、解題目録、導學目録、流通目録、宗派目録、綜合目録、其他目録九類，并對古今現存、亡佚、未見的 167 種漢文佛教經録進行考證與解題，一一考其作者、作時、内容、存佚，并對其特點進行簡要評述。在這部分中，筆者在前人研究基礎上，主要做了如下工作：

一是早期經録真偽的判裁。早期佛教經録由於多已亡佚，故而對其内容真偽，前人多有爭論，未達成一致意見。筆者在前人考證基礎上，對《歷代三寶紀》中所載早期亡佚經録進行了進一步的考證。如對《古録》《舊録》的真偽問題，《趙録》的命名與作者問題，僧紹《華林佛殿衆經目録》、靈裕《譯經録》、《真諦録》等問題發表了自己的看法。

二是唐宋亡佚佛教經録的考證。唐宋是佛教經録衍變的重要時期，前輩學者對此期目録的研究關注較少，因此筆者對此期亡佚的約 20 種目録進行了初步的探研與考證。對佛寺典藏目録《義善寺録》《化度寺録》《一乘寺録》《西明寺録》，綜合目録《内典目録》《元豐法寶録》等進行了考證與探研。

三是近現代佛教經録的搜集與考索。近現代是佛教目録創變開新的重要階段，對此期目録，前人關注不多。筆者從各地圖書館、民國期刊文獻入手，對近現代佛教目録進行了比較全面的調查，發現了如南京圖書館所藏王昶《大藏聖教解題》，浙江省圖書館藏張采田《多伽羅香館所藏像教書目》、余重耀《鐵山居士所藏經目》，上海圖書館藏陳信行《藏餘佛學目録》及國家圖書館藏許國霖《佛學論文分類目録》稿本等一批珍貴而重要的佛教目録。

本書力圖從文獻、知識與思想三個方面，對漢文佛教經録做比較全面的研究，但由於所涉議題甚多，資料龐雜，筆者學識眼界有限，對於域外漢籍目録及域外佛教目録均未能涉及。補闕拾遺，只能姑俟異日了。

上編　經録研究

第一章
漢文佛教目録體制之演變

體制與分類，向爲目録學兩大支柱。[1]體制者，言目録著作如何結撰，内容如何呈現，即撰寫目録採用何種方式，以展現何種内容爲主。分類者，言撰録者秉何種標準，分判其所載録之經論著述。體制與分類確定，則目録之大體可知，職是之故，對於漢文佛教目録，兹先論其體制之變遷與特點，次論其分類之變革與演化。

若論佛教目録體制之演變，先需討論佛教目録之類型。前人對佛教目録之分類，多有論列。林屋友次郎《經録研究》先據經録之内容與形式，將經録分爲個人藏書目録、三藏翻譯目録、學者研究目録、特定寺院現藏目録、一切經目録。又據撰修方式，分爲敕撰録與私撰録；再據撰録目的，分爲代録與分類整理目録。[2]其分類標準多樣，分類也頗爲細緻。蘇晋仁將經録分爲綜合目録、個人譯經目録、斷代目録、通紀目録、地方目録、解題目録、勘同目録、藏經目録、傳記目録、寺廟藏經目録、滿藏文藏經漢文目録、梵文經目録、研究目録、流通目録。[3]分類之標準有語言、地域、時代、著者，分類已趨細密。方廣錩《敦煌佛教經録輯校》將經録分爲七類，即全國性經録、品次録、藏經録、點勘録、流通録、轉經録、配補録。注重以功用分類，

---

1 姚名達言其《中國目録學史》之編纂云："分類與編目爲目録學之兩大鉅輪，故首及之。"氏著《中國目録學年表導言》，商務印書館，1940年，第7頁。

2 林屋友次郎《經録研究·前篇》，第27—42頁。

3 蘇晋仁《佛教目録研究五題》，《佛學研究》2000年，第187—188頁。

比較符合敦煌經録之實際。[1]徐建華《中國歷代佛教目録分類瑣議》則從不同
角度對佛教目録予以分類：依編製目的，分爲譯經目録、藏經目録、雕版大
藏目録、讀經目録、出版目録；依内容，判爲分類目録、解題目録、讀書記
與辨僞目録；從著録佛教典籍簡繁，分爲足本目録、節本目録、簡本目録、
補充目録、重要經典目録、校勘目録、民族文字佛教典籍的漢譯目録等；從
修撰者角度，分爲個人私修目録、國家敕修目録、後人補編目録和外道僞造
的目録。[2]前人從不同角度對佛教目録進行分類，大有可觀，頗資參考。

　　本章旨在探討目録體制之演進，故依體式與内容，將經録分爲譯經目録、
典藏目録、雕版藏經目録、解題目録、舉要目録、宗派目録、流通目録、綜
合目録及其他目録九類。漢文佛教經籍之産生，端賴翻譯事業之進展。佛教
傳入之初，即有經典之翻譯。爲記録傳譯之時間、地點、譯主姓氏，遂有譯
經目録之發生。其録或記一人之傳譯，或録一代、一地之聲教。譯業漸興而
典籍趨繁，典籍之存藏與分類隨之而生，故有一寺、一國之典藏目録。存藏
必假分類，無分類則雜亂無序；存藏必依判裁，無判裁則真僞相混。職是之
故，則有綜理衆經之綜合目録産生。或辨別真僞，或分析乘藏，或繫其年月，
或詮品譯才，體制各別，各擅勝場。降及趙宋，中土譯事稍息，漢文佛典之
數量、分類之方式漸趨凝定。與此相應，目録學對譯事之探討、對典籍之分
類，遂讓位於藏經之刊布、閱讀、研習與流通，是故雕版藏經目録、補藏目
録與藏經之刊刻同時并起，蔚成大觀。而對藏經之解題，佛典之導讀，宗派
經典之舉要，皆爲藏經研習之成果，故有解題目録、導學目録、宗派目録同
時并興。而流通目録之興，爲經典之傳布助力匪小。總之，隨時代之變遷，
譯事之進展，漢文佛教目録由記録傳譯、分類整理經藏，逐漸轉變爲對經典

1　方廣錩《敦煌佛教經録輯校・前言》，第6—23頁。
2　徐建華《中國歷代佛教目録分類瑣議》，《傳統特色文獻整理與收藏研究》，國家圖書館出版社，
2010年。

的閱讀、研習與流通。

　　漢文佛教目錄體制之演進，若結合漢文佛典之翻譯、結集與發展，以唐智昇《開元釋教錄》爲標識，略可分爲兩個階段。[1]自朱士行《漢錄》至《開元釋教錄》爲第一期，此期佛教目錄重在漢文佛典的搜集、分類與整理；自《開元釋教錄》之後爲第二期，漢文佛教目錄的重心轉爲藏經的刊刻、研習與流通。若再作細分，第一期則以道安《綜理衆經目錄》爲界限劃爲二期，前期重在記錄譯人、譯事，後期重在綜理衆經，實現了佛教目錄由記錄爲主到以分類、判裁爲主的轉變。《開元釋教錄》之後佛教目錄體制的演進，也可分爲二期。前期由盛唐至晚明，重在藏經的刊刻、閱讀、勘同、解題；後期由晚明至近現代，此期佛教目錄出現了許多新的體式與特點，而分類的探討又重新成爲佛教目錄學的重要議題。姚名達言："漢唐之間，作佛錄者數十家，皆僅明名數，未志內容。猶之佛學，僅汲汲於翻譯，未暇於研究耳……及譯事既畢，研究方興，目錄之功，亦由外而深入內部。"[2]抓住了漢文佛教目錄發展的趨勢性特點。茲列圖表如下（圖表 1），以清眉目。

圖表 1：漢文佛教目錄體制演進示意圖

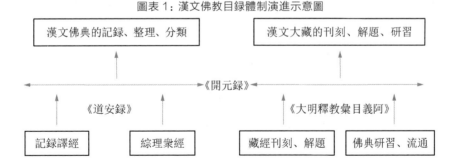

<hr />

　　1 蘇晋仁將佛教目錄發展分爲四期：兩晋爲創始階段，南北朝爲完備階段，隋唐爲發展大成階段，宋元明清爲演變階段。徐建華則分爲三階段：一爲記錄、整理譯經階段——魏晋南北朝；二爲記錄入藏階段——隋唐五代；三爲讀藏階段——宋至清。

　　2 姚名達《中國目錄學史》，第 248 頁。

第一節　從記録譯經到綜理衆經——道安之前
佛教目録體制之演變

　　兩漢之際，佛教傳入中土，後漢之時，始有佛典之譯傳。來華之胡梵僧人與中土居士皆以譯經爲第一要務。而隨經典傳譯漸多，則需記録翻譯之時、地與譯主之姓氏，以證其經淵源有自。同時，若無記録，則何經已翻，何經未譯，皆不易了知。職此之故，譯經目録因時而興。最早之譯經録，據《歷代三寶紀》之記載，爲《古》《舊》二録，然據今人之考證，此二録實爲晋人所撰，未爲久遠。故若言最早之譯經録，實當推朱士行所撰《漢録》。

　　士行，潁川（今河南許昌東北）人。曾於魏甘露二年（257）在洛陽講説《道行般若經》，後覺此經文句簡略，義有格礙，遂於甘露五年（260）至于闐，搜求梵胡之本。後果求得，遂令弟子將回。而士行遂留于闐，太康三年（282）示寂，世壽八十。《出三藏記集》稱：士行“常謂入道資慧，故專務經典”。[1]可知朱士行對於佛教典籍多所措意，正因對當時所傳漢文典籍多致不滿，方有西域之行。《漢録》已佚，然據《歷代三寶紀》所引，可知《漢録》所載，爲朱士行以前東漢之譯經。故筆者懸測其或爲士行西行前爲求法預做準備，梳理當時已譯之經典，故撰有此録。[2]

　　士行之後，撰作譯經目録者，有竺法護、聶承遠、聶道真師徒。竺法護爲鳩摩羅什入華之前最重要之譯師，對佛教傳譯勞績甚著。聶承遠、聶道真父子，皆爲西晋譯經居士，同參竺法護之譯席。竺法護示寂後，道真繼續傳譯工作。據《歷代三寶紀》以來之經録，皆載竺法護撰有《衆經目録》一

---

　　[1] 僧祐撰，蘇晋仁、蕭鍊子點校《出三藏記集》卷十三，第515頁。
　　[2] 對於最早之經録，前人觀點不同，據筆者考證，當以朱士行《漢録》爲最早。具體考證及諸家觀點，見本書下編《經録考稿》“朱士行漢録”條。

卷，聶道真亦撰有《衆經目録》及《聶道真録》。然此三録關係究竟如何，是同書異名，還是實有三書？此録爲專記竺法護之譯經，或記録一代之譯經？因資料闕失，頗難論斷。[1]然竺法護、聶氏父子撰有經録則爲不爭之事實。

竺法護之後，撰作譯經録者，有道安弟子釋僧叡。僧叡，初事道安。後於長安參與鳩摩羅什譯場，與道生、僧肇、道融并稱爲羅什四大弟子。羅什出經，多由僧叡製序以闡明經義及譯經之經過，對羅什譯經多有補益。僧叡所撰經録爲《二秦衆經録目》，由《歷代三寶紀》之徵引來看，《二秦録》主要記載符、姚二秦時期之譯人譯經。計有曇摩蜱、曇摩難提、僧伽提婆、竺佛念、弗若多羅、佛馱耶舍等人，其中記載最多者爲鳩摩羅什之譯經。

朱士行、竺法護，聶承遠、聶道真父子及僧叡所撰經録雖佚，然從後世徵引來看，其録或記一人，或録一代，或志一地，皆爲譯經之記録。至釋道安崛起於東晉，始綜理衆經，詮品譯才，記失譯，辨真僞，開啓綜合佛教目録之撰作，漢文佛教目録的重心也由單純記録譯人譯經轉向對佛教衆經的整理與判裁。

道安《綜理衆經目録》對漢文佛教目録體制的發展有如下貢獻：

第一，依據經典之性質、特點，對群經進行分類判裁。依據《出三藏記集》載，道安《綜理衆經目録》將當時所流傳搜集之經典分爲七類，即經論、失譯經、涼土異經、關中異經、古異經、[2]疑經、注經及雜經。其中涼土異經、關中異經、古異經三類皆屬異經，僅是依據出經地點與時代進行的二級分類。如此，道安《綜理衆經目録》所分之七類實可并爲五種，即有譯經、失譯經、異經、疑經及注經。其中無譯人之失譯經、來歷不明之疑經及對佛典進行解釋的注經三類，爲後世佛教目録所繼承。

---

1 關於三録之關係及近人之研究，參本書下編《經録考稿》"竺法護録""聶道真録"條。
2《出三藏記集》中"古異經録"在"失譯經""涼土異經録"及"關中異經録"之前，然據僧祐序言："安公觀其古異，編之於末；祐推其歲遠，列之于首。"可知"古異"一録在《綜理衆經目録》中應居其他類目之後。

第二，依據所譯經典，對譯人的翻譯水平、風格進行評價。部分評論尚保存在《出三藏記集》"序列傳"中。如"安玄傳"所附"嚴佛調""康孟詳"傳：

> 安公稱："佛調出經，省而不煩，全本妙巧。"
> 安公稱："孟詳出經，奕奕流便，足騰玄趣。"[1]

此二例，即是《綜理衆經目録》對嚴佛調、康孟詳譯經風格的評述，亦即僧祐所言"銓品譯才"的部分。後敦煌本《衆經別録》於譯人、譯經之下標列"文""質""文質均"等評述，或是受道安《綜理衆經目録》之影響。

道安搜集、整理經典，撰寫佛經目録，將此前流布各地的佛教經典結集一處，并加以判裁條理，爲此後佛教經典的綜理奠下基礎。《綜理衆經目録》一方面對經典進行分類，另一方面對譯人譯事進行評述。對佛典分類的探討與對譯人譯事的關注成爲後世綜合目録致力的兩個方向。

綜上所述，佛教初傳，經典傳譯爲第一要務，故記録經典翻傳之譯經録隨之産生。譯經録或記一人，或記一地，以忠實記録爲主，鮮少分析判裁。及至東晉，經典傳譯稍廣，積累日多，對佛教經典進行分類整理，使之條理化、秩序化，乃勢所必然。道安《綜理衆經目録》依據性質將佛教經典"炳然區分"，標誌著佛教經録由記録經典傳譯向整理分判經典轉向。

第二節　從綜理衆經到大藏成立——東晉至盛唐佛教目録體制之演變

南北朝隋唐爲中國佛教異彩紛呈、繁榮發展的重要時期，漢文佛教典籍

1　僧祐撰，蘇晉仁、蕭鍊子點校《出三藏記集》卷十三，第512頁。

的翻譯、撰作、結集、流傳也進入一個全面勃興的階段。這一時期，鳩摩羅
什、曇無讖、佛陀跋陀羅、曇摩難提、求那跋陀羅、菩提流支、真諦等大譯
師紛紛來華，而法顯、玄奘等中國高僧遠行西竺，國家譯場建立，譯經程序
日密，佛經翻譯事業如杲日之麗天。經、律、論三藏漸趨齊備，大小乘經籍
日益增廣。與此同時，中土僧俗對佛經的研習、解説、疏解、抄寫也蔚爲大
觀。至齊梁時代，中土僧俗對佛經的注疏作品大量出現，同時，中土僧俗撰
集的佛教著作也頗爲繁盛。特別是三論、天台、賢首、律宗諸派興起，或判
析教乘、或解釋經典、或闡揚律部、或撰述傳記，於經、律、論三藏之外形
成了中土撰述一類。而南北朝隋唐諸帝，類皆護持佛法，其中如梁代諸帝，
隋代文、煬二帝，唐代太宗、高宗、武后，更是修寺建廟，供養高僧，度衆
出家，抄經寫藏。佛教經籍與研習經籍之人才共生并長，道由人弘，法待緣
顯，人法俱備，故佛教典籍之搜集與研求，遂開出前所未有之局面。譯傳繁
盛，著述漸暢，抄藏寫經，此三事爲此期佛教目録學之發展奠定了基礎，注
入了活力。

　　南北朝隋唐，漢文佛教目録體制發展取得了輝煌的成就，主要表現爲
兩個方面：一爲典藏目録勃興。此期由於在上者之倡導與在下者之力行，
在功德思想、末法意識的共同推動下，搜集、抄寫藏經成一時風氣，宮
廷、寺院皆致力於佛藏之抄集。以宮廷、寺院的典藏爲基礎，歷代高僧
大德辨真僞、析類目，撰作了諸多的典藏目録。二爲綜合目録成熟。經
籍的齊備與典藏的豐富也爲綜合目録撰作創造了條件，僧祐、費長房、
道宣、智昇諸賢遂得以優游講習，舒華布實，使得綜合目録的體制日趨
完善。

　　典藏目録與綜合目録對於經典整理的側重稍有不同，典藏目録特重分類
與辨僞，而綜合目録於考訂、辨僞、分類之外，對歷朝佛法、譯人事迹、譯
事制度等多有詳細記述。職是之故，經籍分類之探索、經典真僞之考辨與譯

事譯人之記述成爲此期佛教目録學的三大主題。[1]

一、典藏目録勃興

南北朝隋唐時代，由於帝王支持，在功德思想與末法意識的雙重影響之下，抄經結藏成一時風潮，宮廷、寺院皆有藏經之抄集與存藏，[2]於是典藏目録適時而興。典藏目録依據收藏機構，可分爲寺廟所藏與宮廷國家所藏兩類。

（一）國家典藏與敕修目録

南北朝隋唐時代，國家、宮廷多有經藏之收藏。如梁武帝華林園之寶雲經藏、隋煬帝江都之寶臺經藏、唐内苑德業寺之經藏，尤爲其中最著者。而歷代帝王也多有命高僧大德依據國家、宮廷所藏撰作目録者。如北朝有北魏李廓所撰《元魏衆經目録》、北齊法上所撰《齊世衆經目録》，而南朝則有梁武帝時代僧紹、寶唱所撰之經録。

《元魏衆經目録》爲北魏宣武帝永平年間，李廓奉敕修撰。李廓，洛陽人，生平不詳。其人學通内外，條貫經論，曾助菩提流支翻譯經論，爲筆受之職。《歷代三寶紀》卷十五載《魏世衆經録目》細目：計有大乘經目録、大乘論目録、大乘經子注目録、大乘未譯經論目録；小乘經律目録、小乘論目録；有目未得經目録；非真經目録、非真論目録、全非經愚人妄稱目録十類，

1　梁啓超《佛家經録在中國目録學之位置》言：“經録之學，至隋而殆已大成，綜其流別，可分兩派：其一，專注重分類及真僞，自僧祐、李廓以下皆是，至隋法經集其成，入唐則静泰、明佺衍其緒。其二，專注重年代及譯人，竺道祖以下凡以朝代冠録名者皆是，至隋費長房集大成，入唐則靖邁衍其緒。”（《佛學研究十八篇》，第353頁）已敏銳指出南北朝經録一重分類真僞，一重譯人年代的兩大流派。

2　據法琳《辯正論·十代奉佛》之記載：梁簡文帝刺血自書《般若》十部，陳武帝寫一切經一十二藏，陳文帝寫五十藏經，陳宣帝寫十二藏經。頗可見當時抄集經藏之情狀。《辯正論》卷三，《大正藏》第52册，第503頁。

記載典籍 427 部 2 053 卷。[1]《李廓録》雖分十條，實可約爲三類，即大小乘經律論（前六類）、闕本（第七類）、疑僞（後三類）。《李廓録》將佛教典籍按大小乘、經律論分類，開啓了後世"乘藏分類法"的先河，在佛典分類上卓有貢獻。

北齊後主武平年間（570—575），由法上所撰《齊世衆經目録》收經 787 部 2 334 卷，據《歷代三寶紀》記載，其分類有：雜藏録、修多羅録、毗尼録、阿毗曇録、別録、衆經抄録、集録、人作録。其中修多羅即經，毗尼即律，阿毗曇即論，集録當爲中土人士之撰作，而人作録即是後人妄作之疑僞經。與《李廓録》先分大小乘，後分經律論不同，《齊世衆經目録》主要依經、律、論三藏分經。

梁武帝時代曾兩撰國家經録，一爲僧紹所撰《華林佛殿衆經目録》，二爲寶唱所撰《梁世衆經目録》。僧紹，生卒年不詳，僧柔（431—494）弟子，嘗住安樂寺。武帝天監十四年（515），奉敕編集《華林佛殿衆經目録》四卷。華林園爲南朝諸帝後庭游宴之所，至梁武帝大崇釋氏，常於此接納僧衆，講經説法。華林園又設有寶雲經藏，抄寫佛經。阮孝緒《七録序》曾云：梁世"華林園又集釋氏經論"。[2]僧紹所撰目録久佚，内容不可詳知。據《歷代三寶紀》："紹略取祐《三藏集記》目録，分爲四色，餘增減之。"[3]可知此録乃是據僧祐《出三藏記集》改寫而成，其中之"四色"，或即是《祐録》之四科：撰緣記、銓名録、總經序、述列傳。僧紹之作祖述僧祐，爲武帝所不取，故三年之後，亦即天監十七年（518），又命寶唱撰作經録。

寶唱，生卒年不詳，吳郡（今江蘇蘇州）人，俗姓岑。十八歲依僧祐出家，遍學經律，後住莊嚴寺。梁武帝天監四年（505）入京，奉敕住新安寺，

1　費長房《歷代三寶紀》卷十五，《大正藏》第 49 册，第 126 頁。

2　道宣《廣弘明集》卷三，《大正藏》第 52 册，第 109 頁。

3　費長房《歷代三寶紀》卷十一，《大正藏》第 49 册，第 99 頁。

參與僧旻《衆經要抄》、僧朗《注大般涅槃經》及智藏《義林》等書之撰作。亦曾參與僧伽婆羅譯場，爲筆受之職。《歷代三寶紀》載："至（天監）十四年，又敕沙門僧紹，撰《華林佛殿衆經目録》四卷，猶以未委。至十七年，又敕沙門寶唱，更撰經目四卷，顯有無譯，證真僞經，凡十七科，頗爲覼縷。"[1]據《歷代三寶紀》記載，《寶唱録》收經 1 433 部 3 741 卷。分爲大乘、小乘、先異譯經、禪經、戒律、疑經、注經、數論、義記、隨事別名、隨事共名、譬喻、佛名、神咒等類。其中大小乘下，又分爲有譯、失譯。

從上述可以看出，南北朝國家典藏或奉敕修撰的經録，在經典分類方面做出了許多有益的探索，以大小乘、經律論分判經典的"乘藏分類法"逐漸出現并走向成熟。

降及隋代，天下一統，南北融合，文、煬二帝又皆對佛教懷有熱誠之態度，於佛教經藏製作多所著意。文帝在位，寫經 46 藏，132 086 卷，修故經 3 853 部。煬帝在位，修故經，寫新經 612 藏，29 173 部。[2]這些舉措無疑刺激了僧俗兩界研討佛教經籍的熱情。隋代奉敕修撰之經録有三部，即法經《大隋衆經目録》、彦琮《隋仁壽年内典録》及智果《寶臺四法藏目録》。

文帝開皇十四年（594），法經等人奉敕撰成《大隋衆經目録》七卷。法經，生平不詳。據道宣《續高僧傳》載，法經曾與僧休、洪遵、慧遠、法粲等人同爲隋代之十大德。[3]又據《佛祖統紀》載，開皇五年，法經曾於大興殿爲文帝授菩薩戒。[4]由此皆可見出法經在隋代地位之高。《大隋衆經目録》末載法經上表曰：

　　大興善寺翻經衆沙門法經等敬白皇帝大檀越：去五月十日，太常卿牛

1　費長房《歷代三寶紀》卷十一，《大正藏》第 49 册，第 94 頁。
2　法琳《辯正論》卷三，《大正藏》第 52 册，第 508—509 頁。
3　道宣撰，郭紹林點校《續高僧傳》卷二，中華書局，2014 年，第 40 頁。
4　志磐撰，釋道法校注《佛祖統紀校注》卷四十，上海古籍出版社，2012 年，第 895 頁。

弘奉敕須撰《衆經目録》，經等謹即修撰。總計衆經合有二千二百五十七部，五千三百一十卷。凡爲七卷：別録六卷，總録一卷。……位爲九録，區别品類，有四十二分。九：初六録三十六分，略示經律三藏大小之殊，粗顯傳譯是非真僞之别；後之三録集傳記注，前三分者，並是西域聖賢所撰，以非三藏正經，故爲別録。後之三分，並是此方名德所修，雖不類西域所製，莫非毗贊正經，發明宗教，光輝前緒，開進後學，故兼載焉。[1]

序中所言之牛弘，曾於開皇初年上訪書之策，開皇四年，又撰成隋代《四部目録》，一生熱心於圖書事業。而法經等撰《大隋衆經目録》，亦爲牛弘之倡導。據上引此録之分類，有九録四十二分。前六録先分經、律、論，再分大小乘，再分爲一譯、異譯、失譯、别生、疑惑、僞妄。後三録收録撰述類佛典，先分爲撰集、傳記、著述，再分西土、此方，分類頗爲詳悉。

文帝仁壽二年（602），又命彦琮等人修撰經録，即《隋仁壽年内典録》。彦琮（557—610），趙郡（今河北邢臺）人，俗姓李。歷北齊、北周，學通内外。入隋之後，與陸彦師、薛道衡等人合著《内典文會集》。開皇十二年（592）奉敕入京，掌翻譯，住大興善寺。大業二年（606），敕住洛陽上林園翻經館。彦琮嫻於梵語，曾助那連提黎耶舍、闍那崛多等人翻經，并爲多種譯經製序。又曾整理林邑國所獻千餘部佛經，撰成《崑崙經録》。《隋仁壽年内典録》前有序，詳述撰録之因由與過程：

佛法東行，年代已遠，梵經西至，流布漸多。舊來正典，並由翻出，近遭亂世，頗失原起。前寫後譯，質文不同；一經數本，增減亦異。致

---

1 法經《衆經目録》卷七，《大正藏》第55册，第148—149頁。

使凡人得容妄造，或私採要事，更立別名；或輒搆餘辭，仍取真號。或
論作經稱，疏爲論目，大小交雜，是非共混。流溢不歸，因循未
定。……皇帝深崇三寶，洞明五乘，降敕所司，請興善寺大德與翻經沙
門及學士等，披檢法藏，詳定經録。隨類區辯，總爲五分：單本第一、
重翻第二、別生第三、賢聖集傳第四、疑僞第五。[1]

作序者認爲經來漸多，翻傳不同，質文互異，品類增減。又加以後人僞造，
抄集亂經，致使經藏大小交雜，是非共混，故需重加校定編撰，彦琮諸人受
命披檢詳定。此録分爲單本、重翻、別生、集傳、疑僞五類。單本、重翻之
下，又分大小乘。

開皇九年（589）平陳，楊廣收拾東南殘經，建立寶臺經藏。[2]大業年間，
命沙門智果依據寶臺經藏，於東都内道場撰寫經目，即《寶臺四法藏目録》
一百卷。《隋書·經籍志》載："大業時，又令沙門智果，於東都内道場，撰
諸經目，分別條貫，以佛所説經爲三部：一曰大乘，二曰小乘，三曰雜經。
其餘似後人假托爲之者，別爲一部，謂之疑經。又有菩薩及諸深解奧義、贊
明佛理者，名之爲論，及戒律并有大、小及中三部之別。又所學者，録其當
時行事，名之爲記。凡十一種。"[3]可知此録分經、論、律、記四部，經、律、
論下又各分大、小、中三乘。

唐代國家典藏及奉敕修撰的經録主要有玄琬《唐衆經目録》、明佺《大

<hr>

1　彦琮《衆經目録》卷一，《大正藏》第55冊，第150頁。
2　道宣《廣弘明集》卷二十二載有隋煬帝《寶臺經藏願文》，其文云："仰惟如來應世，聲教被物。
愍懃微密，結集法藏。帝釋輪王，既被付囑；菩薩聲聞，得楊大化。度脱無量，以迄于今。至尊拯溺百
王，混一四海。平陳之日，道俗無虧。而東南愚民，餘燼相煽。爰受廟略，重清海濱，役不勞師，以時寧
復。深慮靈像尊經，多同煨燼；結蟉繩墨，湮滅溝渠。是以遠命衆軍，隨方收聚，未及期月，輕舟總至。
乃命學司，依名次録，并延道場義府覃思，證明所由。用意推比，多得本類。莊嚴修葺，其舊惟新。寶臺
四藏，將十萬軸。因發弘誓，永campaign流通。"（《大正藏》第52冊，第257頁）
3　魏徵等《隋書》卷三十五，中華書局，1973年，第1099頁。

周刊定衆經目録》。貞觀五年（631），唐太宗命玄琬諸人於苑内德業寺爲皇后抄寫藏經，并撰成《唐衆經目録》五卷。玄琬（562—636），本弘農華陰（今陝西華陰）人，後遷居雍州新豐（今陝西渭南），俗姓楊。十五歲出家，從曇延受具足戒，從洪遵學《四分律》，更就曇遷學《攝論》。貞觀初年，朝廷詔師爲太子諸王授菩薩戒，并造普光寺以安之。玄琬善於講説，長於著述，與當時重臣如蕭瑀、蕭璟、李百藥、杜如晦、杜正倫皆有往還。玄琬一生熱心佛教文化事業，《續高僧傳》本傳稱其曾於隋代，“又造經四藏，備盡莊嚴，諸有繕寫，皆資本據”。[1]足見其對藏經事業素有講求。

　　貞觀五年，玄琬奉敕爲皇后製作經藏。鑒於周武滅法以來，經籍散亂，玄琬乃率僧衆對經藏進行校刊，本傳云：“自周季滅法，隋朝再興，傳度法本，但存卷裏。至於尋檢文理，取會多乖。乃結義學沙門讎勘正則，其有詞旨不通者並諮而取決。故得法寶無濫於疑僞，迷悟有分於本末。綱領貞明，自琬始也。”[2]道宣《大唐内典録》亦稱：“琬欲澄一文義，該貫後賢，乃集達解名德三十餘人，親面綜括，披尋詞理。經延歲序，方乃究竟。即寫净本，以爲法寶正則。故方隅道俗，欲寫藏經，皆就傳本以爲楷准。”[3]從中可以見出道宣對玄琬所撰經録多有褒獎，天下造藏以玄琬之傳本爲“楷准”，也足見其影響之大。此録爲《大唐内典録》所徵引，名爲《唐舊録》，[4]然不久即亡佚。智昇《開元釋教録》卷十《唐衆經目録》下注：“右《内典録》中引用，云《唐舊録》，未見其本。”[5]可知在智昇時代，此録已亡佚不傳了。

　　武周天册萬歲元年（695），明佺等人又奉詔修撰《大周刊定衆經目録》。此録後詳列刊定經録之人：由明佺總領其事，其下有“部檢校刊定經目録及

1　道宣撰，郭紹林點校《續高僧傳》卷二十三，第862頁。

2　道宣撰，郭紹林點校《續高僧傳》卷二十三，第863頁。

3　道宣《大唐内典録》卷五，《大正藏》第55册，第281頁。

4　道宣《大唐内典録》卷三《入大乘論》下注曰：“見《唐舊録》。”（《大正藏》第55册，第256頁）

5　智昇撰，富世平點校《開元釋教録》卷十，中華書局，2018年，第588頁。

經真偽"者福光寺道夐；"刊定真偽經"者有福慶、思言、曇懿等五人；"校定經目"者有智方、明遠、法沖、雲璲、承祚等四十四人；檢校僧有崇業、慧澄；參與此次校訂的翻經大德有玄疑、文徹、玄範、德感、神英、菩提留志、寶思惟等十八人。[1]編校陣容可謂强大。此録共十四卷，後附《偽經目録》一卷，共收經3 616部8 641卷。分爲大乘單譯、大乘重譯、大乘律、大乘論；小乘單譯、小乘重譯、小乘律論；賢聖集傳；大小乘失譯，大小乘闕本；見定入藏流行目及偽經目録。可見此録乃先分大小乘及聖賢集傳，而在大小乘下再分經律論，最末收失譯、闕本、偽經及入藏録。

綜上所述，自南北朝以來，歷代帝王重視佛經之搜集，而國家、宮廷也多有藏經之存藏。奉敕編撰之目録，多以國家、宮廷所藏之經藏爲基礎，加以辨別分析。此類國家、宮廷典籍目録或奉敕修撰的經目，類皆重於經典本身的整理、分類，分類方式也多採用大小乘、經律論的"乘藏分經法"，爲漢文佛典的分類做出了有益的實踐與貢獻。

（二）寺廟典藏目録

此一時期，除國家、宮廷收有經藏，撰有目録外，各地寺院也多有藏經之收藏，且有藏目之製作。梁之定林寺，陳之大乘寺，隋之一乘寺，唐之西明寺、大敬愛寺，皆爲佛典之淵藪，亦皆曾撰有目録。因其時藏經類係抄集，故而各地所藏多寡種類皆有不同，需撰修目録以記載該寺所藏藏經之情況。宋代以後，雕版大藏流行，寺院所存藏經趨於統一，寺院典藏目録與藏經目録合而爲一，日見衰息。

今日可知南北朝時期之寺院典藏目録，計有梁《定林寺經藏目録》、《陳朝大乘寺藏録》及陳隋之際的《一乘寺藏衆經目録》。《定林寺經藏目録》爲

---

1 明佺《大周刊定衆經目録》卷十五，《大正藏》第55册，第475—476頁。

僧祐、劉勰撰於齊東昏侯永元元年至梁天監初年（499—505）。定林寺爲齊梁兩代之佛教重鎮，高僧如僧遠、僧柔、法獻、僧祐等皆居此寺，而王侯文士如蕭子良、蕭宏、蕭偉、何點、周顒、張融諸人皆往來其間。其寺富有經藏，據《出三藏記集》之記載，[1]及湯用彤先生之考證：定林寺有兩經藏，一爲齊世之大雲邑經藏，一爲梁世臨川王蕭宏所造之藏。[2]而劉勰、僧祐所撰《定林寺經藏目錄》當據大雲邑經藏撰作。[3]《陳朝大乘寺藏錄》見於《開元釋教錄》所引，其書卷十載："又有《陳朝大乘寺藏錄》四卷，並不知何人製作。"[4]可知智昇時代，此錄尚存。而陳隋之際的《一乘寺藏衆經目錄》，見於《歷代三寶紀》之徵引。[5]唐許嵩《建康實錄》載："（大同）三年……冬，地大震，年饑，置一乘寺。西北去縣六里，邵陵王綸造，在丹楊縣之左，隔邸，舊開東門，門對寺。梁末賊起，遂延燒至。陳尚書令江總捨書堂於寺，今之堂是也。"[6]可知此寺初建於梁武帝大同三年（537），梁末毀，至陳江總復捨書堂爲寺。《一乘寺藏衆經目錄》當即此寺所藏經藏之目錄。

隋唐時代寺廟典藏目錄見於前人徵引者甚夥，如明佺《大周刊定衆經目錄》曾引及《真寂寺錄》《化度寺錄》。據宋敏求《長安志》載："南門之東化度寺，本真寂寺。隋尚書左僕射齊國公高熲宅，開皇三年，熲捨宅奏立爲寺。武德二年改化度寺，寺中有無盡藏院。"[7]可知真寂寺與化度寺本爲一寺，唐武德二年（619）之前名"真寂寺"，其後改名"化度寺"。真寂寺爲高熲於開皇三年（583）所立，爲隋代三階教之著名寺院。據《續高僧傳》載，

1 僧祐撰，蘇晉仁、蕭錬子點校《出三藏記集》卷十二，第488頁。僧祐《法苑雜緣原始集目錄》中載有：《定林上寺建般若臺大雲邑造經藏記》《定林上寺太尉臨川王造鎮經藏記》。

2 湯用彤《漢魏兩晉南北朝佛教史》，北京大學出版社，1998年，第419頁。

3 具體考證，參《經錄考稿》"定林寺錄"條。

4 智昇撰，富世平點校《開元釋教錄》卷十，第588頁。

5 費長房《歷代三寶紀》卷九，《大正藏》第49冊，第88頁。

6 許嵩撰，張忱石點校《建康實錄》卷十七，中華書局，1986年，第686頁。

7 宋敏求《長安志》卷十，《宋元方志叢刊》第1冊，中華書局，1990年，第129頁。

三階教之信行、僧邕、信義都曾住此寺。既然真寂寺與化度寺本是一寺，那麼二録間之關係如何？筆者認爲，既然二録皆爲《大周録》所徵引，而二録之成也距《大周録》成書不遠，如是一録，《大周録》則不必分別引述，故可知二録雖然爲同一寺廟藏經之記録，然分別成書，當無可疑。

除此之外，《大周刊定衆經目録》尚引及《義善寺録》《福林寺録》與《玄法寺録》。義善寺位於京兆東南杜光村，隋爲義善寺，至唐貞觀十九年，改爲杜光寺。福林寺爲長安寺廟，原爲隋律藏寺，唐武德元年改爲太原寺，咸亨三年又改福林寺。玄法寺在長安安邑坊，原爲張頻之宅，後捨爲僧寺。據《寺塔記》記述其規模相當宏大，有金銅像十萬軀。且有虞世南、顔真卿諸人手迹。《大周録》所引，當即此三寺經藏之目録。[1]

唐代寺廟藏經目録最著者，當屬道宣所撰《西明寺録》、静泰所撰《大唐東京大敬愛寺一切經論目》。《西明寺録》，又稱《大唐京師西明寺所寫正翻經律論宗乘傳》，乃長安西明寺藏經之目録。初唐名僧雲集之寺院首推慈恩寺、弘福寺與西明寺。西明寺位於長安延康坊西南隅。據宋敏求《長安志》載，此寺原爲隋尚書令越國公楊素宅，大業中素子玄感謀反，被誅。宅被没官。唐武德中爲萬春公主宅，貞觀中又賜濮王秦。秦薨後，立爲寺。高宗顯慶元年（656）爲孝敬太子祈福，立爲西明寺。大中六年改爲福壽寺。[2]玄奘法師曾譯經於此。西明寺經藏爲顯慶四年奉敕所寫，其中不僅有過去之譯經，且含有玄奘譯經一十五部。道宣即據西明寺寫經編撰《西明寺録》，并以之爲基礎，撰作了《大唐内典録》。《西明寺録》雖佚，然據後人記述，可知此録最大特點是載録了大量中土僧人之著述。

西明寺爲高宗爲孝敬太子李弘祈福所建，在西京長安。而李弘也爲高宗、武后於東都洛陽建寺祈福，所建寺院爲"大敬愛寺"。據《唐會要·議釋教

1　關於此數寺廟之考證，見《經録考稿》相關條目，此不贅述。

2　宋敏求《長安志》卷十，《宋元方志叢刊》第1册，第126頁。

下》："敬愛寺。懷仁坊，顯慶二年，孝敬在春宮，爲高宗、武太后立之，以敬愛寺爲名。制度與西明寺同。天授二年，改爲佛授記寺，其後又改爲敬愛寺。"[1]《法苑珠林》載："顯慶之際……又出詔爲皇太子西京造西明寺。因幸東都，即於洛下又造敬愛寺，寺別用錢各過二十萬貫。寺宇堂殿，尊像旛華，妙極天仙，巧窮神鬼。"[2]皆可見出東都大敬愛寺與西都西明寺同樣制度宏麗。

　　李弘於東都建敬愛寺，又於龍朔、麟德之際（663—664）令抄寫藏經，而此録即爲此藏之目録。西明寺爲唐高宗爲李弘所建寺廟，而敬愛寺爲李弘爲高宗所建，其規制既依西明，而此時西明寺經藏已完成，故此藏當依西明寺藏經抄寫。然則此録所收經籍與西明寺又有不同。一爲增加，即增加玄奘譯經六十部。二爲減損，《西明寺録》收録大量中土著述（即所謂雜藏者），而此録"請袪雜藏"，即不載中土著述。

　　南北朝至隋唐，由於皇家、豪族的支持，長安、洛陽、鄴都、金陵、揚州等地的寺廟得以發展繁榮，抄集、保存經藏成爲寺廟文化建設的重要組成部分。高僧大德積極奔走化募，建立經藏，典藏書籍，使寺院成爲各地重要的文化中心，不僅吸引僧人讀藏，也爲士人讀書提供了條件。[3]與此同時，習業山林的士人與修道寺院的高僧研習經典，整理經藏，創作了不少寺院典藏目録。雖然這些寺院典藏目録後來大多亡佚，然而從後世經録所引，我們仍可以看出當時佛教目録創作的繁榮景象。

二、綜合目録日趨成熟

　　記録譯經譯人的"譯經目録"與著録典籍存藏的"典藏目録"是早期佛

1　王溥《唐會要》卷四十八，中華書局，1955 年，第 848 頁。

2　道世撰，周叔迦、蘇晉仁校注《法苑珠林校注》卷一百，中華書局，2003 年，第 2898 頁。

3　士人讀書寺院之情況，參嚴耕望《唐人習業山林寺院之風尚》，《嚴耕望史學論文選集》，中華書局，2006 年，第 232—271 頁。

教目錄發展的兩大派別。譯經目錄重視譯人、譯事、譯經時地的記錄與考證；典藏目錄則更爲重視典籍本身真僞的考訂與分類的判析。將二者結合起來，將譯人譯經之記載與典籍之考訂分類融爲一體，便産生了佛教綜合目錄。道安《綜理衆經目錄》一方面“炳然區分”，探索經籍的分類；一方面“銓品譯才”，記錄評價譯人。便是這一趨勢的證明。

　　至梁代，僧祐“私淑安公”“遙續安録”，撰作《出三藏記集》，將分類考訂與記錄譯人譯事更加緊密地結合起來。僧祐（445—518），爲齊梁時代著名高僧，俗姓俞氏，原籍彭城下邳（今江蘇邳州），父世移居建業（今江蘇南京）。幼年即從建初寺僧範出家，十四歲，師事定林寺法達。受具足戒後，師從律學名匠法穎，精研戒律，又曾師從法獻學習薩婆多部之《十誦律》，遂成一代律學名家。僧祐以律學名家，其禪學也淵源有自。其師法達，曾受學於曇摩蜜多，蜜多曾以“大禪師”而知名於世。[1]僧祐於齊梁兩代，備受推崇，晚年病足，武帝特許乘輿入内殿，足見地位之尊。僧祐又精於修造，當時造像建寺，多所顧問。除禪、律之學外，僧祐於佛教文史之學用力甚勤，著作甚豐，貢獻巨大。

　　據蘇晋仁之考證，《出三藏記集》原爲十卷，撰成於齊代，入梁之後，不斷增益，直至僧祐圓寂之前，方始定稿。僧祐《出三藏記集序》曾言此書之内容：“一撰緣記，二銓名録，三總經序，四述列傳。緣記撰，則原始之本克昭；名録銓，則年代之目不墜；經序總，則勝集之時足徵；列傳述，則伊人之風可見。”[2]此書由四部分組成：卷一爲“撰緣記”，依據佛典所載，記錄佛陀圓寂後，弟子結集法藏之事；梵、漢文字之起源、差異以及同一梵語新舊譯語的不同等事。卷二至卷五爲“銓名録”部分，主要依據道安《綜理衆經

1　馮國棟《劉虬虚静説與佛家禪學》，《佛教文獻與佛教文學》，宗教文化出版社，2011年，第278—279頁。

2　僧祐撰，蘇晋仁、蕭鍊子點校《出三藏記集》卷一，第2頁。

目録》及當時的經藏對佛典進行分類與記録。卷六至卷十一爲“總經序”部分，輯録翻譯經典的題記、序言、後記110餘篇。卷十二爲雜録，主要記録陸澄《法論》、蕭子良《法集》及僧祐自己所撰著作之目録。卷十三至十五爲“述列傳”部分，共收録譯經求法高僧49人。此書“銓名録”部分重在對經籍本身的分類與考訂，“撰緣記”重在記録結集原始，“總經序”重在記録翻譯時地，“述列傳”重在記載譯人生平。可以説，僧祐通過四個部分的設置，兼顧典籍之分類與譯事譯人之記録，形成一種全面反映漢文佛教典籍的綜合目録。

　　隋代綜合目録有費長房撰於開皇十七年的《歷代三寶紀》（此書原名《開皇三寶録》）。費長房，又名費節，[1]生平不詳。僅知其爲成都人，原曾出家，因北周武帝滅佛而還俗。隋開皇初年，敕召入京，爲翻經學士，參與那連提耶舍、闍那崛多之譯場，任筆受一職。費長房在《開皇三寶録總目序》中自言此書之内容曰：“位而分之，爲十五軸：一卷總目，兩卷入藏，三卷帝年，九卷代録。代録編，鑒經翻譯之少多；帝年張，知佛在世之遐邇；入藏別，識教小大之淺深。”[2]此書除總目外，主要内容有三：一爲帝年，二爲代録，三爲入藏録。帝年部分以編年體的形式，記録每年的政治事件與佛教大事。卷一爲周秦，卷二爲前漢、新朝與後漢，卷三爲魏、晋、宋、齊、梁、周、隋七代。代録部分依時代先後記録各代之譯人與譯經，共九卷。卷四爲後漢録，卷五爲魏吳録，卷六爲西晋録，卷七爲東晋録，卷八爲二秦録，卷九爲乞伏西秦、沮渠北涼、元魏、高齊、陳氏數代之譯經，卷十爲宋録，卷十一爲齊、梁、周之譯經，卷十二爲大隋録。每一録由小序、譯人姓氏及所譯經典組成。入藏録著録應當入藏流通抄寫的經典，共二卷，卷十三爲大乘入藏録，卷十四爲小乘入藏録。

1　陳志遠《〈歷代三寶紀〉三題》，《文獻》2016年第5期，第127—129頁。

2　費長房《歷代三寶紀》卷十五，《大正藏》第49册，第120—121頁。

　　費長房生於周隋之際，親歷北周武帝的滅法及隋代佛法再興，護教心切，故對於所搜集之史料，辨別不嚴，而經録所收之書，多未目驗，[1]是故，其書頗傷於蕪。然而此書在經録體制方面多有開創。如帝年、代録、入藏録三部分的設置，將經典分類與譯人譯事融爲一體，特別是代録部分，將《出三藏記集》原來分屬“銓名録”與“述經傳”中經籍、譯人結合在一起，形成兼記時代譯人譯經的目録體制。而代録、入藏録的體制也一直爲後來佛教綜合目録所繼承。

　　唐代是漢文佛教綜合目録發展的重要階段，綜合目録在費長房《歷代三寶紀》的基礎上，體制更加細密，考訂更加精審。唐代著名的綜合佛教經録一爲道宣《大唐内典録》，一爲智昇《開元釋教録》。道宣《大唐内典録》吸收了前代佛教目録編撰的經驗與遺産，内容非常豐富，共有十録：

　　1. “歷代衆經傳譯所從録”，依年代爲序載録歷代譯經、譯人及撰述；

　　2. “歷代翻本單重人代存亡録”，載録歷代翻傳中同本異譯（同一梵本、胡本的不同漢譯本）、別品殊翻（同一梵、胡底本，不同品目的漢譯本）的情況；

　　3. “歷代衆經總撮入藏録”，據大小乘、單重譯分類載録入藏經籍；

　　4. “歷代衆經舉要轉讀録”，爲導讀目録，標列藏經中應讀的經典，重本經則舉其最優之譯本，眷屬經則舉其根本之大經；

　　5. “歷代衆經有目闕本録”，載録古來目録所載，而當時無傳本之經籍；

　　6. “歷代道俗述作注解録”，載録歷代高僧士人所作注釋經典、弘揚佛法之作。

　　7. “歷代諸經支流陳化録”，載録別生、抄集之經籍；

---

　　1 費長房《歷代三寶紀》卷十三“大乘録入藏目”序言：“未覩經身，猶懷惟咎，庶後敏達賢智，共同扇簸糠粃乎？”（《大正藏》第49冊，第109頁）

8.“歷代所出疑僞經論録”，載録道安、僧祐、長房、法經及道宣自己所判定的疑經、僞經；

9.“歷代衆經録目終始序”，載録歷代亡佚、現存經録三十餘種，爲經録之目録；

10.“歷代衆經應感興敬録”，輯録歷代道俗閲讀、供養、傳持經典的感應故事。

其中，“歷代衆經傳譯所從録”則仿《歷代三寶紀》之“代録”而作，主要記述譯人譯事；以下的同本異譯録、入藏録、闕本録、注解録、疑僞録則主要吸收典藏目録對佛典分類與考訂的遺産。而“歷代衆經舉要轉讀録”“歷代衆經録目終始序”及“歷代衆經應感興敬録”則爲道宣所首創。特别是“轉讀録”對佛典閲讀的指引、“興敬録”所記述閲讀供養經典的利益，透露出佛教目録由分類結集向閲讀流通轉變的信息。

當然，由於此録作於晚年，道宣的精力已大不如前，疏失闕漏也在所不免。[1]智昇作《開元釋教録》，認爲此録“類例明審，實有可觀”，同時指出此録有“九誤”“八不然”。[2]除智昇所指出的闕失外，《大唐内典録》代録部分，多直接抄録費長房《歷代三寶紀》之説，多承其誤，建明無多。[3]而真正體例甄明、考訂精嚴的綜合目録，當推智昇《開元釋教録》。

《開元釋教録》吸收了前此諸録的優長，形成頗爲嚴密的體系。智昇自言此録之組織云：“新録合二十卷，開爲總、别：總録括聚群經，别録分其乘藏。”[4]全録由總録、别録兩部分組成。其中總録部分相當於代録，記述自漢至唐歷代經典的翻傳情況，及譯人本事，不以經、律、論三藏分經。而别分乘

---

1 道宣自言其作録云：“今余所撰，望革前弊。然以七十之年，獨運神府，撿括漏落，終陷前科。”又言：“余以從心之年，强加直筆，舒通經教，庶幾無没。”《大唐内典録》末題“龍朔四年春正月於西明寺出之”，由此可知，此録作於道宣晚年。

2 智昇撰，富世平點校《開元釋教録》卷十，第610—611頁。

3 具體情形，請參下編《經録考稿》“大唐内典録”條。

4 智昇撰，富世平點校《開元釋教録》卷一，第2頁。

藏錄，又分爲七門：一有譯有本，二有譯無本，三支派別行，四删略繁重，五拾遺補闕，六疑惑再詳，七僞邪亂正。"有譯有本"錄載現存佛教經籍；"有譯無本"載錄雖有記錄而現已亡佚之作；"支派別行"著錄從大經中抄錄摘譯之作；"删略繁重"著錄同本異名重出之經典；"拾遺補闕"記載歷代遺漏及新譯經論；"疑惑再詳"與"僞邪亂正"則載錄疑僞經籍。別錄之分類依據大、小乘，經、律、論之"乘藏分類法"。最末附有入藏錄。如前所述，自《歷代三寶紀》以來，綜合佛教經錄就形成代錄加入藏錄的體制。《大唐內典錄》又吸收前代經錄撰作的經驗，形成代錄、入藏錄與別錄三分的體制。而《開元釋教錄》二錄三體（總錄、別錄、入藏錄）的體制正是在充分吸收前人經錄遺產的基礎上發展而來的。除體制更加嚴密外，智昇以頗爲審慎的態度，在親見其書的基礎上，對所著錄的佛經進行了詳細的考訂，糾正了許多前人著錄的疏失。[1]

　　盛唐時期，經過歷代譯人前後相繼、燈火不息的譯傳，再經歷代高僧大德孜孜以求、勤勤不倦的搜集、整理、注釋、發揚，除密典之外，漢文佛教典籍幾於大備。與此同時，經過歷代佛教目錄學家的實踐與嘗試，漢文佛典的分類體系亦逐漸形成。重於記錄譯人譯事的譯經錄與重於考訂分類的典藏錄兩派匯流，形成了以代錄記述譯人譯事，入藏錄收集入藏經典，別錄載述異譯、闕本、別生、疑僞的三位一體的綜合目錄體制。而智昇恰逢其時，在充分吸收前代經錄遺產的基礎上，勤以蒐討，詳加考校，撰寫出了體系嚴密、考訂精審的佛教目錄。自此之後，佛教目錄學的任務也由記錄經籍譯傳、研判經籍分類逐漸轉到佛教藏經的補充、閱讀、流通、研習上來。與之相應的補藏目錄、解題目錄、勘同目錄相繼出現，開啓了佛教目錄學發展的另一個階段。

---

1 智昇糾正前人疏失的具體情況，請參下編《經錄考稿》"大唐開元釋教錄"條。

第三節　藏經的記録、比勘與閱讀——中唐至 晚明佛教目録體制之演變

　　自中唐至晚明，漢文佛教目録的發展或可稱爲“後智昇時代”，此期佛教目録的發展演變始終處於智昇《開元釋教録》的巨大影響與籠罩之下。綜合目録與補藏目録，如唐代圓照《大唐貞元續開元釋教録》《貞元新定釋教目録》以及南唐恒安《大唐保大乙巳歲續貞元釋教録》等，皆以《開元釋教録》爲藍本，補充新的譯經或相關的内容；宋代以來的雕版大藏，無不奉《開元釋教録》爲圭臬，僅在局部上加以修正；而此期興起的解題目録，如惟白《大藏經綱目指要録》、王古《大藏聖教標目》皆以雕版大藏經，即《開元釋教録》的體制與順序對藏經進行提要解説。直至明代末年，由於民間刊刻大藏經的需要，高僧學者重新審視前代雕版大藏，亦即《開元釋教録》的問題，密藏道開、寂曉以天台判教思想重新整理如來一代時教，在佛典分類，特別是大乘經分類上，對《開元釋教録》以來的分類方式提出挑戰。

一、對《開元釋教録》的續寫與補充

　　如前所述，《開元釋教録》對後世漢文佛教經録的撰作產生了重要而深遠的影響，對《開元録》的續寫與補充代不乏人。貞元年間，圓照撰作《大唐貞元續開元釋教録》《貞元新定釋教目録》都是以《開元録》爲基礎展開的。圓照，俗姓張氏，京兆藍田（今陝西藍田）人。年十歲，依西明寺景雲出家習律，唐玄宗開元年間，參與譯場。圓照於律學之外，長於佛教文史之學，著有《先天開元天寶誥制集》三卷、《肅宗制旨碑表集》一卷、《代宗制旨碑表集》一卷、《贈司空謚大辯正大廣智不空三藏碑表集》七卷、《大唐再修隋

故傳法高僧信行禪師塔碑表集》五卷等作，於唐代佛教碑表制誥的搜集頗有勞績。

貞元十一年（795），圓照撰成《大唐貞元續開元釋教録》三卷。此書收録自開元十八年《開元釋教録》成書後至德宗貞元十年六十餘年間玄宗、肅宗、代宗、德宗四朝新譯之經及聖賢著述 345 卷。因是接續《開元釋教録》而作，故名《續開元釋教録》。此録上、中二卷爲代録，上卷收録《開元釋教録》之後，金剛智、無能勝、利言、不空、般若於四朝（玄、肅、代、德）所譯密教經籍 162 卷，以及譯經時所上表奏。中卷收録良賁《仁王護國般若波羅蜜多經疏》、良秀《大乘理趣六波羅蜜多經疏》等經論注疏 64 卷，以及圓照、道宣、一行所撰集之著作 86 卷。下卷爲入藏録，收録四朝所翻經論及念誦法。此録之體制承襲前代經録，也由代録與入藏録兩部分組成。

其後五年，即貞元十六年，圓照又奉敕修撰《貞元新定釋教目録》。此録在《開元釋教録》基礎上，收録自後漢明帝永平十年（67）至唐德宗貞元十六年共 734 年，187 人所譯經典及賢聖集傳 2 447 部 7 399 卷。此録完全繼承《開元釋教録》的體制，開爲總録、別録二分。總録又分爲二部：一爲特承恩旨録，記録四朝新譯經典；二爲總集群經録，記録自漢至唐譯人譯事，以時代先後排列，不據三藏分經。別録也分爲二部：一爲乘藏差殊録，包括有譯有本録、有譯無本録、支派別行録、删略繁重録、拾遺補闕録、疑惑再詳録及僞邪亂正録七部；二爲賢聖集傳録，包括梵本翻譯與此方撰述兩類。《貞元録》除總録“特承恩旨録”及“總集群經録”的唐代部分外，多直接纂集於《開元釋教録》，圓照自己則無多建明，故贊寧《宋高僧傳·智昇傳》稱贊智昇《開元釋教録》“最爲精要”的同時，批評《貞元新定釋教目録》曰：“後之圓照《貞元録》也，文體意宗，相岠不知幾百數里哉。”[1]

---

1 贊寧撰，范祥雍點校《宋高僧傳》卷五，中華書局，1987 年，第 95 頁。

　　貞元末年，廬山東林寺藏主釋義彤以東林寺藏經爲基礎，搜集《開元釋教録》之後的譯經與中土著述，撰寫《開元崇福舊録》一書。據唐李肇《東林寺經藏碑銘并序》載："初彤公受具於廬山浮槎寺，嘗討大藏，惡其部帙繁亂，將理之不可，遂發私誓。四十餘夏，果得志焉。於是搜遠近之逸函墜卷，目在辭亡者得之，互文合部者兼之，斷品獨行者類之，本同名異者存之，以僞亂真者標之。又病前賢編次，不以注疏入藏，非尊師之意；并開元庚午（開元十八年，730）之後，泊德宗神武孝文皇帝之季年（約德宗貞元末年，800—804），相繼新譯，大凡七目四千九百餘卷，立爲別藏，著《雜録》七卷以條貫之，命《開元崇福舊録》，總一萬卷。舉藏以志函，隨函以命軸。"[1]《開元崇福舊録》的特點在於其《雜録》部分。在《雜録》中，義彤除收録中土賢聖的注疏之外，也收録了開元十八年之後的新譯經，其用義也是要繼承補充《開元釋教録》之不備。

　　除唐代的續作之外，南唐、契丹亦皆有補續《開元釋教録》之作。南唐李璟保大三年（945），釋恒安撰作《大唐保大乙巳歲續貞元釋教録》一卷。恒安言其撰録之緣起云："開元一十八年庚午之歲，西京西崇福寺沙門智昇，撰《開元釋教録》二十卷，目爲開元録藏。……又經歷四朝，玄宗、肅宗、代宗、德宗，屆德宗皇帝貞元十年甲戌之歲，又計六十五年，其間梵僧七人，同共宣譯，得大小乘經律論，及《開元目》中遺編，義淨所譯律文，及《大佛名經》《別傳》等，共一百三十四部，二百九十九卷，西京西明寺沙門圓照集《續開元録》三卷。又於貞元十五年，奉敕撰《貞元釋教録》三十卷，并前七人梵僧等所譯文，共三百三十二卷。通前《開元録藏》，都共五千三百八十卷，計五百一十帙，目爲貞元録藏。……但恒安頃於天祐丁丑之歲，屆于江表，歷謁名山，參尋知識。以問參之外，看覽藏經之次，因共道友言

1　董誥編《全唐文》卷七百二十一，中華書局，1983年，第7417頁。

論，述其《貞元藏》。猷遂啓私懇，誓取茲經，將還上國。冀資皇化，永福邦家。以潛賴聖朝，仰憑叡力，於大唐昇元二年，特遠游禮五臺山，迴於關右已來，寫錄得前件貞元錄藏經律論等，於大唐保大三年，却迴帝闕。……除《開元錄》藏經數外，今都新計數，總共一百四十部，計四百一十三卷（內續新經目一卷），合四十三帙。"[1] 可知恒安之所以要撰集經錄，正是鑒於《開元錄》及《貞元錄》之外仍有未收之經流傳於世，故以《貞元錄》爲基礎，將貞元十六年後義淨所譯小乘律五部，及圓照《續開元錄》《貞元新定釋教目錄》、從梵《一切經源品次錄》及自己所撰《大唐續貞元釋教錄》等近十部經典與《貞元錄》合爲一書，收經 140 餘部。

宋代續寫、補充《開元錄》《貞元錄》者有《天聖釋教總錄》。《天聖釋教總錄》爲宋釋惟淨所撰。惟淨，金陵人，俗姓李，南唐後主李煜之侄。七歲出家，太平興國八年（983），朝廷爲保證譯經事業後繼有人，選拔童子習梵學，惟淨入選。後受度爲僧，深通密教及天竺音義。大中祥符二年（1009）賜朝散大夫試光祿卿，專事譯經。與施護、法護等合譯經 27 部 172卷。後不知所終。此錄上冊亡佚，中冊前亦有闕頁。從現存情況來看，《天聖釋教總錄》爲通紀各代入藏經典之目錄，其卷一、卷二爲《開元錄》入藏錄部分，卷三則爲《貞元錄》入藏錄及宋代譯經。由此可知，此錄也爲補《開元錄》《貞元錄》而作，前二卷收錄《開元錄》《貞元錄》所收經典，而於卷三補入宋代《大中祥符法寶錄》入藏錄中的經典，以及大中祥符五年五月後續譯出之經論。

遼代亦有據《開元釋教錄》重新校理佛教目錄者。高麗義天《新編諸宗教藏總錄》卷三載："《續開元釋教錄》三卷，詮曉集（舊名詮明）。"[2] 又《佛祖統紀》卷十四"僧統義天"載："近者遼國詔有司令義學沙門詮曉再定

---

1 恒安《大唐保大乙巳歲續貞元釋教錄》卷首，《大正藏》第 55 冊，第 1048 頁。
2 義天《新編諸宗教藏總錄》卷三，《大正藏》第 55 冊，第 1178 頁。

經錄，世所謂《六祖壇經》《寶林傳》等，皆與焚棄。"[1]可知詮曉曾奉詔再定經錄，而所定的經錄應當即是這部《續開元釋教錄》。據羅炤、李富華、何梅等先生之研究，認爲詮曉即是無礙大師，而無礙大師又見於遼僧希麟《續一切音義》之序言中，其文云："至唐建中末，有沙門慧琳⋯⋯棲心二十載，披讀一切經，撰成《音義》總一百卷，依《開元釋教錄》，始從《大般若》，終於《護命法》，所音衆經都五千四十卷，四百八十帙。自《開元錄》後，相繼翻傳經論及拾遺律傳等，從《大乘理趣六波羅蜜多經》，盡《續開元釋教錄》，總二百六十六卷，二十五帙，前音未載，今續者是也。伏以抄主無礙大師⋯⋯見音義以未全，慮檢文而有闕，因貽華翰，見命菲才。"[2]故學者據此推斷，詮曉所撰之《續開元錄》即是於《開元錄》後增入《大乘理趣六波羅蜜多經》之後的 25 帙 266 卷經典而成。

綜上所述，智昇《開元釋教錄》完成之後，由於體例甄明，考訂精審，爲後世作者所效法，其後不斷有續寫補充者，唐代有圓照《大唐貞元續開元釋教錄》《貞元新定釋教目錄》，南唐有恒安《大唐保大乙巳歲續貞元釋教錄》，而遼代無礙大師詮曉亦在《開元釋教錄》基礎上增入新譯經典，撰成《續開元釋教錄》。

二、雕版藏經目錄興起

自宋初開寶藏開雕以來，歷代皆有藏經之刊刻。有宋一朝，除開寶藏外，福州有崇寧藏、毗盧藏之刻，湖州則先後有圓覺藏、思溪藏之雕，宋元之際又有磧砂藏之刊印。遼有契丹藏，金有金藏，元代有官版及私版之普寧藏，

---

1 志磐撰，釋道法校注《佛祖統紀校注》卷十四，第 330 頁。
2 希麟《續一切經音義》卷首，《大正藏》第 54 冊，第 934 頁。

明代則有初刻南藏、永樂南藏與永樂北藏。自開寶藏始，歷代大藏多依《開元釋教録》爲藍本，或在《開元釋教録》收録經典之外加入新入藏之典籍。如福州東禪寺崇寧藏即由《開元釋教録》入藏録所收經籍與福州東禪寺新收經典兩部分組成。新收之經典又可分作以下部分：1. 自"杜"字號至"羅"字號十函爲道世《法苑珠林》。2. 自"將"至"轂"二十函，爲北宋太平興國七年（982）至咸平二年（999）之新譯經。3. 自"振"至"衡"二十六函，收宋代佛教撰著，如《景德傳燈録》《天聖廣燈録》《建中靖國續燈録》《大藏經綱目指要録》等。4. 自"庵"至"勿"二十八函，收北宋咸平三年（1000）以後新譯經和《大唐貞元續開元釋教録》新編入藏經。5. 自"多"至"虢"十六函，收《大慧語録》至《輔行録》等中土著述。6. 無千字文編號，收《華嚴合論》《決疑論》等八部著作。[1]

宋初至晚明之雕版藏經目録，依其性質可分爲兩類：一爲指導刻藏或隨藏流通的目録；二爲點勘藏經之目録。如王永從兄弟刊刻圓覺藏，則有宋釋元偉所編《湖州思溪圓覺禪院新雕大藏經律論等目録》二卷，作爲刻經之指導。再如端平四年佚名所編《平江府磧砂延聖院新雕大藏經律論等目録》二卷，則是指導磧砂藏刊刻的目録。元大德三年釋如瑩所編《杭州餘杭縣白雲宗南山大普寧寺大藏經目録》則是指導刊刻普寧藏的經録。收録於永樂南藏"塞"字函《大明重刊三藏聖教目録》，即爲隨永樂南藏流通之目録，而《大明三藏聖教北藏目録》則爲隨永樂北藏流通之目録。萬曆年間葛寅亮所編《南藏目録》，則是葛氏點勘南京大報恩寺所藏永樂南藏版片時所作之點勘目録。

如前所述，這些刻藏目録、點勘目録多是依《開元釋教録》撰成，創變甚少。然其中亦有值得注意的，如附於永樂南藏的《大明重刊三藏聖教目

---

1 參呂澂《福州版藏經》，《呂澂佛學論著選集》（三），第 1450—1452 頁；李富華、何梅《漢文佛教大藏經研究》，第 175—179 頁。

録》。前此的藏經組織多採用如下結構：先刻《開元釋教録》所記經典，次刻《貞元録》補入的經典，再刻宋代入藏的經典。即依據經典入藏時間的先後順序排列，故稍顯凌亂無序。而永樂南藏所收經典則先分經律論，再各分大小乘，即純依經典性質，而不按入藏先後排列，這無疑使經典的分類排列更加眉目清晰。

三、解題目録出現

與外典目録特重解題不同，佛教解題目録出現較晚。蓋因佛教目録之興，本起於記録經典傳譯與辨別經典之正僞，故而初期佛教目録的三大任務，乃是記録譯人譯事、辨別經典正僞與探討經典分類，對於佛典内容尚無暇講求。唐宋以降，漢文佛教經典漸趨齊備，佛典分類與綜合經録的體制漸趨定型，於是佛教目録學的重心也漸由外趨内，由經典的考訂分類轉向對經典本身的研習，於是解題目録應勢而興。

佛教解題目録的發展經歷了兩個階段，初期解題比較簡單機械，主要是抄録佛典的品目，可以稱之爲“品次録”，如據《開元録》撰作的《大唐開元釋教廣品歷章》與據《貞元録》撰作的《一切經源品次録》；宋代以降，隨著雕版藏經的流通，藏經解題之作出現，如惟白《大藏經綱目指要録》與王古《大藏聖教法寶標目》。當然從惟白之書名“綱目指要”，王古之書名“法寶標目”，仍然可以看出初期抄集品目“品次録”的影響。

（一）抄集佛經品目的解題之作

抄集佛經品目的解題目録，今日所知有《大唐開元釋教廣品歷章》及《一切經源品次録》。《大唐開元釋教廣品歷章》三十卷，唐釋玄逸撰。玄逸，俗姓寶氏，爲唐玄宗從外父。兄弟皆列仕朝，師獨抗迹出俗，曾住京兆華嚴寺。玄逸有感於藏經卷帙浩繁，編簡錯亂，於是撰成《廣品歷章》，"字舛者詳義而綸之，品差者贖理而綱之"。[1]此録是一部據《開元釋教録》入藏録編排，叙列《開元録》所收各經子目卷次的作品。據《宋高僧傳》玄逸本傳，此録收經典1 080部，較《開元録》入藏録之1 076部，多出四部。

此録於每卷卷首先列本卷所收經典總目，并於所列經典下標明異稱、卷數、帙數、蒲州和供城紙數。總目之下爲細目，於每一經典詳列其子目，述其翻譯及著録情況，如《放光般若波羅蜜經》：

> 《放光般若波羅蜜經》一部三十卷，或二十卷，五百四十六紙。亦云《摩訶般若波羅蜜放光經》，初出。亦云《放光摩訶般若經》。第一譯，凡九十品：
>> 摩訶般若波羅蜜放光序品第一
>> 摩訶般若波羅蜜放光無見品第二
>> ……
>> 右西晋元康元年五月十五日于闐沙門無羅叉等於陳留倉垣水南寺譯，至十二月二十四日訖[2]

於每一經典下詳列其品目爲此録之重要特色，也是其名爲"廣品歷章"之原因。

繼《廣品歷章》之後，唐釋從梵又撰《一切經源品次録》三十卷，疏列《貞元録》所收經典。從梵，生平不詳，唐宣宗時趙郡沙門，習律學。據恒安《續貞元釋教録》："《一切經源品次録》三十卷……右一部三十卷，大唐宣宗朝，趙郡業律沙門從梵，依《貞元釋教入藏録》，自大中九年乙亥歲止

咸通元年庚辰歲集。"[1]由此可知，此録作於唐宣宗大中九年（855）至唐懿宗咸通元年（860）之間。此録乃依圓照《貞元釋教録》編集，故又稱爲《貞元品次録》。此録僅存殘卷，從現存之卷來看，與《廣品歷章》體例類似，於經典下詳列其品目章次。

（二）藏經解題之作

"品次録"雖稱解題之作，實際上僅是羅列各經之品目，對經典内容、特點無所分析，而真正能對經典進行詳細解説分疏者，當推宋代兩部藏經解題目録：惟白《大藏經綱目指要録》與王古《大藏聖教法寶標目》。

《大藏經綱目指要録》八卷，宋釋惟白撰。惟白，俗姓冉，號佛國禪師，靖江府（今江蘇靖江）人[2]，北宋末年雲門宗著名僧人，圓通法秀禪師法嗣。惟白初住持龜山寺，再遷湯泉寺，後繼席汴京三大禪林之一的法雲寺。惟白曾入皇宫宣揚禪法，甚受哲宗與徽宗之推崇。建中靖國元年（1101），惟白撰《建中靖國續燈録》，徽宗親爲撰序，并敕許入藏。惟白晚年移居明州（今浙江寧波）天童寺，後不知所終。

惟白述其撰述緣起云："崇寧二年癸未春，得上旨游天台，中秋後三日至婺州金華山智者禪寺閲大藏經。仲冬一日丁丑，援筆撮其要義，次年甲申仲春三日丁未畢之，計二十餘萬字。因而述曰：且寡聞比丘不足以爲人師表者，古今聖賢共所深誡之格言也，故集斯《大藏經律論傳記綱目指要》，以資多聞者。……今於四百八十函，則函函標其部號；五千餘卷，則卷卷分其品目。使啓函開卷，即見其緣起耳。"[3]由此可知，此録始作於崇寧二年（1103），成於崇寧三年，乃據婺州金華山智者禪寺所藏大藏撰寫。據學者研究，惟白解

1　恒安《續貞元釋教録》卷一，《大正藏》第55冊，第1052頁。

2　關於惟白籍貫，參李思穎《北宋惟白禪師籍貫師承考》，《法音》2018年第9期，第23—26頁。

3　惟白《大藏經綱目指要録》卷八，《昭和法寶總目録》第2冊，東京一切經刊行會，1929年，第771頁。

題之藏經，即宋代所刊開寶藏。[1]

　　此録解説之體例爲先總述本經之卷數、品目與傳譯，次依"會""品"詳細解説，末爲總評。如卷三解説《大方廣佛華嚴經》先總説："七處九會所説，計八十卷，共三十九品。唐證聖元年乙未歲于闐國三藏實叉難陀奉詔就大遍空寺重譯。"次按"菩提場""普光殿"等九會分述，而於"會"下分品，解説至爲詳盡。末總評曰："右《華嚴經》，若五十卷，謂之晋譯；若八十卷者，謂之唐翻。其間品目義意，則大同小異也。李長者論釋，則全彰理而泯事；觀國師疏解，則即現事而顯理。"[2]既辨晋譯唐翻之別，又論及李通玄《華嚴經論》與澄觀《華嚴經疏》之特點，頗爲有見。

　　《大藏聖教法寶標目》爲居士王古所撰。王古，字敏仲，又作敏中，莘縣（今屬山東）人，王旦曾孫。第進士，歷任司農寺主簿、大理寺丞、提舉兩浙常平、太府少卿。建中靖國元年（1101），拜户部侍郎，遷尚書。崇寧元年（1102），因被列入元祐黨人而降職爲朝散大夫、管勾台州崇道觀。崇寧三年，再貶爲衢州別駕、温州安置。後不知所終。著有《勸善録》《净土決疑集》，又集晁迥《法藏碎金録》爲《道原集要》。

　　此録撰於崇寧四年，較惟白《綱目指要録》晚一年，但較惟白所録 1 050 種經典，多出 348 種。然此書解題則較惟白之書簡括，或一部一題，或數部一題。其解題方式爲先列經名、卷數、千字文號，再概括經典之宗旨。如：

　　　　《大宋高僧傳》三十卷。世、禄、侈。

　　　　右僧贊寧等奉敕撰。采貞觀已來高僧五百三十三人，附見一百三十人，爲十科三十卷。[3]

---

1 李富華、何梅《漢文佛教大藏經研究》，第 110—111 頁。
2 惟白《大藏經綱目指要録》卷三，《昭和法寶總目録》第 2 册，第 624—632 頁。
3 王古《大藏聖教法寶標目》卷十，《昭和法寶總目録》第 2 册，第 844 頁。

　　宋代佛教解題目録，除惟白、王古之書外，據《宋史·藝文志》之記載，尚有佚名所撰《諸經提要》二卷。[1]而據周葵紹興二十七年（1157）爲法雲《翻譯名義集》所作序言，周氏亦曾仿效《崇文總目》之例，撰作佛教解題目録《内典總目》。[2]然此二書皆不傳，詳情不知。

　　解題目録的出現是此期佛教目録學發展的重要成果，特別是惟白、王古之書，解題詳明，評析頗爲切當，爲明代寂曉、智旭解題目録的出現奠定了基礎。

四、勘同、宗派目録出現

　　隨著佛教目録學的"内在轉向"，經録家撰作的重心由翻譯經典、整理經典向解釋、研究經典轉移，而勘同目録與宗派目録的出現，也是這一學術趨勢的反映。唐末五代以來，漢傳佛教宗派進一步發展，宗派意識更加覺醒，促進宗派目録的産生與發展。而元代由於藏傳佛教的流行，漢藏佛教比較的需要，使得漢藏佛典勘同目録的出現成爲可能。

　　在判釋教乘基礎上發展起來漢傳佛教宗派，多依某種或某幾種經論爲核心展開本宗的理論與修證體系，如天台宗以《法華經》爲標幟，賢首宗以《華嚴經》爲依止，律宗以《四分律》爲旨歸，三論宗則以三部論書爲極則。對於經論的注疏學習，成爲宗派創立與傳承的重要方式，與之相應，搜集本宗注疏著作，將之秩序化、系統化，以辨章學術，考鏡源流，促使宗派目録得以成立。

　　最早撰作本宗目録者，首推天台宗。天聖二年（1024），敕准天台教典入藏，慈雲遵式撰作《教藏隨函目録》，是爲宗派目録之嚆矢。遵式（964—

---

1 脱脱等《宋史》卷二百五，中華書局，1977 年，第 5188 頁。
2 法雲《翻譯名義集》卷首，《大正藏》第 54 册，第 1055 頁。

1032），台州寧海（今浙江寧海）人，俗姓葉，字知白。初投天台義全出家，雍熙元年（984），從寶雲寺義通修學天台宗典籍，盡其奧秘。遵式與同門法智知禮皆爲天台宗山家派之中心人物。真宗乾興元年（1022），敕賜"慈雲"之號。仁宗明道元年示寂，世壽六十九。遵式與士林頗多交游，楊億、章得象、王欽若與其皆有往還。天台宗教典於隋唐之際，即作爲獨立之文獻群流行於大藏經之外，并漸次形成所謂"教典""教文"或"台宗典籍"。[1]遵式以乾興元年、天聖元年兩次奏請以天台教典入藏，天聖二年，天台教文得以准敕入藏。約在此年前後，遵式撰成《教藏隨函目録》。此録"略述諸部文義"，爲有解題之目録。此録之部分解題尚保存於志磐《佛祖統紀》之中。[2]

及至元代慶吉祥等撰《至元法寶勘同總録》，爲佛教勘同目録之代表。據念常《佛祖歷代通載》："帝（元世祖）見西僧經教與漢僧經教，音韻不同，疑其有異，命兩土名德對辯，一一無差。帝曰：'積年疑滯，今日決開。'"下有小注曰："故有《法寶勘同》。"[3]可知，由於元世祖對蕃、漢二家經教不同頗有懷疑，故命高僧名士勘辨漢藏異同，撰成《至元法寶勘同總録》。此録分總叙與正文兩部分。總叙又分四科：第一"總標年代，括人法之宏綱"，記録自後漢明帝永平十年到元至元二十二（1285）年所譯三藏之總部卷。第二"別約歲時，分記録之殊異"，列載自漢明帝至唐開元，開元至貞元，貞元至宋太平興國，大中祥符至景祐，景祐至至元五期之譯人與譯經部卷。第三"略明乘藏，顯古録之梯航"，著録《開元》《貞元》《祥符》《景祐》《弘法》五録所記的經律論部卷數目。第四"廣列名題，彰今目之倫序"，標明本録之分類及部卷數目。

此録最重要之特點，乃在對勘番漢之異同。對於相同之經則標"同"。如

1　方廣錩《佛教大藏經史》，中國社會科學出版社，1991年，第171—178頁。

2　此録之具體情况，參下編《經録考稿》"教藏隨函目録"條。

3　念常《佛祖歷代通載》卷二十二，《大正藏》第49册，第724頁。

卷二在晉譯《華嚴》與唐譯《華嚴》下注曰："右二經同本異譯，此經蕃本從漢本譯出，對同。"對相異之經，則注明其不同之處。如卷一《大般若經》第一會下注："此會經與蕃本《十萬頌般若》對同。"又小注："此會比西蕃本多'常啼''囑累''法涌'三品，其蕃本却在第五會中。"再如卷二《大集會正法經》下注："此經與蕃本相對，彼經稍少。"

綜上所述，自中唐至晚明，漢文佛教目録學的發展皆在《開元釋教録》的影響籠罩之下。綜合目録多爲《開元録》之續寫與補充，體制方面創建不多。雕版藏經也多以《開元録》爲旨歸，僅將新入藏之經典附於《開元録》後。此期目録最有特點者，乃在解題、勘同、宗派目録的出現，雖然解題、勘同也多依《開元録》之分類與順次，然而這些新目録形式的出現，標誌著佛教目録學由整理、分類經典向閱讀、研習經典轉向。

第四節　變創與開新——明末至近現代漢文佛教目録體制之演變

經典分類是佛教目録學的重要內容。從南北朝至隋唐，經典分類在整理經典的實踐中日趨完善，至《開元釋教録》，以大小乘、經律論爲基礎的"乘藏分類法"成熟定型。中唐至晚明，這一分類系統一直爲歷代經録家所遵從，分類的探討淡出了經録家的視野。降及晚明，由於大藏經重新刊刻的需要和學術的進展，佛典的分類問題再一次成爲佛教目録學家探討的中心問題，密藏道開、寂曉、智旭等人以天台五時判教理念重新整理如來一代時教，對智昇以來的"乘藏分類法"提出挑戰。近代以來，由於西方學術體系、觀念與方法的引入，佛教分類向更爲多元的趨勢發展。與此同時，嘉興藏的刊刻與流通方式，促使《經值畫一》這樣的流通目録出現，延及近代，與佛教典籍的商業化運作相適應，流通目録的勃興成爲此期佛教目録發展的重要表徵。近代以來，由於佛教學術化趨勢的發展，佛教目録也出現了許多新的體式，舊有體式也隨之有了新的創變。

一、流通目録勃興

佛教流通目録導源於明末嘉興藏之刻印。嘉興藏刻印之時，爲便於各方之請購，特製成《經值畫一》，此爲佛教流通目録之嚆矢。明萬曆十四年（1586），由紫柏真可、密藏道開、幻餘法本與陸光祖、馮夢禎、袁了凡諸人發起刊刻嘉興藏。萬曆十七年，嘉興藏正式開雕於山西五臺山，後因故遷至餘杭徑山繼續刊刻。後經念雲興勤、澹居法鎧、按指契穎等人的努力，至清初始刻成全藏。《藏版經直畫一目録》，即爲嘉興藏之流通目録。此録正藏所收經籍與北藏基本相同，從"天"字號之《大般若經》至"碣"字號之《佛祖統紀》，共收經 1 654 種。續藏無千字文號，自《華嚴經會本大鈔》至《華嚴受手》，共收經 237 種，分爲 90 函。而又續藏自《楞嚴經定解》至《天一悅禪師語録》共收經 199 種，43 函。此録爲流通目録，故每經下皆注有流通價格。

清末民初，楊仁山居士倡立刻經處於南京，南北繼起者甚衆。揚州磚橋法藏寺、常州天寧寺、杭州慧空經坊、蘇州瑪瑙經坊爲寺院經坊刻經之著者；而如北京刻經處、上海功德林法寶流通處、上海佛學書局等，則爲行公司制而專事刻印佛經的機構。他如廣州六榕寺、天清蒙藏經局、北京三時學會、上海醫學書局等，更是指不勝屈。這些出版機構，爲流通法寶，類皆撰有營業目録。舉其要者，如：上海佛學書局共發表其流通書目九種，佛學書局編輯余了翁更編成《佛學出版界》三種，以提要形式介紹佛學書局發行之圖書。再如，上海醫學書局編《佛學書目提要》、上海佛學推行社編《佛藏經籍提要》、金陵刻經處編《金陵刻經處流通目録》、常州天寧寺《江蘇常州佛

經流通處所有板經目》、上海佛經流通處編《增訂簡要書目》、北京佛經流通
處編《北京佛經流通處目録》《北京天津佛經流通處書目續編》、北平中央刻
經院編《佛教經象各種善書書目總録》、北京天清蒙藏經局編《天清蒙藏經
局書目》、廣州佛教會編《廣州六榕寺佛教會經坊流通經目》、福州鼓山涌泉
寺釋觀本編《鼓山涌泉寺經版目録》等。近代所翻刻各大藏也間有流通目
録，如普慧大藏經刊行會1934年9月發行《大藏經第一期單行本目録》。這
些書目雖出版與編撰之機構有别，纂輯與分類之形式不同，然所列各書下皆
注有流通價目，爲此類目録之共同特點。流通目録之興盛反映了近代佛教大
衆化的趨勢與特點。

二、撰作體制的變創

除流通目録大興之外，晚明以後，特别是近代以來，佛教目録體制亦有
其他新的創變，如個人藏經目録、導讀目録、藏經聯合目録等：

（一）個人藏書目録

如前所述，南北朝隋唐典藏目録興盛，而典藏之機構主要爲國家宫廷及
寺院法窟，私家藏經目録則未之見。近代以來，私藏佛經目録出現，如張采
田《多伽羅香館所藏像教書目》、余重耀《鐵山居士所藏經目》。

《多伽羅香館所藏像教書目》爲張采田所撰。張采田（1874—1945），又
名爾田，字孟劬，錢塘人，近代著名學者。與王國維、孫德謙齊名交好，時
人目爲“海上三子”。張氏喜佛學，居上海日，與沈曾植、夏曾佑諸人共同
研討佛學不輟。[1]晚年任教北大，主講《俱舍論》，撰有《阿毗達摩俱舍論講

1　于凌波《中國近現代佛教人物志》，宗教文化出版社，1995年，第332頁。

疏》，於佛學深有研討。多伽羅香，梵語 tagara。又作多揭羅香、多伽留香、多伽㜈香、多劫羅香，係採自多伽羅樹所製成之香。多伽羅香館爲張氏齋名，張氏又有《多伽羅香館叢書》。此録前張氏自述其收藏佛書之因緣："鰦生弱齡，于慈母病榻誦得智者《金剛經疏》，奥寐匪天，實始皈心，因緣驅走，尋求古德遺編，每以未窺全藏爲憾。旅京閲廠甸，估以紫柏徑山殘刻方册……庚子俶擾，悉委燼灰。……南旋，復益以金陵、長沙、江北新刻本。"[1]可知此録爲張氏家藏佛教書籍之目録，此録《正目》著録契經類 412 種，戒律類 29 種，論頌類 95 種，著述類 153 種，共計 689 種。《續目》著録契經 15 種，論頌 13 種，著述 20 種。

《鐵山居士所藏經目》爲余重耀所編。余重耀（1876—1954），字鐵珊，又字鐵山，別號遁廬、遁廬居士，浙江諸暨高湖鄉人，曾爲之江大學文學系教授。喜藏書，藏品以佛學書籍與碑帖爲主，後所藏盡歸浙江省國書館。余氏於佛學頗有研究，曾著《大乘起信論詮釋》《小乘諸説考》。此録作於 1922 年，爲余氏家藏佛書之目録。此目以《金陵刻經處書目》爲底本，凡購自金陵刻經處者，上方以朱圈標示；購於他處者，則標明所購之地。如第十頁《楞嚴蒙鈔》二十本，上注："蘇州瑪瑙寺經房。"[2]

個人佛教藏書目録出現於近代，實有其原因。佛教大藏經，卷帙浩繁，古代之官版藏經，類皆由國家印製，賜與各地寺院。各地寺院若欲請印，亦常需奏請禮部，手續頗爲複雜。是故，佛教大藏即使名山巨刹也往往難以請印，況以個人之力請印藏經，其難度可知。而單刻本佛經則多爲數種最爲流行之經典，經籍之種類有限。職是之故，早期個人所藏佛經之數量與品類自然受到限制，因之不易編成個人佛教藏書目録。個人所藏之佛教書籍也多編於藏書目録的"子部釋家類"中。明末清初，嘉興方册藏刻印流通，准一般

1　張采田《多伽羅香館所藏像教書目》，張氏手稿本，現藏上海圖書館。
2　余重耀《鐵山居士所藏經目》，現藏浙江省圖書館。

人請購，佛書稍稍流通於民間。至清末民初，楊仁山創金陵刻經處於南京，而後全國各地流通刊刻佛經之機構隨之而起者不知凡幾，佛教經籍之流通，大爲普遍，一般人獲得佛經之機會亦隨之增加，個人佛教藏書目録因之而興。

（二）導讀目録

道宣著《大唐内典録》，其中專設《歷代衆經舉要轉讀録》一部，對於重翻之經則舉其良本，對於支別之經則列其大經，利於初學，便於轉讀，此爲佛教導讀目録之萌芽。然《舉要轉讀録》爲《大唐内典録》之一部分，書既未單行，而所列經典又過多，故并非真正意義上的導讀目録。言獨立單行之導讀目録，實亦出現於近代。

近代以來，隨科技文化之輸入與歐西目録學思想之影響，中國傳統目録學體系發生巨大變化。不僅圖書分類法與時而漸進，同時，對目録功能之認識也不斷變化。中國傳統目録學講求"辨章學術，考鏡源流"，於圖書目録中體現學術史之觀念，著眼於文獻之整理與學術之考究，實爲"學者之目録學"；而歐西之目録學則重於文獻之檢索、宣傳與推薦，實有"讀者目録學"之意味。20世紀二三十年代，受西方目録重讀者、重實用思潮的影響，爲教導青年，開發民智，開列導讀書目蔚成風尚。如胡適《一個最低限度的國學書目》、梁啓超《國學入門書要目及其讀法》、章太炎《中學國文書目》、林語堂《國學書十種》等。除此之外，汪辟疆、李笠、魯迅、胡秋原、錢穆等也先後開列各種導讀書目。而出現於此潮流中的佛學導讀書目亦有數種，舉其要者如楊仁山《佛學書目表》、常惺《佛學重要書目》、李石岑《關於佛法研究之重要書籍》及劉天行《佛學入門書舉要》。

楊仁山《佛學書目表》，撰於清光緒二十八年（1902），分華嚴、方等、淨土、法相、般若、法華、涅槃、秘密、阿含、大乘律、大乘論、西土撰集、禪宗、天台、傳記、雜集共十六類，收經籍109部。每經列經名、譯著者、卷數、刻版處及識語。此録爲便初學，故其所舉之版本，皆爲當時習見之本。而識語多有精彩之處，類於一篇解題。[1]

　　釋常惺撰有《佛學重要書目》，常惺（1896—1939），江蘇如皋朱氏子，法名寂祥，字常惺，自署雉水沙門。二十歲入上海華嚴大學，從名僧月霞學習華嚴宗義。後習禪於天寧寺，習天台教觀於四明觀宗寺。1925 年，與太虛大師於廈門南普陀寺創辦閩南佛學院。録前有常惺識語，說明編此目之緣起云：“正藏五千卷，續藏八千軸，唐賢遺著經五代兵燹沉没者，尚不在此數。吾人優游佛海，欲識津涯，誠非易事。兹爲修學便利起見，擇其尤關重要者，分普通、專門二種，介紹如次。”[2]全録分普通與專門二目。普通書目收《大乘起信論》《維摩經》《金剛經》《華嚴經》等九種常見經典，及各經最重要之注疏。專宗則分三論宗、唯識宗、天台宗、賢首宗、净土宗五門，分別介紹其重要經典。此録爲指導初學讀書，故每類之後皆有識語，指明此類之特點及讀經之次序，甚有見地。如於普通書目後論曰：“《維摩》中廣明净佛國土成就衆生，學佛者誠宜先讀，以廣其意。次由《金剛》《圓覺》而蕩其法執，再經《法華》《涅槃》之開顯諸佛出世之本懷，了無餘蘊矣。至若《華嚴》海會，依正重重，因果互攝，圓融無盡，是又果德莊嚴，非所論於異生之地也。”指明閱讀大乘經典之次序應由《維摩經》入手，經《金剛》《圓覺》，而《法華》《涅槃》，終入《華嚴》海會。

　　李石岑《關於佛法研究之重要書籍》，石岑（1892—1934），原名邦藩，字石岑，湖南醴陵人。曾任中國公學、暨南大學及大夏大學等校哲學教授。本録分法相宗（大乘瑜伽系、小乘毗曇系）、法性宗（大乘般若系、小乘成實系）、净土宗、禪宗四門。後有附録二：一爲律部著作，一爲唐人所著相宗

　　1 楊仁山《佛學書目表》，清光緒二十八年（1902）新安汪氏活字本，南京大學圖書館有藏。又收入周繼旨校點、黃山書社版《楊仁山全集》中。
　　2 釋常惺《佛學重要書目》，《國學專刊》第 1 卷第 2 期。

參考書。前三門每門下又分經、論二類分別著録。每一經典，著録經名、卷數、譯者及備記。如："《大般若經》，六百卷，玄奘（唐），暢説無所得、真空之精義，爲空宗所依據之根本經典。"[1]此録另一特點爲：作者以圓圈之多少，標示經典的重要程度，即圈數越多，經典越重要。如《瑜伽師地論》《解深密經》等爲四圈，《華嚴經》《三十唯識頌》等爲三圈。這一體例顯然受到智旭《閲藏知津》的影響。

劉天行《佛學入門書舉要》，劉天行，生平不詳，僅知其與唯識大師王恩洋有交游，[2]又與葉恭綽有往還。[3]其人爲尼采哲學推行者，曾首譯尼采《〈查拉圖如是説〉導言》。[4]劉氏自叙其編寫此録之目的云："近年學術界中盛行著開書目的風尚，大半注重在國學和哲學，或偶而列舉數種佛學書，專列佛學的書目却還不多見。因此，鄙人不揣固陋，略舉所知，以爲同志研求之參考。"[5]此目下分通論之部（專論佛學的入門書）、雜論之部（佛學與世間學術相比較者）、文獻之部（專論佛教文獻者）、辭典之部、歷史之部（佛教史之作）、經解之部（主要大乘經典之較切近之批注）、各宗專論（各宗概述與重要經籍）、文學之部（佛教文學）共八部，收録經典及近人著作 55 種。此目特點爲：所推介之書多爲近人新著，甚或日人之作，學術視野開闊，視點頗新。與常惺《佛學重要書目》比較，此目更重視佛學研究，與常惺書目重信仰之引導不同。

（三）其他目録

近現代漢文佛教目録不僅創造了導讀書目、個人藏書目録，還創造出其

---

1 李石岑《關於佛法研究之重要書籍》，《民鐸雜誌》第 6 卷第 1 號，1925 年。

2 王恩洋《答劉天行》，載《文教叢刊》第 3、4 期合刊。《答劉天行》，《文教叢刊》第 5、6 期合刊。

3 葉恭綽《致劉天行函》，《遐庵匯稿》，上海書店，1990 年，第 490 頁。

4 劉天行《〈查拉圖如是説〉導言》，《大鵬月刊》第 1 卷第 3 期，1941 年。

5 劉天行《佛學入門書舉要》，《海潮音》第 16 卷第 2 期，1935 年。

他各種各樣的新形式。

　　1. 藏經聯合目錄：古今藏經二十餘種，各各收攝不同，一經或見於此藏而不見於彼藏。故欲知一經爲何種藏經所收，若將各藏目錄檢索一過，則費時多而功績少。故將數種藏目合爲一書，互著有無，則執一目便可知數藏之情狀，藏經聯合目錄由茲而興。舉其要者，如李經緯編《五種藏經目錄彙編》[1]、蔡運辰《二十五種藏經目錄對照考釋》[2]、童瑋《二十二種大藏經通檢》等。[3]

　　2. 佛學論文目錄：近代學者受西方學術觀念之影響，以科學之方法與觀念研究佛學，其代表形式之一即爲佛學論文。而近代佛教雜誌之興盛也爲佛教論文提供了發表園地，佛學論文的大量出現使得佛學論文目錄應運而生。如許國霖《佛學論文分類目錄》、[4]王雷泉先生主編《中國大陸宗教文章索引》、[5]香光尼衆圖書館所編《佛教相關博碩論文提要彙編》等。[6]

三、原有目錄類型之發展

　　近代以來，由於學術觀念的變化與新資料的發現，佛學研究向精深方向發展。與此相適應，原有佛教目錄類型也出現了新的特點，具體表現爲目錄體例更趨完善，而對具體書籍之著錄、研究、考證更爲深入。

（一）體例加密

　　以譯經目錄爲例，前代之譯經目錄，如僧祐《出三藏記集》、道宣《大

　　1 李經緯編《五種藏經目錄彙編》，上海佛教居士林 1955 年油印本，現藏國家圖書館。

　　2 蔡運辰《二十五種藏經目錄對照考釋》，台灣新文豐出版公司，1983 年。

　　3 童瑋《二十二種大藏經通檢》，中華書局，1997 年。

　　4 許國霖《佛學論文分類目錄》，油印本，藏國家圖書館。又曾連載於《微妙聲》第 1—4 期（1936 年 11 月至 1937 年 2 月）。

　　5 王雷泉主編《中國大陸宗教文章索引》，台灣東初出版社，1995 年。

　　6 香光尼衆圖書館編《佛教相關博碩論文提要彙編》，台灣香光書鄉出版社，2001 年。

唐内典録》、智昇《開元釋教録》之"譯經録"，類皆僅著録經名、卷數、譯人、異稱及第幾出。而近代譯經目録如劉國鈞《後漢譯經録》《三國佛典録》《西晉佛典録》則依時代先後爲序，以譯人爲綱，所譯之經爲目。每一譯經者之下，先明其生平行履及資料出處，次列其所譯之經。所譯之經典除依傳統著録經名、卷數之外，又著録五事：一爲最初著録此經之書，二爲現行各藏中此經之函號，三爲此經之異名，四爲此經之異譯，五爲作者之按語。體例較此前譯經録有很大改進，幾於精善完美。[1]

（二）考證轉精

以解題目録爲例，傳統解題目録如惟白《大藏經綱目指要録》、王古《大藏聖教法寶標目》、寂曉《大明釋教彙目義門》、智旭《閱藏知津》，其解題或節録經籍之序跋，略提旨要；或羅列經籍之品目，稍示大綱。於一經之源流、正變、得失、價值，多未有深入之檢討。而近代解題目録如陳垣先生《中國佛教史籍概論》，不僅能考作者之生平行歷，書籍之版本優劣，正《四庫提要》之闕失，評其書之史學價值，并由一書之紹介，引出佛教史之大問題。對經籍考證之功，實能逾邁前人。[2]

四、佛典分類法的重新探討

成熟定型於《開元釋教録》的"乘藏分類法"，依據佛典的性質和體制，將經典按照大小乘、經律論分類，較之以前按照失譯、有譯、一卷、多卷等外部性質分類佛典無疑是更爲適宜的。然而，"乘藏分類法"分類的標準是

1　劉國鈞《後漢譯經録》《三國佛典録》與《西晉佛典録》，《金陵學報》第 1 卷第 2 期、第 2 卷第 2 期、第 3 卷第 2 期。

2　陳垣《中國佛教史籍概論》，中華書局，1962 年。

佛典的性質與體制，這種分類方法對於整理歸類圖書來說無疑是方便而易行的；但這一分類方法并沒考慮佛典所涉及的内容、佛典成立的先後次序及學習佛典的階次等問題，對於學習、研習佛典來講，這種分類方式無法實現"即類求書""因學究學"的學術指引功能。

明代萬曆年間，寂曉撰作《大明釋教彙目義門》，以天台五時判教組織經典，打破了以往經錄分大小乘、經律論的分類體系。寂曉《釋例》言其撰作之緣起與義例云："寂曉宿生慶幸，豫憑法門，閱南北藏經及疏論千有餘卷，性鈍苦忘，輒筆記大意，至積稿盈裹。彼此比詳，南北函卷，先後更置，部類不分相從與否，率意仿古，條錄銓次。而《開元錄》別分乘藏，似與如來說法時次莫能相通。故統檢群錄，重搜藏典，遡崛山結集始緣，此方判教儀式，不揣己愚，以所錄本，集成八部。"[1]寂曉認爲，明代南北藏分類編次問題甚多，而《開元釋教錄》的分類方法，一是經典不能"義類相從"，即不是依據經典的内容對經典進行分類；二是與如來說法時次相違背，即并不符合經典成立的順序。故寂曉依天台五時判教思想將全藏分爲華嚴、阿含、方等、般若、法華、涅槃六部，并增設陀羅尼及聖賢著述，共成八部。寂曉之後，智旭撰作《閱藏知津》，融合寂曉天台五時分類法與乘藏分類法，建立了自己的分類體系。其分類方法也爲此後錄家所承襲。

近代以來，由於學術觀念及學術載體形式的變化，如論文、期刊等新的學術撰作與發布形式的出現，佛教學術成果呈現出多樣性之特點，傳統佛教目錄的分類形式無法適應學術的發展與演進，新的佛典分類方式遂因之出現。如歐陽漸、呂澂據唯識思想創立"三乘道果分經法"；李石岑《關於佛法研究之重要書籍》、常惺《佛學重要書目》，則依據宗派分類典籍；余了翁編撰《佛學出版界》，依據受衆群體與經籍的難易程度將佛典分爲入門書、讀誦

1　寂曉《大明釋教彙目義門》卷首，《四庫未收書輯刊》第3輯第20冊，第306頁。

書、修持書、研究書、雜集書；而劉天行撰《佛學入門書舉要》、陳信行撰《藏餘佛學目録》，則依據近現代學科分類對典籍進行分類。[1]由此可見，晚明之後，《開元釋教録》的乘藏分類法雖然仍在流行，然而却不能一統天下，不同分類方法的探索與實踐，成爲此期佛教目録發展的重要成果與標誌。

綜上所述，自晚明以來，漢文佛教目録的發展進入一個新階段。中唐之後，一度淡出佛教目録學中心的佛典分類法重新回歸，各種不同的分類方式紛紛出現，打破以《開元釋教録》爲代表的"乘藏分類法"一統天下的局面。隨著佛教典籍流通方式的變化和佛學研究的深入，舊的佛教目録體制日趨精密，而新的佛教目録撰作體式也紛至沓來，個人藏書目録、導讀目録、論文目録等正是這些新體制的代表。此類目録的出現，標誌著漢文佛教目録由整理、閱讀而向研習深入。

漢文佛教典籍譯傳、結集、流通、接受方式的歷史演進，是漢文佛教目録發展演變的内在動力。與佛教典籍的傳譯相對應，有譯經目録的産生；與佛教典籍的結集、整理相適應，有典籍目録、綜合目録的出現；與佛教典籍的閱讀、流通、接受相適應，有解題目録、導讀目録、流通目録、宗派目録、研究目録的興起。可以説，漢文佛教目録體制的發展與演進，是漢文佛教典籍演變積累的結果，典籍的每一步演進，都需要相應的目録體制與之相適應。如果説佛教目録體制的演進還是典籍發展的外在表現的話，那麼，分類方式的變化可能就更能深入反映佛教典籍演進的歷程。

---

1 二書之分類體式，請參下編《經録考稿》相關内容。

第二章
漢文佛教目録典籍分類之研究

鄭樵《通志·校讎略》言："學之不專，爲書之不明也。書之不明，爲類例之不分也……類例分，則百家九流各有條理。"又言："類例既分，學術自明。"[1]由此可知，對圖書經籍進行分類，是目録撰作的重要工作之一，同時，也是撰録者學術思想最爲直接的反映，故而採用何種方式分類，分類達到何種深度，實與彼時之思想學術進展聯繫最爲緊密。本章首先對漢文佛教目録典籍分類作歷時性的概覽，認爲漢文佛教目録典籍分類隨著漢文佛教典籍的積累與學術觀念的演進，大致經歷了"據譯單重""別分乘藏""依義詮次"及"多軌並途"四個階段。在漢文佛教典籍的分類中，大乘經與撰述類經籍地位重要，形式多樣，故而其分類方式也有較多變化。如大乘經的分類既有"因書設類"的"舊五部分經法"，也有據天台判教的"新五部分經法"及據唯識思想組織的"三乘道果法"，三種分類法的著眼點不同，背後的學術思想也自相異。而撰述類經籍的分類也經歷了"以人隸書"與"以類相從"兩個階段。

第一節　漢文佛教目録典籍分類標準之演變

將經籍按照一定的標準進行分類，是佛教目録撰作的重要工作。而分類

---

1 鄭樵撰，王樹民點校《通志二十略》，中華書局，1995 年，第 1804、1806 頁。

標準的選擇又取決於撰作者的學術觀念、問題意識。佛教目録與世俗目録不同，其創作之始，目的乃在於記録經典的傳譯情況，辨別經籍的真僞性質，故而最初佛教目録的分類標準也多採用文獻生成的方式，比如一譯、重翻等。隨著佛教典籍的積聚，哪些典籍是重要的，哪些典籍是次要的；哪些典籍是先産生的，哪些典籍是後出現的；研習佛法，哪些典籍應先學習，哪些典籍須後了解：諸如此類的學術問題，就成爲目録學家關注的重點。如上章所述，漢文佛教目録的發展有從簡單記録經籍翻譯向分判經籍性質内容轉變的趨勢，與此趨勢相一致，經籍的分類標準也逐漸由佛教經籍的生成方式向經籍的性質、體制、義理方面傾斜。可以説，分類標準的變化正反映出撰録者觀念的轉變，折射出時代的學術發展。

漢文佛教目録經典分類的標準，大約有以下幾類：

第一，根據經籍産生方式進行分類。漢文佛典的産生發展，端賴於經籍的翻譯，而最初的漢文佛教目録多爲譯經録，其目的在於記載經典翻譯的情況，職是之故，分類標準也多依據文獻産生的方式。如根據經典是否譯自梵、胡之本，可將經典分爲真經與疑僞經；根據譯者的有無，可分爲有譯經、失譯經；根據經典翻譯的次數，可分爲一譯（單譯）經、重譯（重翻）經；根據經典的形成方式，可分爲抄經、別生經等。

第二，根據佛教經籍的外部特徵與存佚狀況進行分類。如根據文獻卷數的多寡，可以分爲一卷經、多卷經；根據文獻存佚狀況，可以分爲存、殘、佚（闕）等。

第三，根據佛教經籍的體制與性質進行分類。如根據文獻的體制與内容，可以分爲經、律、論、撰述；根據經籍的性質，可以分爲大乘經、小乘經等。

與經録發展經歷從譯經目録到存藏、刻藏目録，再到解題、導讀目録的發展一致，佛教經典的分類標準也漸由據文獻産生方式爲主，向以文獻性質、義理爲主轉向，由多據外部特徵分類爲主向以內部義理爲主發展。

一、據譯單重——根據佛典翻譯方式進行分類

道宣在《大唐內典錄・入藏錄》序言中自言其經典分類方式乃是
"隨乘大小、據譯單重"。[1] "據譯單重"即是根據翻譯的次數對佛典進行
分類，所依據的標準是文獻產生的方式；而"隨乘大小"則是根據經典
性質內容進行分類，所依據的標準是文獻的內容與體制。"隨乘大小"
"據譯單重"準確地概括了歷代藏經目錄分類的兩個重要標準。第一級分
類方式是"據譯單重"還是"隨乘大小"，也成爲歷代佛教目錄分類方式
的重要界分。如前所述，佛教目錄最初的作用乃是記錄經典翻譯之情況，
判別經典之眞僞，故而最初之分類方式多採用"據譯單重"的方式。而
隨著經典數量的增加，學習經典的需要，經典的內容、性質，經典所述
之義理，乃至某類經典在全部經典中的地位這些問題越來越凸現，故而
依據經典的性質內容進行分類的"隨乘大小"逐漸在佛教文獻的分類方
式中占據越來越重要的地位。與此同時，根據經典產生方式分類的"據
譯單重"逐漸隱退爲二級、三級，甚至四、五級分類標準之中，地位與
重要性逐漸下降。

道安之前雖有經錄之撰作，然多是記一人、一地、一代之譯經，排纂僅
據時間之先後，分類問題、分類標準似尚未進入撰錄者的視野。道安《綜理
衆經目錄》始董理群經，群經匯聚則需以類區分。依據《出三藏記集》記
載，《綜理衆經目錄》共有七錄：經論錄第一、失譯經錄第二、涼土異經錄第
三、關中異經錄第四、古異經錄第五、疑經錄第六、注經及雜經錄第七。據

1　道宣《大唐內典錄》卷八，《大正藏》第55冊，第302頁。

此而言，道安分經雖有七類，實則五條：經論（即有譯經）、失譯經、異經（又據時、地分爲涼土、關中、古時）、疑經及注經。其中有譯經與失譯經雖有譯者有無之差別，但皆來自胡、梵之本，爲有源之經，可信度最高。異經雖不屬於疑經，然其來源不明，故安公特設"異經"一類，以處上不至於有源之經，下不至於疑僞經籍的經典，其可信程度也在疑經與失譯經之間。分析可知，道安實將經典分爲有譯、失譯、異經、疑經及注經，其分類標準是經典產生的方式，而與經典之性質內容關涉甚少。之所以如此分類，乃在於道安撰録之目的本在經典真僞之判裁。而據翻譯情況作爲分類標準，則可確定經籍之真僞程度，有譯經、失譯經、異經、疑經，沿此順序，可信度逐漸下降。

圖表 2：《綜理衆經目録》分類表

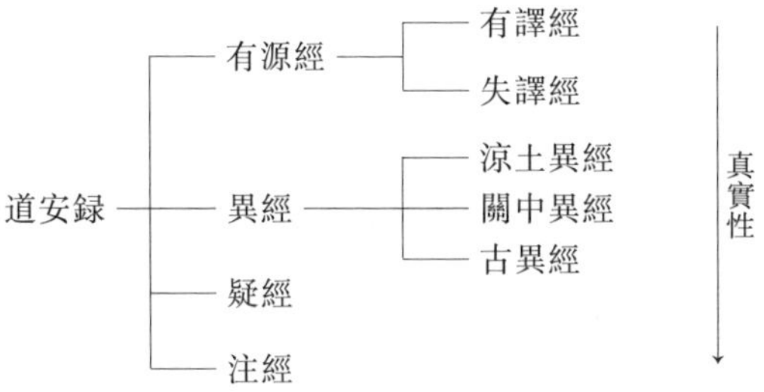

僧祐《出三藏記集》對於佛典的分類，在道安《綜理衆經目録》的基礎上更加細密。僧祐將經典分爲有譯、失譯、抄經、疑僞、注經及雜經。與《綜理衆經目録》相較，《出三藏記集》增加了"抄經"一類，將安録的疑經改爲疑僞經。而將安録中的古異經、涼土異經及關中異經皆納入失譯經之中。由此可知，僧祐之分經，首先將經典分爲真經、抄經與疑僞；其次，將有源之真經按有無譯者分爲有譯與失譯二類；再次，有譯經依時間順序標列，失譯經則以地域加以分類。可以説，僧祐經典分類的標準與道安一樣，仍然是經典的真僞、譯人、譯時、譯地等翻譯特徵。職是之故，僧祐

對經典的分類雖較道安更爲細緻，然其分類標準仍承道安之舊。（其分類詳情見圖表3）

圖表3：《出三藏記集》經典分類表

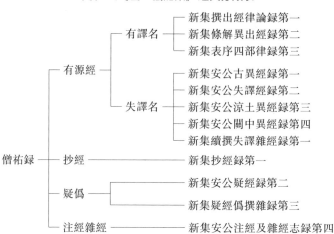

隋代仁壽年間，釋彥琮等編《衆經目録》也爲據譯單重之分類法。《衆經目録》序言："皇帝深崇三寶，洞明五乘，降敕所司，請興善寺大德與翻經沙門及學士等，披檢法藏，詳定經録。隨類區辯，總爲五分：單本第一、重翻第二、別生第三、賢聖集傳第四、疑僞第五。"[1]由此可知，《仁壽録》第一級類目設置的標準仍然是經典產生的方式，并據此將經典分爲單本、重翻、別生、賢聖集傳與疑僞。儘管《仁壽録》在單本、重翻之下又分出大、小乘，在大小乘之下又分出經、律、論三藏。然其第一級目録却仍然是根據單本、重翻等經典產生的方式來進行分類的，因此仍屬"據譯單重"占主導地位的目録分類。（分類方式見圖表4）

降及唐代，靜泰諸人撰作《大唐東京大敬愛寺一切經論目》，其體例頗參《仁壽録》，在第一級分類中，同樣依據經典產生的方式。其序言曰："晋道安創裁目録，齊法上亦爲條例。非無小異，張置大同。莫不以單譯居第一，

---

1 彥琮《衆經目録》卷一，《大正藏》第55冊，第150頁。

圖表 4:《彦琮録》分類及全録綱目圖

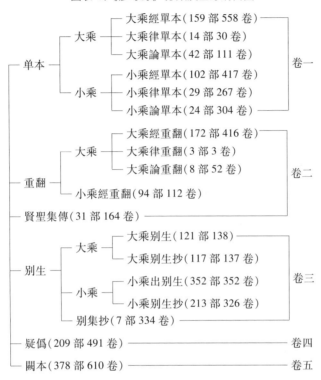

重翻處第二，梵集配第三，別生安第四，疑僞充第五。位雖列五，繕寫唯三。良以別生與本部不殊，疑僞固非留限。"[1] 認爲自道安至齊法上，分類經典皆爲單譯第一、重翻第二、聖賢集傳第三、別生第四、疑僞第五。雖然静泰序言所述與事實不符（如，《法上録》第一級分類乃是根據經典性質分出經、律、論），却表明静泰録分類之標準仍然是依據經典産生方式的"據譯單重"。

　　佛典目録之所以會有以經典産生特點爲標準的分類方式，首先是由於漢文佛典多是由胡、梵語言翻譯而來，最初譯經目録採用經典産生方式將經典分爲單譯、重翻實屬當然。同時，自僧祐《出三藏記集》始，對經典

---

1 静泰《大唐東京大敬愛寺一切經論目》卷一，《大正藏》第 55 册，第 180 頁。

真偽判別的標準就設定爲是否譯自胡、梵語言，即譯自胡、梵語言者爲真經，非自胡、梵而來者即有涉疑僞。既然經典產生的方式與經典的真僞具有如此直接的關聯，那麼記錄經典產生的方式就顯得十分必要，如此，根據經典產生方式將其分爲有譯、失譯、抄經、別生也就不難理解。根據經典產生方式對經典進行分類，雖然對於翻譯工作、判裁經典真僞具有重要的參考意義，然而這種分類方式既不能體現教義、教派、佛教義理的產生演變，無助於辨章學術、考鏡源流；同時，對於學習佛典的人士來講，也不能達到即類求書，因書究學的作用。因此，隨著經典數量的增加，中土佛學人士對經典性質、佛教義理認識的深入，"乘藏分類法"逐漸取代了"據譯單重"的分經方式，成爲佛教目録第一級分類的重要形式。

二、別分乘藏——根據經典的性質與體制進行分類

如上所述，佛教目録的第一級分類標準是根據經典產生的方式還是根據經典的體制內容，是佛教目録分類演進的一個重要表徵。隨著"據譯單重"分類方式降至第二、三級，佛教目録的第一級分類逐漸讓位於"乘藏分類法"。而"乘藏分類法"又可分爲"隨乘"與"隨藏"兩種形式。所謂"隨乘"，就是一級目録將佛典依據性質分爲大、小乘；所謂"隨藏"，則是一級目録依據佛典體制分爲經、律、論、撰述四類。

（一）二乘區別——根據經典性質分類經典

"大乘""小乘"這兩個名詞，在漢譯四阿含中即已出現。"大乘"本是與世人乘、天乘、婆羅門乘相并列，專指佛教殊勝的名詞。如《雜阿含》第七六九經，阿難見生聞婆羅門及其侍從皆衣白衣，稟告於佛，佛認爲生聞婆

羅門所行爲世人乘，非“正法、律乘、天乘、梵乘、大乘”。[1]在這裏，大乘即指佛教，與其他外道相對立，以“大”來顯示佛教的殊勝。在《增一阿含·四意斷品》中，佛告舍利弗，“如來有四不可思議事，非小乘所能知”，[2]小乘也是指非佛教修行者。後世佛教内部分派，“大乘佛教”興起，將原始、部派佛教斥爲小乘，始有大小乘之界分。釋道安《十法句義經序》言：“自佛即幽，阿難所傳，分爲三藏，纂乎前緒，部别諸經。小乘則爲阿含。四行中，阿含者，數之藏府也。阿毗曇者，數之苑藪也。”[3]可知道安之世，大小乘觀念已頗爲深入。僧祐《出三藏記集》中有《小乘迷學竺法度造異儀記》對小乘教法深所斥責。[4]然道安、僧祐皆未以大、小二乘分經。初以二乘分經者，蕭梁有寶唱之録，北魏有李廓之作。

據費長房《歷代三寶紀》記載，李廓撰有《魏世衆經録目》，其分類如下：

大乘經目録一　　　　　　二百一十四部

大乘論目録二　　　　　　二十九部

大乘經子注目録三　　　　一十二部

大乘未譯經論目録四　　　三（元、明本作“二”）十三部

小乘經律目録五　　　　　六十九部

小乘論目録六　　　　　　二部

有目未得經目録七　　　　一十六部

非真經目録八　　　　　　六十二部

非真論目録九　　　　　　四部

1　求那跋陀羅譯《雜阿含經》卷二十八，《大正藏》第 2 册，第 200—201 頁。

2　瞿曇僧伽提婆譯《增一阿含經》卷十八，《大正藏》第 2 册，第 640 頁。

3　僧祐撰，蘇晉仁、蕭錬子點校《出三藏記集》卷十，第 369 頁。

4　僧祐撰，蘇晉仁、蕭錬子點校《出三藏記集》卷五，第 232—233 頁。

　　　全非經愚人妄稱目録十　　十一部

李廓之録雖有十條，實分三大類，即大小乘經律論（前六類）、闕本（第
七類有目未得經）、疑僞（後三類非真經、非真論、全非經）。顯然，此
三大類的分類標準并不一致，前六類依據乘藏分類，第七類則據存佚分
類，後三類則據經典真僞性質分類。因此，《李廓録》分類在第一級類目
設置上并不周延。然而，可貴的是《李廓録》不再把譯經的單重作爲一
級類目，而將大、小乘作爲一級類目，在大、小乘一級類目之下，又據
經典體制分爲經、律、論三藏。可以説，儘管《李廓録》的分類尚不周
延，然而却已摒棄了"據譯單重"的分類法，開始嘗試從性質、體制方
面對經典進行分類。

　　據《歷代三寶紀》記載，採用"二乘區分"的"隨乘"分類法分經的還
有梁代寶唱所撰《梁世衆經目録》，其録共分四卷，細目如次：

　　　衆經目録卷第一（大乘）凡二百六十二部，六百七十四卷
　　　　　有譯人多卷經一　　六十九部（四百六十七卷）
　　　　　無譯人多卷經二　　五部（一十九卷）
　　　　　有譯人一卷經三　　九十部（九十卷）
　　　　　無譯人一卷經四　　九十八部（九十八卷）
　　　衆經目録卷第二（小乘）凡二百八十五部，四百卷
　　　　　有譯人多卷一　　一十七部（一百二十卷）
　　　　　無譯人多卷二　　五部（一十七卷）
　　　　　有譯人一卷三　　五十部（五十卷）
　　　　　無譯人一卷四　　二百一十三部（二百一十三卷）
　　　衆經目録卷第三　　凡三百六十二部，一千六百八十二卷

　　先異譯經一　　四十五（或作四十三）部多卷（二百七十九卷）；三十八部一卷（三十八卷）

　　禪經二　　九部多卷（三十八卷）；三十一部一卷（三十一卷）

　　戒律三　　六十八部（二百七十五卷）

　　疑經四　　六十二部（六十七卷）

　　注經五　　四十部（二百四十六卷）

　　數論六　　三十一部（三百六十七卷）

　　義記七　　三十八部（三百四十一卷）

衆經目録卷第四　　凡一百二十九部，九百八十五卷

　　隨事別名一　　一十三部（四百一十三卷）

　　隨事共名二　　三十五部（四百七十卷）

　　譬喻三　　一十五部（三十六卷）

　　佛名四　　一十四部（一十九卷）

　　神咒五　　四十七部（四十七卷）

　　從以上分類可以看出，《寶唱録》的分類與《李廓録》一樣，採用了多種不同的分類標準，因此分類也并不周延。如卷三、卷四主要是依據經典的内容來分類，如禪經、譬喻、佛名、神咒；也有用經典體制分類的，如注經、數論、義記等。而卷一、卷二則依據經典的性質分爲大、小二乘。雖然大、小二乘之下，《寶唱録》仍依據經典產生的方式，將其分爲有譯人、無譯人；依經典外部形態分爲一卷、多卷，但在卷一、卷二的第一級分類中却採用了“二乘區別”的“隨乘”分類法。

　　完全按“二乘區別”來進行佛典分類者，是隋費長房《歷代三寶紀》的“入藏録”，其分類細目如下：

圖表5:《歷代三寶紀・入藏録》分類表

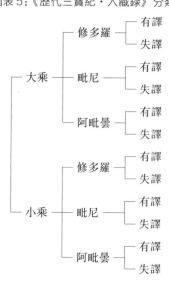

此録先將佛典分爲大、小二乘，二乘之下分出修多羅、毗尼與阿毗曇三藏，三藏之下纔據翻譯特徵分爲有譯、失譯。分類詳明而謹嚴，是比較成熟的"二乘區別"的"隨乘"分經法。

《長房録》之後，按"二乘區別"的"隨乘"方式對經典進行分類的是武周時期明佺所撰《大周刊定衆經目録》。雖然《大周録・入藏録》尚設有失譯、闕本二目，然其有譯有本録中，已嚴格按照大小乘對經典進行分類，其分類細目如次（圖表6）。可以看出，《大周録》首先將經典分爲大乘、小

圖表6:《大周刊定衆經目録・入藏録》分類表

```
          ┌ 大乘經 ─┬ 單譯經
    ┌ 大乘 ┼ 大乘律   └ 重譯經
    │      └ 大乘論
    │
    ┤      ┌ 小乘經 ─┬ 單譯經
    ├ 小乘 ┤         └ 重譯經
    │      └ 小乘律論
    │
    └ 賢聖集傳
```

乘與聖賢集傳三類，大、小二乘之下又各按經、律、論三藏分經，而經部之下又分出單、重譯，將乘藏分類法置於"據譯單重"分類法之上，顯得條理井然。

依"二乘區別"的"隨乘法"對經典進行分類的經録中尚有智昇《開元釋教録》。《開元釋教録》作爲綜合目録，其別録共有七類：有譯有本、有譯無本、支派別行、删略繁重、拾遺補闕、疑惑再詳、僞邪亂正。可以説仍然是依據經典産生的方式與真僞性質進行分類的。然而，在《入藏録》中，智昇却是嚴格依據經典之大、小乘性質進行分類。其分類方式如下：

圖表7:《開元釋教録·入藏録》分類表

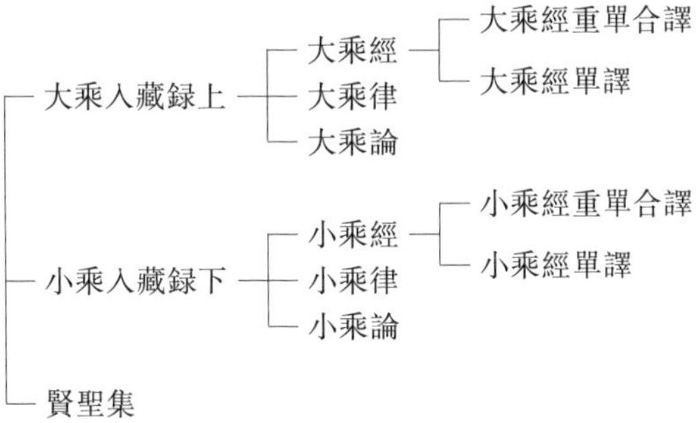

《開元釋教録·入藏録》中，智昇首先按性質將經典分爲大乘、小乘二類，其次再將大小乘分爲經、律、論三類。因其第一級分類爲大、小乘，故可歸入"二乘區別"分類法中的"隨乘分類法"中。

《開元釋教録·入藏録》先分大小乘，再分經律論的"隨乘分類法"爲其後的《貞元録》所繼承，而宋代刻藏也據《開元録》先分大小乘，再分經律論。職是之故，智昇的"隨乘"分類法對後世影響巨大。然則以《開元録》爲代表的"隨乘分類法"的問題在於：在大、小乘之外，又分出聖賢撰述一類。分出大小乘的標準是經典的性質，而聖賢撰述的設立依據的却是經典體制，也即是説，《開元録》的一級分類有兩個標準，即據經典性質分出大小乘，又據經典體制分出聖賢撰述一類，分類標準不一致，故而分類也并不周洽。因此，依據經典體制，將佛教典籍分爲經、律、論、撰述則是更爲周備的分類方式。

（二）三藏殊科——根據經典的體制對經典進行分類

將佛教典籍分作經、律、論、雜，其例甚古。《增一阿含經·序品》載阿難結集法藏，其文曰："時阿難說經無量，誰能備具爲一聚？我今當爲作三分，造立十經爲一偈。契經一分律二分，阿毗曇經復三分。過去三佛皆三分：契經、律、法爲三藏。"[1]阿毗曇意譯爲對法、論。可知，佛教經典依據體制分爲經、律、論爲印度古來的傳統。而中土佛教目録以三藏分經似始於劉宋時之《衆經別録》。

據費長房《歷代三寶紀》記載，《衆經別録》二卷，其分類如下：

大乘經録第一

三乘通教録二

三乘中大乘録三

小乘經録第四

第五篇目本闕

大小乘不判録六

疑經録七

律録八

數録九

論録十

---

1 瞿曇僧伽提婆譯《增一阿含經》卷一，《大正藏》第 2 册，第 549 頁。

《衆經別録》分爲十科，然此十科實可歸爲五大類，即大小乘經（前六條）、疑經録、律録、數録與論録。疑經録是依據經典真僞性質的分類。除此二類外，《衆經別録》將經籍分爲經、律、論三藏，可以説，開啓了"三藏殊科"的分類方式。

北齊武平年間，法上作《齊世衆經目録》也據三藏分經，據《歷代三寶紀》記載，其分類細目如次：

　　雜藏録一，二百九十一部，八百七十四卷

　　修多羅録二，一百七十九部，三百三十卷

　　毗尼録三，一十九部，二百五十六卷

　　阿毗曇録四，五十部，四百二十一卷

　　別録五，三十七部，七十四卷

　　衆經抄録六，一百二十七部，一百三十七卷

　　集録七，三十三部，一百四十七卷

　　人作録八，五十一部，一百六卷

由於此録已亡佚，故此録中之"雜藏""別録"不知何指。[1]其中"人作録"即是疑僞經，因是後人僞撰，故稱"人作録"；"衆經抄録"即是抄經，"集録"當即是後世的聖賢撰述之類。除此之外，録中所分修多羅、毗尼、阿毗曇即爲經、律、論三藏。

《衆經別録》《齊世衆經目録》一級分類中雖然出現了以經、律、論三科分經的體制，但"三藏殊科"的分類法與其他分類標準的類目，如疑僞、抄經等混雜在一起，分類既不周延，類目也頗細碎。而真正將"三藏殊科"

---

1 圓照《貞元録》卷十八，"雜藏録"作"新造録"，不知何本？

的分類方式徹底貫徹到一級分類中者，當屬隋代法經所撰《大隋衆經目録》。

　　《大隋衆經目録》乃法經諸人於開皇十四年奉敕撰成，此録將經典分爲六類，即經、律、論、撰集、傳記、著述六類，其下再作細分，其分類方式如下（圖表 8）。《大隋衆經目録》分類體例詳明，頗受歷代學者稱贊。梁啓超《佛家經録在中國目録學之位置》盛贊此録之分類曰：“經律論三藏厘然分明，每藏又分大小乘，在佛典分類中最爲科學的。其三藏以外之書分抄集、傳記、著述三類，而每類又分西域與此土，則一切經籍可以包括無遺。……真者寫定入藏以廣其傳，別生及疑僞者雖屏不入藏，仍著其目，使後世勿爲所惑。別擇精嚴，組織修潔，專以目録體例論，此爲最合理之作矣！”[1] 姚名達《中國目録學史》亦言：“所用分類原則有教義、文裁、地域、體質四項，較南北朝諸録爲複雜，而又不失其整潔。體質六分之意義尤爲明瞭。”[2] 皆足見此録之分類法，實較以前有極大之進步。

圖表 8:《大隋衆經目録》分類表

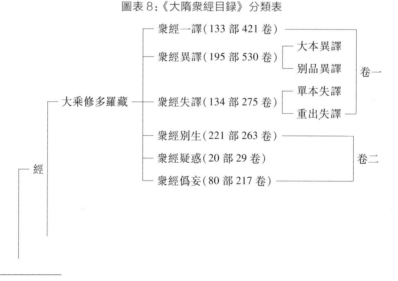

1　梁啓超《佛學研究十八篇》，第 349—351 頁。
2　姚名達《中國目録學史》，第 223 頁。

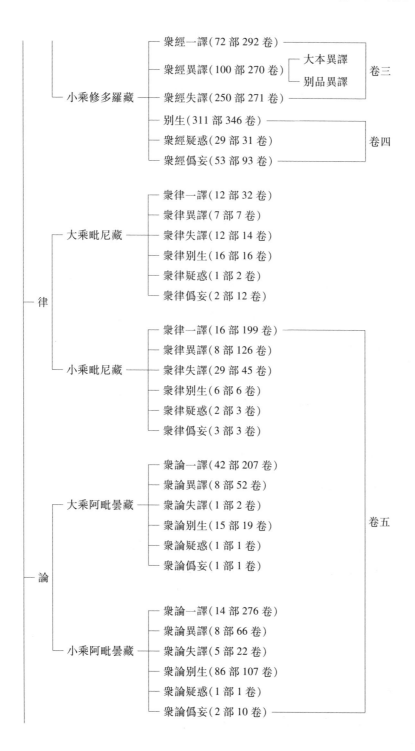

小乘修多羅藏
　衆經一譯（72 部 292 卷）
　衆經異譯（100 部 270 卷）┐大本異譯
　　　　　　　　　　　　　　└別品異譯　　卷三
　衆經失譯（250 部 271 卷）
　別生（311 部 346 卷）
　衆經疑惑（29 部 31 卷）　　　　卷四
　衆經僞妄（53 部 93 卷）

律

大乘毗尼藏
　衆律一譯（12 部 32 卷）
　衆律異譯（7 部 7 卷）
　衆律失譯（12 部 14 卷）
　衆律別生（16 部 16 卷）
　衆律疑惑（1 部 2 卷）
　衆律僞妄（2 部 12 卷）

小乘毗尼藏
　衆律一譯（16 部 199 卷）
　衆律異譯（8 部 126 卷）
　衆律失譯（29 部 45 卷）
　衆律別生（6 部 6 卷）
　衆律疑惑（2 部 3 卷）
　衆律僞妄（3 部 3 卷）

論

大乘阿毗曇藏
　衆論一譯（42 部 207 卷）
　衆論異譯（8 部 52 卷）
　衆論失譯（1 部 2 卷）
　衆論別生（15 部 19 卷）
　衆論疑惑（1 部 1 卷）
　衆論僞妄（1 部 1 卷）　　卷五

小乘阿毗曇藏
　衆論一譯（14 部 276 卷）
　衆論異譯（8 部 66 卷）
　衆論失譯（5 部 22 卷）
　衆論別生（86 部 107 卷）
　衆論疑惑（1 部 1 卷）
　衆論僞妄（2 部 10 卷）

詳究此録之分類，有兩端實需表而出之：第一，在此録中，據文獻産生劃分的類目，如一譯、異譯、失譯、別生、僞妄逐漸降爲更爲低級次的標準，包裹隱藏在文獻性質的分類標準，如大小乘、經律論之中。這種情勢正是依文獻性質的分類標準逐漸加强而依文獻産生的分類標準逐漸減弱的反映，也是兩種分類標準共生、競争的表徵。第二，前此之"二乘區别"分經法，多將賢聖集傳與大、小乘并列，形成大乘、小乘、賢聖集傳的三分法。然則，賢聖集傳之分出乃據經典之體制，而大小乘之分出則據經典之性質，二者頗有不同，故分類并不周延。此録純據體制將經典分爲經、律、論、撰集、傳記、著述，其分類標準純一不亂。

《大隋衆經目録》分類標準純一不亂，擺脱以往經録分録標準多樣的弊端。然其將同屬聖賢集傳的二級類目撰集、傳記、著述列爲三類，將其與經、律、論并列，頗有細碎之病。而真正確立經、律、論、記（聖賢集傳）四分經藏者，當屬隋大業年間，智果所撰《寶臺四法藏目録》。

《寶臺四法藏目録》已佚，然其分類情況則保留於《隋書·經籍志》中，其文曰：

> 大業時，又令沙門智果，於東都内道場，撰諸經目，分别條貫，以佛所説經爲三部：一曰大乘，二曰小乘，三曰雜經。其餘似後人假托爲之者，别爲一部，謂之疑經。又有菩薩及諸深解奥義、贊明佛理者，名

之爲論，及戒律並有大、小及中三部之別。又所學者，録其當時行事，名之爲記。凡十一種。[1]

智果將佛所説者列爲經，下分大乘、小乘、雜經、疑經四類；將菩薩解説經義，贊明佛理者列爲論，下分大乘、小乘、中部三類；將學者録當時行事者列爲記；而戒律一部與論部一樣下分大乘、小乘、中部三類。也即是先分經、論、律、記爲四部，四部之下再分大、小二乘。其分類方式如次（圖表9）：

圖表9：《寶臺四法藏目録》分類表

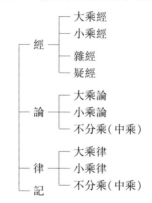

《寶臺四法藏目録》純依佛典體制分類，分類標準一致，所分類目周洽，且避免了《大隋衆經目録》細碎之病，確立了佛藏經、律、論、記四分的分類形式。

降及唐代，以"三藏殊科"方式分經之作有道宣《大唐内典録・入藏録》。《大唐内典録》共有十録，每録之分類方式不盡相同。如《歷代衆經舉要轉讀録》下分大乘經、大乘律、大乘論、小乘經、小乘律、小乘論、聖賢集録七類，乃是先分大小乘，再分經律論的"二乘區別"的分經法。《歷代翻本單重人代存亡録》也爲先分大、小乘，再分經律論，同樣爲"二乘區別"的分經法。然其《入藏録》的一級分類則採用了"三藏殊科"的分類方

1 魏徵等《隋書》卷三十五，第1099頁。

式，先分經、律、論，後分大小乘。其細目如次（圖表 10）。與《寶臺四法藏目録》相較，《大唐内典録・入藏録》將《寶臺四法藏目録》中的“記”換成了“賢聖集傳”，而經、律、論、集傳四部分類法正式定型。

圖表 10:《大唐内典録・入藏録》分類表

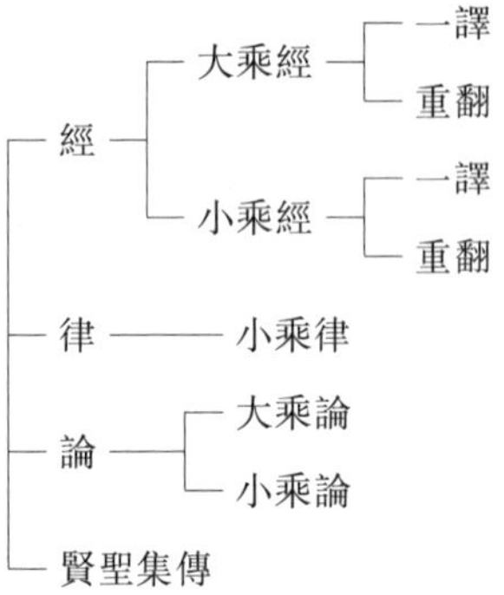

宋元時期，佛教目録多爲刻藏目録與解題目録，宋元刻經多循《開元釋教録略出》之舊，採用“二乘區別”的分經法，將經典分大、小二乘。而解題目録如惟白《大藏經綱目指要録》、王古《大藏聖教法寶標目》皆依大藏排列解説，也爲“二乘區別”的分經法。惟元代慶吉祥等人撰作《至元法寶勘同總録》，以三藏分經。

《至元法寶勘同總録》在“廣列名題，彰今目之倫序”一部中，對當時所存經籍進行分類，其分類法爲先分經、律、論，後分大小乘，詳細分類見下（圖表 11）。

可以看出，雖然用語稍有不同，《至元法寶勘同總録》實是繼承了《大唐内典録》《寶臺四法藏目録》分類體系的四分法，分經籍爲契經（經）、調伏（律）、對法（論）、聖賢傳記。前三類下再分菩薩（大乘）、聲聞（小乘）二類。此目最爲顯著的特點是在菩薩契經藏中分出顯教與密宗。

綜上所述，從南北朝始，依據經典的性質與體制進行分類的“乘藏分類法”逐漸取代了據經典產生方式與外部特徵進行分類的“據譯單重”。初始時期，“別分乘藏”與“據譯單重”兩種分類法互相並存，皆出現於佛

圖表 11：《至元法寶勘同總録》分類表

般若部
寶積部
顯　　教 ── 大集部
華嚴部
涅槃部
諸大乘經

菩薩契經藏
（大乘）

秘密陀羅尼部
密　　教 ── 儀軌

契經藏
（經）

聲聞契經藏
（小乘）

調伏藏 ── 菩薩調伏藏
（律） ── 聲聞調伏藏

對法藏 ── 菩薩對法藏 ── 大乘釋經論
（論） ── 聲聞對法藏 ── 大乘集義論

聖賢傳記 ── 梵本翻譯集傳
── 東土聖賢集傳

教目録的一級類目中。如李廓《魏世衆經目録》、寶唱《梁世衆經目録》、梁初的《衆經別録》、法上《齊世衆經目録》，皆爲其例。至隋唐時代，“乘藏分類法”逐漸成爲佛教目録一級類目的主要形式，“二乘區別”的“隨乘”法與“三藏殊科”的“隨藏”法方軌並駕，各擅勝場。“二乘區別”分類法由隋代費長房、唐代明佺，特別是智昇的發揚，在宋元藏經的分類組織中占了統治地位。然而隨著中土撰述類作品的增加積聚，這些不能隸屬於大小乘的佛教經籍獨立爲撰述一類。“二乘區別”發展成爲大乘、小乘、撰述的三分法。大小乘依據經典性質分類，而撰述類則著眼於經典的體制，三個類目却有兩個不同的分類標準，分類頗不周洽。而“三藏殊科”的分類方式則經過隋代法經、唐代道宣及元代慶吉祥等人的發展，形成了經、律、論、撰述的四分法，這一分類法純據經典體制進行分類，條理更加清晰。

三、依義銓次——根據經典內容義理進行分類

"別分乘藏"的"乘藏分類法",自南北朝開始興起,於隋唐時期漸趨成熟,宋元明歷代承之,無論是在佛教目錄的撰作,還是在藏經的刻印方面,皆取得統治性的地位,鮮有能脫出乘藏法軌轍之作。直至明萬曆年間,寂曉法師三閱大藏,集三十年之心力,始以天台五時判教之法整理如來一代時教,於"乘藏分類法"之外,另闢蹊徑。

寂曉撰作《大明釋教彙目義門》,言其撰作之緣起與義例云:

> 寂曉宿生慶幸,豫憑法門,閱南北藏經及疏論千有餘卷,性鈍苦忘,輒筆記大意,至積稿盈袠。彼此比詳南北函卷,先後更置部類,不分相從與否,率意仿古,條錄銓次。而《開元錄》別分乘藏,似與如來説法時次莫能相通。故統檢群錄,重搜藏典,遡崛山結集始緣,此方判教儀式,不揣己愚,以所錄本,集成八部,隨科分重單經傳,有四十一分。既依義銓次經目,仍於題下出經文大意,并論疏旨趣,亦撮略成文,附入經部之後,計四十一卷,題名曰《大明釋教彙目義門》。[1]

寂曉不滿於《開元釋教錄》及明南北藏經的分類方式,認為此一分類方式與如來説法之次第不叶,故而以天台判教方式對經典重新進行分類與整理。此錄打破乘藏分類方式,依天台五時判教思想將全藏分為華嚴、阿含、方等、般若、法華、涅槃六部,并增設陀羅尼及聖賢著述,共成八部,其分類圖如下(圖表12):

---

1 寂曉《大明釋教彙目義門》卷首,《四庫未收書輯刊》第3輯第20冊,第306頁。

圖表 12:《大明釋教彙目義門》分類表

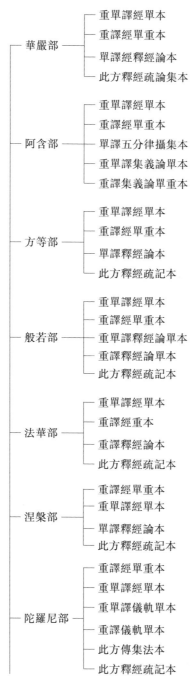

華嚴部
　重單譯經單本
　重譯經單重本
　單譯經釋經論本
　此方釋經疏論集本

阿含部
　重單譯經單本
　重譯經單重本
　單譯五分律攝集本
　重單譯集義論單本
　重譯集義論單重本

方等部
　重單譯經單本
　重譯經單重本
　單譯釋經論本
　此方釋經疏記本

般若部
　重單譯經單本
　重譯經單重本
　重單譯釋經論單本
　重譯釋經論單本
　此方釋經疏記本

法華部
　重單譯經單本
　重譯經重本
　重譯釋經論本
　此方釋經疏記本

涅槃部
　重譯經單重本
　重單譯經單本
　單譯釋經論本
　此方釋經疏記本

陀羅尼部
　重譯經單重本
　重單譯經單本
　重單譯儀軌單本
　重譯儀軌單本
　此方傳集法本
　此方釋經疏記本

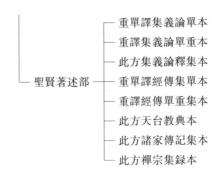

《大明釋教彙目義門》完全不用前代"二乘區別""三藏殊科"的分類方式，僅依天台五時之法分類經典，雖然尚存在一些問題，如是否可以將所有小乘經典，特別是五部戒律皆歸入阿含一部？在聖賢著述部中獨將天台與禪宗分立出來等。然其"依義銓次"的分經理念、五時判教分類經典的方式却爲後來智旭《閲藏知津》及支那内學院《精刻大藏經目録》所繼承與發展。

四、多軌並途——其他分類方式

近代以來，由於學術觀念及學術載體形式的變化，如論文、期刊等新的學術撰作與發布形式的出現，佛教學術成果呈現出多樣性的特點。傳統佛教目録的分類形式無法適應學術成果形式的發展，於是新的分類方式隨之出現。

（一）依據佛教宗派進行典籍分類

佛教宗派與學派本是中國佛教特點之一，然而近代以前吾人雖有宗派之觀念，然禪宗、教下之分頗占優勢，禪、講、教之觀念也因政治的介入而深入人心。宗分八派，實受日本宗派思想的回流影響。[1]日本宗派觀念促進了中國佛教宗派意識的覺醒與加强，依宗派進行分類的佛教目録因而出現。1925

---

1 湯用彤《論中國佛教無"十宗"》，《哲學研究》1962 年第 3 期；《中國佛教宗派問題補論》，《北京大學學報》1963 年第 5 期。

年，李石岑於《民鐸雜志》第六卷第一號，出版《關於佛法研究之重要書籍》，此雖爲一導學書目，然其分類頗具特色，即依據佛教學派、宗派組織經籍。全録分法相宗、法性宗、净土宗、禪宗四門。法相宗下分大乘瑜伽系、小乘毗曇系；法性宗下分大乘般若系、小乘成實系（分類見圖表 13）。顯示了作者欲將佛教大小乘經籍納入宗派之中的努力。

圖表 13：《關於佛法研究之重要書籍》分類表

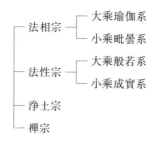

再如，常惺《佛學重要書目》分普通與專宗二目。雖然非全按宗派分類之目録，然專宗一目則分爲三論宗、唯識宗、天台宗、賢首宗、净土宗五門。

（二）依據受衆群體與經籍的難易程度進行典籍分類

近現代佛教的一個重要特點，便是與商業、市場聯繫更爲緊密，在上海、南京、北京、杭州等城市，出現了大量的佛教書籍發行與印刷機構。隨著市場化運作的深入，受衆或讀者成爲佛教經籍出版中必須關注的重要因素，爲適應受衆和讀者的需求，依據經典難易性質進行分類的佛教流通目録出現。如 1932 至 1934 年，上海居士余了翁編撰《佛學出版界》三編，此書雖名爲《佛學出版界》，實爲一流通兼導學的佛教書目。此目下分六類，即入門書、讀誦書、修持書、研究書、雜集書、善書。入門、讀誦、修持、研究這些類目顯然是考慮讀者需求，并按書籍的難易程度進行分類的。

（三）依據近現代學科類目進行典籍分類

　　近代以來，西學傳入，中國傳統目錄經、史、子、集的四科分類法漸被哲學、歷史、地理、文學、藝術等西方學科體系所代替。與之相應，將佛教作爲知識，從不同的學科角度對佛教知識進行重新整理與分析，成爲學術界的主流，於是有佛教史學、佛教地理、佛教文獻、佛教語言、佛教藝術等學科的興起。作爲佛教學術載體形式的佛教目錄也隨之發生變化，佛教書籍的分類也出現依據現代學科進行分類的趨勢。如劉天行撰《佛學入門書舉要》，將佛教書籍分爲通論之部（專論佛學的入門書）、雜論之部（佛學與世間學術相比較者）、文獻之部（專論佛教文獻者）、辭典之部、歷史之部（佛教史之作）、經解之部（主要大乘經典之較切近之注解）、各宗專論（各種概述與重要經籍）、文學之部（佛教文學）。其中文獻之部、歷史之部、文學之部的設立，正是近代西方學科分類方式在佛教目錄中的反映。

　　一級類目的設置是佛教目錄最重要的表現形式，同時，也是佛教目錄撰作者學術思想、觀念與撰錄因由最爲直接的體現。從一級類目的變化，既可以看出撰錄者作爲個體的學術理念，也可以窺測一個時代的學術動向。佛教初傳，經典譯傳乃是第一要務（歷代僧傳將“譯經”列爲第一類，也是這一現象在學術史上的反映），經典產生的方式不僅決定了經典的多寡，也決定著經典的真僞，故而初期佛教目錄，多將經典生成形式作爲佛典分類的依據，於是產生了“據譯單重”的佛典分類法，有譯、無譯、單譯、重翻，甚或一卷、多卷都成爲佛典分類的標準。隨著學術的發展和學人對經典性質、體制認識的加深，佛經分大小乘、經律論的思想深入人心，同時，這一分類方法在佛書的匯集整理中，又有比較強的操作性，於是“二乘區別”“三藏殊科”的“乘藏分類法”繁榮發展，并深刻影響了佛教目錄的撰作與佛教大藏經的組織。同時，佛教大藏經的流傳反過來又鞏固了這一分類法的權威地位。從南北朝至明代，"乘藏分類法"成爲佛教目録分類法的大宗嫡子。明萬曆年間，釋寂曉嘗試用天台五時判教理論整理如來一代時教，將經籍分類與學術理念結合，以突出目録學辨章學術、考鏡源流的功能，不失爲一個有益的突破與嘗試。其分類體系雖未能廣布弘傳，然其"依義銓次"的分類理念爲智旭、歐陽漸、吕澂等人所繼承，在大乘經典的分類中得以進一步發展。近代以來，隨著西歐、東瀛學術觀念的引進，佛教知識生産、流布方式的轉變、佛教經籍撰作方式的多樣化，佛教目録分類方式也産生了許多新變，依據宗派、受衆層次、經典難易進行分類的佛教經典分類法出現。傳統學科體系的衰落與西方學科體系地位的確立，這一近代學術史上的重要事件同樣對佛教目録産生了重大的影響。依據現代學科，如語言、文學、歷史、地理、藝術、心理等對佛教經籍進行分類成爲佛教目録分類的重要形式。

第二節　大乘經分類之演變

吕澂先生在《精刻大藏經目録》附識中言："佛學組織悉繫於經。"説明經類文獻在整個佛學中的重要地位與作用。故而如何分類整理經部文獻，特別是大乘經籍，是佛教目録撰作者需要解決的重要問題。從歷史來看，大乘經分類變化最爲繁複多變，與佛教思想觀念變化的聯繫也最爲直接。大乘經分類體現著撰録者最基本的經籍觀以及對經典性質内容的判釋，大乘經分類與判教思想互相影響，互相形塑。因此，梳理大乘經分類的變化，不僅有益於理解佛教目録的歷史進展，也可由此窺測佛教思想觀念的變化。

隨著佛教目録學家對别生經的勘同，大部經典如《華嚴經》《般若經》和與其相關的别生、眷屬經逐漸匯聚，從而形成以此類大經爲中心的佛教文獻群，以大部經典名稱來指稱此類自然形成的佛教文獻群，便形成了"舊五部分經法"，即將大乘經分成華嚴、大集、寶積、般若、涅槃五部。而此五部文獻排列的次序最初主要由主經卷數的多寡決定，因當時《大方廣佛華嚴經》卷數最多，故取得五部之首的位置。至唐代，玄奘譯出六百卷《般若》，般若部逐漸成爲五部之首。雖然"舊五部分經法"也一定程度上體現了大乘經典的實際，但其分類排列的原則主要考慮的是主經卷數的多少，與佛教義理關涉不多。明代寂曉以天台五時整理如來一代時教，智旭以五時判釋大乘經典，形成"新五部分經法"，將大乘經分成華嚴、方等、般若、法華、涅槃五部。近代以來，支那內學院弘揚唯識，歐陽漸、呂澂師徒依據《瑜伽師地論》《攝大乘論》等經典，創製"三乘道果分經法"，將大乘經分爲寶積、楞伽、般若、華嚴、涅槃、密部六類。大乘經典分類由部卷等自然特點、外部特徵逐漸向學術思想、佛教義理層面演進。

一、"舊五部分經法"的形成

"舊五部分經法"是指將大乘經分爲華嚴、大集、寶積、般若、涅槃五部，由於其與天台五時判教所分華嚴、方等、般若、法華、涅槃不同，故在此稱其爲"舊五部分經法"，而將依天台五時判教所分五部稱爲"新五部分經法"。新舊五部分經法之變化與對照見下表（圖表 14）。

圖表 14：新舊五部分經法對照表

舊五部分類一期	1. 華嚴	2. 般若	3. 大集	4. 涅槃	
舊五部分類二期	1. 般若	2. 寶積	3. 大集	4. 華嚴	5. 涅槃
新五部分類一期	1. 華嚴	2. 方等	3. 般若	4. 法華涅槃	
新五部分類二期	1. 華嚴	2. 方等（顯密）	3. 般若	4. 法華	5. 涅槃

如上節所述，道安《綜理衆經目録》將經典分爲有譯經、失譯經、異經（包括涼土異經、關中異經和古異經）、疑經、注經五類，實是依據經典的來

源與真僞性質劃分，尚未以大小乘分科。僧祐《出三藏記集》實爲續集《綜理衆經目録》之作，故其經典分類也襲道安録之舊。北齊法上撰《齊世衆經目録》，以經、律、論、別録、人作等類目分類經典。此類經録不以大、小乘分經，自然也沒有大乘經分類的問題。李廓《魏世衆經目録》、寶唱《梁世衆經目録》始以大小乘分經。《李廓録》大乘經是否分類，如何分類，因此録久佚，不得而知。而《寶唱録》大乘經的分類，據《歷代三寶紀》的記載，分爲四類，即有譯人多卷、無譯人多卷、有譯人一卷、無譯人一卷。實是先將大乘經按部卷多少分爲多卷與一卷兩類，再據有無譯人分爲有譯、失譯二類。

隋代《法經録》是現存最早對大乘經進行分類的經録。此録將大乘經按其產生方式與真僞性質分爲六類，即一譯、異譯、失譯、別生、疑惑、僞妄。其中，前三類依據經典翻譯的情況分類，後三類則是依經典真僞性質分類。在一譯、異譯下，此録并未有三級目録設置，然從其經典排列的次序來看，當是依據卷數的多寡。如大乘經一譯下之經典：

《大方廣佛華嚴經》**六十卷**

《大般涅槃經》**四十卷**

《大方等大集經》**二十七卷**

《菩薩瓔珞經》**十四卷**

《菩薩見實三昧經》十四卷

《佛名經》**十二卷**

《月燈三昧經》**十一卷**

《華手經》**十卷**

《十住斷結經》十卷

《閑居經》十卷

《觀佛三昧經》**八卷**

《金光明經》**七卷**

《海意經》七卷

《法集經》**六卷**

《菩薩處胎經》**五卷**

《大悲經》五卷

……

《如來恩智不思議經》**五卷**

《密迹力士金剛經》五卷

《大方等陀羅尼經》**四卷**

《央掘魔羅經》四卷

《僧伽吒經》四卷

《稱揚諸佛功德經》**三卷**

《等目菩薩所問三昧經》三卷

……

《明度五十校計經》**三卷**

《淨度三昧經》三卷

《瓔珞本業經》**二卷**

《如來莊嚴智慧光明入一切諸佛境界經》二卷

……

《無上依經》**二卷**

《未曾有因緣經》二卷

《猛施經》一卷

《太子須大拏經》**一卷**

……

《過去佛分衛經》**一卷**

《出家功德經》一卷[1]

從上面不避繁冗的列舉可以看出，在二級分類大乘經一譯之下，《法經録》經典排列的方式完全是依據卷數的多少，卷數最多的《華嚴經》排在首位，下面依次是四十卷的《大般涅槃經》、二十七卷的《大集經》，然後是十四、十二、十一、十、八、七、六直至一卷的《出家功德經》結束。而從其他部類的情況也可以看出，《法經録》二級分類以下，皆依經籍卷數多寡排列。如小乘經首列七十卷《正法念處經》，次爲五十卷《增一阿含》和《雜阿含》、二十二卷《長阿含》及十三卷的《賢愚經》。[2]從此亦可證明，《法經録》大乘經的分類先是據經典性質與產生方式分爲一譯、異譯、失譯、別生、疑惑、僞妄，二級分類之下則依據經典的卷數多少排列。後來五大部形成，以華嚴爲首，實是因爲《大方廣佛華嚴經》卷數最多而致。

另外，《法經録》中別生經的判釋，也爲五部分經的產生創造了條件。別生經，是指從大部經中別翻或抄出別行的小經，亦可稱爲眷屬經。大乘經分五部，實是以大經爲主，以別生經爲眷屬形成的文獻群。《法經録》"別生類"中舉《華嚴經》別生如下：

《華嚴經十種生法經》一卷

《佛名經》一卷

《淨行品經》一卷

《菩薩名經》一卷

《抄華嚴經》一卷

---

1 法經《衆經目録》卷一，《大正藏》第 55 册，第 115—116 頁。

2 法經《衆經目録》卷三，《大正藏》第 55 册，第 127—128 頁。

《菩薩十地經》一卷

右六經出《華嚴經》。[1]

《大集經》別生如下：

《舍利弗問寶女經》一卷（出第二卷）

《菩薩導示行經》一卷（出第三卷《寶女品》）

……

《申越長者悔過供佛經》一卷

《波斯匿王蒙佛神力到寶坊經》一卷

右三十九經出《大集經》。[2]

將《華嚴經》《大集經》等大部經的別生經判釋并聚集在一起，實際上爲大乘五部分類的出現創造了條件。

費長房《歷代三寶紀》將經典先分大小乘，再分經律論，而第三級目錄則爲有譯、失譯。故而大乘經下分爲兩目：一爲修多羅有譯，一爲修多羅失譯。《仁壽錄》先分單本、重翻、別生、賢聖集傳、疑僞，再分大小乘，故而大乘經典分屬單本、重翻兩個類目之下。兩部經錄經典的排列方式亦與《法經錄》同，即依經典之卷數多寡相次。

道宣《大唐內典錄》入藏錄之分類方式是先分經、律、論、集傳四類，每類再分大小乘。大乘經下則又分爲二類：一爲一譯，二爲重翻。與前此目錄分類變化不大。然其"歷代翻本單重人代存亡錄"則先分大小乘，再分經律論，其大乘經的分類由於擺脫了以往經錄單本、重翻割裂的分類方式，使

---

1 法經《衆經目錄》卷二，《大正藏》第 55 冊，第 123 頁。

2 法經《衆經目錄》卷二，《大正藏》第 55 冊，第 123—124 頁。

得大經與其別生眷屬經聚集一處，雖尚無華嚴、般若、大集、涅槃部類之名，但事實上已逐漸形成這幾部文獻群。如《大方廣佛華嚴經》及其眷屬經：

《大方廣佛華嚴經》（六十卷，一千八十七紙；或五十卷者，南本）

《度世經》（六卷，一百一十九紙，是本經《離世間品》）

《漸備一切智德經》（五卷，一百五紙，是《十地品》）

《信力入印法門經》（五卷，九十三紙）

《十住經》（四卷，九十七紙，是《十地品》）

《如來興顯經》（四卷，六十七紙，是《性起品》）

《羅摩伽經》（三卷，七十七紙，是《入法界品》）

《菩薩十住經》（一卷，五紙）

《菩薩本業經》（一卷，十三紙，是《淨行品》，無偈）

《諸菩薩求佛本業經》（一卷，十一紙，是《淨行品》）

《佛説兜沙經》（一卷，五紙）

《大方廣十地經》（譯抄《十住品》前）

右一十一經並《華嚴經》別品殊譯。[1]

將《大方廣佛華嚴經》與其十一部別生經聚於一處，形成了《華嚴》文獻群。同樣，《摩訶般若波羅蜜經》、《放光般若波羅蜜經》、《光讚般若波羅蜜經》、《新小品經》、《小品經》、《道行般若波羅蜜經》、《大明度經》、《摩訶般若波羅蜜經》（五卷）、《大智度無極經》九部般若類經典亦集於一處。而南、北本《大般涅槃經》《泥洹經》《大般泥洹經》四部涅槃類經典也集於一處。從此可以看出，《大唐內典録》"歷代翻本單重人代存亡録"的大乘經分類中，實已形成

1　道宣《大唐內典録》卷六，《大正藏》第55冊，第285頁。

華嚴、般若、涅槃、大集等類的文獻集群，爲舊五部分經法的出現奠定了基礎。

相對於《大唐内典録》，明佺所撰《大周刊定衆經目録》在大乘分類上有如下發展：

第一，各大部所收之經籍增加。如《大唐内典録》華嚴部所收經典爲十一部，而《大周録》則收録三十六部，除大唐垂拱元年沙門地婆訶羅所譯《大方廣佛華嚴經續入法界品》、天授二年于闐沙門提雲般若譯《大方廣佛華嚴經修慈分》等唐代、武周新編入録的華嚴類經典外，還收録如《佛名經》《菩薩名經》《漸備經》等失譯的華嚴經典。

第二，各大部所收之經典按譯經先後排列。如上所舉，《大唐内典録》中華嚴類眷屬經的排列，實際上還是依據卷數的多寡。由六卷的《度世經》到五卷的《漸備一切智德經》《信力入印法門經》，再到四卷的《十住經》《如來興顯經》，接下來是三卷的《羅摩伽經》，一卷的《菩薩十住經》等經。而在《大周録》中則據時代先後排列有譯經，將失譯經排在最末。也以華嚴爲例，《大周録》主經《大方廣佛華嚴》之後，先列後漢支讖所譯《兜沙經》、吳支謙譯《菩薩本業經》《净行品經》，其下依次列出兩晋、後秦、西秦、北涼、元魏、隋、唐、武周所譯華嚴類經典。[1]

第三，般若類、大集類的主經發生變化。《大唐内典録》之前，般若類經典的主經爲鳩摩羅什所譯四十卷《摩訶般若波羅蜜經》。而在《大周録》中，由於新收了玄奘所譯六百卷《大般若波羅蜜多經》，故而六百卷《般若》代替了羅什所譯四十卷《般若》，成爲般若類的主經。在《大唐内典録》之前，大集類經典的主經爲北涼曇無讖所譯三十卷《大方等大集經》，而在《大周録》中則以隋開皇六年釋僧就《新合大集經》六十卷代替了曇無讖譯經。[2]

---

1 明佺《大周刊定衆經目録》卷二，《大正藏》第 55 册，第 380—381 頁。

2 費長房《歷代三寶紀》卷十二："《新合大集經》六十卷，右一部六十卷。招提寺沙門釋僧就，開皇六年新合。"僧就合羅什所翻及《日藏經》《月藏經》爲六十卷《大集經》。

綜上所述，隨著大乘經典的增加與經典分類方式的發展，大乘經的分類逐漸形成了以華嚴、般若、大集、涅槃爲主的分類法。《法經録》大乘經雖然以經典的産生方式與真僞性質進行分類，還没有五部類目的出現，但其中别生一類，已漸將大經的别生眷屬經合在一起。《大唐内典録》大乘經的分類由於脱離了以往經録單本、重翻的分類方式，使得大經與其别生眷屬經聚集於一處，雖尚無華嚴、般若、大集、涅槃部之名，但事實上已逐漸形成此數部文獻集群。《大周録》在此基礎上進一步勘同判釋大部經的眷屬經，同時，由於收録玄奘所譯《大般若經》及僧就所合六十卷《大集經》，般若類、大集類經典的主經也得以確定，大部分經的格局已基本形成。另一方面，自《法經録》以來大乘經排列的方式，多是依據經典卷數的多寡，所以幾部大經的排列次序也基本是六十卷的《華嚴》居首，四十卷的《摩訶般若波羅蜜多經》居次，四十卷《大般涅槃經》居第三，三十卷或二十七卷的《大集經》居末。然而隨著六百卷《大般若經》、六十卷《大集經》成爲般若類、大集類經典的主經，其卷數已躍居華嚴與涅槃類經典的主經之上。既然最初大部排列的次序是依據主經卷數的多少，那麼六百卷《大般若經》與六十卷《新合大集經》的出現，就會引起大部經排列順序的變化。

二、"舊五部分經法"次序之調整

如前所述，"舊五部分經法"的産生與確立，實際上是"因書設類"的結果，亦即根據經典數量的多少設置類目。而五部次序的確定，則主要是依據主經卷數的多少。隨著六百卷《大般若經》的入藏、《新合大集經》的出現和菩提流志翻譯勘同百二十卷《大寶積經》，原來華嚴、般若、涅槃、大集的排列次序受到挑戰，"舊五部分經法"的次序最終定型爲般若、寶積、大集、華嚴與涅槃。而這一定型，完成於智昇的《開元釋教録》。

在《開元釋教録・別分乘藏録》"有譯有本録中菩薩三藏録"中，智昇改變了以往經録先列單本、再列重翻的先後順序，將重翻經居首，單本經居次。智昇言："尋諸舊録，皆以單譯爲先，今此録中，以重譯者居首。所以然者，重譯諸經，文義備足，名相楷定，所以標初也。又舊録中，直名重譯，今改名重單合譯者，以《大般若經》九會單本，七會重譯。《大寶積經》二十會單本，二十九會重譯。直云重譯，攝義不周。餘經例然，故名重單合譯也。"[1]智昇認爲，重譯經卷數龐大、義理周備，所以應當放在首位，而將單譯本降及次末。又認爲，以往單名重譯，攝義不周，改爲重單合譯，更符合這些大經由重譯、單譯結合而成的特點。以重單合譯爲大乘經首，同時由重單合譯而成的主經皆可列於各部之首，便使得大乘經五分的特點更爲鮮明。

《開元釋教録》對於大乘五部分經法之貢獻主要有如下三端：

第一，初設寶積一部。寶積類經典自漢末即有翻譯，歷兩晉南北朝隋唐，代有譯傳，然散於各處，不相統攝。麟德元年，衆請玄奘譯《大寶積經》，"法師見衆情專至，俛仰翻數行訖，便攝梵本停住，告衆曰：'此經部軸與《大般若》同，玄奘自量氣力，不復辦此。'"[2]未能譯出。神龍二年，菩提流志以梵本勘同舊譯，得二十三會八十一卷；又將舊譯所無重新譯出，得二十六會三十九卷，新舊譯勘同和會成一百二十卷《大寶積經》。智昇《開元釋教録》收録新集《大寶積經》，復收羅寶積類經典八十二部一百六十九卷，寶積一部得以確立。

第二，調整五大部次序，以般若居首。在《開元釋教録》中，智昇將般若類列爲五部之首。爲何智昇要將般若代替華嚴，設爲五部之首？第一，如前所述，五部分經法之次序排定本是依據本部主經卷數之多寡。玄奘譯六百卷《大般若經》，卷數最多，故有調整之必要。第二，《大般若經》反復宣説

1 智昇撰，富世平點校《開元釋教録》卷十一，第637頁。
2 智昇撰，富世平點校《開元釋教録》卷八，第509頁。

"般若能生諸佛，是諸佛母"。如《佛母品》："善現！一切如來、應、正等覺，依甚深般若波羅蜜多，證一切法真如究竟，乃得無上正等菩提，由此故說甚深般若波羅蜜多能生諸佛，是諸佛母，能示諸佛世間實相。"[1]《示相品》："爾時，世尊告具壽善現曰：'善現當知！甚深般若波羅蜜多是諸佛母，甚深般若波羅蜜多能示世間諸法實相。'"[2]《現世間品》："善現當知！一切如來、應、正等覺，依深般若波羅蜜多，證一切法真如究竟，乃得無上正等菩提，由此故說甚深般若波羅蜜多能生諸佛，是諸佛母，能示諸佛世間實相。"[3]是故，智昇言及何以將般若調至首位，亦言："般若經建初者，謂諸佛之母也。"[4]第三，六百卷《大般若經》爲玄奘所譯，智昇將其建初立首，也有尊崇本朝的心理。

　　第三，於大乘經中正式設立部類名稱。此前諸録，雖已有大部聚集的趨勢，事實上也已形成了幾個大部類的文獻群，但皆未正式定名，也未有標明部類之舉。智昇於般若部小序發凡起例云："般若經建初者，謂諸佛之母也。舊録之中，編比無次，今此録中，大小乘經皆以部類編爲次。"[5]并在大乘經分類中標明部類如下：

　　　　般若部，新舊譯本及枝派經並編於此。總二十一部，七百三十六卷，七十三袠。

　　　　寶積部，但諸會重本，並次第編之。總八十二部，此以諸部合成，故存本數。上録一百六十九卷，一十七袠。

　　　　大集部，但是大集流類，皆編於此。總二十四部，一百四十二卷，

1　玄奘譯《大般若波羅蜜多經》卷三百六，《大正藏》第6冊，第558頁。
2　玄奘譯《大般若波羅蜜多經》卷四百四十三，《大正藏》第7冊，第232頁。
3　玄奘譯《大般若波羅蜜多經》卷五百一十，《大正藏》第7冊，第604頁。
4　智昇撰，富世平點校《開元釋教録》卷十一，第637頁。
5　智昇撰，富世平點校《開元釋教録》卷十一，第637頁。

一十四衮。

華嚴部，華嚴本部及眷屬經，皆纂於此。總二十六部，一百八十七卷，一十八衮。

涅槃部，及支派經，並纂於此。總六部，五十八卷，六衮。

五大部外諸重譯經，二百七十三部，五百五十八卷，五十一衮。[1]

綜上所述，《開元釋教録》增設寶積一類，調整各部次序，以般若居首，且於分類中明確標明所屬部類。至此，經過智昇的整齊工作，舊的大乘五部分經法，即大乘經分般若、寶積、大集、華嚴、涅槃五部的分類法得以確立與定型。

自《開元釋教録》確立五部分經的大乘分類法之後，圓照撰集《貞元新定釋教目録》承之，於各部名目分類無所改易，僅有卷數之增減而已。至宋代刻藏，奉《開元釋教録略出》爲旨歸，大乘經分五部成爲定式。而宋代的閲藏目録如惟白《大藏經綱目指要録》、王古《大藏聖教標目》皆隨藏閲書，依藏經之分類，也與《開元釋教録略出》絶無同異。自智昇確立舊的五部分經法之後，至明代五時判教新五部分經法興起之前，宋元經録對"舊五部分經法"的補充與修訂約有二端：

第一，進一步論證五部分經法之合理性。惟白《大藏經綱目指要録》於每部之前皆有小序，其中多有論證五部分經法之合理性者。如般若部序言："《大般若經》，總部四處十六會所説，傳此方入藏者，七百一十卷。前六百卷，唐三藏玄奘法師在玉華宮重譯，西明寺僧玄則述十六序冠十六會，明其旨也。太宗皇帝御製《聖教序》，高宗皇帝作《聖記》。然此經諸佛之智母，菩薩之慧父，斷煩惱之寶刀，度愛河之舟楫，利生之極致，成道之正因。表

---

1 智昇撰，富世平點校《開元釋教録》卷十一，第637、649—650、673、681、689、692頁。

其尊故，標衆經之首也。"[1]認爲《大般若經》爲智母、慧父、寶刀、舟楫，故應當標爲衆經之首。再如，寶積部序："《大寶積經》，唐先天中，南天竺三藏菩提流志譯二十六會，前後法師譯二十三會。流志勘同梵本，依次編成一百二十卷，共四十九會。其所標題者，以如來坐大妙寶蓮花座，十億摩尼寶及無量寶以爲莊嚴，所説法要亦如摩尼大寶，瑩净圓明，又聚其多會成此一部聖典，故約義約喻立題耳。"[2]首先説明《大寶積經》之來源，其次從三個方面説明寶積部得名之緣由，即如來所坐寶座百寶摩尼爲裝飾、如來所説法如摩尼珠圓明瑩净、集會多寶成一部經，由此三義，故稱"寶積"。

第二，於大乘經中分出顯、密二部。《開元録》中密部經典歸於"五大部外諸重譯經"及"大乘經單譯"中，未能獨立部類。至元代，由於藏密東傳及上層對密教的護持與弘揚，密教地位空前提升。元代慶吉祥等撰作《至元法寶勘同總録》始分大乘經爲顯、密二部，顯部依五大部分類，密部又分出陀羅尼與儀軌二部。陀羅尼部收自《不空羂索神變真言經》至《守護國主陀羅尼經》等二百六十三經，儀軌部收自《金剛頂瑜伽中略出念誦法》至《聖金剛手菩薩一百八名梵讚》等八十九經。

圖表 15：《至元法寶勘同總録》大乘經分類表

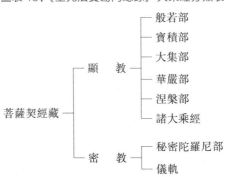

菩薩契經藏
顯　教
般若部
寶積部
大集部
華嚴部
涅槃部
諸大乘經
密　教
秘密陀羅尼部
儀軌

---

1 惟白《大藏經綱目指要録》卷一，《昭和法寶總目録》第 2 冊，第 571 頁。

2 惟白《大藏經綱目指要録》卷二，《昭和法寶總目録》第 2 冊，第 607 頁。"菩提流支"原作"菩薩流支"，據中華再造善本景宋本改。

綜上所述，大乘經分五部是"因書設類"基礎上產生的分類法。一方面，幾大部類的聚集爲五部分經創造了條件。歷代經錄對大部經典支派、別生經典的勘同判釋，逐漸產生了同部的概念與同屬一類的文獻集群。首先結集起來的幾大部類是華嚴、般若、大集、涅槃，唐代菩提流志集譯《大寶積經》，寶積類經典也得以成立。另一方面，幾大部類的排列次序一直處於變動當中，最初部類的排列主要是依據主經卷數的多寡，《大方廣佛華嚴經》卷帙最鉅，故列於五部之首。而隨著六百卷《大般若經》的譯出與百二十卷《大寶積經》的結集，對部類排列次序提出挑戰。智昇出於推崇本朝譯經的心理，將兩部卷數更爲龐大的《大般若經》《大寶積經》列於《大集經》《大方廣佛華嚴經》之上，形成了般若、寶積、大集、華嚴、涅槃爲序的五部分經法。隨著宋代刻藏採用《開元釋教錄》的分類，大乘五部的觀念深入人心，影響至鉅。自唐至元，舊五部分經法爲大乘經分類的不二之選，智昇以後的經錄家只是在《開元錄》的基礎上增減卷數，開合部類而已。

三、"新五部分經法"的出現與發展

大乘經"舊五部分經法"實際是"因書設類"的結果，而五部的排列次序，主要是依據各部主經卷數的多寡，故而此一分類方式與經典的義理關涉不多，很難實現"即類求書，因書究學"的目標，於"辨章學術，考鏡源流"更是所去遼遠。民國年間，支那內學院編《精刻大藏經目録》，呂澂曾批評曰："佛學組織悉繫於經，經本隨緣流布，先後參次，從未有全盤之結集。唐代錄家，漫加區別，不過擇卷帙較巨者，另立名目而已，與學說無關。"[1]擇卷帙巨者，另立名目，與學說無關，正點出大乘經"舊五部分經法"

---

1 歐陽漸《精刻大藏經目録》，支那內學院，1945 年，南京大學圖書館藏本。

的要害。職是之故，明代後期，依據天台宗五時判教的大乘經五分法出現。

　　天台五時判教是天台宗智者大師提出的教相判釋方法，智者大師依據大、小乘經論中的説法，將佛教經典依據佛陀説法之次序加以判釋。諦觀所録《天台四教儀》稱："天台智者大師，以五時八教判釋東流一代聖教，罄無不盡。言五時者：一華嚴時，二鹿苑時（説《四阿含》），三方等時（説《維摩》《思益》《楞伽》《楞嚴》《三昧》《金光明》《勝鬘》等經），四般若時（説《摩訶般若》《光讚般若》《金剛般若》《大品般若》等諸般若經），五法華涅槃時。是爲五時，亦名五味。"[1]據歷代疏解，天台五時教分別爲：第一華嚴時，指佛陀成道最初之三七日，此時宣説《華嚴經》，故稱華嚴時，此時如日照高山。第二鹿苑時，指佛陀説《華嚴經》後十二年間，於十六大國宣説小乘《四阿含經》，此時如日照幽谷。第三方等時，指鹿苑時後八年，佛陀宣説《維摩》《思益》《勝鬘》等大乘經典，此時如日照平地。第四般若時，爲方等時後二十二年，佛陀宣説諸《般若經》，此時如日照禺中。第五法華涅槃時，指佛陀最後八年，宣説《法華經》，與入涅槃前一日一夜宣説《涅槃經》，此時日輪當午。天台五時判教依據佛陀説法之次序，將教典判爲五時，爲佛典分類提供了參照。

　　明代萬曆年間，寂曉三讀大藏，撰作《大明釋教彙目義門》，以天台五時判教組織經典，打破了以往經録分大小乘、經律論的分類體系。全書共彙釋經籍 1 801 部，7 349 卷。分爲華嚴部、阿含部、方等部、般若部、法華部、涅槃部、陀羅尼部、聖賢著述部。除陀羅尼與聖賢著述二類外，皆依天台五時分判經典。

　　寂曉撰《大明釋教彙目義門釋例》，解説論證自己對經典進行重新分類的原因：

1　智者述，諦觀録《天台四教儀》卷一，《大正藏》第 46 册，第 774 頁。

佛經目録，後漢已有之。而標顯時代，科品名題，東晉道安始
也。……皇朝崇典弘法，尤重前代，而北藏刻本，應是亦無通識爲之主
者，僅於十卷成函，部袠整足，仍南藏舊録，編次多誤。如《普賢行願
讚》，入小乘律藏中；《文殊問菩薩署經》，間入華嚴部之類。故道開等
《刻藏凡例》云：宋元南北四藏函卷，各先後更置不同，大率以卷湊函，
絕不顧其義類相從與否。按天台五時判教，深得如來説法時次，是刻經
目從之。律各從其部，論依所疏經爲次。其自立義者，附疏經論後。單
譯重譯，宋元續入等，今類併之。詎意創始清涼，開公抗迹南遷雙徑。
主之者多不得人，方册藏板，分刻數處。而參校凡例廢矣。寂曉宿生慶
幸，豫憑法門，閲南北藏經及疏論千有餘卷。性鈍苦忘，輒筆記大意，
至積稿盈袠。彼此比詳南北函卷，先後更置部類，不分相從與否，率意
仿古，條録銓次。而《開元録》別分乘藏，似與如來説法時次莫能相通。
故統檢群録，重搜藏典，遡崛山結集始緣，此方判教儀式，不揣己愚，
以所録本，集成八部。[1]

由此可知，寂曉鑒於明代南北藏目録編次多誤，而《開元釋教録》別分乘藏
與如來説法時次不叶，故依道開所創義例，據天台五時判教之説，重新整編
佛典。

　　大乘"舊五部分經法"成立之始，雖以華嚴部居首，然自玄奘譯出六百
卷《般若》，智昇《開元釋教録》調整五部次序，以般若爲五部之首，自是
厥後，歷代相承，時經七百餘年。寂曉欲依天台五時改變大乘經部類及排列
次序，故需詳爲論述。特別於首部華嚴，寂曉論曰：

---

[1] 寂曉《大明釋教彙目義門》卷首，《四庫未收書輯刊》第 3 輯第 20 册，第 305—306 頁。

第一華嚴部者……此經説十住、十行、十回向、十地等，佛佛法爾如是，與衆典爲洪源，攝群經爲眷屬，故統貫綱領，標顯品題，倍於後分。舊録大集部者，以函卷分部類也。《華嚴》云：佛在菩提場，始成正覺，諸世間主來集，説《華嚴經》。《大集》云：佛成道十六年，知諸菩薩堪任受持法藏，於欲色天二界中説《大集經》。今撰録先後，與經文自相違也。又天台判華嚴最初頓説，別於三乘通教。清涼判全收五教，與三乘同教一乘不同，是宜居首。……叙如來之遺教而不分時味，可乎？故不准舊録，而立華嚴第一部云。[1]

此處，寂曉論證何以華嚴居首。首先，華嚴爲衆典之洪源，在地位上先於他經。其次，依《華嚴經》《大集經》，佛初成正覺，即説《華嚴》；而於成道十六年後，始説《大集》。從説法時次上説，舊録以大集部列華嚴之前，也於理不合。

而對於新立的《法華》一部，寂曉論述云：

第五法華部者，舊録五大部外重譯經中，不依教義分乘藏故。天台判《法華》獨得妙名，無復兼、但、對、帶。清涼判大乘終教，亦與法相、無相二宗不同。故立部爲四分。[2]

寂曉認爲，《法華》一部，舊録未立，而僅收於五大部外之重譯經中，之所以如此，乃是舊録之分類不依教義，但分乘藏。天台五時判教，以《法華》爲最妙，故宜獨立立部。

寂曉《大明釋教彙目義門》首先將天台五時判教的理論用於經典分類實

1　寂曉《大明釋教彙目義門》卷首，《四庫未收書輯刊》第 3 輯第 20 冊，第 306—307 頁。
2　寂曉《大明釋教彙目義門》卷首，《四庫未收書輯刊》第 3 輯第 20 冊，第 308 頁。

踐，打破以往經録的分類體系，不從乘藏（大小乘、經律論三藏）角度而從佛教學術的角度對經典進行分類，將大經與眷屬經、本經與解釋經的論、注、疏合在一處，對於學者即類求書、因書究學，實有助益。然其分類，太過固執於天台判教，而過分排斥乘藏分類體系，將律部經籍劃歸阿含部中，也稍顯未安，故智旭在此基礎上撰作《閲藏知津》，對寂曉之分類有所修訂補正。

智旭《閲藏知津》兼採寂曉以天台五時判釋佛典的分類法與古來經録以乘藏分教典的方法，將佛典分爲經、律、論、雜四藏，而經律論又分大小乘，而於大乘經中用五時判教方法分類，將乘藏分類法與判教分類法結合起來。智旭對寂曉的分類法的補訂主要有如下數端：

第一，寂曉純依天台五時判教，而智旭則兼採乘藏分類。智旭於《閲藏知津凡例》中言："《義門》但分五時，不分三藏。謂三藏小教，但屬阿含一時也。然天台備明五時，各論通別，別則但約一類機緣，通則華嚴乃至涅槃，無不遍該一代。又從古判法，多分菩薩、聲聞兩藏。就兩藏中，各具經、律、論三。"[1]認爲《大明釋教彙目義門》但分五時，而不分三藏，將一切小乘教法，歸於阿含之中。古來經録皆分菩薩乘與聲聞乘，而兩藏中皆分經律論，故而自己撰作經録，兼採古來乘藏分類法。

第二，將阿含部歸入小乘。《大明釋教彙目義門》將小乘歸入阿含，頗有以小部兼大類之嫌，故而智旭將阿含歸入小乘。智旭言："若據五時次第，則華嚴之後，應叙阿含。然以小教加於方等、般若之前，甚爲不可。故必大小各自爲類，庶顯權實輕重不同。"[2]認爲依據五時次第，華嚴之後應爲阿含部，然據義理，阿含爲小乘，放在大乘方等、般若諸部之前，"甚爲不可"，故將阿含歸入小乘。

---

1 智旭撰，楊之峰點校《閲藏知津·凡例》，中華書局，2015年，第4頁。
2 智旭撰，楊之峰點校《閲藏知津·凡例》，第4頁。

　　第三，將方等分爲顯、密二部。《大明釋教彙目義門》密部陀羅尼獨立成部，爲第六部，而智旭則將陀羅尼部歸入大乘方等部中，於方等部中分出顯、密二類。智旭言："據密部之中，亦有以'華嚴'爲名者，亦有以'般若'爲名者，亦有以'法華'爲名者，但既涉壇儀印咒，並屬秘密一宗。只此密宗，並是方等大教，並通四十九年所説故也。"[1]認爲密部義涉多門，與方等部統攝諸大乘經的性質最爲接近，故置於方等部中。智旭之前爲密部獨立設類者，如元慶吉祥《至元法寶勘同總録》，將大乘經分爲顯、密二部，智旭一方面採取了密部獨立的分類法，另一方面，又將密部置於方等之下，此與《至元法寶勘同總録》不同。

圖表 16:《閱藏知津》大乘經分類表

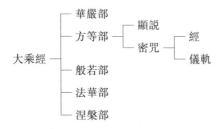

　　寂曉首先將天台五時判教引入整個佛典分類中，智旭則以之爲基礎，單用五時判教分類大乘經典，將大乘經分爲華嚴、方等、般若、法華、涅槃五類，形成新的大乘經五分法。自此，大乘經分類多承智旭之例。如民國年間，上海佛學書局編《佛學書局圖書目録》及《本局重印鼓山涌泉寺佛經目録》，經部皆分華嚴、阿含、方等、般若、法華涅槃數類。[2]

　　對寂曉、智旭"新五部分經法"稍做改制者，爲清末楊仁山居士。楊氏作《大藏輯要目録》《佛學書目表》諸書，在新五部分類外，又加入法相、

1 智旭撰，楊之峰點校《閱藏知津・凡例》，第4頁。

2 具體情形，請參下編《經録考稿》相關條目。

净土二類，形成華嚴、方等、净土、法相、般若、法華、涅槃七分。[1]其分類
如下（圖表 17）：

圖表 17：《佛學書目表》大乘經分類表

大乘經 ┬ 華嚴部
　　　　├ 方等部
　　　　├ 净土部
　　　　├ 法相部
　　　　├ 般若部
　　　　├ 法華部
　　　　└ 涅槃部

清末民國年間，依楊仁山七分法分類大乘經者，也復不少，如《北京佛經流
通處目錄》、[2]上海功德林佛經流通處編《增訂簡要書目》等。[3]

　　綜上所述，由於舊的五部分經法實是“因書設類”的結果，而排列次序
又多依主經卷數之多寡，雖便於分類操作，然於學術源流則多有疏略。是故，
明代後期，以天台五時判教，依佛陀説法時次分類教典的新五部分經法興
起。密藏道開首倡其説，而未能落實貫徹。寂曉《大明釋教彙目義目》將
五時判教之法用於經典分類實踐，將一大藏教嚴格以五時判釋，打破古來
所傳之乘藏分類法。然主持太過，稍有未安。智旭兼採古來的乘藏分類法，
并將天台五時判教專分大乘經，從而形成新的五部分經法。楊仁山以此爲
基礎，增加法相、净土二類，形成大乘經七分法，對清末民初流通目錄撰
作影響甚大。

1 楊仁山《佛學書目表》，周繼旨校點《楊仁山全集》，黃山書社，2000 年，第 344—368 頁。
2《北京佛經流通處目錄》，北京善果寺佛教會教養院石印本，1920 年，國家圖書館有藏。
3 上海功德林佛經流通處編《增訂簡要書目》，1924 年鉛印本，上海圖書館有藏。

四、"三乘道果分經法"的出現

大乘經的分類除了新、舊五部分經法外，至民國年間，又出現了"三乘道果分經法"。此分類法爲佛學大師歐陽漸所創，支那内學院編《精刻大藏經目録》，歐陽氏撰寫《緣起》，認爲當時刻藏必做三事：一爲删蕪，二爲嚴部，三爲考訂。而於"嚴部"中論述其分類思想：

經律論三，通遵結集，於中分部，則未精嚴。説圓首《華嚴》，談空首《般若》，既非結集源流，亦無聖量根據。今謂之嚴者，遵《瑜伽師地》五分，《攝大乘》三類，經立部六、律一、論二故也。經立部六：遵《瑜伽・本事分》，立寶積部。大乘本事應云方等，然方等遍於六部，不可本事既爲通門，又與抉擇分司别部。今標寶積，同最初四大之一，同各部首冠經名，既通門不淆於别部，亦本事實現於方等。遵《瑜伽・抉擇分》，立楞伽部、般若部、華嚴部、涅槃部，此之四部又遵《攝論》境、行、果三類分别次第。《攝論・所知相》，境也，《楞伽》古學一百八句，今學五法、三自性、八識、二無我句，於九事所攝中爲古開今括，皆諸佛立教、法相所存，謂之境也。《攝論・彼入因果分》《彼修差别分》，行也。《般若》十度爲因果行，《華嚴》十地爲差别行，謂之爲行也。《攝論・彼果斷分》《彼果智分》，果也。《涅槃》解脱相應爲果斷，《般若》法身相應爲果智，謂之果也。

遵《瑜伽・攝事分》，立阿含部，無量佛説，輾轉傳來，名曰《阿含》，《瑜伽》通法，不局聲聞，《攝事分》之事，《阿含》之事，無所歧於行處緣起食諦界與菩提分法故也。律遵《攝論》，大應攝小，但更增上，大戒列前，小律隨後，以是爲一而已。論遵《攝論》，大自小來，部執轉捨，圓法轉成，亦但爲輾轉增上耳，故亦宗經、釋經，大前小後，以是爲二而已。又遵《瑜伽・攝釋分》，立釋經論；亦遵《智度》毗曇、毗勒，立宗經論也。遵《瑜伽・攝異門分》，收秘密門；教外別傳，古入雜藏，今亦異門例存，但爲方便，不厠正宗。[1]

從此可以見出，歐陽漸遵從《瑜伽師地論》五分、《攝大乘論》三類，將全部經典分爲經部六類、律部一類、論部二類。依《瑜伽師地論・本事分》立寶積部，依《抉擇分》立楞伽、般若、華嚴、涅槃四部，依《攝事分》立阿含部，依《攝釋分》立釋經論，依《攝異門分》立密部。而楞伽、般若、華嚴、涅槃四部又依《攝大乘論》分爲境、行、果三類。《楞伽經》主要内容爲五法、三自性、八識、二無我，正是法相所收，亦即《攝論・所知相》所謂的"境"。《般若》講十度，《華嚴》講十地，皆是修證之法門，即《攝論・彼入因果分》《彼修差別分》所謂的"行"。《涅槃》所講解脱相應爲果斷，《般若》所言法身相應爲果智，二者即《攝論・彼果斷分》《彼果智分》所謂的"果"。如此，歐陽氏通過《瑜伽師地論》的五分與《攝大乘論》的三類將全部佛教經典組織起來。而對於大乘經，則依據《瑜伽師地論・本事分》《抉擇分》設立寶積、楞伽、般若、華嚴、涅槃五部，又據《攝大乘論》境行果三類，立楞伽爲境，般若、華嚴爲行，般若、涅槃爲果，形成一個頗爲圓融的分類體系。而吕澂也在《附識》中重申師説曰："佛學組織悉繫於經……唐代録家，漫加區別，不過擇卷帙較巨者，另立名目而已，與學説無關。今以三乘道果之義條貫群經，統歸六部。……六部之中，寶積爲大乘精英所聚，例同本事，列之最初。楞伽明境，般若、華嚴明行，涅槃

---

1 歐陽漸《精刻大藏經目録》；又參王雷泉編《悲憤而後有學——歐陽漸文選》，上海遠東出版社，1996 年，第 301 頁。

明果，類於決擇，次第偏詳。阿含貫通三乘，故殿末以廣攝受。"[1]

圖表 18：《精刻大藏經目録》經部分類表

其後，吕澂先生撰《新編漢文大藏經目録》也遵從師説，將大乘經分爲寶積、般若、華嚴、涅槃四部，并對四部分類法進行詳細説明：

　　漢文大藏經儘管經過了一再改編，現在看來仍覺得是不夠的。象在分別門類，特別是在大乘經的門類方面，是帶著以大部經作爲標準的意味，所謂華嚴、大集等等都是以容量龐大而予以獨立地位（當然由判教的理論説，這些也代表了佛陀説法的某一個階段，可以用爲部門名目），而合攏了這些部門，仍難看出大乘學説的全盤體系如何……

　　第一，關於大乘經的重分部類。這從大乘學説最後形成的體系來説，區分爲寶積、般若、華嚴、涅槃四部也就比較合式了。這些名目雖與以前分類所用的相同，但不是單純指的大部經典，而是借來分別表示大乘佛學各個方面的特質。寶積部可以概括通論大乘一切法門的各經，故列爲第一部，般若、華嚴、涅槃各部則分別包括詳細闡明大乘"道"、"果"各經，故依次列之。有此四大部門一切大乘經即可收拾無餘，不必再用方等、經集等籠統的門類。[2]

---

1 歐陽漸《精刻大藏經目録》。
2 吕澂《新編漢文大藏經目録》，齊魯書社，1980 年，第 3—4 頁。

呂澂以寶積包含各類大乘法門而居大乘經之首,《般若》與説六度、諸陀羅尼的經典列入般若部,以説十地法門的華嚴類經典列爲華嚴部,二者皆爲側重於修道法門與次第之書。《涅槃》《法華》類經典爲佛陀最後所説,爲講證果之書。如此,大乘經典即依境、行、果三門包攝無遺。

大乘經如何分類,各類别之間如何排序,實是歷代經録家不得不思考的重要問題。"舊五部分經法"是在"因書設類"基礎上自然形成的,其排列的次序主要是依據各部大經的卷數。"新五部分經法"依據的是天台五時判教,排列次序依據的是天台宗所認爲的佛陀説法的時次。"三乘道果法"依據的是學修的次第,排列次序依據的是境、行、果三門。可以説,"舊五部法"著眼點在法(經典),"新五部法"著眼在佛(説法者),而"三乘道果法"則著眼在僧(修行者)。

明代袾宏《雲棲法彙》曾載:"昔玄奘法師譯《般若》六百卷成,以進御。帝云:'般若如是浩瀚,何不居華嚴之先?'法師謂:'華嚴具無量門,般若雖多,乃華嚴無量門中之一門也。'"[1]袾宏所載之事,於史無稽。然這一并不真實的故事,却真實地反映了大乘經分類中以何部爲首這一重要的學術問題。"舊五部分經法"初以華嚴居首,後以般若居首;"新五部分經法"以天台判教,復以華嚴居般若之先;"三乘道果法"則尊寶積爲大乘要經。如此看來,大乘經以何部爲先,不僅是個分類學上的問題,同時,也是各家對佛教義理不同理解的真實反映。

---

1 袾宏《雲棲法彙》卷十三,《嘉興藏》第33册,第52頁。唐惠英撰《大方廣佛華嚴經感應傳》載:"太宗欲讀佛經,問邈(孫思邈):'何經爲大?'邈云:'《華嚴經》佛所尊大。'帝曰:'近玄奘三藏譯《大般若》六百卷,何不爲大?'而八十卷《華嚴經》,獨得大乎?'邈答云:'華嚴法界具一切,於一門中,可演出大千經卷。般若經乃是華嚴中一門耳。'太宗方悟,乃受持華嚴一乘秘教。"(《大正藏》第51册,第178頁)袾宏所言之故事可能即來源於此,從此可以看出,華嚴居首還是般若建初在唐代已有爭議。

第三節　撰述類經典分類之演變

撰述類經典是指除經、律、論之外，由西竺、中土僧俗撰寫的弘法護教之作。論其内容，或抄集經典類事，或贊述佛僧功德，或注疏經典，或開宗立派，或校釋經典文義，或注釋經典音字，凡此種種，皆屬撰述類經典。西竺撰述類經籍比較簡單，主要集中於贊佛功德、述僧行事二類；而中土僧俗的撰述類經典則種類繁多，分類也經歷了比較複雜的變化。

一、經録收録中土撰述之始

佛教經録收録中土僧俗之撰述，始於釋道安《綜理衆經目録》。如前所述，道安《綜理衆經目録》共有七録，即經論録、失譯經録、涼土異經録、關中異經録、古異經録、疑經録、注經及雜經録。在"注經及雜經録第七"中，主要收録了道安自己所撰注經、傳記及辯難的作品。道安親作序文曰：

夫日月麗天，衆星助耀，雨從龍降，澍池佐潤。由是豐澤洪沾，大明焕赫也。而猶有燋火於雲夜，抱瓮於漢陰者，時有所不足也。佛之著教，真人發起，大行於外國，有自來矣。延及此土，當漢之末世，晋之盛德也。然方言殊音，文質從異，譯胡爲晋，出非一人。或善胡而質晋，或善晋而未備胡，衆經浩然，難以折中。竊不自量，敢預僧數，既荷佐化之名，何得素餐終日乎？輒以洒掃之餘暇，注衆經如左。非敢自必，必值聖心，庶望考文，時有合義。願將來善知識，不咎其默守，冀抱瓮燋火，讜有微益。[1]

此中著録之經典約有三類：一爲注經，如《光讚折中解》《了本生死經注》《安般守意經解》等；二爲傳記，如《三界諸天録》《西域志》《綜理衆經目録》等；三爲辯難類，如《答沙汰難》《答法將難》等。由此可知，從道安《綜理衆經目録》始，漢文佛教目録即收録中土僧人所撰之著作。

二、撰述類經籍分類之發展

《道安録》雖收録撰述類作品，然僅收自己之著作，因數量較少，無須進行深入之分類。此後，隨著撰述類經籍的增加，必然要求有一定的分類方式與之相適應。查考漢文佛教目録對撰述類之分類，不外兩種：一爲以人隸書，即以作者的時代爲次，將作者所有的著作依次排列；二是以類相從，即按照著作本身的特點內容，將撰述分成不同的類別。"以人隸書"，是以作者爲中心的分類法；"以類相從"，則是以著作本身性質爲標準的分類法。以人隸書，可展示作者的學術特點；而以類相從，更能體現學術的發展軌迹。早期經録，如僧祐《出三藏記集》等多採用以人類書之法；而後期經録，則更傾向於以類相從，然如何以類相從，標準又各有不同。

（一）以人隸書

道安《綜理衆經目録》僅記道安一人之撰述，故只能採用以人隸書之法。後僧祐《出三藏記集》以道安目録爲基礎，收録中土注疏、傳記，除收録道安著作之外，於卷十二特設"雜録"一目，搜羅中土著述。僧祐作《雜録

---

1 僧祐撰，蘇晉仁、蕭鍊子點校《出三藏記集》卷五，第227頁。

序》曰：

夫靈源啓潤，則萬流脉散；玄根毓萌，則千條雲積。何者？本大而末盛，基遠而緒長也。自尊經神運，秀出俗典，由漢届梁，世歷明哲。雖復緇服素飾，並異迹同歸。講議讚析，代代彌精；注述陶練，人人競密。所以記論之富，盈閣以牣房；書序之繁，充車而被軫矣。宋明皇帝，摽心浄境，載凔玄味，迺敕中書侍郎陸澄撰録《法集》。陸博識洽聞，苞舉群籍，銓品名例，隨義區分，凡十有六帙，一百有三卷。其所閲古今，亦已備矣。今即其本録，以相緻附。雖非正經，而毗讚道化，可謂聖典之羽儀，法門之警衛。足以輝顯前緒，昭進後學。是以寄于三藏集末，以廣枝葉之覽焉。[1]

僧祐認爲自佛典西來，注釋佛典之人，雖有僧俗之别，但皆爲弘教衛道。或講析經義，或注述傳記，撰作類經籍日見增廣，數量龐大。宋明帝時，曾命陸澄撰集《法集》一書，收録當時序記著作。此類著作雖非正經正典，然皆爲"聖典之羽儀，法門之警衛"，可以承續前賢，導達後進，故特設"雜集"一類，附於經、律、論三藏之末。

僧祐於"雜録"類中，收録有陸澄的《法論》十六集、齊竟陵王蕭子良《法集》、蕭子良之子巴陵王蕭昭胄《法集》以及僧祐自己的著作《釋迦譜》《世界記》《出三藏記集》《薩婆多部相承傳》《法苑集》《弘明集》《十誦律義記》《法集雜記傳銘》等著作。這些撰作排列分類，便採用以時代爲次，以作者爲序，以人隸書的方式。

繼承僧祐以人隸書方式對中土撰述進行載録的是道宣《大唐内典録》。在

---

1 僧祐撰，蘇晉仁、蕭鍊子點校《出三藏記集》卷十二，第428頁。

《內典錄》中，道宣將撰述分作兩類：一是“聖賢集傳”，共四十九部，僅收西竺翻譯之經籍，如《佛本行集經》《付法藏因緣傳》《阿育王傳》等，收入《見定經入藏錄》中；一是“歷代道俗述作注解錄”，專收中土僧俗之撰述。

“歷代道俗述作注解錄”下有小序云：“謂注述聖言，用通未悟。前已雖顯，未足申明。今別題錄，使尋覽易曉。”[1]意即此類著作多是注述聖言之作，雖然在前面的“代錄”中已經收錄，但在此專作一類，使人易於檢尋。又言：

> 《大智度論》明十二部經中，乃至後代凡聖解釋佛語。斯即是第十二部優波提舍經，據唐言譯云“論議”也。深有所以，名之為議。義取慧解，通敏能之，非彼庸疏，而得陳迹。故佛經東漸，自漢至唐，年過六百，代經偏正。道俗歸信，森若繁雲，毗贊正理，弘揚大化。世高創述於緣理，亹亹惟良；釋安甄解於持心，超然孤迥。沿斯以降，代有人焉。約准卷收將二千卷，今人澆薄，多不鏡尋。致令前錄，同所輕削，所以通法，不能開俗。如不編次，則相從埋没。昔齊末梁初，有鍾山定林寺僧祐律師，弘護在懷，綜拾遺逸，續述經誥，不負來寄。今叙其所綴為始，餘則附錄列之。[2]

道宣認為：據《大智度論》十二分教，有優婆提舍，即論議一類，後人解釋佛經之著作皆當歸於此類。漢唐六百年間，學者注疏經典之作充棟被軫，安世高、釋道安以下著作良多，將近二千卷。然前人作錄，多删削不載，長此以往，此類著作將散佚不存。當年僧祐撰作經錄，曾收錄此類著作，現在仿其制度，附錄撰述類著作於後。

道宣又言收錄標準曰：

1 道宣《大唐内典錄》卷一，《大正藏》第55册，第219頁。
2 道宣《大唐内典錄》卷十，《大正藏》第55册，第326頁。

自漢末晋初，軍國競接，乍分乍統，教明未融。雖有命篇，已備代録；既並約文，故不重出。東晋迄今，詞什繁富，如不歷顯，將何陳迹？故沿時隨出，如後備之。然《續法論》中間題英作，試閲群録，不無遺漏，故從次續集。又本文罕具，難具見之，止獲題目，著于此録。惜乎塵委，斯文墜諸。[1]

從此可知，道宣收録中土撰述的標準有三：第一，漢至晋初著作，數量不多，已見於代録則不收録。第二，文中所言《續法論》爲陸澄所作，《大唐内典録》載："宋明皇帝，摽心净境，載飡玄味，迺敕中書侍郎陸澄撰録《法集》。陸博識洽聞，包舉群籍，銓品名例，隨義區分，凡十有六帙，百有三卷，名爲《續法論》。"[2]陸澄之作雖然收録甚廣，但也時有失收，故將陸氏失收遺漏者，增入編集。第三，有題無文者，也收録其題名，使斯文不墜。

因此，道宣所收中土撰作，首先是陸澄十六卷《法集》所載，其下則收録自東晋元帝瓦官寺沙門竺僧敷《神無形論》至唐代玄奘《大唐西域傳》、彦悰《大唐京寺録》等中土著作。而其排列的方式即是以時次人，以人隸書。先依東晋元、成、哀、孝武，前秦、後秦、宋、齊、梁、北魏、北齊、北周、隋、唐排列作者。而在作者之下，備列其著述。如以隋代爲例，道宣分別收録了靈裕、智者、信行、僧粲、僧琨、道正、彦琮、慧影、侯君素、徐同卿、劉憑、費長房、隋高祖文皇帝、王邵、灌頂、明則、行矩僧俗十七人之著作。再以靈裕爲例，備列其著作：《安民論》十二卷、《陶神論》十卷、《因果論》二卷、《聖迹記》二卷、《塔寺記》一卷及《經法東流記》《昭玄十德記》《僧尼制》等。[3]

---

1 道宣《大唐内典録》卷十，《大正藏》第55册，第330頁。
2 道宣《大唐内典録》卷十，《大正藏》第55册，第326頁。
3 道宣《大唐内典録》卷五，《大正藏》第55册，第277頁。

以時代爲次，以人隸書，可以說是代録體制在中土撰述分類中的延續。其特點是眉目清晰、操作方便。然在分類上很難體現"辨章學術，考鏡源流"的學術史意義，於"即類求書，因書究學"也尚有不逮，故另一種分類方式"以類相從"代之而起。

（二）以類相從

隨著作品的增加，從所涉義理、撰作體式對撰述進行分類成爲必要。《出三藏記集》記載齊明帝時陸澄撰作《法論》，搜集當時佛教論作。此書雖非目録著作，而爲一總集之作，然其分類卻頗有特點，即依據論作所涉義理，將其分爲十六類：法性集、覺性集、般若集、法身集、解脱集、教門集、戒藏集、定藏集、慧藏集、雜行集、業報集、色心集、物理集、緣序集、雜論集、邪論集。[1]般若、法身、法性等問題，皆是南北朝時佛教界關注論辯的重要問題。可以說，此集是較早從義理與内容角度對中土撰述進行分類的嘗試。

北齊武平年間，法上撰作《齊世衆經目録》。據《歷代三寶紀》的記載，此録分爲雜藏録、修多羅録、毗尼録、阿毗曇録、別録、衆經抄録、集録、人作録。[2]其中修多羅、毗尼、阿毗曇即是經、律、論三藏，而人作録即是疑僞經。除此之外，尚有雜藏、別録、集録三類，從題名來看，其中當收録有中土撰述類經籍。然此録久佚，詳情不知。梁天監十七年，寶唱所撰《梁世衆經目録》，除經、律、論三藏之外，還有禪經、注經、數論、義記、隨事別名、隨事共名、譬喻、佛名、神咒等類目，當是對西竺、中土撰述的具體分類。

降及隋代，撰述類經籍的分類體系更爲完備齊整，其中尤以《法經録》爲最。此録將撰述類經籍分爲三類：一、佛滅度後撰集録，收録雜抄衆經或專

---

1 僧祐撰，蘇晋仁、蕭鍊子點校《出三藏記集》卷十二，第429—447頁。
2 費長房《歷代三寶紀》卷十五，《大正藏》第49册，第126頁。

抄一經的撰集類著作；二、佛涅槃後傳記録，收録佛傳、僧傳及大小乘經、律、論的出經前後記，爲記叙類文體；三、佛滅度後著述録，收録闡釋經義的序言及注解經典之作，多爲議論文體。

"佛滅度後撰集録"分爲"西方諸聖賢所撰集"和"此方諸德抄集"兩類。"西方聖賢撰集"下又分爲兩類：一是大乘經抄集，包括《摩訶般若波羅蜜經抄》《六度集經》等；二是小乘經抄集，包括《撰集百緣經》《百喻經》《舊雜譬喻經》等。"此方諸德抄集"則分爲五類：一爲三藏抄集，爲雜抄三藏經籍而成書者，如《衆經要集》《内典博要》《經律異相》等。二爲《六度集》抄，專抄《六度集經》之作，如《九色鹿經》《車匿經》等。三爲《百緣經》別抄，專抄《百緣經》者，如《羅彌壽經》《栴檀塗塔經》等。四爲《法句喻經》別抄，專抄《法句經》，如《蓮華女經》等。五爲《雜譬喻》集抄，專抄《雜譬喻經》，如《六人喻經》《馬喻經》《獼猴與婢共戲致變經》等。

"佛涅槃後傳記録"也分爲"西土聖賢傳記"和"此方諸德傳記"兩類。"西域聖賢傳記"包括《付法藏傳》《阿育王傳》《馬鳴傳》等十三部。"此方諸德傳記"下分八類：一爲此方佛法傳記，包括《釋迦譜》《高僧傳》《弘明集》等五十五部。二爲大乘經記，包括《諸代譯經記》《華嚴經記》《大涅槃經記》等二十一種。三爲小乘經記，包括《普耀經記》《賢愚經記》《禪要秘密經記》等五種。四爲大乘戒記，包括《菩薩波羅提木叉記》一種。五爲小乘律記，包括《集三藏因緣記》《律分五部記》《律來漢地四部記》等六種。六爲大乘論記，包括《大智釋論記》《菩薩地持記》《菩薩戒經記》三種。七爲小乘論記，包括《八揵度阿毗曇後別記》《三法度記》二種。八爲大乘集記，包括《僧伽羅刹集後記》一種。

"佛滅度後著述録"亦分爲"西域聖賢著述"與"此方諸德著述"兩類。"西域諸賢著述"又分四類：一爲大乘經宗序，收録闡釋經義的大乘經序文，包括佚名《賢劫千佛經序》、康僧會《法鏡經序》《道樹經序》及支謙《了本生死經序》四種。二爲小乘經宗序，收錄闡釋小乘經義的序文，包括曇無蘭《三十七品序》、康僧會《安般守意經序》、嚴佛調《十惠經序》三種。三爲大乘經注解，包括鳩摩羅什《維摩經注解》、康僧會《法鏡經注解》《道樹經注解》及支恭明《了本生死經注解》四種。四爲小乘經注解，包括佚名《安般守意經注解》《三十七品經略解》二種。"此方諸德著述"下又分爲三類：一爲序，二爲注，三爲論。序下又分七類：一爲大乘經序，包括《華嚴經序》《大般涅槃經序》《大品經序》等二十三種。二爲小乘經序，包括《增一阿含經序》《中阿含經序》《長阿含經序》等十五種。三爲小乘律序，收錄釋僧叡《十部律序》一部。四爲大乘論序，包括《大智度論序》《般若經問論序》《十地經論序》等六種。五爲小乘論序，包括《阿毗曇序》、道安《阿毗曇心序》、慧遠《阿毗曇心序》等十一種。六爲大乘集序，包括《僧伽羅刹經集序》一種。七爲小乘集序，包括《四十二章經序》《十法句義序》等兩種。注解類下分兩類：一爲大乘經注解，收錄《放光波若經注解》、釋道安《光讚般若略解》及竺道生《維摩經注解》等十二種。二爲小乘經注解，收錄釋道安《陰持入經注解》《大道地經注解》《大十二門經注解》等五種。此方論下，收錄釋道含《實相通塞論》、釋僧肇《涅槃無名論》《般若無知論》等二十八種（見圖表19）。《法經錄》對撰述類經籍的分類甚爲詳明有序。

《法經錄》之後，彥琮等撰《仁壽錄》，將經典分爲單本、重翻、聖賢集傳、別生、疑僞、闕本六類。"聖賢集傳"一類專收如《六度集經》《付法藏因緣傳》《馬鳴菩薩傳》等翻譯類撰述著作。而中土撰述如《衆經要集》《經律異相》《釋迦譜》等著作則收錄於別生類之下的別集抄中。唐初諸錄如《静泰錄》《大周錄》，多襲隋《仁壽錄》之舊，於聖賢集傳中收錄西土撰述，而將中土撰述收於別生類之下的別集抄中。

圖表 19：《法經録》撰述類經典分類表

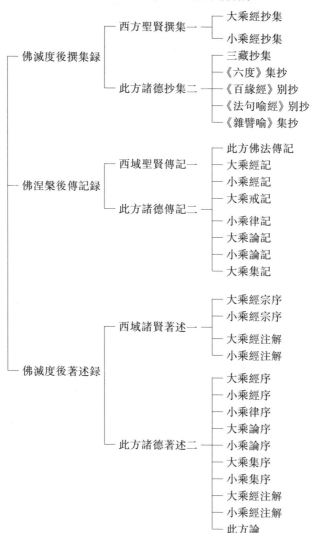

至智昇《開元釋教録》則專設"聖賢傳記録"一類，兼收西土、此方之撰作。其録前小序曰：

傳記録者，佛圓寂後，聖弟子之所撰集。雖非三藏正典，然亦助揚玄化。於此之中，總爲五類：一讚揚佛德，二明法真理，三述僧行軌，四摧邪護法，五外宗異執。讚佛德者，《所行讚》《傳》《釋迦譜》等也；明法理者，《修行道地經》《經律異相》等也；述僧行者，龍樹、馬鳴、法顯、玄奘等傳也；摧邪護法者，《辯正》《弘明》《破邪》《辯惑》論等也；外宗異計者，《數》《勝》二論是也。以類科分，莫過此五，五中所辯通大小乘。又於此中，更開二例：梵本翻譯者於先，此土傳揚者於後。庶東西不雜，覽者除疑焉。[1]

在小序中，智昇既闡明自己對"傳記"類經籍的看法與認識，又對此類著作進行了分類。智昇認爲傳記類作品爲聖賢弟子所作，雖非正經正典，却有益佛化，應予搜集整理。然後，智昇從三方面來考量撰述類作品。首先，依據内容將撰述類文獻分爲五類，即讚揚佛德、明法真理、述僧行軌、摧邪護法、外宗異執。此五類，其實就是佛、法、僧三寶，外加護法、異教。其次，從經典性質來講，智昇認爲撰述類經籍通於大小乘，不能以大小乘分類。最後，依據著作及經典産生的方式，則可分爲梵本翻譯與此土傳揚二類。從此可以看出，智昇分别從撰述類經籍的内容、性質、産生方式三方面進行經籍的分類。從經典性質、經典産生方式對撰述類經籍進行分類，前人已多有實踐，而智昇的貢獻在於，開始從經籍所涉的内容爲撰述類經籍分類。

　　元和年間，釋義彤撰《開元崇福舊録》，李肇《東林寺經藏碑銘并序》記載此録對中土撰述的收録曰："又病前賢編次，不以注疏入藏，非尊師之意；并開元庚午之後，泊德宗神武孝文皇帝之季年，相繼新譯，大凡七目四千九百餘卷，立爲别藏，著《雜録》七卷以條貫之。"[2]可知此録最大特點爲搜集中土著述較爲齊備。然此録對撰述類經籍如何分類，由於文獻闕失，不

1　智昇撰，富世平點校《開元釋教録》卷十三，第888—889頁。

2　董誥編《全唐文》卷七百二十一，第7417頁。

可詳知。

宋代經録以譯經録（如《大中祥符法寶録》《景祐新修法寶録》）、刻藏目録與解題目録（如《大藏經綱目指要録》《大藏聖教法寶標目》）爲主。譯經録之分類，多依譯經之時間、譯者爲次。而刻經目録與解題目録則多襲隋唐，特別是智昇《開元釋教録》之舊軌，變化不多，創變蓋寡。降及元明，藏經分類體系出現新變，而撰述之分類也日趨細密。

寂曉撰《大明釋教彙目義門》將佛經分爲八類，即華嚴部、阿含部、方等部、般若部、法華部、涅槃部、陀羅尼部、聖賢著述。第八類聖賢著述收録經籍甚多，分類方式也多有創變。寂曉於"聖賢著述"下分八目：一爲重單譯集義論單本，收録《瑜伽師地論》《瑜伽師地論釋》《顯揚聖教論》《顯揚聖教論頌》重單譯論書的單本。二爲重譯集義論單重本，收録《菩薩地持論》《決定藏論》《王法正理論》《菩薩戒羯磨文》等重譯論書的重本。三爲此方集義論釋集本，收録《大乘起信論疏》《大乘起信論疏筆削記》《成唯識論疏》《成唯識論集解》等中土僧俗疏釋集義論之著作。四爲重單譯經傳集單本，收録《出曜經》《賢愚因緣經》《阿育王經》《付法藏因緣傳》等重單本撰集與傳記。五爲重譯經傳單重集本，收録《法句譬喻經》《阿育王傳》等重譯本經傳。六爲此方天台教典本，收録《佛祖統紀》《四教儀》《法界次第初門》《摩訶止觀》等天台宗經籍。七爲此方諸家傳記集本，收録《釋迦譜》《經律異相》《出三藏記集》《高僧傳》等此方傳記撰集類著作。八爲此方禪宗集録本，收録《宗鏡録》《壇經》《黄檗語録》《景德傳燈録》等禪宗語録、燈史等作品。

細繹此録之分類，實是先分西竺翻譯與中土撰集二類，西竺翻譯之下又分爲集義論、傳集二類；中土撰集下亦分四類，即此方集義論釋、此方天台教典、此方諸家傳記、此方禪宗集録。集義論、傳集之下又分出單本與重本（分類情況見圖表 20）。

圖表20：《大明釋教彙目義門》撰述類經籍分類表

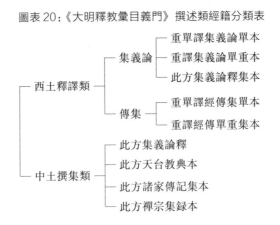

此録聖賢撰述分類的特點有三：

第一，將以往分類中屬於論書的集義論劃入聖賢撰述。寂曉此録打破經、律、論的分類方式，經部著作按天台五時判教分爲華嚴、阿含、方等、般若、法華、涅槃。而將律部著作歸入阿含，論部中的釋經論（專釋某部經籍的論書，如專釋《大般若經》的《大智度論》）歸於所釋經典之下，如《大智度論》歸於般若部。故又將論部中的集義論（不專釋某部經籍的論書，如《瑜伽師地論》）歸入聖賢撰述類中。

第二，於聖賢撰述中特設“天台教典”與“禪宗集録”二類，分別收録天台宗、禪宗的經籍法本。此二類目的設立是中土宗派發展的結果。

第三，此類打破傳統經録或分大小乘或分經律論的分類體系，爲甚大之創變，然亦有甚多頗欠妥當之處。如作者因智者大師曾著《浄土十疑論》，於是將浄土類著述如《樂邦文類》《浄土指歸集》皆列在天台教典之下。將《龍舒浄土文》《浄土訣》等放在此方傳記中，又將《勸修浄土文》《西方發願文》等著作放在禪宗集録本中，多與義未叶，説明寂曉在撰述的分類上，尚有可改進之處。

智旭撰《閲藏知津》，大乘經採用寂曉天台五時判教的方式，然對寂曉以律部著述入阿含，釋經論附於本經之後，頗致不滿。故其經籍分類之法，乃

兼採古來分大小乘、經律論的方式，將經籍分爲四藏，即經藏、律藏、論藏、
雜藏。其中雜藏專收撰述一類經籍。智旭於凡例中言及設立雜藏之因由曰：

> 若據《智度論》説，則凡後代撰述合佛法者，總可論藏所收。若據
> 《出曜經》説，則於經、律、論外，復有第四雜藏。今謂兩土著作，不論
> 釋經、宗經，果是專闡大乘，則應攝入大論；專闡小道，則應攝入小論。
> 其或理兼大小，事涉世間，二論既不可收，故應別立雜藏。[1]

智旭認爲，按《大智度論》，凡後代撰述合於佛法，皆可收入論藏，而據
《出曜經》，則於經、律、論三藏之外，別有雜藏一部。對於東西聖賢撰述，
除收入大小乘論外之著作，其餘則可收入雜藏。因爲此類著作或 "理兼大
小"，收入大、小乘中皆有不妥；或 "事涉世間"，如傳記、音義之類作品，
歸於 "論" 中，顯非適宜。既然此類作品難以歸類，故於經律論外，別設雜
藏。智旭又言，之所以稱爲 "雜"，是因爲 "西土撰述，但以義兼大小，或
復事涉抄撮，故名爲雜。此方撰述，則以諸家不同，體式亦異，故名爲雜"。
認爲西土撰述，一則義理兼有大小乘，二則從多部經書中抄撮而出，故稱爲
"雜"。而中土撰作一則作者衆多，二則體式不同，故亦稱爲 "雜"。又言：
"此土述作，唯肇公及南嶽、天台二師，醇乎其醇，真不愧馬鳴、龍樹、無
著、天親，故特收入大乘宗論。其餘諸師，或未免大醇小疵，僅可入雜藏
中。"[2] 認爲僧肇、慧思、智者著作雖爲中土僧人所作，然水平極高，故入大乘
宗經論，其他中土諸師之作，僅可入雜藏。

　　智旭不僅於經律論外，別立雜藏收録撰述類經籍，且對雜藏中的撰述類
經籍進行了詳細的分類。首先據作者及經典産生的方式不同，分爲西土撰述

1　智旭撰，楊之峰點校《閲藏知津·凡例》，第4頁。
2　智旭撰，楊之峰點校《閲藏知津·凡例》，第5頁。

與此方撰述二類。此方撰述又分爲十五類：一爲懺儀，收録如《慈悲道場懺法》《方等三昧行法》《法華三昧懺儀》等儀軌類經籍。二爲净土，收録《往生净土決疑行願二門》《净土境觀要門》《蓮宗寶鑒》等净土類作品。三爲台宗，收録《南嶽思大禪師立誓願文》《天台智者大師禪門口訣》《天台智者大師別傳》等天台宗宗典傳記。四爲禪宗，收録《宗鏡録》《景德傳燈録》《六祖大師法寶壇經》等禪宗傳記語録等著作。五爲賢首宗，收録《修大方廣佛華嚴法界觀門》《注華嚴法界觀門》《華嚴法界玄鏡》等華嚴宗注疏。六爲慈恩宗，收録《真唯識量》《八識規矩補注》《六離合釋》等唯識經籍。七爲密宗，收録《陀羅尼雜集》《顯密圓通成佛心要集》《密咒圓因往生集》等密宗經典。八爲律宗，收録《曇無德部四分律删補隨機羯磨》《南海寄歸内法傳》《説罪要行法》等律宗傳記戒條。九爲纂集，收録如《諸經要集》《經律異相》《法苑珠林》《釋迦譜》等纂集經論而成的著作。十爲傳記，收録《佛祖統紀》《佛祖歷代通載》《歷代三寶紀》《高僧傳》等記述教史僧行的著作。十一爲護教，收録如《弘明集》《廣弘明集》《續集古今佛道論衡》等護教衛道類作品。十二爲音義，收録《一切經音義》《新譯大方廣佛華嚴經音義》《紹興重雕大藏音》等標音釋義之作。十三爲目録，收録如《出三藏記集》《衆經目録》《大唐内典録》等著作。十四爲序讚詩歌，收録如《大明太宗文皇帝御製序文》《諸佛世尊如來菩薩尊者神僧名稱歌曲》等弘教類文學作品。十五爲應收入藏此土撰述，收録文集、筆記、注疏等不能入前十四類的作品。

智旭《閲藏知津》對中土撰述的分類有兩個特出之處：第一，按照性質與體制將著述類作品分爲纂集、傳記、護教、音義、目録與序讚詩歌。按經籍性質體制分類撰述類文獻，《法經録》已啓先鞭，將撰述類經典分爲撰集、傳記與著述，智旭在此基礎上又分出護教、音義、目録和序讚詩歌，更能反映出中土撰述的實際情況。第二，是宗系分類更爲完備。按宗系對撰述進行

圖表 21:《閲藏知津》撰述類分類表

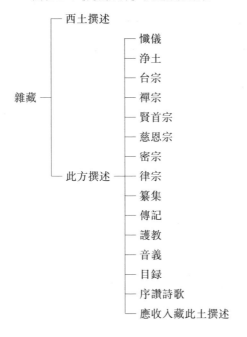

分類，寂曉已有嘗試，然寂曉僅分出天台、禪宗二類，造成諸多浄土類經典
歸屬的牽强不合。智旭分出七宗，使各宗經典皆有所歸。細繹智旭對此方撰
述類作品的分類，實有兩個分類標準：一爲宗系，由此分出如台、禪、賢首、
慈恩、律、密諸宗。二爲性質，分出纂集、傳記、護教、音義、目録、序讚
詩歌諸類。這樣也造成分類標準不統一，故分類也尚欠周延。如《佛祖統
紀》，智旭列入傳記類，然據宗系此書也可入天台宗。如智旭根據其纂集衆書
的特點，將《禪林寶訓》《緇門警訓》《百丈清規》列入纂集類，然若據此數
書之宗系性質，也應收入禪宗類。

　　清末民國以來，學術日變，佛教目録分類也呈多樣化的特色。或在古來
經録分類基礎上創新改製，或打破原有經録分類方式另起爐灶，而中土撰述
一類也受到前所未有的重視，分類方式多有創變。

　　第一種爲打破原來經、律、論、撰述四分的分類法，按近代圖書館學方式對佛教經典進行分類的。如陳信行《藏餘佛學目録》，即是鑒於古來經録不重視撰述類經籍而作。陳氏在録前序言中認爲以往之藏經及目録，側重於經、律、論三藏，而對於如音義、辭典、叢書、語文等工具書，宇宙觀、人生觀、哲學等指引初機之書，幫助入門之發願、懺悔、戒殺、放生等書及引發興趣之詩文、藝術、圖像、雕刻等書，則多不收録。"夫佛教之流行，雖有賴於經、律、論之三藏，而闡揚光大，則端藉乎高僧之説法著述，與乎熱心人士之刊布流通……但自來治目録者，往往祇著眼於三藏，引之未恐不周，論之未恐不詳，而於其他著述僅不過附帶而已……以故欲得一除三藏以外能使初機者知所取徑，或循序指引之目録，則未之見。爲是編者除試擬經、律、論、宗諸目之外，尤其重於《藏餘目録》之一種。……僅二個月之光陰，搜羅關於佛教典籍目録學者，多一百七十餘種，音義、辭典三十三種，叢書六十四種，初機（包括以上所舉各類）四百四十餘種，入門四百餘種，佛學佛教歷史六十七種，地理、山志、游記等一百六十餘種，傳記三百餘種，文藝三百五十餘種，藝術二百餘種，語文三十餘種，最後殿以疑僞經四百餘種。……不過此項著述既不入藏，又乏相當目録之記載，聽其自生自滅，則年代久遠，勢必日見湮没，而乏人問聞，寧非可惜！"[1]

　　陳氏之書分目録、辭典、叢書、初機、佛學、入門、史地、文藝、藝術、語文、其他十一大類。大類下又分小類，其分類表見（圖表 22）。觀此分類，極爲詳盡，分類級數達四級之多，超越歷代佛教目録之分類。其中諸多分類皆有可取，如將佛教目録分爲藏經目録、流通目録、佛學圖書館目録及佛學刊物目録，又將藏經目録再分爲同經異譯及別生經目録、僞經目録、譯著者目録、各部宗目録及其他。這是較早對佛教目録進行的最爲詳細之分類。再如將佛教歷史分爲印度佛教史、漢傳佛教史、蒙藏佛教史及日本佛教史；將

1　陳信行《藏餘佛學目録》，1957 年，國家圖書館藏油印本。

傳記分爲總傳、別傳，又於別傳下分出世尊傳、菩薩傳、高僧傳、男居士傳、女居士傳。分類詳明而可行。當然此分類亦有可商之處，如入門與初機，實無差別，不必强行分別。

圖表 22：《藏餘目録》分類表

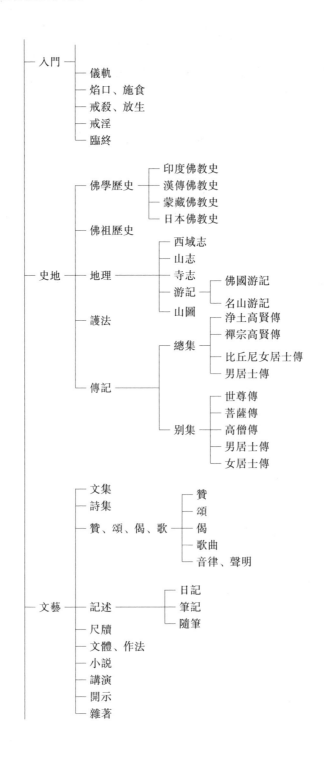

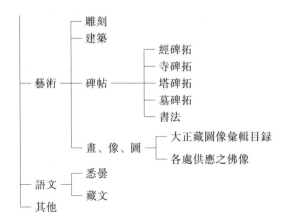

另一種則是在古來經録分類基礎上加以創變者，如楊仁山《大藏輯要目録》，此録之撰述類分爲西土撰集、華嚴、浄土、唯識、密教、禪宗、台宗、傳記、纂集、宏護、旁通與導俗諸部。與智旭《閲藏知津》相比，撰述類著作增設了旁通與導俗二部，從此也可見出時代的特點，即重視佛法與其他學科的相互融合溝通，重視佛法於一般信衆中的普及。

民國時期，由於商業發展，佛經之流通大勝於前，出現了諸多流通書目。這些流通書目的經籍分類，多承襲楊仁山《大藏輯要目録》之例，但也偶有新的類目之設立。如上海佛學書局所編《本局重印鼓山涌泉寺佛經目録》《佛學書局圖書目録》。《本局重印鼓山涌泉寺佛經目録》，將經典分爲華嚴、阿含、方等、方等密部、般若、法華、律部、論部、法相、禪宗、浄土、語録、傳記、護教、山志、詩集、應用文、目録、纂集、圖像、懺法、焰口、科儀課誦、勸修起信、佛學入門、戒殺放生、格言、雜書、佛曲二十九類。從其類目來看，除華嚴至論部八類之外，其餘二十一類皆爲撰述類經典。在撰述類經籍中，新增的類目有語録、山志、詩集、應用文、焰口、戒殺放生、格言、佛曲等類，特別是山志、詩集的設立，使撰述類中有重要價值的兩類著作有所歸屬，不失爲較好的創例。而應用文、格言、佛典、焰口、戒殺放生類的設立，也顯示了當時佛教日益生活化的特點。

　　上海佛學書局的《佛學書局圖書目録》共出九期，此録分類特點是在三藏之外，另設各宗典籍與佛教通籍二類，此二類皆爲傳統意義上的撰述類作品，而佛教通籍之下分出四十類。其中佛學概論、各宗綱要、山志游記、辭典、考據、講演、筆記、小説、佛像畫譜、碑帖等類目的設置皆給人耳目一新之感，同時，也反映出當時佛教行事與學術的發展，頗有意義。然因分類標準不一，類目分析過細，亦頗多可商之處。如將近人佛教史著作如蔣維喬《中國佛教史》等，入佛教史類；而將古人著作如志磐《佛祖統紀》，入佛教歷史類。然二者從學理上説并無差別。再如傳記類中僅收僧人別傳，而將《高僧傳》等僧人類傳收入佛教歷史類。將《景祐録略出》與《祥符録略出》收入佛教歷史類，而不入目録類，亦與實不符。

圖表 23：《佛學書局圖書目録》（第 9 期）撰述類分類表

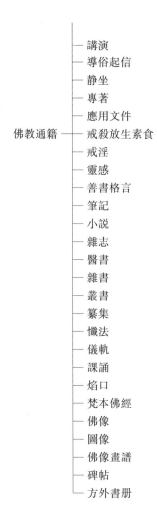

講演
導俗起信
静坐
專著
應用文件
佛教通籍 ── 戒殺放生素食
戒淫
靈感
善書格言
筆記
小説
雜志
醫書
雜書
叢書
纂集
懺法
儀軌
課誦
焰口
梵本佛經
佛像
圖像
佛像畫譜
碑帖
方外書册

　　《出三藏記集》言："至漢末安高，宣譯轉明；魏初康會，注述漸暢。"[1]
説明在翻譯印度、西域經典的同時，注解、闡釋經典的"注述"類著作也隨
之產生。南北朝時期，撰述類經典大量出現，成爲佛教典籍的重要品類，與
此同時，佛教目録學家也漸將著述類著作納入自己的分類體系之中。道安
《綜理衆經目録》著録自己所撰注經、傳記及辯難作品，是爲佛教目録收録
撰述之始。其後歷代佛教目録類皆收録撰述類著作，或以人隸書，或以類相

────────────

1　僧祐撰，蘇晋仁、蕭鍊子點校《出三藏記集》卷一，第1頁。

從。隋代法經依據體制，將撰述分爲撰集、傳記、著述三類；唐朝智昇則據内容，將撰述類著作分爲讚揚佛德、明法真理、述僧行軌、摧邪護法、外宗異執五種。明代智旭充分吸收佛教目録及外典目録對撰述分類的遺産，對撰述的分類更爲細緻詳密，并對後世産生了深遠的影響。

第三章

外典目錄對佛教典籍的著録與分類

作爲異質文化的佛教知識與典籍，在兩晋南北朝時期即受到中國目錄家的關注，自晋《中經新簿》起，外典目錄即對佛教經典進行著録與分類。然則，外典目錄將佛教經典置於何種位置，採用何種類名概括此類經典，又依據何種方式與原則對此類經典進行分類；世俗目錄學家對佛教經典抱有何種態度，依據何種原則對佛教經典進行收録、分析與研究。凡此種種，皆與佛教和中土文化的交融緊密相關，反映了作爲異質文化的佛教進入中華知識與書籍分類體系的歷程。在本章中，筆者試圖從佛教經典在外典目錄中位置的變化、外典目錄對佛教經典的著録與分類三個方面，探討世俗目錄學家對佛教典籍的態度，通過這一窗口，窺測佛教與中華文化交流融合的過程。

第一節　佛教經典在外典目錄中位置的變化

任何目錄學著作皆會依據一定的標準排列其所收録的經典，一般而言，重要的典籍總是排在比較顯著或重要的位置上，經典排列的先後常與典籍的重要程度密切相關。無論是六分法的六藝、諸子、詩賦、兵書、術數、方技，還是四分法的經、史、子、集，其排列方式都暗示了這些典籍在文化體系中的重要程度及其在知識體系中的位置。作爲佛教文化載體的佛教經典在外典目錄中處於何種位置，實際上反映了佛教在世俗目錄學家眼中的重要程度。

因此考察佛教經籍在外典目録中位置的變化，可以看出佛教書籍進入中華書籍分類體系中的軌迹，以及世俗目録學家對佛教的態度與認識。

一、外典目録著録佛教典籍之始

汪辟疆先生論及六朝目録之發展，曾言六朝書籍與漢代不同者有四：一爲紀傳增廣，二爲老莊道家典籍日繁，四爲集部日興，而第三點正是佛教典籍日滋，準確概括出六朝時期佛教經籍繁盛的情形。汪氏又言："佛氏之書來從域外，齊梁而後，經論益滋。諸子不可苟同，方技無從附會，勢必別立疆宇，以當尾閭。"[1]目録的類目設置，當隨典籍之變化而日變，此爲不易之理。六朝時代，佛教經論增廣，必然引起目録學家的關注與目録類目的變化。

《魏書·釋老志》言："司馬遷區別異同，有陰陽、儒、墨、名、法、道德六家之義。劉歆著《七略》，班固志《藝文》，釋氏之學，所未曾紀。"[2]中華外典目録之祖，首推劉向、劉歆父子。向、歆爲漢成、哀二帝校理典籍，撰成《別録》《七略》，爲中華目録之椎輪。後班固修《漢書》，裁《七略》之文，而成《藝文志》。其時佛教初傳，影響甚微，典籍蓋寡，未見著録收採。其後，袁山松爲《後漢·藝文志》，其書久佚，是否收録釋典，詳情難知。

以今日所見之材料，外典目録著録佛教典籍始於魏晉之世。魏世末年，鄭默著《中經》，及於晉初，荀勗因鄭默之書，創爲《中經新簿》，改《七略》六分之法爲四部分類。甲部紀六藝、小學等書；乙部紀古諸子、近世諸子；丙部紀史記、舊事等書；丁部紀詩賦圖贊。又於四部之外，別收佛典。據阮孝緒《七録序·古今書最》載：

---

1 汪辟疆《目録學研究》，華東師範大學出版社，2000年，第20頁。
2 魏收等《魏書》卷一百一十四，中華書局，1974年，第3025頁。

晋《中經簿》四部書一千八百八十五部，二萬九百三十五卷。其中十六卷，佛經書簿少二卷，不詳所載多少。[1]

可知，荀勖《中經新簿》已收録佛教之書。對於文中“佛經書簿少二卷”之説，姚名達先生解釋曰：“似此簿共十六卷，（《七録序》謂：《新簿》雖分爲十有餘卷，而總以四部别之。）缺少《佛經書簿》二卷，故不知《佛經》共若干部卷。”[2]來新夏先生證成此説，認爲隋唐志書所記《中經新簿》皆爲十四卷，正是因《佛經書簿》二卷缺失。[3]由此可見，荀勖撰《中經新簿》共十六卷，其中關於佛經目録有二卷之多，收録佛典之數量也當頗爲可觀。

《中經新簿》爲今日可知最早收録佛典之外典目録，然則此書中佛典究竟是與四部并列爲五部，還是附於四部之後，前人觀點頗爲不同。姚名達先生認爲佛典與四部并列，其説云：“考四部之興，世人僅知晋秘書監荀勖因魏秘書郎鄭默《中經》，‘更著新簿，分爲四部，總括群書’……而不知其更收有《佛經》也……然則《晋中經簿》於四部之外固另有《佛經》一部。”[4]而來新夏先生則認爲：“《新簿》之分四部，歷來均無異説。這是對目録分類體制的一種變革，姚名達《中國目録學史·分類篇》認爲尚有一類佛經，所以應是五部。實則佛經可視爲附録。劉宋王儉以佛録、道録附《七志》之後；《隋書·經籍志》也以道佛二家附於卷末，或即導源於《新簿》。”[5]細繹姚、來二先生之論，姚氏僅言四部外有佛經，并未明言《新簿》分五部，來先生對姚氏之説推求過甚。然來先生依據後世《七録》《隋志》體制推測佛經爲《新簿》之附録是可以信從的。綜上所論，外典目録著録佛典始於晋初，荀勖

1　道宣《廣弘明集》卷三，《大正藏》第52冊，第110頁。
2　姚名達《中國目録學史》，第59頁。
3　來新夏《古典目録學淺説》，中華書局，2003年，第91—92頁。
4　姚名達《中國目録學史》，第58—59頁。
5　來新夏《古典目録學淺説》，第91頁。

《中經新簿》十六卷中有"佛録"二卷，然此二卷應爲全書之附録，故隋唐
諸志皆言其書爲十四卷。

　　晋《中經新簿》之後，收録佛書者有宋《元嘉八年秘閣四部目録》，據
阮孝緒《七録序·古今書最》，此録收書一千五百六十四帙，一萬四千五百
八十二卷。其中"五十五帙，四百三十八卷，佛經也"。[1]知此録收有佛經五十
五帙，四百三十八卷，至於佛經列入四部之内，或是附於四部之外，不得
而知。

二、外典附録——從《七志》到《隋志》

　　據《南齊書·王儉傳》，王儉曾撰目録二部，即《元徽四部書目》及
《七志》。《元徽四部書目》以四分法分類典籍，而《七志》則以九分法統隸
群書。據《隋書·經籍志》之記載：

　　　　儉又別撰《七志》：一曰《經典志》，紀六藝、小學、史記、雜傳；
　　　二曰《諸子志》，紀今古諸子；三曰《文翰志》，紀詩賦；四曰《軍書
　　　志》，紀兵書；五曰《陰陽志》，紀陰陽圖緯；六曰《術藝志》，紀方技；
　　　七曰《圖譜志》，紀地域及圖書。其道、佛附見，合九條……而又作九篇
　　　條例，編乎首卷之中。文義淺近，未爲典則。[2]

王氏《七志》，實有九條，前七類收世俗典籍，後二類收佛道兩家之作。在
王氏分類體系中，佛、道典籍皆爲附見，不入"七"目。阮孝緒《七録序》
亦言："王儉《七志》改六藝爲經典，次諸子，次詩賦爲文翰，次兵書爲軍

1　道宣《廣弘明集》卷三，《大正藏》第52册，第110頁。
2　魏徵等《隋書》卷三十二，第906—907頁。

書，次數術爲陰陽，次方技爲術藝。以向、歆雖云《七略》，實有六條，故立‘圖譜’一志，以全七限。其外又條《七略》及《漢·藝文志》《中經簿》所闕之書，并方外之經，佛經、道經各爲一録，雖繼‘七志’之後，而不在其數。"[1]由此益可證，王儉之《七志》，佛教經籍雖列一類，實爲《七志》之附録贅餘，不入七分之正數。王儉又於每類圖書之前撰有條例，總述每部之分類要旨，儘管《隋志》批評其"文義淺近，未爲典則"，然由此可知，此録可能是外典目録中最早爲佛經類目撰寫小序的書目。

梁代蕭氏父子皆雅好文典，書籍典藏日富，梁代撰有多種目録，如《天監四年四部書目》《天監六年四部書目録》《梁東宮四部目録》，此數録皆亡佚，是否收録佛教典籍，不得而知。梁代除官修目録之外，阮孝緒所撰《七録》可爲私撰目録之代表。阮氏《七録》雖全書已佚，然其所撰序言完整保存於道宣《廣弘明集》中，爲了解六朝目録發展提供了珍貴史料。

阮孝緒《七録》分内外兩篇，共計七録，即經典録内篇一、記傳録内篇二、子兵録内篇三、文集録内篇四、術技録内篇五、佛法録外篇一、仙道録外篇二。從此可知，在《七録》之中，佛教典籍雖然進入阮氏的"七分"體系之中，但仍以"外篇"的形式存在。阮氏《七録》爲佛教典籍所撰小序尚存，其文曰：

釋氏之教，實被中土，講説諷味，方軌孔籍。王氏雖載于篇，而不在志限，即理求事，未是所安。故序佛法録，爲外篇第一。仙道之書，由來尚矣。劉氏神仙，陳於方技之末；王氏道經，書於《七志》之外。今合序仙道録，爲外篇第二。王既先道而後佛，今則先佛而後道，蓋所宗有不同，亦由其教有淺深也。[2]

---

1 道宣《廣弘明集》卷三，《大正藏》第52册，第109頁。
2 道宣《廣弘明集》卷三，《大正藏》第52册，第109頁。

阮氏認爲佛教傳入中土之後，佛教典籍的流行程度實可與儒家典籍相比肩，而王儉《七志》，佛教典籍不在"七類"之中，於理不合。故自己改變王氏之體例，將世俗典籍作爲內篇，佛道二家作爲外篇。對於佛道二家之先後，王儉《七志》先道後佛，而阮氏《七録》則先佛後道。之所以作如此調整，阮氏認爲：一則是自己的信仰與王氏不同，二是從學術義理上講，佛教義理較道教更爲深入。

降及唐初，撰作《隋書·經籍志》，佛、道典籍也皆附於四部之末，僅載其部卷之數，而不一一列其名目。《四庫全書總目提要》"釋家類小序"言："梁阮孝緒作《七録》，以二氏之文，別録於末。《隋書》遵用其例，亦附於志末，有部數卷數而無書名。"[1]正是這一情況的真實反映。《隋志》言："右道、佛經二千三百二十九部，七千四百一十四卷。道、佛者，方外之教，聖人之遠致也。俗士爲之，不通其指，多離以迂怪，假托變幻亂於世，斯所以爲弊也。故中庸之教，是所罕言，然亦不可誣也。故録其大綱，附于四部之末。"[2]認爲佛道二教雖爲聖人之遠致，然俗士爲之，則弊端多有，其教與儒家不同，故"録其大綱，附于四部之末"。

唐代，除《隋志》外，元行沖曾進《群書四部録》兩百卷。毋煚參與《群書四部録》之修撰，因不滿其書，自撰《古今書録》四十卷，收録外典之書。又撰《開元內外經録》收釋道之書。據《舊唐書·經籍志》載："其外有釋氏經、律、論、疏，道家經、戒、符籙，凡二千五百餘部，九千五百餘卷。亦具翻譯名氏，序述指歸，又勒成目録十卷，名曰《開元內外經録》。"[3]《開元內外經録》將佛教經籍分爲經、律、論、疏四類。從記載來看，《開元內外經録》每書皆"具翻譯名氏，序述指歸"，即每部書皆撰有提

---

1 永瑢等《四庫全書總目》卷一百四十五，第 1236 頁。

2 魏徵等《隋書》卷三十五，第 1099 頁。

3 劉昫等《舊唐書》卷四十六，中華書局，1975 年，第 1965 頁。

要。毋煚既撰《古今書録》收録世俗之典，又撰《開元内外經録》收攝釋道之書，説明其處理釋道之書的方式，仍同於《隋志》，即將二家之書列於四部之外。

汪辟疆先生將六朝之目録概括爲"七略與四部互競時期"，[1]此期目録最大的特點是《七略》以來的六分法（六藝、諸子、詩賦、兵書、術數、方技）與《中經新簿》以來的四分法（甲、乙、丙、丁或經、史、子、集）同時并行。私撰目録如《七志》《七録》以六分爲主，其中王儉《七志》守舊爲多，阮氏《七録》頗有開新，實是六分與四分之綜合體。而官修目録，則多採四分。但無論是六分之作還是四分之録，類皆收有佛道二家之書籍。而在類目設置上，多將二氏之書作爲附録，獨立於外，不與外典相參。此種種皆表明佛教典籍雖已爲世俗目録學家所關注，然尚未融入中華書籍分類體系之中，而僅以附録的形式，作爲中華知識之外的異域知識而存在。此後，隨著佛教的深入發展，與中華文化進一步交融，佛教典籍也逐漸進入中華典籍分類系統之中。六朝、唐初作爲外典附録的佛教典籍在五代、宋初逐漸成爲子部的一部分。

三、道家附録——新舊《唐書》二志

後晉撰修《唐書》，删毋煚《古今書録》爲《經籍志》。其文曰："煚等《四部目》及《釋道目》，並有小序及注撰人姓氏，卷軸繁多，今並略之，但紀篇部，以表我朝文物之大。其《釋道録目》附本書，今亦不取。"[2]由此可知，劉昫諸人修《舊唐書・經籍志》對毋煚之書有二項改易：一則删去小序與解題，二則不取《釋道録目》。如前所述，毋煚作《古今書録》不收釋道

1　汪辟疆《目録學研究》，第 19—25 頁。

2　劉昫等《舊唐書》卷四十六，第 1966 頁。

二氏之書，二氏之書另撰有專目《開元内外經録》。因此，《古今書録》子部僅有“道家”一類，所收純爲“道家”之書，而“道教”不與焉。《舊唐書·經籍志》承《古今書録》之分類，將子部分爲儒家、道家、法家、名家、墨家、縱横家、雜家、農家、小説、天文、曆算、兵書、五行、雜藝術、事類、經脉、醫術十七家。由於《古今書録》本無釋道二教之類目，二家之書無處歸隸，故《舊唐書·經籍志》即將此二家附於子部“道家”之内。《舊唐書·經籍志》於道家類目之下，收自漢牟融《牟子》至唐釋彦琮《崇正論》等 22 種中土佛教著述。而道家類之後附識曰：“右道家一百二十五部，老子六十一家，莊子十七家，道釋諸説四十七家，凡九百六十卷。”[1]可知其“道家”類既收老子、莊子等原始道家的著述，同時，也收有佛教、道教典籍四十七家。

宋修《唐書》，於劉昫舊作多所改易。《新唐書·藝文志》對《舊唐書·經籍志》也多有補正。《舊唐書·經籍志》斷限自開元，《新唐書·藝文志》則補收開元之後唐人著述二萬八千餘卷。釋氏之書，也多有補充：

> 凡釋氏二十五家，四十部，三百九十五卷。失姓名一家，玄琬以下不著録七十四家，九百四十一卷。[2]

可知，《新唐書·藝文志》佛教經典在《舊唐書·經籍志》著録的 22 種基礎上增補不少。其中，開元之前增至 40 部 395 卷；開元以後，則增加玄琬以下 74 家 941 卷。雖然《新唐書》對釋氏著述的蒐羅較《舊唐書》有較大進步，然分類體系則仍承《經籍志》之舊，無所變更。其子部仍分十七類，釋道二氏之書同樣附於子部“道家”之中。

1　劉昫等《舊唐書》卷四十七，第 2030—2031 頁。
2　歐陽修、宋祁《新唐書》五十九，中華書局，1975 年，第 1524 頁。

新舊《唐書》將釋氏之書附於子部道家之中，本是既承襲毋煚《古今書録》的分類，又照顧其《開元内外經録》所收釋道之書的權宜之計，故其分類頗受後世詬病。《四庫全書總目提要》"釋家類小序"言："《舊唐書》以古無釋家，遂併佛書於道家，頗乖名實。"[1]汪辟疆先生亦言："新舊《唐書》二《志》，大抵規模《隋志》。而於類目稍有增易……惟道家一目，總括神仙釋氏之書，强爲附會，於義未安；新舊二《志》，並同此失，最不可法者也。"[2]皆認爲將釋氏歸於子部道家，揆理欠通，於義未安。然而，這一"於義未安"的分類方式，却將長期附於四部之末或之外的釋氏之書納於四部分類體系之中，爲此後子部釋家類的設立創造了條件，其分類方式雖不科學，其歷史意義却不容忽視。釋氏之書進入四部分類，不僅獲得了與四部書同等的地位，同時，釋氏的知識也通過外典目録更多地進入士人的視野，爲士人所了解與接受，成爲士人知識的重要組成部分。

除此之外，新舊《唐書》收録釋氏典籍的標準也發生了變化。《舊唐書・經籍志》之前，釋道之書附於四部之末，外典目録對於釋氏之書幾乎全數收録：既收譯自印度、西域的經、律、論著作，也收中土僧俗所修撰的史傳著作。而自《舊唐書・經籍志》始，則僅收中土僧俗的著述，不收翻譯作品，這一收録標準也一直爲後代世俗目録家所繼承。故《四庫總目録提要》批評新舊《唐書》將釋氏之書歸入子部道家類"頗乖名實"的同時，也稱："然惟録諸家之書爲二氏作者，而不録二氏之經典，則其義可從。"[3]

新舊《唐書》之後，將釋氏之書附於道家者尚有《宋史・藝文志》。《宋志》子部也分爲十七類，其二爲道家，下注"釋氏及神仙附"。[4]在道家類下，著録自鳩摩羅什譯《金剛般若波羅蜜經》至胡寅《崇正辨》等佛教經典著述

1 永瑢等《四庫全書總目》卷一百四十五，第 1236 頁。

2 汪辟疆《目録學研究》，第 46 頁。

3 永瑢等《四庫全書總目》卷一百四十五，第 1236 頁。

4 脱脱等《宋史》卷二百五，第 5171 頁。

凡 222 部 949 卷。[1]

四、子部釋家——"景德六閣圖書"之後

如果説將釋氏之書納入四部分類體制是《舊唐書·經籍志》創始，然其將釋氏之書强附於道家之中，於義未安。至宋代編修書目，釋氏漸成子部一類。"子部釋氏類"的成立，標誌著釋氏之作被正式納入四部分類體系之中。

將釋氏之書從道家附録中分離出來，獨立成爲子部釋家，似源於宋真宗時龍圖閣藏書。據《玉海》"景德六閣圖書"條，真宗藏書於龍圖閣、太清樓。龍圖閣中藏六閣圖書，分別爲：經典、史傳、子書、文集、天文、圖畫。每閣書下并有分類，而其子書分類爲：

> 子書，總八千四百八十九卷。（儒家、道書、釋書、子書、類書、小説、算術、醫書）[2]

景德六閣圖書中子書已設有"釋書"一類，與儒家、道書并列。由此可見，釋氏之書成爲子部釋家，始於宋代初年國家藏書。

至仁宗朝，王堯臣諸人修撰國家藏書目録《崇文總目》。此目總括宋代昭文、史館、集賢、秘閣所藏，共成六十六卷，爲一體制巨大的提要之作。其後，小序及提要皆亡佚，僅存一卷之類目。據錢東垣等輯本，《崇文總目》分四部四十五類，即經部九類，史部十三類，子部二十類，集部三類。其子

---

1 脱脱等《宋史》卷二百五，第 5181—5189 頁。

2 王應麟《玉海》卷五十二，廣陵書社，2003 年，第 995 頁。

部又分爲儒、道、法、名、墨、縱橫、雜、農、小説、兵、類書、算術、藝術、醫書、卜筮、天文占書、曆數、五行、道書、釋書。[1]其中道書目録九卷，釋書目録三卷，數量皆相當可觀。《崇文總目》於子部之中，既設有道家類，也設有道書類與釋書類，將《舊唐書・經籍志》道家類一分爲三，更符合書籍的實際情況。而釋氏之書也從道家類中分離出來，取得了獨立的地位。自此之後，歷代目録著作相沿成例，類皆設有子部釋家一類。

自《中經新簿》收録佛教典籍之後，外典目録類皆收録佛教經典，然釋氏之書在外典目録中的位置則隨時變化。自南北朝至隋唐時期，外典目録將佛教典籍作爲附録收録於正目之後。而至新舊《唐書》二志，漸將釋氏之書作爲“道家”類附庸，納入四部分類之中。釋書附於道家，於體例頗有不倫，然却將釋家經典納入四部分類，爲子部釋家類成立奠下基礎。至宋代初年，國家藏書於子書中設立“釋書”一類，《崇文總目》於道家、道書之外，另立釋書一類，標誌著子部釋家類的成立。

作爲一種異質文明、知識體系的佛教如何進入中華文化的知識與思想體系，是一個重要的問題。對於這一問題，學界常從儒、釋、道三教關係的角度進行考察與研究。然而，作爲可以“辨章學術，考鏡源流”的目録，實際上也是知識與思想的載體。外典目録對佛教經典的容受與接納，同樣反映了佛教作爲外來知識與文明進入中華文化知識體系的一個側面。因此，從外典目録對佛教經典的載録與分類之中，可以窺見佛教知識進入中華知識體系的軌跡。外典目録自晋《中經新簿》起，即著録佛教經典。而在南北朝隋唐時期，無論是王儉《七志》，還是阮孝緒《七録》，皆將佛典作爲外典目録附録單獨列出，并未納入中華知識分類體系中。至唐編《隋書・經籍志》，釋道二教之典籍，也仍附於四部之外。隨著佛教的深入發展，與中華文化進一步

---

1 錢東垣等輯《崇文總目》，許逸民等編《中國歷代書目叢刊》第 1 輯，現代出版社，1987 年。

交融，佛教書籍方始進入中華典籍分類系統之中。《舊唐書·經籍志》《新唐書·藝文志》改變了佛教經典作爲附録的體制，將佛教典籍附在子部"道家"類中。雖然將釋教典籍附於道家類中，於義未安，然而却昭示著佛教典籍正式進入中華文化知識體系分類中。宋代以後，佛教典籍又從子部道家中分離出來，成爲子部的一部分，子部釋家類得以成立。至此，外在於中華知識體系的佛教典籍正式成爲中華知識體系的有機組成部分。可以説，佛教典籍在外典目録中的變化，正是佛教作爲外來文明一步步爲中華文化吸納、融攝的生動例證。

第二節　外典目録對佛教典籍的分類

如前所述，隨著佛教與中國傳統的逐漸融合，佛教典籍在外典目録分類中也漸由外典附録演變爲子部之一家。與此過程相隨，世俗目録學家也一直在嘗試對佛教文獻群進行分類。佛教目録學著作的分類方式自然成爲世俗目録學家分類佛教經典的重要參考，同時，世俗目録學家創立的一些分類思想與方式也影響到佛教目録學家，豐富發展了佛教目録分類的思想與實踐。可以説，世俗目録學家與佛教目録學家始終處於影響與互動之中。

現存最早對佛教典籍進行分類的外典目録，當屬阮孝緒《七録》。其分類如下：

　　　佛法録三卷　　　外篇一

　　　戒律部，七十一種，八十八帙，三百三十九卷。

　　　禪定部，一百四種，一百八帙，一百七十六卷。

　　　智慧部，二千七十七種，二千一百九十帙，三千六百七十七卷

　　　疑似部，四十六種，四十六帙，六十卷

論記部，一百一十二種，一百六十四帙，一千一百五十八卷

右五部二千四百一十種，二千五百九十五帙，五千四百卷[1]

由此可知，阮氏將佛教典籍分爲戒律、禪定、智慧、疑似、論記五部。其中戒律、禪定、智慧三類依據的是佛教典籍之内容，即以佛教三學戒、定、慧分類佛教經典。疑似部是依據佛教典籍的性質真僞進行的分類，而最末一類論記部，則是據佛教典籍之體制進行分類。疑似、論記兩部，在佛經目録分類中比較常見。而據佛經内容將佛教典籍分爲戒律、禪定、智慧三門則爲阮氏之首創。戒律、禪定、智慧的排序方式，也反映了因戒生定、因定生慧的佛教修行理念。

阮氏之後，對佛教典籍進行分類的外典目録爲《隋書·經籍志》。其分類如下：

大乘經，六百一十七部，二千七十六卷。（五百五十八部，一千六百九十七卷，經；五十九部，三百七十九卷，疏）

小乘經，四百八十七部，八百五十二卷。

雜經，三百八十部，七百一十六卷。（雜經目殘缺甚，見數如此）

雜疑經，一百七十二部，三百三十六卷。

大乘律，五十二部，九十一卷。

小乘律，八十部，四百七十二卷。（七十七部，四百九十卷，律；二部，二十三卷，講疏）

雜律，二十七部，四十六卷。

大乘論，三十五部，一百四十一卷。（三十部，九十四卷，論；十五

---

1 道宣《廣弘明集》卷三，《大正藏》第52册，第111頁。

部，四十七卷，疏）

　　小乘論，四十一部，五百六十七卷。（二十一部，四百九十一卷，
論；十部，七十六卷，講疏）

　　雜論，五十一部，四百三十七卷。（三十二部，二百九十九卷，論；
九部，一百三十八卷，講疏）

　　記，二十部，四百六十四卷。[1]

　　《隋志》先將佛教典籍分爲經、律、論、記四部，此爲一級目録。此下，經
部又分大乘、小乘、雜經、疑僞四類；律部又分大乘律、小乘律、雜律；論
部則分爲大乘論、小乘論、雜論三部。此爲二級分類。各二級分類之下，再
分出本經及解釋本經的注疏，此爲三級分類。其分類方式如下圖所示（圖表
24）。據《隋志》小序，《隋志》的佛典分類主要依據智果所撰經録，[2]故其先
分經、律、論、記，再分大小乘、疑僞、雜經的分類體系，實與當時流行的
内典目録差別不大，創新不多。

　　如果説《七録》與《隋志》是對當時所存的佛教經典進行全面分類的
話，由於《舊唐書·經籍志》確立了外典目録僅收中土撰述而不録翻譯經典
的體例，故而《唐志》之後，外典目録對佛教經典的分類，主要集中於中土
撰述上。

　　鄭樵所撰《通志·藝文略》對中土撰述的分類，別具特色，創獲頗多。
在子部釋家之下，《藝文略》分出十類：傳記、塔寺、論議、詮述、章鈔、儀
律、目録、音義、頌贊、語録。其中傳記類收録自梁寶唱《名僧傳》至唐盧

1　魏徵等《隋書》卷三十五，第 1094—1095 頁。《隋志》之記載，部卷之數多有不合，如大乘論依
正文爲 35 部，依小注則爲 45 部。待考。
2　據《隋志》"佛經"小序，《隋志》對佛教典籍之記載承襲智果撰於内道場之經目："大業時，又令
沙門智果於東都内道場，撰諸經録，分別條貫。以佛所説經爲三部：一曰大乘，二曰小乘，三曰雜經。其
餘似後人假托爲之者，別爲一部，謂之疑經。又有菩薩及諸深解奧義、贊明佛理者，名之爲論，及戒律並
有大、小及中三部之別。又所學者，録其當時行事，名之爲記。凡十一種。今舉其大數，列於此篇。"

圖表24:《隋書·經籍志》佛典分類表

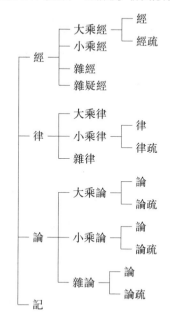

永所撰《金剛經報應記》等 60 部 361 卷傳記著作。塔寺類收録自《廬山南陵精舍記》至唐靈澍所撰《攝山棲霞寺記》等塔廟寺院記 10 部 70 卷。論議類收録自衛元嵩《齊三教論》至會昌年間《破胡集》等衛教論辯著作 64 部 175 卷。詮述類收録自僧祐《法苑集》至契嵩《輔教編》等詮釋法義的類書文集 35 部 472 卷。章鈔類收録自釋道岳《三藏本疏》至那提《大乘集議論》等注疏章鈔類著作 32 部 348 卷。儀律類收録自僧玄琬《十種讀經儀》至宗密《圓覺道場修證儀》等儀式戒律類著作 29 部 92 卷。目録類收録自《大唐貞觀内典録》至《唐衆經目録》等目録類著作 6 部 48 卷。音義類收録自玄應《大唐衆經音義》至《大藏經音》等 4 部 59 卷音義類作品。頌贊類收録自《龐蘊詩偈》至《清涼大法眼禪師偈頌》等詩詞贊頌類作品 38 部 61 卷。語録類則收録自《德山和尚語録》至《寶峰岩和尚語録》等禪師語録 56 部 91 卷。[1]

---

1 鄭樵撰，王樹民點校《通志二十略》，中華書局，1995 年，第 1640—1650 頁。

在内典目録中，相對於經、律、論等翻譯類經典，中土僧俗所作"撰述類"著作地位相對較低。故而，内典目録收録中土撰述類文獻既少，而分類也向來比較簡單。可以説，《通志·藝文略》是首次對釋氏撰述類作品進行嚴密分類的目録。《通志·藝文略》所分類目，與同期内典目録相比，更加細密完整。其中塔寺、目録、音義、頌贊等類皆鄭樵所首創。明代智旭撰作《閲藏知津》，中土撰述分出音義、目録、序贊詩歌，當是受《通志·藝文略》之影響。

降及明代，公私目録對佛教典籍多有收録。而對佛教典籍進行分類的主要有焦竑《國史經籍志》及祁承㸁《澹生堂藏書目》。焦竑《國史經籍志》子類釋家將佛教經典分爲九類：經、律儀、論、義疏、語録、偈頌、雜著、傳記、塔寺。經部收録自《大般若經》至《真言要集》等大小乘典籍。律儀類收録自《菩薩地持經》至《釋迦如來涅槃禮贊文》等戒律儀軌類文獻。論類收録自《大智度論》至李贄《浄土訣》等論著。義疏類收録自釋道岳《三藏本疏》至《肇論新疏游刃》等注疏類作品。語録類收録自《五祖東山和尚語録》至元德寶《笑岩集》等僧人語録文集類作品。偈頌類收録自《助發諸王要偈》至世沖集《釋氏詠史詩》等詩偈類作品。雜著類收録自《宗鏡録》《經律異相》至陳士元《象教皮編》等類書輯撰類作品。傳記類收録自《釋迦譜》至唐盧永《金剛經報應記》等傳記類作品。塔寺類收録自《廬山南陵精舍記》至明德清《曹溪志》等寺廟塔院類作品。焦氏之書兼收翻譯類經典及中土撰述類經典，其分類方式多承《通志·藝文略》之舊，惟雜著一類爲其所創。

與焦竑《國史經籍志》相較，祁承㸁《澹生堂藏書目》所分更爲詳明。祁氏將子部釋家類分爲十八部：大乘經、小乘經、續入諸經、東土著述、律儀、經典疏注、大小乘論、宗旨、語録、止觀、警策、銓述、提唱、浄土、因果、記傳、禪餘、文集。大乘經類收録自《放光般若經》至《菩薩投身飼餓虎起塔因緣經》等大乘經典。小乘經收錄自《增一阿含》至《無垢優婆夷問經》等小乘經典。續入類收錄自《佛說大乘日子王所問經》至《犍稚梵讚》等宋元續入藏經典。東土著述類收錄自《六祖大師法寶壇經》至《大明仁孝皇后夢感佛說第一希有大功德經》等撰述類作品。律儀類收錄自《梵網經》至《首楞嚴壇海印三昧》等戒律儀軌類作品。經典疏注類收錄自《法華玄義》至《法喜隨筆》等經典章疏。大小乘論收錄自《金剛般若波羅蜜經論》至沈宗需《徵心百問》等論著作品。宗旨類收錄自《宗鏡錄》至《博山和尚信地說》等禪宗類心要。語錄類收錄自《古尊宿語錄》至《教外別傳》等語錄類作品。止觀類收錄自《天台智者大師四念處》至《袁生懺法》等天台宗著作。警策類收錄自《南嶽大師誓願文》至《慨古錄》等勸學警訓類作品。銓述類收錄自《永嘉大師禪宗集》至《博山別古》等詮釋法義的著作。提唱類收錄自《禪宗頌古聯珠通集》至《雲棲護法偈》等佛教禪宗頌古、歌詩類作品。淨土類收錄自《龍舒居士淨土文》至《懷極樂詩》等淨土類經籍。因果類收錄自《經律異相》至《轉因錄》等放生戒殺報應類著作。記傳類收錄自《佛祖統紀》至《雲棲大師傳》等佛門傳記。禪餘類收錄自《弘明集》至《教乘法數》等撰集類作品。文集類收錄自《鐔津文集》至《毗耶室詩》等釋氏文集。

　　從其分類來看，大乘經、小乘經、宋元續入藏、律儀、撰述、經疏、大小乘經論，這七個類目其實就是明代南北藏經的分類體系。而宗旨類以下，則多爲中土撰述類經典。其中宗旨、止觀、警策、提唱、淨土、因果等爲皆爲祁氏所創。其宗旨門收錄禪宗典籍，止觀收錄天台著述，淨土收錄淨土宗著作，實已開宗派目錄之先河。當然，祁氏分類的特點在於詳明，而缺點也在於細碎。如宗旨類與語錄類多收禪宗著述，二者之間分類多有相重之處。另外，其分類標準也不統一，如提唱、銓述、語錄類是據文體性質分類，止觀、淨土、因果則是據著作之內容。故而分類也不周延。

綜上所述，外典目録在收録佛教典籍的同時，也對佛教典籍的分類進行了有益的探索。如《七録》將佛教典籍按其所涉内容與修行法門，分爲戒律、禪定、智慧，與内典目録按經典體制性質所分的經律論、大小乘不同，是對釋家目録分類的補充。而更爲重要的是，内典目録多重翻譯類經典，對撰述類經典頗爲輕視，分類也比較簡單。而外典目録在中土撰述的分類中，則做出許多重要的探索。如鄭樵《通志・藝文略》所創塔寺、目録、音義、頌贊、語録，以及祁承爍《澹生堂藏書目》所創宗旨、止觀、警策、提唱、净土、因果、禪餘等類目，不僅豐富了中土撰述的分類方式，而且影響了此後内典目録的分類。

第三節　外典目録對佛教典籍的著録與整理

自晋世《中經新簿》以還，外典目録多收録佛教典籍，佛教典籍在外典目録中漸有了一席之地；同時，外典目録對佛教典籍，特別是中土撰述的分類也進行了有益的探研。除此之外，歷代外典目録對佛教典籍的整理約有數端，即撰小序、作解題、注版本、録序跋。

一、撰小序

由前考可知，王儉《七志》曾撰有九篇條例，即九類著作皆有小序，應爲外典目録中最早爲佛教典籍撰寫小序者。其後阮孝緒《七録》、《隋書・經籍志》、晁公武《郡齋讀書志》、馬端臨《文獻通考》、焦竑《國史經籍志》、《四庫全書總目提要》皆爲所收佛教典籍撰有小序。此類小序或記述佛典傳譯，或闡釋佛教義理，或明言著録之標準，或暗示作者之態度。

（一）記録佛典傳譯與典籍之狀況

佛教典籍多由譯傳，此與世俗書籍多由撰述不同。故世俗目録學家撰寫釋氏類之小序，多有介紹佛典傳譯及佛典分類狀況之文字。如《隋書・經籍志》佛教典籍前有一長約 2 500 字的小序。在此序中，涉及釋迦生平、佛教教義、弟子結集經典，及佛教東傳之歷史；竺法蘭、安世高、竺法護、道安、鳩摩羅什、法顯、智猛、佛陀耶舍、僧伽提婆、寶唱、菩提留支等人尋求、翻譯、整理經籍之事業；最末殿以隋代寫經造像、整理佛典之事迹。是一篇佛教典籍結集、流傳、翻譯、整理的小史，從中也可以看出當時知識界對佛教、佛典的認識與理解。[1]

再如由吕夷簡撰修，記録宋代太祖、太宗、真宗朝典籍的《宋三朝國史藝文志》，也爲釋氏典籍撰有小序，其文曰：

> 唐《開元釋藏目》，凡五千四十八卷，《貞元藏目》（馮案：即《貞元續開元釋教録》）又二百七十五卷，而禪觀之書不預焉。迄於皇朝，復興翻譯，太平興國後至道二年，二百三十九卷；又至大中祥符四年，成一百七十五卷。潤文官趙安仁等編纂新目，爲《大中祥符法寶》。咸平初，雲勝奉詔編《藏經隨函索隱》六百六十卷，入令詔訪唐貞元以後未附藏諸經益之，並令摹刻。劉安仁又分太宗《妙覺》《秘詮》爲名，真宗《法音集》，論頌贊詩爲三卷，以《法音旨要》爲名，摹印頒行。訖於天禧末，又譯成七十卷（凡大乘經三百三十四卷，大乘律一卷，大乘論二十九卷，小乘經八十一卷，小乘律五卷，西方聖賢集二十九卷）。[2]

1 興膳宏、川合康三《隋書經籍志詳考》，對《隋志》此序有詳細考證（東京汲古書院，1995 年）。福井文雅《中國思想研究與現代》曾詳細討論《隋書・經籍志》所表現的佛教觀。

2《宋三朝國史藝文志》雖佚，然其小序多保存於馬端臨《文獻通考》中。馬端臨《文獻通考》卷二百二十六，中華書局，2011 年，第 6212—6213 頁。

此序先言唐代《開元釋教錄》《貞元續開元釋教錄》所收佛經數量；次言宋代佛典之譯傳、《大中祥符法寶錄》之編輯，太宗、真宗御集之入藏頒行；末總言宋代佛教典籍翻傳之數量。爲吾人瞭解宋代譯經與佛教典籍之狀況提供了方便。

晁公武《郡齋讀書志》雖釋氏前無小序，然其釋氏第一書《四十二章經》解題實有小序之性質，其文云：

> 佛書自愔、景以來，至梁武帝華林之集，入中國者五千四百卷，曰經、曰論、曰律，謂之三藏，傳於世盛矣。其徒又或摘出別行，爲之注釋疏鈔，至不可選紀，而通謂之律學。厥後達磨西來，以三藏皆筌蹄，不得佛意，故直指人心，俾之見性，衆尊之爲祖，學之者布於天下。雖曰不假文字，而弟子錄其善言，往往成書，由是禪學興焉。觀今世佛書，三藏之外，凡講説之類，律學也；凡問答之類，禪學也。[1]

晁氏認爲，佛書入中國者其體有三，即經、律、論。三藏之外，抄出別行，注釋疏解者爲律學；而禪宗弟子錄其師之講錄問答，則爲禪學。晁氏所謂之"律學"，實是與禪學相對之義學，或經典注疏之學，故其"律學"實爲禪宗之外的其他佛教學術。聯繫宋代多次革律爲禪的運動，吾人大致可以理解晁氏當時所謂"禪學"與"律學"之分歧。

（二）明示著錄標準

如前所考，《舊唐書·經籍志》之前，外典目錄著錄佛教典籍的原則是全部收錄，不僅收錄中土僧俗之著作，也收錄經、律、論等翻譯著作。《舊唐

書・經籍志》則確立了只收中土撰述的體例。自此之後，外典著録佛教經典分爲兩派：一派是僅收中土著述者，如新舊《唐書》二志、《宋史・藝文志》、《郡齋讀書志》、《直齋書録解題》等；二是三藏全收者，如焦竑《國史經籍志》、祁承㸁《澹生堂藏書目》、錢曾《錢遵王述古堂藏書目録》、徐乾學《傳是樓書目》等。因此，外典釋家小序多載明收録之標準。如晁公武《郡齋讀書志》言："藏經猥衆，且所至有之，不録，今取其餘者列於篇。"[1] 意即藏經中已收之典籍，本書不著録，收録者乃三藏之外的中土撰述。再如《四庫全書總目提要》釋家類小序：

> 梁阮孝緒作《七録》，以二氏之文別録於末，《隋書》遵用其例，亦附於志末，有部數卷數而無書名。《舊唐書》以古無釋家，遂併佛書於道家，頗乖名實。然惟録諸家之書爲二氏作者，而不録二氏之經典，則其義可從。今録二氏於子部末，用阮孝緒例；不録經典，用劉昫例也。[2]

四庫館臣認爲，雖然劉昫《舊唐書・經籍志》將佛書并入道家"頗乖名實"，然而其不收"二氏經典"，僅收"諸家書爲二氏作者"却是比較合理的，所以在收録經典上，《四庫全書總目》用劉昫《舊唐書・經籍志》之例，僅收中土撰述而不收翻譯經典。

再如張之洞《書目答問》子部釋家類收録《宏明集》《廣宏明集》《佛國記》《大唐西域記》諸書，其前曰："釋道家第十二，舉其有關考證事實者。"[3] 可知張氏收佛教典籍的標準是有資考證，無關考證者不録。

---

1 晁公武撰，孫猛校證《郡齋讀書志校證》卷十六，第769頁。
2 永瑢等《四庫全書總目》卷一百四十五，第1236頁。
3 張之洞撰，范希曾補正《書目答問補正》，上海古籍出版社，2001年，第185頁。

（三）表明作者對佛教的態度

從外典釋家類小序，還常可見出世俗目録家對佛教的態度。如《隋書·經籍志》於所録釋道書後言："道、佛者，方外之教，聖人之遠致也。俗士爲之，不通其指，多離以迂怪，假托變幻亂於世，斯所以爲弊也。故中庸之教，是所罕言，然亦不可誣也。故録其大綱，附于四部之末。"[1]《隋志》認爲道佛爲方外之教，本是聖人之遠致。如爲俗士利用，則於世有害，故不爲儒家所稱道，然也自有其存在的價值。從此可以看出，《隋志》認爲佛、道之弊，是俗人造成的，而其本身并無問題，對佛教持頗爲寬容之態度。與《隋志》的寬容不同，晁公武《郡齋讀書志》和馬端臨《文獻通考》則對佛教頗爲排斥。

《郡齋讀書志》子部小序：

夫儒、墨、名、法，先王之教；醫、卜、技、藝，先王之政，其相附近也固宜。昔劉歆既録神仙之書，而王儉又録釋氏，今亦循之者，何哉？自漢以後，九流寖微。隋唐之間，又尚辭章，不復問義理之實。雖以儒自名者，亦不知何等爲儒術矣，況其次者哉！百家壅底正塗之弊既息，而神仙服食之說盛，釋氏因果之教興。雜然與儒者抗衡，而意常先之。君子雖有取焉，而學之者不爲所誤者鮮矣，則爲患又甚於漢。蓋彼八家，皆有補於時，而此二教，皆無意於世也。八家本出於聖人，有補於時，特學者失之，而莊、老猶足以亡晉，申、商猶足以滅秦。況二教無意於世，不自附於聖人，若學而又失之，則其禍將如何？故存之以爲世戒云。[2]

---

1 魏徵等《隋書》卷三十五，第 1099 頁。

2 晁公武撰，孫猛校證《郡齋讀書志校證》卷十，第 409 頁。

晁氏認爲諸子百家雖與儒家不同，然皆有補於時，其弊端皆爲"學者失之"；而釋道二教既無意於世，無補於時，又與儒家抗衡，惑人不淺。諸子百家之失足以亡國滅家，則釋道二家之害必甚於諸子。晁氏認爲自己之所以著録二家之書，并非爲保其書，宣其説，而是"存之以爲世戒"。由此足見晁氏對佛道二教的排抵態度。

馬端臨《文獻通考・經籍考》未親撰小序，然其於釋家類之後，具引胡寅《崇正辯序》《永寧院輪藏記》及《讀史管見》之文。胡氏爲宋代辟佛最力之人，其《崇正辯序》言："《崇正辯》何爲而作歟？闢佛氏之邪説也。"又認爲：佛教徒"聾瞽愚惰之徒，而安享華屋之居、良田之利、金帛之施、衣食之奉，泰然爲生民之大蠹，不謂之異端邪説，謂之何哉？是故仲尼正則佛邪，佛邪則仲尼正，無兩立之理"。《永寧院輪藏記》則言："夫既以空虛寂滅爲道之至矣，雖天倫之重、乾坤之大、照臨之顯、山河之著，猶將掃除殄滅，洞然不立。則凡見於形像，當一毫無有焉。今乃建大屋，聚徒黨，耕良田，積厚貨，憧憧擾擾，與世人無異。而以佛之遺書營置儲貯，巍然燁然鬱相望也，烏在其爲空乎？不能空其言説之迹，而欲空並育之萬有，烏知其可乎？"[1]從此可以見出，雖然馬端臨未撰小序，對釋氏之教未置一詞，然却借由胡寅著作表明了自己對佛教的態度。

與晁公武、馬端臨的排抵有所不同，《國史經籍志》作者焦竑對佛教的態度則更爲耐人尋味。其書釋家類小序言：

> 世之與釋氏辯者多矣，大抵病其寂滅虛無，毀形棄倫，而不可爲天下國家也。夫道一而已，以其無思無爲謂之寂，以其不可覩聞謂之虛，以其無欲謂之静，以其知周萬物而不過謂之覺，皆儒之妙理也。自儒學

---

[1] 馬端臨《文獻通考》卷二百二十七，第6243—6249頁。

失傳，往往束於形器見聞，而不知其陋。一聞語上者，顧以爲異説而咻之。昔齊國守其神聖之法，傳世數百年，一旦田氏據國，并其神聖之法而盜之，徒知田氏之有齊，不知神聖之法本齊之故物也。今之爲儒佛辯者，大率類此。故學者與其拒之，莫若其兼存之，節取所長，而不蹈其敝，如雕題卉服之倫合沓内嚮，而王者巍然開明堂以臨之，詎不足以明大一統之盛哉。眠之遏糴曲防，以封畛自域者，狹亦甚矣。漢初佛未盛行，九流不載，至范蔚宗始述之。今琳宮梵宇殆徧天下，不能使其泯泯也，故因其籍而刪次，以列於篇。[1]

焦氏認爲：釋家所傳之"寂滅虛無"本是儒學之一端，後世儒學束於形器，而使形上之學失傳。殊不知正如田氏代齊，其國雖爲田氏所竊據，而其"神聖之法"則爲齊之故物。正如形上之學現雖爲釋氏之所據，按其源頭不過竊於我儒而已。因此，對於釋氏，與其拒而不納，莫如節其所長，防其所短。可見焦氏之説已吸收宋明理學家以儒統釋的理論，將釋氏理論統於儒學之中。

　　從以上可以看出，從《隋志》認爲釋家亦爲"聖人遠致"，其弊病實爲學者之過；至晁公武、馬端臨嚴儒釋之辨，對釋氏之教痛加排抵；再到焦竑認爲釋氏不過是竊儒家之説，如田氏竊齊國神聖之法。世俗目録學家對佛教的態度幾經變化，如果説《隋志》與焦氏對佛教都有所寬容，然其寬容包含的理論基礎却不一致。《隋志》認爲釋家是"聖人遠致"，學者失之，故有弊端；而焦氏則認爲釋氏之説不過是儒家失傳之學，包容釋氏實不過是索回爲佛教所竊據的"神聖之法"。從此數序，其實也略可看出，儒家學者對釋氏態度的變化，其中的理論轉移頗爲耐人尋味。

---

1 焦竑《國史經籍志》卷四，馮惠民等編《明代書目題跋叢刊》，書目文獻出版社，1993 年，第344 頁。

二、作解題

　　佛教目録源於經典翻譯的記録，對經典真僞辨別是其尤所關注者；外典目録源於書籍整理，對分類則三致其意。佛教目録重於辨僞，而外典目録則更重解題。外典目録中解題類目録起源甚早，而佛教解題類目録則出現較晚。外典目録對佛教典籍的解題，爲時也甚久。王儉作《七志》，於正録外附見道、佛，"但於書名之下，每立一傳"，雖然不能算正式的解題，然於書名之下具作者之生平，可視爲解題之濫觴。唐代毋煚撰《開元内外經録》收釋、道之書，"亦具翻譯名氏，序述指歸"，可知毋煚之書，確爲解題之作。然此二書皆佚，其解題之情狀不可悉知。

　　宋代晁公武作《郡齋讀書志》，於其所收之釋典皆有解題。如《禪宗金剛經解》之解題：

　　　　右皇朝安保衡採撫禪宗自達磨而下發明是經者參釋之。序稱：其有言涉修證者，北宗法門也；舉心即佛者，江西法門也；無法無物者，本來如是者，曹溪法門也。[1]

此解題先言作者，次言内容，末引安保衡之序，解説禪宗之法門。其中安氏所謂北宗、江西、曹溪之分類，與宋代廣爲流傳之禪宗五家（潙仰、雲門、法眼、臨濟、曹洞）頗有不同，乃早期禪宗分派之反映。再如《楞伽經》之解題：

---

1 晁公武撰，孫猛校證《郡齋讀書志校證》卷十六，第778頁。

　　　　右宋天竺僧求那跋陀羅譯。楞伽，山名也，佛爲大慧演道於此山。
元魏僧達磨以付僧慧可，曰："吾觀中國所有經教，唯《楞伽》可以印
心。"謂此書也。釋延壽謂此經以佛語心爲宗，而李通玄則以爲五法、三
自性、八識、二無我爲宗。按經説第八業種之識，名爲如來藏，言其性
不二，明偏即出世也。延壽所云者，指其理；通玄所云者，指其事，非
不同也。[1]

　　此解題先言譯者，次言此經得名之緣由，又言禪宗以之印心事。最末分析永
明延壽與李通玄對此經宗旨的不同理解，認爲延壽"佛語心爲宗"是從理上
講，而李通玄唯識百法是從事上説，頗具識見。

　　晁公武雖然對佛教有所排拒，然其對佛教確有探研，所撰解題頗能抉發
經典之義。相較而言，陳振孫《直齋書録解題》對佛典的解題則要簡略得
多，往往僅能"具翻譯名氏"，而不能序述其旨歸。如《金剛般若經》解題
"一卷，姚秦三藏鳩摩羅什譯"；《圓覺了義經》"十卷，唐罽賓佛陀多羅譯"；
《華嚴經》"八十一卷，唐于闐實叉難陀譯"；《林間録》"十四卷，惠洪撰"；
《大慧語録》"四卷，僧宗杲語。其徒道謙所録，張魏公序之"。[2]由以上所舉
可以看出，陳氏對所解之佛教經籍類多僅列卷數及譯、撰、序人之名氏，而
對書籍之内容著辭甚少。

　　明人所撰解題類目録不多，外典目録對佛教典籍之解題也甚少。清人外
典目録對佛典之解題却多有可觀。如丁丙《善本書室藏書志》對《宏明集》
之解題：

---

　　1 晁公武撰，孫猛校證《郡齋讀書志校證》卷十六，第 779 頁。
　　2 陳振孫撰，徐小蠻等點校《直齋書録解題》卷十二，上海古籍出版社，1987 年，第 353、354、
357、359 頁。

《宏明集》十四卷，明鈔釋藏本，梁釋僧祐撰。祐，姓俞氏，彭城下
邳人。初出家揚都建初寺，武帝時居鍾山定林寺。所輯自東漢以下至梁
代闡明佛法之文。其學主於戒律，其説主於因果，大旨則獨伸釋氏之法。
六代遺編，此爲最古。梁以前名流著作，世無專集者，頗賴以存。卷數
與《唐書·藝文志》合。四庫著録本僅有祐自撰後序，而無前序，諸家
所藏皆然。此從明釋藏中鈔出，猶存前序，云：祐以末學，志深宏護，
静言浮俗，憤慨於心。遂以藥疾微間，山棲餘暇，撰古今明篇，總道俗
雅論。其有刻意翦邪，建言衛法，製無大小，莫不畢採。又前代勝士書
記文述，有益三寶，亦皆編録。類聚區分，列爲十四卷。卷角注釋藏
字號[1]

此解題首注版本，次述著者生平，又述著作大旨及價值。又言庫本所收《宏
明集》無前序，此抄本則可補其闕。再如《續高僧傳》解題：

《續高僧傳》四十卷，明刊本，唐釋道宣撰。道宣，姓錢氏，丹徒
人。隋末居終南白泉寺，又遷净業寺，至唐高宗時乃卒。持戒精苦，釋
家稱之。宣律師嘗著《廣宏明集》三十卷，此《續高僧傳》乃繼慧皎而
作。自序：始距梁之初運，終唐貞觀十有九年，一百四十四載，包括岳
瀆，歷訪華夷，正傳三百三十一人，附見一百六十人。右與慧皎初傳，
四庫均未之收登，此以補梵筴之闕。[2]

此解題也注版本、述著者生平及著作内容大旨。末指出四庫全書未收此傳及
慧皎《高僧傳》，正可補四庫之闕失。

---

1 丁丙《善本書室藏書志》卷二十二，《續修四庫全書》第 927 册，第 419 頁。
2 丁丙《善本書室藏書志》卷二十二，《續修四庫全書》第 927 册，第 419 頁。

陸心源《皕宋樓藏書志》對佛典也有解題，如：

> 《歷代編年釋氏通鑑》十二卷，宋刊本，宋括山庵釋本覺編集。案：
> 此南宋麻沙刊本，每葉二十二行，每行二十二字，小黑口。卷中有"文
> 石朱象賢玄氏"陰陽文長印，"季振宜藏書"朱文長印，"汪士鍾印"白
> 文方印。其書按年紀載，至周世宗止。乃四庫所未收也，季蒼葦書目著
> 于録。[1]

陸氏此解題略述此書之内容與價值，詳列此書之行格、版式及藏書諸印，爲
版本鑒賞類解題。再如瞿鏞《鐵琴銅劍樓藏書目録》"龍舒增廣淨土文"
解題：

> 《龍舒增廣淨土文》十二卷，元刊本，題國學進士王日休撰。日休，
> 字虛中，號龍舒居士。據書中廬陵李氏夢記，有乾道癸巳之語，又張孝
> 祥序云：紹興辛巳秋，過家君于宣城。則日休乃南宋人也。案：日休自梓
> 祗十卷，見卷十一"四明斷佛種人跋"，其十一、十二卷乃後人附益。是
> 本前有延祐三年江淮副總管吕師説、狀元張孝祥序，又吕元益跋，跋後
> 爲丞相周益公、晋軒李居士及龍舒居士像。卷末有"廣平府肥鄉縣哈喇
> 呼寨營史普通重刊"一行，又有"嘉禾在城興聖禪寺德海書，四明友雲
> 王鴻刊"一行。[2]

此解題先考證王日休之時代，次及此書之增益，并詳記是書前後之序、跋、
文、記，頗爲詳明。然也時有誤處，如解題言此爲元本，實則不確。此本既

---

1 陸心源《皕宋樓藏書志》卷六十五，《續修四庫全書》第 929 册，第 56 頁。
2 瞿鏞《鐵琴銅劍樓藏書目録》卷十八，《續修四庫全書》第 926 册，第 298 頁。

有"四明斷佛種人跋"，而四明斷佛種人跋作於"洪武癸酉"（二十六年，1393），[1]則是本非元本無疑。

外典目録對佛典的解題雖有的比較簡略，有的不免舛誤，然對作者之考證，對内容之闡述，對版本之考訂，對序跋之著録，時有可取。同時，其内容較《大藏經綱目指要録》《閲藏知津》等佛教解題目録更爲靈活、全面，豐富了佛典解題的樣式。

三、注版本

佛教目録的基礎在於翻譯，故而重視同本異譯、不同語言文本的著録與勘同；而對於同一文本的不同寫本、刻本則并非其所關注之重心。而外典目録則較爲重視不同刻、寫本的著録，特别是唐末五代以後，刻本興起，著録版本漸成外典目録重要的傳統。因此，外典目録對佛教典籍也重視不同寫、刻本的著録。

一般認爲，宋代尤袤《遂初堂書目》較爲注重不同刻本的羅列。然《遂初堂書目》對釋氏類的著録極爲簡略，僅列舉書名而已。其中，著録有"金銀字傅大士頌《金剛經》"一種，注明此傅大士頌《金剛經》爲金銀字寫經，可算是重視版本之一例。陳振孫《直齋書録解題》解題雖較爲簡略，然其中著録了數種石刻本佛教經典，也是對不同版本的講求。如"石本《金剛經》一卷，南唐保大五年壽春所刻。乾道中劉岑季高再刻於建昌軍。不分三十二分，相傳以爲最善"。不僅記載了兩次不同的刻石，且認爲"相傳以爲最善"，具有比較明確的版本、善本的意識。再如"《遺教經》一卷，佛涅槃

---

1 王日休《龍舒增廣浄土文》卷十一附記："時洪武癸酉仲夏吉日，四明斷佛種人跋。"《大正藏》第47册，第286頁。

時所説。唐碑本"；"《阿彌陁經》一卷，唐陳仁稜所書。刻於襄陽"；"《金
剛經》一卷，唐武敏之所書。在長安"；"《金剛經》一卷，唐鄔彤所書。在
吳興墨妙亭"。[1]此處陳氏記載兩種不同石刻的《金剛經》，也比較明顯地體現
出注重版本的特點。

　　降及明清，講求版本之風大盛，外典目録對佛教經典的著録也頗重版本
之異同。如明晁瑮《晁氏寶文堂書目》，於《五燈會元》下注"元板一部，
不全；今板一部"，知晁氏所藏《五燈會元》有元、明版本之別。[2]清丁仁
《八千卷樓書目》所著録版本則更爲詳盡。如《高僧傳下》注"抄本、海山
仙館本、支那十三卷本"；《楞嚴經》有"殿刊本、四經薈刊本、明刊大字
本、半畝園本、明萬曆凌氏刊本"；《華嚴經》有"道光刊本、昭慶寺刊本、
靈隱寺刊本"；《華嚴經音義》有"守山閣本、粵雅堂本"。[3]季振宜《季滄葦
藏書目》對所收佛典之板本也一一列出，如："《讀教記》二十卷，十本，宋
板"；"《雪堂和尚拾遺録》十二卷，二本，宋板"；"《釋氏通鑒》十二卷，
十本，元板"；"《六祖大師法寶壇經》一本，宋板"。[4]張之洞所撰《書目答
問》爲導學目録，對版本頗爲講求。於釋氏之書，亦多能舉其版本，如
"《廣宏明集》三十卷，唐釋道宣，明吳勉學刻本"；"《高僧傳》十三卷，序
録一卷，梁釋慧皎，海山仙館本"；"《翻譯名義》十四卷，宋釋法雲，雲棲
寺刻本"。甚至爲某一佛典列出多種版本。如法顯《佛國記》列有"津逮本、
學津本、漢魏叢書本、唐宋叢書本"，《大唐西域記》則録有"守山閣本、金
壺本、津逮本、學津本"等。[5]對於佛典寫、刻本的講求，可以説是外典目録
對佛教目録學的一個重要補充。

　　1 陳振孫撰，徐小蠻等點校《直齋書録解題》卷十二，第353—354、355—356頁。
　　2 晁瑮《晁氏寶文堂書目》卷下，馮惠民等編《明代書目題跋叢刊》，第792頁。
　　3 丁仁《八千卷樓書目》卷十四，《續修四庫全書》第921冊，第279、281頁。
　　4 季振宜《季滄葦藏書目》，《續修四庫全書》第920冊，第626頁。
　　5 張之洞撰，范希曾補正《書目答問補正》，第186—187頁。

　　除了撰小序、注版本、作解題之外，外典目録對佛教典籍的整理還有一種方式值得一提，那就是録序跋。目録著作録序跋之體例源於佛教目録《出三藏記集》，然其序跋集在一處，頗類於文集。而後世外典目録則將序跋録於本書之下，實類於解題。外典目録中節録佛典序跋最著者，可推清張金吾《愛日精廬藏書志》。此書於《釋迦譜》《宏明集》下，詳載僧祐自序；於《高僧傳》下，則具録慧皎之序。[1]

　　六朝以來，佛教典籍日興，成爲書籍中一個重要的品類。佛教典籍也漸次進入外典目録學家的視野。從晉至唐，佛教典籍皆作爲外典目録附録而存在。五代時期，佛教典籍成爲外典目録子部道家的附庸，至宋代初年，子部釋家類得以成立，標誌著佛教典籍正式爲外典分類系統所接納。對於這一類頗異於中華文化的外來書籍，世俗目録學家也試圖依據内容、體制等對之進行分類，世俗目録學家與佛教目録學家互相影響，促進了佛教典籍分類的發展。除分類外，世俗目録學家還將著録外典的方式與思想運用於佛教典籍的著録上，主要表現爲撰小序、注版本、録序跋、作解題等。

---

1 張金吾《愛日精廬藏書志》卷二十八，《續修四庫全書》第 925 册，第 462—465 頁。

第四章

從佛教目録看譯場組織
——以宋代三部目録爲中心

對於佛教譯經及其制度之考察，前賢時彥論者夥矣。梁啓超、湯用彤、賀昌群、牟潤孫諸公對此問題皆有論列。至於專論，則有藍吉富《貝葉傳經——佛書的翻譯》、[1] 五老舊侶《佛教譯經制度考》諸文。[2] 而論述最爲詳贍者，則推曹仕邦《論中國佛教譯場之譯經方式與程序》，此六萬字長文，從八個方面對中國佛教譯經作了全面考察，論述了譯經與宣講的關係，隋前與隋以後譯經方式的轉變。而對譯經之職守尤爲究心，分別考察了傳語、筆受、證義的歷史淵源與演變。[3] 然而由於資料缺乏，前賢對宋代譯經，特別是宋代譯經制度論述甚少，五老舊侶對宋代譯經之論述，寥寥數行。而曹仕邦先生論述宋代佛教譯經制度也僅據《宋高僧傳》《佛祖統紀》的記載，未能參考其他資料。宋代三部佛教經録記載詳明，而《宋會要》、成尋《參天台五臺山記》對宋代譯經也多有涉及，爲吾人研究宋代譯經及其制度提供了許多寶貴的歷史資料。

1966 年，冉雲華（YÜn-hua Jan）首先利用《祥符録》《景祐録》以及

---

1 藍吉富《聽雨僧廬佛學雜集》，現代禪出版社，2003 年，第 84—106 頁。
2 張曼濤編《佛典翻譯史論》，張曼濤主編《現代佛教學術叢刊》第 38 冊，台灣大乘文化出版社，1978 年，第 171—186 頁。
3 張曼濤編《佛典翻譯史論》，《現代佛教學術叢刊》第 38 冊，第 187—282 頁。

《宋會要輯稿》等材料研究宋代譯經，側重對譯主天息災、施護等人生平的考察。[1]黄啓江《北宋的譯經潤文官與佛教》考察了宋代譯經院的設立與職掌，重點論述了譯經潤文官與佛教之關係。[2]此後，沈丹森（Tansen Sen）在冉、黄二氏研究的基礎上，對宋代的譯經進行了研究，旨在分析宋代新譯經未能對中國佛教産生影響的原因。[3]

　　對宋代譯經及其制度進行深入研究者，首推香港學者梁天錫先生。其《北宋漢譯佛經之類别、部卷、譯者及譯成時間考——北宋傳法院研究之一》分三期對宋代七朝（太宗、真宗、仁宗、英宗、神宗、哲宗、徽宗）的譯經情况進行了詳明的考察。[4]而《北宋傳法院及其譯經制度——北宋傳法院研究之二》一書則更側重從制度層面討論宋代譯經：分别從北宋譯經制度的産生與發展，傳法院之建築物、相關機構與公文程式，譯院編制，譯席、譯材的來源，譯經及其前後程序，譯席俸賜，傳法院人員之兼差與院藏官修宋人佛學文字八個方面，對北宋譯經制度進行全面、深入、詳細的考察，糾正了前人不少的疏失，的爲研究宋代譯經的宏論巨篇。[5]然梁氏此書爲通論之作，述多於考，對於譯經制度細微之處，未能究心；對史料記載之歧互，也辨析不多。今以宋代三部經録，即《大中祥符法寶録》《天聖釋教總録》《景祐新修法寶録》爲中心，結合其他史料，稍作補苴，以見宋代譯經之盛。

　　1 Yün-hua Jan, "Buddhist Relations between India and Sung China," *History of Religions*, 6. 1（1966）, pp. 24–42.

　　2 黄啓江《北宋的譯經潤文官與佛教》，《北宋佛教史論稿》，台灣商務印書館，1997 年，第 68—92 頁。

　　3 Tansen Sen, " The Revival and Failure of Buddhist Translations during the Song Dynasty," *T'oung Pao*, 88. 2（2002）, pp. 27–80.

　　4 梁天錫《北宋漢譯佛經之類别、部卷、譯者及譯成時間考——北宋傳法院研究之一》，張其凡主編《歷史文獻與傳統文化》第十集，蘭州大學出版社，2003 年。

　　5 梁天錫《北宋傳法院及其譯經制度——北宋傳法院研究之二》，香港志蓮淨苑出版，2003 年。

第一節　譯經院之建制

歷代國家譯經多有專門之場所，姚秦之逍遥園，李唐之大慈恩寺、翠微宫是其著者。宋代譯經則有譯經院之建設，《宋會要輯稿》記太平興國五年，天息災、施護至京師，通曉華梵文字，宋太宗有意於譯經，即有譯經院之興建：

是年，詔中使鄭守鈞就太平興國寺大殿西度地作譯經院。中設譯經堂，其東序爲潤文堂，西序爲正義堂，譯經僧以次分設堂室。至七年六月院成，召天息災等三人入院。[1]

由《宋會要》所載，結合其他相關史料，宋代譯經院之建設可得而言之者，有如下數端：

第一，譯經院位於太平興國寺大殿之西。贊寧《宋高僧傳》亦言："迨我皇帝臨大寶之五載……因敕造譯經院於太平興國寺之西偏。續敕搜購天下梵夾，有梵僧法護、施護，同參其務。"[2]由此可證，譯經院確在太平興國寺之西。太平興國寺，初爲龍興寺。據《續資治通鑒長編》記載："（太平興國二年正月）辛卯，幸講武池，以新龍興寺爲太平興國寺。"[3]可知，太平興國寺原爲新龍興寺，太平興國二年始改"太平興國"寺額。而龍興寺於周世宗時廢，宋代重興。志磐《佛祖統紀》載："初，周世宗廢龍興寺以爲官倉。國初，寺僧擊鼓求復，至是不已。上遣使持劍詰之曰：'前

1　徐松輯，郭聲波點校《宋會要輯稿・蕃夷道釋》，四川大學出版社，2010年，第658頁。
2　贊寧撰，范祥雍點校《宋高僧傳》卷三，第57—58頁。
3　李燾《續資治通鑒長編》卷十八，中華書局，1992年，第396頁。

朝爲倉日久，何爲煩瀆天廷？'且密戒：懼即斬之。僧辭自若曰：'前朝不道，毀像廢寺，正賴今日聖明興復之耳。貧道何畏一死？'中使以聞，上大感歎，敕復以爲寺。"[1]新龍興寺之復建，或在開寶八年左右。據《宋史》記載，宋太祖於開寶八年十一、十二月，開寶九年八月三次臨幸"新龍興寺"。[2]

　　據《東京夢華録》之記載，太平興國寺在右掖門西，背對西角樓大街，南臨汴河，河上有興國寺橋。[3]《汴京遺迹志》載："興國寺有二，一在馬軍橋東，北宋太平興國間創建，金季兵燬。"[4]可知，金代末年，太平興國寺毀於戰火。太平興國寺（龍興寺）爲東京重要之佛教寺院，太祖、太宗多次臨幸。

　　除譯經院外，太平興國八年六月，又於太平興國寺譯經院西建印經院，印製《開寶藏》及新譯之經典。真宗大中祥符三年，於太平興國寺設立戒壇。《佛祖統紀》載："三年，詔京師太平興國寺立奉先甘露戒壇。"[5]仁宗天聖年間，又於太平興國寺建開先殿，以安太祖御容。王應麟《玉海》載："開先殿，天聖八年三月建太祖神御殿於太平興國寺之後。十月成，壬辰奉安。九年二月癸未，命晏殊爲碑。慶曆六年八月重修，乙亥飛白書牓。"[6]宋代譯經院除佛經翻譯之外，還是接待安置外來僧侶之場所。雍熙元年，日本國僧奝然來朝，"太宗召見奝然，存撫之甚厚，賜紫衣，館于太平興國寺"。[7]真宗大中祥符三年，"中天竺沙門覺稱、法戒來朝，進舍利、梵夾、金剛座真容、菩提樹葉，召見便殿，尉勞甚厚，館於譯經院"。[8]而日僧成尋於神宗熙寧

1　志磐撰，釋道法校注《佛祖統紀校注》卷四十四，第 1027 頁。

2　脱脱等《宋史》卷三，第 45、48 頁。

3　孟元老撰，伊永文箋注《東京夢華録箋注》卷二"河道"、卷三"大内西右掖門外街巷"，中華書局，2006 年，第 25、274 頁。

4　李濂《汴京遺迹志》卷十，《景印文淵閣全書》第 587 册，第 619 頁。

5　志磐撰，釋道法校注《佛祖統紀校注》卷四十五，第 1054 頁。

6　王應麟《玉海》卷一百六十，第 2950 頁。

7　脱脱等《宋史》卷四百九十一，第 14134 頁。

8　志磐撰，釋道法校注《佛祖統紀校注》卷四十五，第 1054 頁。

五年兩入東京，皆駐錫於太平興國寺傳法院。

第二，譯經院由三堂構成。如《宋會要》所言：譯經院由三堂構成，即譯經堂、潤文堂與正義（證義）堂。譯經堂在正中，東爲潤文堂，西爲證義堂。志磐《佛祖統紀》亦言：太平興國五年，"二月，北天竺迦濕彌羅國三藏天息災、烏填曩國三藏施護來，召見，賜紫衣，敕二師同閱梵夾。時上盛意翻譯，乃詔中使鄭守均於太平興國寺西建譯經院，爲三堂：中爲譯經，東序爲潤文，西序爲證義"。[1]由此可證：當時譯經院包括三堂，即中間爲譯經堂，爲譯主、證梵等人所居；東邊爲潤文堂，爲譯經潤文官所居；西邊爲證義堂，爲譯經證義僧侶所居。

此外，譯經院中尚有太宗、真宗御製《聖教序》《繼作聖教序》巨碑刻石。太宗《聖教序》立於雍熙三年，據《玉海》記載："三年十月戊午，御製《新譯三藏聖教序》以冠經首，令刊石御書院。"[2]真宗《繼作聖教序》作於咸平二年，當時僅冠於新譯經之首，而未立石。景德元年，施護請求刊石於譯經院，未得真宗應允。[3]大中祥符二年，施護等三上表章，請求將《繼作聖教序》刊石於譯經院，得真宗許可。其年九月八日，立石於譯經堂上，與太宗所製序西面相對安置。[4]成尋熙寧五年入京，於十月十四於傳法院親見此二碑，其文云："未時，見太宗皇帝御筆碑石，高二丈，立三階大閣內，無他佛等。次見真宗皇帝御筆碑文，立三間大殿之內，額名乾明之殿，無他佛。"[5]太宗、真宗御製碑高兩丈，立於三間大殿之中，氣勢之宏偉可見。

---

1 志磐撰，釋道法校注《佛祖統紀校注》卷四十四，第1029頁。
2 王應麟《玉海》卷一百六十八，第3080—3081頁。
3 楊億等編《大中祥符法寶錄》卷十二，《中華大藏經》第73冊，中華書局，1994年，第477頁。
4 楊億等編《大中祥符法寶錄》卷十五，《中華大藏經》第73冊，第493—497頁。
5 成尋著，王麗萍校點《新校參天台五臺山記》卷四，上海古籍出版社，2009年，第282—283頁。

第二節　譯經原本之語言與形制[1]

宋代譯經之展開，肇啓於梵夾之搜集，太祖、太宗、真宗三朝對西行、東歸之僧侶，多有獎顧。據《宋會要》載，自雍熙三年（986），"自是梵僧至者，悉召見，賜以紫服、束帛，華僧自西域還者亦如之"。除優禮西行東歸之僧侶外，太宗又兩次下詔，搜訪梵經。雍熙三年，接受天息災建議，下詔購求搜訪散落於民間之梵夾。淳化四年（993）復下詔："西面緣邊及黎、階、秦、廣州，應梵僧自天竺來及中國僧游天竺還者，所齎梵經並先具奏聞，仍封題進上。"[2]梵夾葉書的搜求，爲譯經事業奠下基礎。

宋代譯經原本梵夾之形制，日僧成尋熙寧年間寄居太平興國寺譯經院，頗有親睹，且有所記録，據其所見，可略知一二。熙寧五年十二月廿八日，成尋見《月燈三昧經》《無量壽經》及《彌勒授化經》梵夾，其文曰：

齋了，天吉祥三藏召請予與新來中天二人、通事，共喫茶。次見《月燈三昧經》梵夾、《無量壽經》梵夾、《彌勒授化經》梵夾，字甚妙也。貝葉長一尺六寸，廣三寸，各入金筥，兩重裹錦綾。[3]

熙寧六年正月廿六日，又見中天竺貝葉梵本數種：

次參三藏房，點茶，令出見《父子合集經》梵本。且出來廿五卷，

---

1 梁天錫《北宋傳法院及其譯經制度——北宋傳法院研究之二》中第五章專論"釋材來源"，然其所論爲獻梵夾之人，如"宋僧游天竺取經還""番僧及南海使貢經"等，未涉及梵夾語言的問題。

2 徐松輯，郭聲波點校《宋會要輯稿·蕃夷道釋》，第662頁。

3 成尋著，王麗萍校點《新校參天台五臺山記》卷五，第450頁。

未徹。《秘密名字三摩地分》梵本、《青焰明王儀軌》梵本、《房莊嚴寶王經》梵本，皆中天竺貝葉，最優美也。[1]

二月廿七日，又見《父子合集經》及《法花經》貝葉梵夾：

> 拜見《父子合集》二卷了……雖廿五卷譯出，第三以下未清書進覽，因之不能拜見。廿五以下，貝葉向有其殘，未譯。進覽經以錦爲標紙，以金爲軸，莊嚴甚妙也。見丈夫國梵本《法花經》，八寸，廣二寸五分。貝葉，第一卷四枚，第二卷五枚半，第三卷四枚，文字頗小字也。《父子合集經》貝葉長一尺五寸，廣三寸，四十枚，譯出廿五卷。雖多羅葉文少，漢字譯出，枚數多也。[2]

其中《月燈三昧經》《無量壽經》《彌勒授化經》《父子合集經》皆爲寬三寸、長一尺五、六寸的貝葉。而丈夫國梵本《法花經》甚小，寬二寸五分，長僅八寸。唐惠沼《成唯識論了義燈》言："北天竺境富婁沙富羅，此云丈夫國。"[3]可知，成尋所見小字本《法花》乃北天竺梵本。

熙寧五年十二月廿八日，又見東天竺梵本，與中天竺梵字頗爲不同：

> 丈夫國三藏來座，以照大師取紙梵經兩卷來，令見予。東印度梵字全不似中天，不知何經。[4]

---

1 成尋著，王麗萍校點《新校參天台五臺山記》卷六，第524頁。
2 成尋著，王麗萍校點《新校參天台五臺山記》卷六，第566—567頁。
3 惠沼《成唯識論了義燈》卷一，《大正藏》第43冊，第659頁。
4 成尋著，王麗萍校點《新校參天台五臺山記》卷五，第452頁。"令見予"，原作"令見印"，據《大藏經補編》本改。

正如成尋所見，宋代譯經之原本既有中天竺梵本，復有東天竺、北天竺丈夫國等地方書體書寫之梵本，而宋代經録也記載有不同地方書體書寫的梵經。

據《祥符録》與《景祐録》記載，宋代譯經確知其原本者共 189 種，[1] 其中譯自中天竺梵本者 164 種，占了 86.8%。譯自西天竺梵本者共 9 種，譯自北天竺梵本者 1 種，譯自中天竺語師子國書者 2 種，譯自中天竺語龜兹國書者 13 種（統計見圖表 25、圖表 26、圖表 27）。

圖表 25：北宋譯經原本比例表

原本語言	中天竺梵本	西天竺梵本	北天竺梵本	中天竺語龜兹國書	中天竺語師子國書	總計
數　量	164	9	1	13	2	189
百分比	86.8%	4.8%	0.5%	6.9%	1.0%	

圖表 26：北宋譯經中天竺梵本類別表

部　　類	數　量	百分比
大乘經藏秘密部	72	43.9%
大乘經	30	18.3%
大乘律	2	1.2%
大乘論	11	6.7%
小乘經	25	15.2%
小乘律	2	1.2%
小乘論	0	0.0%
西方聖賢集	22	13.4%
合　計	164	

---

1 由於《祥符録》《景祐録》皆屬殘本，故所列非宋代全部譯經。

圖表 27：北宋譯經非中天竺梵本表

原本語言	譯經時間	經典名稱	卷數	所屬類別	資料出處
西天竺梵本	淳化元年十月	七佛經	1	小乘經	《祥符錄》卷7
		毗婆尸佛經	2	小乘經	
		大三摩惹經	1	小乘經	
		長者施報經	1	小乘經	
	淳化五年四月	金剛香菩薩大明成就儀軌經	3	**大乘經秘密部**	《祥符錄》卷8
	至道三年十一月	大正句王經	2	小乘經	《祥符錄》卷10
	咸平四年四月	大生義經	1	小乘經	《祥符錄》卷11
	咸平五年五月	輪王七寶經	1	小乘經	《祥符錄》卷12
	大中祥符五年五月	白衣金幢二婆羅門緣起經	3	小乘經	《景祐錄》卷2
北天竺梵本	淳化五年正月	金剛手菩薩降伏一切部多大教王經	3	**大乘經秘密部**	《祥符錄》卷8
中天竺語龜茲國書	咸平元年七月	頻婆娑羅王經	1	小乘經	《祥符錄》卷10
		舊城喻經	1	小乘經	
		人仙經	1	小乘經	
		信佛功德經	1	小乘經	
		信解智力經	1	小乘經	
		善樂長者經	1	**大乘經秘密部**	
	咸平元年十一月	四品法門經	1	小乘經	《祥符錄》卷10
		解夏經	1	小乘律	
	咸平三年十一月	分別緣生經	1	小乘經	《祥符錄》卷11
	咸平四年四月	園生樹經	1	小乘經	《祥符錄》卷11

續　表

原本語言	譯 經 時 間	經典名稱	卷數	所屬類別	資料出處
中天竺語龜茲國書	大中祥符元年十一月	月喻經	1	小乘經	《祥符録》卷 14
	大中祥符二年五月（原本殘，推測）	蟻喻經	1	小乘經	《祥符録》卷 14
	大中祥符三年十一月	灌頂王喻經	1	小乘經	《祥符録》卷 16
中天竺語師子國書	雍熙四年	妙臂菩薩所問經	4	**大乘經秘密部**	《祥符録》卷 6
	咸平三年十一月	未曾有正法經	6	**大乘經**	《祥符録》卷 11

由以上三表可知如下數事：

第一，宋代譯經原本多爲中天竺梵本，共有 164 部。在中天竺梵本中，大乘經藏秘密部共 72 部，占 43.9%；大乘經 30 部，占 18.3%。兩者合計占 62.2%。大乘律 2 部，占 1.2%；大乘論 11 部，占 6.7%。小乘經 25 部，占 15.2%；小乘律也爲 2 部，占 1.2%。西方聖賢集 22 部，占 13.4%。中天竺梵本中，没有小乘論。

第二，除中天竺梵本外，中天竺語龜茲國書、西天竺梵本數量不少，而北天竺梵本和中天竺語師子國書的原本則較少。

第三，據 Richard Salomon 的研究，從 4 世紀至 6 世紀，梵語的各種地方性字體興起，至 6 世紀，梵語的不同書寫形式有多種，比如北印度的悉曇體、南印度的帕拉瓦體等[1]宋代經録中記載的非中天竺梵本可能主要指這些地方性字體書寫的梵文。比如中天竺語師子國書可能就是用僧伽羅文書寫的梵文文本。翻譯這些非標準梵本，其程序是：先將地方性字體轉寫爲中天竺標準字

---

1 Richard Salomon, *Indian Epigraphy*, New York：Oxford University Press, 1998, pp. 38–42.

體，然後再譯爲華文，而不是將這些非中天竺梵本直接譯爲華文。《祥符録》卷六載譯自中天竺語師子國書的經典，下注云："上一部，本中天竺語師子國書，今先翻爲天竺字，然後譯之，下皆同此。"[1] "下皆同此"説明《祥符録》中所載地方性字體書寫的梵本皆要先轉寫爲中天竺字。再如《景祐録》所載《白衣金幢二婆羅門緣起經》，下記曰："上一部，本西天竺書，今先翻爲中天竺字，然後譯從華文。"[2]同樣説明，《景祐録》所載非中天竺梵本也要先經轉寫，再譯爲華文。

第四，從這些非中天竺梵本經典的性質來看，小乘經律所占的比例極高。其中"西天竺梵本"9 種，除《金剛香菩薩大明成就儀軌經》屬於"大乘經秘密部"外，其餘 8 種皆爲小乘經。"中天竺語龜茲國書"13 種，除《善樂長者經》屬"大乘經秘密部"外，其餘 12 種皆爲小乘經律。這與中天竺梵本大乘經、論占多數，形成對比。另外，與整個宋代譯經相比，這些非天竺梵本中小乘經、律所占比例也是極高的。《天聖録》記載宋代譯經 232 部 569卷，其中，大乘經 140 部 286 卷，大乘律 1 部 1 卷，大乘論 11 部 19 卷，小乘經 44 部 69 卷，小乘律 5 部 5 卷，聖賢撰述 21 部 29 卷。小乘經占總數的比例，依部數爲 18.96%，依卷數則爲 12.12%。而這些非中天竺梵本共 25 部41 卷，小乘經則有 19 部 23 卷，小乘經所占比例，依部數爲 76%，依卷數爲56.10%。由此可見，在這些非中天竺梵本中，小乘經所占比例遠遠超過宋代全部譯經中小乘經所占比例。

而在這些經典中，小乘經所占比例尤以中天竺語龜茲國書和西天竺梵本爲高。何以如此？衆所周知，龜茲自鳩摩羅什時代之後，小乘逐漸流行，"玄奘時代，龜茲已全爲小乘教所占有"。[3]據唐惠英所撰《大方廣佛華嚴經感應

---

1 楊億等編《大中祥符法寶録》卷六，《中華大藏經》第 73 冊，第 432 頁。
2 吕夷簡等編《景祐新修法寶録》卷二，《中華大藏經》第 73 冊，第 530 頁。
3 羽溪了諦著，賀昌群譯《西域之佛教》，商務印書館，1999 年，第 197 頁。

傳》載，聖曆年中，于闐三藏實叉難陀云："龜茲國中，唯習小乘。"[1]可知在唐代，龜茲也爲小乘教之化區。而西、北天竺向爲小乘説一切有部和正量部的化區，玄奘時代，正量部由中印度向西印度發展，而説一切有部則盛行於西北印度與西域。在義浄時代，西天竺正量部最具優勢，而西北印度則以説一切有部最盛。[2]由此可見，大約4至9世紀，龜茲國、西印度、北印度小乘佛教一直非常興盛，那麼宋代所譯的以這些地方性字體書寫的梵本多爲小乘經典也就可以理解了。

第三節　譯經程序與人員

宋代譯經持續了一百三十一年，譯出經典二百六十三部七百四十卷，[3]涉及的人員甚夥。夏竦《傳法院碑銘》言及宋代譯場設立至景祐二年的譯經人員：翻宣表率則有天息災等三藏五人（西土四人：天息災、施護、法賢、法護；東土一人：惟浄），筆受、綴文、證義等義學僧七十九人，監譯十七人，貢獻梵經者一百三十八人。[4]足見宋代譯經人員之衆。

一、各書所載譯經人員之職守

佛經譯傳，自南北朝以來，形成了譯場共譯的制度。譯場中譯經人員各有所司，共同翻譯經典。對宋代及以前譯場中人員職守的記載，共有以下數種文獻，即《宋高僧傳》卷三《譯經篇總論》、《佛祖統紀》卷四十四、《宋

1　惠英《大方廣佛華嚴經感應傳》，《大正藏》第51册，第176頁。

2　水野弘元、中村元等著，許洋主譯《印度的佛教》，法爾出版社，1988年，第101—110頁。

3　梁天錫《北宋傳法院及其譯經制度》，第158—159頁。

4　夏竦《傳法院碑銘》，《文莊集》卷二十六，《景印文淵閣四庫全書》第1087册，第263—264頁。

會要輯稿》"道釋二·傳法院"以及《祥符録》《景祐録》。《宋高僧傳》所載雖反映了宋代的狀況，但所舉各例多爲前朝人物，與其他三種資料性質略有不同。兹列表對比如次：

圖表 28：譯場職守異同表

祥符録、景祐録	宋會要輯稿	佛祖統紀	宋高僧傳
1. 譯主	1. 譯主	1. 譯主	1. 譯主
2. 證梵義	2. 證梵義	2. 證梵義	5. 證梵義
3. 證梵文	3. 證梵文	3. 證梵文	4. 證梵本
4. 筆受	5. 筆受	5. 筆受	2. 筆受（綴文）
5. 綴文	6. 綴文	6. 綴文	
6. 證義	7. 證義	7. 參譯	6. 證禪義
7. 潤文	9. 潤文	9. 潤文	7. 潤文
8. 監譯			10. 監護（監譯）
	4. 書梵	4. 書梵	3. 度語
	8. 刊定	8. 刊定	8. 梵唄
			9. 校勘
			11. 正字（字學）

從表中可以看出，各書所載皆有譯主（主持譯經之人）、證梵義（與譯主商討梵文文義之人）、證梵文（《宋高僧傳》稱"證梵本"，與譯主商討梵文文字、語言之人）。可以説，此三人爲一組，皆需梵、漢兩通的譯才擔當。筆受（記録漢語譯文之人），《宋高僧傳》將筆受、綴文合爲一職，反映出唐代以前筆受與綴文相兼的情況。[1]證義（與譯主商討漢文文義之人）一職，《佛祖統紀》稱爲"參譯"，或即《宋高僧傳》中所稱"證禪義"。《宋會要》與

---

1 曹仕邦《論中國佛教譯場之譯經方式與程序》認爲綴文一職本由筆受分化而出，初期筆受、綴文多相兼。張曼濤編《佛典翻譯史論》，《現代佛教學術叢刊》第 38 册，第 224—234 頁。

《佛祖統紀》皆載有"書梵"（將梵文語音用漢字書寫下來，即用漢字標梵音）與"刊定"（校定經典文字），而《宋高僧傳》尚載有"度語"（幫助譯主將梵文釋爲漢文，主要用於譯主不熟悉漢文的譯場）、梵唄（在譯場中讀誦經典之人）、正字（或稱"字學"，譯經場中熟悉漢文語言、文字之人，或可與《宋會要》《佛祖統紀》中的刊定相兼）。《祥符録》與《景祐録》詳細記載每部經典的翻傳時間、經典的内容性質及翻譯、進呈之過程，是宋代譯經的忠實記録。書中詳載每部經典的翻譯人員，有譯主、證梵義、證梵文、筆受、綴文、證義、潤文、監譯，應當説，兩部經録所載譯經僧職是對北宋譯場僧職最真實的記録。[1]

如將宋代經録所載譯場職位與隋唐譯經進行比較，梵唄、度語、正字、讀梵本似不見於宋代譯經。梵唄是指譯經前進行的儀式活動，如下所述，宋代譯場譯經前做"法曼荼羅"道場，當也有梵唄之事，然不見於經録的記載。度語主要用於譯主不通華文的情况，實爲譯主之私人翻譯。宋代天息災、施護、法護皆華梵兼通，而惟净本爲華人，兼習梵語，故宋代前期并無度語之設。後期主持譯經之金總持，似華語不嫻，設有度語。正字，在唐代譯場多設，宋代譯場未見設置。讀梵本一職，數種文獻皆不載，然唐代義净翻經，多置此職。如景龍四年譯《根本説一切有部尼陀那目得迦》及《成唯識寶生論》，由西涼州白塔寺慧積、右驍衛翊府中郎將員外置宿衛李釋迦、東天竺國左領軍右執戟直中書省頗具三人讀梵本。宋代譯經，據成尋之記載，熙寧六年譯經"先大卿取梵文一紙談了，次筆受智寶取梵文一句讀之"，[2]則由筆受讀梵文，此時或已由筆受兼讀梵文之職也未可知。

---

1 曹仕邦先生未見宋代三部經録，認爲《宋高僧傳》上進於端拱元年，而《佛祖統紀》則成於宋度宗咸淳七年（1271），"二書相去二百八十四載。且贊寧身居汴京，親覩盛事，故所記之價值，實遠在《統紀》之上"，實不足爲憑。（曹仕邦《論中國佛教譯場之譯經方式與程序》，《佛典翻譯史論》，第259頁）

2 成尋著，王麗萍校點《新校參天台五臺山記》卷七，第647頁。

二、譯經壇場之布置與譯經之程序

據《祥符録》記載，真宗景德二年九月二十五日，"上幸譯筵，命施護等坐，賜茶慰勞。詢問譯經儀範，仍頒束帛。翌日，施護等詣便殿稱謝，遂以譯經儀式備録上進"。[1]由此可知，施護等人曾進"譯經儀式"於真宗，惜今無傳，内容不可詳知。然《宋會要》《佛祖統紀》曾記天息災所述"譯經儀式"，夏竦曾作譯經潤文官，撰有《傳法院碑銘》，對宋代譯場之儀式也有記載，由此可略知宋代譯經壇場之布置與譯經之程序：

圖表 29：《佛祖統紀》與《宋會要》所記譯經程式

佛　祖　統　紀	宋　會　要
天息災述譯經儀式：於東堂面西粉布聖壇（作壇以粉飾之，事在藏經）。開四門，各一梵僧主之，持秘密咒七日夜。又設木壇，布聖賢名字輪（壇形正圓，層列佛、大士、天神名位，環遶其上，如車輪之狀），目曰"大法曼拏羅"（此云大會）。請聖賢阿伽沐浴（阿伽，此云器，凡供養之器，皆稱曰"阿伽"。今言阿伽，乃是沐浴器），設香華、燈水、殽果之供，禮拜遶旋，祈請冥祐，以殄魔障。	天息災等所述自古譯經儀式：將欲翻經，於本院建立道場。施護請於東堂面西粉布聖壇，壇開四門，梵僧四，各主其一，持秘密咒七晝夜。又設木壇，作聖賢位，布聖賢字輪，目曰"大法曼拏"。衆迎請聖賢開伽沐浴，香花燈塗。菓實飲食，二時供養，禮拜旋繞，請祈民祐，以殄魔障，僧羅日二時虔禱。
第一譯主正坐面外，宣傳梵文。 第二證義坐其左，與譯主評量梵文。 第三證文坐其右，聽譯主高讀梵文，以驗差誤。 第四書字梵學僧，審聽梵文，書成華字，猶是梵音（紇(kr) 哩(da) 野(ya)，初翻爲"紇哩第野"；素(su) 怛(traṃ)，爲"素怛覽"）。 第五筆受，翻梵音成華言（"紇哩那野"，再翻爲"心"；"素怛覽"，翻爲"經"）。	譯日，第一譯主當面正坐，前梵學。 其左，第二證梵義梵僧，與譯主評量梵義。 第三證梵文梵僧，聽譯主高讀梵本，以驗差誤。 其右，第四梵學僧，觀梵夾，當聽譯主宣讀讀書，爲隸字。 第五梵學僧筆受。

---

1 楊億等編《大中祥符法寶録》卷十三，《中華大藏經》第 73 册，第 482 頁。另《法苑珠林》卷一百載隋代翻經沙門明則曾撰《翻經法式論》十卷，當爲隋代譯經儀軌之記録。

續　表

佛　祖　統　紀	宋　會　要
第六綴文，回綴文字，使成句義（如筆受云："照見五蘊彼自性空見此。"今云："照見五蘊皆空。"大率梵音多先能後所，如"念佛"爲"佛念"，"打鐘"爲"鐘打"。故須回綴字句，以順此土之文）。	第六梵學僧删綴成文。
第七參譯，參考兩土文字，使無誤。	第七證義僧，參詳向義。[1]
第八刊定，刊削冗長，定取句義（如"無無明無明"，剩兩字。如"上正遍知"，上闕一"無"字）。	第八字梵學僧，刊定字。
第九潤文官，於僧衆南向設位，參詳潤色（如《心經》"度一切苦厄"一句，元無梵本。又"是故空中"一句，"是故"兩字，元無梵本）。	第九潤文官，於僧衆南別設位，參詳潤色。
僧衆日日沐浴，三衣、坐具，威儀整肅。所須受用，悉從官給。[2]	譯僧每日沐浴，嚴潔三衣、坐具，威儀整肅。凡入法筵，依位而坐，不得紊亂。翻譯應須受用，悉從官給。譯之日，別設齋席。[3]

《宋會要》與《佛祖統紀》所載天息災之譯經儀式略可分爲三節：第一節記譯經聖壇之布置，第二節記譯經僧職之座次與職守，第三節記譯經僧之威儀。其中第三節僧衆之威儀問題不多，現詳考前二節如次：

1. 聖壇布置

譯經之前，先於東堂（當爲潤文堂）向西布置聖壇，聖壇四角設立四門，每門一梵僧主之，念咒語七晝夜。又立木壇，設立聖賢名字輪，輪之形制，志磐言"壇形正圓，層列佛、大士、天神名位，環遶其上，如車輪之狀"，也即於圓形壇上，書寫佛、菩薩和天神之"名位"。聖壇布置完畢之後，有迎請佛、菩薩及天神之儀式，并用香花、水燈供養。

---

1 "向義"，疑當作"句義"。

2 志磐撰，釋道法校注《佛祖統紀校注》卷四十四，第 1031 頁。

3 徐松輯，郭聲波點校《宋會要輯稿·蕃夷道釋》，第 658—659 頁。

關於聖壇布置，夏竦《傳法院碑銘》言："由是憲前軌，稽秘藏，依金剛界扡種子壇，書字源，布聖位，三成藻飾，四事莊嚴。"[1] 此處之"扡"爲"揩擦"義，如《漢書·禮樂志》："扡嘉壇，椒蘭芳。""扡嘉壇"就是畫出美好的壇場。文中"依金剛界扡種子壇"，即依據金剛界粉畫"種子壇"。所謂"種子壇"，又稱"種子曼荼羅""法曼荼羅"，爲四種曼荼羅之一，[2] 係用梵文字母表示諸尊而形成的曼荼羅，文中所言"書字源，布聖位"正是指布置種子壇。《佛祖統紀》所言"大法曼挐羅"，《宋會要》所謂"大法曼挐"，即是夏竦所説"種子壇（種子曼荼羅）"。

2. 譯經僧職之座次

譯經之日，譯經僧侶入座譯經，各有其位，"依位而坐，不得紊亂"。譯主"當面正坐""正坐面外"，皆指譯主坐北向南，居於譯場正中。夏竦《傳法院碑銘》亦言："三藏主譯於壇北。"譯經潤文官則與譯主對面向內而坐，也就是"於僧衆南向設位""於僧衆南別設位"。而監譯的位置，則在西南，如《傳法院碑銘》所言："潤文東南以資筆削，監譯西南以肅儀律。"[3]

除譯主、潤文、監譯外，其他僧職之位次，《宋會要》與《佛祖統紀》之記載頗爲不同，《宋會要》言："其左，第二證梵義梵僧……第三證梵文梵僧……其右，第四梵學僧……第五梵學僧筆受。第六梵學僧刪綴成文。第七證義僧，參詳向義。第八字梵學僧，刊定字。"亦即是説：以譯主爲中心，分爲左、右二班，左邊有證梵義、證梵文；右邊則有書梵、筆受、綴文、證義、刊定。位次如下圖（圖表30）：

---

1 夏竦《文莊集》卷二十六，《景印文淵閣四庫全書》第1087冊，第262頁。

2 除種子曼荼羅外，其餘三種：1. 大曼荼羅，用諸尊具足相好容貌的圖畫來表示。2. 三昧耶曼荼羅，將象徵本尊的法器、持物，以圖繪表示。3. 羯磨曼荼羅，將諸尊的威儀事業鑄造成像，形成立體的、三度乃至四度空間的行動性曼荼羅。

3 夏竦《文莊集》卷二十六，《景印文淵閣四庫全書》第1087冊，第262—263頁。

圖表 30：《宋會要》所載譯場位次　　　圖表 31：《佛祖統紀》所載譯場位次

	譯主	
書梵		證梵義
筆受		證梵文
綴文		
證義		
刊定		
	監譯　潤文	

	譯主	
證文		證義
書梵		筆受
綴文		參譯
刊定		
	監譯　潤文	

而《佛祖統紀》則言："第二證義坐其左……第三證文坐其右……第四書字梵學僧……第五筆受……第六綴文……第七參譯……第八刊定……"除前二員外，其餘皆未注明位次。然依其證義在左、證文在右之例，似乎下面諸員應分列左右，亦即如上圖所示（圖表 31）：

然則二者以何爲是，以何爲非？筆者認爲，《宋會要》之文，當有所據，何以言之？

第一，從史料的來源與時間來看，《宋會要》之文或直接來自天息災、施護所上之譯經儀式，或來源於大中祥符元年所編《譯經院實錄》。[1]時間上早於《佛祖統紀》。而《佛祖統紀》之文，即來自宋代會要。《佛祖統紀》書前所列參稽書籍"儒宗諸書"中有《國朝會要》。而上引記載宋代譯經僧職之文，出自其書《法運通塞志》，此志"乾德三年"條後注曰："此後不注出處者，大約多《國朝會要》。"[2]也即是説此卷中不出注者，皆引自《國朝會要》。而記載譯經僧職這一條正好無注，説明志磐《佛祖統紀》對譯場僧職位次之記載，來源於宋代的會要。

既然志磐之文來源於宋代會要，何以與現《宋會要》之記載不同？筆者認爲，可能是志磐誤讀了《會要》之文，因爲據《會要》的記載，譯主之右

1　楊億等編《大中祥符法寶錄》卷十四："（景德四年）詔曰：修史院奏，竺乾之教，列聖攸崇，大慈均守位之仁，善救協好生之德。闢金田而構宇，翻貝葉以騰文，用攝民心，有資邦治。伏覩太宗興置譯經院因依，及後來翻譯經文等事，乞下譯經院實錄供報。明年七月，編成一十卷，送上修史院。"（《中華大藏經》第 73 冊，第 488 頁）

2　志磐撰，釋道法校注《佛祖統紀校注》卷四十四，第 1019 頁。

有書梵、筆受、綴文、證義、刊定五員，而其左僅有證梵義、證梵文兩員，左右甚不均衡。而《會要》言："其左，第二證梵義梵僧……第三證梵文梵僧……**其右**，第四梵學僧……"志磐將本屬領起下文的"其右"上屬，於是就成了《佛祖統紀》中"第二證義坐其左……第三證文坐其右"的樣子。將本屬統領下文的"其右"，安在了第三證梵文之上。而第四員以下，可能志磐也覺得并無絕對之信心，故不書其餘僧職之位次。

　　第二，就譯經工作的程序而言，《宋會要》所記較《佛祖統紀》更爲合理。因爲據《宋會要》所記，證梵文、證梵義在左，因爲他們所處理的都是梵本的問題，梵本傳閱比較方便。而書梵、筆受、綴文、證義、刊定所處理的都是"華言"，依次傳閱，甚爲方便。也即是説，按《宋會要》所載，梵本、漢本，僅需依位置相次傳遞，即可完成譯經的工作。而如依《佛祖統紀》之記載，證梵義在左，證梵文在右，則證梵義閱完的梵文文本，必須傳給坐於對面的證梵文，頗費周章。而漢本華文的傳遞就更爲複雜，先由在右的書梵傳給在左的筆受，再由在左的筆受傳給在右的綴文，然後由在右的綴文傳給在左的參譯，再由參譯傳給在右的刊定，一個本子經過四次左右轉遞，纔能最終完成，何其費時費力？以下是《宋會要》與《佛祖統紀》梵漢文本傳遞的路綫圖（圖表32、圖表33）：

圖表32：《宋會要》位次圖文本傳遞示意

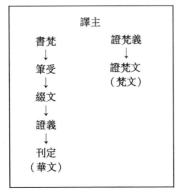

圖表33：《佛祖統紀》位次圖文本傳遞示意

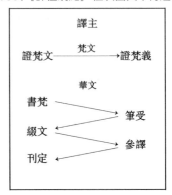

第三，據夏竦《傳法院碑銘》的記載："三藏主譯於壇北，梵僧證梵義、證梵文，義學僧證義、刊定華字于左右。"[1]也將梵僧與義學僧分開，説他們分列左右。由此可知，譯經僧職位次之排列并非出於均衡考慮，而是出於僧人的身份及譯經工作的方便。今所存《西夏譯經圖》（圖表 34）及元代普寧藏前扉畫《萬壽殿譯經圖》（圖表 35）譯位皆採用了左右對稱的結構，實際都是出於構圖的需要，而非對譯場位次的忠實記録。

圖表 34：西夏譯經圖[2]

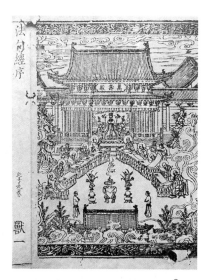

圖表 35：萬壽殿譯經圖（擬）[3]

綜上所考，筆者認爲志磐《佛祖統紀》中關於譯場僧職位次的記載，來源於宋代的會要，志磐所記之所以與現存《宋會要》不同，或即是志磐出於位次排列均衡的考慮而誤讀了宋代會要之文，將本該總領下文的"其右"二字安在了"第三證梵文僧"之上，出現了僧職依次左右排列的情況。然而，

1　夏竦《文莊集》卷二十六，《景印文淵閣四庫全書》第 1087 册，第 262 頁。

2　《西夏譯經圖》現存中國國家圖書館，參史金波《〈西夏譯經圖〉解》，《文獻》1979 年第 1 期，第 215—229 頁。

3　《萬壽殿譯經圖》（擬）係普寧藏《法句經》前扉畫，雲南民間藏家陳璞先生所藏，參陳璞、尹恒編《昆明元寧齋藏雲南古本經籍遺珍十種》（雲南美術出版社，2013 年）。此經，上海師範大學侯冲先生見告，當爲元代所印磧砂藏，待考。

處之於譯經情景之中，志磐所記於譯經之程序頗顯不便，需要多次越過譯經堂，左右傳遞文本。而《宋會要》所記，則僅需按位置依次傳遞文本即可完成譯經。職是之故，筆者認爲《宋會要》所記譯經僧職的位次更爲合理有據。

對於譯經之具體情狀，文獻記載不多。成尋熙寧六年三月二十八日居譯經院，親見其時之譯經，爲了解當時譯經具體情狀提供了寶貴史料：

> 廿八日（辛未），天晴，卯二點，御藥來。今日新譯《父子合集經》三、四卷，潤文右諫議參知政事馮京來，有僧俗齋。……御藥云："列譯經證義座，看譯經，并可喫食由者。"隨使來出譯庭。先大卿取梵文一紙談了，次筆受智寶取梵文一句讀之，梵才三藏唱漢語，筆受書了。次讀梵文一句如前。如此一紙譯了，詔同譯少卿讀漢語了。前後燒香、薰香，有手水散。下座，證義一人發願迴向，唱寶號，奉祈皇帝。[1]

文中"大卿"即試鴻臚卿日稱，"少卿"即試鴻臚少卿惠賢。"梵才三藏"即惠詢，爲證義僧。智寶爲慈教寺僧人，譯經筆受。[2]由此可知，當日譯經，先由主譯日稱翻譯講解一紙大義。接下來再做分句翻譯，先由筆受智寶讀梵文一句，由證義僧惠詢讀漢語，然後筆受書寫。一紙譯完，再由惠賢通讀漢語。由此可見，第一，譯經程序并非嚴格按照九位僧職依次作業，而採用比較隨意的形式。第二，譯經前後，皆有燒香儀式，譯經完畢，還要由證義僧發願迴向、念佛，并爲皇帝祈福。

三、譯經僧的選任與變動

宋代譯經人員按其職守可分爲四類：一類主要處理梵文，包括譯主、證

---

1 成尋著，王麗萍校點《新校參天台五臺山記》卷七，第646—647頁。
2 《參天台五臺山記》卷四記録了當時譯經僧人之姓名與職守，第283—284頁。

梵義、證梵文，也即夏竦在《傳法院碑銘》中稱爲"梵學僧"者；另一類主要處理華文，包括綴文、證義，也即夏竦所謂"義學僧"者；第三類華梵皆要處理，如書梵、筆受；第四類則是由朝臣、宦者兼任的潤文官與監譯。綜觀《祥符録》與《景祐録》的記載，譯經僧職選任主要有以下特點：

1. 除譯主等重要人物外，進入譯場之僧侶多要經過考察程序。最初進入譯場，率由推薦。如太平興國七年，譯場初設，"又詔鳳翔梵學沙門建盛充筆受，京師義學沙門慧達、可瓌、善祐、法雲、智遜、惠温、守巒、道真、實顯、慧超等十人充證義"。[1]天禧四年之後，採用法護、惟净之建議，實行舉薦加考試之形式，"三藏法護、惟净上言：譯席有闕員，臣等於京城寺院訪求名德舉奏，深慮品藻未精，自今望令開封府遣官，集兩街僧職及見講經律論僧三十人僉定，試本學十道，如對答得通，即奏名差補。詔從之"。[2]所謂"兩街僧職"，在宋代主要有僧録、僧正、副僧録、首座和鑒義，左右各五，合爲十員。由此可知，當時譯場僧職選任之程序爲：先由譯主、名德推薦，後由兩街僧職及講經律論僧面試，各試本業十道，通過方能奏補。而至仁宗天聖六年，"是時譯席有闕，本院請依試僧職例選試，遂令兩街保舉深達經論，素有名行，衆所推服者凡五人。詔翰林學士章得象，精加考試，乃得潜政等"。[3]此時之差補先由兩街保舉，再加考試。由此可見，進入譯場之程序先由舉薦，後期制度加密，採用薦舉加考試的形式。

2. 梵學僧必須有梵、漢雙語的修養，義學僧如果没有梵語學習的經歷，幾乎不可能升爲譯主、證梵義與證梵文。從宋代的情況來看，譯主、證梵義、證梵文三職可以互相兼任、輪任。如太平興國八年三月譯《大乘莊嚴王經》，譯主爲天息災、證梵義爲法天、證梵文爲施護；同年七月譯《大方廣總持寶

1　楊億等編《大中祥符法寶録》卷三，《中華大藏經》第73冊，第416頁。

2　吕夷簡等編《景祐新修法寶録》卷十六，《中華大藏經》第73冊，第575頁。

3　吕夷簡等編《景祐新修法寶録》卷十七，《中華大藏經》第73冊，第582頁。

光明經》時，法天爲主譯，天息災爲證梵義，施護仍爲證梵文；同年十月，譯《守護大千國土經》等經時，施護爲譯主，天息災爲證梵義，法天爲證梵文。[1] 再如，咸平三年，法賢（天息災）入滅，其年十一月譯《未曾有正法經》等經時，法天爲譯主，施護兼證梵文、證梵義兩職。四年四月，譯《分別布施經》等時，施護爲譯主，法天兼證梵文、證梵義。[2]由此可見，梵學僧之間的職守可以互相兼任，而義學僧由於没有梵學基礎，不可能升爲譯主、證梵文、證梵義。咸平四年十一月，法天入滅，由傳法院培養的梵學僧惟净證梵文。

3. 義學僧職雖不能與梵學僧職相互兼任，但義學僧職之間可以互相兼任。從宋代經録的記載來看，義學僧中最低者爲證義，其次爲綴文，最高者爲筆受。初入譯場，多任證義之職。待熟習譯場工作之後，可升爲綴文或筆受。

（1）義學僧職常可相兼。如太平興國七年譯《聖佛母小字般若波羅蜜多經》等三經時，"沙門常謹、法進筆受兼綴文"。[3]説明筆受與綴文可互相兼任。再如《參天台五臺山記》記録熙寧年間譯場僧職：左街副僧録同知教門公事譯經證義兼綴文文鑒大師賜紫用寧、右街副僧録同知教門公事譯經證義兼綴文澄鑒大師賜紫文素。[4]説明證義與綴文也可兼任。

（2）證義爲譯場中最初職守，證義可升爲綴文。如慧達、實顯，太平興國八年三月、七月、十月的譯經中，皆爲證義，而在雍熙元年三月的譯經中，升爲綴文。智遜，於太平興國八年七月、十月皆爲證義，至雍熙元年三月，升爲綴文。再如仁徹，最初在淳化五年至咸平元年，一直任證義一職，咸平元年十一月升任綴文。再如啓沖，從咸平六年開始任綴文，而在咸平五年十一月最初任證義一職。另如簡長，自天禧元年至天聖五年任綴文，而自大中祥符四年十一月即入譯場任證義一職。説明綴文多由證義擢升，也説明譯場中證義爲最低之職守。

1　楊億等編《大中祥符法寶録》卷三，《中華大藏經》第73冊，第416—418頁。

2　楊億等編《大中祥符法寶録》卷十一，《中華大藏經》第73冊，第466—467頁。

3　楊億等編《大中祥符法寶録》卷三，《中華大藏經》第73冊，第415頁。

4　成尋著，王麗萍校點《新校參天台五臺山記》卷四，第284頁。

（3）早期筆受可從綴文中擢任，但後期則多由譯經院培養的梵學僧充任。早期的筆受，如令遵、法定，在雍熙元年五月皆任綴文，其年九月二人開始任筆受。太平興國八年，譯場初興，天息災等人即請求太宗於譯經院培養梵學人才，至淳化年間，培養的梵學人才已漸能擔任譯場僧職，而筆受一職，在傳譯中十分重要，故自淳化年間開始，筆受一職就由譯經院培養的梵學僧惟净、智江、致宗等人擔任。

　　綜上所考可知，宋代譯經僧侶進入譯場例經考察，初由薦舉，後改爲薦舉加考試之形式。宋代譯場僧職之中可分梵學僧與義學僧兩類，梵學僧主要包括譯主、證梵文、證梵義；而義學僧主要包括筆受、綴文與證義。梵學僧職與義學僧職由於對語文知識掌握的不同，通常不能互相兼任。梵學僧僧職内部可以互相兼任，義學僧僧職内部也可互相兼任。義學僧職中，證義一職是最基礎的僧職，證義僧可以升爲綴文，而綴文僧也可以升爲筆受。但在譯經後期，由於譯經院自己培養的梵學僧開始參與譯經，故筆受一職也由具有梵學知識的梵學僧充任。

四、監譯之任用

　　宋代譯經之監譯例由宦官充任，據《祥符録》《景祐録》之記載，共有二十一人充任監譯：太平興國七年七月至八年三月由殿直劉素獨任；太平興國八年七月至雍熙二年五月，由殿頭高品王文壽與劉素並任；雍熙二年十月至三年二月，由王文壽、殿前承旨東慶並任；雍熙四年，由王文壽、殿頭高品楊繼詮、殿直張美三人並任。自端拱元年十月至至道三年，由楊繼詮、張美二人並任；自至道三年十一月直至景德三年五月，由鄭守鈞一人獨任。景德三年十一月至四年五月，由殿頭高品周文質一人獨任。景德四年十一月至大中祥符元年，由内供奉官張廷訓一人獨任。大中祥符元年五月至五年五月，由羅自賓一人獨任。大中祥符五年十一月至七年，由李懷信擔任；祥符七年至天禧元年五月，由李知和一人獨任。天禧元年十一月至三年，由衛承序一人獨任；天禧三年十一月由李希及獨任。天聖元年則由楊懷志、楊懷愍二人并任，其年十二月，由王熙素一人獨任；天聖二年十二月至五年四月，由王熙素、陳文一二人並任；天聖五年十二月至八年四月，由陳文一獨任。天聖八年十二月至明道元年十二月，由陳文一、黃元吉並任。明道二年，朱若水任同監院。景祐二年，裴湘監院，閻士良同監院。

另據金藏廣勝寺本《父子合集經》及《參天台五臺山記》卷六，神宗熙寧年間，李允恭、李舜舉、陳承禮都曾任監譯。綜而言之，宋代譯經任監譯可考者共二十四人。考宋代譯場監譯，可得而言之者有如下數端：

1. 監譯之官職變化：宋代宦官機構以景德三年二月爲界發生重要的調整與變化，即將原來的宦官機構改組爲内侍省與入内内侍省。[1]入内内侍省因更接近帝后，地位更爲崇高。[2]因譯場監譯皆由宦者充任，兹以景德三年爲界，分別論述：

（1）景德三年前，任監譯者有殿直（劉素、張美）、殿頭高品（王文壽、楊繼詮、鄭守鈞）；有殿前承旨（東慶）、供奉官（張美）；有右内率府副率（張美）、右監門衛率府率（張美）。據孫逢吉《職官分紀》載：太平興國四年，分内省屬官爲入内殿頭高班、殿頭高品、殿頭小底三等；雍熙三年，增置入内供奉官、入内高班内品。[3]形成供奉官、殿頭高班、殿頭高品、高班内品、殿頭小底五等。前期任監譯者多爲殿頭高品，王文壽、楊繼詮、鄭守鈞皆以此職任監譯。殿直一官，前期情況雖不明，景德三年之後則爲地位較低之宦官。同時，任殿直的劉素、張美在譯經進表中列名在殿頭高品王文壽、楊繼詮之下。從後期的情況對比與列名的位次來看，殿直應該是地位較低的宦官。雍熙三年，增置入内供奉官，張美端拱元年即以供奉官任監譯。右内

1　徐松輯，劉琳等校點《宋會要輯稿》，上海古籍出版社，2014年，第3888—3889頁。

2　《宋史》言："通侍禁中、役服褻近者，隸入内内侍省。拱持殿中、備灑掃之職、役使雜品者，隸内侍省。"（脱脱等《宋史》卷一百六十六，第3939頁）

3　孫逢吉《職官分紀》卷二十六，中華書局，1988年，第535—536頁。

率府率府率、副率與右監門衛率府率、副率皆爲東宮導引儀仗、武衛官，"官存而無職司"。[1]張美淳化五年至至道三年，以此二官職任監譯。殿前承旨，宋初爲三班祇應使臣，爲武官階官，雍熙二、三年東慶以此職任監譯。

（2）景德三年，分内侍省與入内内侍省之後，監譯類皆來自入内内侍省，地位頗爲崇高。大中祥符二年之前，入内内侍省設左右班都都知、左右班都知、副都知，屬官有供奉官、殿頭高班、殿頭高品、高班内品、黄門。祥符二年二月，改供奉官爲東、西頭供奉官，殿頭高班爲内侍殿頭，殿頭高品爲内侍高品，高班内品爲内侍高班，黄門爲内侍黄門，[2]形成東、西頭供奉官、殿頭、高品、高班、黄門六等。[3]

景德三年至大中祥符二年，任監譯者有供奉官（張廷訓）、殿頭高品（鄭守鈞、周文質）、入内内侍高班（羅自賓）。大中祥符二年之後，任監譯者有内侍高品（羅自賓、衛承序、楊懷志、王熙素、陳文一、黄元吉、朱若水）、内侍殿頭（羅自賓、李知和、李懷信、李希及、楊懷愍、黄元吉、陳文一）、西頭供奉官（黄元吉、陳文一）、供奉官（裴湘）、東頭供奉官（李舜舉、陳承禮）、副都知（李允恭）。

景德三年之後，任監譯之宦官品階有逐漸上升之趨勢。真宗朝多以内侍高品、内侍殿頭充任；仁宗朝任監譯之黄元吉、陳文一、裴湘皆爲供奉官或西頭供奉官；而神宗朝任監譯之李舜舉、陳承禮皆爲東頭供奉官，李允恭更爲副都知。據《參天台五臺山記》之記載，李舜舉爲"入内内侍省内東頭供奉官，勾當御藥院監譯經"，[4]陳承禮爲"入内内侍省東頭供奉官，勾當御藥院，權勾當傳法院"。[5]知二人之差遣，皆以勾當御藥院之身份，兼任監譯、傳

---

1 脱脱等《宋史》卷一百六十二，第3826頁。

2 徐松輯，劉琳等校點《宋會要輯稿・職官三十六》，第3889頁。

3 徐松輯，劉琳等校點《宋會要輯稿・職官三十六》，第3887頁。

4 成尋著，王麗萍校點《新校參天台五臺山記》卷六，第558頁。

5 成尋著，王麗萍校點《新校參天台五臺山記》卷六，第511頁。此處，原作"陳遂禮"，誤，據卷七（第596頁）改。

法院主事。勾當御藥職掌按驗秘方真僞、應時配置藥品、宣傳詔命、奉使督視，實爲皇帝之親信。司馬光《言王中正劄子》言"御藥一職，最爲親密"，[1]足見其地位之重要。[2]神宗朝以勾當御藥之李舜舉、陳承禮監譯，足見對譯經之重視。

2. 監譯或勾當譯經傳法院皆爲差遣，故其在任期間官職有升降。如張美，雍熙四年至至道三年，一直任監譯一職，然其官職則有變化：雍熙四年爲殿直，端拱元年之後爲供奉官，至淳化五年，則升任爲右内率府副率，至道三年又升任右監門率府率。再如羅自賓，自大中祥符元年至五年獨任監譯，其官職元年爲入内内侍高班，二年爲入内内侍高品，至四年則升爲入内内侍殿頭。

3. 任監譯之宦官，多也參與過其他佛教事務。如王文壽，太平興國八年，天息災等上言選兩街童子習梵學，太宗"命高品王文壽集京城童行五百人，選得惟净等十人"。[3]而鄭守鈞則領導了譯經院之建設，太平興國五年，太宗"詔中使鄭守鈞就太平興國寺大殿西度地作譯經院"。[4]再如張廷訓，太平興國五年至七年，於五臺山真容院修造金銅文殊萬菩薩像。[5]大中祥符六年，趙安仁等編《大中祥符法寶録》，則由李知和勾當其事。[6]天聖五年，惟净等人編訂《天聖釋教總録》，文末編刊人員有"入内内侍省内侍高品勾當印經院傳法院提點七寶塔臣陳文一"的署名，可知陳文一參與了《天聖釋教總録》的修刊事宜。[7]

1 司馬光《傳家集》卷三十九，商務印書館，1937年，第510頁。

2 梁天錫《北宋傳法院及其譯經制度》中"相關官司"一節，認爲譯經院設有御藥院的派出機構，所依據的材料即《參天台五臺山記》中李舜舉兼御藥之事。其實，此説不確，李舜舉之差遣兼勾當御藥院及監譯，一身二職，據此并不能説明傳法院内有御藥院的派出機構。

3 徐松輯，郭聲波點校《宋會要輯稿·蕃夷道釋》，第660頁。

4 徐松輯，郭聲波點校《宋會要輯稿·蕃夷道釋》，第658頁。

5 志磐撰，釋道法校注《佛祖統紀校注》卷四十四，第1028頁。延一撰《廣清涼傳》卷二，《大正藏》第51冊，第1110頁。

6 徐松輯，郭聲波點校《宋會要輯稿·蕃夷道釋》，第664頁。

7 惟净等編《天聖釋教總録》，《中華大藏經》第72冊，第947頁。

再如，監譯黄元吉也參與了諸多佛教事務。天聖四年，在慈雲遵式的努力之下，天台教典編入大藏。[1]天台教典入藏，黄元吉功不可没。遵式撰《天台教隨函目録并序》言："遵式叨生台嶺，濫預桑門，刳心嘗習於斯宗，白首敢言於精業，志願此教編入大藏，俾率土咸益。天禧三年，會相國太原王公欽若出鎮錢唐，因以宿志聞于黄閤，遂許陳奏。事未果行，俻焉薨逝。至天聖紀號，幹當玉宸殿高班黄元吉以兹法利，上聞天聽。皇帝、皇太后體堯仁以覆物，奉佛囑以護法。爰擇梵侣，精校於真筌；旋繫竺墳，廣頒於秘藏。"[2]可知天台教典入藏，遵式雖於天禧三年，即通過王欽若上奏其事，然未能成功。直至天聖元年，纔通過黄元吉上奏，得以實現。另外，明道元年，沙門懷問再游天竺，願爲真宗皇帝建塔於天竺金剛座旁，當時爲懷問出行作物資準備的也是黄元吉。"勾當傳法院入内内侍省内西頭供奉官黄元吉寔被宸旨，録賜三聖御製，仍俾尚方塗金於大衣，爲賢劫千佛像，飾以金塗銀條，鈌御飛白書'佛法清凈'字於其裏，印以御前龍紐之文。并製塗金千佛幡六、塗金五百羅漢幡二以副之。"[3]再如朱若水，景祐三年，王隨節録《景德傳燈録》的《傳燈玉英集》摹印頒行，朱若水總其事。[4]另據成尋之記載，熙寧六年大旱，神宗詔高僧祈雨，勾當其事者即爲入内内侍省内東頭供奉官勾當御藥院兼後苑陳承禮。[5]

由此可見，監譯之宦者，或領導譯經院之建設，或參與佛教經書之刊刻；或奏請佛典入藏，或塑佛像於五臺：他們多與佛教有相當之關係。宋代譯經人員的具體情況參圖表 36。

---

1 吕夷簡等編《景祐新修法寶録》卷十七載：（天聖四年）"内出天台智者科教經論一百五十卷，令三藏惟淨集左右街僧職、京城義學、文學沙門二十人同加詳定，編録入藏"。（《中華大藏經》第 73 册，第 579 頁）

2 遵式《天竺别集》卷一，《卍續藏》第 101 册，第 264 頁。

3 吕夷簡等編《景祐新修法寶録》卷十八，《中華大藏經》第 73 册，第 586 頁。

4 王隨撰《傳燈玉英集》卷十五，《中華大藏經》第 72 册，第 849 頁。

5 成尋著，王麗萍校點《新校參天台五臺山記》卷七，第 596—597 頁。

圖表 36：宋代譯經人員表

年　份	譯主	證梵義	證梵文	筆受	綴文	證　義	潤　文	監　譯	校勘及其他
太平興國七年七月	天息災、法天、施護			常謹、法進	常謹、法進		光祿卿湯悅、兵部員外郎張洎	殿直劉素	
八年三月	天息災	法天	施護	清沼、常謹	法進	惠溫、守巒、道真、實顯、慧超、慧達、可瓌	光祿卿湯悅、兵部員外郎張洎	殿直劉素	法雲、智遜、善祐
八年七月	法天	天息災	施護	清沼	常謹	惠溫、守巒、智遜、實顯、慧超、可瓌、善祐	光祿卿湯悅、兵部員外郎張洎	殿頭高品王文壽、殿直劉素	建盛參詳
八年十月	施護	天息災、法護	法天	建盛	常謹、清沼	惠溫、守巒、智遜、實顯、慧超、可瓌、善祐	光祿卿湯悅、兵部員外郎張洎	殿頭高品王文壽、殿直劉素	
雍熙元年三月	天息災	法護	施護	清沼、法定、令遵	常謹、智遜、慧達、實顯	惠溫、守巒、道真、法雲、慧超、善祐	兵部員外郎張洎	殿頭高品王文壽、殿直劉素	
元年五月	法天	天息災	施護	清沼	令遵、法定、慧達、智遜	惠溫、守巒、道真、實顯、可瓌、善祐	兵部員外郎張洎	殿頭高品王文壽、殿直劉素	
元年九月	施護		法天	清沼、令遵、法定	智遜、慧達、實顯	惠溫、守巒、道真、慧超、法雲、可瓌、善祐	兵部員外郎張洎	殿頭高品王文壽、殿直劉素	

續表

年份	譯主	證梵義	證梵文	筆受	綴文	證義	潤文	監譯	校勘及其他
二年五月	法天	天息災	施護	清沼、令遵、法定	寶顯、慧達	惠溫、守巒、道真、智遜、慧超、法雲、可瓌、善祐	兵部員外郎張洎	殿頭高品王文壽、殿直劉素	
二年十月	天息災	法天	施護	清沼、令遵、法定	智遜、善祐、慧達	惠溫、守巒、道真、寶顯、慧超、法雲、可瓌	禮部郎中張洎	殿頭高品王文壽、殿前承旨東慶	
三年二月	施護	天息災	法天	清沼、令遵	慧達、寶顯	惠溫、守巒、道真、智遜、慧超、法雲、可瓌、善祐	禮部郎中張洎	殿頭高品王文壽、殿前承旨東慶	
四年?月[1]	法天	天息災	施護	清沼、令遵	智遜、慧達	惠溫、守巒、道真、寶顯、慧超、可瓌、善祐、歸省	禮部郎中張洎	殿頭高品王文壽、楊繼詮、殿直張美	
四年十月	天息災	法天	施護	清沼、令遵	智遜、慧達	惠溫、守巒、道真、寶顯、慧超、可瓌、善祐、歸省	禮部郎中張洎	殿頭高品王文壽、楊繼詮、殿直張美	
端拱元年十月	施護、法天			法進、令遵	智遜	惠溫、守巒、道真、慧超、知則、善祐、歸省、守遵	戶部郎中張洎	殿頭高品楊繼詮、供奉官張美	
二年四月	施護			令遵	智遜	惠溫、守巒、道真、慧超、知則、善祐、歸省、守遵	戶部郎中張洎	殿頭高品楊繼詮、供奉官張美	

1 有問號者，皆因底本殘闕，不可確定，下同。

續表

年份	譯主	證梵義	證梵文	筆受	綴文	證義	潤文	監譯	校勘及其他
二年十月	法賢	法天	施護	清沼、令遵	智遜、慧達	惠溫、守巒、知則、守遵、慧超、顯丕、雲勝	戶部郎中張泊	殿頭高品楊繼詮、供奉官張美	
淳化元年十月	法天	法賢	施護	清沼、令遵、惟淨	慧達	惠溫、守巒、慧超、智遜、知則、守遵、歸省、雲勝	太僕少卿張泊	殿頭高品楊繼詮、供奉官張美	
二年七月	施護	法賢	法天	清沼、惟淨	慧達、智遜	惠溫、守巒、守遵、道文、雲勝、全水	太僕少卿張泊	殿頭高品楊繼詮、供奉官張美	
二年十月	法賢	法天	施護	清沼、惟淨	智遜、慧達	惠溫、守巒、守遵、道文、歸省、雲勝、全水	右諫議大夫張泊	殿頭高品楊繼詮、供奉官張美	
五年正月	法天	法賢	施護	清沼、惟淨	智遜	惠溫、仁徹、守貞、從志、慧達、守遵、處圓、雲勝	翰林學士中書舍人張泊	右內率府副率張美、殿頭高品楊繼詮	
五年四月	施護	法賢	法天	清沼、惟淨	慧達、智遜	惠溫、仁徹、守貞、從志、守遵、道文、雲勝	翰林學士中書舍人張泊	右內率府副率張美、殿頭高品楊繼詮	
至道三年?	法賢	法天	施護	清沼、惟淨、智江、致宗	智遜	仁徹、守貞、從志、道文、懷哲、雲勝、句端、守贇、道證	給事中楊礪	右監門衛率府率張美、內供奉官楊繼詮	

續　表

年份	譯主	證梵義	證梵文	筆受	綴文	證義	潤文	監譯	校勘及其他
三年十一月？	法賢	法天	施護	清沼、惟淨、智江、致宗	智遜、道澄	仁徹、守貞、從志、道文、懷哲、雲勝、句端、守贊	翰林學士給事中楊礪	殿頭高品鄭守鈞	
真宗咸平元年七月	法賢	法天	施護	清沼、惟淨、智江、致宗	智遜、道澄	仁徹、守貞、從志、道文、懷哲、雲勝、守贊	翰林學士給事中楊礪	殿頭高品鄭守鈞	
元年十一月	法賢	法天	施護	清沼、惟淨、智江、致宗	智遜、仁徹	守貞、從志、道文、雲勝、懷哲、句端、守贊、道一	樞密副使工部侍郎楊礪	殿頭高品鄭守鈞	
二年十一月	法賢	法天	施護	清沼、惟淨、智江、致宗	仁徹、句端	守貞、從志、道文、紹琛、雲勝、守贊、道一	司封郎中知制誥朱昂	殿頭高品鄭守鈞	
三年十一月	法天	施護	施護	清沼、惟淨、智江、致宗	仁徹、句端	守貞、從志、道文、雲勝、懷哲、守贊、道一	翰林學士吏部郎中知制誥朱昂	殿頭高品鄭守鈞	
四年四月	施護	法天	法天	清沼、惟淨、智江、致宗	仁徹	守貞、道文、雲勝、紹琛、守贊、道滿、道一、修靜、希晝	翰林學士吏部郎中知制誥朱昂	殿頭高品鄭守鈞	

續　表

年份	譯主	證梵義	證梵文	筆受	綴文	證義	潤文	監譯	校勘及其他
四年十一月	施護		惟净	清沼、智江、致宗	仁徹、道滿	守貞、道文、雲勝、紹琛、守贇、希晝、道一、修静	翰林學士駕部郎中知制誥梁周翰	殿頭高品鄭守鈞	
五年五月	施護		惟净	清沼、致宗	仁徹、道滿	守貞、道文、守贇、希晝、道一、修静	翰林學士駕部郎中知制誥梁周翰	殿頭高品鄭守鈞	
五年十一月	施護		惟净	清沼、致宗	仁徹、道滿	繼隆、啓沖、守贇、希晝、道一、修静	翰林學士駕部郎中知制誥梁周翰	殿頭高品鄭守鈞	
咸平六年春至景德元年冬	施護		惟净	清沼、致宗	仁徹、道滿、啓沖	守贇、繼隆、希晝、道一、紹博、智宣、重珣	翰林學士駕部郎中知制誥梁周翰	殿頭高品鄭守鈞	
景德二年五月	施護		惟净	清沼、致宗	仁徹、啓沖	守貞、繼隆、希晝、道一、紹博、重珣、文祕	翰林學士駕部郎中知制誥梁周翰	殿頭高品鄭守鈞	
二年十一月	施護		惟净	清沼、致宗	仁徹、啓沖	繼隆、希晝、道一、紹博、修静、重珣、文祕	給事中梁周翰	殿頭高品鄭守鈞	
三年五月	施護		惟净	清沼、致宗	仁徹、啓沖	繼隆、希晝、道一、紹博、修静、重珣、瓊玉、文祕	右諫議大夫參知政事趙安仁	殿頭高品鄭守鈞	
三年十一月	施護	惟净	惟净	清沼、致宗	啓沖、希晝	仁徹、繼隆、道一、紹博、修静、重珣、瓊玉、文祕	右諫議大夫參知政事趙安仁	殿頭高品周文質	

續表

年份	譯主	證梵義	證梵文	筆受	綴文	證義	潤文	監譯	校勘及其他
四年五月	施護	惟淨	法護	清沼、致宗	啓沖、希晝	仁徹、繼隆、道一、紹溥、修靜、重珣、瓊玉、文祕	右諫議大夫參知政事趙安仁	殿頭高品周文質	
四年十一月	施護	惟淨	法護	清沼、致宗	啓沖、希晝	仁徹、繼隆、道一、紹溥、修靜、重珣、瓊玉、文祕	右諫議大夫參知政事趙安仁	內供奉官張廷訓	
大中祥符元年五月	施護	惟淨	法護	清沼	啓沖、希晝	仁徹、繼隆、道一、紹溥(當作溥)、修靜、重珣、瓊玉、文祕	右諫議大夫參知政事趙安仁	入內內侍高班羅自賓	
元年十一月	施護	惟淨	法護	清沼	啓沖、希晝	仁徹、繼隆、道一、紹溥、修靜、重珣、瓊玉、文祕	右諫議大夫參知政事趙安仁	入內內侍高班羅自賓	
二年五月？	施護	惟淨	法護	清沼	啓沖、希晝	仁徹、繼隆、道一、紹溥、修靜、重珣、瓊玉、文祕	尚書工部侍郎參知政事趙安仁	入內內侍高品羅自賓	
二年十一月？	施護、法護、惟淨			清沼、澄珠、文一	啓沖、希晝	仁徹、繼隆、道一、紹溥、修靜、重珣、瓊玉、文祕	工部侍郎參知政事趙安仁	入內內侍高品羅自賓	
三年五月	施護、法護、惟淨			清沼、澄珠、文一	啓沖、希晝	仁徹、道一、紹溥、修靜、重珣、瓊玉、文祕、慧測	刑部侍郎參知政事趙安仁	入內內侍高品羅自賓	

續表

年份	譯主	證梵義	證梵文	筆受	綴文	證義	潤文	監譯	校勘及其他
三年十一月	施護、法護、惟净			清沼、澄珠、文一	啓冲、希晝	仁徹、道一、紹溥、修静、重珣、文祕、慧測	工部侍郎參知政事趙安仁	入内内侍高品羅自賓	
四年五月	施護、法護、惟净			清沼、澄珠、文一	啓冲、修静	仁徹、道一、紹溥、重珣、瓊玉、文祕、慧測	刑部侍郎參知政事趙安仁	入内内侍高品羅自賓	
四年十一月	施護、法護、惟净			清沼、澄珠、文一	啓冲、修静	道一、紹溥、重珣、瓊玉、慧測、智臻、簡長	刑部侍郎參知政事趙安仁	入内内侍殿頭羅自賓	

以上據《祥符録》

年份	譯主	證梵義	證梵文	筆受	綴文	證義	潤文	監譯	校勘及其他
大中祥符五年五月	施護、法護、惟净			清沼、澄珠、文一	啓玄（當作冲）、修静	道一、紹溥、重珣、玄測、瓊玉、守旻、智臻、簡長	刑部侍郎參知政事趙安仁	入内内侍省内侍殿頭羅自賓	
五年十一月至八年六月	施護、法護、惟净			澄珠、文一	修静、啓冲	道一、紹溥、重珣、行筆、智臻、簡長、德雄、自初	兵部侍郎趙安仁	入内内侍省内侍殿頭李知和、李懷信	
九年十一月至天禧元年五月	施護、法護、惟净			澄珠、文一	啓冲	道一、紹溥、智臻、簡長、行筆、智遠、自初、重杲、德雄	尚書右丞趙安仁	入内内侍省内侍殿頭李知和	
天禧元年十一月	施護、法護、惟净			澄珠、文一	簡長	啓冲、道一、智臻、行筆、德雄、智遠、重杲	尚書右丞趙安仁	入内内侍省内侍高品衞承序	

續表

年份	譯主	證梵義	證梵文	筆受	綴文	證義	潤文	監譯	校勘及其他
天禧三年十一月至天聖元年四月	法護、惟浄			澄珠、文一	簡長、行肇	啓冲、道一、智臻、德雄、禪定、智遂、重杲、義賢、令操、善慈、紹才	譯經使守司空兼門下侍郎平章事丁謂、翰林學士刑部侍郎知制誥晏殊、翰林學士承旨尚書左丞知制誥李維	入内内侍省内侍殿頭李希及、楊懷愨、入内高品楊懷志	
仁宗天聖元年十二月	惟浄、法護			澄珠、文一	簡長	禪定、令操、善慈、紹才、惠真、遇榮、法疑、紹源、鑒王	翰林學士承旨尚書左丞知制誥李維	入内内侍省内侍高品王熙素	
二年十二月至五年四月	法護、惟浄			澄珠、文一	簡長	紹才、禪定、令操、善慈、惠真、遇榮、法疑、鑒王	譯經使守司徒兼門下侍郎平章事王欽若、樞密副使右諫議大夫夏竦、翰林學士承旨工部尚書知制誥李維	入内内侍省内侍高品王熙素、陳文一	
五年十二月至八年四月	惟浄、法護			文一	簡長	法疑、禪定、令操、善慈、惠真、遇榮、鑒王、志純、遇深、清才、慧濤、潜政	樞密副使刑部侍郎夏竦	入内内侍省内侍高品陳文一	

續表

年份	譯主	證梵義	證梵文	筆受	綴文	證義	潤文	監譯	校勘及其他
八年十二月至明道元年四月	法護、惟淨	不動護	忍吉祥	文一	過榮	法疑、志純、鑑深、慧濤、善慈、潛政、清滿、義崇、清初、清才	樞密副使兵部侍郎夏竦	入內內侍省內侍高品陳文一、黄元吉	
明道元年十二月起至二月	法護			文一	過榮	法疑、鑑深、慧濤、善慈、潛政、清滿、清初、義崇	樞密副使尚書左丞夏竦	入內內侍省內西頭供奉官黄元吉、陳文一	
明道二年								朱若水同監院	
以上據《景祐録》									
仁宗景祐元年二月至四年三月	法護、惟淨			文一	過榮	法疑、鑑深、慧濤、潛政、義崇、崇連、慧素、行存、鑑微	吕夷簡充譯經使兼潤文、王曙同潤文	供奉官黄元吉、表湘、閻士良、朱若水	
以上據金藏廣勝寺本《佛説如來不思議護秘密大乘經》									
英宗治平元年至四年	日稱、惠賢、惠詢	天吉祥		惠明、明遠	善初、用寧	清振、清佾、智孜、智聰、智嚳、顯靜、文素、潛政	韓琦充譯經潤文使、歐陽修同潤文		
以上據金藏廣勝寺本《諸法集要經》									

續表

年份	譯主	證梵義	證梵文	筆受	綴文	證義	潤文	監譯	校勘及其他
神宗熙寧元年至熙寧四年	日稱、惠賢、惠詢	天吉祥		惠明、明遠	用寧、文素	清振、清衍、智孜、智普、顯靜、法秀、可熙、超榮	當弼、曾公亮充譯經潤文使、趙抃、韓絳、馮京同潤文	入内内侍省副都知李元恭、入内内侍省内東頭供奉官李舜舉	
以上據《參天台五臺山記》卷六									
熙寧五年至熙寧十年	日稱、惠賢、惠詢	天吉祥		明遠、智賓	用寧、文素	清振、清衍、智孜、智普、顯靜、法秀、可熙、文正、方信、惠倫	王安石充譯經潤文使、馮京、王珪同潤文	入内内侍省勾當御藥院供奉官李舜舉、入内内侍省東頭供奉官陳承禮	
以上據金藏廣勝寺本《父子合集經》									

第四節　皇室政府對譯經僧侶之獎顧

太平興國七年，譯場初開，經典譯成之後，"太宗皇帝臨幸譯筵，親加慰諭"。《祥符録》言"自是釋門之選，咸重譯筵"。[1] "釋門之選，咸重譯筵"，説明參與譯場對一個僧人的重要性。而參與譯場之僧侶，也多受朝廷之獎顧，或賜紫衣師號，或擢爲僧官。

一、賜紫衣師號

僧人紫衣之賜始於唐代，[2] 宋代譯場僧人受賜紫衣則始於證義沙門慧達。據《祥符録》載，太平興國八年十月，"詔賜證義沙門慧達紫衣"。[3] 然則何以慧達成爲譯場受賜第一人？太平興國七年，太宗皇帝臨幸譯筵，并命"京師義學沙門慧達、可瓊、善祐、法雲、智遜、惠温、守巒、道真、實顯、慧超等十人充證義"。慧達在十位證義中位列首位，極有可能因其年臘較長，故有次年紫衣之賜。此後，譯經沙門受賜紫衣、師號者甚多。

（一）賜紫衣師號之時間與數量

據《祥符録》《景祐録》之記載，太宗在位期間，賜紫衣師號較少，時間也相對不固定。自太平興國八年（983）至淳化三年（992），十年之間，

1　楊億等編《大中祥符法寶録》卷三，《中華大藏經》第73冊，第416頁。

2　贊寧撰，富世平校注《大宋僧史略校注》卷三 "賜僧紫衣" 條："案《唐書》：則天朝有僧法朗等重譯《大雲經》，陳符命，言：則天是彌勒下生，爲閻浮提主，唐氏合微……法朗、薛懷義九人並封縣公，賜物有差，皆賜紫袈裟、銀龜袋。其《大雲經》頒於天下，寺各藏一本，令高座講説。賜紫自此始也。"（中華書局，2015年，第158—159頁）

3　楊億等編《大中祥符法寶録》卷三，《大正藏》第73冊，第419頁。

賜紫衣師號僅五次，且數量不定：太平興國八年十月，賜紫衣一人；雍熙元年三月，賜紫衣三人；端拱元年十月，賜師號一人；端拱二年，賜紫衣一人；淳化三年十月，賜師號一人。

真宗繼位之後，譯經僧賜紫衣師號之時間與數量逐漸制度化。從咸平元年至天禧五年，除資料闕載及特殊情況外，每年皆有師號與紫衣之賜，時間均在十一月真宗誕辰承天節前。而賜紫衣師號之數量，也多爲三人。仁宗在位期間，也是每年皆有紫衣師號之賜，時間多在四月仁宗誕節乾元節前後，賞賜的數量也多爲三人。仁宗天聖九年四月，"三藏沙門法護、惟浄上言：本院每歲誕聖節，例奏紫衣、師號共三人。内一人，望許別擇高行僧奏舉，詔從之"。[1]從此條材料可知兩點：首先，至少在仁宗年間，譯場僧人賜紫衣師號已成定制，即時間在皇帝誕節前後，賞賜的數量爲三人。其次，天聖九年之後，由於法護、惟浄的請求，受賜三人中有一人於譯場外另選品行高潔者，故譯場受賜配額減爲二人。

由此可知，真宗、仁宗朝，譯場僧侣賜紫衣師號漸成制度，即每年皇帝誕節頒賜，一般配額爲三人，天聖九年之後，減爲二人。

（二）賜紫衣、師號之標準

從《祥符録》《景祐録》的記載來看，太宗在位期間，賜紫衣師號的標準比較嚴格，譯場的筆受、證義方可獲賜紫衣、師號。而真宗、仁宗在位期間，標準漸寬，譯場證義一般可獲師號之賜，而譯主、綴文、證義的門弟子即可獲賜紫衣。如景德四年，大中祥符元年、三年，施護六位弟子先後獲紫衣之賜。不僅譯主弟子可獲紫衣，證義的弟子也有紫衣之賜。如大中祥符七年，證義僧德雄二弟子澄珪、志真獲賜紫衣；大中祥符九年，證

---

1 吕夷簡等編《景祐新修法寶録》卷十八，《中華大藏經》第 73 册，第 585 頁。

義僧行肇弟子澄誨、志璋也分別獲紫衣。而參與譯場時間稍久之證義，一般皆賜與師號；參與譯場時間甚短的證義僧，則賜紫衣。如天禧元年，證義僧重杲、志澄獲賜紫衣，二人皆於此年二月方參與譯場，列證義之位。再如善慈，天禧四年十一月充證義，天禧五年十一月即獲賜紫衣，兩年之後的天聖元年四月，即獲賜“演教大師”師號，而其弟子志淳則獲賜紫衣。

由此可見，真宗之後，譯場賜紫衣師號日漸頻繁，而賜與的標準也漸趨寬松：參與譯場的證義僧一般賜四字師號，而紫衣則頒賜於剛入譯場不久的證義僧，甚至譯主、證義僧的門弟子。

（三）職掌沙門受賜紫衣師號

“職掌僧”“職掌沙門”之稱，僅見於宋代兩部經録，其具體情況不甚明朗。然二録中提到職掌僧、職掌沙門常與證義僧人同列，故應屬譯經院僧人。又參考世俗官制，職掌或職掌人爲胥吏之稱號，即無官職但幹辦具體事務的吏人。如《宋會要》載：“（尚書省）職掌有：都事、主事、令史、驅使官、散官五等。”[1]又載：“（天禧）五年正月十七日，詔命官使臣犯贓，諸司職掌人吏因罪停職，累經赦宥，不該叙理。情輕者許於刑部及所在投狀，當議收叙。”[2]由此可知，職掌爲具體經辦事務之人。以此類推，所謂“職掌僧”或“職掌沙門”當爲供職於譯經院，不從事經典譯傳，而從事雜務的僧人。

據兩部經録記載，太宗年間，無職掌沙門受賜之記載。真宗、仁宗在位期間共有 21 位職掌沙門獲賜紫衣，4 人獲賜師號。真宗在位期間共有 12 人獲賜紫衣：澄寶、澄清（咸平二年），文雍（景德元年），志永（景德二年），文元、文涉（大中祥符二年），志拱、志江（大中祥符八年），志璘（天禧二

---

1 徐松輯，劉琳等校點《宋會要輯稿·職官四》，第 3095 頁。
2 徐松輯，劉琳等校點《宋會要輯稿·職官七十六》，第 5101 頁。

年），志曦（天禧四年），澄諫、文詳（天禧五年）。仁宗在位期間共有 9 人
獲賜紫衣：道月、志瑝（天聖二年），道廣、慧明（天聖三年），慧宣（天聖
四年），慧妙（天聖五年），志嚴、慧光（天聖八年），慧住（明道元年）。真
宗時，獲師號者 3 人：澄緒（咸平二年），澄寶（咸平四年），文雍（景德二
年）。仁宗時，獲賜師號 1 人：文超（天聖六年）。職掌沙門多獲賜紫衣，獲
師號者甚少，僅有 4 人，而且其中澄寶、文雍，皆是先獲紫衣之後，纔獲得
師號的。從此可知，職掌沙門在譯場中的地位相對不高。宋代譯經僧受賜紫
衣師號見下表（圖表 37）：

圖表 37：宋代譯經僧賜紫衣、師號表

時　間	受賜人	受賜人僧職、身份	所受師號、紫衣	資 料 來 源
太平興國八年十月	慧達	證義	紫衣	《祥符録》卷 3
雍熙元年三月	法定	筆受	紫衣	《祥符録》卷 3
	令遵	筆受	紫衣	
	可瓌	證義	紫衣	
端拱元年十月	善祐	證義	演教大師	《祥符録》卷 6
端拱二年	惟淨	筆受	紫衣	《祥符録》卷 15
淳化三年十月	惟淨	筆受	光梵大師	《祥符録》卷 15
咸平元年十一月	智江	筆受	宣密大師	《祥符録》卷 10
	致宗	筆受	總持大師	
咸平二年十一月	道一	證義	紫衣	《祥符録》卷 11
	懷哲	證義	辯才大師	
	澄寶	職掌僧	紫衣	
	澄清	職掌僧	紫衣	
	澄緒	職掌僧	廣慧大師	

續　表

時　　間	受賜人	受賜人僧職、身份	所受師號、紫衣	資 料 來 源
咸平三年十一月	句端	證義	慧辯大師	《祥符錄》卷 11
	紹琛	證義	宣法大師	
	守贊	證義	彰法大師	
咸平四年十一月	修靜	證義	紫衣	《祥符錄》卷 12
	道滿	證義	智藏大師	
	道一	證義	圓照大師	
	希晝	證義	慧日大師	
	澄寶	職掌僧	海慧大師	
景德元年十一月	修靜	證義	普智大師	《祥符錄》卷 12
	文雍	職掌僧	紫衣	
景德二年十一月	重珣	證義	法智大師	《祥符錄》卷 13
	文雍	職掌僧	智悟大師	
	志永	職掌僧	紫衣	
景德三年十一月	澄珠	梵學	演法大師	《祥符錄》卷 14
	文一	梵學	慧悟大師	
	瓊玉	證義	法慧大師	
	文祕	證義	崇教大師	
景德四年十一月	法護		傳梵大師	《祥符錄》卷 14
		施護弟子二人	紫衣	
大中祥符元年十一月		施護弟子二人	紫衣	《祥符錄》卷 14
大中祥符二年十一月	文元	職掌僧	紫衣	《祥符錄》卷 15
	文涉	職掌僧	紫衣	

續　表

時　間	受賜人	受賜人僧職、身份	所受師號、紫衣	資料來源
大中祥符三年十一月	志恭	施護弟子	紫衣	《祥符録》卷16
	道實		紫衣	
大中祥符四年十一月	慧淵	證義	演教大師	《祥符録》卷16
	簡長	證義	紫衣	
	志淵	施護弟子	紫衣	
大中祥符六年十一月	簡長	證義	智印大師	《景祐録》卷16
	行肇	證義	紫衣	
大中祥符七年十一月	澄珪	證義德雄弟子	紫衣	《景祐録》卷16
	志真		紫衣	
大中祥符八年十一月	自初	證義	紫衣	《景祐録》卷16
	志拱	職掌沙門	紫衣	
	志江	職掌沙門	紫衣	
大中祥符九年十一月	行肇	證義	慧觀大師	《景祐録》卷16
	澄誨	行肇弟子	紫衣	
	志璋		紫衣	
天禧元年十一月	志緘	梵學	宣梵大師	《景祐録》卷16
	重杲	證義	紫衣	
	志澄	證義	紫衣	
天禧二年十一月	德雄	證義	明義大師	《景祐録》卷16
	義賢	證義	紫衣	
	志璘	職掌沙門	紫衣	
天禧三年十一月	智遠	證義	浄照大師	《景祐録》卷16
	慧珍	智遠弟子	紫衣	
	道成		紫衣	

時　間	受賜人	受賜人僧職、身份	所受師號、紫衣	資 料 來 源
天禧四年十一月	重杲	證義	法海大師	《景祐録》卷 16
	慧燈	梵學	紫衣	
	志曦	職掌沙門	紫衣	
天禧五年十一月	善慈	證義	紫衣	《景祐録》卷 16
	澄諫	職掌沙門	紫衣	
	文詳	職掌沙門	紫衣	
乾興元年四月	道昌	證義紹才弟子	紫衣	《景祐録》卷 17
	慧通		紫衣	
天聖元年四月	令操	證義	寶印大師	《景祐録》卷 17
	善慈	證義	演教大師	
	志淳	善慈弟子	紫衣	
天聖二年四月	惠真	證義	紫衣	《景祐録》卷 17
	道月	職掌沙門	紫衣	
	志瑝	職掌沙門	紫衣	
天聖三年四月	紹才	證義	慧日大師	《景祐録》卷 17
	道廣	職掌沙門	紫衣	
	慧明	職掌沙門	紫衣	
天聖三年十二月	遇榮	證義	紫衣	《景祐録》卷 17
	法凝	證義	紫衣	
	紹源	證義	紫衣	
天聖四年三月	道隆	梵學沙門	智照大師	《景祐録》卷 17
	鑒玉	證義	紫衣	
	慧宣	職掌沙門	紫衣	

續　表

時　　間	受賜人	受賜人僧職、身份	所受師號、紫衣	資 料 來 源
天聖五年四月	慧妙	職掌沙門	紫衣	《景祐録》卷17
	道深	慧聰弟子	紫衣	
天聖六年四月	文超	職掌沙門	圓教大師	《景祐録》卷17
	道詳	文超弟子	紫衣	
	慧本		紫衣	
天聖七年四月	慧燈	梵學沙門	明智大師	《景祐録》卷17
天聖八年四月	潛政	證義	紫衣	《景祐録》卷18
	志嚴	職掌沙門	紫衣	
	慧光	職掌沙門	紫衣	
	不動護	證梵義	紫衣、流教大師	
天聖九年四月	志江	法護、惟净弟子	廣慈大師	《景祐録》卷18
	惠妙		崇行大師	
明道元年四月	道月	施護、惟净弟子	真性大師	《景祐録》卷18
	慧住	職掌沙門	紫衣	

二、擢升僧官

除紫衣師號之頒賜外，如參與譯場較久，地位稍高，則有可能擢升爲僧官，甚至直接管理左右街宗教事務。譯場僧侶擢升僧官之情況見下表（圖表38）：

圖表 38：宋代譯經僧賜僧官表

時　間	擢升人	擢升前僧職	擢升僧官官职	資 料 來 源
淳化五年四月	慧達	綴文	右街鑒義	《祥符録》卷 8
景德二年五月	仁徹	綴文	右街副僧録	《祥符録》卷 13
	繼隆	證義	右街講經首座	
大中祥符八年十一月	修静	綴文[1]	右街講經首座	《景祐録》卷 16
	重珣	證義	左街鑒義	
	啓沖	綴文	右街鑒義	
天禧四年六月	簡長	綴文	右街鑒義	《景祐録》卷 16
天聖三年十一月	紹才	證義	右街鑒義	《景祐録》卷 17
天聖五年九月	法凝	證義	左街鑒義	《景祐録》卷 17
天聖八年五月	志純	證義	右街講經首座	《景祐録》卷 18
	鑒深	證義	左街鑒義	
	慧濤	證義	右街鑒義	

從上表可以看出：第一，自淳化五年（994）至天聖八年（1030）三十五年間，譯場僧人擢爲僧官者僅十二人，較獲賜紫衣、師號爲難，而其所代表之

1《祥符録》卷十六載：大中祥符四年五月譯《佛母般若波羅蜜多圓集要義論》等經論時，修静已與啓沖同任綴文之職。然而《景祐録》卷十六却載修静於大中祥符八年以"證義沙門"身份升爲"右街講經首座"。筆者認爲，《祥符録》之記載爲確：第一，《祥符録》載大中祥符四年五月、十一月兩次奏進新經，皆稱修静爲"綴文"，而非"證義"。《景祐録》載有大中祥符五年、八年的兩次奏進新經，修静也皆爲"綴文"。如果説一次可能失誤，四次都失誤的可能性比較小；如果一書可能失誤，兩書皆失誤的可能就比較小。第二，上面所舉四次奏進新經，皆附有上進之表文，亦皆言修静爲"綴文"。上進皇帝的表文非常重要，不容有誤，數次上表，所言一致，所以修静大中祥符八年爲"綴文"一職當是事實。第三，言修静在祥符八年任"證義"的僅有《景祐録》卷十六。此卷爲"嗣續興崇譯場詔令"，是以編年體的形式，記載歷年譯經的大事，是在前面十五卷基礎上形成的譯經史綱目，可以説是次生的史料，故而卷十六發生錯誤的可能性更大。綜上所述，筆者取修静大中祥符八年爲綴文之説。下面的啓沖、簡長皆有前後記載任職不一的情況，基於同樣的原因，對於此數人擢任僧官時的任職，筆者皆不取《景祐録》卷十六的記載。

榮譽也較高，其中多人皆先有紫衣、師號之賜後獲僧官之擢。如慧達，太平興國八年獲紫衣之賜，淳化五年，升右街鑒義。修静，咸平四年獲賜紫衣，景德元年獲賜"普智大師"四字師號，大中祥符八年，升爲右街講經首座。簡長，大中祥符四年賜紫，六年獲"智印大師"師號，天禧四年，升右街鑒義。由此二人經歷也可知，譯場中僧侣受獎顧之序列爲：賜紫衣——賜師號——擢僧官。

第二，擢升之人，類皆多年供職譯場，真宗朝擢升僧官之前，受賜人多就綴文之職（如前所考，綴文多由證義僧升遷）。如慧達太平興國八年三月起爲證義，至雍熙元年三月升爲綴文，淳化五年賜受右街鑒義。仁徹，自淳化五年起任證義，咸平元年十一月至景德三年五月任綴文，景德二年升爲右街副僧録。修静，咸平四年至大中祥符三年任證義，祥符四年後任綴文，祥符八年升右街講經首座。啓沖，咸平五年十一月任證義，咸平六年任綴文直至天禧元年，也於祥符八年升僧官。簡長，大中祥符四年十一月即入譯場任證義一職，自天禧元年至天聖五年任綴文，天禧四年升僧官。此五人在擢升僧官之前，皆任綴文一職。繼隆、重珣雖擢升之前爲證義，但皆多年供職譯場。繼隆從咸平五年直至大中祥符二年，任證義七年。重珣，景德元年至大中祥符五年，任證義九年。仁宗年間，擢升標準漸寬，法凝天聖元年充證義，五年即升左街鑒義。志純、鑒深、慧濤三人，天聖五年始充證義，而天聖八年已擢爲僧官，供職譯場僅四年時間。

三、賜與官職

賜紫衣師號、擢升僧官，多是對義學僧職證義、綴文、筆受的賞顧，而對於譯主及同譯經之梵學僧，除紫衣師號之賜外，還有官職之封賞。雍熙二

年十月，授譯主天息災、法天、施護朝散大夫、試鴻臚少卿。[1]太宗詔曰："以
爾右街太平興國寺傳法院西天譯經三藏明教大師賜紫天息災、傳教大師賜紫
法天、傳法大師賜紫施護等竝深悟真空，遠離絶域。能紹隆於佛事，爰演譯
於經文，宜光被於朝恩，俾參榮於卿寺，可竝特授朝散大夫，試鴻臚少卿，
餘如故。"[2]朝散大夫，宋前期爲文散官二十九階之十二階，從五品下。試，表
示試秩、試銜，無職事。鴻臚少卿，宋代初年無實除，但品在從四品下。由
此可見，宋廷對主譯人員待遇頗爲優厚。

　　端拱二年十月，又特授天息災（法賢）試光禄卿，法天、施護試鴻臚卿。
詔曰："西天譯經三藏朝散大夫試鴻臚少卿明教大師法賢、傳教大師法天、傳
法大師施護等，並金河名胄，柰苑高流，夙探了義之宗，深樂同文之運，而
自遠趨帝闕，光啓梵筵，繼白馬之遐蹤，暢青蓮之秘旨。……法賢可特授試
光禄卿，法天、施護可竝特授試鴻臚卿，餘如故。"[3]光禄卿，宋前期無職事，
爲文官遷轉官階，從三品。鴻臚卿，宋前期也爲無職事官，從四品。咸平三
年，天息災入寂；次年，法天入滅。咸平五年十一月，詔授施護試光禄卿。
詔曰："西天譯經三藏朝奉大夫試鴻臚卿傳法大師賜紫施護……可特授試光禄
卿，依前傳法大師充西天譯經三藏散官如故。"[4]由此可知，宋前期譯經僧天息
災、施護初授從四品下之鴻臚少卿，再遷從四品之鴻臚卿，終升爲從三品試
光禄卿。而法天初授試鴻臚少卿，後遷鴻臚卿。

　　真宗後期和仁宗時期，主持譯經者爲法護與惟浄，二人也皆授除官階。
大中祥符八年，特授法護、惟浄朝散大夫，試鴻臚少卿。詔曰："傳法院同譯
經西天傳梵大師賜紫法護、光梵大師賜紫惟浄……並可特授朝散大夫、試鴻

1　徐松輯，郭聲波點校《宋會要輯稿·蕃夷道釋》，第660頁。
2　楊億等編《大中祥符法寶録》卷四，《中華大藏經》第73冊，第427—428頁。
3　楊億等編《大中祥符法寶録》卷七，《中華大藏經》第73冊，第442頁。
4　楊億等編《大中祥符法寶録》卷十二，《中華大藏經》第73冊，第473頁。

臚少卿，餘如故。"[1]而在神宗時期譯經的日稱、惠賢在熙寧五年的職銜，也分別是朝散大夫、試鴻臚卿和試鴻臚少卿。[2]

綜上所述，宋代諸帝對譯經事業頗爲重視，特別對主譯之人尤爲優賞。太宗、真宗時期的天息災、法天、施護，真宗、仁宗時期的法護、惟浄皆授除官階。而由試鴻臚少卿——試鴻臚卿——試光禄卿，此即主譯升遷之序次。

對於譯經僧之賞顧，除賜紫衣、師號，擢升僧官，授與官職外，尚有賜月俸、給假旅行，生病期間的御醫診視，死後的賜葬哀榮等。如咸平三年八月，法賢（天息災）入寂，"法賢初被疾，上遣中使護國醫霍炳等三人診視。及以不起聞，深嗟悼之，復遣中使馮仁俊監護襄事，所須官給"。[3]景德三年七月，"筆受沙門惟浄以疾聞，上遣中使撫問，仍領太醫診視之，尋愈"。[4]景德四年十一月，"筆受沙門致宗以疾聞于上，詔遣中使押翰林醫官診療"。[5]天禧元年，"三藏沙門施護有疾，上遣中使監太醫霍炳、趙拱、左皓診視，是月二十六日以趣寂聞，上頗憫悼。遣入内殿頭王克讓監護葬事，所須官給。内出繒帛製法衣。葬日，左右街備威儀，賜謚曰'明悟'"。[6]由此皆可見出宋代諸帝對譯經僧人之眷顧。

宋代開設譯場以來，翻譯經典的同時，對譯場歷史資料的搜集也頗爲用心，不僅編有《譯經院實録》，還撰修了三部佛教目錄，即《大中祥符法寶録》《天聖釋教總録》與《景祐新修法寶録》。此三部目錄詳細記述了宋代譯場的設立、譯經的程式、參與譯場的僧職、監譯與潤文的朝臣宦者以及譯經

1　呂夷簡等編《景祐新修法寶録》卷十六，《中華大藏經》第73冊，第571頁。

2　成尋著，王麗萍校點《新校參天台五臺山記》卷四，第283頁。

3　楊億等編《大中祥符法寶録》卷十一，《中華大藏經》第73冊，第466頁。

4　楊億等編《大中祥符法寶録》卷十四，《中華大藏經》第73冊，第486頁。

5　楊億等編《大中祥符法寶録》卷十四，《中華大藏經》第73冊，第488頁。

6　呂夷簡等編《景祐新修法寶録》卷十六，《中華大藏經》第73冊，第573頁。

上進的章表奏議，爲研究宋代譯經制度，乃至整個中國古代的譯經制度提供了珍貴的資料。

　　本章以宋代三部經録爲基礎，結合相關史料，從宋代譯經院的建制、譯經原本的形制與語言、譯經的程式、皇室政府對譯經人員的賞顧幾方面對宋代譯經制度進行探析，力圖將佛教目録與譯經歷史聯繫起來，展現更爲細緻的歷史圖景。

下編　經録考稿

凡　例

　　一、書目之目昉自《七録·簿録》，後世因之，或名“簿録”，或稱“目録”，繫於史部，書未單行；時雜金石，體不純粹。降及後代，學術日分，書籍漸繁，書目之目漸有專書。舉其要者，則有明劉元亮《玉軒新纂古今書目》，周貞亮、李之鼎《書目舉要》，邵瑞彭《書目長編》，項士元《中國簿録考》，陳乃乾《目録之目》，[1]書目之目遂成專學。今仿其例而專收佛家經録，因見聞不周，資料難詳，不敢以《經録考》爲名，姑題之曰《經録考稿》，以待異日修訂焉。

　　一、佛家經録著作雖豐，然久不爲世所重。至梁任公作《佛家經録在中國目録學之位置》《佛教典籍譜録考》諸文，[2]始鼓而呼之，推崇備至。其高足弟子姚名達撰作《中國目録學史》，特設《宗教目録》一篇，[3]鉤沉拾遺，考校最爲詳明；沿波討源，論説尤稱通達。復有馮承鈞《大藏經録存佚考》、[4]蘇晉仁《佛教經籍目録綜考》，[5]或考存佚，或提綱領，皆根柢深邃，於佛教經

　　1　劉元亮《玉軒新纂古今書目》二卷，抄本，現藏山東大學圖書館。周貞亮、李之鼎《書目舉要》，1920 年南城李氏宜秋館刻本。項士元撰，徐三見點校《中國簿録考》，上海古籍出版社，2019 年。邵瑞彭《書目長編》，1928 年北京資研社鉛印本，南京大學圖書館有藏。陳乃乾《目録之目》，民國間海寧陳氏慎初堂稿本，現藏國家圖書館。

　　2　梁啓超《佛家經録在中國目録學之位置》，初刊於《圖書館學季刊》第 1 卷第 1 期，1926 年。後收入梁氏《佛學研究十八篇》。

　　3　姚名達《中國目録學史》，上海古籍出版社，2002 年。初版於 1937 年。

　　4　馮承鈞《大藏經録存佚考》，《燕京學報》1931 年第 10 期。後收入張曼濤主編《現代佛教學術叢刊》第 10 冊，第 339—348 頁。

　　5　蘇晉仁《佛教經籍目録綜考》，最初發表於《法音》1986 年第 4、5 期。後收入《佛教文化與歷史》。

録之研究有大助益焉。今作是録於諸家多所取材，故表而出之。

一、前人於佛家經録之研究，類多詳於宋前，而略於晚近，故所涉經録約 70 餘部。今人徐建華《中國歷代佛教目録類型瑣議》始通録古今，收攝已廣，其中知見録 51 種，亡佚録 54 種，通計 105 種。[1]本録亦仿其例，通録古今現存、亡佚、未見經録共 167 種。

一、限於學力，本録所收以中土人士所撰漢文佛教目録爲限，凡歐西、韓日人士所撰目録，不在收録範圍。凡著録梵、巴、藏、蒙等其他語言經典之目録，亦不收録。其中敦煌目録僅收專録佛經之録，如《敦煌劫餘録》《李氏鑒藏敦煌寫本目録》等雖著録多爲佛經，然亦時雜外典，故亦不録。

一、本録於中土人士所撰漢文佛教目録盡力搜羅，細大不捐，既收別録單行之本，亦録各類報章所載之作。寧傷於蕪，可待來哲刪削；不苟於簡，重費學人爬梳之勞也。

一、蘇晉仁先生《佛教目録研究五題》將經録分爲綜合目録、個人譯經目録、斷代目録、通紀目録、地方目録、解題目録、勘同目録、藏經目録、傳記目録、寺廟藏經目録、滿藏文藏經漢文目録、梵文經目録、研究目録、流通目録。[2]分類已趨細密。方廣錩先生《敦煌佛教經録輯校》將敦煌經録分爲七類：全國性經録、品次録、藏經録、點勘録、流通録、轉經録、配補録。注重從實際功用來分類，比較符合敦煌經録之實際。[3]徐建華先生《中國歷代佛教目録分類瑣議》則從不同角度對佛教目録予以分類：依編製目的，分爲譯經目録、藏經目録、雕版大藏目録、讀經目録、出版目録；依內容，分爲分類目録、解題目録、讀書記與辨僞目録；從著録佛教典籍簡繁，分爲足本目録、節本目録、簡本目録、補充目録、重要經典目録、校勘目録、民族文

---

1 徐建華《中國歷代佛教目録類型瑣議》，香光尼衆佛學院編《佛教圖書館館訊》2002 年第 29 期。後收入氏著《傳統特色文獻整理與收藏研究》。

2 蘇晉仁《佛教目録研究五題》，《佛學研究》2000 年。

3 方廣錩《敦煌佛教經録輯校·前言》，第 6—23 頁。

字佛教典籍的漢譯目錄等；從修撰者角度，分爲個人私修目錄、國家敕修目錄、後人補編目錄和外道僞造的目錄。分類詳明，可爲參考。本錄依經錄本身之性質分爲譯經目錄、典藏目錄、雕版藏經目錄、解題目錄、舉要目錄、宗派目錄、流通目錄、綜合目錄及其他目錄九類，每類之下再分存、佚、未見三目，每目之下略依撰作時間爲序。

一、每錄著錄書名、卷數、存佚、版本，并略考作者生平、内容特點。對於撰者之著錄，凡其人可考者，著其生平著述；對確不知撰者之書，注曰：佚名撰；撰人久有爭議，或不能確考者，注曰：撰者未詳。

一、經錄中常有一錄而兼有數種性質，故既可納入此類，又可歸於彼類。本應以"互著法"標出，然爲省卷帙，本錄一律未注出。如慈雲遵式《教藏隨函目錄》，既爲宗派目錄，又爲解題目錄，今僅於宗派目錄中述之。

一、前人常將《大藏一覽集》《至元辨僞錄》諸書納入經錄之中。然《大藏一覽集》實爲纂集之文，《至元辨僞錄》乃辨《老子化胡》之作，本非經錄，剔之可也。又有如元管主八《重治大藏聖教法寶標目》等，實爲後人誤解而虛立名目。如此之類，亦不泛登。

譯經目録第一

漢文佛典之別於世典俗書，乃在於文獻生成之方式。俗書之累積，賴於聖賢之撰作；内典之生成，仰於譯人之翻傳。故佛教傳入之初，來華之梵胡諸僧與夫中土之居士，莫不以傳譯經典爲第一要務，而如安世高、朱士行，尤爲其中之傑出者。初期傳經，遇全出全，值殘譯殘，并無一定之計劃。然經典傳譯既夥，則何經已翻，何經未譯，遂成譯人關注之重要問題。若有目可循，則既可避免盲目翻傳，又可省去重複勞動。況至後世，僞經日出，亦需經録證其出處。職是之故，譯經目録適時而興。

歷代所傳最古之録爲《古》《舊》二録，然據今人之考證，實爲晋人所撰，未爲久遠。故若言最早之譯經録，實推朱士行所撰《漢録》。自兹以降，代有撰述，至近代尚有馮承鈞、劉國鈞、張令瑄諸彦之作。時既歷千年，而體亦有數變。或專記一人之譯，如曹毗《別歷》、智敳《翻譯歷》，專記真諦之翻傳；或專記一代之翻，如智昇《續古今譯經圖紀》，專載有唐之譯經。或以譯人繫譯經，如《古今譯經圖紀》；或以藏乘分經典，如《大隋衆經目録》。然究其職志，無不以記譯人之生平爲中心，以載經籍之傳翻爲旨歸，故列譯經目録第一。

今通考存佚，得二十七家，列之如次。

現 存 諸 録

1. 古今譯經圖記

四卷，唐釋靖邁撰，存。麗藏、金藏"吹"函，宋崇寧藏、元普寧藏"瑟"函，明南藏"嶽"函，北藏"輕"函，大正藏第 55 册。

靖邁，唐代僧，又作静邁，梓潼（四川梓潼）人。貞觀年間（627—649），玄奘自印度歸來，靖邁乃居慈恩寺，與普光寺棲玄、弘福寺明濬、會昌寺辯機、終南山豐德寺道宣等人共同執筆綴文。又與神昉於玉華宫、慈恩寺任筆受。後不知所終。著述甚豐，計有《能斷金剛般若疏》《般若心經疏》《勝鬘經疏》《藥師經疏》《菩薩藏經疏》《稱讚净土經疏》《佛地論疏》《掌珍論疏》等。生平見《宋高僧傳》卷四，日本平祚《法相宗章疏》卷一。

據智昇《續古今譯經圖紀》序言："《譯經圖紀》者，本起於大慈恩寺翻經院之堂也。此堂圖畫古今傳譯緇素，首自迦葉摩騰，終于大唐三藏，邁公因撰題之于壁。"[1]可知此録最初爲大慈恩寺壁上傳譯僧俗之傳文，後方彙集成書。此録記載自後漢迦葉摩騰至唐玄奘等 110 餘人之生平與譯經。

智昇《開元釋教録》卷十載："《大唐古今譯經圖紀》四卷，大慈恩寺翻經沙門靖邁撰。大慈恩寺翻經堂内，壁畫古今翻譯圖變，靖邁因撰題之于壁。但略費長房《録》翻經之者紀之，餘撰集者不録。逮至皇朝，總成四卷。房所錯者，此亦同然。"[2]據筆者之勘比，《古今譯經圖紀》，除隋達摩笈多、唐波羅頗迦羅、玄奘三人外，所記譯人之譯經，數量、順序多同於費長房《歷代三寶紀》，智昇所言有據。然其傳記部分，則并非僅來自《歷代三寶紀》，而是兼采《高僧傳》之記載。

---

1 智昇《續古今譯經圖紀》，《大正藏》第 55 册，第 367 頁。
2 智昇撰，富世平點校《開元釋教録》卷十，第 614 頁。

至於此録之撰作時間，林屋友次郎認爲不早於麟德元年，[1]陳士强先生
《佛典精解》曰："玄奘卒於唐高宗麟德元年（664）二月，靖邁又是玄奘的
弟子，當時在大慈恩寺翻經院畫歷代佛經翻譯家的圖像，并題記，恐是出於
對玄奘譯經事業的懷念，時間或在玄奘逝世的當年，或次年（麟德二年，公
元 665 年）。"[2]其説可從。

2. 續古今譯經圖記

一卷，唐釋智昇撰，存。麗藏、金藏"吹"字函，崇寧藏、普寧藏
"瑟"函，明南藏"獄"函，明北藏、嘉興藏"輕"函，大正藏第 55 册。另
有興聖寺寫本。

智昇，唐代僧，籍貫不詳。居長安西崇福寺，通大小乘，尤善毗尼。唐
開元十八年（730），於長安西崇福寺東塔院撰《開元釋教録》二十卷。又著
有《續大唐内典録》一卷、《續古今譯經圖紀》一卷、《續集古今佛道論衡》
一卷、《集諸經禮懺儀》二卷等。震華法師《中國佛教人名大辭典》言其生
於 669 年，即唐高宗總章二年，卒於 740 年，即開元二十八年，然不知何本。
生平見《開元釋教録》卷九、《貞元新定釋教目録》卷十四、《隆興佛教編年
通論》卷十五、《宋高僧傳》卷五本傳。

智昇《續古今譯經圖紀》序言言撰作緣起云：自靖邁《古今譯經圖紀》
之後，"傳譯相仍，諸有藻繪，無斯紀述。昇雖不敏，敢輒讚揚，雖綖麻之有
殊，冀相續而無絶，幸諸覽者，無貽誚焉"。[3]意謂自靖邁之後，大慈恩寺經堂
之傳譯人物圖像有所增益，然有圖而無文，故智昇乃繼靖邁而爲之記。靖邁
《古今譯經圖紀》記譯人至唐代玄奘，此録則記載玄奘之後，自智通至金剛

1　小野玄妙主編《佛書解説大辭典》，第 224 頁。

2　陳士强《佛典精解》，上海古籍出版社，1992 年，第 58 頁。

3　智昇《續古今譯經圖紀》，《大正藏》第 55 册，第 367—368 頁。

智等唐代譯家二十一人之生平與譯經。

關於此録之撰作時間，據《開元釋教録》卷九，此録與《開元釋教録》同作於開元十八年，然則二者何者先作，何者後撰，智昇未言。而《續古今譯經圖紀》卷末"跋曰羅菩"篇後有智昇小注云："前紀所載，依舊録編，中間乖舛，未曾刪補。若欲題壁，請依《開元釋教録》，除此方撰集外，餘爲實録矣。"[1]據此小注，可以推測，智昇先撰《續古今譯經圖紀》，後撰成《開元釋教録》。《開元釋教録》撰成之後，返觀《續古今譯經圖紀》，錯誤較多，故作此注。[2]

又《開元釋教録》卷十載："《續古今譯經圖紀》一卷，開元庚午歲西崇福寺沙門智昇撰。從奘法師後至輸波迦羅，前紀未載，今故續之。"[3]由此記載可知，智昇作《開元釋教録》時，《續古今譯經圖紀》所記最晚之譯人當爲"輸波迦羅"（即善無畏）。然今本《續古今譯經圖紀》於"輸波迦羅"之後又有"跋曰羅菩"（即金剛智），所記之最晚譯經爲金剛智開元十八年所譯《金剛頂經曼殊室利菩薩五字心陀羅尼品》。聯係上引兩則材料，似可作如是推測：智昇初作《續古今譯經圖紀》，僅至"輸波迦羅"，後《開元釋教録》成，智昇又補記"跋曰羅菩"一篇，并於此篇末加了上文所引之小注。

此録又於日本發現興聖寺等古寫本，與傳世刊本大藏頗有不同，相關情況可參林敏《智昇撰〈続古今訳経図紀〉のテキスト変遷について》。[4]

3. 大中祥符法寶録

二十二卷，宋趙安仁、楊億撰。僅有金藏廣勝寺本，現存十六卷，即卷三至卷八、卷十至卷十八、卷二十，其餘六卷亡佚。收載於金藏"迹""百"

---

1 智昇《續古今譯經圖紀》，《大正藏》第55冊，第372頁。

2 參觀曹仕邦《中國佛教史學史》第二十章。

3 智昇撰，富世平點校《開元釋教録》卷十，第614頁。

4 《印度学仏教学研究》第61卷第2號，2013年。

二函，又收入《宋藏遺珍》第 6 册、《中華大藏經》第 73 册。

　　趙安仁（958—1018），字樂道，河南洛陽人，趙孚子。太宗雍熙二年（985）進士，補判官，以親老未往。時國子監刻《五經正義》板本，安仁善楷隸，遂留之。歷大理評事、光禄寺丞，以著作佐郎直集賢院，遷太常丞。真宗咸平三年（1000），知制誥。景德三年（1006），以右諫議大夫參知政事。大中祥符五年（1012）罷。天禧二年（1018）卒，年六十一。謚文定。曾撰《戴斗懷柔録》，又曾修《僊源積慶圖》，有集五十卷，已佚。生平見《宋史》卷二百八十七、《東都事略》卷四十四。

　　據《大中祥符法寶録》卷十三至卷十六及《景祐新修法寶録》卷二、卷四載，趙安仁從景德三年（1006）至天禧元年（1017）曾任譯經潤文官十二年，共完成三十二部經之潤文，爲宋初重要之佛教居士。

　　《大中祥符法寶録》卷一、卷二亡佚，故缺真宗所撰序文，然此文却保存於惟净《天聖釋教總録》下册中，其文云：

　　　　予沖眇祇嗣慶靈，紆懷付囑之言，復欽燕翼之訓，罔敢失墜，常冀闡揚。……紹遵先志，繼茂丕功。始自興國，泛于茲日，凡譯經律論四百一十三卷。僧惟净等共司傳譯，兵部侍郎修國史趙安仁，續典潤文，並貢露章，縷徵曩志，思紹貞元之舊《録》，用增金地之烈輝。俞詔云頒，纂集俄畢，勒成二十一卷，并總録一卷。國朝新譯及釋門述作，咸列於此，神宗之作，昭聖教而有孚；菲德之文，並睿製而增惕。覽封奏之疊上，求序引而冠篇。式廣勝因，罔諧多讓，仍題曰《大中祥符法寶録》云爾。[1]

---

1 惟净《天聖釋教總録》下册，《中華大藏經》第 72 册，第 939 頁。

從此序略可看出，此録爲趙安仁、惟淨奉敕修撰，目的是收録記載宋代譯經，接續《貞元釋教總録》。

此録既成殘帙，而歷代之記載時有歧互，今稍辨之。《佛祖統紀》卷四十四載：

> （大中祥符六年）八月，兵部侍郎、譯經潤文官趙安仁，奉詔編修大藏經録成，凡二十一卷，賜名《大中祥符法寶録》。[1]

而慶吉祥《至元法寶勘同總録》卷一載：

> 《祥符録》所紀經律論二百部，三百八十四卷。[2]

卷十又載：

> 《祥符法寶録》二十二卷，翰林學士楊億等編。[3]

《大中祥符法寶録》卷末載：

> 《大宋大中祥符法寶録》二十一卷，并《總録》一卷。右起大中祥符四年十一月終八年月，准詔編修。[4]

由此上諸材料可知，記載之互異有如下幾處：

1　志磐撰，釋道法校注《佛祖統紀校注》卷四十五，第 1058 頁。

2　慶吉祥《至元法寶勘同總録》卷一，《昭和法寶總目録》第 2 冊，第 181 頁。

3　慶吉祥《至元法寶勘同總録》卷十，《昭和法寶總目録》第 2 冊，第 238 頁。

4　趙安仁、楊億《大中祥符法寶録》卷末，《中華大藏經》第 73 冊，第 523 頁。

第一，所記《大中祥符法寶録》卷數不同。《佛祖統紀》作二十一卷，《至元録》作二十二卷。實以二十二卷爲確。真宗原序云："勒成二十一卷，并總録一卷。"知此録由二十一卷正文與一卷總録組成，《佛祖統紀》作二十一卷者，蓋僅言正文也。

第二，所記《大中祥符法寶録》所載經籍之卷數有異。《至元録》言《祥符録》所紀經律論二百部三百八十四卷。而真宗原序則曰："凡譯經律論四百一十三卷。"據《祥符録》卷三，此録收大乘經一百四十部二百九十卷，大乘律一部一卷，大乘論十一部十九卷，小乘經四十四部六十九卷，小乘律五部五卷，西方聖賢集傳二十一部二十九卷。總記二百二十二部四百一十三卷。《至元録》因其僅記大乘經、大乘律、大乘論、小乘經及小乘律，而未記著述，故少計西土聖賢集傳二十九卷，故曰三百八十四卷。

第三，所記撰時不同。《佛祖統紀》作大中祥符六年八月完成，而《大中祥符法寶録》卷末則作八年完成。究竟以何時爲確？《玉海》卷二十八載："（大中祥符）六年八月丙戌，出御製《靜居集》三卷，丁亥，出《法寶録序》示王旦等。"[1] 可知真宗《大中祥符法寶録序》成於大中祥符六年（1013），此時《祥符録》應已編成，故求序於真宗。則此録之成似在六年。然《玉海》又載："（大中祥符）八年閏六月甲辰，出太宗御製《妙覺集》五卷付院入藏。"[2] 而太宗之《妙覺集》收於《祥符録》中，由此可知，《祥符録》尚收有祥符八年入藏之經典，其最終之完成當在八年。綜上所述，此録當在六年已基本完成，并由真宗撰序賜名，後又增入部分經籍，最終完成於祥符八年。故《佛祖統紀》作六年，乃就其賜名之時而言，《祥符録》卷末言八年，則是就最終完成而言。

此録爲斷代經録，主要收載自北宋太平興國七年（982）重開譯場以來，

---

1 王應麟《玉海》卷二十八，第544頁。

2 王應麟《玉海》卷一百六十八，第3081頁。

迄大中祥符年間，新譯之經及東土著述。由現存之卷帙來看，其著録方式依
時間順序，著録所譯經籍。而每部經必詳列其譯時、所屬類别、宗旨、譯主、
證義、潤文、監譯之人及上進表章等。如卷七：

> 二年四月，譯成經五卷：
>
> 《如意寶總持王經》一部一卷
>
> 大乘經藏收，佛在覩史多天宫説。此中所明若人入此總持門者，即
> 能解了一切諸法無來去相，不生滅理，空非空性，乃至於此都無取著，
> 得佛知見等。
>
> 《普賢曼拏羅經》一部一卷……《持明藏八大總持王經》一部一
> 卷……《尊勝大明王經》一部一卷……《最上意陀羅尼經》一部一
> 卷……
>
> 上五部竝中天竺梵本所出。右經，三藏沙門施護譯，沙門令遵筆受，
> 沙門智遜綴文，沙門惠温、守巒、道真、慧超、知則、善祐、歸省、守
> 遵證義。户部郎中張洎潤文。殿頭高品楊繼詮、供奉官張美監譯。是月
> 十五日監使引三藏等詣崇政殿捧所譯經具表上進，其詞曰：……是日命
> 坐賜茶，親加撫慰，錫賜如例。詔以其經入藏頒行。[1]

此録另一特點是在每年每月譯經之下，另載此時之重要佛教事件。如上
引所譯五部經下，又記此年五月，京師僧省才上《新譯大方廣總光明經疏》
之事。再如卷三“太平興國八年”所譯一經之下，又記此年八月，詔改譯經
院爲傳法院之事。由於譯經與史事錯出，體例不甚純浄，故其後《景祐新修
法寶録》則將記譯經與記史實分開，專設《嗣續興崇譯場詔令》一門以記佛

---

1 趙安仁、楊億《大中祥符法寶録》卷七，《中華大藏經》第73册，第438—439頁。

教史實。

此録雖有缺卷，然據《天聖釋教總録》《大中祥符法寶録略出》及所存各卷，尚可大致推知其體例之大綱，見下圖（圖表 39）。

圖表 39：《大中祥符法寶録》綱目圖

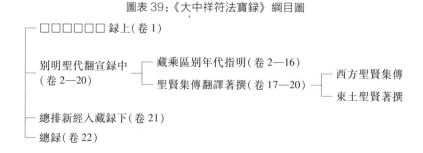

4. 景祐新修法寶録

二十一卷，呂夷簡、宋綬等編。僅有廣勝寺金藏本，存十四卷，卷三、卷五、卷七、卷十一、卷十五、卷十九、卷二十缺。見存各卷亦有殘缺。載於金藏"郡"字函，又收入《宋藏遺珍》第 6 册、《中華大藏經》第 73 册。

呂夷簡（979—1044），字坦夫，壽州（今安徽鳳臺）人。真宗咸平三年（1000）進士，補絳州軍事推官。通判通州，徙濠州，知濱州。擢提點兩浙刑獄，入爲刑部員外郎兼侍御史知雜事。出使契丹，還，任知制誥。再遷刑部郎中，權知開封府。仁宗即位，進右諫議大夫，以給事中參知政事。天聖六年（1028）拜同中書門下平章事、集賢殿大學士，明道二年（1033）罷。景祐二年（1035）加右仆射，封申國公。次年，與王曾争事，同時罷相。康定元年（1040）由判天雄軍復入相。慶曆元年（1041），徙封許國公，判樞密院，改兼樞密使。二年因病以太尉致仕。慶曆四年卒，年六十六。謐文靖。曾主持撰《三朝國史》《籍田記》，又曾撰《呂文靖試卷》《呂文靖集》。生平見張方平《呂公神道碑銘》（《樂全集》卷三十六），《宋史》卷三百一十一本傳，《東都事略》卷五十二。

　　據《景祐新修法寶錄》載：呂夷簡從景祐元年（1034）至慶曆三年
（1043）曾作譯經潤文官，以宋代譯經潤文官選任之通例，[1] 當亦爲深通佛
教者。

　　此録卷前有宋仁宗御製序言，云：

　　　洪惟聖考，夙奉能仁，思慧日之照冥衢，欲法雨之潤群品。嘗以兩
　　朝之在御，譯成無上之秘筌。詔委方袍，嗣成前志；俞咨近弼，附益多
　　聞。仍揮錯寶之趺，新述冠篇之藻，目之曰《大中祥符法寶錄》矣。顧
　　予沖眇，祇服先猷，照以竭摩之心，授以菩提之記。自膺寶祚，仰慕佛
　　乘，持守兢兢，罔敢失墜。而復五天膜拜之俗，接踵而朋來；四句旁行
　　之書，比時而間出。嚮令翻譯，普滌昏蒙，頗歷歲華，相次來上。僧惟
　　净等共加研究，右僕射門下侍郎平章事呂夷簡、吏部侍郎參知政事宋綬
　　領使潤文。斷自大中祥符四年以後，至景祐丙子，續譯未入録經總一百
　　六十一卷。類分華藏，焕列金言；爰覽奏章，願頒序引。……聊書梗概，
　　莫盡指歸，仍題曰《景祐新修法寶錄》云爾。[2]

由此序文可知，此録實爲紹續《大中祥符法寶錄》而作。

　　全録收自真宗大中祥符五年（1012）至仁宗景祐四年（1037）二十六年
之譯經，共二十一部一百六十一卷。其中真宗朝未編入録經典十二部七十六
卷，仁宗朝所譯經籍九部八十五卷。全録分三目，即聖代翻宣繼聯前式録、
隨譯年代區別藏乘録、復准八例排經入藏録。現存之《景祐法寶錄》雖成殘
卷，然其最末之總目却保留下來，故可據總録獲知各卷内容。即卷一爲聖代
翻宣繼聯前式録，收録太宗、真宗、仁宗三朝所譯經律論之總數。卷二至卷

---

　　1 參黄啓江《北宋佛教史論稿》，第75—83頁。
　　2 呂夷簡、宋綬《景祐新修法寶錄》卷首，《中華大藏經》第73冊，第524—525頁。

十九爲隨譯年代區別藏乘録，詳細載録大中祥符五年五月至景祐四年三月之出經情況及大事。卷二十爲復准八例排經入藏録，即入藏録。卷二十一爲總目（見圖表40）。

圖表40：《景祐新修法寶録》綱目圖

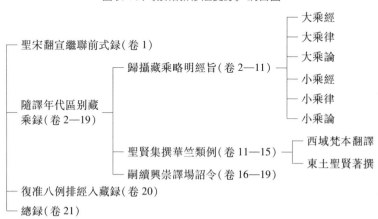

此録之主體部分爲隨譯年代區別藏乘録，其下又分出三目，即歸攝藏乘略明宗旨一、聖賢集傳華竺類例二、嗣續興崇譯場詔令三。其中歸攝藏乘略明宗旨及聖賢集傳華竺類例，主要依翻譯撰作之時間，詳列經律論及撰述。每一經典，先列譯時，次列卷品及類別，再括其宗旨，詳列譯主、潤文、證義諸人，末列上進之表奏。如卷八：

（天聖）五年十二月起譯論一部一十八卷，至八年四月譯成全部。《大乘中觀釋論》一部一十八卷，安慧菩薩造，凡二十七品，大乘論藏收。此中總明謂：即諸法不生不滅，不常不斷，不一不異，不來不去。⋯⋯

上一部中天竺梵本所出。右三藏沙門惟浄、法護譯，沙門文一筆受，沙門簡長綴文，沙門法凝、禪定⋯⋯潛政證義，樞密副使刑部侍郎夏竦潤文。⋯⋯是月八日，監譯使引三藏等詣承明殿，捧所譯論具表上進，其詞曰：⋯⋯是日上慰撫恩賜如例，其論，詔付有司入藏頒行。[1]

由以上所引之例可知，此録同《大中祥符法寶録》一樣，對每一經傳譯情况之記載極爲詳盡，爲研究宋代譯經提供了大量第一手資料。而"嗣續興崇譯場詔令"則依時代先後，詳細記録大中祥符五年至景祐四年之重要佛教史事及有關佛教之詔令，對研究北宋佛教史，甚有補益。

5. 祥符法寶録略出

一卷，支那内學院編，存。支那内學院民國二十三年（1934）9月刊本，南京大學圖書館有藏。

卷前《祥符録略出編例》言編輯緣起云："是録久佚，近從山西趙城縣廣勝寺得其殘本，編年紀事，於當時譯場故實，資證極多，蓋爲經録中獨創一格者。因亟略出，刊餉學人。"從此録之編例及文本，可知其對《大中祥符法寶録》所作之略出與復原工作主要有以下幾項：

第一，删除經籍後之提要、譯主、潤文、證義及上表等内容。編例云："每經後原有提要及上進表等，頗涉支離，悉從删略。"

第二，補出原序。《大中祥符法寶録》卷一、二缺失，故其内容不可考。然惟净《天聖釋教總録》下册收録真宗《大中祥符法寶録序文》，故《略出》於卷首補出此序。

第三，補出二十一卷之入藏録。《大中祥符法寶録》卷二十一爲入藏録，此卷佚失。而惟净《天聖釋教總録》下册收有此録之入藏録，故《略出》據《天聖録》補出。

第四，補出全書總目。據真宗原序，《大中祥符法寶録》有總目録一卷，

---

1 吕夷簡、宋綬《景祐新修法寶録》卷九，《中華大藏經》第73册，第547—550頁。

此卷亦亡佚，故《略出》依《景祐法寶錄》之體例予以補出。

從上述可知，《略出》所做工作，特別是據其他文獻補出《大中祥符法寶錄》亡佚部分，對今日全面了解《祥符錄》是非常有益的。

6. 景祐法寶錄略出

一卷，支那內學院編，存。有支那內學院民國二十三年（1934）10 月刊本，南京大學圖書館有藏。

此錄之體制與《祥符法寶錄略出》相同。卷前有編例云："此錄久佚，近於山西趙城縣廣勝寺得其殘本，編年紀事，一如《祥符錄》，亦爲經錄中之創格。因亟略出要文，刊餉學者。"

此錄所做略出及復原工作與《祥符法寶錄略出》基本相同，即於每經下略去解題文字及譯主、潤文、證義等人、上進之表。又據《天聖釋教總錄》《至元法寶勘同總錄》及《祥符法寶錄》等補出缺卷內容。

7. 歷代求法翻經錄

一冊，馮承鈞撰，存。1931 商務印書館初版鉛印，1934 年再版，收入《史地小叢書》中，又有山西人民出版社 2014 年影印本。

馮承鈞（1885—1946），字子衡，湖北夏口（今漢口）人，清光緒十一年（1885）生。17 歲赴歐洲，在比利時讀中學，1905 至 1906 年，入比利時列日大學，1906 至 1910 年於法國巴黎大學獲法學學士學位，後入法蘭西學院研究。後回國，歷任湖北都督府秘書，衆議院一等秘書，教育部秘書、僉事。1920 年後，歷任北京大學、北京師範大學教席。1929 年，突患中風，無法教學。1932 至 1938 年任中華教育文化基金委員會編輯。1946 年，病逝於北平，終年 61 歲。

馮氏留法期間，與當時西歐碩學鴻儒如沙畹、沙海昂、鄂盧梭、伯希和等交游。又常到巴黎國立圖書館博覽群書，得益不少。精於史地之學，譯著甚富。據鄒振環考證，其著述達 51 種，其中翻譯 40 種，編集 11 種。[1]譯著有《中國之旅行家》《中國史乘中未詳諸國考證》《佛學研究》《摩尼教流行中國考》《馬可·波羅行紀》等。著有《景教碑考》《西域地名》《成吉思汗傳》《中國南洋交通史》等。生平見鄒振環《馮承鈞及其在中國翻譯史上的貢獻》。

　　此録前有馮氏叙言曰："求法傳經二事之重要，已爲西方學者所共知，近數十年研究成績甚夥。印度歷史藉以補正，西域與地藉以考訂，南海文化藉以尋求，梵文佚本藉以轉譯，則此數百求法翻經之人，有功於學界匪淺。溯本追源，當取諸人本傳研尋之，第此種史料，多散見於釋藏傳記譜録之中，初學不易尋檢。余不敏，特爲鳩集舊文，參以新證，凡關於求法翻經之事，皆撮録其要。輔以近數十年來西人考證之文，間有時附以一得之見，彙爲一編，名曰《求法翻經録》。俾學者免除翻檢之勞，且溝通漢譯西撰不相連續、難以對照之事云耳。"末後題云："戊辰孟秋識於宣南。"[2]戊辰爲 1928 年，知此録當撰於此年。

　　此録下分漢録、三國録、西晉録、東晉録、劉宋録、元魏北齊北周録、南齊梁陳録、隋録、唐録九部，每部之下先録外國譯師，後列西行求法之人，共録列代翻經求法僧俗人士 200 餘人。每人之下，記其生平行履及譯經之卷數。本録不同於一般之譯經目録，而是專録外國僧伽之譯經，并兼録求法之人。正如作者凡例中所言："此録既以'求法翻經'爲名，但求法者，無論姓名、存佚、翻經與否，皆録之。至翻經者，唯限東來外國僧俗。其東來之人非譯師，本國譯師未西行者，雖著名如佛圖澄、菩提達摩、智顗、道宣等，

1　鄒振環《馮承鈞及其在中國翻譯史上的貢獻》，《學術月刊》1996 年第 4 期。
2　馮承鈞《歷代求法翻經録》，山西人民出版社，2014 年，第 3 頁。

皆不録。"[1] 由此可見其收録之標準。

8. 後漢譯經録

劉國鈞撰，存。此録最初發表於 1931 年《金陵學報》第一卷第二期，後收入張曼濤主編《現代佛教學術叢刊》第 60 冊。

劉國鈞（1898—1980），字衡如，江蘇南京人。著名圖書館學家。1915年入金陵大學文學院，1920 年畢業，留校從事圖書館工作。1922 年入美國威斯康星大學哲學系、圖書館專科學院及研究院學習，1925 年獲哲學博士學位。同年回國，任金陵大學教授兼圖書館主任，編定《中國圖書分類法》。1929 年至 1930 年任北平圖書館編纂部主任，主編《圖書館學季刊》，同時在北京師範大學兼課。1930 年回金陵大學，歷任圖書館館長、文學院院長及教授。1937 年隨金陵大學內遷成都。1943 年以後先後任西北圖書館籌備主任、館長，西北師範學院教育系教授，蘭州大學哲學系教授。新中國成立後，曾任蘭州人民圖書館副館長。1951 年起任北京大學圖書館學系教授兼圖書館學教研室主任，1958 年起任北京大學圖書館系主任。1980 年卒於北京。著有《中國圖書分類法》《圖書館學要旨》《圖書怎樣分類》《圖書館目録》《中國書史簡編》《中國的印刷》等書。生平見北京大學信息管理系編《一代宗師：紀念劉國鈞先生百年誕辰學術論文集》（北京圖書館出版社，1999 年）。

劉先生以圖書、目録學名家，然亦精於六朝思想文化。曾撰《兩漢時代道教概説》《曹操與其時代之思想》《建安時代之人生觀——魏晋思想散記》《建安時代之政治思想》等文。此目之作正爲其研究六朝思想作準備。先生述其撰作因緣云："然則經録之作亦所以明源流、別真偽、記存亡、啓後學，豈徒以彰著述之宏富而已哉！祐公而後代有作者，而歷朝刊印大藏亦必先正

---

1 馮承鈞《歷代求法翻經録》，第 1 頁。

其目。學者欲窺佛教著述之源流，明其發展之次第，考其對於一般學術思想之影響，蓋不能不憑此種種之經録以爲指路之針。年來有志於六朝思想史之研究，需參考内典者甚切，惟是諸家記録異同甚多，比勘匪易，輒思彙録漢以來諸經師所譯著之書爲一目。先核以唐以前諸録而著其始見之時，繼核以宋以來諸藏之目而著其入藏之函號，其諸家著録間有異同，亦略爲詮注，爲《漢魏六朝佛典録》，以備觀覽。"[1]在此先生强調佛教目録對於佛學研究之重要性，并説明自己撰作此録之原因及方法。

此録共收竺法蘭至曇果十人之譯經，及失譯經典一百二十二部。全録依時代先後爲序，以譯經人爲綱，所譯之經爲目。每一譯經者之下，先明其生平行履及資料出處，次列其所譯之經。每經之下又著録五事：一爲最初著録此經之書，二爲現行各藏中此經之函號，三爲此經之異名，四爲此經之異譯，五爲作者之按語。徵引至爲宏富，體例極其精善，他録少有出其右者。如安世高條，先叙其生平，并指出其生平見《祐録》卷二及十三、《高僧傳》卷一、《長房録》卷四、《内典録》卷一諸處。下列其所譯《大安般守意經》等百餘部。每部經以五事著録，如："《轉法輪經》一卷，（一）祐録二。（馮案：最初著録於《出三藏記集》卷二）（二）麗若；宋思；元思；明慶；清慶；縮辰六；新二・一〇九。（馮案：此爲現在藏經中之位置。"麗若"即高麗藏"若"字函）（三）異稱：(1)《法輪經》；(2)《法輪轉經》。（四）異譯：(1)見《雜阿含》卷第十五；　(2)唐義浄譯《佛説三轉法輪經》。（五）案：《開元録》一注云：與其本經，後同前異。"[2]

9. 三國佛典録

劉國鈞撰，存。本目發表於 1932 年《金陵學報》第二卷第二期，又載於

---

1 劉國鈞《後漢譯經録・叙》，《現代佛教學術叢刊》第 60 册，第 2 頁。
2 劉國鈞《後漢譯經録》，《現代佛教學術叢刊》第 60 册，第 14—15 頁。

《圖書館學季刊》第七卷第一期，後收入張曼濤主編《現代佛教學術叢刊》第 60 册。

　　本目之編纂體例同於《後漢譯經録》，著録三國譯家曇柯迦羅至陳慧共十一人所譯之經典，後附魏吳失譯經八十餘部。劉先生於此録前叙言概述三國譯經特點有四：一始譯戒律之書，二譯主不限於西域僧人，三譯文漸趨典雅，四中土著述出現。雖言簡而義周，頗爲有見。

10. 西晋佛典録

　　劉國鈞撰，存。本目發表於 1933 年《金陵學報》第三卷第二期，後收入《現代佛教學術叢刊》第 60 册。

　　本目之體例與前二録同，録竺法護、彊梁婁至、安法欽、無羅叉、竺叔蘭、白法祖第十三人之譯經，後附西晋失譯録，收失譯經籍七十八部。

11. 秦涼譯經目

　　不分卷，張令瑄撰，存。有 1962 年傳抄本，藏上海圖書館。

　　張令瑄（1928—2004），字德方，1928 年生於蘭州，祖籍甘肅臨洮，爲近代史家張維之子。幼患目疾，自學成才。早年曾就職於甘肅省文獻會，1978 年受聘爲甘肅省文史館研究館員。張令瑄長於西北文獻之辨訂，曾著《西夏相國張元事迹考》《甘肅青海土司志》《隴右著作録補》《三隴方志見知録》《甘肅叢書備徵目録》《三隴詩綜徵目》。生平見甘肅文史館內部資料。

　　作者自序稱："家君子鴻汀先生昔撰《隴右著作録》，於歷代先哲述作，廣録博蒐，唯於佛家典籍第録疏證釋論，而以譯經非本人創作，都未編録。兹以讜陋所聞秦涼諸大師譯述，輯成一編。"鴻汀先生，即張令瑄之父張維，字鴻汀，著有《隴右著作録》《隴右金石録》《隴右方志録》，於西北文獻甚有貢獻。序後署曰："一九四八年元旦張令瑄自識於澂華盦。"可知此目作於

1948 年，乃補其父所著《隴右著作録》之不足。

此目收竺法護、竺佛念、寶雲、智嚴等隴右譯經僧侶凡二十七人，經論四百五十餘種。所録依自晉至唐之時間爲序，以人爲綱，以所翻經論爲目。每一譯人，首引僧傳以明其身世行履，次列其所譯經籍，末説明資料來源。體例頗善。

12. 宋元明清譯經圖紀

周叔迦撰，存。載於《周叔迦佛學論著集》下册，又載《周叔迦佛學論著全集》第三册。

初唐靖邁首創譯經圖紀之例，後智昇仿作曰《續古今譯經圖紀》，圓照又作《般若三藏續古今翻譯經圖記》，其後，作者無聞，宋元明清之譯人，散在各處，生平難詳，譯籍分散，故周叔迦先生方有此作。

此録仿靖邁《古今譯經圖紀》之例，收録宋元明清四代之譯人及譯著。計宋代十一人，所譯經論傳録二百八十六部八百二十八卷；元代八人，出經十六部二十卷；明代一人，出密教經軌九部九卷；清代五人，所出經論九部九卷。

此録於每一代先總述一代之譯人譯經，後分譯人述其譯經，著録方式爲先列所譯經籍名稱、卷數，後列作者生平。如述清代居士工布查布之譯經：

《藥師七佛供養儀軌如意王經》一卷

《佛説彌勒菩薩發願偈》一卷

《佛説造像量度經》一卷

《造像量度經續補》一卷

上四部四卷，今見在。

居士工布查布，乃烏朱穆秦部落人。深通五明，精習三密，通西土語。世宗以爲西番學總管，兼内閣掌譯番文儀賓。乾隆元年（1736）任修大藏，從弘教三藏廣智法王受密集曼荼羅尺寸。又值禪定寺崇梵静覺國師喇嘛琢璗珞瓚來朝，從受《量度經》，因譯解之。[1]

我國宋前之譯經衆多，而歷代經録之記載亦甚詳明，元代譯人譯經藉由《至元録》亦可知其大略，然明清之譯人，則久付闕如。先生鉤稽史乘，作爲是録，可謂明清譯人之功臣。

亡 佚 諸 録

1. 朱士行漢録

一卷，朱士行撰，佚。

朱士行，三國魏僧，潁川（今河南許昌東北）人。曾於魏甘露二年（257）在洛陽講説《道行般若經》，後覺此經文句簡略，義有格礙，遂於甘露五年（260）出塞至于闐，欲求梵本。後果求得梵書，令弟子將回。師遂留于闐，太康三年（282）示寂，世壽八十。師爲中土最早西行求法之僧侶，爲後世西行求法之楷模。生平見《出三藏記集》卷十三、《高僧傳》卷四。

最早著録《漢録》者爲費長房《歷代三寶紀》："朱士行《漢録》一卷，魏時。"[2]道宣《大唐内典録》卷十："魏時沙門朱士行《漢録》一卷。右依撿，元是潁川沙門，於洛陽講《道行經》，因著其録。"[3]《開元釋教録》卷十、《貞元新定釋教目録》卷十八，多同此。

對於此録之真僞，學界向有不同意見。梁啓超、呂澂、蘇晋仁認爲此録

---

1 周叔迦《周叔迦佛學論著集》下册，中華書局，1991年，第602—603頁。

2 費長房《歷代三寶紀》卷十五，《大正藏》第49册，第127頁。

3 道宣《大唐内典録》卷十，《大正藏》第55册，第336頁。

不足信，而馮承鈞、姚名達則認爲此録爲第一部較有歷史根據之經録。筆者認爲馮、姚二氏之論較爲有據，兹論述如下：

首先，論梁、吕、蘇三先生認爲此録爲僞書之證據。梁啓超《佛家經録在中國目録學之位置》云："朱士行三國時人，《高僧傳》有傳，并未言其作經録，所謂《漢録》者，殆後人依托耳。"[1]《高僧傳》不載并不足以説明此録爲僞作，《高僧傳》竺法護傳亦不載竺法護、聶道真撰有經録，而先生則認爲《道真録》可信。

吕澂先生認爲此録爲僞書之證據爲：唐法琳《破邪論》曾引《朱士行録》證明秦始皇時即有僧人來華，事既不經，其録自僞。然筆者查《破邪論》云："如釋道安、朱士行等經録目云：始皇之時，有外國沙門釋利房等一十八賢者，齎持佛經，來化始皇。"[2] 法琳言《安録》《朱士行録》皆曾言秦始皇時之佛事。既然如此，《朱士行録》爲僞録，則《安録》亦有僞書之嫌乎？況記録僞事并不能證明其書爲僞。

蘇晉仁先生認定此録爲僞書之證據爲："且此録記載晋沙門康道和譯的《益意經》，其不足以爲典據，也很顯然。"[3] 既然《漢録》載有晋世之譯經，則其僞造之迹確甚明顯，此不失爲證明《漢録》爲僞之有力證據。然而關於《漢録》記載道和譯經之事，姚名達先生《中國目録學史》早已辨之。其文云："費《録》於《益意經》，既云晋'孝武帝世，沙門康道和太元末譯'，又云：'朱士行《漢録》云二卷，不顯譯人。'似亦有可疑者。然道和所譯係'第二出'，'合三卷'，費《録》亦已言之，顯非一本，固無庸疑也。"[4] 既然道和所譯《益意經》爲三卷，且費長房明言爲"第二出"，則與《漢録》所載失譯人之二卷《益意經》僅是同經異譯，而并非同一書，故此亦不足證明

1　梁啓超《佛學研究十八篇》，第340頁。
2　法琳《破邪論》卷二，《大正藏》第52册，第484頁。
3　蘇晉仁《佛教經籍目録綜考》，《佛教文化與歷史》，第180頁。
4　姚名達《中國目録學史》，第199頁。

《漢録》之僞。

　　其次，尚有此下證據，似可證明《漢録》之非僞。

　　第一，朱士行曾致力於經典研究。《出三藏記集》卷十三朱士行本傳稱：
"常謂入道資慧，故專務經典。"[1]可知朱士行確有撰作經録之興趣與能力。

　　第二，從《歷代三寶紀》所引《漢録》來看，《漢録》所載既與朱士行
生平相合，又與《高僧傳》《出三藏記集》相合。

　　據《歷代三寶紀》卷四 "後漢譯經" 所引朱士行《漢録》，可知其記載
竺法蘭譯經一部，安世高譯經十三部，支婁迦讖譯經五部，竺法朔譯經一部，
支曜譯經一部，康巨譯經一部，嚴佛調譯經一部。所載皆後漢譯經人物，其
生活年代皆早於朱士行。

　　《歷代三寶紀》所引朱士行《漢録》載竺法蘭譯《十地斷結經》，而《高
僧傳》竺法蘭傳亦云 "即爲翻譯《十地斷結》"。[2]《漢録》載支婁迦讖所譯
五經——《首楞嚴經》《伅真陀羅經》《阿閦佛國經》《寶積經》《胡般泥洹
經》，皆見於《出三藏記集》卷二支婁迦讖所譯經。[3]《漢録》載竺法朔譯
《道行經》一卷，而《高僧傳》卷一有言："時有天竺沙門竺佛朔……齎《道
行經》來適雒陽，即轉梵爲漢。"[4]康巨所譯《問地獄經》亦見於《高僧傳》
康巨本傳。[5]再檢安世高之譯，朱士行《漢録》載十三部，其中十二部見於
《出三藏記集》，僅《內藏經》一卷，爲《出三藏記集》所不載。《高僧傳》
與《出三藏記集》既爲今日研究早期佛教之可靠資料，而《漢録》與之相符
又若此，則言《漢録》爲僞，似證據不足。

　　第三，《漢録》所載譯人之譯經少於後世，此也説明《漢録》出現較早。

1　僧祐撰，蘇晉仁、蕭鍊子點校《出三藏記集》卷十三，第515頁。
2　慧皎撰，湯用彤校注《高僧傳》卷一，中華書局，1992年，第3頁。
3　僧祐撰，蘇晉仁、蕭鍊子點校《出三藏記集》卷二，第26—27頁。
4　慧皎撰，湯用彤校注《高僧傳》卷一，第10頁。
5　慧皎撰，湯用彤校注《高僧傳》卷一，第11頁。

經録中有一有趣現象，即某人所譯之經，越是後出之經録，記載越多。如安世高，《出三藏記集》載其譯經三十四部，而《歷代三寶紀》《大唐内典録》皆載其譯經一百六十餘部，即使是以簡別甚嚴而著稱的《開元釋教録》也載有九十五部之多。而據《歷代三寶紀》之引述，《漢録》僅載安世高譯經十三部。此亦可説明《漢録》即使不是朱士行所撰，也應是一部較早的經録。

2. 漢時佛經目録

一卷，佚名撰，佚。

道宣《大唐内典録》卷十載："《漢時佛經目録》一卷。右撿，似是迦葉摩騰所譯《四十二章經》等，因即撰録。"[1]《開元釋教録》卷十、《貞元新定釋教目録》卷十八所載相同。

關於此録，四庫館臣認爲："餘自《漢時佛經目録》以後，則固皆有實徵者也。"[2]館臣認爲此録爲真，然并未提出任何有力證據。梁啓超、馮承鈞、姚名達皆認爲其爲僞録。然則細究材料，此録極有可能并不存在，實爲後世人所虛題名號：

第一，《大正藏》本《歷代三寶紀》雖於卷十五著録是録，然據校記，宋代資福藏、元普寧藏及明嘉興藏皆不載此録。故記載此録之文字極有可能爲後世所補入。《歷代三寶紀》卷十五言："右二十四家録，檢傳記有目，並未嘗見。"[3]由此可知，費長房明言其所載前世之經録爲"二十四家"，然《大正藏》本《歷代三寶紀》卷十五所列之經録，却有二十六家。其中朱士行《漢録》出現兩次，重複。若再除去此《漢時佛經目録》，則正與"二十四家"之説相符。故推測《漢時佛經目録》爲後人所加，故有實際之"二十六

---

1 道宣《大唐内典録》卷十，《大正藏》第 55 册，第 336 頁。
2 永瑢等《四庫全書總目提要》卷一百四十五，第 1237 頁。
3 費長房《歷代三寶紀》卷十五，《大正藏》第 49 册，第 127 頁。

家”與總計之“二十四家”不相符之現象發生。

第二，此録雖爲《大唐内典録》《開元釋教録》及《貞元録》所記載，却不爲歷代經録所徵引。《歷代三寶紀》也從未引及此録隻字片言。既然是一部漢時經録，理應爲後世經録所徵引。故此録是否真正存在，實頗啓人疑寶。

第三，《歷代三寶紀》卷二、四皆曾徵引竺道祖《漢録》，或後世録家誤竺道祖《漢録》爲《漢時佛經目録》而虛立名號歟？資料缺乏，實難臆斷。

3. 竺法護録

一卷，又稱《衆經録目》，舊題竺法護撰，佚。

《歷代三寶紀》卷六，於竺法護譯經撰述中載：“《衆經録目》一卷。”[1] 又於卷十五載：“《竺法護録》一卷，晋時。”[2] 并未説明此録之内容。後道宣《大唐内典録》卷十：“西晋沙門竺法護《衆經録》一卷。右依撿，是晋武帝長安青門外大寺沙門也。翻經極廣，因出其録。”[3]將此録之内容落實爲竺法護譯經之記録。後《開元釋教録》《貞元新定釋教目録》因之。

據《歷代三寶紀》載，竺法護弟子聶道真也有《衆經録目》一卷，是故近世學者對於二録究竟是否爲一書聚訟紛紛。梁启超《佛家經録在中國目録學之位置》云：“《長房録》卷十五於《聶道真録》之外別有《竺法護録》一卷，竊疑此實一書耳。”并進一步推論：“可見《道真録》即以專記法護爲目的，後人或因其專記法護而題爲《法護録》者，長房無識，遂兩收之耳。”[4]吕澂《竺法護》一文亦認爲二録實爲一書。[5]而姚名達先生則認爲《道真録》爲記載多人譯經之兼録，而《竺法護録》則爲專記法護譯經之專録。[1]
蘇晉仁先生認爲《衆經目録》是記竺法護自己之譯經，而聶道真録乃依據此
録而來。[2]

　　姚、蘇二先生定二録非一書之證據，是他們認爲《出三藏記集》曾徵引
《竺法護録》，然筆者認爲《出三藏記集》中之材料似也可作其他解釋，爲便
於説明，今迻録如次：

　　　　《雜譬喻經》一卷，凡十一事。安法師載竺法護經目，有《譬喻經》
　　三百首二十五卷，混無名目，難可分别。今新撰所得，並列名定卷，以
　　曉覽者。尋此衆本，多出大經，雖時失譯名，然護公所出，或在其
　　中矣。[3]
　　　　安法師所載竺法護經目，有《神咒》三卷，既無名題，莫測同異。
　　今新集所得，並列名條卷，雖未詳譯人，而護所出咒，必在其矣。[4]

兩處皆提及"竺法護經目"，似竺法護確曾撰《經目》一書。然"安法師載
竺法護經目"及"安法師所載竺法護經目"，既可理解爲：道安《綜理衆經目
録》曾引用竺法護所撰《經目》一書。同時，也可解爲：道安《綜理衆經目
録》中所載竺法護所譯經典的目録，即道安搜集竺法護翻譯經典的目録，而
非竺法護自撰過《經目》。則上述材料之意即爲：道安《綜理衆經目録》記載
竺法護之譯經中有《譬喻經》三百首、《神咒》三卷，并非所謂的竺法護
《經目》中曾載有《譬喻經》與《神咒》。

1　姚名達《中國目録學史》，第200頁。
2　蘇晉仁《佛教經籍目録綜考》，《佛教文化與歷史》，第180—181頁。
3　僧祐撰，蘇晉仁、蕭鍊子點校《出三藏記集》卷四，第175頁。
4　僧祐撰，蘇晉仁、蕭鍊子點校《出三藏記集》卷四，第180頁。

　　雖然字句可作此理解，然則是否可以找到證據，説明後一種理解具有可能性？先看第二例：僧祐曾評論《道安録》云："安録誠佳，頗恨太簡。注目經名，撮題兩字。"而此處竺法護所譯經咒確僅用"神咒"二字，此符合道安《綜理衆經目録》"撮題兩字"之體例。再細究上引兩條材料，皆説明由於記載簡略而混亂，不知何種經典爲法護所譯。這也符合道安《綜理衆經目録》"不列卷數，行間相接。後人傳寫，名部混糅。且朱點爲標，朱滅則亂，循空追求，困於難了"的特點。[1]由此可知，上二例所説皆是僧祐看到《安録》著録竺法護譯經之情況，并非對所謂"竺法護經目"之評論。由此似可説明，後一種解釋更爲合理一些。

　　然則竺法護是否撰有經録，而其經録與聶道真所撰經録又有何種關係，正如姚名達先生所言"然諸録援引既寡，真相難明"。[2]由於資料缺乏，只能闕疑了。

4. 聶道真録

　　一卷，又稱《衆經録目》，聶道真撰，佚。

　　聶道真，西晋譯經居士，聶承遠之子。少時隨父受學，博通内外典籍。後隨父參與竺法護之譯席，任筆受之職。永嘉末年，竺法護避居西陲，道真亦隨行。竺法護示寂後，道真繼續傳譯工作。據《出三藏記集》，其筆受之經典有《魔逆經》《文殊師利净律經》《如來大哀經》等。自譯經典，據《歷代三寶紀》卷六有五十餘部，《開元釋教録》卷二删定爲二十四部。生平見《高僧傳》卷一《竺法護傳》附、《出三藏記集》卷七、《歷代三寶紀》卷六、《開元釋教録》卷二。

　　《歷代三寶紀》卷六聶道真譯經著述中載："《衆經録目》一卷。"并注明

---

1 僧祐撰，蘇晋仁、蕭鍊子點校《出三藏記集》卷三，第98頁。

2 姚名達《中國目録學史》，第200頁。

道真譯經及著述"竝見在《別録》所載"。[1]《別録》即《衆經別録》，長房曾見（馮案：《歷代三寶紀》卷十五載有長房所見六部經録中有《別録》），故其所記較有根據。同書卷十五又載："《聶道真録》一卷，晋時。"後《大唐内典録》《開元釋教録》《貞元新定釋教目録》皆載此録。

關於此録之撰作時間，馮承鈞《大藏經録存佚考》云："考其所誌法護譯經之年，最後見者爲晋太安年號，則道真撰録在四世紀初年。"[2]太安爲晋惠帝年號，當公元302—304年。然檢《歷代三寶紀》卷六載竺法護譯經，有《大浄法門經》，其下注文云："建興元年十二月二十六日出，見《聶道真録》。"[3]建興爲晋愍帝年號，建興元年，即公元313年。此爲據《歷代三寶紀》所引《道真録》中記載最晚之譯經，故此録之撰作年代應在此年之後。

關於《道真録》之内容，梁啓超推測爲僅記竺法護譯經之專録，後姚名達認爲是記録多人譯經之兼録。據《歷代三寶紀》所引，《道真録》載竺法護譯經五十七種，然也載有漢靈光和三年（180）支婁迦讖所譯《般舟三昧經》，[4]及西晋元康元年（291）竺叔蘭所譯《首楞嚴經》。[5]故知此録并非但録竺法護譯經，姚名達"兼録"之斷較乃師"專録"之説爲優長。

5. 古經録

一卷，又稱《古録》，佚名編，佚。

最早著録此録者爲隋費長房《歷代三寶紀》，其文云："《古録》一卷，似是秦時釋利防等所齎來經目録。"[6]後道宣《大唐内典録》卷十亦著録曰：

---

1 費長房《歷代三寶紀》卷六，《大正藏》第49册，第66頁。

2 馮承鈞《大藏經録存佚考》，《現代佛教學術叢刊》第10册，第341頁。

3 費長房《歷代三寶紀》卷六，《大正藏》第49册，第62頁。

4《歷代三寶紀》卷二"光和三年庚申"下注："《聶道真録》云：支婁迦讖十月八日於洛陽譯《般舟三昧經》二卷、《寶積經》一卷。"（《大正藏》第49册，第34頁）

5 費長房《歷代三寶紀》卷六，《大正藏》第49册，第65頁。

6 費長房《歷代三寶紀》卷十五，《大正藏》第49册，第127頁。

"《古經録》一卷，右尋諸舊録，多稱爲《古録》，則似秦時釋利防等所齎經録。"[1] 後《開元釋教録》卷十與《貞元新定釋教目録》卷十皆著録，所言與《大唐内典録》相同。

　　此録與《舊經録》，自清代以來即被定爲僞録。《四庫全書總目提要·開元釋教録》云："其第十卷則載'列代佛經目録'凡古目録二十五家，僅存其名；新目録十六家，具列其數。首爲《古經録》一卷，謂爲秦始皇時釋利防等所齎。其説恍惚無徵。次爲《舊經録》一卷，稱爲劉向校書天禄閣所見。蓋依據向《列仙傳序》稱：七十二人已見佛經之文。至稱爲孔壁所藏，則無庸置辨矣。餘自《漢時佛經目録》以後，則固皆有實徵者也。"[2] 後梁啓超《佛家經録在中國目録學之位置》、馮承鈞《大藏經録存佚考》皆定其爲僞書。其理由概括言之有二：一、秦時無有佛法，釋利防之事於史無徵。二、《古録》所載經典有出於北涼者，與秦時不符。故馮承鈞認爲此録"不徒事僞，經録亦僞"。[3] 而姚名達則認爲：釋利防事確僞無疑，而此録亦確曾存在，并推斷："因知撰《古録》者，最早不能出於法護以前，最遲不能更在道安或道龔之後。要之，必爲晋人而非秦人。其書非古，更古者尚有朱士行、竺法護、聶道真之作。徒以失其撰人，故號爲古耳。"[4] 姚氏之説最爲通達，兹以所見補充數條：

　　第一，此録確曾存在，并非長房所僞撰。最早著録此書者雖爲費長房《歷代三寶紀》，然最早徵引此書者却爲僧祐所作《出三藏記集》：

　　　　《梵志闍孫經》一卷。下注："《古録》云：《梵志闍遜經》。"[5]

---

1 道宣《大唐内典録》卷十，《大正藏》第55冊，第336頁。

2 永瑢等《四庫全書總目》卷一百四十五，第1237頁。

3 馮承鈞《大藏經録存佚考》，《現代佛教學術叢刊》第10冊，第340頁。

4 姚名達《中國目録學史》，第197頁。

5 僧祐撰，蘇晋仁、蕭鍊子點校《出三藏記集》卷三，第106頁。

《八吉祥神咒》一卷。下注："《古録》云:《八吉祥經》。"[1]

《幻師颰陀神咒》一卷。下注："《古録》:《幻士颰陀經》。"[2]

僧祐以治律名世,於辨僞極嚴,而《出三藏記集》爲現存最早最完整之經録。《出三藏記集》數次引及《古録》,可知其確曾見到此録。則此録非長房之向壁虛造,也已明矣。

第二,關於此録之撰作時間。姚名達由《歷代三寶紀》曾引《古録》記載道龔《悲華經》,認爲此録最晚不能在道龔之後。然細查文意,姚氏對此段材料之理解似有誤,稍一辨之。《歷代三寶紀》載《悲華經》如下:

（沮渠北涼）《悲華經》十卷。下注:"見《古録》。似是先譯,龔更删改。"[3]

此段材料僅言:古録曾載《悲華經》。接下來乃長房之推測,《古録》所載《悲華經》乃是第一譯（先譯）,與道龔《悲華經》不同,道龔所删改者爲第二譯。故由此材料并不能推出《古録》曾載道龔所改《悲華經》。古録中既未載道龔《悲華經》,則不能據此推斷《古録》成書之年代。

既如此,則《古録》究竟成於何時?《出三藏記集》所引《古録》中三經:《八吉祥神咒》爲支謙所譯,《梵志閣孫經》失譯,而《幻師颰陀神咒》今存《大正藏》第二十一册中,爲竺曇無蘭譯。竺曇無蘭,據《出三藏記集》卷二,其爲東晋孝武帝時人。此爲現在所知《古録》中記載傳譯最晚之經典。然《古録》中是否還有比此經更晚之經典,因《古録》已佚,材料不

---

1 僧祐撰,蘇晋仁、蕭鍊子點校《出三藏記集》卷四,第177頁。

2 僧祐撰,蘇晋仁、蕭鍊子點校《出三藏記集》卷四,第178頁。

3 費長房《歷代三寶紀》卷九,《大正藏》第49册,第84頁。

足，不能妄言。故此錄撰作時間之下限只能定於《出三藏記集》之前。總之，此錄既載有東晉時人之譯經，絶非最早之經錄。

6. 舊經録

一卷，或稱《舊録》，佚名編，佚。

最早著録此録者也爲《歷代三寶紀》，其文云："《舊録》一卷，似前漢劉向搜集藏書所見經録。"[1]其後《大唐內典録》踵事增華，乃云："似是前漢劉向校書天閣，往往多見佛經，斯即往古藏經録。謂孔壁所藏，或秦政焚書，人中所藏者。"[2]《開元釋教録》卷十、《貞元新定釋教目録》卷十八，又承《內典録》之説，言此録爲孔壁所出、秦火之遺。故後世如四庫館臣、梁啓超、馮承鈞、蘇晉仁皆定其爲僞録。

此録之情況較《古録》更爲複雜，《古》《舊》二録皆見於前人經録所引述。《古録》爲一專名，無有疑問。然"舊録"二字從各家引述來看，却有專名與通名之別。如隋法經《衆經目録》卷五於《梵網經》下注："諸家舊録，多入疑品。"[3]此處"舊録"二字，顯然爲過去各經録之通名，并非確指以《舊録》爲名之書。而僧祐《出三藏記集》中又曾以"舊録"代指道安《綜理衆經目録》。如："祐校安公《舊録》，其經有譯名，則繼録上卷；無譯名者，則條目于下。"[4]此處之"舊録"，顯然是指道安《綜理衆經目録》。由此看來，《舊録》此書是否并不存在，而是後世録家誤前人通名爲專名，或誤《出三藏記集》中所引道安《綜理衆經目録》爲《舊録》而虛立名號呢？解鈴還須繫鈴人，這還要從《出三藏記集》中尋求答案。

《出三藏記集》中徵引"舊録"二百餘處，其中多處明顯爲專名。如：

1　費長房《歷代三寶紀》卷十五，《大正藏》第 49 册，第 127 頁。

2　道宣《大唐內典録》卷十，《大正藏》第 55 册，第 336 頁。

3　法經《衆經目録》卷五，《大正藏》第 55 册，第 140 頁。

4　僧祐撰，蘇晉仁、蕭錬子點校《出三藏記集》卷三，第 98 頁。

《内藏百品經》一卷，下注：“安公云：出方等部。《舊録》云《内藏百寶經》。遍校群録，並云《内藏百寶》，無《内藏百品》，故知即此經也。”[1]若“舊録”爲過去諸録之通名，則應包含於“群録”之中，故僧祐不必再言“遍校群録”，故此處之《舊録》應爲一專名。再如：

> 《治身經》一卷。下注：“《舊録》云《佛治身經》。餘録並同。”
> 《治意經》一卷。下注：“《舊録》云《佛治意經》。餘録並同。”[2]

同理，若“舊録”爲通名，則何言“餘録”？此必《舊録》爲所有經録中之一種，除此之外，方稱“餘録”。此又《舊録》非通名之一證。既然“舊録”非過去諸録之通名，則必有一名《舊録》之經録存在。然而僧祐又曾稱《安録》爲《舊録》，那麼《舊録》是否就是道安《綜理衆經目録》呢？

對《出三藏記集》中所引《舊録》進行仔細考察發現，《舊録》并非僅指《安録》。何以知之，證據有三：

第一，《舊録》所載經典常爲《安録》所無，此《舊録》非《安録》之一證。如《出三藏記集》卷二：“《四十二章經》一卷。《舊録》云《孝明皇帝四十二章》。安法師所撰録，闕此經。”[3]知《道安録》未著録《四十二章經》，而《舊録》著録《四十二章經》。再如：

> 《仳真陀羅經》二卷。下注：“《舊録》云《屯真陀羅王經》。《别録》所載，《安録》無。今闕。”[4]
>
> 《阿述達經》一卷。下注：“《别録》所載，《安録》先闕。《舊録》

---

1 僧祐撰，蘇晋仁、蕭鍊子點校《出三藏記集》卷二，第27頁。
2 僧祐撰，蘇晋仁、蕭鍊子點校《出三藏記集》卷三，第102頁。
3 僧祐撰，蘇晋仁、蕭鍊子點校《出三藏記集》卷二，第23頁。
4 僧祐撰，蘇晋仁、蕭鍊子點校《出三藏記集》卷二，第26頁。

云《阿述達女經》，或云《阿闍貰王女阿述達菩薩經》。"[1]

可知，《伅真陀羅經》及《阿述達經》皆爲《安録》所無，而《舊録》著録。若《舊録》即是《安録》，當不會出現此種情況。

　　第二，《舊録》所載經典名稱較詳，而《安録》所載經典名稱較略。此《舊録》非《安録》之又一證。僧祐《出三藏記集》卷三云："安録誠佳，頗恨太簡，注目經名，撮題兩字。"[2]説明安録所載經名多簡略。而《舊録》所載之經名，多詳明。不僅較《安録》爲長，且多較《祐録》爲長。如：

　　　　《阿毗曇五法經》一卷。下注："《舊録》云《阿毗曇五法行經》。"[3]
　　　　《十報經》二卷。下注："《舊録》云《長阿含十報法》。"[4]
　　　　《五陰喻經》一卷。下注："《舊録》云《五陰譬喻經》。"[5]
　　　　《温室經》一卷。下注："《舊録》云《温室洗浴衆僧經》。"[6]

此僅爲《祐録》卷二中隨機摘出之經典，《舊録》之經名多較《祐録》爲長，而與《安録》之"撮提兩字"爲經名不同。

　　第三，《出三藏記集》中常將《舊録》與《安録》及其他經録并舉，此《舊録》非《安録》之又一證明。如：

　　　　《普超經》四卷。下注："一名《阿闍世王品》。《安録》亦云：更出

1　僧祐撰，蘇晉仁、蕭鍊子點校《出三藏記集》卷二，第38頁。
2　僧祐撰，蘇晉仁、蕭鍊子點校《出三藏記集》卷三，第98頁。
3　僧祐撰，蘇晉仁、蕭鍊子點校《出三藏記集》卷二，第24頁。
4　僧祐撰，蘇晉仁、蕭鍊子點校《出三藏記集》卷二，第24頁。
5　僧祐撰，蘇晉仁、蕭鍊子點校《出三藏記集》卷二，第25頁。
6　僧祐撰，蘇晉仁、蕭鍊子點校《出三藏記集》卷二，第35頁。

《阿闍世王經》，或爲三卷。《舊録》云《文殊普超三昧經》。"[1]

　　《阿述達經》一卷。下注："《别録》所載，《安録》先闕。《舊録》云《阿述達女經》，或云《阿闍貰王女阿述達菩薩經》。"[2]

　　《數練意章》一卷。下注："《舊録》云《數練經》。安公云：上二經出《生經》。"[3]

此幾例中《舊録》常與《安録》、"安公云"并提，可知《舊録》并非《安録》，若二者爲同一書，僧祐自不必既提《舊録》，又言《安録》。

　　綜上可知，《出三藏記集》中所引"舊録"，并非過去諸經録之通名，乃一實際存在的佛教經録。此録與《安録》有許多差異，故與《安録》絶非一書。

　　既然《舊録》確實存在，然則其撰作時間與内容，可得而聞否？

　　關於《舊録》之年代，姚名達據《祐録》所引，推測"《舊録》之成，蓋在成帝至廢帝之間"；而據《歷代三寶紀》所引，則"最遲者，竟及蕭齊釋道備之《九傷經》，則又似與祐《録》并世而稍早也。無論如何，其决非漢書則無可疑"。[4]馮承鈞則認爲乃"五世紀後之僞録矣"。[5]從現有資料來看，二家之論，大致不差。再從《祐録》引述看，引《舊録》多而引《古録》者少，似《舊録》較《古録》爲晚出。

　　關於舊録之内容特點，由後世經録之引述，略可言兩點：第一，記載蜀地之譯經。道宣《大唐内典録》云："既三國峙居，而西蜀一都，獨無代録

1 僧祐撰，蘇晉仁、蕭鍊子點校《出三藏記集》卷二，第33頁。
2 僧祐撰，蘇晉仁、蕭鍊子點校《出三藏記集》卷二，第38頁。
3 僧祐撰，蘇晉仁、蕭鍊子點校《出三藏記集》卷三，第92頁。
4 姚名達《中國目録學史》，第198頁。
5 馮承鈞《大藏經録存佚考》，《現代佛教學術叢刊》第10册，第340頁。

者。豈非佛日麗天，而無緣者弗覩；法雷震地，而比屋者不聞哉？"[1]可知三國時，蜀地譯經之情況，資料甚少。而《舊錄》中曾載蜀地譯經：

> 《蜀普耀經》八卷。下注："《舊錄》所載，似蜀土所出。"[2]
> 《蜀首楞嚴經》二卷。下注："出《舊錄》所載，似蜀土所出。"[3]

第二，《舊錄》於經典之後時有簡短之説明。如：

> 《後出首楞嚴經》二卷。下注："《舊錄》所載，云有十偈。"[4]
> 《墮迦經》一卷。下注："《舊錄》所載，云晉言'堅強'。"[5]
> 《心情心識經》一卷。下注："《舊錄》所載，云：有注。"[6]

從以上《出三藏記集》所引《舊錄》來看，《舊錄》對經典之大小（有十偈）及經典之形式（有注）有簡短之説明。

7. 二秦衆經録目

一卷，釋僧叡撰，佚。

僧叡，魏郡長樂（今河南安陽）人，生卒年不詳。十八歲剃髮，二十歲即博通經論。二十四後，游歷各處，講説經義，其後曾師事釋道安。及姚秦弘始三年（401），鳩摩羅什至長安，即往受禪法，且請羅什出禪經，日夜修

---

1 道宣《大唐內典録》卷二，《大正藏》第55冊，第226頁。
2 僧祐撰，蘇晋仁、蕭鍊子點校《出三藏記集》卷四，第181頁。
3 僧祐撰，蘇晋仁、蕭鍊子點校《出三藏記集》卷四，第182頁。
4 僧祐撰，蘇晋仁、蕭鍊子點校《出三藏記集》卷四，第182頁。
5 僧祐撰，蘇晋仁、蕭鍊子點校《出三藏記集》卷四，第197頁。
6 僧祐撰，蘇晋仁、蕭鍊子點校《出三藏記集》卷四，第202頁。

習。并於此時，參與鳩摩羅什譯場，對羅什譯經多所補益。與道生、僧肇、道融并稱爲羅什四大弟子。羅什出經，多由僧叡製序以闡明經義及譯經之經過。今存於《出三藏記集》中者，尚有《大品經序》《小品經序》《法華經後序》《大智釋論序》《中論序》《十二門論序》等十餘篇。生平見《高僧傳》卷六本傳，《出三藏記集》卷八、卷十、卷十一。

費長房《歷代三寶紀》卷八載僧叡《二秦衆經録目》一卷，又於卷十五著録："釋僧叡《二秦録》一卷，後秦。"[1]此爲《二秦録》著録之始。後《大唐内典録》卷十推而廣之曰："後秦沙門釋僧叡《二秦録》一卷。右依撿，後秦姚興弘始年，長安沙門也，即前道安之弟子。神用通朗，思力標舉，參譯什門，多有撰緝。"[2]後《開元録》《貞元録》皆承《内典録》之説。

《歷代三寶紀》卷八《苻秦姚秦録》較多徵引僧叡《二秦録》，從徵引情況來看，《二秦録》主要記載苻、姚二秦時期之譯人。計有曇摩蜱、曇摩難提、僧伽提婆、竺佛念、弗若多羅、佛馱耶舍等人之譯經。其中記載最多者爲僧叡之師鳩摩羅什之譯經，共有二十四種。然《二秦録》也并非僅記二秦譯經，如尚記載有由秦入晉罽賓沙門卑摩羅又所譯《雜問律事》（《歷代三寶紀》卷七）、晉安帝時曇摩讖於於涼州内苑寺所譯之《方等大雲經》（《歷代三寶紀》卷九）及三國時支謙所譯《微密持經》（《歷代三寶紀》卷五）。由此可見，此録主要記述秦涼譯人之譯經，也偶爾兼及其他時期。

此録記載最晚之譯經，據《歷代三寶紀》之徵引當爲佛馱耶舍所譯之《長阿含經》，此經弘始十五年（413）譯出。[3]此録當撰成於此年之後。

1　費長房《歷代三寶紀》卷十五，《大正藏》第49冊，第127頁。

2　道宣《大唐内典録》卷十，《大正藏》第55冊，第336頁。

3　《歷代三寶紀》卷八佛馱耶舍譯經："《長阿含經》二十二卷。弘始十五年出，竺佛念筆受，見《二秦録》。"（《大正藏》第49冊，第79頁）

8. 趙録

一卷，佚名撰，佚。

《趙録》最早見於《歷代三寶紀》，關於此録頗多疑問，如此録是否可稱《二趙經録》，究竟是否記録劉、石二趙時代之譯經等。考之衆書，可得而言之者，有如下數端：

一、此録之正名爲《趙録》，所記并非劉、石二趙時之譯經，故不可以《二趙録》稱之。

第一，費長房《歷代三寶紀》卷十五載："《趙録》一卷。似是趙時，未見經，致疑姓氏。"據此可知，似長房當時即認爲此爲趙時經録，然據《大正藏》本之校刊記，"似是趙時"以下文字宋資福、元普寧藏、明嘉興藏本皆不載，故此數語應非《長房録》之舊文，而爲後人所加。[1]且《歷代三寶紀》所徵引，皆曰"趙録"，未有以"二趙録"稱之者。

第二，據《歷代三寶紀》之稱引，《趙録》所記之法勇、慧嵩、聖堅諸人，皆晋宋之交，活動於河西一帶之譯人，與二趙時代地域不相符合。

如《歷代三寶紀》卷七《趙録》所載之譯人有法勇，并言其爲晋末人。[2]又卷十於《空净三昧經》等四經下注："右四部合四卷，宋世不顯年，未詳何帝譯。群録直注云：沙門釋勇公出。見《始興》及《趙録》，《法上録》亦載。"[3]《出三藏記集》卷十五有法勇傳記，言其於宋武帝永初元年（420），西行求法。其西行之時，必有一定年齒，固謂之晋人或宋人皆無不可。故知《趙録》之法勇及勇公當即此人。

《歷代三寶紀》卷七於《迦葉結集戒經》等三經下注云："右三經合三

---

1 費長房《歷代三寶紀》卷十五，《大正藏》第49冊，第127頁。

2 《歷代三寶紀》卷七"東晋譯經"載："《佛開解梵志阿颰經》一卷。右一經一卷，晋末，未詳何帝。云沙門釋法勇出。見《趙録》。"

3 費長房《歷代三寶紀》卷十，《大正藏》第49冊，第94頁。

卷，群録竝云晋末，不知何帝年。沙門釋嵩公出，或云高公。見《趙録》及
《始興録》載。"[1]《出三藏記集》卷十四《曇無讖傳》載："是時沙門慧嵩、
道朗，獨步河西。值其宣出法藏，深相推重，轉易梵文，嵩公筆受。"[2]知此嵩
公即是慧嵩，與曇無讖同時，活動於沮渠蒙遜玄始年間（412—427）。

　　而《歷代三寶紀》卷九於聖堅所譯《菩薩所生地經》下注云："見《趙
録》。"又云："晋孝武世，沙門聖堅於河南國爲乞伏乾歸譯。"[3]乞伏乾歸爲西
秦第二君，統治時期爲388至412年，則聖堅當活動於此時。

　　考察《趙録》所載之人皆在西秦、北涼之世，活動於河西一帶。晚於劉、
石二趙，故此録并非記劉、石二趙之譯經。正如姚名達所言："因知《趙録》
所載不但非趙人譯經，且非趙人所作。"[4]

　　第三，最早將此録落實爲二趙譯經者，爲道宣《大唐内典録》，其書卷
十："《二趙經録》一卷。右依撿，似是二石趙時，諸録遥注，未知姓氏。"[5]
考《大唐内典録》所引《趙録》，全同於《歷代三寶紀》，知道宣并未見此
録。或見僧叡有《二秦録》，遂將《歷代三寶紀》所載《趙録》誤定爲《二
趙經録》。其後《開元録》《貞元録》承襲道宣之誤，流而不返。

　　二、此録之作者極有可能是晋宋之交之趙正，故稱《趙録》。

　　既然此録并非記録二趙譯經，何以用《趙録》稱之？姚名達曾推測曰：
"殆有趙某撰録，而後代誤爲趙代所出歟？"[6]然姚先生未曾舉出證據以證明自
己之推測。故筆者大膽假設，此録之撰人極有可能是苻秦、姚秦時代之趙正。
趙正，《高僧傳》卷一《曇摩難提傳》附其傳，字文業，洛陽清水人，或曰
濟陰人。年十八爲秦著作郎，後遷至黄門郎，武威太守。趙正通内外學，尤

1　費長房《歷代三寶紀》卷七，《大正藏》第49册，第72頁。
2　僧祐撰，蘇晋仁、蕭鍊子點校《出三藏記集》卷十四，第539頁。
3　費長房《歷代三寶紀》卷九，《大正藏》第49册，第83頁。
4　姚名達《中國目録學史》，第201—202頁。
5　道宣《大唐内典録》卷十，《大正藏》第55册，第336頁。
6　姚名達《中國目録學史》，第202頁。

崇佛法。爲武威太守時，助曇摩難提譯出《中阿含》與《增一阿含》，又助僧伽跋澄譯出《阿毗曇毗婆沙》。後敬慕佛法，志願出家。符堅惜而未許，及符堅死，方出家并更名道整，遁迹商洛山。後爲晋雍州刺史郄恢所迫，往襄陽，遂卒，年六十餘。[1]然則，爲何推測《趙録》爲趙正所作？論之如次：

第一，趙正崇信佛法，曾作曇摩難提、僧伽跋澄之筆受。而筆受之人有撰作經録之傳統，如聶道真曾作竺法護筆受，撰有《道真録》；僧叡作羅什筆受，撰有《二秦録》。而趙正亦曾作筆受，故有作《趙録》之可能。

第二，趙正曾作武威太守，而《趙録》所載之譯人如法勇、慧嵩、聖堅等人皆活動於河西一帶，地域相符。

第三，趙正與上述數人生活年代接近。《高僧傳》載："（趙正）後遁迹商洛山，專精經律。晋雍州刺史郄恢，欽其風尚，逼共同游，終於襄陽。"[2]可知，趙正於符堅死後，隱於商洛山，又爲郄恢虜歸南方。而據《晋書·楊佺期傳》載："仲堪與桓玄舉衆應王恭、庾楷，仲堪素無戎略，軍旅之事一委佺期兄弟，以兵五千人爲前鋒，與桓玄相次而下。至石頭，恭死，楷敗，朝廷未測玄軍，乃以佺期代郄恢爲都督梁雍秦三州諸軍事、雍州刺史……佺期入府斬閭丘羨，放恢還都。"[3]知郄恢之還襄陽，在王恭兵敗之後，而虜趙正歸襄陽，也正在此時。考《晋書》卷十《安帝本紀》，王恭敗死，當安帝隆安二年（398）。此年楊佺期代郄恢爲雍州刺史，郄恢歸南。由此可知，趙正之卒，必在此年之後。故知趙正爲晋宋之交之人物，與法勇、慧嵩、聖堅等人生活年代相符。况據《歷代三寶紀》："曇摩難提先録爲梵文，佛圖羅刹傳譯，沙門慧嵩、沙門智敏、秘書郎趙文業筆受爲秦言。"[4]此處所言"趙文業"正是"趙正"，更可知趙正與慧嵩同作過曇摩難提之筆受。

---

1 慧皎撰，湯用彤校注《高僧傳》卷一，第35頁。
2 慧皎撰，湯用彤校注《高僧傳》卷一，第35頁。
3 房玄齡等《晋書》卷八十四，中華書局，1974年，第2200—2201頁。
4 費長房《歷代三寶紀》卷八，《大正藏》第49册，第76頁。

然此録究竟是否爲趙正所作，因缺乏直接證據，尚難定論。

9. 釋王宗録

二卷，又稱《衆經目録》，釋王宗撰，佚。

王宗，生平不詳。《出三藏記集》卷五載《佛所制名數經》，僧祐云："齊武帝時，比丘釋王宗所撰。抄集衆經，有似《數林》。"[1]知王宗爲齊武帝時僧人。又《高僧傳·釋曇斌傳》載："時莊嚴（寺）復有曇濟、曇宗，並以學業才力見重一時。濟述《七宗論》，宗著《經目》及《數林》。"[2]王宗撰有"有似《數林》"之《佛所制名數經》及《衆經目録》，而莊嚴寺之曇宗亦撰有《數林》與《經目》，而二人生活之時代，皆在宋齊之交。時代與著述極爲相似，而僧人有隨師爲姓之習慣（如竺法護本姓支氏，因師竺高座，遂以竺爲姓），莊嚴寺三僧曇斌、曇濟、曇宗皆以曇爲姓，或即是其師姓"曇"之故，故似可推測此曇宗或即是王宗。至於姓氏不同，或王爲其俗家姓氏而曇爲僧家之姓歟？

最早著録《王宗録》者，爲費長房《歷代三寶紀》。《歷代三寶紀》卷十五載："《釋王宗録》二卷，前齊世。"[3]後唐代諸録皆著録。最早引及《王宗録》者爲僧祐《出三藏記集》。《出三藏記集》卷四《新集續撰失譯雜經録》有《佛從兜率降中陰經》四卷，下注："出《王宗經目》。"[4]

據《歷代三寶紀》徵引，《王宗録》所載譯人有三國時朱士行（卷六）、晉武帝時聖堅（卷九）、宋文帝時代浮陀跋摩（卷九）、齊釋曇景（卷十一）。而據《大周刊定衆經目録》卷八，尚有後漢安世高所譯《恒水經》。《開元釋教録》卷五所引又有劉宋時代釋法勇之譯經。可知《王宗録》爲通録各代譯經之目録。

---

1 僧祐撰，蘇晉仁、蕭鍊子點校《出三藏記集》卷五，第226頁。
2 慧皎撰，湯用彤校注《高僧傳》卷七，第291頁。
3 費長房《歷代三寶紀》卷十五，《大正藏》第49册，第127頁。
4 僧祐撰，蘇晉仁、蕭鍊子點校《出三藏記集》卷四，第181頁。

10. 宋齊録

一卷，釋道慧撰，佚。

《歷代三寶紀》最早著録是書曰："釋道慧《宋齊録》一卷。"[1]未言道慧爲何時人。從《歷代三寶紀》之引述來看，此録記載有晋安帝世佛馱耶舍之譯經（卷八），宋文帝世釋智猛、釋曇覺之譯經（卷九），宋明帝世吉迦夜之譯經（卷九），廢帝世佛陀什，宋文帝時代之寶雲、智嚴、僧伽跋摩、求那跋陀羅與畺良耶舍之譯經（卷十），宋孝武帝時代沮渠京聲、功德直之譯經（卷十），以及齊武帝時僧伽跋陀羅、達摩摩提之譯經（卷十一）。皆爲宋、齊時代之譯人。

今檢《高僧傳》，宋齊時有二道慧：一爲安樂寺道慧，見《高僧傳》卷十三；一爲京師莊嚴寺道慧，見《高僧傳》卷八。據《高僧傳》卷十三《宋安樂寺道慧傳》："（道慧）宋大明二年卒，年五十一。"[2]大明爲宋孝武帝年號，大明二年，即公元458年。據上面引述可知，《宋齊録》記載有宋廢帝、明帝，甚至齊代之譯經，此皆在安樂道慧之身後，與其生平不符。故安樂道慧應非此録之作者。

既如此，則《宋齊録》是否爲莊嚴寺道慧所撰？道宣《大唐内典録》卷十云："前齊沙門釋道慧《宋齊録》。"[3]前齊即南齊，首先將道慧定爲南齊人。而《高僧傳》卷八《齊京師莊嚴寺道慧傳》載："慧以齊建元三年卒，春秋三十有一。"[4]建元，爲齊高帝年號，建元三年，即公元481年。似乎於《宋齊録》所載譯人之時代較爲相符，也似乎與道宣所謂"前齊沙門"相符。故馮承鈞先生亦據此推斷曰："按《高僧傳》卷八，慧卒於四八一年，撰録應在

1　費長房《歷代三寶紀》卷十五，《大正藏》第49冊，第127頁。

2　慧皎撰，湯用彤校注《高僧傳》卷十三，第500頁。

3　道宣《大唐内典録》卷十，《大正藏》第55冊，第336頁。

4　慧皎撰，湯用彤校注《高僧傳》卷八，第305頁。

此年之前。"[1]然則，細檢材料，《歷代三寶紀》卷十一於《善見毗婆娑律》下注："見道慧《宋齊録》及《三藏記》。"[2]又據《出三藏記集》卷十一《善見律毗婆沙記》，可知《善見毗婆娑律》爲僧伽跋陀羅於永明十年譯出。此爲今日可知《宋齊録》記載之最晚譯經。永明十年，即公元492年，距莊嚴道慧之卒已十有餘年，道慧當然不可能懸測十年後之事。故言此録爲莊嚴道慧所撰似亦有問題。

然則，此録究竟爲何人所作，是否《長房録》所引材料有誤，或是《宋齊録》在道慧身後又有增補？此種種之疑問，因文獻不足，不得不闕疑，以待來日新材料之發見了。

11. 菩提流支録

一卷，又作《譯衆經論目録》，北魏菩提流支撰，佚。

菩提流支，北天竺人，又作菩提留支，意譯爲道希。爲大乘瑜伽系之學者，資性聰敏，遍通三藏，精通咒術。北魏宣武帝永平元年（508）至洛陽，宣武敕住於永寧寺，翻譯梵經。計譯有《十地經論》《金剛般若經》《法集經》《深密解脱經》等，凡三十九部一百二十七卷。因其與勒那摩提共譯《十地經論》，故被尊爲地論宗之祖。又嘗親授曇鸞《觀無量壽經》，故後世又尊其爲净土宗初祖。天平年間（534—537）猶在世，後不知所終。生平見《續高僧傳》卷一本傳，《歷代三寶紀》卷三、卷九。

此録最早見於《歷代三寶紀》。《歷代三寶紀》卷九菩提流支著作中著録："《譯衆經論目録》一卷。"[3]卷十五所舉列代藏經目録於《岑號録》後著

---

1 馮承鈞《大藏經録存佚考》，《現代佛教學術叢刊》第10册，第343頁。
2 費長房《歷代三寶紀》卷十一，《大正藏》第49册，第95頁。
3 費長房《歷代三寶紀》卷九，《大正藏》第49册，第86頁。

録：“《菩提流支録》一卷。”[1]後《大唐内典録》卷四、卷十，皆著録。《開元釋教録》卷六載曰：“《衆經論目録》一卷。此是留支所撰，非是梵本別翻。今目録中叙，此不復存也。”[2]指出此録乃菩提流支所作而非翻自梵文。

至於此録之内容，姚名達先生曰：“費《録》（卷十五）則謂流支撰有‘《譯衆經論目録》，一卷’。推其名義，似專録自譯經論。然於魏文成帝世釋曇曜所譯《付法藏傳》下注云‘見《菩提流支録》’，則支《録》所收又未必限於本人所出，而并取近世譯經矣。”[3]因此録不常爲他録所稱引，故其内容如何，不可詳知。

12. 譯經録

一卷，釋靈裕撰，佚。

靈裕（518—605），定州曲陽（今屬河北）人，俗姓趙。十八歲出家于趙郡應覺寺。二十一歲從道憑學地論，三年後歸定州，受具足戒。二十六歲從隱公學《四分律》，并從嵩、林二師學《成實》，從安、游、榮三師學《雜心》，并通世典儒籍。北周毀法之際，率同侶二十餘人，晝讀俗書，夜談佛理。後隋代興教，游化燕、趙等地。開皇十年（590），入洛州靈通寺，翌年住相州大慈寺，又奉敕住長安興善寺。帝欲授以國統，固辭不就，歸住相州演空寺，以講説爲務。大業元年示寂，世壽八十八。著述甚豐。生平見貞觀六年弟子海雲所撰《大法師行記》（《安陽縣金石録》卷三）、《續高僧傳》卷九本傳。

靈裕《譯經録》最早見於《歷代三寶紀》著録，此後《大唐内典録》《開元釋教録》《貞元録》皆承之。至近世姚名達先生雖認爲此録爲真，然提

1　費長房《歷代三寶紀》卷十五，《大正藏》第49册，第127頁。

2　智昇撰，富世平點校《開元釋教録》卷六，第406頁。

3　姚名達《中國目録學史》，第219頁。

出兩點疑問：一、長房於《歷代三寶紀》卷十五雖著録此録，然卷十二代録靈裕著作中無此録。二、《大唐内典録》《續高僧傳》未載此録，亦未言靈裕曾譯經。[1]今人譚世保先生則認爲此録係費長房以後之人僞加，實并無《靈裕録》一書。其説云：

> 因此，卷十五所載之《靈裕法師譯經録》很可能是費長房以後之人僞加的。姚名達另舉之所謂孤證，其實是把《房録》之注文誤改了一字。按《房録》卷五安法賢譯《羅摩伽經》注説："見竺道祖、寶唱、法上、靈祐等四録。"此"靈祐"只有宫本是寫作"靈裕"。另外，《昇録》此經注也作"靈祐"，只有宋、元、明本作"靈裕"。而《宣録》的宋、元、明本則把"靈裕"改作"僧祐"。綜上所述，可斷定《房録》原文應是"靈祐"而非"靈裕"，因爲如果是後者，則其在卷十二應有"靈裕録"的記載。[2]

筆者分析材料，可得而言者，有以下四端：

第一，既然《房録》宫本作"靈裕"，而《昇録》之宋資福藏、元普寧藏、明嘉興藏皆作"靈裕"，此處作"靈裕""靈祐"皆有版本依據，故由此僅能推斷二者皆有可能，并不能據此斷言"《房録》原文應是'靈祐'而非'靈裕'"。

第二，既然從版本上難以説明"靈裕""靈祐"何者爲優，則必須借助於内證。幸運的是，并不如姚、譚二先生所言，靈裕録在《房録》中僅出現一次。《歷代三寶紀》卷六《放光般若經》下云："行（朱士行）以魏末甘露五年發迹雍州，遂游西域，於于闐國得前梵本九十章，減六十萬言。遣弟子

1　姚名達《中國目録學史》，第228頁。
2　譚世保《漢唐佛史探真》，第195—196頁。

弗如檀，晋云法饒，從于闐送還歸洛陽……遂得送來達到陳留。還遇于闐僧無羅叉、竺叔蘭等，當惠帝世元康元年五月十日，於倉垣水南寺譯之。而竺道祖、僧祐、王宗、寶唱、李廓、法上、靈裕等諸録，述著衆經，並云：朱士行翻此。蓋據其元尋之人，推功歸之耳。"[1]此段辨《放光般若》爲僧無羅叉、竺叔蘭所譯，而非朱士行所譯，明確提及"靈裕等録"，此正可與上面校勘結果相證明：《房録》原文恰恰不是"靈祐"，而是"靈裕"。因"靈祐""僧祐"聲名皆較"靈裕"爲大，故纔會有大正藏本《房録》及宋、元、明藏本《宣録》之誤。

　　第三，筆者推測，靈裕確曾編撰有譯經目録，極有可能是其著作中之《佛法東行記》。首先，《續高僧傳》本傳載靈裕有《佛法東行記》《譯經體式》，[2]可知靈裕對譯經應素有關注，而《歷代三寶紀》卷十二亦著録其著作有《經法東流記》，此書當即是《佛法東行記》之異稱。其次，因古人引書并非如今日吾人之準確。《長房録》中卷十五著録之書名與其代録注文中之書名常不統一。如卷十五爲《魏世衆經録目》，而代録中常稱作《李廓録》，卷十五《齊世衆經目録》，在代録中稱《法上録》。亦時將《出三藏記集》引作《祐録》。[3]故長房在卷十五中之《譯經録》，極有可能是此《佛法東行記》（或《經法東流記》）之異稱。如此，則姚名達先生所提兩點疑問，亦可迎刃而解。

---

1 費長房《歷代三寶紀》卷六，《大正藏》第 49 册，第 65 頁。
2 道宣撰，郭紹林點校《續高僧傳》卷九，第 317 頁。
3 譚世保《漢唐佛史探真》云："唯《出三藏集記》與《祐録》雖爲一録二名。但其卷四《太子本起瑞應經》注却説'見《三藏記》及《祐録》'，其餘《首楞嚴經》、《八正道》、《禪行法想經》、《本相猗致經》等注亦有類似情況。可知其誤一録爲兩録。"認爲長房至爲無識，不知《三藏記》即是《祐録》（第 17 頁）。查《大正藏》本，確如譚先生所言，然校勘記宋、元、明三本皆無"及《祐録》"三字。再查所舉其他四經，亦是《大正藏》本兩出，而宋、元、明本皆一出。惡本誤人，非譚先生之過也。然譚先生又云："費長房既然有資格充任皇帝御用的翻經學士，而且有能力獨自寫成如此一部煌煌巨著，就不可能是一個寡識而易受騙的人。"（第 10 頁）既然認爲費長房非一録録之徒，何以又認爲其竟不知《三藏記》與《祐録》本爲一書？前後之標準何其不一？

第四，海雲《大法師行記》殘碑載："年七十，文皇帝命入咸陽，策杖□□□往□□已後還相□□□□□□□□□□□□□□□□□□□《佛法東行》《譯經法集》"[1]由此可知《佛法東行記》撰於靈裕由京城返相州之後。《續高僧傳》載："乃步入長安，不乘官乘，時年七十有四。"[2]知靈裕入京在七十四歲，時開皇十一年（591），因靈裕不受國統之職，故其在長安之時間應不長。如此則其歸相州當在七十五六歲，即開皇十二三年，其撰成《佛法東行記》當在此年之後，而《歷代三寶紀》成於開皇十七年。據此而言，則費長房有可能見到此書，亦有可能見不到此書。故譚世保先生認爲此録爲後人所加之説法，或尚有其價值，然其謂靈裕并未撰録，顯然證據不足。

13. 真諦録

卷數、撰者未詳，佚。

真諦（499—569），著名譯經僧，西北印度優禪尼人，婆羅門種。少游諸國，歷事諸師，究明大乘之妙理。南朝梁代中大同元年（546）攜經典抵中國南海。太清二年（548）入建業謁武帝，時值侯景之亂，遂潛行南歸，輾轉游歷今蘇、浙、贛、閩等地，而所至譯經不輟，也常撰疏闡釋經論理趣。陳太建元年示寂，世壽七十一。自梁武帝末至陳太建元年，共譯經論紀傳六十四部二百七十八卷，今僅存三十部。與鳩摩羅什、玄奘、義净并稱四大譯師。生平見《續高僧傳》卷一本傳。

姚名達先生《中國目録學史》言及真諦之譯經録曰："費《録》，宣《傳》，并未言其撰有經録。惟法經《衆經目録》於《大乘起信論》及《遺教經》目下并注云：'人云真諦譯，勘《真諦録》，無此論，故入疑。'因知真

1　武億《安陽縣金石録》卷三，《石刻史料新編》第 18 册，台灣新文豐出版公司，1982 年，第 13842 頁。
2　道宣撰，郭紹林點校《續高僧傳》卷九，第 313 頁。

諦譯經自有目録矣。"[1]先生於《衆經目録》考出《真諦録》，然未言此録之作者爲何人。

據歷代經録與史傳所載，關於真諦譯經之記録可考者又有以下兩種：一、智敫所撰《翻譯歷》。《續高僧傳》卷一《法泰傳》附《智敫傳》："敫撰諦之《翻譯歷》，始末指訂，并卷部、時節、人世詳備，廣有成叙。"[2]二、曹毗所撰《別歷》。《歷代三寶紀》卷九："（真諦）既懷道游方，隨在所便譯，並見曹毗《三藏歷》。"[3]《續高僧傳》卷一真諦本傳亦載："故始梁武之末，至陳宣即位，凡二十三載。所出經論記傳，六十四部，合二百七十八卷。微附華飾，盛顯隋唐。見曹毗《別歷》及唐《貞觀内典録》。"[4]曹毗與智敫皆爲真諦弟子，均親近真諦多年，皆有撰作真諦譯經録之可能。道宣《續高僧傳》對二人之撰作皆有記録，故二人分別撰録之可能性極大。上引智敫所撰《翻譯歷》"始末指訂，并卷部、時節、人世詳備，廣有成叙"，可見其書較爲詳盡。故是否可作如此推測：曹毗撰録在先，然較爲簡略，故智敫在此基礎上再做增補。

然《衆經別録》所引《真諦録》是否爲曹毗或智敫之書，史料不足，闕疑可也。

14. 般若三藏續古今翻譯經圖記

二卷，唐釋圓照撰，佚。

圓照，唐代僧，生卒年不詳，卒時八十二歲。京兆藍田（今陝西藍田）人，俗姓張。十歲依西明寺景雲律師出家，鑽研《維摩》《法華》、因明、唯

---

1 姚名達《中國目録學史》，第220頁。
2 道宣撰，郭紹林點校《續高僧傳》卷一，第26頁。
3 費長房《歷代三寶紀》卷九，《大正藏》第49冊，第88頁。
4 道宣撰，郭紹林點校《續高僧傳》卷一，第21頁。

識、《涅槃》、中觀、《華嚴》諸學，兼學儒典，尤精律學。玄宗開元年間（713—741），奉敕參與譯經。大曆十三年（778），代宗詔兩京律師十四人，於長安安國寺定新舊兩疏律條，師與超儕等人共任筆受之職。建中元年（780）五月疏成，六月奉敕依大曆新定字樣抄寫，十二月上呈祠部。此即所謂《敕僉定四分律疏》。圓照曾助般若、牟尼室利、蓮華、利涉等人譯經。圓照一生編集、著述之書甚多，著有《大乘理趣六波羅蜜多經音義》《三教法王存没年代本記》《再修釋迦佛法王本記》《五部律翻譯年代傳授人記》《貞元續開元釋教錄》等。編有《大唐安國寺利涉法師傳》《集景雲先天開元天寶誥制》《不空三藏碑表集》《隋傳法高僧信行禪師碑表集》《兩寺上座乘如集》《翻經大德翰林待詔光宅寺利言集》《僉定律疏一行制表集》《傳法三學大德碑記集》《建中興元貞元制旨釋門表奏記》《御題章信寺詩太子百寮奉和集》等。生平見《宋高僧傳》卷十五本傳、《佛祖統紀》卷四十一、《律苑僧寶傳》卷六等。

圓照《大唐貞元續開元釋教錄》卷二載："《般若三藏續古今翻譯經圖記》二卷。"[1]空海大師《御請來目錄》卷一著錄："《貞元新翻譯經圖記》二卷，圓照律師撰。"[2]當即此書。《宋高僧傳》圓照本傳亦載其作《般若三藏續古今翻譯圖紀》二卷。

此錄雖佚，然其部分遺文尚見於圓照《大唐貞元續開元釋教錄》中。《大唐貞元續開元釋教錄》卷一載般若三藏出使迦濕彌羅國，於貞元八年返抵長安後，言："略舉其由，委細而知，廣如《般若三藏續譯圖紀》"[3]可知《般若三藏續譯圖紀》中記載有般若出使迦濕彌羅國事。卷一載般若譯經，叙述般若生平亦引《般若三藏續翻譯經圖紀》。卷二良秀《大乘理趣六波羅

---

1 圓照《大唐貞元續開元釋教錄》卷二，《大正藏》第 55 冊，第 765 頁。

2 空海《御請來目錄》卷一，《大正藏》第 55 冊，第 1064 頁。

3 圓照《大唐貞元續開元釋教錄》卷一，《大正藏》第 55 冊，第 757 頁。

蜜多經疏》下，記述良秀等人修疏之經過，亦云：“廣如《續譯經圖紀》下卷中説。”[1]由上引三則遺文來看，《般若三藏續翻譯圖紀》當是專記般若事迹與譯經之專録。既然圓照《大唐貞元續開元釋教録》已引《般若三藏續翻譯經圖紀》之文，當知此録必作於《續開元録》之前，亦即貞元十年（794）前。而據上引遺文，知此録已記載貞元八年般若由北國返長安事，故知此録當作於貞元八年（792）至十年（794）間。

15. 元豐法寶録

卷數未詳，宋元絳、蔡確編，佚。

元絳（1008—1083），字厚之，其先臨川危氏，後遷杭州，易姓元。元絳天聖二年進士，入試崇政殿，誤用韻，賜同學究出身，補淮陰主簿。天聖八年，再擢進士。歷江寧推官，知永新縣，遷江南西路轉運使。儂智高反，充廣南東路轉運使，供軍餉有功。累遷翰林學士，拜參知政事，以太子少保致仕。元豐六年卒，年七十六，謚章簡。著有《玉堂集》二十卷、《玉堂詩》十卷。生平見蘇頌《太子少保元章簡公神道碑》（《蘇魏公集》卷五十二）、《宋史》卷三百四十三、《東都事略》卷八十一。

蔡確（1037—1093），字持正，泉州晉江人。嘉祐四年進士，擢監察御史，初附王安石，後反覆。自知制誥爲御史中丞，參知政事。元豐五年拜尚書右僕射。元祐初年，罷知陳州，再責英州別駕，新州安置。元祐八年卒於貶所，年五十七。贈太師，謚忠懷，追封清源郡王。生平見《宋史》卷四百七十一、《東都事略》卷八十。

元絳曾於嘉祐七年（1062）知福州，宋代福州開雕之崇寧萬壽大藏曾邀其爲請主。崇寧藏“往”字函《大般若波羅蜜多經》卷一百九十三尾有題記

---

1 圓照《大唐貞元續開元釋教録》卷二，《大正藏》第55冊，第763頁。

曰：“都勸首住持傳法慧空大師沖真，請主參知政事元絳。”[1]可知其也爲熱心佛教之居士。

　　據《玉海》載：“元豐元年十月甲辰（三日），命參政元絳參定《新編法寶録》。”[2]可知，在元豐元年，即命元絳修《新編法寶録》。又據《續資治通鑒長編》載：“元豐五年，夏四月壬子朔，雲陰，日不見食。參知政事蔡確上《元豐法寶録》。”[3]元絳於元豐二年，因神宗子耆寧事，罷知亳州，同年蔡確任參知政事，《法寶録》事由蔡確繼任。至元豐五年編成，故改由蔡確上進。至於此録之内容，因文獻缺載，不可詳知。

　　　　　　　　　　　　　　　　以上通計現存、亡佚共二十七種

1　轉引自沈津《美國所藏宋元刻佛經經眼録》，載《文獻》1989年第1期，第196頁。
2　王應麟《玉海》卷一百六十八，第3081頁。
3　李燾《續資治通鑒長編》卷三百二十五，第7813頁。

典藏目録第二

　　佛經之翻傳既興，必有經籍之存藏。或結集於寺廟，或貯藏於宮庭，無目録以綱紀之，則有散亡之虞。故踵譯經録而後起者，典藏録也。然古代大德居士重譯經録，對典藏録則頗爲輕視。如《開元釋教録》言："又如《長房録》中引《一乘寺藏録》，《周録》之中引《真寂寺録》《義善寺録》《玄法寺録》《福林寺録》，上之五録，但引其名，不言卷數。又有陳朝《大乘寺藏録》四卷，並不知何人製作。似是當寺藏經，略記由委。既局寺名爲録，未可通行，故叙録次，闕而不載。"[1]典藏録地位之輕可以想見。

　　若論典藏之目，凡有三體：一爲寺廟所藏，如梁之定林寺、陳之大乘寺、隋之一乘寺、唐之西明寺、廬山東林寺皆爲佛典藏經之淵藪。其寺所藏皆曾撰有目録，此種目録實爲研究寫本大藏及大藏經成立之絶佳資料，惜皆亡佚，今日存者惟唐大敬愛寺之録。寺廟藏經目録至唐後作者極少，蓋其時雕版大藏風行，典藏目録遂與雕版藏經目録合而爲一，不復獨立單行也。二爲國家所藏，如梁武帝華林園之寶雲經藏、隋煬帝江都之寶臺經藏、唐内苑德業寺之經藏，皆撰有目録。而隋代寶臺經藏之目録達百卷，當有解題，則爲現知最早之解題經録。三爲私人之專藏。以筆者讙陋之見，僅發現近代張采田《多伽羅香館所藏像教書目》與余重耀《鐵山居士所藏經目》兩種。

　　今通考存佚得二十六家，列典藏目録第二。

---

1 智昇撰，富世平點校《開元釋教録》卷十，第 588 頁。

現 存 諸 錄

1. 大隋衆經目録

七卷，又稱《衆經目録》《法經録》，隋釋法經等撰，存。收入麗藏、金藏"肆"函，宋思溪藏、元普寧藏"筵"函，明南藏"郡"函，明北藏"宗"函，清藏"尹"函，頻伽藏"結"函，大正藏第55冊。又有民國二十七年北京刻經處單刻本。

法經，隋代僧人，生卒年不詳。道宣《續高僧傳·闍那崛多》載："又置十大德，沙門僧休、法粲、法經、慧藏、洪遵、慧遠、法纂、僧暉、明穆、曇遷等監掌翻事，銓定宗旨。"[1]可知，法經曾與僧休、洪遵等人同爲隋代之十大德。又《佛祖統紀》載："（開皇）五年詔法經法師，於大興殿授菩薩戒。"[2]法經曾爲文帝授戒，足見其地位之高。

《歷代三寶紀》載："《大隋衆經目録》，開皇十四年敕翻經所法經等二十大德撰。"[3]《法苑珠林》亦載："《衆經目録》七卷。右隋朝開皇十四年，大興善寺沙門釋法經等二十大德奉敕撰。揚化寺沙門明穆、日嚴寺沙門彥琮區域條分，覼縷緝綴。"[4]由此二處之記載可知，《法經録》乃法經等二十餘人集體所撰，則上列之十大德當皆曾參與此事。

此録卷末載法經上表曰：

　　　　大興善寺翻經衆沙門法經等敬白皇帝大檀越：去五月十日，太常卿牛弘奉敕須撰《衆經目録》，經等謹即修撰。總計衆經合有二千二百五十七

---

1 道宣撰，郭紹林點校《續高僧傳》卷二，第40頁。
2 志磐撰，釋道法校注《佛祖統紀校注》卷四十，第895頁。
3 費長房《歷代三寶紀》卷十五，《大正藏》第49冊，第126頁。
4 道世撰，周叔迦、蘇晉仁校注《法苑珠林校注》卷一百，第2880頁。

部，五千三百一十卷。凡爲七卷：別錄六卷，總錄一卷。繕寫始竟，謹
用進呈。經等又敬白：……比逮東晉、二秦之時，經律粗備。但法假人
弘，賢明日廣，於是道安法師創條諸經目錄。銓品譯材，的明時代，求
遺索缺，備成錄體。自爾達今，二百年間，製經錄者十有數家。或以數
求，或用名取，或憑時代，或寄譯人，各紀一隅，務存所見。獨有楊州
律師僧祐，撰《三藏記錄》頗近可觀。然猶小大雷同，三藏雜糅，抄集
參正，傳記亂經。考始括終，莫能該備。自外諸錄，胡可勝言？僧衆既
未獲盡見三國經本，校驗異同；今唯且據諸家目錄，刪簡可否。總標綱
紀，位爲九錄，區別品類，有四十二分。九：初六錄三十六分，略示經
律三藏大小之殊，粗顯傳譯是非真偽之別。後之三錄集傳記注，前三分
者，並是西域聖賢所撰，以非三藏正經，故爲別錄；後之三分，並是此
方名德所修，雖不類西域所製，莫非毗贊正經，發明宗教，光輝前緒，
開進後學，故兼載焉。……開皇十四年七月十四日大興善寺翻經衆沙門
法經等。[1]

　　觀此進表，可得而言之者有如下數端：第一，此錄之作，實由牛弘總領。
牛弘於開皇初年便上訪書之策，又於開皇四年，撰成《四部目錄》，一生熱
心於圖書建設。又於開皇十三年，領導編製此錄。另據内藤龍雄的研究，此
錄的製作或與開皇十三年對《占察經》等偽經的查禁有關。[2]第二，此錄之分
類，有九錄四十二分。前六錄各六分，共三十六分；後三錄各二分，共六分。
聯係此錄之内容可知，此錄前六錄先分經、律、論，再分大小乘，再分爲一
譯、異譯、失譯、別生、疑惑、偽妄。後三錄收撰述，先分爲撰集、傳記、

---

　　1 法經《衆經目錄》卷七，《大正藏》第 55 冊，第 148—149 頁。
　　2 内藤龍雄《〈法経錄〉について》，《印度学仏教学研究》第 19 卷第 1 號，1970 年，第 235—
238 頁。

著述，再分西土、此方。分類頗詳悉（分類表見圖表8）。

概而言之，此録之特點有二，即分類極詳明，而著録頗疏略。梁啓超《佛家經録在中國目録學之位置》盛贊此録之分類曰：“經律論三藏厘然分明，每藏又分大小乘，在佛典分類中最爲科學。其三藏以外之書分抄集、傳記、著述三類，而每類又分西域與此土，則一切典籍可以包括無遺。……以此六種分類（馮案：一譯、異譯、失譯、別生、疑惑、僞妄），攝盡通行一切經典，真者寫定入藏以廣其傳，別生及疑僞者雖屏不入藏，仍著其目，使後世勿爲所惑。別擇精嚴，組織修潔，專以目録體例論，此爲最合理之作矣！”[1]姚名達《中國目録學史》亦曰：“先分教義爲大乘、小乘，再各分文裁爲經、律、論，最後復將經、律、論之流傳情狀即體質分爲一譯、異譯、失譯、別生、疑惑、僞妄六類。其非經、律、論三藏之雜書，則先分文裁爲抄録、傳記、著述，再各分地域爲西域、此方（即中國）。故合計共有九大類，四十二小類。所用分類原則有教義、文裁、地域、體質四項，較南北朝諸録爲複雜，而又不失其整潔。體質六分之意義尤爲明瞭。”[2]皆足見此録之分類法，實較以前有極大之進展。

然其著録之經籍、譯人、卷數則多有疏漏，智昇《開元釋教録》已攻其數端。而周叔迦則概括此録之失爲：“撰修采輯，頗多遺略”“異名重出，數見不鮮”“至於當時闕本之經，全無記載，尤爲大失”[3]的爲灼見。

2. 隋仁壽年内典録

五卷，又稱《衆經目録》，隋釋彦琮等撰，存。收入麗藏“設”函，宋思溪藏、元普寧藏“席”函，明南藏“百”函，明北藏“岳”函，清藏

---

1 梁啓超《佛學研究十八篇》，第349—351頁。
2 姚名達《中國目録學史》，第223頁。
3 周叔迦《釋家藝文提要》，第83—84頁。

"尹"函，頻伽藏"結"函，大正藏第55冊。

　　彦琮（557—610），隋代僧，趙郡（今河北邢臺）人，俗姓李。幼投信都僧邊法師，十歲剃度，法名道江。十六歲喪父，厭棄名聞，專心子史。北齊亡後，爲北周武帝召爲通道觀學士，侍講易、老、莊等書，遂改名彦琮。大定元年（581），依曇延之奏而落髮。宣帝時，授禮部等官，辭不就。入隋之後，與陸彦師、薛道衡等人合著《内典文會集》。開皇三年（583）爲辨《化胡經》而作《辯教論》，敕住大興國寺。開皇十二年（592）奉敕入京，掌翻譯，住大興善寺。煬帝於京師曲池造日嚴寺，請師住之。大業二年（606），敕住洛陽上林園翻經館，爲林邑國所獻千餘部佛經編撰目録，撰成《崑崙經録》。大業六年示寂，世壽五十四。師嫺於梵語，曾助那連提黎耶舍、闍那崛多等人翻經，并爲多種譯經製序。著有《達摩笈多傳》《福田論》《僧官論》《慈悲論》《默語論》《鬼神録》《通極論》《辯聖論》《通學論》《善財童子諸知識録》《西域玄志》等。生平見《歷代三寶紀》卷十二、《續高僧傳》卷二本傳、《法苑珠林》卷一百。

　　録前有序言曰："皇帝深崇三寶，洞明五乘，降敕所司。請興善寺大德，與翻經沙門及學士等，披檢法藏，詳定經録。"[1]可知此録與《法經録》同，皆爲大興善寺大德集體撰集。又《續高僧傳·彦琮傳》載："仁壽二年下敕，更令撰《衆經目録》，乃分爲五例，謂：單譯、重翻、別生、疑、僞，隨卷有位，帝世盛行。"[2]可知，此録雖出自衆手，而彦琮實總其事。

　　此録之分類體系爲先分單本、重翻、別生、賢聖集傳、疑僞，再分大小乘（分類見圖表4）。此録將文獻生成性質之單譯、重翻等列爲第一類目，而將反映經典内容性質之大小乘，經律論列爲第二類目。既與辨章學術之宗旨有違，又與即類求書之功能不合，故頗爲後人所詬病。其序言又云："自餘

1　彦琮《衆經目録》卷一，《大正藏》第55冊，第150頁。
2　道宣撰，郭紹林點校《續高僧傳》卷二，第51頁。

《高僧傳》等，詞參文史，體非淳正，事雖可尋，義無在録。"[1]亦即不録中土著述，也頗失體。然此録較《法經録》爲優之處，在於增設闕本一類。如其序所言："又勘古目猶有闕本，昔海内未平，諸處遺落，今天下既壹，請皆訪取。"[2]闕本經之設立，有利訪求或重翻，於經典之搜求甚爲有益。

3. 大唐東京大敬愛寺一切經論目

五卷，唐釋静泰撰，存。收入麗藏、金藏"設"函，頻伽藏"結"函，大正藏第55册，四川安嶽卧佛院石經本。[3]

静泰，初唐僧人，生卒年不詳。道宣《集古今佛道論衡》卷四載：静泰於顯慶五年八月，曾奉詔於洛陽宫中與道士李榮辯論，李榮敗北。又言："泰本洛陽人，素有遠識之量，雖略通玄理，而以才辯見知。……初以言辯見知，具問才術，東臺侍郎上官儀云：又能賦詩。上令作之，應命便上。帝重之，欲令觀國登庸。問：欲還俗不？須何等官？泰答：夙昔素心，常懷出俗。遠同法王之棄俗，近喻巢許之解網。俗榮非其所慕，伏願不虧發趾之心。上大幸之。便敕所司，東都敬愛寺大德未臨，可以泰居之。其所須侍者任取多少，諸餘大德例止一人。泰別敕垂顧，使將五人入寺。"[4]可知，静泰長於才辯，并能作詩，因與李榮論辯得勝而住東都大敬愛寺。

大敬愛寺爲唐高宗顯慶二年所立，據《唐會要·議釋教下》："敬愛寺。懷仁坊，顯慶二年，孝敬在春宫，爲高宗、武太后立之，以敬愛寺爲名。制度與西明寺同。天授二年，改爲佛授記寺，其後又改爲敬愛寺。"[5]孝敬即孝敬

1 彦琮《衆經目録》卷一，《大正藏》第55册，第150頁。
2 彦琮《衆經目録》卷一，《大正藏》第55册，第150頁。
3 關於此録最新研究請參張旭《〈衆經目録〉與隋唐時期的皇家官藏》，《世界宗教文化》2024年第6期。
4 道宣《集古今佛道論衡》卷四，《大正藏》第52册，第392—393頁。
5 王溥《唐會要》卷四十八，第848頁。

太子李弘，於顯慶元年立爲皇太子，二年即於東都爲高宗、武后立廟祈福。西明寺爲高宗爲太子祈福所建，制度宏偉，敬愛寺之規制與西京西明寺相同，足見爲當時之重要寺廟。《法苑珠林・興福》："顯慶之際……又出詔爲皇太子西京造西明寺。因幸東都，即於洛下，又造敬愛寺。寺別用錢，各過二十萬貫，寺宇堂殿，尊像旛華，妙極天仙，巧窮神鬼。"[1]益可證大敬愛寺之規模非比凡常。

此録前有静泰所撰序言：

　　晋道安創裁目録，齊法上亦爲條例，非無小異，張置大同。莫不以單譯居第一，重翻處第二，梵集配第三，別生安第四，疑僞充第五。位雖列五，繕寫唯三。良以別生與本部不殊，疑僞固非留限。芟夷蕪穢，洗拂塵瑕，坦矣法疇，差無稂莠。我皇馭曆……大隆教義。顯慶年際，西明寺成，御造藏經，更令隱錬，區格盡爾，無所間然。律師道宣又爲録序，殷因夏禮，無革前修，於三例外，附申雜藏。即《法苑》《法集》《高僧》《僧史》之流是也。頗以毗贊有功，故載之云爾。皇太子列耀紫微，承扉闈闈。……爰崇净域，薦祉二皇，元良三寶，永貞四衆。龍朔三年正月二十二日，敕令於敬愛道場寫一切經典。又奉麟德元年正月二十六日，敕取履味沙門十人：惠概、明玉、神察、道英、曇邃等，並選翹楚，尤閑文義。參覆量挍，首末三年。又置官寮，是塗供給。敕使洛州長史銀青光禄大夫南康郡開國公韓威、判官洛州司功參軍李亮、臺使鄭州司士參軍盧行訥、判官王屋縣尉鄭祖均等，精加撿覆，寫舊經論七百四十一部，二千七百三十一卷。又寫大唐三藏法師新譯經論七十五部，一千三百三十五卷。合新、舊八百一十六部，四千六十六卷入藏。其有

<hr>

1　道世撰，周叔迦、蘇晋仁校注《法苑珠林校注》卷一百，第2898頁。

古來有目而無本者，合三百八十二部，七百二十五卷。隨訪隨寫，真所謂偉哉法寶。……明誠古人，請袪雜藏，恐文溺質，用除濫觴。合成五卷。次之於左。[1]

依此序言，參諸史事，可知此錄之事如下：第一，此錄爲大敬愛寺寫經之目錄。李弘於東都建敬愛寺，又於龍朔、麟德之際（663—664）令抄寫藏經，而此錄即爲此藏之目錄。第二，此藏當依西明寺經藏抄寫。敬愛寺爲李弘爲高宗所建，其規制多依西明寺，而此時西明寺經藏已完成，故此藏當依西明寺藏經抄寫。然則此錄所收經籍與西明寺又有不同。一爲增加，即增加玄奘譯經六十部。《静泰錄》載："貞觀已來玄奘見所翻。顯慶四年，西明寺奉敕寫經，具錄入目，施一十五部，六百六十四卷。"[2]知《西明寺錄》收玄奘譯經僅十五部，而此錄"又寫大唐三藏法師新譯經論七十五部，一千三百三十五卷"。二爲減損，《西明寺錄》收錄大量中土著述（即所謂雜藏者），而此錄"請袪雜藏"，不載中土著述。第三，此錄之分類與《西明寺錄》不盡相同，而與《彦琮錄》極爲相似。據序中言道宣《西明寺錄》爲"於三例外，附申雜藏"，即由單譯、重翻、西土撰述與雜藏（中土著述）組成。而此錄則由單本、重翻、賢聖集傳、別生、疑僞、闕本六分組成，與《彦琮錄》分類幾無差別。其差別僅爲卷部之增加（卷部增加之情況見圖表41）。故姚名達論此錄曰："其分類編次，全依琮《錄》，絕無變易；惟加入玄奘譯經，部數卷數增多耳。"[3]

此錄分類既與《彦琮錄》同，其失亦同之。周叔迦先生論云："《法經錄》以大小乘經律論三藏爲經，以單本、重翻、失譯、別生、疑惑、僞妄爲

---

1 静泰《衆經目錄》卷一，《大正藏》第55册，第180—181頁。

2 静泰《衆經目錄》卷一，《大正藏》第55册，第181頁。

3 姚名達《中國目錄學史》，第235頁。

圖表 41：《彦琮録》《静泰録》所收經數比較表

分類	大乘經單本	大乘律單本	大乘論單本	小乘經單本	小乘律單本	小乘論單本	大乘經重翻	大乘律重翻	大乘論重翻	小乘經重翻	小乘論重翻	賢聖集傳	大乘別生	大乘別生抄	小乘別生	小乘別生抄	別集抄	衆經疑惑	闕本
彦琮録	159	14	42	102	29	24	172	3	8	94	0	31	121	117	352	213	7	209	378
静泰録	191	19	60	108	34	30	203	3	18	96	8	50	121	117	352	213	7	缺	382
二者相差	32	5	18	6	5	6	31	0	10	2	8	19	0	0	0	0	0		5

緯，西國東土抄集、傳記、著述，别立專科。而《仁壽録》及此録則以單本、重翻、别生、集傳、疑僞爲經，而以大小乘三藏爲諱，失譯者併入單本、重翻中，疑惑與僞妄不分，又不出東土傳記、著述，其體例雅不及《法經録》之便。"[1]的中其失。《静泰録》不僅與《彦琮録》關係密切，也與隋唐時期四次皇家經藏的修造相關聯。[2]

近年來，又發現此録的石刻本，現存四川安嶽卧佛院 46 號窟内。刊刻有此録第一卷及第二卷部分，詳情請參左冠明爲石經本《静泰録》所撰説明。[3]

4. 多伽羅香館所藏像教書目

一卷，續一卷，張采田編，存。張采田手稿本，現藏上海圖書館。

張采田（1874—1945），又名爾田，字孟劬，晚號遯堪，遯庵居士，錢塘人，近代著名學者。出身於官宦世家，祖、父皆有政聲。采田幼承家學，深

1　周叔迦《釋家藝文提要》，第 183 頁。

2　張旭《〈衆經目録〉與隋唐時期的皇家官藏》，《世界宗教文化》2024 年第 6 期。

3　雷德侯主編《中國佛教石經·四川省·第三卷》，中國美術學院出版社，2014 年，第 65—76 頁。

於詞，曾從武進屠寄、長洲章鈺學制藝文。居上海時，與王國維、孫德謙齊名交好，時人目爲"海上三子"。采田曾中舉人，官刑部主事、知縣等。光緒末年，官候補知府。與夏敬觀同官吳中時，益肆力於史學，著《史微》八卷。并奉教於朱祖謀，與鄭文焯、張仲忻、陳銳等研討詞律。辛亥革命後一度閑居。1914 年開清史館，應邀擔任纂修，主撰樂志。後任北大教授，晚年爲燕京大學國學總導師。1945 年卒，年七十二歲。著有《史微》《玉溪生年譜會箋》《列朝后妃傳》《錢大昕學案》《蠻書校注》《蒙古源流箋證》《遁庵樂府》《遁庵文集》《近代詞人逸事》等書。生平見鄧之誠《張君孟劬別傳》。[1]

張氏喜佛學，居上海日，與沈曾植、夏曾佑諸人，共同研討佛學不輟。[2] 晚年任教北大，主講《俱舍論》，[3] 又撰有《阿毗達摩俱舍論講疏》，於佛學深有研討。

此目爲張采田家藏佛教書籍目録。録前自述其收藏佛書之因緣："鯫生弱齡，於慈母病榻誦得智者《金剛經疏》，奧寐匪天，實始皈心，因緣驅走，尋求古德遺編，每以未窺全藏爲憾。旅京閱廠甸，估以紫柏徑山殘刻方册歸我⋯⋯庚子俶擾，悉委爐灰。⋯⋯南旋，復益以金陵、長沙、江北新刻本。" 知其所藏以徑山方册與近世刻本爲多。此録《正目》著録契經類四百一十二種，戒律類二十九種，論頌類九十五種，著述類一百五十三種，共六百八十九種。《續目》著録契經十五種，論頌十三種，著述二十種。其中《正目》著述部收録日人著述多種，是爲可注意者。《緣起》末署："壬子夏張采田孟劬記。" 壬子爲 1912 年，此録之編當即在此年。

1　卞孝萱、唐文權編《民國人物碑傳集》，鳳凰出版社，2011 年，第 384—386 頁。

2　于凌波《中國近現代佛教人物志》，第 332 頁。

3　梁漱溟《值得感念的歲月》言其在北大任教："在講授'印度哲學'（其中包括佛學）之後，我又開設'唯識學'。但在因愛好哲學而愛好佛學蔡先生，猶以爲未足，先後又請來張爾田先生講'俱舍論'（代表小乘），張克誠先生講'觀所緣論'（代表相宗），鄧高鏡先生講'百論'（代表性宗）。"（《我生有涯願無盡：梁漱溟自述文録》，中國人民大學出版社，2004 年，第 94 頁）

5. 鐵山居士所藏經目

一册，余重耀編，存。現藏浙江省圖書館。

余重耀（1876—1954），字汝權，號鐵珊，又號鐵山，別號遁廬、遁廬居士，浙江諸暨高湖鄉人。十七歲中秀才，光緒二十九年（1903）舉人。曾任趙爾巽部提調，辛亥革命後，歷任建德縣、江西樂平等處知事。後爲之江大學文學系教授。1948 年回鄉，1954 年病逝。喜藏書，藏品以佛學書籍與碑帖爲主，後所藏盡歸浙江省圖書館。余氏於佛學有研究，曾著《大乘起信論詮釋》《小乘諸説考》。與康有爲、章太炎、梁啓超、陳三立等有交往。尚著有《涵雅廬詩文稿》《遁廬詩文稿》《陽明先生傳纂》《金石考古》《騷旨詩詮》《鐵山詩文稿》《楹聯拾存》諸書。生平見諸暨縣志編委會《諸暨縣志》，[1]丁紅、程小蘭《浙江圖書館的歷史文獻收藏及特色》。[2]

此書封套題曰：“鐵山居士所藏經目，此爲副本。已購者加朱圈，購自他省者書目列上方，壬戌九月。”壬戌爲民國十一年，即公元 1922 年，知此録作於是年。此目以《金陵刻經處書目》爲底本，凡購自金陵刻經處者，上方以朱圈標示；購於他處者，則標明所購之地。如第一頁《唐譯華嚴經改訂》十四本，上注云：杭州慧空經房。知此書爲慧空經房本。再如第十頁《楞嚴蒙鈔》二十本，上注：蘇州瑪瑙寺經房。第十三頁《淨土四經》一本，上注：江西吳氏半畝園。此録末附上海醫學書局出版丁福保《丁氏佛學叢書目録》。此録實爲余氏采購佛書之目録，雖所購典籍多習見之書，然書上方所注刊刻之地，實可爲研究民國刻經之一助。

6. 雍和宮所藏經典要目

傅芸子撰，發表於 1928 年《文字同盟》第十二號。未見。

---

1 諸暨縣志編委會《諸暨縣志》，浙江人民出版社，1993 年，第 979 頁。
2 丁紅、程小蘭《浙江圖書館的歷史文獻收藏及特色》，《圖書館工作與研究》2002 年第 1 期。

　　傅芸子（1905—1948），滿族正白旗人，生於北京，原名寶坤，字韞之，別號餐英、竹醉生。早年在"燕京華文學校"圖書館任職，又爲邵飄萍所主持《京報》之記者。與其弟傅惜華主編《北京畫報》和《國劇畫報》，又與梅蘭芳、齊如山等人發起成立"北平國劇學會"。1932 年赴日任京都帝國大學東方文化研究所講師，主講中國語言文學，在此期間，考察日本皇家寶庫正倉院，遍訪公私各家藏書，撰就代表作《正倉院考古記》和《白川集》。1942 年任北京圖書館編目部主任，并曾在北京大學文學院執教。抗戰勝利後，協助溥心畬主編北平《新生報》副刊《故都文物》，又與其弟傅惜華合作主編《華北日報》副刊《俗文學》。傅芸子精研戲曲、傳奇小説、北京掌故。著有《舊京閒話》《春明鱗爪録》《餐英廬隨筆》《清代名人故宅考》等。生平見王重民《傅芸子先生與敦煌俗文學》、閻萬章《敬悼芸子先生》、吳曉鈴《芸子先生紀念》。[1]

　　雍和宮之法物藏之深深，難得一見，1921 年 4 月，蒙藏院舉行雍和宮法物展覽會。傅芸子參與展覽籌備，得見雍和宮各殿樓所藏經典，故撰有是目。作者言："六年前開會展覽時，余曾供職其間，先後曾至各殿樓上，點查所藏各經典，私爲之記。惟因年久散亂，清理無緒，故有多種未記。本篇所列，皆其要者。然珍經秘典，已具於是矣。"

　　此目記載藏於西庫房的《乾隆御製大白傘蓋儀軌經》《乾隆御筆般若波羅多心經》等 5 種經典；藏於温度孫殿的《藏文龍藏經》《慈國師法語》等 8 種經典；藏於參尼特殿《藏文楞嚴經》《華嚴經》等 10 種經典；藏於法輪殿的《大藏經》《續藏經》《日本校訂大藏經》等 3 種經典；藏於照佛樓的《四體字大雲輪請雨經》《龍藏經》等 6 種經典；藏於雅木得克樓《四體字大藏經全咒》《御製四體字大藏經》等 3 種經典；藏於綏成殿的《蒙文續藏經》

1 皆載於《華北日報》副刊《俗文學》第 74 期，1948 年 11 月 26 日。

《四體字楞嚴經》2 種經典。共記録雍和宮 7 處所藏 37 種經典、大藏。

亡 佚 諸 録

1. 定林寺藏經録

卷數未詳，梁劉勰撰，佚。

劉勰（約 465—約 532），[1]字彦和。原籍東莞莒縣（今屬山東日照），世居京口（今江蘇鎮江）。幼年喪父，篤志好學。齊永明中，依高僧僧祐，居處十餘年。梁天監初年，出仕爲奉朝請，後歷任臨川王蕭宏記室、南康王蕭績記室、昭明太子蕭統東宮通事人等職。晚年於定林寺出家爲僧，法號慧地，不久即卒。著有《文心雕龍》及佛教碑銘論記多篇。

定林寺向爲齊梁兩代之佛教重鎮，高僧如僧遠、僧柔、法獻、僧祐等皆居此寺，而王侯文士如蕭子良、蕭宏、蕭偉、何點、周顒、張融諸人皆往來其間。其寺亦富有經藏，《出三藏記集》卷十二僧祐《法苑雜緣原始集目録》中載有《定林上寺建般若臺大雲邑造經藏記》《定林上寺太尉臨川王造鎮經藏記》。[2]湯用彤先生據此推斷：定林寺有兩經藏，一爲齊世之大雲邑經藏，一爲梁世臨川王蕭宏所造之藏。[3]既然定林寺曾有兩部經藏，則劉勰所整理之經藏究竟爲前者，抑爲後者？

《梁書》劉勰本傳載："（劉勰）篤志好學，家貧不婚娶，依沙門僧祐，與之居處，積十餘年，遂博通經論，因區別部類，録而序之。今定林寺經藏，勰所定也。"[4]知劉勰對定林寺經藏之校定編目在其依僧祐之時。據今人之考

1　對於劉勰之卒年有不同説法，兹據李慶甲先生之推定。

2　僧祐撰，蘇晉仁、蕭錬子點校《出三藏記集》卷十二，第 488 頁。

3　湯用彤《漢魏兩晉南北朝佛教史》，第 419 頁。

4　姚思廉《梁書》卷五十，中華書局，1973 年，第 710 頁。

證，劉勰依僧祐約在齊永明八年至天監初年。[1]梁臨川王蕭宏之施經藏於定林寺雖史無明文，然蕭宏之領太尉在梁武帝天監中，故可推知蕭宏施藏於定林當在天監年間，而此時劉勰已出仕。故可知劉勰所整理之藏經當爲齊世之大雲邑經藏，而非蕭宏所施經藏。況《高僧傳》僧祐本傳稱："初祐集經藏既成，使人抄撰要事，爲《三藏記》《法苑記》《世界記》《釋迦譜》及《弘明集》等，皆行於世。"[2]由此可知，僧祐諸書皆成於其結集經藏之後，而據牟世金先生之考證，僧祐抄撰諸書當499年或500年，"仍不出齊世"。[3]既然諸書之成在齊世，而經藏之集又在抄撰諸書之前，則知此經藏必是齊世之大雲邑經藏，而非入梁後蕭宏所捨之經藏。

2. 元魏衆經録目

四卷，又作《李廓録》，李廓撰，佚。

李廓，北魏居士，洛陽人。生平不詳。李廓學通内外，條貫經論，曾助菩提流支翻譯經論，爲筆受之職。生平見《續高僧傳》卷一《菩提流支傳》附、《歷代三寶紀》卷九、曇寧《深密解脱經序》。

《歷代三寶紀》卷九載："《衆經録目》一卷。右一録一卷，武帝世，雒陽信士李廓，魏永平年奉敕撰。"[4]卷十五載《魏世衆經録目》細目：

大乘經目録一	二百一十四部
大乘論目録二	二十九部
大乘經子注目録三	一十二部

1　牟世金《劉勰年譜匯考》，巴蜀書社，1988年。

2　慧皎撰，湯用彤校注《高僧傳》卷十一，第441頁。

3　牟世金《劉勰年譜匯考》，第39頁。

4　費長房《歷代三寶紀》卷九，《大正藏》第49冊，第87頁。

大乘未譯經論目録四　　　三（元、明本作"二"）十三部

小乘經律目録五　　　　　六十九部

小乘論目録六　　　　　　二部

有目未得經目録七　　　　一十六部

非真經目録八　　　　　　六十二部

非真論目録九　　　　　　四部

全非經愚人妄稱目録十　　十一部

都十件經律論真僞四百二十七部二千五十三卷。[1]

對於此録，譚世保先生《漢唐佛史探真》認爲歷史上是否存在過《李廓録》可存而不論，而《歷代三寶紀》所載《李廓録》乃費長房所僞造。而筆者認爲，費氏或曾以《李廓録》僞造某些經典之出處，故《長房録》中注見於《李廓録》者或未足深信，然其所載《李廓録》之分類當有所據，費長房應見過李廓録。譚先生認爲《房録》所載目録爲僞之證據是：

第一，《李廓録》中未設大乘律。譚先生言："另外就是分類已有大乘經、論和小乘經、律、論等，何以獨無大乘律？難道整個魏朝的藏經中，就無一本大乘律嗎？顯然，這是不可能的。"[2]中土之律本以小乘爲主，故有五部之分，而大乘律中重要者如《菩薩戒本》皆從大乘經論中抄出別行，而部卷較小乘律爲少。《李廓録》中之大乘律極有可能附於小乘律中。這可以從呂澂先生《新編漢文大藏經目録》得到佐證，其中的律部即不分大小乘。因爲分大小乘爲常例，假如此細目爲長房所杜撰，應以常例分爲大小乘，方能使人不覺，何以違反常理，故露破綻，授人以柄？

第二，《歷代三寶紀》所載《李廓録》之撰年混亂。《歷代三寶紀》所載

1　費長房《歷代三寶紀》卷十五，《大正藏》第49冊，第126頁。

2　譚世保《漢唐佛史探真》，第186頁。

《李廓録》之撰年，確有前後不一致處。卷九云：“武帝世，雒陽信士李廓，魏永平年奉敕撰。”卷十五則云：“魏世《衆經録目》，永熙年敕舍人李廓撰。”故譚先生云：“假如李廓永平年間已奉敕撰録，則應在一兩年内完成交差，不可能有二十多年後的天平年間菩提流支的譯經情況。”然比照他例，《歷代三寶紀》之作耗時十年，二十年完成一録也并非完全不可能。況歷代經録多有後人增入之情況，李廓曾爲菩提流支之筆受，經録完成之後，增入菩提流支之後期譯經，也極有可能。

第三，譚先生認爲據《魏書・釋老志》載，正光三年（522）沙門惠生由西域得經論一百七十部，而《房録》所引《李廓録》未言惠生取經事。《李廓録》未譯經論目録僅收三十三（或二十三）部，遠小於惠生取回之未譯經。故費長房并未見過《李廓録》。筆者認爲，如《李廓録》作於永平年（508—512）間，而又如譚先生所言“應在一兩年内完成交差”，則《李廓録》完成之前，惠生尚未西行，李廓不載惠生事，自然在情理之中。假定《李廓録》作於永熙、天平年間（532—537），去惠生取經已有十年之久，其間未譯經之變化又非吾人可知，焉知其不爲三十三部？

況《房録》注所引《李廓録》也并非如譚先生所言皆長房向壁虚造，而是確有所據。如《歷代三寶紀》卷九於菩提流支所譯《十地經論》下注：“《李廓録》云：‘初譯，宣武皇帝御親於大殿上一日自筆受，後方付沙門僧辯訖了。’”[1]而崔光《十地經論序》亦云：“以永平元年，歲次玄枵，四月上日，命三藏法師北天竺菩提留支……并義學緇儒一十餘人，在太極紫庭，譯出斯論十有餘卷。……于時皇上，親紆玄藻，飛翰輪首，臣僚僧徒，毗贊下風。”[2]序言所記宣武帝親自筆受之事與《歷代三寶紀》所引《李廓録》相符。由引可見，《三寶紀》所引《李廓録》并非費長房所臆造。

---

1 費長房《歷代三寶紀》卷九，《大正藏》第 49 册，第 86 頁。
2 菩提留支譯《十地經論》卷首，《大正藏》第 26 册，第 123 頁。

又《續高僧傳》卷一《菩提流支傳》載："帝又敕清信士李廓撰《衆經録》。廓學通玄素，條貫經論，雅有標擬。故其録云：'三藏流支自洛及鄴，爰至天平，二十餘年，凡所出經三十九部，一百二十七卷。'即《佛名》《楞伽》《法集》《深密》等經，《勝思惟》《大寶積》《法華》《涅槃》等論是也。並沙門僧朗、道湛及侍中崔光等筆受。具列唐《貞觀内典録》。"[1]《續高僧傳》中所引此段《李廓録》，并不見於《歷代三寶紀》，可知道宣所引并非來自《歷代三寶紀》，而道宣又言"具列《貞觀内典録》"。據湯用彤考證，《貞觀内典録》即是唐貞觀年間玄琬所撰《衆經目録》。故道宣所引此段《李廓録》，或爲道宣親見，或爲道宣轉自玄琬録，如此看來，在初唐時期，《李廓録》或還在人間。

3. 華林佛殿衆經目録

四卷，梁釋僧紹撰，佚。

僧紹，南朝梁代僧，生卒年不詳，僧柔（431—494）弟子，嘗住安樂寺。武帝天監十四年（515），奉敕編集《華林佛殿衆經目録》四卷。生平見《高僧傳》卷八《僧柔傳》、《續高僧傳》卷一《寶唱傳》、《歷代三寶紀》卷十一。

華林園爲南朝諸帝後庭游宴之所，至梁武帝大崇釋氏，常於此接納僧衆，講經説法。華林園又設有寶雲經藏，結集抄寫佛經。如《續高僧傳·寶唱傳》載寶唱因撰經録，爲時所重，故武帝"遂敕掌華林園寶雲經藏，搜求遺逸，皆令具足"。[2]又同書《明徹傳》言："天監末年，敕入華林園。於寶雲僧省，專功抄撰。"[3]阮孝緒《七録序》亦云梁世"華林園又集釋氏經論"。[4]由此

1　道宣撰，郭紹林點校《續高僧傳》卷一，第 15 頁。
2　道宣撰，郭紹林點校《續高僧傳》卷一，第 8 頁。
3　道宣撰，郭紹林點校《續高僧傳》卷六，第 202 頁。
4　道宣《廣弘明集》卷三，《大正藏》第 52 册，第 109 頁。

可見梁武帝世華林園寶雲僧省抄寫結集經藏之情況。

關於僧紹撰録之事，首見於《歷代三寶紀》之記載。《歷代三寶紀》卷三"帝年"載："（乙未）十四，敕安樂寺沙門僧紹，撰經目四卷。"[1]同書卷十一《齊梁及周帝代録》載："至（天監）十四年，又敕沙門僧紹，撰《華林佛殿衆經目録》四卷。"[2]後《大唐内典録》卷四及道世《法苑珠林》卷一百，皆載是録。

至於此録之形式與内容，《歷代三寶紀》略有述及，其文云："《華林佛殿衆經目録》四卷。右一録四卷，天監十四年，敕安樂寺沙門釋僧紹撰。紹略取祐《三藏集記》目録，分爲四色，餘增減之。"[3]對於此記載，譚世保先生認爲長房之説不可信，因爲《紹録》爲藏經目録而《祐録》是通録古今之目録，"可見其與《紹録》是風馬牛不相及的兩種經録，後者無須以《祐録》爲底本，也不可能是以《祐録》爲底本增減而成"。[4]案：譚先生僅以二録之性質不同，便否定二録間之關係，似不妥。

第一，僧紹爲僧柔弟子，而據《高僧傳・僧柔傳》載："沙門釋僧祐與柔少長山栖，同止歲久。"[5]僧柔與僧祐同止定林寺多年，交情甚好，而僧紹又爲僧柔弟子，必於僧祐之學有所研習。故姚名達先生將僧紹與僧祐、劉勰、正度、寶唱視爲一家之學。[6]既如此，僧紹作録，依傍《祐録》當在情理之中。

第二，《續高僧傳・寶唱傳》載："（天監）十四年，敕安樂寺僧紹撰《華林佛殿經目》，雖復勒成，未愜帝旨。又敕唱重撰。"[7]僧紹之作何以不愜帝旨？《歷代三寶紀》言："紹略取祐《三藏集記》目録，分爲四色。"此

1　費長房《歷代三寶紀》卷三，《大正藏》第49册，第45頁。

2　費長房《歷代三寶紀》卷十一，《大正藏》第49册，第94頁。

3　費長房《歷代三寶紀》卷十一，《大正藏》第49册，第99頁。

4　譚世保《漢唐佛史探真》，第178頁。

5　慧皎撰，湯用彤校注《高僧傳》卷八，第322頁。

6　姚名達《中國目録學史》，第217頁。

7　道宣撰，郭紹林點校《續高僧傳》卷一，第8頁。

"四色"，應即據《祐録》之四科：撰緣記、銓名録、總經序、述列傳。顯然此"四色"，不符合典藏目録之體制。職是之故，僧紹之作爲武帝所不喜。如此看來，僧紹之作仿《祐録》而成并非如譚先生所言"無須"，"也不可能"。

譚先生又言："《華林殿藏經目録》雖然《房録》不載，其實就是阮孝緒所撰《七録》中的佛書目録部分，這點湯用彤曾以《隋書·經籍志》加以證明，是可信的。因爲《隋書·經籍志》明確記載：'梁武帝大崇佛法於華林園中，總集釋氏經典凡五千四百卷，沙門寶唱撰經目録。'而此卷數恰與《七録》所載相合。"[1]湯、譚二先生認爲：《隋志》所載華林園經典之卷數爲五千四百卷，而《七録》佛典録所記佛典亦爲五千四百卷，既然二者相合，則《七録》之佛典録即是《華林殿藏經目録》。然而，二位先生忽略了一點，即《隋志》之資料來自何處。如《隋志》之資料來自《七録》，則二者卷數相合，并不能證明《華林殿藏經目録》即爲《七録》之佛録，而僅能證明《隋志》將《七録·佛典録》之卷數誤作了華林園經典之卷數。現將《七録序》與《隋志》關於梁代典籍情況之記載對比如下（圖表42）：

圖表42：《七録序》與《隋書·經籍志》對照表

七　録　序	隋書·經籍志
齊末，兵火延及秘閣。有梁之初，缺亡甚衆，爰命秘書監任昉，躬加部集。又於文德殿内別藏衆書，使學士劉孝標等重加校進，乃分數術之文，更爲一部，使奉朝請祖暅撰其名録。其尚書閣内，別藏經史雜書，華林園又集釋氏經論。自江左篇章之盛，未有逾於當今者也。	齊末，兵火延燒，秘閣經籍遺散。梁初，秘書監任昉，躬加部集。又於文德殿内列藏衆書，華林園中，總集釋典，大凡二萬三千一百六卷，而釋氏不豫焉。梁有秘書監任昉、殷鈞《四部目録》，又《文德殿目録》，其術數之書，更爲一部，使奉朝請祖暅撰其名，故梁有五部目録。

比較二書所記，除前後順序稍有不同外，其所記之事實，包括用語皆極

---

1 譚世保《漢唐佛史探真》，第 178 頁。

爲相似，故《隋志》之資料極有可能來自《七録》，而《隋志》又將《七録》所載佛經之卷數作爲華林園佛經之卷數。如此看來，《隋志》所載華林園佛經卷數與《七録》相同，并不能證明《華林殿藏經目録》即是《七録》之佛録。

阮孝緒《七録序》云："孝緒少愛墳籍，長而弗倦。臥病閑居，傍無塵雜。晨光纔啓，緗囊已散；宵漏既分，録帙方掩。猶不能窮究流略，探盡秘奥。每披録内省，多有缺然。其遺文隱記，頗好搜集。凡自宋齊以來，王公搢紳之館，苟蓄聚墳籍，必思致其名簿。凡在所遇，若見若聞，校之官目，多所遺漏，遂總集衆家，更爲新録。"[1] 由 "校之官目，多所遺漏，遂總集衆家，更爲新録" 諸語，可知阮氏作《七録》乃鑒於官目之缺漏甚多，故搜集諸家之録與遺文隱記以補官目之不足。故其所記之經典卷數必多於官目，而不可能完全同於官目。《七録》作於普通四年（523），故其所謂之 "官目"，當包括作於天監年間之《文德殿正御目録》及《僧紹録》《寶唱録》。因此，《七録》佛録不可能完全同於《僧紹録》或《寶唱録》，只可能在卷數上比二録爲多。而事實上《寶唱録》所記佛典三千七百四十一卷，也確實少於《七録》佛録。況《寶唱録》與僧紹《華林佛殿衆經目録》所記皆爲華林佛殿經藏，二者卷數當較接近，亦即在三千七百卷左右，而不可能爲五千四百卷。故將《七録》佛典録視爲《華林殿衆經目録》是没有根據的。

4. 梁世衆經目録

四卷，梁釋寶唱撰，佚。

寶唱，梁代僧，生卒年不詳，吴郡（今江蘇蘇州）人，俗姓岑。十八歲依建初寺僧祐出家，遍學經律。後住莊嚴寺，兼習經、史、《莊》、《易》。齊

---

1 道宣《廣弘明集》卷三，《大正藏》第 52 册，第 109 頁。

建武二年（495）出建康，游歷講肆五年。後避兵亂，遠逃至閩越。梁武帝天監四年（505）入京，奉敕住新安寺，參與僧旻《衆經要抄》、僧朗《注大般涅槃經》及智藏《義林》等書之述作。亦曾參與僧伽婆羅譯場，筆受《阿育王經》等十一部經典。天監十五年，寶唱改訂僧紹《華林佛殿衆經目錄》，新編經錄四卷，帝甚嘉許，敕掌華林園寶雲經藏。寶唱著作頗多，計有：《經律異相》《名僧傳并序目》《比丘尼傳》《衆經飯供聖僧法》《衆經護國鬼神名錄》《衆經諸佛名》《法集》等。生平見《續高僧傳》卷一本傳、《僧伽婆羅傳》，《高僧傳》卷三《僧伽婆羅傳》，《歷代三寶紀》卷三、卷十一。

此錄最早見於《歷代三寶紀》之著錄。《歷代三寶紀》卷十一載："至（天監）十四年，又敕沙門僧紹，撰《華林佛殿衆經目錄》四卷，猶以未委。至十七年，又敕沙門寶唱，更撰經目四卷。顯有無譯，證真僞經，凡十七科，頗爲觀縷。"[1]而卷十五又詳載此錄細目：

> 衆經目錄卷第一（大乘），凡二百六十二部，六百七十四卷
>> 有譯人多卷經一，六十九部（四百六十七卷）
>> 無譯人多卷經二，五部（一十九卷）
>> 有譯人一卷經三，九十部（九十卷）
>> 無譯人一卷經四，九十八部（九十八卷）
> 衆經目錄卷第二（小乘），凡二百八十五部，四百卷
>> 有譯人多卷一，一十七部（一百二十卷）
>> 無譯人多卷二，五部（一十七卷）
>> 有譯人一卷三，五十部（五十卷）
>> 無譯人一卷四，二百一十三部（二百一十三卷）

---

1 費長房《歷代三寶紀》卷十一，《大正藏》第49冊，第94頁。

衆經目録卷第三，凡三百六十二部，一千六百八十二卷

先異譯經一，四十五（元、明本作四十三）部多卷（二百七十九卷），三十八部一卷（三十八卷）

禪經二，九部多卷（三十八卷），三十一部一卷（三十一卷）

戒律三，六十八部（二七五卷）

疑經四，六十二部（六十七卷）

注經五，四十部（二百四十六卷）

數論六，三十一部（三百六十七卷）

義記七，三十八部（三百四十一卷）

衆經目録卷第四，凡一百二十九部，九百八十五卷

隨事別名一，一十三部（四百一十三卷）

隨事共名二，三十五部（四百七十卷）

譬喻三，一十五部（三十六卷）

佛名四，一十四部（一十九卷）

神咒五，四十七部（四十七卷）

總四卷都二十件，凡一千四百三十三部，三千七百四十一卷。[1]

道宣《續高僧傳·寶唱傳》亦載："十四年，敕安樂寺僧紹撰《華林佛殿經目》，雖復勒成，未愜帝旨。又敕唱重撰，乃因紹前録，注述合離，甚有科據。一帙四卷，雅愜時望。遂敕掌華林園寶雲經藏，搜求遺逸，皆令具足。備造三本，以用供上。"[2]

對於《歷代三寶紀》所載《寶唱録》，過去之研究者，并未提出懷疑。今人譚世保先生始提出費長房并未見過《寶唱録》，而《房録》所載《寶唱

---

1 費長房《歷代三寶紀》卷十五，《大正藏》第49冊，第126頁。
2 道宣撰，郭紹林點校《續高僧傳》卷一，第8頁。"三本"原作"三卷"，據麗藏本改。

録》爲費長房所僞造之觀點，并對此一觀點作詳細之證明。譚先生認爲《長房録》所載《寶唱録》爲僞作之主要證據有以下幾點：

第一，撰年問題。譚先生認爲《長房録》卷十一所著録之寶唱著作，并未依據撰年排列，寶唱著作編年次序混亂。并由此推斷"究竟寶唱何年撰録，看來費長房并無明確的看法，出現上述混亂，足以表明他并未看過《唱録》原書"。[1]筆者認爲上述推論亦有可疑之處。首先，《長房録》於一人著譯之作，并非皆按撰年排列。如卷十一載真諦著作，其排列順序如下：

《金光明疏》十三卷，太清五年出。

《仁王般若疏》六卷，太清三年出。

《起信論疏》二卷，太清四年出。

《中論疏》二卷。

《九識義記》二卷，太清三年於新吴美業寺出。

《轉法輪義記》一卷，同三年出。[2]

在真諦著作中，太清三、四、五年之作品并未按時間順序排列。而此時間前後交錯出現之現象在《長房録》中并不鮮見，由此可知，費長房并未刻意以時間先後排列譯述。其次，再看《長房録》卷三"帝年"部分記載梁代佛教大事有關寶唱者：

（丙申）十五（敕沙門寶唱，撰《經律異相》五十卷）

（丁酉）十六（敕沙門寶唱，撰《衆經佛名》）

（戊戌）十七（敕沙門寶唱，撰《衆經目録》四卷）

1　譚世保《漢唐佛史探真》，第 177 頁。

2　費長房《歷代三寶紀》卷十一，《大正藏》第 49 冊，第 99 頁。

（己亥）十八（敕沙門寶唱，撰《名僧傳》三十一卷）[1]

由上述記載看，長房對寶唱著作年代是相當清楚的。

　　第二，《長房録》所載《寶唱録》的撰寫方法與《寶唱録》本身不符。并分三點論證。一、《長房録》卷十一説《唱録》分爲 17 科，而卷十五所列爲 20 科。姚名達先生已指出此點，認爲此是某一記載有誤。二、譚先生認爲《七録》佛録即是《華林殿藏經目録》，而《七録》著録之經典卷數遠遠多於《長房録》卷十五所引《寶唱録》。故《長房録》所引《寶唱録》爲僞。關於此點筆者於僧紹《華林佛殿衆經目録》條已有辨證，請參看。三、譚先生認爲：更值得注意的是《房録》所載的《唱録》之惡劣，與道宣所載時人對《唱録》的好評完全不符。《長房録》之評價是“頗爲觀縷”，而《續高僧傳》的評價是“注述合離，甚有科據。一帙四卷，雅恢時望”。因二者評價不同，故《長房録》所載《寶唱録》爲僞。案：首先，“觀縷”之義爲“詳盡”，并非惡評。又如《歷代三寶紀》卷十二《衆經録目》下注：“右一部七卷，開皇十四年，大興善寺沙門釋法經等二十大德奉敕撰。揚化寺沙門明穆，區域條分，指蹤絃絡；日嚴寺沙門彦琮，觀縷緝維，考校同異。”[2] 長房在此，以明穆與彦琮對舉，乃謂：明穆由宏觀著眼，彦琮從細部考校，故“觀縷”僅爲“詳細”之意而已，并無貶義。又據《長房録》：“至（天監）十四年，又敕沙門僧紹，撰《華林佛殿衆經目録》四卷，猶以未委。至十七年，又敕沙門寶唱，更撰經目四卷。顯有無譯，證真僞經，凡十七科，頗爲觀縷。”[3] 可知，武帝不滿《僧紹録》之另一原因在於其“未委”，即不夠詳盡。故寶唱作録必得“觀縷”，方契帝意。由此可知，長房言《寶唱録》“頗爲觀縷”，

1　費長房《歷代三寶紀》卷三，《大正藏》第 49 册，第 45 頁。
2　費長房《歷代三寶紀》卷十二，《大正藏》第 49 册，第 105 頁。
3　費長房《歷代三寶紀》卷十一，《大正藏》第 49 册，第 94 頁。

并無貶義，與《續高僧傳》之評價亦并無矛盾。其次，假設"覼縷"爲惡評，評價一録是惡是好，常帶有一定之主觀性，對於同一事物，不同的人會有不同的評價。并不能僅因有不同評價，就定其爲二物。

綜上所述，筆者認爲在没有其他新證據之情況下，不能定《長房録》中所載《寶唱録》爲僞作。關於《寶唱録》的進一步研究，可參陳志遠《寶唱著作雜考：齊梁佛書編纂的一個斷面》。[1]

5. 齊世衆經目録

又稱《法上録》《達摩鬱多羅録》《達摩録》，卷數不詳，法上撰，佚。

法上（495—580），俗姓劉，朝歌（河南淇縣）人。九歲讀《涅槃經》，萌出塵之志，年十二，投道藥禪師出家。後依著名律師慧光受具足戒，精研義理。年四十，游化懷、衛二州，因魏大將軍高澄奏請，入鄴都任僧統，掌理僧録。北齊天保元年（550），文宣帝高洋歸依之。二年，北齊置十統，以法上爲昭玄大統，尊爲國師。七年，那連提黎耶舍至鄴譯經，法上爲監譯。法上又爲高洋及后妃、重臣等授菩薩戒。法上於魏、齊二代，歷任昭玄曹僧統，主管僧侣事務近四十年。高句麗丞相慕其名，遣僧來問佛陀之誕生年月、佛教何時入華等。後奉敕住相州定國寺，又於鄴都西山創合水寺。北周武帝滅佛，法上潛隱於山。北周大象二年於合水寺示寂，年八十六。弟子有慧遠、法存、道慎、法願、融智等人。據《歷代三寶紀》載，法上除撰有經録外，尚著有《增一數法》四十卷、《佛性論》二卷。生平見《歷代三寶紀》卷十二、《續高僧傳》卷八。

此録首見於費長房《歷代三寶紀》，其文曰：

---

1 載徐沖主編《中國中古史研究》第七卷，中西書局，2019 年。

《齊世衆經目録》，武平年沙門統法上撰

雜藏録一，二百九十一部，八百七十四卷

修多羅録二，一百七十九部，三百三十卷

毗尼録三，一十九部，二百五十六卷

阿毗曇録四，五十部，四百二十一卷

別録五，三十七部，七十四卷

衆經抄録六，一百二十七部，一百三十七卷

集録七，三十三部，一百四十七卷

人作録八，五十一部，一百六卷

都八件，經律論真僞七百八十七部，二千三百三十四卷。[1]

由此可知兩點：第一，此録作於北齊武平年間（570—576），其時法上已七十餘歲，又爲昭玄大統，故此録之作當爲法上統領其事，而非親事其事。第二，此録將佛經分爲八類，其中“雜藏”“別録”不知何指。[2]“人作録”即是疑僞經，因是後人僞撰，故稱“人作録”；“衆經抄録”即是抄經，“集録”當即是後世的聖賢撰述類。除此之外，録中所分修多羅、毗尼、阿毗曇即爲經、律、論三藏。

法上，梵文 Dharmottarīyāḥ，巴利文 Dhammuttariya 或 Dhammuttarika，音譯作曇摩尉多利迦、達摩鬱多梨、達摩鬱多羅。是故，《法上録》又稱爲《達摩鬱多羅録》。如《開元釋教録》：“《高齊衆經目録》，武平年沙門統法上撰，梵名‘達摩鬱多羅’，一卷成。”[3]此録爲明佺《大周刊定衆經目録》所引，或作《達摩録》，或作《達摩鬱多羅録》。如《中阿含經》下注：“右《達摩鬱

1　費長房《歷代三寶紀》卷十五，《大正藏》第 49 冊，第 126 頁。

2　圓照《貞元録》卷十八，“雜藏録”作“新造録”，不知何本？

3　智昇撰，富世平點校《開元釋教録》卷十，第 586 頁。

多羅録》云：有二百二十二卷。"[1]《清信士阿夷扇持經》下注："《達摩鬱多羅録》云：《清信士阿夷扇父子經》，出第五卷。"[2]此二處皆稱爲《達摩鬱多羅録》。另外，《瞻波比丘經》下注云："《達摩録》云：與《恒水經》同。"[3]《恒水經》下注云："出《達摩録》及《王宗録》。"[4]則皆作簡稱《達摩録》。此録爲《大周録》所稱引，故知此録初唐時尚在人間。

6. 陳朝大乘寺藏録

四卷，佚名撰，佚。

此録最早見於《開元釋教録》之著録與徵引。《開元釋教録》卷十："撰録者曰：又如《長房録》中引《一乘寺藏録》，《周録》之中引《真寂寺録》《義善寺録》《玄法寺録》《福林寺録》，上之五録，但引其名，不言卷數。又有《陳朝大乘寺藏録》四卷，並不知何人製作。"[5]由此可知，智昇似曾見過此録。因其言《一乘寺藏録》等五録爲《長房録》與《大周録》所引，而此録則未言爲他録所引。此録既不爲他録所引，智昇又知其卷數，必曾親自目驗。

《開元釋教録》中又引《陳録》多次，《陳録》當即此録之省稱。何以知之？《開元釋教録》卷十四：

> 《大乘五陰論》一卷，婆藪盤豆菩薩造，失譯，出《陳朝大乘寺藏録》，第一譯，新附梁録。
>
> 　右《陳録》云："陳太建四年五月沙門慧布北將來。"前後兩譯，一

1　明佺《大周刊定衆經目録》卷八，《大正藏》第55冊，第419頁。
2　明佺《大周刊定衆經目録》卷八，《大正藏》第55冊，第419頁。
3　明佺《大周刊定衆經目録》卷八，《大正藏》第55冊，第420頁。
4　明佺《大周刊定衆經目録》卷八，《大正藏》第55冊，第422頁。
5　智昇撰，富世平點校《開元釋教録》卷十，第588頁。

存一闕。[1]

前既言《大乘五陰論》出自《陳朝大乘寺藏録》，而其下又云"右《陳録》云"，故知《陳録》即《陳朝大乘寺藏録》之省稱。

《開元釋教録》所引《陳録》集中於卷十六《支派別行録》中，如《藥王菩薩經》下注："《陳録》云：'抄《妙法華經》第七卷。'"再如《佛爲阿支羅迦葉説自他作苦經》下注："《祐録》云：'抄。'《陳録》云：'抄《雜含》。'"由此可知，《陳録》對別生經曾做勘比，并注明其出自何經。

據《開元釋教録》之徵引，現知《陳録》記載最晚之譯經爲陳太建四年所譯《大乘五陰論》。太建爲陳宣帝年號，四年當公元572年。知此録撰成之時間，不能早於此年。

7. 一乘寺藏衆經目録

卷數未詳，佚名撰，佚。

《一乘寺藏衆經目録》見於《歷代三寶紀》之徵引。《歷代三寶紀》卷九《大乘寶雲經》下云："見《一乘寺藏衆經目録》。"[2]《大唐内典録》《開元釋教録》於此經下亦云"見一乘寺藏"或"見一乘寺藏録"，應爲承襲《長房録》而來。

唐許嵩《建康實録》載："（大同）三年……冬，地大震，年饑，置一乘寺。西北去縣六里，邵陵王綸造，在丹楊縣之左，隔邸，舊開東門，門對寺。梁末賊起，遂延燒至。陳尚書令江總捨書堂於寺，今之堂是也。"[3]可知此寺初建於梁武帝大同三年（537），梁末毀，至陳，江總復捨書堂爲寺。

1　智昇撰，富世平點校《開元釋教録》卷十四，第990頁。
2　費長房《歷代三寶紀》卷九，《大正藏》第49册，第88頁。
3　許嵩撰，張忱石點校《建康實録》卷十七，第686頁。

《開元釋教録》卷十云："又如《長房録》中引《一乘寺藏録》，《周録》之中引《真寂寺録》《義善寺録》《玄法寺録》《福林寺録》，上之五録，但引其名，不言卷數。又有陳朝《大乘寺藏録》四卷，並不知何人製作。"[1]姚名達先生亦云："除陳《録》確屬南朝外，其餘四録，朝代不明。"[2]皆不能定其時代，此録既爲《長房録》所引，其撰年當在開皇十七年前。而據《歷代三寶紀》卷九，《一乘寺録》所引《大乘寶雲經》爲須菩提爲陳主譯。則此録最早不能早於陳代，或即撰於陳隋之際。

8. 東録

卷數未詳，佚名撰，佚。

姚名達先生《中國目録學史》云："除此二十四家外，余於費《録》又考得三録。一曰《南來新録》，見晉末《祇多密譯經》目注。二曰《東録》，見宋文帝世釋智嚴譯經目注。三曰《一乘寺藏眾經目録》，見周武帝世頌菩提（馮案：當作"須菩提"）譯經目注。"[3]《歷代三寶紀》對《東録》之徵引不多，筆者僅見二處。一爲卷十"《毗羅三昧經》二卷"後注云："明居士入定事，見《東録》。"[4]一爲卷十一"《寶雲經》七卷"下注："見《東録》。"[5]然《大正藏》本《歷代三寶紀》卷十一，校勘記稱："東録"，宋、元、明及宮內寮圖書館藏本皆作"東晉録"。而《開元釋教録》卷六《寶雲經》下注："見《東録》及《續高僧傳》"，而宋、元、明三本"東録"又皆作"陳録"。[6]以故筆者開始疑此《東録》實不存在，或即爲《東晉録》或《陳録》之誤。

---

1 智昇撰，富世平點校《開元釋教録》卷十，第588頁。
2 姚名達《中國目録學史》，第221頁。
3 姚名達《中國目録學史》，第221頁。
4 費長房《歷代三寶紀》卷十，《大正藏》第49冊，第89頁。
5 費長房《歷代三寶紀》卷十一，《大正藏》第49冊，第98頁。
6 智昇《開元釋教録》卷六，《大正藏》第55冊，第537頁。

然細查《歷代三寶紀》所引，《毗羅三昧經》爲宋文帝時代涼州沙門智嚴所譯，《寶雲經》爲梁代扶南國沙門曼陀羅所譯，無論與東晉或與陳代皆不相合，故定此録爲"東晉録"或"陳録"之誤，似證據不足。故存之。

9. 寶臺四法藏目録

一百卷，智果撰，佚。

此録最早見於《隋書·經籍志》之著録。《隋志》載："《寶臺四法藏目録》一百卷，大業中撰。"[1]未言撰人。寶臺爲隋煬帝所置藏經之所。《廣弘明集》卷二十二載有隋煬帝《寶臺經藏願文》，其文云：

> 仰惟如來應世，聲教被物。愍勸微密，結集法藏。帝釋輪王，既被付囑；菩薩聲聞，得楊大化。度脫無量，以迄于今。至尊拯溺百王，混一四海。平陳之日，道俗無虧。而東南愚民，餘燼相煽。爰受廟略，重清海濱，役不勞師，以時寧復。深慮靈像尊經，多同煨燼；結蔓繩墨，湮滅溝渠。是以遠命衆軍，隨方收聚，未及期月，輕舟總至。乃命學司，依名次録，并延道場義府覃思，證明所由。用意推比，多得本類。莊嚴修葺，其舊惟新。寶臺四藏，將十萬軸。因發弘誓，永事流通。[2]

寶臺四藏乃煬帝收拾東南殘經而立。《辯正論》卷三《十代奉佛篇》："平陳之後（煬帝）於揚州裝補故經，并寫新本，合六百一十二藏，二萬九千一百七十三部，九十萬三千五百八十卷。"[3]此處提及平陳之後裝補故經與寶臺經藏建立時間暗合。通過建立寶臺經藏，有陳一代佛教經籍得以搜集，江都成爲

1　魏徵等《隋書》卷三十四，第1010頁。
2　道宣《廣弘明集》卷二十二，《大正藏》第52冊，第257頁。
3　法琳《辯正論》卷三，《大正藏》第52冊，第509頁。

當時南方造藏之中心。而據此文又可知，寶臺法藏建立之初，曾"命學司，依名次錄"，做過整理的工作，那麼《寶臺四法藏目錄》是否就是這次整理的成果呢？據《寶臺經藏願文》，寶臺法藏建於平陳之時，即開皇九年（589）之後。又據《續高僧傳·慧覺傳》載："先是，江都舊邸立寶臺經藏。五時妙典大備於斯。及（煬帝）踐位東朝，令旨允屬，掌知藏事，僉曰得人。"[1]由此可知，寶臺法藏在煬帝踐位之前，即大業元年（605）之前即已建成。而"依名次錄"的工作應也在大業元年之前完成。而據《隋志》，《寶臺四法藏目錄》成於"大業中"。由此可知，"依名次錄"工作完成於大業前，而《寶臺四法藏目錄》成於大業中，《寶臺四法藏目錄》應是在"依名次錄"的初期整理工作基礎上完成的。

《隋書·經籍志》載："大業時，又令沙門智果，於東都內道場，撰諸經目，分別條貫。以佛所說經爲三部：一曰大乘，二曰小乘，三曰雜經。其餘似後人假托爲之者，別爲一部，謂之疑經。又有菩薩及諸深解奧義、贊明佛理者，名之爲論，及戒律並有大、小及中三部之別。又所學者，錄其當時行事，名之爲記。凡十一種。"[2]知沙門智果大業中曾撰有經錄，分經、論、律、記四藏十一種（見圖表9）。

智果，《續高僧傳》有傳，稱其爲會稽剡人（今屬浙江），爲人輕率，長於書法。楊廣曾命其作書，智果拒之，"王大怒，長囚江都，令守寶臺經藏"。[3]而智果之師慧覺，亦曾作寶臺經藏知藏。由此可知，智果與寶臺經藏甚有淵源。故筆者頗疑《隋志》所載《寶臺四法藏目錄》即是智果於內道場所作。第一，智果及其師慧覺皆曾掌管寶臺經藏，對寶臺四藏應極爲熟悉。第二，《寶臺四法藏目錄》與智果作錄皆完成於大業中，時間上一致。第三，

1　道宣撰，郭紹林點校《續高僧傳》卷十二，第405頁。

2　魏徵等《隋書》卷三十五，第1099頁。

3　道宣撰，郭紹林點校《續高僧傳》卷三十一，第1256頁。

從《寶臺四法藏目録》之名來看，此録應分四藏，而智果所作目録恰好分經、論、戒、記四藏。

10. 真寂寺録

卷數未詳，佚名撰，佚。

此録最早爲明佺《大周刊定衆經目録》所引用。如卷四《文殊師利現寶藏經》下注："《真寂寺録》云：與《大方廣寶篋經》同本異譯。"[1]《大周録》引用此録次數較多，從引用情況來看，有自漢至南齊之譯人譯經，亦有失譯經籍及中土天竺之撰述，知爲寺院藏書目録。

據宋敏求《長安志》載"義寧坊"："南門之東化度寺，本真寂寺。隋尚書左僕射齊國公高熲宅，開皇三年，熲舍宅奏立爲寺。武德二年改化度寺，寺中有無盡藏院。"[2]可知真寂寺爲高熲於開皇三年（583）所立。真寂寺爲隋代三階教之著名寺院，據《續高僧傳》載，三階教之信行、僧邕、信義都曾住此寺。

11. 化度寺録

卷數未詳，佚名撰，佚。

《大周刊定衆經目録》又常引《化度寺録》。如卷一《浄六波羅蜜經》下注："右東晉代佛陀跋陀羅譯，出《化度寺録》。"[3]據《長安志》"義寧坊"："南門之東化度寺，本真寂寺。隋尚書左僕射齊國公高熲宅，開皇三年，熲舍宅奏立爲寺。武德二年改化度寺，寺中有無盡藏院。"[4]知真寂寺與化度寺本爲一寺，唐武德二年（619）之前名"真寂寺"，此後則爲"化度寺"。再證以

---

1 明佺《大周刊定衆經目録》卷四，《大正藏》第55册，第393頁。

2 宋敏求《長安志》卷十，《宋元方志叢刊》第1册，第129頁。

3 明佺《大周刊定衆經目録》卷一，《大正藏》第55册，第376頁。

4 宋敏求《長安志》卷十，《宋元方志叢刊》第1册，第129頁。

信行與僧邕之生平，開皇九年，信行與僧邕入京。《續高僧傳》卷十九《僧邕傳》載："有魏州信行禪師……開皇九年，行被召入京，乃與邕同來，至止帝城，道俗莫匪遵奉。"[1]同書卷十六《信行傳》載："開皇之初，被召入京。僕射高熲邀延住真寂寺，立院處之。"[2]由此上兩條可知，二人入京皆居於真寂寺。而及僧邕卒，《續高僧傳》云："以貞觀五年十一月十六日，終於化度寺院。"[3]僧邕入京之開皇年間，其寺曰"真寂寺"，而其卒之貞觀年間，已改爲"化度寺"，由此可佐證《長安志》所載不虛。既然真寂寺與化度寺本是一寺，那麽二錄間之關係如何？筆者認爲，既然二錄皆爲《大周錄》所徵引，而二錄之成也距《大周錄》成書不遠，如是一錄，《大周錄》則不必分別引述，故可知二錄雖然爲同一寺廟藏經之記録，然分別成書，當無可疑。

《化度寺録》既爲《大周録》所引，而《大周録》成於則天天册萬歲元年（695），則此録必成於此年之前。武德二年，方有化度寺之名，故此録應成於此年之後，即成於619—695年之間。

12. 唐衆經目録

五卷，釋玄琬撰，佚。

玄琬（562—636），隋唐時代僧人。本爲弘農華陰（今陝西華陰）人，後遷居雍州新豐（今陝西渭南），俗姓楊。十五歲出家，從曇延受具足戒，從洪遵學《四分律》，更就曇遷學《攝論》。於隋仁壽二年，造丈六釋迦像。貞觀初年，朝廷詔師爲太子諸王授菩薩戒，并造普光寺以安之。嘗以行慈、減殺、順氣、奉齋等四事誡太子。貞觀十年，示寂於延興寺，世壽七十五。玄琬善於講説，長於著述，與當時重臣蕭瑀、蕭璟、李百藥、杜如晦、杜正

---

1 道宣撰，郭紹林點校《續高僧傳》卷十九，第715頁。

2 道宣撰，郭紹林點校《續高僧傳》卷十六，第601頁。

3 道宣撰，郭紹林點校《續高僧傳》卷十九，第715頁。

倫皆有往還。著述甚富，計有《佛教後代國王賞罰三寶法》《安養蒼生論》《三德論》《入道方便門》《鏡喻論》《無礙緣起》《十種讀經儀》《無盡藏儀》《法界圖》《禮佛儀式》等。生平行履見《續高僧傳》卷二十二本傳、《佛祖統紀》卷三十九、《釋氏稽古略》卷三。

　　玄琬一生熱心佛教文化事業，本傳載其曾於隋代"又造經四藏，備盡莊嚴，諸有繕寫，皆資本據"。於唐代則"於苑內德業寺，爲皇后寫現在藏經。當即下令，於延興寺更造藏經，並委其監護"。[1]玄琬鑒於周武滅法以來，經籍散亂，乃率僧衆進行校刊，本傳云："自周季滅法，隋朝再興，傳度法本，但存卷袠。至於尋檢文理，取會多乖。乃結義學沙門，讎勘正則，其有詞旨不通者，並諮而取決，故得法寶無濫於疑僞，迷悟有分於本末。綱領貞明，自琬始也。"[2]可知其對佛教經籍素有研究。《大唐内典録》又言："（玄琬）又以法流東漸，三被誅殘，雖後鳩拾，不無紕紊。琬欲澄一文義，該貫後賢。乃集達解名德三十餘人，親面綜括，披尋詞理。經延歲序，方乃究竟，即寫净本以爲法寶正則。故方隅道俗欲寫藏經，皆就傳本以爲揩准。"[3]從中可進一步瞭解玄琬當時校經之詳細情況及其重要影響。

　　著録此録最早者爲《大唐内典録》，《内典録》卷七《賢聖集傳録》載："《衆經目録》（五卷九十紙），唐貞觀初，普光寺玄琬撰。"[4]未言作於貞觀多少年，而據《釋氏稽古略》卷三："（貞觀五年）敕法師玄琬，於苑內德業寺爲皇后寫佛藏經，又於延興寺更造藏經，並委琬監護。"[5]可知玄琬爲皇后寫佛經在貞觀五年（631），而其校刊佛經與編目當即在此年前後，故可推知《唐衆經目録》之作或在此年前後。

---

1 道宣撰，郭紹林點校《續高僧傳》卷二十二，第862—863頁。
2 道宣撰，郭紹林點校《續高僧傳》卷二十二，第863頁。
3 道宣《大唐内典録》卷五，《大正藏》第55册，第281頁。
4 道宣《大唐内典録》卷七，《大正藏》第55册，第302頁。
5 覺岸《釋氏稽古略》卷三，《大正藏》第49册，第814頁。

此録爲《大唐内典録》所徵引，名爲《唐舊録》，然不久即亡佚。智昇《開元釋教録》卷十《唐衆經目録》下注："右《内典録》中引用云：《唐舊録》，未見其本。"[1]可知在智昇時代，此録已"未見其本"了。

13. 西明寺録

三卷（或作一卷），又作《大唐京師西明寺所寫正翻經律論宗乘傳》，釋道宣撰，佚。

道宣（596—667），唐代律僧，又稱南山律師、南山大師，爲南山律宗之祖。俗姓錢，字法遍。十六歲出家，先後隨日嚴寺慧頵、大禪定寺智首學律。後住終南山仿掌谷（長安之南），營建白泉寺，研究弘宣《四分律》。歷住崇義寺、豐德寺、净業寺。顯慶三年（658），奉敕任長安西明寺上座，參與玄奘之譯場。龍朔二年（662），高宗敕令僧尼須禮拜君親，師與玄奘等上書力爭，此事乃止。乾封二年，於净業寺創立戒壇，爲後世建築戒壇之法式，其年十月入寂，世壽七十二，法臘五十二，謚號"澄照"。道宣在佛教文史學上的貢獻頗大，曾於貞觀十九年（645）撰成《續高僧傳》三十卷，於永徽元年（650）撰成《釋迦方志》二卷，顯慶五年（660）撰成《佛化東漸圖贊》一卷。龍朔元年（661）撰成《集古今佛道論衡》三卷，麟德元年（664）又撰成一卷，合爲四卷。同年又撰成《大唐内典録》十卷、《廣弘明集》三十卷和《集神州三寶感通録》（一名《東夏三寶感通記》）三卷。皆爲研究佛教文史之重要文獻。生平見《宋高僧傳》卷十四本傳，《大唐内典録》卷五，《佛祖統紀》卷二十九、卷三十九、卷四十二、卷四十六，曹仕邦《中國佛教史學史》第五章。

初唐名僧雲集之寺院首推慈恩寺、弘福寺與西明寺。西明寺位於長安延康坊西南隅。據宋敏求《長安志》載，原爲隋尚書令越國公楊素宅，大業中

素子玄感謀反，被誅，宅被没官。唐武德中爲萬春公主宅，貞觀中又賜濮王泰。泰薨後，立爲寺。高宗顯慶元年（656）爲孝敬太子祈福，立爲西明寺。大中六年改爲福壽寺。[1]玄奘法師曾譯經於此。西明寺不僅爲初唐譯經之所，且爲初唐經藏結集之地。據静泰《大唐東京大敬愛寺一切經論目序》載："顯慶年際，西明寺成，御造藏經。"[2]又曰："貞觀已來玄奘見所翻，顯慶四年，西明寺奉敕寫經，具録入目，施一十五部六百六十四卷。"[3]由此可知，西明寺經藏爲顯慶四年奉敕所寫，其中不僅有過去之譯經，且含有玄奘譯經一十五部。

　　道宣既撰有《大唐内典録》，又有此《西明寺録》，二者關係如何？湯用彤先生認爲"道宣實撰有《西明寺録》"，又言"《内典録》或由《西明録》改造而成也"。[4]而台灣學者陳雅貞則提出："或西明寺録本非道宣的作品，是後人誤認。"[5]筆者認爲湯先生所論爲是，《西明寺録》確爲道宣所作。

　　陳氏認爲：《西明寺録》應當作於《大唐内典録》之前，然《大唐内典録》卷五所列道宣自己十八種著作中，無《西明寺録》，故《西明寺録》爲後人之誤記。案：《大唐内典録》卷五列道宣作品爲十八部，確實無《西明寺録》，然道世《法苑珠林》卷一百所列道宣作品爲二十二部，其中即有《西明寺録》。道世與道宣同受戒於弘福寺智首，爲師兄弟。後二人又同住於西明寺。宋贊寧《宋高僧傳·道世傳》記載二人在西明寺之情形云："及爲皇太子造西明寺，爰以英博，召入斯寺。時道宣律師，當塗行律，世且旁敷。同驅五部之車，共導三乘之軌。"[6]道世於道宣相熟如此，故其記載當應有據，較爲可信。其次，道宣《大唐内典録》"歷代所出衆經録目第九"中，在《大

1　宋敏求《長安志》卷十，《宋元方志叢刊》第 1 册，第 126 頁。
2　静泰《衆經目録》卷一，《大正藏》第 55 册，第 181 頁。
3　静泰《衆經目録》卷首，《大正藏》第 55 册，第 181 頁。
4　湯用彤《隋唐佛教史稿》，中華書局，1982 年，第 100 頁。
5　陳雅貞《〈大唐内典録〉——目録體例探究》，台灣中國文化大學研究生論文，1993 年，第 26 頁。
6　贊寧撰，范祥雍點校《宋高僧傳》卷四，第 67 頁。

唐内典録》前，列有"大唐京師西明寺所寫正翻經律論集傳等"，下注"顯慶三年"，[1]此即是《西明寺録》。然則，道宣何以於自己著述中不載此録？據靜泰《大唐東京大敬愛寺一切經論目序》："顯慶年際，西明寺成，御造藏經。更令隱鍊，區格盡爾，無所間然。律師道宣又爲録序。殷因夏禮，無革前修。"[2]由"殷因夏禮，無革前修"，説明《西明寺録》創造不多，以故道宣在自己的著述不列此録。

靜泰《大唐東京大敬愛寺一切經論目序》："顯慶年際……律師道宣又爲録序。殷因夏禮，無革前修。於三例外，附申雜藏。即《法苑》《法集》《高僧》《僧史》之流是也。頗以毗贊有功，故載之云爾。"[3]由此可見，《西明寺録》最大之特點是記録大量中土僧俗之著述，[4]而同在西明寺之道世於《法苑珠林》卷一百詳記中土僧俗著述，恐與此録甚有關係。

14. 義善寺録

卷數未詳，佚名撰，佚。

此録爲《大周刊定衆經目録》多次引及。如卷二《大智度無極經》下注："《義善寺録》云：出《大品》。"[5]再如卷六《菩薩戒本經》下注："右北涼沮渠蒙遜世，沙門曇無讖於姑臧譯，出《義善寺録》。"[6]

宋張禮《游城南記》"杜光村"條下張氏自注曰："杜光村有義善寺，俗

1　道宣《大唐内典録》卷十，《大正藏》第55冊，第337頁。"正"原作"王"，據校勘記改。

2　靜泰《衆經目録》卷首，《大正藏》第55冊，第181頁。

3　靜泰《衆經目録》卷首，《大正藏》第55冊，第181頁。

4　案：《大唐内典録》卷十載："大唐京師西明寺所寫正翻經律論集傳等（顯慶三年），入藏正録合七百九十九部，三千三百六十一卷（五萬六千一百七十五紙）。"而《大唐内典録》入藏録收録"衆經律論傳合八百部（三千三百六十一卷，五萬六千一百七十紙）三百二十六帙"，二者所記經典數量相差甚小，然而《西明寺録》七百九十九部爲"入藏正録"，除"正録"外，當有附録收録撰述類經典。

5　明佺《大周刊定衆經目録》卷二，《大正藏》第55冊，第381頁。

6　明佺《大周刊定衆經目録》卷六，《大正藏》第55冊，第404頁。

謂之杜光寺。貞觀十九年建，蓋杜順禪師所生之地。”[1]杜光村在京兆之東南，義善寺正在杜光村。由此材料，似義善寺貞觀十九年始建。然志磐《佛祖統紀》載：“貞觀十四年（640）十一月十五日，（杜順）坐亡於南郊義善寺。”[2]由此却説明，貞觀十四年即有義善寺，與《游城南記》相矛盾。又檢《陝西通志》：“杜光寺，唐貞元十九年建，即隋義善寺。”[3]可知，義善寺爲隋代所建，後改爲杜光寺，若如此則《游城南記》與《佛祖統紀》之矛盾便可得以解决。然此寺何時改爲杜光寺，《游城南記》云貞觀十九年，而《陝西通志》則云貞元十九年。依筆者愚見，似以貞觀十九年爲確。因華嚴初祖杜順和尚卒於貞觀十四年，爲紀念之，故將義善寺改爲杜光寺，而這極可能在五年之後的貞觀十九年（645），而不是一百五十年之後之貞元十九年（803）。

既然義善寺於貞觀十九年改爲杜光寺，則《義善寺録》必作於此年之前，或即爲隋代之經録，亦未可知。

15. 福林寺録

卷數未詳，佚名撰，佚。

此録亦爲《大周刊定衆經目録》所引。如卷六《菩薩五法懺悔經》下注：“右《福林寺録》云：後訪得經律。”同卷《大乘三聚懺悔經》注云：“右隋開皇年闍那崛多及笈多於興善寺譯，出《福林寺録》。”[4]

宋敏求《長安志》“安定坊”條載：“西南隅福林寺，其地本隋律藏寺。武德元年，置太原寺於永興坊，以義師初起太原，因以名寺。後移於此，咸

1　張禮《游城南記》，《景印文淵閣四庫全書》第 593 册，第 6 頁。

2　志磐撰，釋道法校注《佛祖統紀校注》卷三十，第 653 頁。

3　劉於義等監修《陝西通志》卷二十八，《景印文淵閣四庫全書》第 552 册，第 460 頁。

4　明佺《大周刊定衆經目録》卷六，《大正藏》第 55 册，第 404、405 頁。

亨三年改爲福林寺。"[1]此段材料記福林寺之沿革較爲清楚。此寺原爲隋律藏寺，武德元年之後改爲太原寺，咸亨三年方改福林寺。咸亨，爲唐高宗年號，三年即公元 672 年。

此録既以福林寺爲名，當作於咸亨三年（672）後，其又爲作於武后天册萬歲元年（695）之《大周録》所引，必作於此年之前。故知此録之作當在672 至 695 此二十餘年間。

16. 玄法寺録

卷數未詳，佚名撰，佚。

此録最早爲明佺《大周刊定衆經目録》所徵引。《大周録》卷十《百喻集》一部二卷下注云： "右南齊永明年，沙門求那毗地譯，出《玄法寺録》。"[2]

段成式《寺塔記》載："安邑坊玄法寺，初居人張頻宅也。嘗供養一僧，僧以念《法華經》爲業，積十餘年。張門人譖僧通其侍婢，因以他事殺之。僧死後，闔宅常聞經聲不絶。張尋知其冤，懺悔不及。因捨宅爲寺。"[3]知此寺原爲張頻之宅，後捨爲僧寺。據《寺塔記》記述其規模相當宏大，有金銅像十萬軀。且有虞世南、顏真卿諸人手迹。

《續高僧傳》卷二十六《隋京師玄法寺釋道順傳》載："開皇隆法，杖步入關。採訪經術，住玄法寺。"[4]由此可知，第一，玄法寺之建，必在隋前。第二，道順爲採訪經術而入住玄法寺，此寺必富藏經藏，爲一釋典之淵藪。獨孤及《金剛經報應述并序》言御史大夫魏公極喜《般若經》，後因戰亂而失

---

1 宋敏求《長安志》卷十，《宋元方志叢刊》第 1 册，第 127 頁。
2 明佺《大周刊定衆經目録》卷十，《大正藏》第 55 册，第 436 頁。
3 段成式《酉陽雜俎》續集卷五，中華書局，1981 年，第 251 頁。
4 道宣撰，郭紹林點校《續高僧傳》卷二十八，第 1098 頁。

此經於商於。後公回京，搜訪此經，"求（原作"末"，據《文苑英華》改）於玄法寺之藏，藏人以送公。發函披卷，乃商於所亡之本也"。[1]應驗記之類文獻所記之事雖虛誕，却反映出玄法寺向爲經典淵藪這一事實，故而應驗故事作者纔會把故事發生的地點附會於玄法寺。職是之故，《大周録》所引之《玄法寺録》，當即是此寺藏經之目録。

17. 開元内外經録

十卷，唐毋煚撰，佚。

毋煚（約 668—744），唐代目録學家，開元含象亭十八學士之一，洛陽（今屬河南）人。歷官鄠縣尉、右率府胄曹參軍、右補闕。開元五年與馬懷素等奉敕編撰《群書四部録》。與韋述、余欽負責總輯部分，并與劉彥貞負責丙部之撰寫。開元九年《群書四部録》修成，毋氏即指出《四部録》有五大缺點，并"審改舊疑，詳開新制"，改正《四部録》中失者三百餘條，增加新目六千餘卷，編成《古今書録》，分經、史、子、集四録四十五家，且皆撰有小序與解題，至宋代其書亡佚。生平散見於《舊唐書·經籍志》、《舊唐書·元行沖傳》、《元和姓纂》卷二、《大唐新語》卷十一。

《新唐書·藝文志》載："毋煚《開元内外經録》十卷，道、釋書二千五百餘部，九千五百餘卷。"[2]此録兼收佛道兩家，共收書二千五百餘部九千餘卷。又據《舊唐書·經籍志》："其外有釋氏經、律、論、疏，道家經、戒、符、籙，凡二千五百餘部，九千五百餘卷，亦具翻譯名氏，序述指歸，又勒成目録十卷，名曰《開元内外經録》。……煚等《四部目》及《釋道目》並有小序，及注撰人姓氏。"[3]由此可知，此録所載之釋道經典皆有小序與簡單

1　董誥編《全唐文》卷三百八十九，第3962頁。

2　歐陽修、宋祁《新唐書》卷五十九，第1528頁。

3　劉昫等《舊唐書》卷四十六，第 1965—1966 頁。

解題。

關於此録之撰作時間，史無明文。毋庸《古今書録》撰成於開元九年之後，此録當與其同時或稍後，當也在開元中。

18. 内典目録

十二卷，王彦威撰，佚。

王彦威（？—845），字子美，太原（今屬山西）人。少孤貧苦學，尤通三禮。元和中，舉明經甲科，補檢討官。掇拾自隋唐以來朝廷沿革、吉凶五禮，成《元和新禮》三十卷獻上，特授太常博士。長慶中，任祠部員外郎，累擢司部郎中、弘文館學士。大和五年，遷諫議大夫，兼史館修撰。大和九年，爲平盧軍節度使。開成元年，召爲户部侍郎、判度支，三年以檢校禮部尚書，爲忠武軍節度使。會昌五年，卒，謚曰靖。王氏博學，著書頗多。《新唐書·藝文志》著録其《續古今謚法》《唐典》《占額圖》《元和曲臺禮》，與蘇景胤、楊漢公等合撰《穆宗實録》。生平見《舊唐書》卷一百五十七、《新唐書》卷一百六十四本傳、《唐詩紀事》卷五十一。

此録見於《新唐書》之著録。《新唐書·藝文志》載："王彦威《内典目録》十二卷。"[1]《册府元龜》卷五十二載："開成二年二月甲辰，王彦（馮案：此書脱一"威"字）進准宣索《内典目録》十二卷。"[2]開成爲唐文宗年號，開成二年，即公元837年，知此録撰成於此年。而"宣索"，意爲皇帝下旨，向有司索取錢財用物，可知此録之性質爲奉敕所修。

19. 開元崇福舊録

卷數未詳，釋義彤撰，佚。

1 歐陽修、宋祁《新唐書》卷五十九，第1531頁。
2 王欽若等編，周勛初等校訂《册府元龜》卷五十二，鳳凰出版社，2006年，第550頁。

　　義彤，生平不詳，中晚唐浮槎寺僧人，曾作東林寺藏主。

　　唐李肇《東林寺經藏碑銘并序》載："初彤公受具於廬山浮槎寺，嘗討大藏，惡其部帙繁亂，將理之不可，遂發私誓。四十餘夏，果得志焉。於是搜遠近之逸函墜卷，目在辭亡者得之，互文合部者兼之，斷品獨行者類之，本同名異者存之，以僞亂真者標之。又病前賢編次，不以注疏入藏，非尊師之意；并開元庚午（開元十八年，730）之後，洎德宗神武孝文皇帝之季年（約德宗貞元末年，800—804），相繼新譯，大凡七目四千九百餘卷，立爲別藏，著《雜録》七卷以條貫之，命《開元崇福舊録》，總一萬卷。舉藏以志函，隨函以命軸。"[1]由此段材料，《開元崇福録》可得而言之者有如下數端：

　　第一，此録爲寺廟藏書目録。文中云："總一萬卷。舉藏以志函，隨函以命軸。"可知其爲藏書目録，且較易檢索。

　　第二，此録所記乃廬山東林寺經藏，此藏爲詩僧靈澈所造。李肇《東林寺經藏碑銘并序》云："廬山山岳之神秀，而東、西林爲海内名刹，有惠遠、道安之遺風，四百餘年，鐘磬之音不絕。然而三藏經論，闕而無補。元和四年（809），雲門僧靈澈，流竄而歸，棲泊此山。將去，言於廉問武陽韋公，公應之如響。"[2]知廬山東林寺雖自慧遠以來，即爲藏經之所，然元和四年之前，經典殘亡。元和四年，靈澈始重新經營，而李肇碑文成於元和七年（812），可知東林寺藏經至此年前後方始齊備。

　　第三，此録之最大特點爲搜集中土著述較爲齊備。文中云："又病前賢編次，不以注疏入藏，非尊師之意；并開元庚午之後，洎德宗神武孝文皇帝之季年，相繼新譯，大凡七目四千九百餘卷，立爲別藏，著《雜録》七卷以條貫之，命《開元崇福舊録》，總一萬卷。"此録於正藏五千餘卷外，收得新譯經與中土著述四千九百餘卷，故合爲萬卷。

1　董誥編《全唐文》卷七百二十一，第7417頁。
2　董誥編《全唐文》卷七百二十一，第7417頁。

20. 見定經入藏録[1]

卷數未詳，佚名撰，佚。

此録僅見於《大唐内典録》之著録。《内典録》卷七《賢聖集傳録》："《見定經入藏録》（一十九紙），未詳作者。"[2]此録於《大唐内典録》中列於玄琬《唐衆經目録》之後，當亦爲唐代之入藏録。

以上合現存、亡佚共二十六種

---

1 對於入藏録之收録，宋前之入藏録乃寫藏之依據，與典藏密切相關，故入典藏録。宋以降之入藏録，多爲刊刻大藏之依據，多與雕版藏經相關，故歸入雕版藏經目録中。

2 道宣《大唐内典録》卷七，《大正藏》第 55 册，第 302 頁。

雕版大藏目録第三

宋代以降，西土經來漸少，譯經事業稍息，中土聖賢之撰作漸興，而漢文大藏經之規模漸成。與此同時，藏經之傳播方式亦漸由抄寫轉爲雕版印行。與此相應，雕版藏經目録代譯經目録而突起。宋太祖開寶四年，敕張從信於蜀地開雕大藏，世稱"開寶藏"，爲我國雕版藏經之嚆矢。由宋至清，藏經之刊，今日可知者，凡二十餘版。如宋之萬壽藏、毗盧藏、圓覺藏、資福藏、磧砂藏，遼之契丹藏、金之金藏，元之普寧藏、元官版，明之南、北藏、徑山方册藏，清之龍藏及近代之頻伽藏、百衲藏，皆是其例。而雕刊大藏，類皆有目，大藏刊刻完成，目録亦隨藏流通，故今日流傳之雕版大藏目録亦復不少。於雕版大藏經之研究，頗多補益。

若言雕版藏經目録，亦有數體。一爲刻藏目録，又可分爲指導刻藏之目録及點勘藏經之目録。前者如元偉所編《湖州思溪圓覺禪院新雕大藏經律論等目録》《平江府磧砂延聖院新雕大藏經律論等目録》，後者如葛寅亮《南藏目録》、蔣唯心《廣勝寺大藏經簡目》。至雕本盛行，各代之入藏録，究其作用，實亦指導刻藏之目録也。如遼釋詮曉《續開元釋教録》、覺苑《太保大師入藏録》，皆與契丹藏之補雕相關。而元代《弘法入藏録》則與弘法藏或補雕金藏相聯繫。二爲補藏目録。歷代藏經雖卷帙不等，然皆不能收盡天下佛書，故有此類目録之作。舉其要者，如道開《藏逸經書標目》、楊守敬《大藏經未收古經目録》、李證剛《敦煌石室經卷中未入藏經論著述目録》、陳信行《藏餘佛學目録》。三曰聯合目録。古今藏經二十餘種，各各收攝不同，一經或見於此藏而不見於彼藏。故欲知一經爲何種藏經所收，若將各藏目録檢索一過，則費力多而功績少。若將數種藏目合爲一書，互著有無，則執一目便可知數藏之情狀，藏經聯合目録由兹而興。舉其要者，如胡文玉《藏經目録索引》、李經緯編《五種藏經目録匯編》。

今通考存佚，得二十五種，列雕版大藏目録第三。

現 存 諸 録

1. 福州東禪大藏經目録

一卷，佚名撰，存。收入《昭和法寶總目録》第 3 册。

此録爲宋代所刻《崇寧萬壽大藏》之目録。《崇寧萬壽大藏》又名《東禪寺大藏經》，爲我國第一部私版大藏經，由宋代福州東禪寺等覺院勸募雕印。元豐三年（1080）起，首先刊刻《光讚般若經》《法苑珠林》與《景德傳燈録》諸書，從元豐八年後，刻事大規模進行，經東禪寺等覺院六代住持惠榮、沖真、智華、智賢、道芳、普明及護法居士元絳、陳暘、劉瑾等人之努力，於徽宗崇寧二年（1103）基本刻成全藏。并由陳暘奏請，得賜"崇寧萬壽"之名。東禪寺等覺院在《崇寧藏》初刻告成之後，又用印經收入，續刻《開元釋教録》以外和以後所譯佛經及東土撰述。其中，徽宗大觀元年（1107）至政和二年（1112）續刻八十四函，包括唐宋時代之著述與宋代之新譯經。南宋孝宗乾道七年（1171）至淳熙三年（1176），又續刻十六函（函號爲"多"至"號"），所刻經典，以天台宗"三大部"及其注釋爲主，兼及禪宗、華嚴宗撰著。

此録自"天"字函《大般若經》至"號"字函《輔行録》，共 580 函。由《開元釋教録》入藏録所收經籍與福州東禪寺新收經典兩部分組成。新收之經典又可分作以下部分：一、自"杜"字號至"羅"字號十函爲道世《法苑珠林》。二、自“將”至“轂”二十函，爲北宋太平興國七年（982）至咸平二年（999）之新譯經。三、自“振”至“衡”二十六函，收宋代佛教撰著。如《景德傳燈録》《天聖廣燈録》《建中靖國續燈録》《大藏經綱目指要録》等。四、自“庵”至“勿”二十八函，收北宋咸平三年（1000）以後新譯經和《大唐貞元續開元釋教録》新編入藏經。五、自“多”至“虢”，共十六函，收《大慧語録》至《輔行録》等中土著述。六、無千字文編號，收《華嚴合論》《決疑論》等八部著作。[1]

2. 湖州思溪圓覺禪院新雕大藏經律論等目録

二卷，宋釋元偉撰，存。收入《昭和法寶總目録》第 3 册。

關於此録之作者，卷末注曰：“嘉禾比丘慧明敬書，比丘元偉編集。”可知此録爲釋元偉所撰。然則元偉爲何人也？李富華、何梅二先生《漢文佛教大藏經研究》未能考出。據《至元嘉禾志》載劉百福所撰《延恩寺律師行業記》載：“師諱元偉，俗姓陳，建溪官族也。……霅川思溪王氏以好施名，師嘗謁之。王亦喜聞其戒行，且識其營建塔廟，悉有條理，遂設清净供，留連數日，就所居旁以緣事屬之。師云：此吾志也。欣然領略。於是樓閣翬飛，丹堊焕爛，閱歲而就，過者嘆仰。咸謂龍天化成，曾不是過。即今圓覺寺及經坊浮圖是也。”[2]此元偉律師當即編撰此録之人。何以知之？第一，《圓覺藏目録》卷末注曰“嘉禾比丘”，而《行業記》所記元偉律師正出家於嘉禾延恩寺。第二，思溪藏本爲思溪王氏一族所刊之大藏經，而元偉律師不僅曾拜謁過王氏，而且助王氏建造刻思溪藏之圓覺寺及經坊。由此二點可知，編輯《圓覺藏目録》之元偉，必爲此元偉律師。又據《行記》師卒於紹興乙亥

────────────

1 參吕澂《福州版藏經》，《吕澂佛學論著選集》（三），第 1450—1452 頁；李富華、何梅《漢文佛教大藏經研究》，第 175—179 頁。

2 徐碩《至元嘉禾志》卷二十，《宋元方志叢刊》第 5 册，第 4561—4562 頁。

（二十五年，1155）年，則此録之作必在此年之前。

思溪圓覺藏又稱前思溪藏，爲北宋末年湖州思溪圓覺禪院所雕印之私版大藏經。如前所考，湖州思溪圓覺禪院爲北宋末宣和年間王永從與其弟王永錫所建。圓覺藏之開雕始於靖康元年（1126），發起人即爲王永從及其弟王永錫等，主持人爲思溪圓覺禪院住持懷深、平江府大慈院住持净梵、湖州覺悟教院住持宗鑒等。而雕版印經之費用全部來源於王氏家族捐贈，故圓覺藏實爲王氏一族所刻之大藏經。

此録上卷自"天"字號《大般若經》至"臨"字號《回諍論》等十六論，下卷自"深""履"《長阿含經》至"合"字函《南本大涅槃經》，共548帙，收經1 429部。

此録卷末又有内藤虎作於昭和庚午（1930）之跋，其文曰："宋世藏經之刻，西蜀爲最先。閩刻兩藏，亦起於北宋間。又有浙思溪刻本，亦兩藏。一爲湖州思溪圓覺禪院所雕，即密州觀察使致仕王永從夫妻兄弟發心捐財，鏤板五百五拾函，五千四百八十卷，有紹興二年題記。此前思溪藏。蓋經始於北宋末而成於南渡之初也。二爲安吉州思溪資福禪寺所刊，凡五千七百四十卷，蓋在嘉熙、淳祐間。此後思溪藏。王忠愨國維疑資福藏即王氏所刊，加以增補，未必別有一藏也。按宋湖州吳興郡，寶慶元年更名安吉州，而資福藏所題年號，未見光（馮案：當作"先"）寶慶者，則忠愨所考，似可信矣。《昭和法寶總目録》止收《資福藏目》，未及《圓覺藏目》。野山親王院堯榮僧正，檢山中古經，獲《圓覺藏目》二卷，見示。書法學黃涪翁，'桓公匡合'之'匡'，避藝祖諱作'輔'，仍是宋時刊本。其函號卷數與《昭和法寶總目録》所載《磧砂延聖藏》全合，而比資福藏少五十一函。'阜''微'等數函所收經目又微有不同。前思溪藏之真於此可見，安得與精通刻藏沿革之故，如小野君玄妙等詳審商榷焉。堯榮僧正欲圖景印刊布，平安便利堂主人田中君慨然捐資任之。及於告成，見徵跋語，援筆書之。昭和庚午六月内藤虎書於恭仁山莊之寶郵籢。"可知此録原藏於高野山親王院，後由僧正堯榮檢出。

3. 安吉州思溪法寶資福禪寺大藏經目録

二卷，佚名撰，存。收入《昭和法寶總目録》第 1 册。《中華大藏經》第 106 册，收録松坡圖書館抄本。

此録爲思溪資福藏目録。資福藏又稱後思溪藏，其與圓覺藏，即所謂前思溪藏之關係，向爲學界所爭論。因宋寶慶元年（1225）湖州更名安吉州，而後圓覺禪院又升格爲資福禪寺，故湖州之圓覺禪院與安吉州資福禪寺，實爲同一地點之寺廟。職是之故，對於圓覺藏與資福藏之關係，學界有兩種不同之觀點：以日人小野玄妙與童瑋先生爲代表，認爲圓覺藏與資福藏爲宋代不同時期所雕就的兩部大藏經，圓覺藏共 548 函，而資福藏則有 599 函。而以王國維與小川貫弌爲代表，則認爲資福藏是在圓覺藏原有 548 函基礎上增雕 51 函而成，并非别有一藏。李富華、何梅《漢文佛教大藏經研究》則認爲圓覺藏與資福藏本爲一藏，資福藏亦并未增雕後 51 函，《資福藏目録》中此51 函經係依日本寬永藏增入。[1]

此録上卷自"天"字函《大般若經》至"臨"字函《回諍論》等十六論，與《湖州思溪圓覺禪院新雕大藏經律論等目録》完全相同。而下卷則由"深"字函之《長阿含經》至"最"字函《大藏經目録》二卷，較《圓覺藏》目録多 51 函，收録《宗鏡録》《法華玄義》等著作。

《中華大藏經》所收松坡圖書館抄本後有楊守敬跋文："宋安吉州資福大藏經全部，缺六百餘卷。間有鈔補，亦據宋摺本。舊藏日本山城國天安寺，余在日本，有書估爲言欲求售之狀。適黎星使方購佛書，即囑余共議之，價

---

1 李富華、何梅《漢文佛教大藏經研究》，第 236—244 頁。

三千元，以七百元作定金，立約書期，三月付書。及逾期而書不至，星使不能待，以千元購定日本翻明本。久之，書至，星使以逾期不受，即索還定金，書估不肯退書，難以口舌争。星使又不欲以購書事起公牘，囑余受之，而先支薪俸以償。余以此書宋刻，中土久無傳本。明刊南北藏本，兵燹後，亦十不存一。況明本魯魚亥豕，不可枚舉。得此以訂訛鉏謬，不可謂非鴻寶。乃忍痛受之，缺卷非無別本鈔補，以費繁而止。且此書之可貴以宋刻故也。書至六七千卷，時至六七百年，安能保其毫無殘闕。此在真知篤好者，固不必循俗人之見，以不全爲恨也。光緒癸未二月宜都楊守敬記。”楊守敬曾於日本訪回《思溪藏》，此即其所訪回藏經之目録。其所購得之藏，現藏國家圖書館。

4. 平江府磧砂延聖院新雕大藏經律論等目録

二卷，佚名撰，存。收入《昭和法寶總目録》第 1 册。

磧砂延聖院位於長洲縣陳湖中小洲上，南宋乾道八年（1172）臨濟宗名僧寂堂師元所建，後請得寺額曰“延聖院”。寂堂示寂後，弟子或爲紀念其業績，於嘉定九年（1216）年開始刊刻《大般若經》，約於紹定年間始有刻全藏之計劃。然寶祐六年（1258）以後，因延聖院火災和南宋垂亡，刻事中斷三十餘年。元大德元年（1297），方由松江府僧録管主八主持，繼續雕刻，於至治二年（1322）刻成全藏。

此目録并非磧砂藏完成後之真實目録，而僅是刻藏初期爲刻藏需要而編製用於指導刻藏之目録。何以言之？此録卷上末有題記云：“大宋國平江府長洲縣依仁鄉第十九都前戴墟庚王土地境界居住，奉三寶女弟子吳氏八娘情旨，自身本命壬寅五十三歲九月二十一日建生。謹發誠心，指（當作“捐”）施己財伍拾壹貫刷百二十四文，官會恭入陳湖心磧砂延聖院大藏經坊，就命工者，刊造《經律論總目録》上卷印板，求遠流通聖教。”末署“端平元年四月，自奉三寶女弟子吳氏八娘謹題"。[1]可知此目録刻成於端平元年（1234）四月，此時磧砂藏僅刻完四大部經，遠未完成。故此目録實爲指導刻藏之目録，而非磧砂藏刻就之目録。

吕澂先生認爲磧砂藏之初期似并無刻全藏之計劃，"從《大般若經》的刊記還看不出籌刻全藏的企圖，紹定五年（1232）刻《無量壽經》（卷上）纔有延聖院雕造的題識，跟著端平元年（1234）刻出《平江府磧砂延聖院新雕大藏經律論等目録》。備載藏主法忠、都勸緣大檀越趙安國等名字，全藏的計劃刻版似乎是在這個時候"。[2]而李富華、何梅認爲："《磧砂藏》自嘉定九年（1216）開雕後，直至端平元年（1234）纔刻目録，究其原因，起初是刊《般若》《寶積》《華嚴》《涅槃》四大部經，直至紹定五年（1232），纔開始刊造其它經；而至端平元年，四大部經已基本刻成，在即將轉入其它經的刊造時，爲方便施主根據捐資情況，選擇刊經數量，故而據《圓覺藏》的編目重新刊成一部《平江府磧砂延聖院新雕大藏經律論等目録》（下略稱《端平目録》）二卷。……經校對兩部目録，可以認爲《端平目録》就是《圓覺藏目録》的覆刻，準確地説，《端平目録》就是覆刻了嘉禾比丘慧明敬書、比丘元偉編集的《圓覺藏目録》。"[3]

綜上所述，此目録并非磧砂藏之真實目録，而僅是依據《圓覺藏目録》稍作改動編製而成，用於指導刊刻磧砂藏的目録。又因磧砂藏在宋代并未刻完，而是由元代松江僧録管主八續刻完成，故從元大德元年（1297）以後之刊版，也并未按此既定目録刊刻，而是改依《普寧藏》來雕印。

此録上卷從"天"字號《大般若經》至"臨"字號《迴諍論》等十六論，下卷從"深""履"《長阿含經》至"合"字函《南本大般涅槃經》，共收經籍 548 函 1 429 種。

1　《昭和法寶總目録》第 1 册，第 934—935 頁。"指施己財"疑當作"捐施己財"。

2　吕澂《磧砂版藏經》，《吕澂佛學論著選集》（三），第 1463 頁。

3　李富華、何梅《漢文佛教大藏經研究》，第 277 頁。

5. 杭州餘杭縣白雲宗南山大普寧寺大藏經目録

四卷，元釋如瑩撰，存。收入《昭和法寶總目録》第 2 册。

如瑩，生平不詳。據日本《增上寺三大藏經目録·元版（刊記）》"臣"字函《大方廣佛華嚴經入不思議解脱境界普賢行願品》刊記載，普寧藏組織雕印人員中有"大藏經局提調勾當僧如瑩"，[1]即爲編輯此録之如瑩。提調爲協調管理之僧人，在普寧藏經局任職人員中職級較高，故可知如瑩爲普寧經局中一較重要之人物。

普寧藏爲元代杭州一帶白雲宗所刊刻之大藏經，因刻藏之地點在杭州餘杭縣之大普寧寺，故稱普寧藏。宋末湖州藏毁於兵火，由杭州路大明慶寺知寺寂堂禪師首倡重刻。自元世祖至元十四年（1277），經道安、如一、如志、如賢等多位僧人之主持，於至元二十七年（1290）刻成正藏。後又於大德二年至元統三年（1298—1335）三十八年中，補刻四次。此録即爲元大德三年（1299），釋如瑩所編普寧藏目録。

録前有如瑩自序，言："教流東夏，由漢以來，爰及隋唐，歷代翻譯綱目，如《三藏紀》《三寶紀》《古今譯經圖紀》《大唐内典録》《大周刊定録》《開元釋教録》，載之詳矣，以號計五百五十有八，今思溪浙本，是本寺所刊目録，照思溪式行於世。考之閩本，則小異焉。余因暇日，詳觀此録，博考衆經卷帙，豐約各殊，或有函不以能盡貯者，則不免贅上附下，卒然轉看，疑以爲舛。於是本乎舊目，創以新意，分爲文、行、忠、信四卷。號之下該若干卷，卷數之中逐卷次第該以經名。凡造經厨以六百卷爲率，或卷有多者，增一函以貯之，不易其號，分爲上下。務使藏有列函，函有列卷。寄經之例，寄後不寄前。明該某經總若干卷，本函貯若干卷，餘若干卷寄某函内。於所

---

1 增上寺編《增上寺三大藏經目録解説》，《增上寺史料集別卷》，1982 年，第 731 頁。

寄函中，亦明注脚：某函寄下。標目帙數，開卷明白，誠亦可爲披閱之助。大德三年己亥歲臘月吉日，本寺比丘如瑩對經書題，因序源云。"[1]由此序可知，如瑩感於舊有之目録不善之處甚多，特別是一經分數函者，既贅上附下，又不標明，難以檢索，故重新編定。重編之目的在於"標目帙數，開卷明白"，即便於檢索閱讀。職是之故，此録之一大特點爲詳細注明寄經之例，即一經一函不能盡貯者，所餘之卷寄下一函，并於兩函皆以小注説明。如《光讚般若波羅蜜經》十卷，於"河"字收八卷，而餘二卷寄於其下之"淡"字函。故在"河"字函下注曰："末後二卷寄淡字函首。"而在"淡"字函下又著録《光讚般若波羅蜜經》二卷，下注曰："係河字函寄下。"

此録之收經由"天"字號至"約"字號，收經籍 1437 種。其中"武"至"遵"共 28 函爲"秘密經"，然并無細目，而最後一號"約"字函則收録沙囉巴譯經 5 種和白雲宗清覺之《白雲和尚初學記》《白雲和尚正行集》。據李富華、何梅二先生之研究，在大德三年如瑩編録之時，這些秘密經典及清覺之著作，尚未刊刻。[2]故"武"字號後之函，究竟爲如瑩事先之預留，抑爲後人所增補，因資料缺乏，只得闕疑了。

6. 大明重刊三藏聖教目録

三卷，佚名撰，存。此録原藏山西交城縣玄中寺，收入永樂南藏"塞"字函，後收入《中華大藏經》第 106 册。

明代官版藏經共三種，即初刻南藏、永樂南藏及永樂北藏。永樂六年（1408），初刻南藏板毀於火。故次年明成祖即準備重刻，召集名僧善啓等校勘底本，於永樂十一年左右開雕，至永樂十七年即已刻完全藏。永樂南藏刻竣後，版藏南京大報恩寺，供各地寺院之請印。此録即爲永樂南藏初期目録。

1《昭和法寶總目録》第 2 册，第 239 頁。

2 李富華、何梅《漢文佛教大藏經研究》，第 347—348 頁。

此録千字文編號自"天"字號至"碣"字號。卷上爲大乘經,分般若、寶積、大集、華嚴、涅槃及五大部外重單譯經。卷中爲小乘經,分阿含部、小乘單譯經及宋元入藏諸大小乘經。卷下爲西土聖賢撰集、大小乘律、大小乘論、續入藏諸論及此方撰述(分類見圖表43)。

圖表43:《大明重刊三藏聖教目録》分類及綱目圖

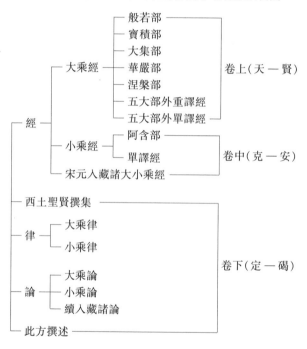

此録爲藏經目録編次之重大革新,以往各藏皆以《開元録》爲據,先分大小乘,然後再各别細分經律論,并將宋代陸續入藏之譯典和著述交互夾雜地附於《開元録》經典之後,凌亂無序。而永樂南藏則先分經律論,再各分大小乘,而將宋元續入各書分别附於各類之後。即以前之編次依入藏時間爲序,故經律論互相混雜,而此藏則基本依經典之性質分類,故眉目清楚。然其於大小乘經之後列西土撰集其中又附有唐譯秘密經軌,編排未盡合理。此後之永樂北藏,將西土撰集與此土著述編次在一處,相比較而言更符合經典之性質。

7. 大明三藏聖教北藏目録

四卷，佚名撰，存。有永樂北藏本，又收入《昭和法寶總目録》第 2 冊。

此録爲永樂北藏之目録。永樂北藏爲繼永樂南藏之後所開雕的明代官版藏經。永樂十七年，開始由僧録司校勘經文。永樂十九年（1421）於北京開雕，至正統五年（1440）完成。歷時二十年，刻成 636 函。後在萬曆七年（1579）至十一年（1583）又續刻《華嚴懸談會玄記》等各宗著述 36 種，41 函 410 卷，并入該藏。

此録前有總目、永樂帝《御制藏經贊》、唐中宗《大唐龍興三藏聖教序》、宋太宗《大宋三藏聖教序》及千字文號。正藏從"天"字號至"石"字號，收經 1616 種。後續入"鉅"字至"史"字，收經 36 種。最後附北藏缺而南藏存之經籍函號。全藏之分類及綱目見圖表 44。

圖表 44：《大明三藏聖教北藏目録》綱目圖

```
                              ┌─ 般若
                              ├─ 寶積
                              ├─ 大集
                     ┌─ 大乘經 ─┼─ 華嚴          第一卷（天一念）
                     │        ├─ 涅槃
                     │        ├─ 五大部外重譯
                     │        └─ 五大部外單譯
               ┌─ 經 ─┤        ┌─ 阿含
               │     ├─ 小乘經 ─┴─ 單譯          第二卷（作一川）
               │     └─ 宋元入藏諸大小乘經
        ┌─ 正藏 ─┤
        │      │     ┌─ 大乘律
        │      ├─ 律 ─┴─ 小乘律
        │      │                              第三卷（流一辨）
        │      │     ┌─ 大乘論
        │      ├─ 論 ─┼─ 小乘論
   ─────┤      │     └─ 宋元續入藏諸論
        │      │     ┌─ 西土聖賢撰集
        │      └─ 撰述 ┴─ 此土著述             第四卷（轉一史）
        └─ 續入藏經
```

8. 藏逸經書

一卷，又名《藏逸經書標目》，明釋密藏道開撰。存，有錢謙益順治十四年（1657）抄本，藏國家圖書館。清光緒二十三年（1897）仁和吳昌綬雙照樓硃印本，據錢謙益抄本刻印，藏上海圖書館。國家圖書館尚有楊仁山居士抄本，上海圖書館藏有民國七年（1918）北京刻經處刻本，與吳氏雙照樓本同。

密藏，字道開，生卒年不詳，南昌人，曾爲諸生，好道術。萬曆三年左右出家於普陀山，後歸依紫柏真可。爲真可所重，推爲左右手。紫柏真可復興嘉禾（今浙江嘉興）楞嚴寺，道開力主之。後真可與陸光祖、馮夢禎諸人募刻方冊本大藏經（即嘉興藏），密藏道開實主持其事。後四五年，道開以病隱去，遂不知所終。著有《密藏禪師遺稿》，收入《禪宗全書》第 55 册。道開於嘉興藏之刻輸力最多，而生平可知者僅此，可爲嘆惜。生平參金申《〈嘉興藏〉的主刻僧密藏事輯》。[1]

《藏逸經書標目》前云："凡北藏所未收者，無論其言義得失，悉録其名如左，以俟明哲揀辨而出之。"故是録所收之書，皆爲明北藏未收之中土著述。共收經疏 43 種，史傳禪宗語録等 60 餘種。是録似爲道開爲刻嘉興藏所做準備，何以知之？第一，嘉興藏本以北藏爲底本，故此録凡北藏所無盡數登録，其意甚明。嘉興藏續藏中所收中土著述較前此之藏爲多，而此録皆收中土著述，二者正相符合。第二，此録《華嚴要解》下注云："幻余兄在燕京得此本示余。"幻余即幻余法本，紫柏真可弟子，曾與道開一齊參與嘉興藏之刊刻。第三，此録《金剛科儀録説記》下注："禪不禪，教不教，不足取也。近續入大藏，宜出之。"此處所云之"續入大藏"當即嘉興續藏。第四，

此録《五燈會元》下注：“今藏中止收《景德傳燈録》，餘盡未收，而世亦鮮流行本。此《會元》不得不收矣。”而嘉興續藏中第一次收入《五燈會元》，亦可爲一證。既知此録爲刻嘉興藏作準備，則此録之作當在道開病隱之前，即萬曆十七年至二十年之間。

此録最大之特點爲：於每一書下皆詳列其版本，并於多種版本中必精選善本。如《華嚴合論》下注：“北京本。真座主、嘉興東塔寺思修禪人、南京聚寶門内西小胡同機房伍宅，俱有宋元板善本。伍宅本乃北京報國寺僧所遺者，今秀水東禪寺刊板流行。”此處列《華嚴合論》版本多種，如數家珍。再如《維摩詰經注》下注：“南藏收入，世亦多流行本，五臺山龍翻石有古本善。”指出五臺古本最善。道開之所以於每種書細究其版本，應是出於刻藏之考慮。

此書錢謙益抄本，藏國家圖書館。中有錢氏批語，後有錢氏跋語。跋語云：“藏師蒐輯藏外經書，有《標目》一册，平湖陸季高藏本，余從吴江周安石借閲。丁酉三月屬子晉侍史繕寫。”考錢氏生平中有二丁酉，一爲 1597 年，即萬曆二十五年；一爲 1657 年，即清順治十四年。萬曆二十五年，錢氏僅十五歲，故此抄本極有可能抄於順治十四年。

9. 南藏目録

一卷，明葛寅亮編，存。有明萬曆間南京僧録司刻本，藏國家圖書館。又載於《金陵梵刹志》卷四十九，收入《昭和法寶總目録》第 2 册。

葛寅亮，字水鑒，號屺瞻，浙江錢塘（今杭州）人。萬曆二十九年（1601）進士，先後任福建提學參議、湖廣提學副使，後授南京禮部祠祭清吏司郎中。葛寅亮有政聲，萬曆中爲九江兵備，創陽明書院，選諸生肄業，其中置社學，以教貧民子弟。又曾築堤建橋，設西城閘，蓄水以制火患。爲福建提學時，又築室武夷，聚徒講學。著有《四書湖南講》九卷、《金陵梵

剎志》五十三卷。生平見《憲使屺瞻葛公頌德碑》（葉向高《蒼霞餘草》卷
一）、《四庫全書總目》卷三十七、《大清一統志》卷二百三十七等。

葛氏於佛學有緣，曾於西湖捨宅爲普度親庵報薦母恩，[1] 又曾爲湛然圓澄
之語録作序。[2] 任職南京禮部期間，主管僧人、寺廟事務。其時，南京佛寺制
度渙散，寺田流失，佛寺蕭條。葛寅亮到任後，將具備規模的佛寺按照 "就
近" 原則，分爲大、次大、中、小幾種類型，以大寺統次大寺、中寺，次大
寺、中寺統小寺，實行嚴格統屬管理。

其時，永樂南藏版藏南京大報恩寺，各地請經者不斷，然因管理不善，
弊端叢生。葛氏親爲擘畫，重建藏經殿，訂立請經條約，并以印藏所得收入
續刻北藏所有而南藏所缺之經典 41 函，至萬曆三十五年，刻成 14 函。[3]

此録即爲葛氏點勘永樂南藏時所編。録前述南藏經函、卷、紙數曰："每
經壹藏共陸百參拾陸函，共陸千參百三拾壹卷，共壹拾壹萬伍百貳拾陸張。
內全葉壹拾萬柒千柒百捌拾貳張，半葉貳千柒百肆拾肆張，板共伍萬柒千壹
百陸拾塊。" 知此録收經 636 函 6 331 卷，經用紙 110 526 張。此録之著録方
式爲先列千字文號，再録紙數，後列經名。如："郡"，十卷，一百九十張，
尾半三張，《衆經目録》。

此録所收由 "天" 字函至 "石" 字函，較《永樂南藏》之初刻多 "石"
字一函，[4] 而葛寅亮續刻之 14 函經典并未收入目録。

10. 大清三藏聖教目録

五卷，佚名撰，存。收入《中華大藏經》第 106 册、《昭和法寶總目録》

---

1 梁詩正、沈德潛等《西湖志纂》卷四，《景印文淵閣四庫全書》第 586 册，第 428 頁。

2 圓澄述，明凡録《湛然圓澄禪師語録》卷首，《卍續藏》第 126 册，第 174—175 頁。

3 參俞彥《大報恩寺重修藏經殿記》、葛寅亮《報恩寺九號藏經併藏殿碑記》，葛寅亮《金陵梵剎志》
卷三十一，杜潔祥主編《中國佛寺史志彙刊》第 1 輯第 3 册，台灣明文書局，1980 年，第 1101—
1107 頁。

4 據李富華、何梅《漢文佛教大藏經研究》："《永樂南藏》刊竣時，全藏函數是 635 函，始自天字函
的《大般若經》，終於碣字函的《佛祖統紀》。"（第 411 頁）

第 2 冊。

此爲清龍藏目錄，龍藏爲清代所刻官版大藏經。雍正十一年（1733），清世宗命王公大臣、漢僧及喇嘛一百三十餘人，於北京賢良寺廣集經本，校勘編稿。十三年開刻，專設藏經館，由和碩莊親王允禄、和碩和親王弘晝及名僧超盛主持其事，經四年之刊刻，於乾隆三年（1738）刻完全藏。版片現存北京市文物局，國内各寺院所藏印本也極多。

卷前有雍正十三年《御制重刊藏經序》言：

> 明永樂間，刊板京師，是爲梵本北藏，又有民間私刊書本板，在浙江嘉興府，謂之南藏。朕敕幾之暇，游泳梵林，濃薰般若，因閲《華嚴》，知卷帙字句之間，已失其舊。爰命義學詳悉推究，訛舛益出，乃知北藏板本刻於明代者，未經精校，不足據依。夫以帝王之力泐成官本，猶乃如是，則民間南藏益可知已。爰集宗教兼通之沙門，在京師賢良寺，官給伊蒲，曉夜校閲，鳩工重刊。欲俾震旦所有之藏不至簡錯字訛，疑人耳目。又歷代名僧所著義疏及機緣語録，各就其時所崇信者，陸續入藏，未經明眼辨別淄澠，今亦不無刪汰，俾歸嚴净。

雍正親閲《華嚴》見其經錯訛已多，故命義學沙門重加校訂，而雍正十三年欽定入藏之經即《華嚴會本玄談》，知龍藏刊刻之初實因雍正閲《華嚴》而起。至於撤出錢謙益之《楞嚴蒙鈔》，乃後期之事。故言《龍藏》之刻乃專爲寓編於禁，恐不確。

此録千字文號由"天"字至"機"字，共 724 函，收録經籍 1 669 種。其中正藏 485 函，從"天"至"漆"，内容編次與《明刻北藏》完全相同，分爲大乘五大部經、五大部外重單譯經、小乘《阿含經》及重單譯經、宋元入藏諸大小乘經、大小乘律和續入藏諸律、大小乘論、宋元續入藏諸論及西土聖賢撰集八門。續藏共 239 函，爲此土著述，編號從"書"至"機"。此部分内容較北藏有增減，據《大清三藏聖教目録》卷末言："雍正十三年四月二十五日奉旨欽定入藏《華嚴會本懸談》三十卷……乾隆元年正月十一日起陸續交出，奉旨欽定入藏《法華元義釋箋》四十卷……《御録經海一滴》二十卷。已上共五十四種，計一千一百二十七卷，於乾隆二年三月二十一日奉旨照歷朝年代次第一體編入字號。"亦即較北藏增加五十四種，然此五十四種經典中，已有四十二部爲其他藏經所收，故實爲龍藏所新收者僅十二部。[1]同時，龍藏又删除北藏目録中之《釋迦譜》《出三藏記集》《一切經音義》等三十七部。[2]故龍藏新收經籍并不多。

11. 大清重刻龍藏彙記

一卷，清釋超盛撰，存。清同治九年金陵刻經處刊本，上海圖書館有藏。又有道光十一年，味經書屋劉如海抄本，藏國家圖書館。

超盛，清僧，常州人，號如川。俗姓莊，名梁奕，字甸山，爲茚溪行森法嗣。住京師賢良寺。雍正十一年，賜紫衣。生平見《正源略集》卷九。

超盛爲國師玉林通琇之孫，茚溪行森之子，在雍正一朝，頗受推重。雍正《御選語録》卷十九《御選當今法會》，選當時經雍正親自教導而得法之王公大臣及名僧之語録，其中即有"海會寺方丈僧超盛如川"之語録。[3]而據陳垣先生《清初僧諍記》言："懋勤殿檔有乾隆八年閏四月諭旨一道，略云：昔我皇考雍正十一年八月内，以玉琳、茚溪法嗣不昌，命超盛、超善、超鼎三人嗣茚溪後。"[4]可知，超盛之嗣茚溪行森乃雍正所欽定，可見雍正對超盛之

---

1 李富華、何梅《漢文佛教大藏經研究》，第 521—522 頁。

2 蔡運辰《三十一種藏經目録解説》，《現代佛教學術叢刊》第 17 册，第 273—274 頁。

3 雍正《御選語録》卷十九，藍吉富主編《禪宗全書》第 78 册，國家圖書館出版社，2004 年，第 529—532 頁。

4 陳垣《明季滇黔佛教考（外宗教史論著八種）》，河北教育出版社，2000 年，第 554 頁。

重視。故雍正十三年刊刻龍藏便委超盛與允祿、弘晝總其事。

此録亦爲龍藏之目録，然與《大清三藏聖教目録》不同，此録之記載極爲詳盡，於每經每函之下記録板塊數量及用紙數。如：

《大般若波羅蜜多經》六百卷（共記一萬一千四百十連）
菜（板九十八塊）重（板八十三塊）芥（板八十九塊）

再如：

《五燈會元》六十卷（共記一千五百十四連）
野（板一百三十四塊）

12. 大藏經未收古經目録

楊守敬編，存。收入《日本訪書志》卷十五。

楊守敬（1839—1915），原名開科，字鵬雲，號惺吾，晚署鄰蘇，湖北宜都人。二十四歲，中舉人，後屢試不中。於光緒六年，隨何如璋出使日本。徵訪流傳於日本之漢籍資料，曾助黎庶昌編刊《古逸叢書》。光緒十年回國，并於十四年於湖北黄州築園藏書，園名“鄰蘇”，以其與蘇東坡舊居相鄰故也。光緒二十九年，於武昌建成觀海堂，并移書於武昌。辛亥革命時，避居上海。民國三年，應聘爲袁世凱顧問。民國四年卒，終年七十七歲。楊氏於日本訪得圖書甚多，其藏書數十萬卷，海内孤本亦逾萬卷。楊氏之書現多藏於臺灣故宫博物院。楊氏一生精於歷史地理、金石碑帖、目録版本，著述甚豐，有80多種著作流傳於世。其中著者如《水經注疏》《水經注圖》《日本訪書志》《留真譜》等。生平見《鄰蘇老人年譜》（《楊守敬全集》第一册）、陳衍《楊守敬傳》（《碑傳集補》卷末）。

此録載於楊氏《日本訪書志》卷十五。楊氏曰："余在日本所得古鈔佛經，不下六七百卷，其中有唐人書寫者，有日本人傳録者，工拙不一，而時有出於高麗藏、宋藏、元明藏之外。有島田蕃根者，篤好佛書，爲言此皆其國入唐求法僧所賷回者。會其國集股印大藏經，并借余所得本校補，因以知宋、元、明大藏不收之目，今列於左。"島田蕃根曾於明治十三年（1880）至十八年（1885）主持編印弘教藏（縮刻大藏經），所以此處所言校補之大藏經，即爲弘教藏。

此録收楊氏所藏而爲高麗、宋元明各藏所未收之經典 150 餘種，内中多開元三大士所譯之密教儀軌，如唐善無畏所譯《堅牢地天儀軌》一卷、慧琳譯《新集浴像儀軌》一卷等。間有日本人著述，如《常曉和尚請來目録》三卷、《新書寫請來法門等目録》一卷、《慧運禪師請來教法目録》等。然其中亦頗有錯訛，如《常曉和尚請來目録》，題曰"唐金剛智譯"。

13. 敦煌石室經卷中未入藏經論著述目録

一卷，民國李證剛撰，存。此録國家圖書館藏有民國抄本，另有古學匯刊本，又收入黃永武編《敦煌叢刊初集》第 5 冊。又有張曼濤主編《現代佛教學術叢刊》第 60 冊排印本。

李證剛（1881—1952），名翊灼，以字行，江西臨川人。自幼受傳統教育，在學塾中攻讀儒書。後曾隨經學家皮錫瑞治今文經學，於國學有根底。光緒二十九年（1903），沈曾植守南昌，證剛從游。後以同鄉桂伯華之引見，入金陵刻經處楊仁山居士門下，研究佛學，而於法相唯識之學曾作深入探討。光緒末年（1908），與宜黃大師歐陽漸，在九峰山經營農場，以經營不善而中止。桂伯華、歐陽漸、李證剛同爲江西人，在佛學上各有成就，有"佛教江西三傑"之稱。1912 年，李證剛與歐陽漸、桂伯華、黎端甫等七人，發起組織全國性的佛教會，後因僧尼反對而解散。證剛曾任江西心遠大學教授，九一八事變之前，在瀋陽東北大學任教，講授哲學、佛學及《周易》課程。後入清華大學任教，1933 年，應南京中央大學之聘，任教十餘年，1948 年離職，回到江西南昌。1952 年，在南昌病逝，年七十二歲。著作計有：《西藏佛教史》《勸發菩提心論》《心經密義述》《印度佛教史》《金剛經講義疏輯要》《佛學僞書辨略》《維摩詰經集注》等。李證剛與沈曾植過從甚密，沈氏卒後，證剛爲其編詞四卷，并撰《海日樓詩補編序》。生平見于凌波《中國近現代佛教人物志》。

　　1911 年，學部將敦煌遺書八千餘卷交京師圖書館（北京圖書館前身），京師圖書館延請李證剛來館編目。李氏將卷子通檢一過，從中選出三千餘卷，各爲之撰寫提要，此提要便成爲《敦煌劫餘録》中大部分卷子提要之基礎。李氏又在此基礎上，從八千卷中，細心辨識揀選後世無傳本之佛經與中土著述，編成目録，題曰《敦煌石室經卷中未入藏經論著述目録》。

　　此目先分大小乘，大乘中又分經、律、論、秘密與雜藏五類，小乘不分類。大乘類收經一百二十六種，小乘類收經十二種，另附疑僞外道經二十二種，共收藏外經典一百六十種。每卷著經名、千字文號、卷數。多數卷子有案語，説明卷子之價值。如："《涅槃經義記》，雨字第九十，一卷。翊灼案：此隋慧遠所著，義至精要，日本續藏收而不全，此卷或能補其闕，則尤可寶也。"證剛先生精於佛學，從八千卷中抉擇出一百六十種藏外經典，在當時的條件之下，實爲難能可貴。白化文先生《敦煌學目録初探》評價此目曰："此書篇幅雖少，却是一部功力甚深的考證、研究性著作。它可稱作敦煌學的第一部研究目録，開此後敦煌學目録工作中考訂之先河。"[1]

14. 廣勝寺大藏經簡目

　　蔣唯心撰。此録最初發表於民國二十三年（1934）十二月《國風》第五

1　白化文、楊寶玉《敦煌學目録初探》，河北人民出版社，1989 年，第 10 頁。

卷第十二號，1935 年，支那內學院單行本。又收入張曼濤主編《現代佛教學術叢刊》第 10 册。

蔣唯心，生平不詳，四川璧山人，爲支那內學院歐陽漸高足弟子。後因赴四川崇慶縣上古寺校驗《洪武南藏》，途中被土匪綁票而亡，爲發掘佛教文化遺産而獻身。

此錄附於作者《金藏雕印始末考》之後。1933 年春，釋範成爲尋宋《磧砂藏》闕本，於山西趙城廣勝寺意外發現《趙城金藏》，一時學術界頗爲震動。1934 年秋，蔣唯心奉歐陽漸之命，前往山西調查廣勝寺金藏情況。蔣氏於十月至廣勝寺，日檢金藏，並與《高麗藏目錄》及《至元法寶錄》相對勘，經四十餘日草成此目。

作者自言此目體例云：“此目係對照《高麗版大藏目錄》及《至元錄》編成。自‘天’字至‘轂’字，凡五百一十帙，幾與麗藏目錄全同，故但列經名，不著譯者。又一帙中有數經者，皆略稱‘某經等幾部幾卷’，其詳檢麗藏目錄可知也。自‘禄’字至‘虢’字，凡六十七帙，與麗藏目錄相同而帙號不合，亦用前例，注明‘同麗藏某帙’，以便對照。至於‘踐’字以下，大都爲麗藏所無，則據《至元錄》詳細載之。”故此錄自“天”字號至“轂”字號經典，但列經名、卷數與金藏所存卷數，如：“（翔—文）《大寶積經》一百二十卷，存八十二卷，抄二卷。”自“禄”字至“虢”字，因金藏與麗藏函號不同，故列經名、卷數、麗藏函號與所存卷數。如：“（匡）《光明童子經》等三部九卷，同麗藏‘頗’函，存七卷，抄二卷。”而爲高麗藏所無之經典，則詳記經名、卷數、譯著者、所存卷數。如：“（振—世）《大唐開元釋教廣品歷章》三十卷，麗藏缺，京兆華嚴寺沙門釋玄逸撰，存十四卷。”此錄爲最早調查金藏之目錄，首創之功不可没。況此後金藏又有散佚，故當時蔣氏的調查，今日尚有其不可替代之價值。

15. 整理宋藏目録

一册，佚名編，存。此録爲油印本，未刊行，現藏上海圖書館。

此録爲影印宋版藏經會調查臥龍寺、開元寺、松坡圖書館所藏宋版藏經之工作目録，共兩册。每經登録目函、經名、卷數、撰譯人，臥龍寺、開元寺、松坡圖書館三地之存佚情況，三地共得卷數及備考。著録格式如下（圖表 45）：

圖表 45：《整理宋藏目録》附表

目函	經名卷數及撰譯人	臥龍寺		開元寺		松坡		比較得數	備　　考
		存	缺	存	缺	存	缺		
429 樓	《修行道地經》八卷，法護譯	六	二	八	○	八	○	八	"開" 前有序文，"臥" 有跋

16. 精刻大藏經目録

一册，支那内學院編，存。有民國三十四年（1945）支那内學院蜀院初版，南京大學圖書館有藏，爲李證剛贈書。

支那内學院乃我國近現代著名之佛學院，由宜黃大師歐陽漸創辦於 1922 年，院址位於南京公園路。院務由歐陽漸主持，設學務處、編校流通處、事務處，分掌研究、講演、圖書、出版、校勘、編纂、庶務等責。教授除歐陽氏外，另有湯用彤、吕澂、邱虚明、王恩洋等人。1937 年抗日戰争爆發後，該院遷往四川江津，定名爲蜀院。1943 年歐陽漸去世後，院務由吕澂接掌。支那内學院繼承金陵刻經處之刻經事業，在南京刻經 110 部 1 055 卷，入蜀又刻經 30 部 50 餘卷。

1940 年，44 歲的歐陽漸發願精刻大藏以慰抗日捐軀之忠魂。1941 年發表《精刻大藏經緣起》，後因種種原因，此藏未能完成。此録即爲當日擬刻之目。録前有歐陽漸《緣起》，内中闡明刻藏三事：一、刻經拔苦痛，以慰忠魂；二、刻藏整至教，以永慧命；三、刻藏辦法。前二條説明刻藏之目的，一則刻藏以撫慰抗戰英魂，二則考訂整理藏經，使之易讀，可傳久遠。後一條説明刻經之方法。後有呂澂民國三十四年附識，在附識中説明編目之三點：一則删蕪之簡除疑僞，二則嚴部之分經判教，三則考訂之核實譯人。

全録分正藏、別藏、疑僞三目。正藏下分經、律、論三部，經藏收録 690 部 2 793 卷，律藏收録 209 部 868 卷，論藏收録 195 部 1 385 卷，共收經典 1 094 部 5 046 卷。別藏收録秘密部 375 部 611 卷。疑僞下收疑僞經 25 部 78 卷。三目總計收經 1 494 部 5 735 卷。

本録所收經典抉擇甚嚴，考訂亦精，而其最著之特點在於經部之分類依佛教學理之發展。將經藏依《瑜伽師地論》所言三乘道果義分爲寶積、楞伽、般若、華嚴、涅槃，又立阿含一部。呂澂附識明其例曰："佛學組織悉繫於經，經本隨緣流布，先後參次，從未有全盤之結集。唐代録家，漫加區別，不過擇卷帙較巨者，另立名目而已，與學説無關。今以三乘道果之義條貫群經，統歸六部。……六部之中，寶積爲大乘精英所聚，例同本事，列之最初。楞伽明境，般若、華嚴明行，涅槃明果，類於決擇，次第偏詳。阿含貫通三乘，故殿末以廣攝受。"（分類見圖表 46）

圖表 46：《精刻大藏經目録》分類表

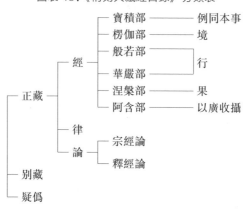

　　此録於經典之編排方式也有創新，每部首列此部之主經，次列支次經。如寶積部首列主經《大寶積經》，後列出自《大寶積》之別行經，如《大方廣三戒經》等。每經列經名、卷數、譯人、譯時及勘同五項，特別是勘同之設立，著眼於同經異譯之問題，也爲有見。

17. 五種藏經目録匯編

　　一册，李經緯編，存。1955 年上海佛教居士林油印本，現藏國家圖書館，爲陳垣贈書。

　　李經緯，字證性，生卒年不詳。據其《學佛自記》載，其年十餘，父亡，家人延僧誦經，經緯聞而生信。1922 年，世界佛教居士林成立，李經緯任總務長。1930 年，任理事會秘書。民國十九年（1930），與王一亭等人發起創辦“上海佛學書局”，任總經理。1931 年，與朱之橋、釋範成、葉恭綽、狄葆賢、丁福保、蔣維喬等人成立“影印宋版藏經會”，影印磧砂藏。又曾編輯《佛教居士林林刊》《佛學半月刊》等雜志。1935 年，響應圓瑛法師之號召，成立動物保護會。1951 年，上海佛教居士林第七屆委員會成立，李經緯任副林長。生平見《學佛自記》（《佛學半月刊》1933 年第 59 期）。

　　此録前有游有維序，後有黃海因跋。作者自述其編撰緣起云：“各藏所收録之經書多寡既不同，若欲知某一經書爲數種藏經共有，某一經書僅一種藏經所收，非檢對各藏目録，亦不能知悉。各藏經書有已爲國內各刻經處所已刊單行本者，亦有尚未刻行者，若非詳爲檢對，則更難明瞭，爲化上述檢查之繁難爲簡易，以節約有志佛學者之時間及精力起見，是以有本目録之編輯。”

　　此目録將磧砂藏、清龍藏、頻伽藏、大正藏及續藏經之目録彙爲一處，各經書以首字筆劃排列，每一書後，列書名、譯著人、卷數，并注明此書在各藏經某册、某函。各刻經處已刻有單本者，也注於經書之後。最後附《非佛教經書刪除表》，列出各藏中所收非佛教經書及疑偽經。此録雖爲一檢索工具，然亦可視爲五種藏經之勘同目録。特別是於經書之後，列出近代各刻經處之單刻本，甚爲有用。雖京、津、天寧寺、金陵刻經處皆有目録傳世，然如揚州衆香庵、杭州慧空經房等處之流通目録尚未見到，據此録則頗可見出清末民初各地刻經之情況。

18. 藏餘佛學目録

一册，陳信行撰，存。1957 年作者油印本，現藏國家圖書館。

陳信行，生平不詳，僅知其號獨盦，曾自編自印《獨盦佛教經籍目録叢書》。此録前有陳信行自序，作者認爲以往之藏經及目録，側重於經、律、論三藏，而對於如音義、辭典、叢書、語文等工具書，宇宙觀、人生觀、哲學等指引初機之書，幫助入門之發願、懺悔、戒殺、放生等書及引發興趣之詩文、藝術、圖像、雕刻等書，則多不收録。"以故欲得一除三藏以外能使初機者知所取徑，或循序指引之目録，則未之見。爲是編者除試擬經、律、論、宗諸目之外，尤其重於《藏餘目録》之一種。……僅二個月之光陰，搜羅關於佛教典籍目録學者，多一百七十餘種，音義、辭典三十三種，叢書六十四種，初機（包括以上所舉各類）四百四十餘種，入門四百餘種，佛學佛教歷史六十七種，地理、山志、游記等一百六十餘種，傳記三百餘種，文藝三百五十餘種，藝術二百餘種，語文三十餘種，最後殿以疑偽經四百餘種。……不過此項著述既不入藏，又乏相當目録之記載，聽其自生自滅，則年代久遠，勢必日見湮没，而乏人問聞，寧非可惜！故編者羅而輯之，作有系統之介紹，俾有志於佛學佛教者，多少方便，且得垂之久遠。同時亦使社會人士知佛教對社會道德文化之影響與貢獻，有如此偉大攸久之成績，而引起同情心與愛護觀念也！！"此録名爲《藏餘目録》，所收爲除經、律、論外之中土著述與近代著作，不論存佚，皆予收録。

　　全録分目録、辭典、叢書、初機、佛學、入門、史地、文藝、藝術、語文、其他十一大類。大類下又分小類，其分類見圖表22。觀此分類，極爲詳盡，分類級數達四級之多，超越歷代佛教目録之分類。其中諸多分類皆有可取，如將佛教目録分爲藏經目録、流通目録、佛學圖書館目録及佛學刊物目録，又將藏經目録再分爲同經異譯及別生經目録、僞經目録、譯著者目録、各部宗目録及其他。這是較早對佛教目録進行的最爲詳細之分類。再如將佛教歷史分爲印度佛教史、漢傳佛教史、蒙藏佛教史及日本佛教史；將傳記分爲總傳、別傳，又於別傳下分世尊傳、菩薩傳、高僧傳、男居士傳、女居士傳。皆屬詳明而可行。當然此分類亦有可商之處，如入門與初機，實無差別，不必强行分別。

　　此録最大之特點爲記録了清末民初以來，各刻經處與佛教出版機構所出版發行之書籍。對於瞭解清末及民國佛教之出版，甚有補益。

19. 新編漢文大藏經目録

一册，吕澂撰，存。1980 年 5 月齊魯書社出版。

吕澂（1896—1989），字秋逸，或作秋一、鷲子，江蘇丹陽人。早年畢業於江蘇省立鎮江中學，繼之考入常州高等實業學校農科，在校肄業一年，又考入民國大學經濟系。1914 年，入金陵刻經處從歐陽竟無習佛。1915 年隨兄吕鳳子東渡日本，入日本美術學院專攻美術。翌年歸國，受劉海粟之聘，爲上海美術專科學校教務長。在此期間，先後撰有《美學概論》《美學淺説》《現代美學思潮》等著作。1918 年，應歐陽竟無之邀，入金陵刻經處研究部，協助籌建支那内學院。1922 年，支那内學院正式成立，任教務長。1925 年助歐陽竟無創立法相大學。1927 年起，協助歐陽竟無校勘、編輯《藏要》。1937 年，日寇入侵，隨歐陽先生率院衆運經版徙蜀。1943 年，歐陽先生逝世，繼任内學院院長。1950 年内學院改名爲中國佛學院，先生繼續擔任院長。1953 年，中國佛教協會於北京成立，當選爲常務理事。1956 年，法源寺設立中國佛學院，任院務委員會副主任，同時擔任中國科學院哲學社會科學學部委員，哲學研究所研究員。1956 年起，任中國佛教百科全書編纂委員會副主任委員。1961 年，於南京舉辦爲期五年的佛學研究班，由先生主講。1989 年逝世於北京清華園，年九十三歲。著有《美學概論》《美學淺説》《現代美學思潮》《印度佛學源流略講》《中國佛學源流略講》《佛學研究法》《漢藏佛教關係史料集》等。生平見張春波《當代著名佛學家呂澂先生》（《五臺山研究》1989 年第 1、2 期），于凌波《中國近現代佛教人物志》。

呂秋逸先生爲宜黄大師入室弟子，又精通英、日、法、梵、藏等多種文字，既秉承傳統考據之法，又善於接受日歐之現代研究，故於印度、漢傳、藏傳佛教皆有精深之研究。先生於佛教文獻亦多所著意，曾撰《宋刻蜀版藏經》《契丹大藏經略考》《金刻藏經》《福州版藏經》《思溪版藏經》《磧砂版藏經》《元刻普寧寺版藏經》《明初刻南藏》《明再刻南藏》《明刻徑山方册本藏經》及《清刻藏經》等多篇論文，考察漢地刻藏之源流，宏論高裁，孤明先發。20 世紀 40 年代，先生在蜀院期間，曾助歐陽竟無先生編成《精刻大藏經目錄》，重新探討藏經之分類。

60 年代初，先生針對舊有漢文大藏存在之問題，向原哲學社會科學學部提出新編漢文大藏經的詳細計劃，得到學部同意。1963 年，即編撰目錄初稿，廣泛徵求意見，據各方面意見予以修訂，1965 年最後編成。先生在序言中云：大藏經是探研佛教史、譯經史之重要資料，"但舊有的漢文大藏經（這指我國歷代刻印乃至以後日本編印的而言），總存在著一些缺點。或者是區分部類之不恰當，或者是弄錯了經本之失譯與有譯，或者是譯撰不分而誤收了疑偽之書，這就會模糊了讀者的認識，使佛學的研究走入歧途"。職是之故，先生重編漢文大藏經目錄時做了以下工作：一、針對分類不當，重新分類；

二、針對一經多譯，重新勘同。

《新編漢文大藏經目録》之分類與《精刻大藏經目録》基本相同，分爲經、律、論、密藏數部，經藏下分寶積、般若、華嚴、涅槃、阿含五部，與前此經録之分類皆不同，爲支那内學院之創造。《新編漢文大藏經目録》較《精刻大藏經目録》增設撰述一部，收中土僧俗之著作，下又分章疏、論著、語録、纂集、史傳、音義、目録、雜撰諸部，共收經籍 582 部 4 172 卷。而經、律、論、密四部所收經籍之部卷也與《精刻大藏經目録》有所不同，今列對照表如下，以供參觀。

圖表 47：《新編漢文大藏經目録》與《精刻大藏目録》所收經籍對照表

	經　藏		律　藏		論　藏		密　藏		撰　述	
精刻大藏經目録	690	2 793	209	868	195	1 385	374	610	0	0
新編漢文藏經目録	688	2 790	210	879	196	1 394	388	639	582	4 172

（注：表中之數字，前爲部數，後爲卷數）

亡 佚 諸 録

1. 續開元釋教録

三卷，遼釋詮曉撰，佚。

詮曉，又名詮明，遼代僧人，生平不詳。據高麗義天《新編諸宗教藏總録》，詮明撰有《法華經會古通今鈔》《金剛經宣演科》《金剛經宣演會古通今鈔》《彌勒上生經會古通今鈔》《成唯識論詳鏡幽微新鈔》《成唯識論應新鈔科文》等著作十七種，亦爲長於撰著者。

義天《新編諸宗教藏總録》卷三載："《續開元釋教録》三卷，詮曉集

（舊名詮明）。"[1] 又《佛祖統紀》卷十四"僧統義天"條："近者遼國詔有司令義學沙門詮曉再定經録，世所謂《六祖壇經》《寶林傳》等，皆與焚棄。"[2] 可證詮曉確曾編輯經録。至於此録之內容究竟如何，無考。

　　據羅炤、李富華、何梅等先生之研究，認爲詮曉即是無礙大師，而無礙大師又見於遼僧希麟《續一切音義》之序言中，其文云："唐建中末，有沙門慧琳……棲心二十載，披讀一切經，撰成《音義》總一百卷，依《開元釋教録》，始從《大般若經》，終於《護命法》，所音衆經都五千四十卷，四百八十帙。自《開元録》後，相繼翻傳經論及拾遺律傳等，從《大乘理趣六波羅蜜多經》，盡《續開元釋録》，總二百六十六卷，二十五帙，前音未載，今緒者也。伏以抄主無礙大師……見音義以未全，慮檢文而有闕，因貽華翰，見命菲才。"[3] 故學者據此推斷，詮曉所撰之《續開元録》即是於《開元録》後增入此二十五帙二百六十六卷經典而成。《續一切音義》成於遼聖宗統和五年（987）左右，[4] 而《續一切經音義》爲《續開元釋教録》注音，可推知在《續一切經音義》完成（統和五年）之前，詮曉已撰成《續開元釋教録》。

2. 太保大師入藏録

卷數未詳，遼僧覺苑撰，佚。

　　據金大定二年段子卿《大金國西京大華嚴寺重修薄伽藏教記》："佛之教化，若此以大興；教之簡櫝，亦從而浸廣。故纂成門類，印造頒宣。……以其廣大悉備，故謂之藏教。至大唐咸通間，沙門從梵者，集成《經源録》，以紀緒之。其卷秩品目，首末次第，若網在綱，有條而不紊，可使後人易爲簽閱耳。及遼重熙間，復加校證，通制爲五百七十九帙，則有《太保大師入

1　義天《新編諸宗教藏總録》卷三，《大正藏》第 55 册，第 1178 頁。
2　志磬撰，釋道法校注《佛祖統紀校注》卷十四，第 330 頁。
3　希麟《續一切音義》卷首，影印《高麗藏》第 41 册，第 785—786 頁。
4　李富華、何梅《漢文佛教大藏經研究》，第 135—137 頁。

藏録》，具載之云。"[1]重熙爲遼興宗之年號，當公元 1032—1055 年。可知遼興宗之時，亦曾編集入藏録曰《太保大師入藏録》。文中所言《經源録》者，即唐釋從梵所編《一切經源品次録》，《經源録》乃據《貞元入藏録》所集，《貞元入藏録》所收經典爲五百一十帙。而此録所收則爲五百七十九帙，可知此録較《貞元入藏録》增加六十九帙。

據吕澂先生之考證，"太保大師"即遼代僧人覺苑之封號。[2]覺苑，山西人，號鵬耆，生卒年不詳。住燕京圓福寺，博通群經，復明外典，尤擅三密之法。曾從西天竺摩尼三藏深究瑜伽精義，又受詔開講密乘經典，發揚真言教理。道宗太康三年（1077）奉敕撰《大日經義釋演密鈔》十卷。[3]書成，賜紫服，號"總秘大師"。生平見覺苑《大日經義釋演密鈔》序言、《金石萃編》卷一百五十三《清水院藏經記》。

又據李富華、何梅二先生之研究，契丹藏之刻印首先在遼聖宗時據詮曉《續開元釋教録》刻成五百零五帙，而至重熙年間又據《太保大師入藏録》補刊爲五百七十九帙。[4]

3. 弘法入藏録

卷數未詳，佚名撰，佚。

元慶吉祥所編《至元法寶録》卷首"略明乘藏顯古録之梯航"條於《開元録》《貞元録》《祥符録》與《景祐録》所載入藏經律論後，記《弘法入藏録》曰：

1　閻鳳梧主編《全遼金文》，山西古籍出版社，2002 年，第 1547 頁。

2　吕澂《契丹藏經略考》，《吕澂佛學論著選集》（三），第 1439 頁。

3　此書收於《卍續藏》第 37 册。

4　李富華、何梅《漢文佛教大藏經研究》，第 140 頁。

《弘法入藏録》及拾遺編入經律論七十五部，一（馮案：此處當作"二"，誤作"一"）百五十六卷。

大乘經五十七部，一百二十一卷（七帙）；大乘論六部，六十一卷（七帙）；小乘經一部，一十二卷（一帙）；小乘律九部，五十二卷（五帙）；小乘論二部，一十卷（一帙）[1]

由此可知，《景祐録》後又有《弘法入藏録》。然此録究竟新收多少經典，此處并未單獨列出，而是與《至元録》拾遺編入之經籍混雜在一起。二者共合七十五部二百五十六卷。而《至元録》卷首"別約歲時分記録之殊異"條又載："自宋仁宗景祐四年丁丑至今大元聖世至元二十二年乙酉，凡二百五十四年，中間傳譯三藏四人，所出三藏教文二十部，一百一十五卷。其餘前録未編入者，經律論等五十五部，一百四十一卷，通前七十五部，二百五十六卷，隨各聚類編次如左。（此是拾遺編入）"[2]由此可知，《至元録》拾遺編入者爲五十五部，而據上文《弘法入藏録》與《至元録》新收之經律論總數爲七十五部，由此則可推知，《弘法入藏録》新收之譯經爲二十部一百一十五卷。

既已知此録新收之經律論三藏，然則此録新集之東土撰述可知否？《至元録》卷十於義淨所撰《護命放生儀軌》下注云："以上《開元録》所記東土聖賢集竟。自下《弘法入藏録》所記東土聖賢集，具列如左。"[3]其下録經籍自慧琳《一切經音義》至安藏《演玄集》，共二十二帙七十九種。綜合以上所述可知，《弘法入藏録》新入藏譯經二十種，東土撰述七十九種，二者合九十九種。

---

1 慶吉祥《至元法寶勘同總録》卷一，《昭和法寶總目録》第2冊，第181頁。
2 慶吉祥《至元法寶勘同總録》卷一，《昭和法寶總目録》第2冊，第181頁。
3 慶吉祥《至元法寶勘同總録》卷十，《昭和法寶總目録》第2冊，第236頁。

未 見 諸 録

1. 南藏目録略記

六卷，釋佛閑撰，未見。

佛閑（1602—1663），字勖伊，蜀（四川）人，俗姓朱氏。幼年失怙，就千佛寺普明出家。天啓元年（1621）至金陵，納戒於菩提場。投天界寺月潭，依止承法。崇禎四年（1631）年，於半峰庵閲大藏三年，主天界。與錢謙益有往還。著有《法華經科拾》《塵餘八要解》《五祖傳》等。生平見《華嚴佛祖傳》、《賢首宗乘》、震華法師《中國佛教人名大辭典》。

《增訂四庫簡明目録標注》卷十四著録："《南藏目録略記》六卷，北藏附。釋佛閑撰，有刊本。"[1]

2. 大藏輯要目録

楊文會編，未見。

楊文會（1837—1911），字仁山，池州石埭縣（今安徽石臺）人。仁山先生少長於北京，九歲南歸。咸豐三年（1853）太平軍攻入安徽，隨家轉徙於皖、贛、江、浙間，前後十年。寓杭日，因病偶讀《大乘起信論》，遂立志向佛，潛心佛學。同治五年（1866），與鄭學川諸人於南京出資設立金陵刻經處，募款重刻方册藏經，并自任校勘，流通佛教典籍。後分別於光緒四年（1878）、光緒十二年隨曾紀澤出使歐洲，於倫敦結識日本佛教學者南條文雄。歸國後遂絶意政壇，專研佛學。其間多次與南條文雄聯繫，採集流傳於日本之中國古德著述 280 餘種，擇要刻印。同時爲日本編輯《續藏經》，提

---

1 邵懿辰撰，邵章續録《增訂四庫簡明目録標注》，上海古籍出版社，1979 年，第 616 頁。

供了不少中土著述與密教典籍。光緒二十年，又與英人李提摩太將《大乘起信論》譯爲英文，流通於世。光緒二十七年，將南京延齡巷房産捐於刻經處。光緒三十三年於刻經處設立祇洹精舍，自編課本，招生教習佛典、梵文、英文等，培育後進。又興辦"佛學研究會"，定期講經。一時高僧如月霞、諦閑、曼殊等均往佐之。太虛、歐陽漸、梅光羲、李證剛、譚嗣同、桂柏華、黎端甫等人均出其門下。清宣統三年（1911），卒於南京，年七十五歲。著有《大宗地玄文本論略注》《佛教初學課本》《陰符經發隱》《道德經發隱》《南華經發隱》諸書。生平見沈曾植《楊居士塔銘》、張爾田《楊仁山居士別傳》、金天翮《楊文會傳》、歐陽漸《楊仁山居士事略》等。

仁山先生崛起於清末僧伽佛教衰落凋萎之時，以一人之力搜集古德著述，刊刻書本藏經，興辦學校，作育英才，於中國佛教之復興，貢獻至巨，厥功甚偉。沈寐叟《楊居士塔銘》贊先生之功業云："獨居士奮起於末法蒼茫、宗風歇絕之會，以身任道，論師、法將、藏主、經坊，四事兼勇，畢生不倦。"可謂定評。

仁山先生《等不等觀雜著》卷三載有《大藏輯要叙例》。其文云："此書專爲初學而輯，分別部類，以便檢閱。凡羽翼經律論者，概從本文爲主，亦臣子隨君父之義也。"[1]據此文知《大藏輯要目錄》分經、律、論、撰述諸部，下分細目，分類見圖表48。此目錄之分類較《佛學書目表》爲細密，於撰述中又分出弘護、旁通、導俗諸部。并對每部收經之性質進行了規定。如净土部：

　　係由方等部分出，另立一部，以逗時機，凡天竺、震旦諸師演暢净土宗旨者，概歸此部。

---

1 楊仁山著，周繼旨校點《楊仁山全集》，第 373 頁。

圖表48:《大藏輯要目録》分類表

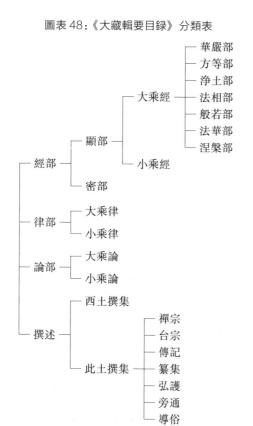

再如導俗部:

　　真俗二途, 霄壤之别, 不假方便, 心可由發, 言淺意深, 閱者毋念。

　　部前有小序, 在佛教目録中, 并不多見, 此前僅有慶吉祥《至元法寶勘同總録》、明僧智旭《閱藏知津》, 此録能在每部前略言諸部性質, 爲例頗善。至於此録收經之部數, 蔣維喬《中國佛教史》曾詳列, 即華嚴類三十二部, 浄土類五十七部, 般若類二十三部, 涅槃部十三部, 密教類五十六部, 方等類六十六部, 法相類二十五部, 法華類十六部, 小乘經十六部, 大乘律十五部, 小乘律七部, 大乘論二十三部, 小乘論四部, 西土撰集十六部, 禪宗三十部，台宗十四部，傳記十一部，纂集九部，宏護十三部，旁通十部，導俗四部。共四百六十部三千三百二十卷。[1]

　　楊仁山先生一生致力於大藏之刊刻與流通，對佛教文獻之貢獻甚巨，至晚年尚欲仿《四庫提要》之例編輯《大藏續藏提要》，[2]以惠後學，惜未能編成，可爲嘆息者再。

3. 藏經目錄索引

　　四卷，胡鳴盛編，未見。

　　胡鳴盛（1886—1971），又名文玉，湖北應城人。1911 年考入江漢大學，先攻歷史，後改習法律。1913 年，入京報考北京大學，1914 年入北大文學門中國哲學系第一班專修哲學。後入章太炎主辦之“國學講習會”，研習國學。1918 年畢業，旋受聘於北大國學研究所，協助整理明、清兩朝檔案。1921 年，胡文玉辭去北大工作，入北平醫學專門學校任教。1924 年任清宮繕後委員會顧問兼清宮點查室主任，負責清查文物。1926 年，就任故宮博物院點交委員會委員。1929 年 11 月國立北平圖書館與北海圖書館合并，胡文玉任寫經組組長，負責考訂、重編敦煌遺書目錄。1930 年，曾與董作賓等參與城子崖發掘工作。1935 年，應邀赴青島任山東大學文學院教授，兼圖書館主任。1936 年，迫於戰事，胡文玉返回家鄉應城。1955 年，當選應城縣人民政府副縣長，在任十三年。1971 年卒於湖北應城。著有《扁鵲倉公列傳注》《陳士元先生年譜》《四庫匯要目錄索引》《高似孫子略補注》《韋莊詞注》等。生平見應城市文史委《愛國民主人士胡文玉先生》（《應城文史資料》第四輯）。

　　釋範成《致李圓淨居士書》云：“又在該館唐人寫經室主任胡文玉居士

---

　　1 蔣維喬《中國佛教史》，上海古籍出版社，2004 年，第 285—286 頁。
　　2 楊仁山《報告同人書》言：“今垂老，尚有心願未了之事……一、編輯《大藏續藏提要》。經典浩繁，讀者苦難抉擇。今仿《四庫提要》之例，分類編定，以便初學。”載《等不等觀雜録》卷五，《楊仁山全集》，第 417 頁。

處，見有編輯《藏經目録索引》四卷。材料宏富，組織精密。而磧砂藏目録
亦列入其中，已請人代爲雇人鈔寫一份攜來滬會，貢獻諸公研究。如認爲有
流通之必要，可以附之影印磧砂藏中，查歷代藏經目録善本誠不多見耳。"[1]由
"而磧砂藏目録亦列入其中"推測，胡氏之《藏經目録索引》當爲多種藏經
之聯合目録。

以上合現存、亡佚、未見共二十五種

---

1 釋範成《致李圓淨居士書》，《佛學半月刊》1933 年第 53 期，第 6 頁。

解題目録第四

　　中國外典目録之興，導源於經典之整理。經典既集，始簿屬甲乙。典籍缺乏，則分類之準的難立；經書齊備，則學術之流變易見。職是之故，外典目録，特重解題，自向、歆父子以來，目録之作，以有小序與解題爲上，而“但記書名”之録備受後世诟病，以其不能辨別源流，無益學術也。而漢文佛教目録與此相異，佛録之興，起於譯經，初期翻傳，并無計劃，逢殘出殘，遇全出全，加之語言之隔閡，能了一經之旨，已屬不易，遑論辨章學術，考其源流。故最早之經録，僅能記人代之存亡，辨經籍之正僞，於學術之源流、作者之旨歸，尚無暇顧及也。演至唐宋，經籍大備，佛學之源流，始可討論。職是之故，佛教解題目録出現較晚。隋有《寶臺四法藏目録》，卷至一百，似爲有解題者，然久已亡佚，不可詳知。故今日所可見之解題經録，實以記録佛經品目卷次之書爲最早，此類目録雖不能稱爲嚴格意義之解題，然其詳載一經之品目，經籍之旨，亦略可知矣。況後世佛教解題目録如《大藏經綱目指要録》《閱藏知津》者，亦喜以品目代解題。故解題經録，應以品次録爲嚆矢。舉其要者，則有玄逸據《開元録》而撰之《大唐開元釋教廣品歷章》，從梵依《貞元録》所作之《一切經源品次録》。

　　宋代以後，雕版大藏流行，藏經較前爲易得。僧侶俗士，能通讀大藏者，在在多有，藏經解題目録漸興。宋有惟白《大藏經綱目指要録》、王古《大藏聖教法寶標目》，明有寂曉《大明釋教彙目義門》、智旭《閱藏知津》，清有王昶《大藏聖教解題》。降及近世，周叔迦《釋家藝文提要》、陳垣《中國佛教史籍概論》，更可謂後來居上、晚出轉精之作。以上諸録，雖深淺有不同，欲探作者之旨，則一也。

今通考存佚，得十五部，列解題目録第四。

現 存 諸 録

1. 大唐開元釋教廣品歷章

三十卷，唐釋玄逸撰。有金藏本，收於“振”“纓”二函，存卷二至卷十，卷十二至卷二十，共十七卷。後收入台灣新文豐影印《宋藏遺珍》第 6 册，《中華大藏經》第 65 册。

玄逸，生卒年不詳。俗姓寶氏，爲唐玄宗從外父。兄弟皆列仕朝，師獨抗迹出俗，曾住京兆華嚴寺。生平見《宋高僧傳》卷五。

《宋高僧傳》本傳言其作録之經過云：“既而形厠緇伍，學追上流，秘藏香龕，披閲通理。一日，喟然興歎曰：‘去聖日遠，編簡倒錯，或止存夏五，或濫在魯魚，加以筆札偷行，校讎喪句。若犍度失其夾葉，猶《禮記》脱錯後先，日見乖訛，迷而不復，有一于此，彝倫攸斁！’遂據古今所撰目録，及勘諸經。披文已浩於几案，積卷仍溢於堂宇。字舛者詳義而綸之，品差者賾理而綱之。星霜累遷，功業克著。非夫心斷金石、志堅冰蘗者，曷登此哉！既綜結其科目，諒條而不紊也，都爲三十卷，號《釋教廣品歷章》焉。考其大小乘經律論，并東西土賢聖集，共一千八十部，以蒲州、共城二邑紙書，校知多少，縛定品次，俾後世無悶焉。”[1]圓珍《智證大師請來目録》卷一及日本寬治八年（1094，當宋紹聖元年）釋永超所撰《東域傳燈目録》卷一皆

---

[1] 贊寧撰，范祥雍點校《宋高僧傳》卷五，第 96 頁。

著録。

　　此録在中土久佚，至近代方由廣勝寺金藏中發現。據元代慶吉祥《至元法寶勘同總録》卷十，知此録在元代尚有全本。此録是一部據《開元釋教録》入藏録編排，叙列《開元録》所收各經子目卷次之作品。據上舉《宋高僧傳》玄逸本傳，此録收經典1 080部，較《開元録》入藏録1 076部，多出四部。然多出之作，究竟爲何典籍，由於《廣品歷章》殘缺不全，故尚不可知。

　　此録於每卷卷首先列本卷所收經典總目，并於所列經典下標明異稱、卷數、帙數、蒲州和供城紙數。如卷四總目：

　　　　《放光般若波羅蜜經》一部三十卷，亦云《摩訶般若放光》，或二十
　　　　卷，蒲州四百六十六紙。亦云《放光摩訶般若經》三帙，供城五百四十
　　　　六紙。

總目之下爲細目，於每一經典詳列其子目，述其翻譯及著録情況，如細目中之《放光般若波羅蜜經》：

　　　　《放光般若波羅蜜經》一部三十卷，或二十卷，五百四十六紙。亦云
　　　　《摩訶般若波羅蜜放光經》，初出。亦云《放光摩訶般若經》。第一譯，
　　　　凡九十品：
　　　　　摩訶般若波羅蜜放光序品第一
　　　　　摩訶般若波羅蜜放光無見品第二
　　　　　……
　　　　右西晉元康元年五月十五日于闐沙門無羅叉等於陳留倉垣水南寺譯，
　　　　至十二月二十四日訖。〔河南居士竺叔蘭口傳，祝太玄、周玄明筆受，見

經後記及支敏及（馮案：當爲“度”）等録。]

於每一經典下詳列其細目爲此録之重要特色，也是此録名“廣品歷章”之原因。陳士强先生評論此録云：“《廣品歷章》的這種著録方式在歷代經録中堪稱獨特。因爲無論在它以前，還是在它以後，大凡經録一般都是對經典的名稱、卷數、譯撰者等作總的記叙，而不及子目的。而《廣品歷章》既有對經典的總的介紹，又有對其層次結構的細的臚叙。這不僅能使讀者全面地了知一部經典的章節目録，而且能由此了悉它的梗概綱目，其作用與提要、解題相仿。宋以後的佛教解題類著作，如惟白《大藏經綱目指要録》等有時以子目作内容要點，其中或許有《廣品歷章》的一點影響。”[1]可謂切中此録之特點。

此録另外一個重要特點是在目録部分詳細記録了每部經典所用蒲州紙與共城紙的紙數，而在正文中則一律使用共城紙的紙數。唐代藏經目録如《静泰録》《大唐内典録》《開元録》所記紙數皆爲蒲州紙。此録所用共城紙僅與《大周録》同。説明此録雖依《開元録》製作，然藏經紙數却依《大周録》。[2]

2. 一切經源品次録

三十卷。又作《釋書品次録》或《貞元品次録》，唐釋從梵編。現殘存一卷（卷二十），藏韓國中央博物館，收入《高麗大藏經初刻本輯刊》第80册。[3]

從梵，生平不詳。唐宣宗時趙郡沙門，習律學。恒安《續貞元釋教録》

---

1 陳士强《佛典精解》，第91頁。
2 手島一真《〈大唐開元釈教広品歴章〉について—唐代の経録と蔵経に関する一考察》，《法華文化研究》第29卷，2003年，第21—35頁。
3 中國社會科學院歷史研究所主持編纂《高麗大藏經初刻本輯刊》，人民出版社、西南師範大學出版社，2013年。

卷一載："《一切經源品次録》三十卷，（元二十五行，成紙在《貞元藏》外）
六百紙，【功】【茂】【實】。（按：此爲千字文編號。）右一部三十卷，同三
帙。（若施主開藏時，緣文字稍多，可計六帙數。）右一部三十卷，大唐宣宗
朝，趙郡業律沙門從梵，依《貞元釋教入藏録》，自大中九年乙亥歲止咸通
元年庚辰歲集。"[1]由此記載，可知以下幾點：第一，從梵爲唐宣宗時趙郡人，
爲律學沙門。第二，此録作於唐宣宗大中九年（855）至唐懿宗咸通元年
（860）之間。第三，此録乃依圓照《貞元釋教録》編集，故恒安又稱其爲
《貞元品次録》。第四，此録在南唐時代爲三十卷，六百紙。從"緣文字稍
多"來看，此録卷帙頗大。

　　陳振孫《直齋書録解題》卷八"目録類"亦載："《釋書品次録》一卷，
題唐僧從梵集。末有黎陽張黌跋，稱大定丁未，蓋北方板本也。"[2]此書僅有一
卷，不知是否宋時已有散佚，或爲略出之節本歟？

　　此録現殘存卷二十，千字文編號爲"又"，藏於韓國中央博物館，係中國
社科院世界宗教研究所張旭首次發現。據韓國中央博物館網頁介紹，此録每
頁寬 28.5 厘米、長 45 厘米，每頁 23 行，行約 14 字。[3]該卷共收入《摩訶僧
祇律》《十誦律》《根本説一切有部毗奈耶》《根本説一切有部苾芻尼毗奈耶》
《根本説一切有部毗奈耶雜事》及《根本説一切有部尼陀那目得迦》六部律
典的品次。

　　如《摩訶僧祇律》下有簡單解題曰："右一經是根本調伏藏，即大衆部
毗奈邪也。佛圓寂後，尊者迦葉集千應真於王舍城竹林石室之所結也。此總
明二部僧尼戒法等（僧十段，尼八段）都十八段，次第如左。"下列《摩訶
僧祇律》主要品次（圖表 49）：

1　恒安《續貞元釋教録》卷一，《大正藏》第 55 册，第 1052 頁。
2　陳振孫著，徐小蠻等點校《直齋書録解題》，第 237 頁。
3　張旭《編目與造藏：唐宋之際的經録與藏經》，浙江大學博士學位論文，2020 年，馮國棟指導。

圖表 49：《一切經源品次録・摩訶僧祇律》品次圖

再如《根本説一切有部毗奈耶》解題曰："大唐吳后代三藏義浄譯。新編入録，八百七十五紙，五帙。右此毗奈邪明比丘僧戒事，總八段。（此八段散在諸卷，尋文可見，更不繁出。）"後依次列出五十卷之卷次内容。

關於此録與《契丹藏》的關係，參池麗梅《契丹蔵が基づいた『一切経源品次録』—高麗初雕蔵本の再発見とその意義》。[1]

─────────

1 池麗梅《契丹蔵が基づいた『一切経源品次録』—高麗初雕蔵本の再発見とその意義》，《日本古写経研究所研究紀要》6，2021 年，第 25─59 頁。

3. 大藏經綱目指要録

八卷，其中卷二、卷四、卷五、卷六、卷七各分上下卷，故又作十三卷。宋釋惟白撰，存。國家圖書館藏宋刻本，收入《中華再造善本·唐宋編·子部》，《昭和法寶總目録》第 2 册，又有夏志前整理本（上海古籍出版社，2020 年）。

惟白，生卒年不詳，北宋末雲門宗僧。俗姓冉，號佛國禪師，靖江府（今江蘇靖江）人。[1]雲門宗圓通法秀禪師法嗣，青原下十二世。最初住持龜山寺，再遷湯泉寺，後繼席法雲寺。法雲寺與慧林寺、智海寺爲當時汴京之三大禪宗叢林，由於此三大叢林之提倡，禪宗復興於北方。惟白常入皇宮宣揚禪法，甚受哲宗與徽宗之推崇。建中靖國元年（1101）八月，撰《建中靖國續燈録》三十卷，帝親爲撰序，并敕許入藏。晚年移居明州（今浙江寧波）天童寺。後不知所終。師之著作除《建中靖國續燈録》外，尚有《文殊指南圖贊》一卷。生平見《嘉泰普燈録》卷五、《續傳燈録》卷十二、《釋氏稽古略》卷四。

此録後有惟白所撰《大藏經綱目指要録五利五報述》，其文述其撰述緣起云：

> 崇寧二年癸未春，得上旨游天台，中秋後三日至婺州金華山智者禪寺，閲大藏經。仲冬一日丁丑，援筆撮其要義，次年甲申仲春三日丁未畢之，計二十餘萬字。因而述曰：且寡聞比丘不足以爲人師表者，古今聖賢共所深誡之格言也，故集斯《大藏經律論傳記綱目指要》，所以資多聞者。……今於四百八十函，則函函標其部號；五千餘卷，則卷卷分其

---

1 關於惟白籍貫，請參李思穎《北宋惟白禪師籍貫師承考》，《法音》2018 年第 9 期，第 23—26 頁。

品目。使啓函開卷，即見其緣起耳。[1]

知此録始作於崇寧二年（1103），成於崇寧三年。此年福州版《崇寧藏》雖已開版，但尚未完成，而毗盧藏還未開刻，且惟白所閲藏又正好爲四百八十函，故此藏極有可能是據《開元釋教録・入藏録》所雕之開寶藏。而據李富華、何梅二先生之對比，現存開寶藏印本之帙號與《大藏經綱目指要録》相應經典之帙號完全相同，"無一差錯"。[2]進一步説明，惟白《大藏經綱目指要録》即爲宋初所刊開寶藏之解題。

此録千字文號起於"天"字號，終於"英"字號，前七卷收録大小乘經律論，第八卷收録聖賢傳記。因惟白爲禪宗僧人，故於正藏"英"函之後收入禪門傳録一百卷，即《寶林傳》十卷、《景德傳燈録》三十卷、《天聖廣燈録》三十卷、《建中靖國續燈録》三十卷。

此録或於每部前，説明本部之性質。如聖賢傳記前云："如來滅後，西天此土聖賢弟子所撰集也。於中或有譯者，乃竺國傳來，然皆稱贊佛德，助揚玄化，明法至理，顯正摧邪。高僧行實，王臣統護，靡不書之，乃千載之玄鑒耳。"[3]每部末統計所釋經籍之數，如聖賢傳記後曰："右聖賢傳記，有譯本者六十八部，計一百七十三卷，共五十帙，天竺法師所述也。無譯本者四十部，計三百六十八卷，共四十三帙，華夏高人所撰集也。"[4]

本書解説之體例爲先總述本經之卷數、品目與傳譯，次依"會""品"詳細解説，末爲總評。如卷三解説《大方廣佛華嚴經》先總説："七處九會所説，計八十卷，共三十九品。唐證聖元年乙未于闐國三藏實叉難陀奉詔就

1 惟白《大藏經綱目指要録》卷八，《昭和法寶總目録》第2冊，第771頁。

2 李富華、何梅《漢文佛教大藏經研究》，第110—111頁。

3 惟白《大藏經綱目指要録》卷八，《昭和法寶總目録》第2冊，第750頁。"撰"原作"操"，據中華再造善本景印國圖藏宋刻本改。

4 惟白《大藏經綱目指要録》卷八，《昭和法寶總目録》第2冊，第768頁。

大遍空寺重譯。"次按"菩提場""普光殿"等九會分述，而於"會"下分品，解説至爲詳盡。末總評曰："右《華嚴經》，若五十卷，謂之晋譯；若八十卷，謂之唐翻。其間品目義意，則大同小異也。李長者論釋，則全彰理而泯事；觀法師疏解，則即現事而顯理。"既辨晋譯唐翻之别，又論及李通玄《華嚴經論》與澄觀《華嚴經疏》之特點，可謂知要之論。

4. 大藏聖教法寶標目

十卷，宋王古撰，存。收入影印《磧砂藏》第 586 册，洪武南藏"遵"字號，永樂北藏、嘉興藏"岱"字號，龍藏"庭"字號，《昭和法寶總目録》第 3 册。國家圖書館藏清抄本四册。

王古，字敏仲，又作敏中。今人李貴録據清王庸敬《王氏宗譜》，定其生年約在 1038 年，卒年約在 1112 年。[1]莘縣（今屬山東）人，王旦曾孫。第進士，熙寧八年（1075）爲司農寺主簿，熙寧九年，遷大理寺丞、提舉兩浙常平，又改"提舉開封府常平"。元豐元年（1078），任將作監主簿。元祐五年（1090），爲秘閣校理，遷太府少卿，出使契丹。元祐七年，爲秘書少監。次年兼國子祭酒。尋爲起居郎。紹聖（1094—1098）初，遷户部侍郎，因與蔡京不和，轉兵部侍郎。十月，以集賢殿修撰爲江淮發運使。再充寶文閣待制、知廣州。建中靖國元年（1101），復拜户部侍郎，遷尚書。六月以寶文閣待制知成都府。崇寧元年（1102），因被列入元祐黨人而降職爲朝散大夫、管勾台州崇道觀。崇寧三年，再貶爲衢州别駕、温州安置。五年，復朝散大夫、管勾明道宫。後不知所終。著有《勸善録》《浄土决疑集》，又集晁迥《法藏碎金録》爲《道原集要》。生平見《宋史·王素傳》附、《宋史翼》卷五本傳、《蓮宗寶鑒》卷四。

---

1 李貴録《王古生平及其交游》，《韶關學院學報（社會科學版）》2003 年第 1 期。

　　王氏一門，七世信佛，而王古於禪宗、净土皆有所得。元普度《廬山蓮宗寶鑒》卷四載：“王侍郎諱古，字敏仲，東都人也，曾任尚書禮部侍郎。因作發運使，遂居儀真。禀性至仁，寬慈愛物，大弘佛教，開闡化原。曩遇京師，乃尊宿叢林之淵藪，嘗與之論道。及游江西黄龍、翠巖，與晦堂、楊岐輩同爲禪侣，深契宗旨。又悟彌陀净土法門之勝，博考諸經，深究往生，貫穿經文，發明佛意。乃作《直指净土决疑集》三卷。……侍郎平日修行觀念之心，未嘗間歇，數珠持念，常不去手，行住坐卧，悉以西方净觀爲佛事。”[1]由此足見王古對佛教之崇信。

　　志磐《佛祖統紀》載：“（崇寧四年）尚書王古因閲大藏，撰《法寶標目》八卷，其法於每經之下録出因緣事迹、所説法門，使覽題便能知旨，沙門梵真爲對校，刻其板於永嘉。”[2]可知此録撰於崇寧四年，即1105年，初刻版於永嘉。此録之卷一至卷九前半所收爲《開元録》入藏録部分經籍，始自“天”字號《大般若經》，終於“英”字號《護命放生軌儀法》。卷九後部所收爲《貞元録》入藏録之經籍，始自“杜”字號《大方廣佛華嚴經》，終於“給”字號《瑜伽金頂注釋字母品》。卷十爲宋朝新譯經及新入藏著述，起於“千”字號《莊嚴寶王經》，終於“世”“禄”“侈”三號《大宋高僧傳》。後附未編號經典四種，即《法苑珠林》《景德傳燈録》《天聖廣燈録》《建中靖國續燈録》。共收經典1 398種。

　　此録較惟白《綱目指要録》晚一年，但較惟白録1 050種，多出348種。然此書解題則較惟白之書簡括，或一部一題，或數部一題。其解題之方式爲先列經名、卷數、千字文號，再概括經典之宗旨。如：

　　　　《大宋高僧傳》三十卷。世、禄、侈。

1　普度《廬山蓮宗寶鑒》卷四，《大正藏》第47册，第326—327頁。
2　志磐撰，釋道法校注《佛祖統紀校注》卷四十七，第1102頁。

右僧贊寧等奉敕撰。采貞觀已來高僧五百三十三人，附見一百三十人，爲十科三十卷。

關於此録之作者，向有兩種説法。一種認爲此録爲王古所撰，元管主八所續修。如《昭和法寶總目録》即題作"宋王古撰，元管主八續集"。蘇晉仁先生《佛教經籍目録綜考》云："崇寧四年（1105）王古撰《大藏聖教法寶標目》（亦稱《大藏法寶標目》《法寶標目》）八卷，元大德十年（1306）管主八續補成十卷，今存。"[1]則認爲此録前八卷爲王古撰，而後二卷爲管主八所續修。張雷、李艷秋《遼金元書目考略》於元代佛書目録載："《重治大藏經聖教法寶標目》十卷，元管主八，未見。據《續藏經目録·大藏諸本一覽表》著録。釋克己序云：'《法寶標目》者，清源居士王古所志也。流傳既久，貝笈未收，眼目所有誠爲欠事。即有前松江府僧録廣福大師管主八續集密文，刊圓藏典，謂此《標目》。'"[2]另一種認爲此録爲王古所撰，儘管其卷前抄録有《至元法寶勘同總録》之綱目，然其正文與管主八無涉。此論以陳士强先生爲代表。[3]而此二家觀點之不同，實由《昭和法寶總目録》前釋克己之序言而引發，克己之序云：

《法寶標目》者，清源居士王古所誌也。公讀經該貫，演義深玄。舉教網而目張，覽智鏡而神智，故兹集要，略盡教條，溥爲來機，豁開寶藏。流傳既久，貝笈未收，眼目所存，誠爲缺事。即有前松江府僧録廣福大師管主八，續集秘密經文，刊圓藏典。謂此《標目》，該括詳明，謹

1　蘇晉仁《佛教經籍目録綜考》，《佛教文化與歷史》，第 192 頁。
2　張雷、李艷秋《遼金元書目考略》，台灣《書目季刊》第 34 卷第 4 期，第 59 頁。張、李二人之引文引録未全，頗有斷章取義之嫌。
3　陳士强《佛典精解》，第 138—139 頁。

録藏中，隨衙披閱。[1]

持前一種觀點者，認爲“即有前松江府僧録廣福大師管主八，續集秘密經文，刊圓藏典”，即爲管主八續作《法寶標目》之證據。其實文中管主八續集秘密經文，實指管主八將北方所流傳之秘密教典補入磧砂藏等南方系藏經之事，并非指其曾補王古之《法寶標目》。陳士强先生辨之曰：“由於《標目》書首抄有《至元録》文前大科，故明智旭《閱藏知津》卷四十四誤王古爲元人，并謂‘依《勘同總録》略標各經卷帙，及品數大旨’。又由於克己《序》提到管主八，而現存《標目》卷一的題名是‘大元續集法寶標目第一’，故《法寶總目録》的編集者又謂《標目》是‘宋王古撰，元管主八續集’。其實，克己《序》所指的是管主八從弘法寺大藏中，選刻南方各種藏經刻版所闕的密教經咒儀軌約九十七部三百一十五卷，作爲元初《杭州路餘杭縣白雲宗南山大普寧寺大藏經》（即《普寧藏》，又稱《元藏》）的補充，并把《標目》編入大藏經一事，并無管主八續集《標目》的意思。”[2]謂克己序中管主八續集秘密經文，實爲管主八續刻藏經，并非續集《標目》，實可謂孤明先發。然先生所據之本爲大正藏本，不及見《法寶標目》磧砂藏本卷九末之題記，今逐録如下，更可證先生之説：

　　上師三寶加持之德，皇帝太子福蔭之恩，管主八累年發心，印施漢本、河西字大藏經八十餘藏，華嚴諸經懺、佛圖等西蕃字三十餘件經文外。近平江路磧砂延聖寺大藏經版未完，施中統鈔貳佰定及募緣雕刊，未及一年已滿千有餘卷。再發心於大都弘法寺取秘密經律論數百餘卷，

1 王古《大藏聖教法寶標目》卷首，《昭和法寶總目録》第2冊，第773頁。
2 陳士强《佛典精解》，第138—139頁。

施財三佰定，仍募緣于杭州路，刊雕完備。續天下藏經，悉令圓滿，集於功德，回向西方導師阿彌陀佛、觀音、勢至、海衆菩薩；祝延皇帝萬歲，太子諸王福壽千春，佛日增輝，法輪常轉者。大德十年丙午臘八日，宣授松江府（路）僧録廣福大師管主八謹題。[1]

由此上題記可知，管主八於大德年間，曾補完磧砂藏，并將秘密教典百餘卷補入大藏，即克己所言“續集秘密經文，刊圓藏典”。而磧砂藏中首次收入王古《法寶標目》亦正可證序言中“謂此《標目》，該括詳明，謹録藏中，隨銜披閲”之語。而據磧砂藏“氣”字函《阿毗達磨集異門足論》卷十五之刊記，記載有大德十年，管主八時期磧砂藏經局人員，其中校證人中有“前江西吉州路報恩寺官講所開演沙門克己校證”，[2]可知，爲《大藏聖教法寶標目》作序之克己曾參與管主八補刻磧砂藏的工作，更可證明其序言中所言“續集秘密經文，刊圓藏典”，即是管主八補刻磧砂藏及將北方密典補入南方大藏之事，故此序不能證明管主八曾續修《法寶標目》。

5. 大明釋教彙目義門

四十一卷，又稱《法藏司南》，明釋寂曉撰，存。有萬曆四十七（1619）年刻本，後收入《四庫未收書輯刊》第 3 輯第 20 册，又有民國二十五年（1936）天津刻經處硃印本。

寂曉，字藴空，生卒年不詳。據周從龍萬曆四十六年（1618）所作《大明釋教彙目義門序》：“藴空禪師，獨罄三十年精力檢閲研究。”知師約爲萬曆、天啓年間人。嘉定沈氏子，幼業儒，年十九祝髮。嘗與其徒在郊外築楞

---

1 王古《大藏聖教法寶標目》卷九，影印《磧砂藏》第 586 册，上海影印宋版藏經會，民國二十五年版，第 91 頁。

2 李富華、何梅《漢文佛教大藏經研究》，第 265 頁。

伽室，苦修梵行，三閱大藏。一生兩涉天台，一詣徑山，居恒裹脚杜門，曾著《金剛經箋注》五十五卷。生平見清許瑤光修、吴仰賢等纂《（光緒）嘉興府志》卷六十二，圓澄《般若經叙品偈論都叙序》（《湛然圓澄禪師語録》卷八）。

此録前有萬曆癸丑（四十一年，1613）釋廣莫所撰序言稱：“我友蕴空禪師，披閲藏乘，三周其文，非徒誦其文，實得其心於無説無聞之際。……師於禪暇所輯三藏閎義，題曰《大明釋教彙目義門》，計四十一卷。其所詮表，蓋取前人之所長，而補前人之所闕。訂正重單，區分詮次，故曰‘彙目’。一遵天台五時而綸貫群經，則雅契佛心，時味無濫，有本可據矣。又能隨經攄義，附於本名之下，以諸經疏各歸其源，故曰《義門》。”可知此録之成當在萬曆四十一年之前。而所謂“彙目”者乃在於訂正譯經之重單，而所謂“義門”者，乃緣於提要經旨。録前又有周從龍與趙宧光二序。

寂曉《釋例》言其撰作之緣起與義例云：

　　寂曉宿生慶幸，豫憑法門，閲南北藏經及疏論千有餘卷，性鈍苦忘，輒筆記大意，至積稿盈衰。彼此比詳南北函卷，先後更置部類，不分相從與否，率意仿古，條録銓次。而《開元録》别分乘藏，似與如來説法時次莫能相通。故統檢群録，重搜藏典，遡崛山結集始緣，此方判教儀式，不揣己愚，以所録本，集成八部，隨科分重單經傳，有四十一分。既依義銓次經目，仍於題下出經文大意，并論疏旨趣，亦撮略成文，附於經部之後。計四十一卷，題名曰《大明釋教彙目義門》。復出《彙門目録》四卷，標顯本部某經某論，南藏某字函，北藏某字函，未入藏者圈出，曰“撰録續入本”。提頓綱宗，品目斯備。俾夫尋覽之者，知本末之有歸焉。

知寂曉撰作斯録，乃因不滿於明南北藏及《開元釋教録》之分類方式。從《開元釋教録》以來，中土藏經皆按大小乘、經律論進行分類，本録則打破此種分類方式，依天台五時判教思想將全藏分爲華嚴、阿含、方等、般若、法華、涅槃六部，并增設陀羅尼及聖賢著述，共成八部（分類見圖表 50）。

圖表 50：《大明釋教彙目義門》分類表

- 華嚴部
  - 重單譯經單本
  - 重譯經單重本
  - 單譯經釋經論本
  - 此方釋經疏論集本
- 阿含部
  - 重單譯經單本
  - 重譯經單重本
  - 單譯五分律攝集本
  - 重單譯集義論單本
  - 重譯集義論單重本
- 方等部
  - 重單譯經單本
  - 重譯經單重本
  - 單譯釋經論本
  - 此方釋經疏記本
- 般若部
  - 重單譯經單本
  - 重譯經單重本
  - 重單譯釋經論單本
  - 重譯釋經論單本
  - 此方釋經疏記本
- 法華部
  - 重單譯經單本
  - 重譯經重本
  - 重譯釋經論本
  - 此方釋經疏記本
- 涅槃部
  - 重單譯經單本
  - 重譯經單重本
  - 單譯釋經論本
  - 此方釋經疏記本

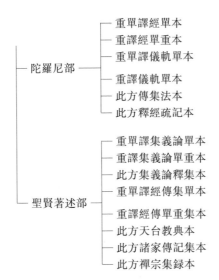

全書共彙釋經籍 1 801 部 7 349 卷。包括：華嚴部（卷一至卷四）、阿含部（卷五至卷九）、方等部（卷十至卷十六）、般若部（卷十七、卷十八）、法華部（卷十九、卷二十）、涅槃部（卷二十一、卷二十二）、陀羅尼部（卷二十三至卷二十七）、聖賢著述（卷二十八至卷四十一）。對見録經籍之名稱、卷數、譯撰者以及大意旨趣皆作叙釋，此録之解題，多節録經籍之序跋、偈頌原文而爲之。

6. 大明釋教彙門目録

四卷，寂曉撰，存。有明萬曆四十七年刻本，收入《四庫未收書輯刊》第 3 輯第 20 册。

萬曆刻本《大明釋教彙目義門》之前又有目録四卷。此録所收之經典及經籍之分類與《彙目義門》同，所不同者在於此録僅列經名，而無解題，并於每一經，首列北藏函號及南藏函號，次列經名卷數。南北藏所無之經典則以 "○" 示之。如：

北藏“拱”字至“臣”字，南藏同，《大方廣佛華嚴經》八十卷。

北藏“習”“聽”“禍”，南“克”“念”字，《佛説長阿含經》二十二卷。

北藏“城”字，南藏缺，《神僧傳》九卷。

○《羅湖野録》二卷。

據《大明釋教彙目義門釋例》稱：寂曉編成《大明釋教彙目義門》後，“復出《彙門目録》四卷，標顯本部某經某論，南藏某字函，北藏某字函，未入藏者圈出，曰‘撰録續入本’”。可知此四卷目録即是寂曉所説《彙門目録》，也可知此録與《彙目義門》同時撰成。

　　因寂曉又撰有《彙門標目》（詳下），陳士強先生認爲《彙門目録》即《彙門標目》，[1] 然仔細考察二録并不相同。《彙門目録》與《彙門標目》雖同爲四卷，然《彙門標目》有解題而《彙門目録》無，《彙門目録》於每經前有南北藏函號之勘比，而《彙門標目》則没有。周天軸《佛法義門標目跋》亦云：“今按華嚴、阿含五時彙編經目，即於題下提挈綱宗，撰《彙目義門》四十一卷。目既彙矣，而所集某經某論，南藏屬某字函，北藏屬某字函，若不顯標明注，則披文者孰詮次以知歸耶？故刻《彙門目録》四卷。然頃代轉讀多陷廣文，而傳譯單重，部分攝屬，恐學者猶未能遍觀而盡識也，復嗣刻《彙門標目》四卷，俾南北藏六千餘卷，暨論疏語録輔佐佛乘者，不勞窮討，恍指掌中。”可知寂曉所編目録有三：一、《彙目義門》四十一卷，二、《彙門目録》四卷，三、《彙門標目》四卷。

1　陳士強先生《佛典精解》認爲《彙門目録》即爲《彙門標目》，并於“大明釋教彙門標目”條引寂曉此説後云：“然而今本《彙門標目》并没有在所收的典籍下標注明南藏和北藏的函號，也没有將未編入藏的典籍圈出，注以‘撰録續入本’的名稱。究竟是寂曉原先有這個設想而後改變了，還是後世在翻刻時將它們删去了，不得而知。”（第157—158頁）原因在於，先生所見民國二十五年天津刻經處本并無此四卷目録。

7. 大明釋教彙門標目

四卷，寂曉撰，存。有萬曆四十七年刻本，民國二十五年（1936）天津刻經處硃印本。

此録前有萬曆戊午（四十六年，1618）鄒漪序，云：“蘊空法師慨焉興嗟，畢大願力，窮年檢閱，……爰撰《彙目義門》，用以津梁後學，勘義參同，燦如星列；分條析縷，儼若珠聯。僅從四十一卷之中，具揭千百餘年之秘。……在解者固可即約以該博，彼愚者猶然見簡之爲煩。執卷興泛海之咨，投函起面牆之嘆。師實憫焉，能無慮乎？於是更爲撮略，仍用科分，撰成四卷，題曰《標目》。”知此《彙門標目》之作乃因《彙目義門》卷帙較大，故略而爲之以方便學人。

此録爲《彙目義門》之節略本，故其分類方式與所收之經籍與《彙目義門》相同。卷一爲華嚴、阿含部，卷二爲方等、般若、法華、涅槃部，卷三爲陀羅尼部，卷四爲聖賢著述部。此録之解題較《彙目義門》爲簡單，僅列經名與解説，而不列卷數、譯著者。其中之解説部分多略自《彙目義門》。以《出三藏記集》爲例，《彙目義門》先全文引録僧祐《出三藏記集》序文，後解説曰：“一撰緣記，一卷，出經異記，結集始緣，譯經音義同異；二銓名録，四卷，自漢迄梁，梵文證經四百十九部，華梵傳譯八十五人；三總經序，七卷，始《四十二章經》至撰述傳記百二十序；四述列傳，三卷，首安世高至法勇法師三十二人。”而《彙門標目》將《義門》中約五百字之序言及解説略爲二十字：“一撰緣記，二銓名録，三總經序，四述列傳。僧祐律師。”

8. 閲藏隨録

不分卷，四册，明王在公撰，現藏台灣“國家圖書館”，收入 CBETA 電子佛典。

　　此書書首有崇禎壬申琢如居士《重梓閱藏隨録》，言："大藏卷帙浩繁，塵勞衆生耳因淺劣，如來金口度世之詞，束之高閣，省覽者希。此玄惲師《法苑珠林》之所以輯也。義取警俗，類爲百卷。王芥庵先生猶恐其繁，就中摘其切要者，帙不滿寸，顔曰《閱藏隨録》，梓而行之矣。"知此書之作者爲王芥庵。

　　明德清《憨山老人年譜自叙實録》卷下"萬曆四十四"年載："吳門居士朱白民、王芥庵，朝夕聚談，法喜爲樂。"福徵疏曰："芥庵，名在公，字孟夙，崑山人，以孝廉爲令，尋棄官去。"[1]知王芥庵即王在公。又檢《江南通志》，知其爲萬曆二十二年進士，與朱白民、趙宧光合稱"吳下三高"。[2]王在公爲憨山德清弟子，《憨山老人夢游集》卷十二中有《王芥庵朱白民请益》。又與紫柏真可有交往，《紫柏尊者全集》卷二十有《示王孟夙偈》，爲熱心佛教之居士。

　　王在公《閱藏隨録小叙》，略述其撰作是書之因由：

　　　　自夫三藏西涉，竺蘭東游，金口之詞，被乎中域。……屬有西明大德道世法師，字玄惲，沙門之領袖也。德鏡幽玄，業標清白，念戒、定、慧爲學佛之津梁；經、律、論爲入門之筌筏。纂緝雖夥，各懷異見。……乃總群籍，會歸一源……編次有年，僅得百卷，名曰《法苑珠林》。述而不作，贍而居要，幾與《智度》《婆沙》並轡馳驅者矣。

　　　　余丙辰閱藏徑山，轉《般若》《華嚴》二部千餘卷，遇有會意，隨閱隨録，惜未竟全藏，而有峨眉之行，忽忽十餘年矣。茲將游歷衡廬，道經毗陵，時已初夏，計前途向炎，不便行役。乃詣荆溪善權寺，舊游

1　福善記録，福徵疏《憨山老人年譜自叙實録疏》卷下，北京圖書館編《北京圖書館藏珍本年譜叢刊》第53册，北京圖書館出版社，1999年，第75頁。
2　趙宏恩等監修《江南通志》卷三十八，《景印文淵閣四庫全書》第508册，第234頁。

之地，則無著禪師藏經閣在焉。面對修竹，背負層嶺，雲泉瀰漫，蘭風
扇芬。晨曦未起，焚香端坐，披覽茲編，六十日而畢。……天啓丙寅七
月芥道人大鉞敬識。

德清《憨山老人夢游集・般若軒銘》記王在公與朱白民結庵讀經云："鷺
（朱白民，名鷺）故奇士。在公舉鄉進士，爲郡司馬，唾軒冕，棄妻子。結隱
於天目，無何復過雙徑，居此軒，閲《般若經》，大有省發。予自南嶽來，以
達大師末後因緣，得至此山。居士見而歡喜，執弟子業。予歎曰：非大力量，
欣寂滅之樂者，何能頓脱塵累而至此耶？因名朱曰'大力'，王曰'大鑢'。"[1]

結合王在公序言及德清記載，可知二事：一、王在公與朱白民曾於徑山
結庵讀經，其時已"遇有會意，隨閲隨録"，然未見成書。二、德清曾賜王在
公"大鑢"之名，而序言末所署"芥道人大鉞"，正來源於此。三、此書成於
天啓六年（1626），作於毗陵之善權寺。乃輯録《法苑珠林》而成。從全書
來看，確實全部輯自《法苑珠林》。

9. 閲藏知津

四十八卷（目録四卷，正文四十四卷），明釋智旭撰，存。有清乾隆五十
七年（1792）北京覺生寺刻本，清光緒十年（1892）金陵刻經處刻本，國家圖書
館有藏。另有萬有文庫本、大正藏本、中華書局點校本（楊之峰點校，2015 年）。

智旭（1599—1655），俗姓鍾，名際明。又名聲，字振之。先世汴梁人，
始祖南渡，居古吴木瀆（今江蘇蘇州）。少習儒學，曾撰《辟佛論》數十篇。
十七歲時，因讀蓮池袾宏《自知録》及《竹窗隨筆》，遂歸心釋氏，取所著
《辟佛論》燒毁。二十歲時誦《地藏本願經》，發出世之志。二十四歲從憨山

---

1 德清《憨山大師夢游全集》卷三十六，藍吉富主編《禪宗全書》第 51 册，第 541 頁。

弟子雪嶺剃度，改名智旭。二十六歲受菩薩戒，二十七歲始閲大藏。三十歲時，依道友雪航之請，於龍居寺講律，後至金陵，深切體察宗門之流弊，自此決意弘律。三十三歲，入浙江孝豐靈峰寺，其後歷住九華、温陵、石城、晟溪、新安等地，弘揚台教，注釋經論。年五十六，於靈峰卧病，十月示寂，世壽五十七。師示寂後，弟子成時私謚"始日大師"之號。世稱靈峰蕅益大師，後人奉爲净土宗第九祖。與憨山、紫柏、蓮池并稱爲明代四大高僧。

智旭爲人嚴峻，厭棄名利，固持戒品，弘揚律藏，生平以閲藏著述爲業。師之爲學，以天台教觀救禪宗之弊，又綜學法相、律、華嚴、净土諸宗教義，主張佛、道、儒三教一致。在明代狂禪風行之時，師以教藏救之，的爲末法之中流砥柱。一生著述極多，有《楞嚴經玄義》《楞嚴經文句》《阿彌陀經要解》《金剛經破空論》《梵網經合注》《毗尼事義集要》《相宗八要直解》。另有《周易禪解》《四書蕅益解》等。生平見智旭《八不道人傳》、弘一《蕅益大師年譜》（均載《靈峰宗論》卷首）及羅玠《智旭年譜》（復旦大學碩士論文，2003 年）。

蕅益大師爲學以研窮教門，補禪宗之偏，三十八歲於地藏菩薩前，拈得閲藏著述一鬮，一生多次閲藏。五十六歲，即其臨終之年著《閲藏畢願文》言其閲藏之經過：

　　痛念智旭，年三十幻寓龍居，第二閲律，遂復發心遍閲大藏，於一夏中，僅閲千卷。……丙子季春遁迹九華，於彼抱病，閲千餘卷。壬午山中藏裝成，癸未結制，簡閲僅千餘卷，又被他緣所牽。幻寓祖堂，及石城北，共閲二千餘卷。己丑歸山，因注《法華》《占察》二經，改治律要，未遑展閲。壬辰秋，擬進山畢茲夙願，又值幻緣牽至長水，借閲千卷。直至今甲午春，方獲歸卧林泉。又以一夏病緣居半，乃於仲秋月畢，僅獲完滿。竊計發心看藏，已經二十七年，出入兹山，亦匝二十三載，凡歷龍居、九華、漳州、泉州、祖堂、石城、長水、靈峰八處，方獲竣事。於中前後閲律三遍，大乘經兩遍，小乘經及大小論，兩土撰述，各止一遍而已。……一者竊見南北兩藏，並皆模糊失次，或半滿不辨，或經論互名，或眞僞不分，或巧拙無別。雖有宋朝《法寶標目》，明朝《彙目義門》，並未盡美盡善。今輒不揣，謬述《閲藏知津》《法海觀瀾》二書。[1]

師自三十歲發心，閲藏多次，而《閲藏知津》一書正是大師二十七年閲藏之心血所凝結。

此録卷首有智旭叙，夏之鼎緣起及《〈閲藏知津〉凡例》。智旭言其撰作緣起云：

顧歷朝所刻藏乘，或隨年次編入，或約重單分類，大小混雜，先後失準，致使欲展閲者，茫然不知緩急可否。故諸刹所供大藏，不過縅置高閣而已。縱有閲者，亦罕能達其旨歸，辨其權實，佛祖慧命，眞不啻九鼎一絲之懼。而諸方師匠，方且或競人我，如兄弟之鬩牆；或趨名利，如蒼蠅之逐臭；或妄爭是非，如癡犬之吠井；或恣享福供，如燕雀之處堂。將何以報佛恩哉！唯宋有王古居士，創作《法寶標目》；明有蘊空沙門，嗣作《彙目義門》，並可稱良工苦心。然《標目》僅順宋藏次第，略指端倪，固未盡美。《義門》創依五時教味，矑陳梗概，亦未盡善。旭以年三十時，發心閲藏，次年晤壁如鎬兄於博山，諄諄以義類詮次爲囑。於是每展藏時，隨閲隨録，凡歷龍居、九華、霞漳、溫陵、幽棲、石城、長水、靈峰八地。歷年二十七禩，始獲成稿。[2]

知智旭撰作此録之原因，一則因歷代藏經之分類不能盡善，二則以教藏挽佛

---

1 智旭撰，孔宏點校《靈峰宗論》卷一，北京圖書館出版社，2005 年，第 58—59 頁。
2 智旭撰，楊之峰點校《閲藏知津》，第 1—2 頁。

門頹風。而《閲藏知津》之分類頗不同於歷代藏經，亦不同於寂曉之《彙目義門》。此録將全部佛教分爲四藏，即經藏、律藏、論藏及雜藏（分類如圖表 51）。其分類之特出之處，一爲雜藏之設立，二爲對中土著述分類之細密。《通志・藝文略》將中土著述分爲傳記、塔寺、論議、詮述、章鈔、儀律、目録、音義、頌贊和語録，爲此前對中土著述分類最詳盡者，而智旭此録又加密焉。特别是分出浄土、台宗、禪宗等各宗之著述，頗有創闢之功。

圖表 51：《閲藏知津》分類表

- 經藏
  - 大乘經
    - 華嚴部
    - 方等部
      - 顯説
      - 密咒
        - 經
        - 儀軌
    - 般若部
    - 法華部
    - 涅槃部
  - 小乘經
- 律藏
  - 大乘律
  - 小乘律
- 論藏
  - 大乘論
    - 釋經論
      - 西土
      - 此土
    - 宗經論
      - 西土
      - 此土
    - 諸論釋
      - 西土
      - 此土
  - 小乘論
- 雜藏
  - 西土撰述
  - 此方撰述
    - 懺儀
    - 浄土
    - 台宗
    - 禪宗
    - 賢首宗
    - 慈恩宗
    - 密宗
    - 律宗
    - 纂集
    - 傳記
    - 護教
    - 音義
    - 目録
    - 序讚詩歌
    - 應收入藏此土撰述

此録解題之特點則爲：第一，每部之前設"述曰"概括本部大旨。外典目録傳統每部前有小序，每書後有解題。而佛教解題目録如惟白《大藏經綱目指要録》、王古《大藏法寶標目》及寂曉之《彙目義門》皆僅有書之解題，而部前小序或有或無，并無定準，智旭之書則於每部前設小序。如般若部前之小序：

　　述曰：般若爲諸佛母，三世諸佛，皆從般若得生。故曰："從初得道，乃至泥洹，於其中間，常説般若。"當知一切佛法，無非般若所流出，無非般若所統攝也。然初成頓演，則稱華嚴；漸誘鈍根，則名阿含；對半明滿，則屬方等；開權顯實，則讓法華；扶律談常，則推涅槃。故唯顯示二空，破情立法，或共不共，以般若題名者，乃別成第四部云。[1]

意謂一切佛經皆爲般若所出，然各有對機，而僅以説明人、法二空以破凡情者爲般若部。

　　第二，總目中於每部經典前以十五種不同符號表明其重要程度。如《大方廣佛華嚴經》前用"◎"，《大方廣圓覺修多羅了義經》前則用"❀"，《佛説灌洗佛經》前用"ゝ"，《佛説内藏百寶經》前用"⚠"等。此方式對後世影響很大，如楊仁山《佛學書目録表》、李石岑《關於佛法研究之重要書籍》皆用此例。

10. 大藏聖教解題

卷數不詳，王昶撰。殘存六卷，現藏南京圖書館。

王昶（1724—1806），字德甫，號述庵，一字蘭泉，又字琴德，江蘇青浦

---

1 智旭撰，楊之峰點校《閱藏知津》卷十六，第420頁。

（今屬上海）人。年十八，應學使試，以第一入學。後肄業紫陽書院，與錢
大昕、王鳴盛、吳泰來等人合稱"吳中七子"。清乾隆十九年（1754）進士，
二十二年，賜内閣中書，協辦侍讀，直軍機房，遷刑部主事、員外郎、郎中。
三十三年，以言事不密，罷職。此年隨雲貴總督阿桂往雲南佐軍事。三十六
年，又隨温福、阿桂移師四川，辦金川事。四十一年，大小金川事平，加軍
功十三級，賜宴紫光閣。秋，擢通政司副使，後歷任大理寺卿，江西按察使，
陝西按察使，雲南、江西布政使。五十四年，擢刑部右侍郎。五十八年，乞
歸。嘉慶十一年（1806），卒於家，年八十三。著有《金石萃編》《春融堂詩
文集》《明詞綜》《國朝詞綜》《湖海詩傳》《續修西湖志》《青浦志》《太倉
志》《陝西舊案成編》《雲南銅政全書》《征緬紀聞》《青浦詩傳》《天下書院
志》等。生平見嚴榮編《述庵先生年譜》（《春融堂集》卷末附）、《清史稿》
卷三百五本傳、蔡冠洛《清代七百名人傳》等。

　　乾嘉諸老，邃於經史，對釋家之作則多所忽略。而王昶對釋氏之學則深
有研究，其《再書楞嚴經後》言："今天下士大夫能深入佛乘者，桐城姚南
青範、錢塘張無夜世犖、濟南周永年書昌及余四人，其餘率獵取一二桑門語，
以爲詞助，於宗教之流別，性相之權實，蓋茫如也。"[1]頗可見出王昶對自己佛
學修養之自信。

　　據嚴榮所撰《述庵先生年譜》"乾隆二十九"載："先是，三藏聖教中頗
有俚俗猥瑣者，上命諸城劉公詳加刪定。公以屬先生與汪康古舍人（孟鋗），
取經、律、論按日排閲，凡六閲月而畢，擬刪唐智昇《開元釋教録略出》五
卷（因《開元釋教録》已入藏）、元僧祥邁《辨僞録》六卷（辨道士邱處機、
李志常等非毀佛法之僞，而稱述楊璉真伽）、明《永樂製序讚文》一卷，奏
進，上從之。先生素通禪理，及是三乘七部，窮源溯流，於宗教性相之旨，

1　王昶《春融堂集》卷四十五，《續修四庫全書》第 1438 册，第 137 頁。

益淹貫融洽矣。"[1]據蔡運辰先生《大清三藏聖教目録考釋》云："《龍藏》原版目録第五卷刻民國二十五年釋範成附記。……又云：乾隆三十三年，復奉旨撤出《開元釋教録略出》《辨僞録》《明仁孝皇后夢感佛説希有大功德經》《永樂製序讚文》等四種，計共撤出俊字函五卷、於字函六卷、務字函一卷，畝字函一卷。"[2]由此二則材料相對照，可知乾隆三十三年，奉旨撤出《開元釋教録略出》等四書乃由王昶諸人所奏請。《年譜》"乾隆三十二年"載："十月兼校經咒館。上稽古右文，尤深梵笈，開經咒館。令章嘉國師偕其徒重譯《首楞嚴經》及諸經秘密咒語，凡漢唐文字番僧所未通，須講解之，故有是職。"[3]由此上所引可知，乾隆年間之佛教事業，王昶頗多參與，亦可見其於佛教多所修習。

《大藏聖教解題》現僅存六卷，即卷一、卷九、卷二十至卷二十三。卷一爲經藏大乘般若部，卷九爲經藏小乘阿含部之單譯經，卷二十至卷二十三爲此土著述。此録於每部經下著録書名、卷帙、著譯者，皆有解題，而解題主要爲輯録體，多采佛經序言而成。如卷二十一《往生浄土懺願儀》一卷，即爲輯録此書真宗大中祥符八年之譯經後序而成。此録係據清龍藏而解説，故常標明與明藏千字文之不同編號。如《請觀音經疏》一卷，收於"伊"字號，下按語曰："此疏明藏入'煩'字號。"亦時記與明藏書名與卷帙之不同，如《大唐内典録》十六卷，下按曰："此録明藏本十卷，今分爲十六卷。"

關於此録之作者，瞿世瑛又言爲朱文藻。瞿世瑛《清吟閣書目》卷一載："《大藏聖教解題》，朱文藻，十六本。"[4]朱文藻（1735—1806），字映漘，號

---

1 王昶《春融堂集》卷末附《年譜》（上），《續修四庫全書》第 1438 册，第 338 頁。
2 蔡念生《二十五種藏經目録對照考釋》卷下，第 527 頁。
3 王昶《春融堂集》卷末附《年譜》（上），《續修四庫全書》第 1438 册，第 339 頁。
4 瞿世瑛《清吟閣書目》卷一，《叢書集成續編》第 5 册，台灣新文豐出版公司，1988 年，第 571 頁。

朗齋，仁和（今杭州）人。曾於同邑汪師韓振綺堂校勘群籍，學識淵博。後入京參與《四庫全書》之編校。然則，瞿世瑛何以言此書爲朱文藻所作？考《清史列傳・汪憲傳》所附"朱文藻傳"載："後復爲王昶修《西湖志》、纂輯《金石萃編》《大藏聖教解題》等書。"[1] 據此可知，朱文藻晚年曾佐王昶編輯《金石萃編》《大藏聖教解題》，故瞿氏將《大藏聖教解題》之作者記爲朱文藻，而究其實，應歸於王昶名下。

11. 釋家藝文提要

七卷，周叔迦撰，存。有稿本，北京古籍出版社 2004 年排印本。又收入《周叔迦佛學論著全集》第五册。

周叔迦（1899—1970），原名明夔，字志和，後改名叔迦，筆名雲音、演濟、水月光、滄衍等，室名最上雲音。安徽至德人，祖父爲清代兩廣總督周馥，父親爲北洋政府財政總長周學熙。周叔迦 1918 年畢業於上海同濟大學工科，以後自辦工廠。1927 年旅居青島，精研三藏。1929 年於青島創辦佛學研究社，并流通佛經。1930 年至北京，歷任北京大學、清華大學、中國大學、輔仁大學、中法大學、國民大學哲學教授，講授中國佛教史、唯識學、因明學、成實論、三論宗哲學、佛教文學等。1940 年於北京瑞應寺開辦中國佛學院，自任院長，主講佛學課程。1945 年，加入中國民主同盟。1950 年，擔任中國尼泊爾友好協會副會長，并當選第三屆全國人民代表大會代表。1953 年，與陳銘樞、趙樸初、呂澂、釋巨贊等發起組織中國佛教協會，并當選副秘書長。1956 年爲印度摩訶菩提會吸收爲終身會員，是年中國佛教協會在北京法源寺成立中國佛學院，任副院長兼教務長。1970 年，於北京逝世，享年七十二歲。著有《唯識研究》《牟子叢殘》《法華經安樂行義記》《藥師如來

---

1 國史館編，王鍾翰點校《清史列傳》卷七十二，中華書局，1987 年，第 5891 頁。

本願經疏》《阿彌陀經義疏》《決定毗尼經疏》《菩薩戒律匯集》《灌佛形像經疏》《因明學新例》《法苑談叢》等。先生歿後，弟子蘇晋仁收輯稿本和未結集論文，編輯爲《周叔迦佛學論著集》。2006 年，中華書局又編輯出版《周叔迦佛學論著全集》七册。

周叔迦先生一生重視佛教文獻建設，1933 年，主持北京刻經處，并校刻《性相津要》《名僧傳鈔》等佛典多部。1935 年，與歐陽漸、葉恭綽等發起影印《宋藏遺珍》。1936 年與徐森玉、徐蔚如發起捐資補刻百衲本大藏經。1940 年建立北京居士林圖書館，同年又設立佛學研究會，編輯佛教史志六種，即《佛教金石志》（由楊殿珣擔任）、佛教藝文志（蘇晋仁擔任）、佛教寺塔志（劉汝林擔任）、佛教法論志（未作）、《佛典輯佚》（王森、韓鏡清擔任）、《二十四史佛教史料彙輯》（黃誠一擔任），數年後，有已成書，稿原存法源寺中國佛學院，“文化大革命”中多散失。又曾參與《敦煌劫餘録》之編寫與房山石經之拓印，於佛教文獻貢獻甚巨。又曾主編《微妙聲》月刊、《中國佛學院年刊》及《佛學月刊》等刊物。生平見張中行《負暄瑣話・周叔迦》附蘇晋仁《周叔迦先生傳略》，蘇晋仁《傑出的佛教學者和教育家周叔迦先生》（周叔迦《清代佛教史料輯稿》，台灣新文豐出版公司，2000 年）及于凌波《中國近現代佛教人物志》。

據此録後所附叔迦先生後人所寫後記，及蘇晋仁先生後記，知此録初爲先生爲東方文化事業委員會《續修四庫全書》釋氏類所寫之提要，30 年代擴充爲《釋氏藝文提要》，晚年又重加增補編修，成七卷，未完成而“文化大革命”起。周先生歿後，其稿下落不明。80 年代於法源寺發現此稿，經蘇晋仁與程恭讓二先生整理成書。

録前有周叔迦先生原序，言其著作體例云：

今所叙録，依劉昫之例，一以中土撰述爲主，自吴迄唐，凡現存出

家在家二衆所作，依時代先後，兼收并蓄，不復爲經律論之科。至於贗
造謅傳，違經背律，淆亂本宗，顛倒正見，如三階教典之類，則斥於存
目，以分邪正。宋代以後，則擇其能扶翼至教，有獨到之明，灼然之見
者。至於因循剿襲，庸瑣雜沓者，雖無損於真知，亦難裨夫究竟，則附
諸存目而已。[1]

由此序文可知，先生原計劃考歷代中土之著述，并仿《四庫提要》之例，分
正編與存目。然今北京古籍出版社所出爲先生未完之殘稿，僅七卷，收自吳
康僧會《佛説大安般守意經注解》至五代清涼文益《宗門十規論》共五百二
十一種，其中七種有目無文。并無宋後之著述，也無存目。

　　此録於每一種書下列卷數、版本、撰人生平、著作大旨。在此録中周先
生或辨真僞，如辨《金剛經頌》非傅大士所作（第 39 頁）；或考作者，如考
《大般涅槃經集解》七十一卷爲法朗而非寶良所作（第 19 頁）；或證撰時，
如推定吉藏《大般涅槃經游意》成於開皇仁壽之間（第 148 頁）。而先生之
考訂評論之中亦頗多中肯之言，如道宣《南山文賸》，爲近人徐顯瑞輯道宣
遺文而成。此作多篇抄録於《全唐文》，而《全唐文》誤處此作亦因襲未改，
故先生論曰：“此集第一篇題云《大慈恩寺釋玄奘傳論》，實是《續高僧傳·
翻譯篇論》。《續僧傳》凡有十篇，各有論讚，《全唐文》取其一而遺其九，
且謬誤其名，此本因之，亦考覈之不審歟。”[2]

12. 中國佛教史籍概論

一册，陳垣撰。有 1955 年科學出版社初版，1962 年中華書局版。

陳垣（1880—1971），字援庵，又字星藩、援國、圓庵等，別號圓庵居

---

1 周叔迦《釋家藝文提要》，第 2 頁。
2 周叔迦《釋家藝文提要》，第 211—212 頁。

士。廣東新會人。清光緒二十七年（1901）秀才。宣統三年（1911）畢業於光華醫學院，後留校任教，并與人合辦《震旦日報》。主編該報副刊《鷄鳴録》，影響很大。1913 年被選爲衆議院議員，開始定居北京。1920 年在京創辦平民中學，任校長。1922 年，署理教育部次長、主持部務，兼任京師圖書館館長，清查館藏敦煌經卷，受聘爲北京大學研究所國學門導師。輔仁大學成立後，長期擔任校長。1928 年任燕京大學國學研究所所長和歷史語言研究所通訊研究員。1929 年任北平師範大學史學系主任。1931 年任北京大學史學系名譽教授。抗日戰争勝利後，任中央研究院歷史語言研究所研究員，北平研究院歷史研究所特約研究員。1948 年當選爲中央研究院院士。1954 年，任中國科學院歷史研究所第二所所長。1955 年當選爲中國科學院哲學社會科學學部委員。1958 年，擔任國務院古籍整理出版規劃小組成員，當選第二屆全國人大代表。1971 年，病逝於北京，年九十一歲。著述甚豐。生平見劉乃和、周少川編《陳垣年譜配圖長編》。

陳援庵先生以乾嘉諸老治經史之法轉而治宗教史，以版本、目録、校勘等法研治漢文佛教文獻，開出一條不同於歐洲學者由梵、巴、藏對勘而研探佛教文獻之道路，故其創獲不惟有具體成果，且別具方法論之意義。《中國佛教史籍概論》正是先生以傳統治經史之法以治宗教文獻的一大成果。

1943 年先生爲輔仁大學研究生新開“中國佛教史籍概論”課程，此録即爲課程之講義。全書分六卷：卷一爲目録類，卷二爲僧人總傳類，卷三、卷四、卷五、卷六爲護教、音義、史傳、雜集諸書，共收佛教史籍三十五種，《四庫全書》收録者十三種，《四庫存目》收録者八種，《四庫》未收者十四種。其中雖多爲研治中國佛教史之重要史料，然先生在《緣起》中言“尤所注意者，《四庫》著録及存目之書”，可見陳先生之意也正欲糾《四庫總目》之失。故卷五、卷六所選諸書，如《神僧傳》爲次生史料，《現果隨録》爲報應之書，《法藏碎金錄》義理破碎，史料價值皆不高。故此錄之不可及處，不在選目而在於解題，其解題又有數特點：

第一，探討佛教史籍之史料價值。先生在《緣起》中云："中國佛教史籍，恒與列朝史事有關，不參稽而旁考之，則每有窒礙難通之史迹。此論即將六朝以來史學必需參考之佛教史籍，分類述其大意，以爲史學研究之助。"故此錄幾乎每書皆立"本書在史學上之利用"，詳細考量其史料價值。

第二，糾正《四庫提要》之闕失。先生於《緣起》又云："尤所注意者，《四庫》著錄及存目之書，因《四庫提要》於學術上有高名，而成書倉猝，紕繆百出，易播其誤於衆。如著錄《宋高僧傳》而不著錄《梁高僧傳》《續高僧傳》，猶之載《後漢書》而不載《史記》《漢書》也。又著錄《開元釋教錄》而不著錄《出三藏記集》及《歷代三寶記》，猶之載《唐書·經籍志》而不載《漢志》及《隋志》也。其弊蓋由於撰釋家類提要時，非按目求書，而惟因書著目，故疏漏至此。今特爲之補正，冀初學者於此略得讀佛教書之門徑云爾。"故其書於《開元釋教錄》《宋高僧傳》《廣弘明集》《佛祖通載》皆立"《四庫提要》正誤"一節。而於《法藏碎金錄》《禪林僧寶傳》《羅湖野錄》《林間錄》《釋氏稽古略》《大藏一覽》《法喜志》《長松茹退》《現果隨錄》諸書，皆糾《四庫提要》之失。

第三，由一書之紹介，引出佛教史之大問題。如由《弘明集》而引出《牟子理惑論》之問題，由《廣弘明集》引出沙門同名易混問題，由《釋門正統》《佛祖統紀》引出台禪二家之爭、台宗山家山外之爭。此由小而大，由具體問題而達至總體之認識，則非大手筆者不能辦也。

此錄初成於1942年9月，陸續發表於1946年至1947年《天津大公報》等刊物，1955年始結集出版。

亡 佚 諸 録

1. 諸經提要

二卷，佚名撰，佚。

此録僅見於《宋史》之著録。《宋史·藝文志》道家類附釋氏載："《諸經提要》二卷。"下注："並不知作者。"[1]

2. 内典總目

卷數未詳，宋周葵撰，佚。

周葵（1098—1174），南宋常州宜興（今江蘇宜興）人，字立義，又字敦義、惇義，號唯心居士。宣和六年（1124）擢進士甲科，調徽州推官。南渡後陳與義薦爲監察御史，紹興十一年（1141）徙殿中侍御史，就職僅兩月，言事至三十章，且直指宰相。以不肯依附秦檜，被劾落職。檜死，復直秘閣，知紹興府。孝宗即位，除兵部侍郎兼侍講，改同知貢舉兼權户部侍郎。隆興元年（1163）任參知政事，二年兼權知樞密院事。淳熙元年正月薨，年七十七。作有《聖傳詩》二十篇、《文集》三十卷、《奏議》五卷，謚曰"惠簡"。生平見《宋史》卷三百八十五本傳、《直齋書録解題》卷九。

周氏於紹興二十七年（1157）爲法雲《翻譯名義集》作序，紹興三十二年爲王日休《龍舒增廣净土文》作跋，[2]可見素與佛門有緣。

周葵《翻譯名義序》云："余閲大藏，嘗有意效《崇文總目》，撮取諸經要義，以爲《内典總目》。見諸經中每用梵語，必搜檢經教，具所譯音義，表而出之，别爲一編。然未及竟，而顯親深老示余平江景德寺普潤大師法雲

1　脱脱等《宋史》卷二百五，第5188頁。
2　王日休《龍舒增廣净土文》卷十，《大正藏》第47册，第283頁。

所編《翻譯名義》。余一見而喜曰：是余意也。他日總目成，別録可置矣。"[1]
可知周氏嘗效《崇文總目》例，撮取經義，著《内典總目》。此文作於紹興
二十七年，然由"他日總目成"之語，知在此年《總目》尚未編成。後此
《内典總目》是否編成，不可知。

3. 大藏要略

十卷，明釋景隆撰，佚。

景隆（1393—?），字祖庭，號空谷，蘇州（今屬江蘇）人，俗姓陳氏。
父字顯宗，號月潭處士，母金氏。師生於洪武二十六年（1393），永樂十年
（1412），從弁山白蓮懶雲和尚受學參禪。十八年，從虎丘石菴出家。宣德二
年（1427），從昭慶守宗，得具足戒。六年，隨石菴住靈隱。七年，往天目
山禮高峰原妙，苦參有省，得懶雲印可。正統九年（1444）春，建正傳塔院
於修吉山下，并自撰塔銘。據寂曉《大明釋教彙目義門》卷四十一，師著有
《空谷集》《尚直尚理編》。生平見景隆《自製塔銘》（明袾宏《皇明名僧輯
略》卷一）、明幻輪《釋鑒稽古略續集》卷三、明浄柱《五燈會元續略》卷
三、寂曉《大明釋教彙目義門》卷四十一、清超永《五燈全書》卷五十八。

關於景隆之卒年，震華法師《中國佛教人名大辭典》定爲公元 1444 年，
即正統九年。其依據大概爲景隆於此年曾自撰塔銘，然景隆并非卒於是年。
何以知之？明如卺續補《緇門警訓》前載有一序曰《重刊緇門警訓序》，文
末題曰："成化六年，歲次庚寅春三月朔，武林清平山空谷沙門景隆序。"[2] 既
言武林，又云空谷，所居之地與號皆相符，爲此景隆無疑。而此文作於成化
六年，即公元 1470 年，可知空谷景隆此年尚在世，年七十八歲。至於景隆卒

---

1 法雲《翻譯名義集》卷首，《大正藏》第 54 冊，第 1055 頁。
2 如卺續補《緇門警訓》卷一，《大正藏》第 48 冊，第 1041 頁。

於何年，待考。

　　寂曉《大明釋教彙目義門釋例》評論前人目録云："文勝《隨函索引》，今亡其本。王古《法寶標目》，宗途失於倫叙。陳實《大藏一覽》，立則與《經律異相》等同。空谷《大藏要略》，採取警策身心者書之，仍不顧義類相從也。"[1]言及空谷之《大藏要略》。至於此録之内容，《大明釋教彙目義門》卷四十一云："《大藏要略》十卷，大明武林修吉山沙門景隆述。右採取藏乘義句要須看者，仍標號書之，以便尋討。"[2]可知此録爲據千字文之順序，采録經中要句編排而成。

以上通計存、佚共十五種

1　寂曉《大明釋教彙目義門》卷首，《四庫未收書輯刊》第 3 輯第 20 册，第 310 頁。
2　寂曉《大明釋教彙目義門》卷四十一，《四庫未收書輯刊》第 3 輯第 20 册，第 715 頁。

導學目録第五

　　若言佛教導學目録，起源甚早。唐麟德元年（664）道宣著《大唐内典録》專設《歷代衆經舉要轉讀録》一部，於重翻則舉其良本，於支別則列其大經，利於初學，便於轉讀。王重民先生以唐末敦煌卷子《雜鈔》爲最早之導學書目，[1]實不如此録之早也。然自道宣之後，佛徒於導學目録，鮮有講求。道宣之學湮没不彰，良可嘆者也。降及近世，書籍增廣，學術日分。一學之書，亦足以充棟汗牛。故欲入某學之門，不得其學之目録，則徒增望洋之嘆，陡減求學之勇。職是之故，導學之目大興。近世研求佛學者，亦秉此觀念與方法，爲方便後學講求，開列導學書目。楊仁山《佛學書目表》、常惺《佛學重要書目》，則近於舊學之樊籬；李石岑《關於佛法研究之重要書籍》、劉天行《佛學入門書舉要》，則頗具現代之觀念。學風雖稍不同，然導學發蒙，其揆一也。

　　今考得存書五種，列導學目録第五。

現 存 諸 録

1. 佛學書目表

　　一册，楊文會編，存。先有清光緒二十八年（1902）新安汪氏活字初印

1　王重民《中國目録學史論叢》，第 131—132 頁。

本，後收入《等不等觀雜録》卷二，又收入周繼旨校點、黃山書社版《楊仁山全集》中。

楊文會有《大藏輯要目録》，已著録。《佛學書目表》爲一導學書目，分華嚴、方等、净土、法相、般若、法華、涅槃、秘密、阿含、大乘律、大乘論、西土撰集、禪宗、天台、傳記、雜集，共16類，共收經籍109部。後附道家經典4種。仁山先生深於佛學，故每類所列經典皆爲此部類中最基要之經籍，又將每類之主經與注疏并列一處，便於尋檢，頗利初學。

此録每經列經名、譯著者、卷數、刻版處及識語。如："《華嚴經》，唐實叉難陀譯，八十卷，揚州藏經院（馮案：此爲刊刻地）。佛初成道時，七處九會，説圓融無盡法門，爲諸經之王。非閲疏論著述，鮮能通其義也。"[1]爲便初學，故其所舉之版本，皆爲當時習見之本。而識語多有精彩之處，類於一篇解題。再如《華嚴疏鈔》識語："以四分科經，發揮精詳，後人得通《華嚴》奧旨者，賴有此書也。"[2]仁山先生對教界影響甚大，此録之通流也廣，後之解題目録時引其説。如佛學推行社編《佛藏經籍提要》於《華嚴懸談》下注：楊仁山先生曰："懸叙十門，統明全經大旨，即疏鈔之首。"又如《高僧傳三集》下注：楊仁山先生曰："此書自唐迄宋，正傳五百三十人。"皆引《佛學書目表》之識語。

2. 佛藏經籍提要

一卷，佛學推行社編。民國上海醫學書局鉛印本，上海圖書館有藏。

録前有序云："佛藏經典，浩如煙海，且各宗著述，尤指不勝屈，初學苦難抉擇。兹有佛學推行社將佛藏各宗要典，提示大旨，且附流通價目。俾有志研究者，易於選擇購請焉。"此録分華嚴部、方等部、净土部、法相部、般

1　楊仁山著，周繼旨校點《楊仁山全集》，第344頁。
2　楊仁山著，周繼旨校點《楊仁山全集》，第345頁。

若部、法華部、涅槃部、秘密部、阿含部、律部、大乘論部、西土撰集、禪宗、天台、傳記、字典、雜集、初學入門書共 18 類，收經籍 159 種，所選經目頗爲精要。

每部前皆有小序，經筆者比對，多引自楊仁山《大藏輯要目録》，如净土部前序曰："係由方等分出，另立一部，以逗時機。凡天竺震旦諸師演暢净土宗旨者，概歸此部。"每部下之提要亦頗精審，且重於版本之選擇。如《唐譯華嚴經》下注："揚州藏經院出版，尤以杭州昭慶寺慧空經房版爲精審。"再如《釋迦如來成道記注解》下注："揚州新刻，校勘不甚精審。此本從明初刻本録副重印，上海静安寺路醫學書局出版。"此録雖主於流通，然每部所選之書皆精要，而解題亦頗有可觀，視爲導學目録亦無不可。

3. 關於佛法研究之重要書籍

李石岑編。發表於 1925 年《民鐸雜志》第 6 卷第 1 號。

李石岑（1892—1934），原名邦藩，字石岑，湖南醴陵人。清光緒十八年（1892）生。幼年入私塾，及長，赴長沙求學。1912 年東渡日本，1918 年在東京發起組織華瀛通訊社。自 1919 年起，主編該會刊物《民鐸雜志》。1920年，畢業於東京高等師範學校。次年回國，入商務印書館。1928 年，再度出國，於法、德諸國研究哲學。1930 年回國，歷任中國公學、暨南大學及大夏大學等校哲學教授。1934 年秋，病逝於上海，年四十二歲。著有《李石岑講演集》《李石岑論文集》《人生哲學》《西洋哲學史》諸書。生平見田伏隆《我國近代哲學家李石岑》（《醴陵文史資料》第七輯）、醴陵市志編委會編《醴陵市志》（湖南出版社，1995 年，第 933—934 頁）。

本録分法相宗（大乘瑜伽系、小乘毗曇系）、法性宗（大乘般若系、小乘成實系）、净土宗、禪宗四門。後有附録二：一爲律部著作，一爲唐人所著相宗參考書。前三門每門下又分經、論二類分別著録。每一經典，著録經名、卷數、譯者及備記。如："《大般若經》，六百卷，玄奘（唐），暢説無所得、真空之精義，爲空宗所依據之根本經典。"再如："《五燈會元》，二十卷，普濟纂集，爲五燈録之撮要。所謂'五燈録'者，一《景德録》、二《廣燈録》、三《續燈録》、四《聯燈録》、五《普燈録》。爲禪史之本。"此録另一特點爲：作者以圓圈之多少，標示經典的重要程度，即圈數越多，經典越重要。如《瑜伽師地論》《解深密經》等爲四圈，《華嚴經》《三十唯識頌》等爲三圈。

4. 佛學重要書目

釋常惺編。此目載於陳石遺主編《國學專刊》第 1 卷第 2 期。

常惺（1896—1939），江苏如皋人，俗姓朱氏，法名寂祥，字常惺，自署雉水沙門。少孤貧，年十二，依福成寺自誠長老出家。十七歲卒業如皋師範學院，二十歲入上海華嚴大學，從名僧月霞學習華嚴宗義。後於南京寶華山受戒，習禪於天寧寺，又往四明觀宗寺，依諦閑研究天台教觀。1925 年，與太虛大師於廈門南普陀寺創辦閩南佛學院。1929 年，於杭州昭慶寺主辦講習所。其後又住持北平柏林教理院、江蘇光孝寺、北京萬壽寺。1936 年，養病於上海，并任中國佛教協會秘書長。1939 年示寂於上海，世壽四十四。常惺夙志於振興僧伽教育，改革僧制，并與太虛大師相互策應，係民初三十年來中國佛教革新派之重要人物。著有《佛法概論》《圓覺經講義》《大乘起信論親聞記》《因明入正理論要解》等書。生平見東初《中國佛教近代史》、于凌波《中國近現代佛教人物志》。

録前有常惺識語，説明編此目之緣起云："正藏五千卷，續藏八千軸，唐賢遺著經五代兵燹沉没者，尚不在此數。吾人優游佛海，欲識津涯，誠非易事。茲爲修學便利起見，擇其尤關重要者，分普通、專門二種，介紹如次。"全録分普通與專門二目。普通書目收《大乘起信論》《維摩經》《金剛經》

《華嚴經》等九種常見經典，及各經最重要之注疏。專宗則分三論宗、唯識宗、天台宗、賢首宗、净土宗五門，分別介紹其重要經典。

此録爲指導初學讀書，故每類之後皆有識語，指明類目特點及讀經之次序，甚有見地。如於普通書目後論曰："《維摩》中廣明净佛國土成就衆生，學佛者誠宜先讀，以廣其意。次由《金剛》《圓覺》而蕩其法執，再經《法華》《涅槃》之開顯，諸佛出世之本懷了無餘蘊矣。至若《華嚴》海會，依正重重，因果互攝，圓融無盡，是又果德莊嚴，非所論於異生之地也。"指明閱讀大乘經典之次序應由《維摩經》入手，經《金剛》《圓覺》，而《法華》《涅槃》，終入《華嚴》海會。再如"三論宗"曰："此宗明八不中道，顯真空妙理。在昔與唯識宗恒成敵對之勢，互破互成。由羅什法師傳來我國，至嘉祥大師，始蔚然成宗。唐後分入天台、賢首，疏注散失，今從日本取回，完好如初。意者此宗其有復興之望歟?"

5. 佛學入門書舉要

劉天行編。發表於《海潮音》第 16 卷第 2 期。

劉天行，生平不詳，僅知其與唯識大師王恩洋有交游，[1] 又與葉恭綽有往還。[2] 其人爲尼采哲學推行者，曾首譯尼采《〈查拉圖如是説〉導言》，[3] 曾在《海潮音》發表《佛法與科學之爭》。[4]

録前劉氏自叙其編寫目的云："近年學術界中盛行著開書目的風尚，大半注重在國學和哲學，或偶而列舉數種佛學書，專列佛學的書目却還不多見。因此，鄙人不揣固陋，略舉所知，以爲同志研求之參考。"此目下分通論之部（專論佛學的入門書）、雜論之部（佛學與世間學術相比較者）、文獻之部

1　王恩洋《答劉天行》，載《文教叢刊》第 3、4 期合刊。《答劉天行》，《文教叢刊》第 5、6 期合刊。

2　葉恭綽《致劉天行函》，《遐庵匯稿》，上海書店，1990 年，第 491 頁。

3　劉天行《〈查拉圖如是説〉導言》，《大鵬月刊》第 1 卷第 3 期，1941 年。

4　劉天行《佛法與科學之爭》，《海潮音》第 14 卷第 10 期，1933 年。

（專論佛教文獻者）、辭典之部、歷史之部（佛教史之作）、經解之部（主要大乘經典之較切近之注解）、各宗專論（各種概述與重要經籍）、文學之部（佛教文學）共 8 部，收録經典及近人著作 55 種。此目突破經、律、論，大、小乘的傳統佛教文獻分類法，已具現代學科分類之意義，特別是設佛教文獻、佛教文學二部，爲他目所無，實有創闢之功。此目另一特點爲：所推介之書多爲近人新著，甚或日人之作，學術視野開闊，視點頗新。

此書於每部著作或數部同類著作之下有解題，或評價書籍特點，或介紹書籍内容，頗利初學。如在常惺《佛學概論》、太虚《佛乘宗要論》、《佛學ABC》下解題云：“三書篇幅不多，提綱挈領，最爲扼要；持論公允，不蔓不支，對於佛學之範圍及當今在學術界上之地位，皆有深切之論討，誠爲方便希有之法寶。”再如介紹吕澂《佛典汎論》《佛學研究法》二書：“前者對於結集及刻藏有詳細的紀載，後者叙述各國研究佛學的要籍，亦可作書目讀。”與常惺《佛學重要書目》比較，此目更重視佛學研究，與常惺書目重信仰之引導不同。

以上共五種

流通目録第六

流通目録者，或曰鬻販書目，或稱營業書目。編者多爲書賈，目的主於射利，近於小道，不登大雅。故其起源，隱約難明。明嘉靖元年金臺汪諒刻《文選注》，於其後附金臺書鋪所刻書，誠爲最早之流通書目。[1] 然此錄書未著價，目未單行。故若論單行著價之流通目錄，實應推明萬曆年間，嘉興藏局所編《經值畫一》。

明末清初，鼓山繼嘉興楞嚴寺而起，刊刻書册本經書，爲霖道霈撰《鼓山永通齋流通法寶畫一經目》。清末民初，楊仁山居士倡立刻經處於南京，南北繼起者甚衆。揚州磚橋法藏寺、常州天寧寺、杭州慧空經坊、蘇州瑪瑙經坊爲寺院刻經之著者；而如北京刻經處、上海功德林法寶流通處、上海佛學書局等，則爲行公司制而專事刻佛經者。他如廣州六榕寺、天清蒙藏經局、北京三時學會、上海醫學書局等，更是指不勝屈。此種出版機構，爲流通法寶，皆撰有營業目錄。其流傳至今者，亦復不少，足徵其時佛經流通之盛況。

流通目錄於目錄中體格最卑，故不爲人所重。至近代，鄭振鐸先生著《西諦書目》始錄營業目錄。而復旦大學周振鶴先生更集成《晚清營業書目》一書，并由此而討論晚清西學之流行，可謂獨具隻眼。[2] 佛教之歷史，不僅爲佛教思想之演進史，更應爲佛教思想之流播史。佛教流通書目之記載，頗可見出其時大衆中流行之經典，及大衆所具之佛學水平，故欲研究近世佛學之

---

1 程千帆、徐有富《校讎廣義·目錄編》，齊魯書社，2001年，第290頁。
2 周振鶴《晚清營業書目》，上海書店出版社，2005年。

復興，恐亦須於此不登大雅之營業書目中求取證據。則此種目録之價值，似亦不應忽視。而其時主持佛學出版機構者，如楊仁山、歐陽漸、周叔迦、余了翁諸人，多邃於佛學。所編流通書目，多也分類詳明，且附解題，其體雖爲鬻販，其用則兼可導學。況其解題時有達論，分類間有可采，故不可以其爲小道而棄之。

今通考現存、未見，得二十二種，列流通目録第六。

現 存 諸 録

1. 藏版經直畫一目録

一册，佚名撰，存。有民國九年（1920）北京刻經處刻本，又收入嚴靈峰主編《書目類編》第 53 册、《昭和法寶總目録》第 2 册。

此録爲《嘉興藏》之流通目録。《嘉興藏》爲明末清初所刻之私版方册藏經。明萬曆十四年（1586），由紫柏真可、密藏道開、幻餘法本與陸光祖、馮夢禎、袁了凡諸人發起，萬曆十七年，正式開雕於山西五臺山。後因五臺山地勢高寒，遷至餘杭徑山繼續刊刻，後經念雲興勤、澹居法鎧、按指契穎等人主持，至清初始刻成全藏。

此録前有朱茂時、茂暻《楞嚴經坊重訂畫一緣起》，其文云：“楞嚴之有方册也，紫柏尊者闡善巧之法門，大檀宰官播恒沙之福德，經板貯雙徑寂炤庵刷印，而裝訂、出請俱在楞嚴。海内名山，京省緇素，咸知兩都大藏之外，嘉禾楞嚴方册在焉。向來出請，刊有《畫一》……時移世異，物用變遷，印裝之工食滋增，紙值之涌騰倍屣，加以往來雙徑人力之勞，舟船之費迥別曩時。來請者但知從前畫一之定，不計目今物值之昂。仍則勢窘流通，停則壅淤聖教，纔發動語言較量，便出生彼此罪愆。用是我輩檀護，商於白法老人，議重酌訂畫一，炤時值出請，對龍天而更定，矢不敢毫末妄增。”署曰：“順治歲次丁亥孟春月。"[1]順治丁亥，即順治四年（1647）。由此文可知，至此年由於物料人工皆已漲價，而原來《畫一》所定之價過低，不能適應當時之情況，故重訂《經值畫一》。文中又言"用是我輩檀護，商於白法老人"，此白法老人，即白法性琮，此時正爲楞嚴寺住持，并主管大藏經之流通。[2]

此録正藏所收經籍與北藏基本相同，從"天"字號之《大般若經》至"碣"字號之《佛祖統紀》，共收經 1 654 種。續藏無千字文號，自《華嚴經會本大鈔》至《華嚴受手》，共收經 237 種，分爲 90 函。又續藏自《楞嚴經定解》至《天一悅禪師語録》共收經 199 種 43 函。

此録爲流通目録，故每經下皆注有流通價格，爲此録之一特點。如：

　　合、濟、弱
　　《景德傳燈録》三十卷，共八本，七錢六分八厘。

2. 北京佛經流通處目録

一册，北京佛經流通處編，存。有民國九年（1920）北京善果寺佛教會教養院石印本，藏國家圖書館。又影印收入徐蜀編《中國近代古籍出版發行

1　《藏版經直畫一目録》卷首，《昭和法寶總目録》第 2 册，第 300 頁。

2　智旭《白法老尊宿八帙壽序》："昔密藏大師，棄儒學佛，既從紫柏大師薙染，大師謂其初入法門，未有福業，命復長水楞嚴古刹，流通書本大藏，續佛慧命，創千古大事因緣。密師既隱，大師復寂，佛殿經坊，漸至冷落。至壬戌冬（天啓二年，1622），禾城衆護法敦請白翁主禪堂事，俾山門鹿廕，煥然一新，流通大藏，永成規畫。"（《靈峰宗論》卷八，《大藏經補編》第 23 册，台灣華宇出版社，1998 年，第 766 頁）另《憨山老人年譜自叙實録》卷下"萬曆三十一年"條福徵按語曰："自達師開闢勝因，傳播薄海內外，天上天下，佛法中人，無不聞知嘉興郡中楞嚴寺，有書本經坊常住者……自癸亥歲（天啓三年，1623），延江西宗派白法琮公住持楞嚴，稍有就緒。而化城僧清隱，復於丙寅、丁卯間，捏造變亂之說。賴白公操履方正，經理精詳，不避嫌怨，終難動搖。迄今二十餘年，功在楞嚴，門殿像設，香積種種，圓就不小。而其莫大幹旋，尤在流通方册，長開人天眼目。九疑李先生，稱白公爲紫柏肖子，密藏幹弟，不虛也。即乙酉閏六月（清順治二年，1645），兵燹大亂時，白公坐鎮經坊，鋒刃楞掠，劫之數四，屹然不動。直以頭目髓腦，捍衛竺乾墳典，得完璧如平時，佛力法力僧力，於茲大現奇特。"（《大藏經補編》第 14 册，第 538—539 頁）皆可見白法主持楞嚴寺，護持經藏之情狀。

史料叢刊》。

北京佛經流通處由莊藴寬、徐蔚如、蔣維喬、徐森玉、陳正有、梅光羲等人於 1913 年創建，設址於東城區大佛寺内。由徐蔚如任編校，與金陵刻經處分刻由楊仁山先生所倡之《大藏輯要》中所未刊刻佛經，刻經之版式與金陵刻經處全同。

此録即爲北京佛經流通處流通經籍之目録。全録收華嚴部 95 種，方等部 412 種，净土部 144 種，法相部 82 種，般若部 83 種，法華涅槃部 82 種，阿含部 215 種，秘密部 269 種，大乘律 46 種，出家戒律 24 種，大乘論 72 種，小乘論 20 種，西土撰集 61 種，禪宗 75 種，天台 26 種，彙集 16 種，書本懺儀 19 種，纂集 27 種，雜集 67 種，傳記 22 種，融通 12 種，護教 18 種，導俗 6 種，梵本 30 種，共 1 923 種之多。此雖并非北京刻經處所刻之經，然也足見當時各地刻經之多。

3. 佛學書目提要

一册，上海醫學書局編，存。上海醫學書局鉛印本，上海圖書館有藏。

上海醫學書局，1908 年由丁福保創辦。丁福保（1874—1952），字仲祜、梅軒，號疇隱，别署疇隱居士，齋名詁林精舍。原籍江蘇常州，世居無錫。精於算數、碑版、文字、錢幣。中年以後，一心向佛，編撰《佛學大辭典》，并注疏佛經多部，撰寫佛教入門書多種。醫學書局不僅出版過《丁氏醫學叢書》《説文解字詁林》《古錢大辭典》《歷代詩話續編》等世典名著，且爲民國間上海出版佛教書籍最重要的出版機構。

此録爲醫學書局之流通目録，全録分佛學入門書、最易入門之經典、净土宗經典、法華三經、般若部，及佛學辭典、新出經典七類，其書多爲丁氏自己之著述。每書下注撰著者、册數、價目、郵資等項，而每書下皆有提要。

如：楊仁山著，萬鈞注《佛教宗派詳注》下解題曰："是書凡分十宗：曰律宗、俱舍宗、成實宗、三論宗、天台宗、賢首宗、慈恩宗、禪宗、密宗、净土宗。提要鈎玄，於各家宗派，該攝無遺，不啻爲佛海之要津，法藏之寶鑰也。"

4. 增訂簡要書目

一册，上海功德林佛經流通處編，存。民國十二年（1923）鉛印本，上海圖書館有藏。

上海功德林佛經流通處，由上海實業家、佛教居士簡照南、簡玉階昆仲於 1922 年捐資創立，由江味農總領其事。初設於愛文義路（今北京西路），後因業務擴大，遷往貴州路。1935 年又遷至辣斐德路（今復興中路）。主要刻印流通佛教典籍、經像、法器，在上海佛學書局尚未成立時，功德林佛經流通處是上海較早刻印佛書之機構。

此錄下分華嚴經典類、方等經典類、法相經典類、净土經典類、密教經典類、般若經典類、法華涅槃經典類、阿含經典類、戒律經典類、大乘論類、小乘論類、西土撰述類、天台教觀類、禪宗撰集類、懺儀類、匯纂類、傳記類、雜集類、護教類、導俗類、融通類、梵本摺本類、圖像類，共二十三類。每一經典注書名、版本、册數、價目。如："《華嚴玄談》，金陵本，八册，一元六角。"此錄之特點爲廣列同一經書之不同版本，如《楞嚴經》即舉出金陵本、華山大字本、杭州大字本、揚州大字本、蘇州本、四川小字本，計六種異本，也可爲研究民國間刻經之一助。

5. 鼓山涌泉寺經版目錄

一卷，釋觀本撰，存。鼓山涌泉寺有藏。

觀本（1868—1945），俗姓張，名壽波，號玉濤，法名觀本，字明一。廣東中山人。二十四歲中舉人。曾隨康有爲、梁啓超參加維新運動，變法失敗後，避禍日本，入橫濱大學商學院就讀。後又入東京帝國大學專攻政治經濟學。後來移居神户，任日文學校校長。1911 年回國從事實業，失敗。1914 年，於上海玉佛寺皈依於冶開長老座下，法名觀本。1930 年，至福州鼓山涌泉寺，1933 年依虚雲老和尚受具足戒。初任涌泉寺監院，後主講南華寺、香港佛學院。1945 年示寂，世壽七十八歲，著有《香光閣隨筆》《五會念佛譜》等書。生平見鄭子健《觀本法師事略》（載岑學吕《虚雲法師年譜》）。

1930 年，觀本至鼓山，虚雲法師囑其整理經版，越二年，成《鼓山涌泉禪寺經版目録》一卷。虚雲序之曰："爰擬清厘，重記目録。依補亡之例，立整理之條。加丹黄之標簽，分簡册之部居，考譯撰之人名，紀鋟梓之年代。命門人明一觀本依此法式，循而考之，缺者補之。經夏告竣，成此經目一卷，題曰《鼓山涌泉禪寺經板目録》。"觀本《鼓山涌泉禪寺經版目録跋》言："鼓山白雲峰涌泉禪寺之西厢，寶積倉上，危樓五楹，插架連雲，藏有古刻經版多種。查此經版自明崇禎間（1628—1644）永覺賢祖繼紫柏尊者之徑山寂照庵而起，爲霖霈祖繩武主之，時在有清康熙中葉，刻經最多。其中如《華嚴經疏論纂要》凡百有餘卷，四千有餘頁，爲海内未經見之本。其他刻本屬於近代名德之著述，多非《龍藏》及日本《弘教藏》本所有，惟近代日本明治藏經院所編之《續藏》始搜采之，然亦不備。"可知鼓山經板之價值。

此録著録鼓山涌泉寺自明萬曆間（1573—1620）起至 1932 年止所刻經書，共計有 359 種。其中明刻 84 種、清刻 195 種、民國刻 45 種、年代不明的及抄本 35 種。明刻中多爲萬曆（1573—1620）與崇禎年間（1628—1644）所刻，著名者如《佛説觀無量壽佛經》《仁王護國般若波羅蜜多經》《佛頂尊勝陀羅尼經》《五燈會元》與《建州弘釋録》等。清刻中多康熙年間（1662—1722）所刻，其中著名者有《大方廣佛華嚴經疏論纂要》《頓悟入道要門論》《鼓山永覺禪師廣録》與《旅泊庵稿》等。

6. 佛教經象各種善書書目總録

一册，北平中央刻經院編。1930 年由中央刻經院印行，國家圖書館有藏。

據《北京志》載：中央刻經院爲佛教居士萬鈞所創，地址在北京宣武門外大街 229 號，始於民國十三年（1924）年，歇業於 1952 年，主要出版佛教書籍。[1]

此録共分孝友治家類、戒殺放生類、青年修養類、節欲懲忿類、護法起信類、學佛門徑類、流通功德類、研究神鬼類、佛化教科書、觀音經咒類、金剛經心經類、懺悔宿障類、念誦課本類、筆記因果類、三寶傳記類、延年益壽類、初機净業類、净土經注類、釋氏三經類、法華三經類、道家三經類、楞嚴經注類、秘密經咒類、新出各種書類、各種銅版像片、代印寄售書類等 26 類。記載圖書 226 種。所售圖書以佛教類爲主，然不限於佛教，亦包括道教及各種善書。當然，分類的方式也并不周延。

每類下又包括多種圖書，如孝友治家類下列《釋門真孝録》《孝友編》《父母恩重難報經》《傳家新範》等書，學佛門徑類下列《佛學指迷》《學佛指要》《佛教宗派詳注》《入佛問答類編》《佛學大要》等 8 種書。每書列書名、每本價格及每千本價格。如：

《輔教編》，每本二角二分，每千本一百七十六元。

書末附《普勸流通》："或曰：'佛經善書不能代飯吃，方今災禍薦臻，飢饉遍地，何以不先救貧，而欲流通佛經善書？'答曰：'佛經善書内皆係記述種

---

1 張明義等編《北京志·新聞出版廣播電視卷》，北京出版社，2005 年，第 133、222、460 頁。

種因果報應之事，能令見者聞者各發慈悲之心。於是富者捐資，貧者出力。或辦工廠，或興實業，或立學校，救人救到底，共立永久根本之策。故名雖流通佛經善書，實爲救貧之先導。樂善君子，想亦贊成此舉也。'"

7. 金陵刻經處流通經典目録

一册，金陵刻經處編，存。有金陵刻經處 1931 年刻本，南京大學圖書館、上海圖書館等地皆有存藏。又收入徐蜀編《中國近代古籍出版發行史料叢刊》。

清同治五年（1866），楊仁山與王梅叔、魏剛己、曹鏡初等人感慨於當時佛教經典之難求與佛教之衰落，於南京創立金陵刻經處。刻經處初在北極閣，後遷花牌樓、常府街，1897 年遷於延齡巷。先後刻成木版經書 211 種，經版47 000 多片，印刷經典 1 155 卷，刻印佛像版 18 種，選刻《大藏揖要》480部 3 500 餘卷。1911 年楊文會逝世前，囑咐刻經處事業由其弟子歐陽竟無、陳樨庵、陳宜甫 3 人分別負責編校、流通、交際等工作。爲便於研習佛學，歐陽漸 1916 年於金陵刻經處内設支那内學院。1937 年南京淪陷前夕，金陵刻經處幾乎瀕於解體。新中國成立後，上海佛教界成立金陵刻經處護持委員會，經六年努力，方始恢復。

此録爲金陵刻經處流通目録。分爲華嚴（46 種）、方等（63 種）、法華涅槃（21 種）、般若（26 種）、秘密（42 種）、阿含（10 種）、法相（44種）、净土（74 種）、大乘論（30 種）、小乘論（2 種）、禪宗（21 種）、天台教觀（7 種）、大乘律（19 種）、出家戒律（4 種）、彙集（16 種）、纂集（17 種）、傳記（4 種）、雜集（21 種）、護教（7 種）、融通（13 種）、書本懺儀（7 種）、梵本（13 種）、圖像二十三部，共收經典 507 種。頗可見出當時金陵刻經處刻經之規模。此録每部書下僅標經名、本數與價目。如："《華嚴合論》三十本，九元六角。"

8. 江蘇常州佛經流通處所有板經目

一卷，佚名撰，存。有民國天寧寺刻本，上海圖書館有藏。

此録爲常州天寧寺流通目録。常州天寧寺，始創於唐貞觀、永徽年間（627—655），創始人爲唐代高僧牛頭法融禪師。清嘉慶三年（1798）天寧寺開設毗陵刻經處，用方磚雕刻佛經佛像。清光緒二十二年（1896），著名禪師冶開任天寧寺方丈，重興毗陵刻經處，改用棗木雕刻經版，歷年共刻有大小乘經論 774 部 2 469 卷。

全録收寶積部 12 種、秘密部 38 種、大集方等部 106 種、華嚴部 11 種、涅槃部 21 種、阿含部 35 種、小乘論 34 種、著疏部 60 種、禪宗部 31 種、大乘論 16 種、律部 47 種，共收録經論著述 411 種。每經注經名、卷數、册數、價目。如："《大唐西域記》十卷，四册，洋 5.9 角。"其中著疏部收録較他處爲多，而禪宗部所收多近代禪師語録，此也可窺天寧寺刻經之特點。

9. 佛學出版界

三册，余了翁撰，存。上海佛學書局出版，上海圖書館有藏。

余了翁（1873—1941），名霖，字揖北，號了翁，又號歇庵。祖籍安徽休寧，生於浙江嘉興。幼年習儒，攻八股文。十八歲入學，爲嘉興縣學生員。二十六歲游幕於湖北。1902 年舉鄉試，1908 年以大挑充鹽運使署印官。1911 年，辛亥革命起，各省響應，了翁辭職還鄉，自此不再出仕。1915 年，協助沈曾植修《浙江省通志》，助金甸丞修《秀水縣志》。因常與沈曾植游，受其影響而轉向佛學，閱讀佛典，注重修持。最後奉蓮池大師遺教，研求浄土。1929 年，寓於上海世界佛教居士林。不久，出任上海佛教學書局編輯，後兼任《佛學半月刊》主編，前後達十餘年。1937 年，上海淪陷，了翁以年邁家貧，無力逃難，仍居留上海。1941 年病逝，年六十九歲。著有《歇庵詩存》一卷，編有《梅里備志》八卷、《二袁尺牘》一卷。其他佛學文字未結集行世。余了翁曾主持《世界佛教居士林林刊》《佛學半月刊》，對近代上海佛教文化之傳播，甚有勞績。生平見于凌波《中國近現代佛教人物志》。

《佛學出版界》共出三編，分別刊於 1932 年、1933 年、1934 年。下分入門書、讀誦書、修持書、研究書、雜集書、善書六門，每編收録佛教書籍三十餘種，三編共一百餘種，多爲近人導學之書。此書前有叙言曰："問津三寶，必資書册，書册以目録爲門徑，顧目録僅有標題，未悉内容，苦難選擇。閲藏者雖有《指要》《知津》等書籍，而非初學之所急。本局有鑒於此，因將現在流通最契時機之作，分別用途，疏明撰述要旨，俾求書者得以按圖索驥，復節録原書中一章或二、三章，采林一枝，拾鶯片羽，爲讀全書之介紹，名曰《佛學出版界》。"

每書下有解題及摘録。如李證剛《西藏佛教史略》：

《西藏佛教史略》，臨川李翊灼述，一册，定價一角五分。本書載西藏佛教源流，文簡而事備。曾載《佛學叢報》，尚未單行。本局因爲翻印，俾世之關心藏教者，略見一斑。今録緒言爲導。

再如唐大圓《大乘百法明門論文學觀》：

《大乘百法明門論文學觀》，武岡唐大圓著，一册，定價一角五分。《百法明門論》爲佛學唯識之書。其文簡古樸素，讀者講者均以乾燥無味爲苦。今唐居士以文學的眼光觀察此論，認爲於古樸中具有文學的美術化。其羅列名相，綜合貫通，均非當世擅長文墨者所能辦。本此旨趣，演爲講義，證以經論，喻以近事。令讀者興趣橫生，洵爲佛學論著中之別開生面者，今録叙文。

由於此録所收多近人所著佛教入門之書，且每書皆有中肯之解題，故雖爲流通目録，實兼導學目録之性質。

10. 本局重印鼓山槧本書目

上海佛學書局編。發表於民國二十五年（1936）3 至 4 月《佛學半月刊》第 123—125 期。

鼓山涌泉寺經版，經觀本之整理，其價值漸爲外界所認識。1935 年，上海佛學書局派編輯何子培居士至鼓山涌泉寺，商洽流通事宜。點勘經版，簽訂合同，約定鼓山經籍由上海佛學書局向全國流通。此録即爲上海佛學書局流通鼓山版本之初期目録。此録共收經籍 60 餘部：華嚴部 6 種，阿含部 1 種，方等部 6 種，方等密部 3 種，般若部 3 種，法華涅槃部 2 種，律部 7 種，論部 3 種，禪宗 10 種，净土 11 種，語録 8 種。鼓山經版中，多爲鼓山歷代祖師之著作，外間流傳不多，其中如爲霖道霈《華嚴經論纂要》《禪海十珍》《聖箭堂述古》《護法正燈録》皆爲難得一見之書。

此録之著録方式爲，先著書名，次撰人，再卷册數，末定價。如：

《華嚴經疏論纂要》，清道霈纂，全四八册，定價三十二元。
《餐香録》，釋道霈著，全一册，定價大洋一元。

11. 本局重印鼓山涌泉寺佛經目録

上海佛學書局編。發表於民國二十五年（1936）5 至 6 月《佛學半月刊》第 126—128 期。

此録爲佛學書局流通鼓山經籍之第 2 期目録。録前載上海佛學書局鼓山印經處啓，曰："鼓山經板，自歸本局承印，瞬將一年，當時爲流通普遍起見，定價力求低廉。近自法幣通行，紙價上漲，以前所定價格，竟無伸縮餘地。而《萬善同歸集》《禪林道場贊本》等書，或漏紙費，或未列板税。而《佛學半月刊》所宣布價目，因之亦多錯誤。今特重估一過，以前《佛學半月刊》及福州佛學書局所印價目，有與此不同者，概以本目録爲准。"

本録收華嚴6種，阿含3種，方等9種，方等密部4種，般若6種，法華2種，律部10種，論部2種，法相2種，禪宗16種，浄土37種，語録9種，傳記1種，護教2種，山志2種，詩集2種，應用文1種，目録1種，纂集2種，圖像1種，懺法1種，焰口2種，科儀課誦4種，勸修起信4種，佛學入門1種，戒殺放生2種，格言1種，雜書3種，佛曲3種。共收經典139種。較第一期書目種類增加不少，如第1期中般若部僅三經，即《金剛經》《金剛經論》《心經請益説》，而第2期般若類增至六經，增加《金剛經演古》《金剛經川老注》《金剛經感應録》三種。正如録前啓事所言，經籍定價亦有提高，如第一期《金剛經》定價爲二角，而此期定價則漲爲二角五分。

12. 佛學書局圖書目録（第9期）

一册，上海佛學書局編，存。初發表於《佛學半月刊》，有佛學書局1937年刊本。

上海佛學書局爲我國近代規模最大的一所專門編輯、刻印、流通佛學典籍的出版機構。1929年由上海佛教居士王一亭、李經緯等發起創辦。初設局址於上海閘北寶山路，繼又遷至膠州路、愚園路。下設流通、出版、翻印、代辦四部，爲集編輯、印刷、流通於一體之佛教機構。佛學書局不僅是近代最大的佛教出版機構，而且從事各方面佛教弘化活動，如設立造像所，創設佛學文會，首倡無綫電廣播佛化節目，灌製佛化唱片，創立佛學研究函授社，創辦圖書館，出版和代辦發行佛學刊物，《海潮音》《微妙聲》《覺有情》等皆由其代爲流通。并參與出版發行《頻伽藏》《影印磧砂藏》及《宋藏遺珍》工作，對近代佛教文化事業之發展，貢獻甚偉。

佛學書局不僅出版鉛印、木刻佛經，而且代辦流通，故當時商務印書館、中華書局、北京三時學會、南京支那内學院、武昌佛學院以及揚州、常州、天津、福州等刻經處所刻印之佛典皆由上海佛學書局代辦發行、流通。

自 1930 年起，此局共刊出九期目録。此爲第 9 期目録，編於民國二十六年（1937）5 月，全録分經、律、論、各宗典籍、佛教通籍五門，下分細目（分類如圖表 52）。此録共收録佛學典籍和佛教通籍共 3 319 種，其中選自漢文大藏經者 2 024 種，佛學通籍 1 295 種。頗可見佛學書局刊印流通佛經之盛況。

圖表 52：《佛學書局圖書目録》（第 9 期）分類表

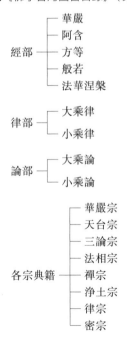

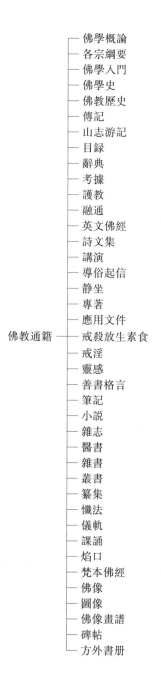

佛教通籍
- 佛學概論
- 各宗綱要
- 佛學入門
- 佛學史
- 佛教歷史
- 傳記
- 山志游記
- 目録
- 辭典
- 考據
- 護教
- 融通
- 英文佛經
- 詩文集
- 講演
- 導俗起信
- 静坐
- 專著
- 應用文件
- 戒殺放生素食
- 戒淫
- 靈感
- 善書格言
- 筆記
- 小説
- 雜志
- 醫書
- 雜書
- 叢書
- 纂集
- 懺法
- 儀軌
- 課誦
- 焰口
- 梵本佛經
- 佛像
- 圖像
- 佛像畫譜
- 碑帖
- 方外書册

　　此録之分類特點爲在三藏之外，另設各宗典籍與佛教通籍二類，實是傳統佛教書目分類與近代圖書分類之結合體。其佛教通籍之下分出四十類，詳盡而細密。然因分析太過，亦頗多可商之處。如將近人佛教史著作如蔣維喬《中國佛教史》等，入佛教史類；而將古人著作如志磐《佛祖統紀》，入佛教歷史類。二者從學理上說并無差別。再如傳記類中僅收僧人別傳，而將《高僧傳》等僧人類傳收入佛教歷史類。將《景祐錄略出》與《祥符錄略出》收入佛教歷史類，而不入目錄類，亦與實不符。

此錄之著錄方式爲每書著錄號數、書名、著譯者、册數與定價。如：

八一一六，《佛教研究法》，吕澂，一册，八角。

13. 大藏經第一期單行本目錄

一册，普慧大藏經刊行會校編，存。有民國三十三年（1944）鉛印本，上海圖書館有藏。

普慧大藏經刊行會1943年於上海成立。該會由盛幼盦出資，用其法名普慧命名。盛幼盦自任會長，上海佛教界名流及學者興慈、應慈、圓瑛、趙樸初、葉恭綽、夏丏尊、丁福保、黃幼希等任理事，持松、芝峰、黃幼希、許圓照、范古農、李圓淨等爲編纂。會址初設於静安寺，後遷法藏寺。該會編撰藏經之宗旨爲：彙集南傳、北傳諸經論，校正前代印本之漏誤，改訂歷代翻譯名義之異同，廣事搜集各藏以前之遺佚等。後僅印出50部100册。

此爲普慧大藏經第一期售書錄。前有《普慧大藏經刊行會啓事》："本會成立以來，已一周年。其工作：一爲翻譯南傳大藏經，以與北傳經籍匯合，俾如來一代時教，圓滿無缺故。一爲校勘各經本文字異同，以利學者研習故。一爲搜採各藏未載之重要典籍，以廣法藏故。已出版及將出版之經書，第一期共五十種。本會爲欲弘宣佛教，普利有情故，特加印單行本若干部，照成本一部份之價格流通，委托上海申報館代辦預約及發書事宜。"

全錄收經書50種，其中既有經疏如道霈《華嚴經論纂要》，又有著述如慧能《六祖壇經》，既有日人著作如基辨《法苑義林章師子吼鈔》，復有南傳巴利文阿含部經典。所選多爲藏外經典，即使爲藏内之典，其板本也爲當時所罕見，如《壇經》即爲敦煌本、興聖寺本、曹溪原本、宗寶本四本合一。

每種著作後皆有解題，詳記譯著者、版本及大藏經會所作校勘。如："《景德傳燈録》三册，宋道原禪師纂。此書向無精好校本，兹據鐵琴銅劍樓所藏宋本及趙城金藏本之《傳燈玉英集》，詳加校勘。并參宋磧砂藏本、元延祐本、明徑山藏本、清龍藏本匯其異同。可謂集《傳燈録》異本之大成。"

14. 民國增修大藏經會出版大藏經第一期單行本目録

民國增修大藏經會編。此録最早發表於 1946 年 3 月《覺有情》半月刊，後收入張曼濤主編《大藏經研究彙編》（上）。

民國增修大藏經會成立於 1945 年。普慧大藏經刊行會停辦後，即有虛雲、圓瑛等人，發起組織民國增修大藏經會，刊行《民國增修大藏經》。當時確定，《民國增修大藏經》"務求擴前代未有的宏規，擷近代精良的佳著"。爲此又規定了十大使命："第一要搜羅古佚的珍本，第二要增收發現的新本，第三要校勘各種的異本，第四要簡擇所校出的異同，第五要補正所勘出的訛闕，第六要編定校勘的記録，第七要兼採各本的校注，第八要參考有關的著述，第九要包含各藏的優點，第十要彌補各藏的缺陷。"本著這一宗旨，"此藏除間接地採入各藏的校正本之外，更直接地添了許多異本，可謂洋洋大觀了"。[1]

此録即爲增修大藏經會第一期售書目録，此録共計 51 種 87 册，僅比《大藏經第一期單行本目録》所載多出《華嚴教義章記》《如幻三摩地無量印法門經》《南朝寺考》三種。此録雖與《大藏經第一期單行本目録》差别不

---

[1] 圓晋《民國增修大藏經概述》，《現代佛教學術叢刊》第 10 册《大藏經研究彙編》（上），第 315—317 頁。

大，然可見當時增修大藏經會之情況，仍有其史料價值。

15. 廣州六榕寺佛教會經坊流通經目

一册，廣州佛教會編，國家圖書館有藏。

六榕寺爲廣州之著名寺廟，始建於劉宋時代，梁大同三年（537），沙門曇裕法師奉武帝命，自海外求得佛舍利至廣州，因病詔許留居此寺，遂改寺名爲寶莊嚴寺。宋端拱二年（989），改名淨慧寺。元符三年（1100），蘇軾（1037—1101）遇赦北歸，游覽此寺，見寺內六株古榕，遂書題"六榕"二字。明洪武六年（1373），淨慧寺的大半寺院改建爲"永豐穀倉"。清乾隆五年（1740）起，寺僧購得寺旁舊地，重興淨慧寺。同治十三年（1874），正式定名爲"六榕寺"。民國年間，鐵禪和尚任主持，寺廟一度重興，1946 年虛雲和尚曾駐錫於此。

據《廣州市志·社會志》載：廣東省佛教總會成立於民國元年（1912），會員有各宗派男女佛教徒 372 人，六榕寺住持釋鐵禪任會長。1946 年，該會改稱中國佛教會廣東省分會，虛雲任理事長。會址均在六榕寺。[1]

此録下分華嚴、方等、淨土、法相、般若、法華涅槃、阿含、秘密、大乘律、出家戒律、大乘論、小乘論、西土撰集、禪宗、天台宗、彙集、書本科儀、纂集、雜集、傳記、融通、護教、導俗、梵式卷帙、圖像 25 部，末附法器念珠。每部下分列經典，如方等部下列《大寶積經》《大寶積經論》《大方等大集經》《維摩詰所説經》《金光明最勝王經》等 162 種經典。再如禪宗下，列《景德傳燈録》《六祖法寶壇經》《萬善同歸集》《心賦注》《宗門武庫》《續指月録》等經典等 26 種。

每一經典列書名、撰譯人名、出版地點、卷數、本數、價目。如下：

---

1 廣州市宗教志編纂委員會編《廣州宗教志》，廣東人民出版社，1996 年，第 60 頁。

書　名	撰譯人名	出　版	卷數	本數	價　目
華嚴經合論	唐李通玄撰	金陵（馮按：即金陵刻經處）	八〇	三〇	十三元八毫
華嚴一乘教義分齊章	唐法藏撰	金陵	四	一	五毫半

這些經典來自金陵刻經處、毗陵刻經處、北京刻經處、中央印經院、商務印書館、支那内學院等不同出版機構。

書前有《廣東省佛教會經坊緣起》《廣東省佛教會經坊組織簡章》頗可見當時廣東佛教會經坊之組織形式。書後附《頻伽精舍大藏經讀法》，提點頻伽大藏各部之要義，也頗可參考。

16. 天清蒙藏經局書目

一册，北京天清蒙藏經局編，國家圖書館有藏。

録前有書局通啓，曰："本局溯自乾隆三十五年間，歷今二百餘載。所承辦各種蒙、藏、梵文顯密宗等經典以及紅、黃教諸佛喇嘛源流，并諸佛化身聖像無不俱備。向在中外各地流通，率皆崇仰。兹值文化普及時代，敝局曷敢潛没，特具俚言，敬候各界各流採納是幸。"

是録所載皆爲梵、蒙、藏經典，每經列價目。如《妙法蓮華經》下注：蒙文大板七元，小板二元，藏文三元。《大孔雀明王經》下注：蒙文大板二元，小板二元；藏文大板二元，小板一元五角。《金剛經》下注：蒙文四角，藏文三角，梵蒙藏文一元二角。

據《北京市志·出版志》所列開設年代待考之民國書店中有"天清經局"。[1]據本書前所載，此局"開設在北平地安門内嵩祝寺後身路北門牌三號"。妙舟《蒙藏佛教史》載：嵩祝寺"在地安門内三眼井東口外之東，爲章

1　張明義等編《北京志·新聞出版廣播電視卷》，第481頁。

嘉呼圖克圖焚修之所。寺爲明番經、漢經兩廠地……明永樂年間，以延致喇嘛，傳寫梵經，故有番經廠、漢經廠之名”。[1]可知此寺明代即爲刻漢、藏佛經之所。入清之後，由於爲章嘉活佛焚修之地，成爲京城内蒙藏佛教刊刻的重要場所。據寶山的研究，嵩祝寺爲“清代最大、最有影響的藏文、蒙古文木刻出版基地”。“藏文《甘珠爾》《丹珠爾》分别於 1683 年、1724 年在嵩祝寺木刻出版，而且蒙古文《甘珠爾》《丹珠爾》亦有可能在嵩祝寺木刻出版。”[2]由此可知，天清蒙藏書局的前身即是清代刊刻蒙藏佛教的重要場所嵩祝寺。

17. 香光莊嚴室校刻經目

一册，佚名編，存。有民國間鉛印本，國家圖書館有藏。

香光莊嚴室，不知爲何人室名。僅知此室曾於民國十一年刊刻清陸懋修《世補齋不謝方》，又曾於民國間刊行范當世《范伯子詩集》。

此録内題“香光莊嚴室校刻書目”，然查其内容，實爲一流通目録。不分類，著録佛教經籍 400 餘種。每種録經名、譯撰人名、卷數、本數、印價，後附識語，隱括經書大義。如：“《大方廣佛華嚴經綱要》，唐實叉難陀譯，明德清輯，八十一卷，卅二本，九元八角。提挈清涼國師疏鈔，間附補義，提綱挈要，實憨山大師最後之作也。”因此録爲校刻書目，故多注刻印之版本。如：“《般若波羅蜜多心經》，唐智慧輪譯，一卷。與般若譯本略同，出敦煌石室。”此録又録佛學叢書多種，如宋遵式撰、徐文霨輯《慈雲大師遺集》，唐空海撰、徐文霨輯《弘法大師著述輯要》《阿含十二經匯刻》等。

1　妙舟《蒙藏佛教史》，江蘇廣陵古籍刻印社，1993 年，第七篇“寺院”，第 62—63 頁。
2　寶山《清代蒙古文出版史研究：以蒙古文木刻出版爲中心》，内蒙古教育出版社，2007 年，第 165—167 頁。

未見諸録

1. 鼓山永通齋流通法寶畫一經目

釋道霈撰，未見。

道霈（1615—1702），明末清初曹洞宗僧。字爲霖，號旅泊、非家叟。福建建安（今福建建甌）人，俗姓丁。十四歲入白雲寺，翌年落髮，誦習諸經。後又依永覺元賢住鼓山，隨侍四年。後至杭州，遍歷講肆，凡五年，乃熟諳諸經要旨。其後，歸閩省親，并於百丈山結茅居住。父歿後，度母出家，共修浄業五年。順治七年（1650），母喪，乃往鼓山訪元賢。十年，入建寧廣福庵，掩關三年。十四年十月，元賢示寂。翌年，師繼住鼓山，歷十餘年。康熙十年（1671），退席鼓山，游歷諸方。後止住東和寶福寺。又於康熙二十三年四月住鼓山。四十一年示寂，享年八十八。師之著作甚多，舉其要者：《華嚴疏論纂要》《禪海十珍》《法華經文句纂要》《秉拂語録》《餐香録》《還山録》《旅泊庵稿》《聖箭堂述古》《鼓山録》等。生平見《還山録》卷四《旅泊幻迹》、《五燈全書》卷六十三、《新續高僧傳》卷六十三。

虛雲法師《鼓山涌泉禪寺經板目録序》曰："昔爲霖霈祖於清康熙年間，嘗有《鼓山永通齋流通法寶畫一經目》刊行於世。迄今逾二百年，幣價相懸，奚翅天淵，各籍價目，尚待改訂，故缺而不録。"[1]此目既云"流通"，而虛雲又提及"價目"，可知其爲流通目録無疑。

關於此録，筆者曾詢於福建省佛協副秘書長周書榮先生，據周先生言，曾於鼓山涌泉寺藏經樓見過此録，爲一短小册子。後即不知所終。

1　虛雲《鼓山涌泉禪寺經板目録序》，《佛學半月刊》1936 年第 118 期。

2. 佛學書局圖書目録

一册，上海佛學書局編，未見。

《民國時期總書目·宗教》載："《佛學書局圖書目録》，佛學書局編。上海，編者刊，1930 年 1 月出版，121 頁，32 開。分佛學書籍、佛學雜志、佛學圖畫、國學書籍、藝術類書籍等。部分書籍有简要介紹。"[1]此爲上海佛學書局最早之營業書目。

3. 佛學書局圖書目録（第 2 期）

一册，佛學書局編，未見。

此爲佛學書局發行第二期流通目録。《民國時期總書目·宗教》載："《佛學書局圖書目録》（第 2 期），佛學書局編。上海，編者刊，1930 年 5 月出版，160 頁，32 開，分類同上期。"

4. 佛學書局圖書目録（第 6 期）

一册，佛學書局編，未見。

據《民國時期總書目·宗教》載："《佛學書局圖書目録》（第 6 期），佛學書局編。上海，編者刊，1933 年 5 月出版，134 頁，25 開。"

5. 佛學書局圖書目録（第 8 期）

一册，佛學書局編，未見。

《民國時期總書目·宗教》載："《佛學書局圖書目録》（第 8 期），佛學書局編。上海，編者刊，1935 年 1 月初版，70 頁，25 開。分華嚴部、律部

---

1 北京圖書館編《民國時期總書目·宗教》，書目文獻出版社，1994 年，第 15 頁。

等48類，部分書有簡要介紹。"

　　以上數書，據《民國時期總書目録》著録，皆藏於上海圖書館，然筆者於上海圖書館調查時，皆未能見到。

　　　　　　　　　　　　　　　　以上合現存、未見共二十二種

宗派目録第七

　　鳩摩羅什之後，中土經籍稍備，僧侶於譯經之餘，漸從事於講論，各依所學，闡揚宗旨。漸成分道揚鑣之勢，演爲門户自闢之局。慧遠開净土先聲於盧山，智者衍台宗之脉於陳隋，吉藏廣三論之學於會稽。及至有唐，諸宗并弘，玄奘、窺基弘演法相大道；法藏、澄觀舉揚華嚴義旨。道宣弘律宗於南山，慧能受心印於黄梅。另有三大士者，授密教於開、天之際。一時宗派如雲蒸霞蔚，杲日麗天。天台一宗，向重經典，集本宗之典，或曰教典，或曰教文，獨立於大藏之外，傳承於宗派之中。天聖元年，天台教文敕准入藏，遵式作《教藏隨函目録》，爲宗派目録之鼻祖。

　　降及近代，各刻經處之流通目録，中土著述類皆依宗派分類，亦爲宗派目録之變體。若言體例純粹，專收一宗之經籍者，則有李一超《日本所傳之真言宗經軌書目提要》、釋南亭《華嚴宗著述彙目》、梅光羲《净土宗要典目録》等。而滬上陳信行，以一人之力撰《獨盦佛教經籍目録叢書》，遍及諸宗，然未寓目，不知其何如也。此類專宗目録，雖不免門户較窄，然專討一宗者，獲之不啻得一梯航，其爲用之大固不待言。

　　今通考存佚，得十四種，列宗派目録第七。

現 存 諸 録

1. 日本所傳之真言宗經軌書目提要

李一超撰，發表於 1932 年 3 月《海潮音》第 13 卷第 3 期。

李一超，生平不詳，曾在《海潮音》發表《香海法緣記》（1930）、《密宗平議》（1934）、《人間佛教之道德基礎》（1934）等文。録前李氏自言撰作緣起曰："日本真言宗大僧都富田敦純著《秘密辭林》一書，舉從來視爲秘密之真言教義，一一明以解釋。復經大僧正權田雷斧校訂，學者稱便。明治四十四年，加持世界社刊於東京。……余從友人借讀，以其於彼土密教經軌，鑒別頗精，且可窺見吾國唐代密宗典籍流入彼土之迹，爰輯譯如次，公諸海内研究真言宗者之參考。"《秘密辭林》爲日本富田敦純所編真言宗術語辭典，而李氏之録即爲輯譯《秘密辭林》條目而成。

此録收真言宗經軌共 250 餘種，可稱大觀。每經著録經名、卷數、紙數，下有解題。如：

> 《阿吒婆拘鬼神大將上佛陀羅尼經》，此經有二本，一略稱《阿吒婆拘咒經》，梁失譯名，常曉智證請來，存於録外。一略稱《阿吒婆拘陀羅尼經》一卷六紙，梁失譯名，亦常曉智證請來，而著於録内，恐是同本。

又如：

> 《玄法寺儀軌》二卷十四紙。玄法寺法全集。慈覺請來。具云《大毗盧遮那成佛神變加持經蓮華胎藏悲生曼荼羅廣大成就儀軌》，略稱《玄軌》。與《青龍寺儀軌》，同就著者所在地名而名之。其内容與《青龍寺

儀軌》無大差異，但稍簡略耳。

2. 華嚴宗著述彙目

釋南亭撰，發表於 1933 年 2 月《海潮音》第 14 卷第 2 期。

南亭（1900—1982），江蘇泰縣（今屬泰州）人，俗姓吉。出家後法名曇光、字南亭，晚年號雲水散人。十歲出家，師事文心、智光。二十一歲赴焦山定慧寺，從德峻和尚受具足戒，又往常州天寧寺參禪。二十五歲赴安慶，依止常惺法師。二十八歲至上海華嚴學會，從應慈法師攝受《法華》《楞嚴》《華嚴懸談》諸經論。1931 年於泰州光孝寺創設佛學研究社。抗戰軍興，南亭募集軍用物資，支援游擊隊，并創辦僧眾救護訓練班。1949 年赴台，曾任台灣中國佛教會秘書長。1951 年，創建華嚴蓮社。又曾與星雲、悟一共創智光高級商工職校。1975 年，創立華嚴專宗學院。1982 年示寂，世壽八十三。著作有《心經講義》《阿彌陀經講話》《妙慧童女經講話》《十善業道經講話》《佛說字經抄講話》《永嘉大師證道歌講話》《仁王護國經解》《釋教三字經講話》等。生平見于凌波《中國近現代佛教人物志》。

此録作於 1933 年，其時南亭正在上海華嚴學會，從應慈法師學習華嚴。南亭自言其撰作之經過云：

> 迨至清末月霞法師，宏法江表，頗以興復華嚴為己任。紹其志者，為應慈法師，前昨兩年，尤宏華嚴兼倡禪宗於滬、常一帶。然終以華嚴教義幽深廣博，卷冊繁多，研究者，每苦難窮其底蘊；宏揚者，亦多感力量不充。加以時代潮流之激蕩，一般研究佛學者多趨重於唯識；要求精神速得安慰與愉快之修行者，又多側重净土。華嚴受此二者之打擊，以致擔負無人，宏揚莫屬。南亭不敏，於華嚴教義，曾稍涉獵，雖根器魯鈍，智慧微薄，於華嚴法海，一滴未嘗；然於華嚴之信仰，頗具熱誠，

所以事務之餘，間閱經藏，凡關於華嚴宗之著述，莫不注意及之。惟以材力維艱，因緣不足，大似滿地礦產，無力墾植，熱腸徒具耳！茲特將華嚴宗歷祖著述之名目，略事搜羅，彙録於左，用以介紹於讀者諸君。

此録共收羅自後魏靈辨《華嚴經論》至清代佚名《華嚴經海印道場懺儀》等關於華嚴宗之著述 110 餘種，以圖表形式列出。每種書著録書名、卷數、時代及著者。此録收録極廣，確爲華嚴宗經典之集大成者。

3. 净土宗要典目録

梅光羲撰，發表於 1936 年《日華佛教研究會年報》。

梅光羲（1878—1947），字擷芸，江西南昌人。幼年受傳統教育，十九歲中舉人。二十三歲以道員候補湖北，爲湖廣總督張之洞賞識。二十八歲被張之洞派往日本，入陸軍振武學堂，又入日本早稻田大學學習政治經濟。三十歲返國，任湖北提法司使，後入張之洞幕，助張氏推行新政。辛亥革命後，先後任職於教育、司法、交通各部。三十八歲，任山東省高等監察廳廳長。抗戰期間，居重慶，任職於司法院。1947 年病逝於重慶，年七十歲。生平見梅光羲《六十四自述》（載《佛學研究》1997 年）。

梅氏青年時期，即由江西桂柏華引薦，從楊仁山先生學《大乘起信論》及華嚴、净土諸宗宗義，於法相唯識學用功最深。在廣東、山東、重慶任職期間，常講法相唯識之學。又曾與徐蔚如諸人於北京設立佛經流通處，於佛教文化建設卓有貢獻。著有《相宗綱要》《大乘相宗十勝論》《法苑義林章唯識注》《高僧節要》等書；撰有《佛藏略考》《佛典略説》等論文。

此録分上下兩卷，上卷爲中國著述（譯經附），下卷爲日本著述。上下卷皆依時代分列重要净土經典。中國著述分魏晉時代、隋唐時代、宋朝時代、元明時代、清朝時代。每個時代都包括譯經、注疏及單篇之詩文。如"宋朝時代"既有法賢所譯《佛説大乘無量壽莊嚴經》、施護譯《如幻三摩地無量印法門經》、法天譯《佛説大乘聖無量壽決定光明王如來陀羅尼經》等翻譯經典；也有元照的《觀無量壽佛經義疏》《阿彌陀經義疏》、戒度《觀無量壽經正觀記》《阿彌陀經義疏聞持記》等注疏作品；復有元照《十六觀頌二十四首》、清照《化導念佛頌三首》、遵式《念佛三昧詩并序》、擇英《往生淨土十願文》、宗曉《樂邦文類》這樣的詩文單篇或文集。

每篇文獻皆注明版本或出處，如吉藏《無量壽經義疏》《觀無量壽經義疏》後注"大正 37"，即《大正藏》第 37 册。慧遠《念佛三昧詩序》、謝靈運《淨土詩》則注明出自宗曉《樂邦文類》；支遁《阿彌陀佛像讚》、謝靈運《和從弟惠連無量壽頌》則注明出自《釋文紀》；元果滿《廬山復教集》則注明爲影印本，性澄《阿彌陀經句解》、王子成《禮念彌陀道場懺法》則注明出自《續藏經》，清悟開《十六觀古道情》則注明爲龍谷大學寫本。

亡 佚 諸 録

1. 教藏隨函目録

卷數未詳，宋釋遵式撰，佚。

遵式（964—1032），台州寧海（今浙江寧海）人，俗姓葉，字知白。初投天台義全出家，十八歲落髮，二十歲於禪林受具足戒，翌年復就守初習律。嘗於普賢像前燃一指，誓傳天台教法。雍熙元年（984），從寶雲寺義通修學天台宗典籍，盡其奧秘，與同門法智知禮同爲天台宗山家派之中心人物。二十八歲，入寶雲寺宣講《法華》《維摩》《涅槃》《金光明》等經，并集僧俗專修淨土，有關淨土念佛懺儀之著作極多。其後，於蘇、杭等地多次講經修懺，學者沛然向慕。天禧四年（1020），應王欽若之請，復興天竺寺，懺講不絶，從學者常逾千人。真宗乾興元年（1022），敕賜"慈雲"之號。仁宗明道元年示寂，世壽六十九。師與士林頗多交游，楊億、章得象、王欽若與法師皆有交往。

遵式長於文翰，有《采遺》《靈苑》二詩集，又有《金園集》《天竺別集》等。師以懺法聞名於世，計有《大彌陀懺儀》《小彌陀懺儀》《往生净土懺願儀》《金光明三昧儀》等，因著述懺儀甚多，世稱"百本懺主"，又稱"慈雲懺主""天竺懺主"。哲宗、高宗時，復分別追贈"法寶大師""懺主禪慧法師"之號。生平見契嵩《杭州武林天竺寺故大法師慈雲式公行業曲記》（《鐔津集》）、《佛祖統紀》卷十本傳、《四明尊者教行録》卷一等。

據方廣錩先生研究，天台宗之教典於隋唐之際，即作爲獨立之文獻群流行於大藏經之外，并漸次形成所謂"教典""教文"或"台宗典籍"。此一文獻群初由灌頂大師結集，後唐、宋二代又有亡佚與增補。[1]天台教典由於遵式之努力，於宋仁宗天聖年間詔編入大藏。據《佛祖統紀》載："乾興元年，章懿太后（仁宗母華氏，錢塘人，其父仁德）以師熏修精進，遣使齎白金百兩，命於山中爲國行懺。師爲著《金光明護國道場儀》上之。因奏天台教文，乞入大藏，事未行而公（文穆）薨。天聖元年（仁宗）内臣楊懷古降香入山，敬師道德，復爲奏之。明年，始得旨入藏。賜白金百兩，飯千僧以爲慶。師乃撰《教藏隨函目録》，略述諸部文義。"[2]由此可知，遵式曾兩次上奏，請以天台教文入藏，至仁宗天聖二年（1024），天台教文得以入藏。約在此年前後，遵式撰成《教藏隨函目録》。

關於此録之内容，據上引遵式本傳，知此録"略述諸部文義"，爲有解題之目録。另《佛祖統紀》卷二十五《山家教典志》載天聖二年入藏之教典，有南嶽慧思、天台智者之著作29種76卷，或即遵式《教藏隨函目録》所收之經典。《山家教典志》另引《教藏隨函目録》曰："慈雲《隨函目録》云：

1　方廣錩《中國寫本大藏經研究》，第346—348頁。
2　志磐撰，釋道法點校《佛祖統紀校注》卷十，第269頁。

《法華玄義》者，唯解首題，統明五時，廣辯八教，出世大意，蘊在其中。《文句》者，以疏句分節經文。荆溪云：以由釋題，大義委悉。故至經文，粗分章段。隨部各有荆溪之記，猶五經之有正義也。《止觀》者，定慧之異名，法華之行門也。前《玄義》《文句》，皆明佛世當機得益之事，縱有托事附法觀心之文，非部正意。今《止觀》正是智者説己心中所行法道。"[1] 此或即遵式《教藏隨函目録》中對智者大師《法華玄義》《法華文句》及《摩訶止觀》之解題。

未　見　諸　録

1. 凈土宗目録

一册，陳信行撰，未見。

陳信行有《藏餘目録》，已著録。陳氏曾編輯"獨盦佛教經籍目録叢書"十五種，其目録載於《藏餘目録》卷前。《獨盦佛教經籍目録叢書目録》著録："《凈土宗目録》一册，已出。"陳氏之書爲自編自印，既言"已出"，當已印行，惟不見傳本。

2. 禪宗目録

一册，陳信行撰，未見。

陳氏《藏餘目録》卷前《獨盦佛教經籍目録叢書目録》著録："《禪宗目録》一册，已出。"

3. 小乘經部及俱舍宗目録

一册，陳信行撰，未見。

1　志磐撰，釋道法點校《佛祖統紀校注》卷二十六，第510頁。

《獨盦佛教經籍目録叢書目録》著録。台灣香光尼衆圖書館所編《四阿含研究書目》著録："陳信行《阿含部及俱舍宗成實宗目録》，編者刊，1957。"當即指此書。

4. 法相宗目録

一册，陳信行撰，未見。見陳氏《獨盦佛教經籍目録叢書目録》。

5. 法華涅槃部及天台宗目録

一册，陳信行撰，未見。《獨盦佛教經籍目録叢書目録》著録："《法華涅槃部及天台宗目録》一册，即出。"可知《藏餘目録》刊印之時，此録尚未刊行。

6. 華嚴部宗目録

一册，陳信行撰。《獨盦佛教經籍目録叢書目録》著録。

7. 本緣及方等部目録

一册，陳信行撰，未見。《獨盦佛教經籍目録叢書目録》載："《本緣及方等部目録》一册，即出。"

8. 般若部及三論宗目録

一册，陳信行撰，未見。《獨盦佛教經籍目録叢書目録》載："《般若部及三論宗目録》一册，已出。"

9. 密部宗目録

一册，陳信行撰，未見。《獨盦佛教經籍目録叢書目録》著録。

10. 律部宗目録

一册，陳信行撰，未見。《獨盦佛教經籍目録叢書目録》著録。

以上現存、亡佚、未見共十四種

綜合目録第八

晋世以降，譯場漸立，傳譯之經典日積；講説稍興，中土之撰述大暢。經典積，則分類之道必有講求；撰述暢，則體制之判實須研討。至道安崛起，綜理衆經，品譯才、標崴月、記失譯，辨真疑，啓綜合佛教目録之先鞭。自兹以還，代有撰作。《出三藏記集》譯人與譯事同録，總經序，則旁通於解題；序列傳，則有資於考證。《歷代三寶紀》帝年與代録并載，入藏別，則經典之奥義可鑒；總目列，則全書之弘綱得詳。道宣之紀《内典》，標舉十録；智昇之撰《釋教》，開列總別。并皆核群經至千數，納衆體於一録。體制之創立，道宣發其端；經典之考證，智昇收其功。皆深心細研，有功於釋氏者。其後，圓照續録於貞元，恒安增集於保大，并皆追源於道安，取法於智昇，雖創意恨少，然增集有功。故列綜合目録第八。

今通考存佚，得十一種，列之於次。

現 存 諸 録

1. 出三藏記集

十五卷，梁僧祐撰，存。收入麗藏、金藏"楹""肆"兩函，宋崇寧、思溪，元普寧藏"肆""筵"兩函，明南藏"迹""百"函，明北藏"户""卦"函，頻伽藏"結"帙，大正藏第55冊。有蘇晋仁、蕭鍊子點校本（中華書局1995年版）。中國國家圖書館藏有寫本殘卷，編號爲 BD16579。具體情況參廉皓晨《國家圖書館藏唐寫本〈出三藏集録〉殘卷考覆》（未刊稿）。

　　僧祐（445—518），俗姓俞氏，原籍彭城下邳（今江蘇邳州），父世移居建業（今江蘇南京）。幼年即於建初寺出家，十四歲，師事定林寺法達。受具足戒後，師從律學名匠法穎，又師從法獻學習薩婆多部之《十誦律》，終成一代律學名家。僧祐以律學名家，其禪學也淵源有自。其師法達，曾受學於曇摩蜜多，蜜多曾以"大禪師"而知名於世。[1]僧祐於齊梁兩代，備受推崇，晚年病足，武帝特許乘輿入内殿，足見地位之尊。又精於修造，當時造像建寺，多有顧問。除禪、律之學外，僧祐於佛教文史之學用力尤勤，著作甚豐。僧祐著述在其《法集總目録序》中記之甚詳：

　　　　顯明覺應，故序釋迦之譜；區辨六趣，故述世界之記；訂正經譯，故編三藏之録；尊崇律本，故銓師資之傳；彌綸福源，故撰法苑之篇；護持正法，故集弘明之論。且少受律學，刻意毗尼……爲律記十卷，并雜碑記撰爲一帙。總其所集，凡有八部。[2]

由此可知，祐之著述共八部：《釋迦譜》《世界記》《出三藏記集》《薩婆多部師資記》《法苑雜緣原始記》《弘明記》《十誦律義記》及《法集雜記銘》。道宣《大唐内典録》除此八部外，尚録有《衆僧行儀》《集諸寺碑文》及《集諸僧名行記》三部著作，然不知何本。[3]

　　《出三藏記集》之成書時間及撰作經過，據蘇晋仁先生之考證：此書原爲十卷，撰成於齊代，入梁之後，不斷增益。據本書之記載，有天監十四（515）、十六年之事件，僧祐卒於天監十七年，可知此書直至僧祐晚年，皆

1　馮國棟《劉勰虛静説與佛家禪學》，《佛教文獻與佛教文學》，第278—279頁。
2　僧祐撰，蘇晋仁、蕭鍊子點校《出三藏記集》卷十二，第457—458頁。
3　道宣《大唐内典録》卷十，《大正藏》第55册，第331頁。

在不斷修訂補充之中。僧紹天監十四年作《華林佛殿衆經目録》曾參僧祐之録，故蘇晉仁先生言："由此可證天監十四年以前，本書已行世。後又有所增加，故有天監十六年之作品在内，直至次年僧祐去世以前，皆在不斷增補之中。古人著述之謹慎精到，孜孜不倦，於此可見。"[1]

僧祐《出三藏記集序》曾言此書之内容："一撰緣記，二銓名録，三總經序，四述列傳。緣記撰，則原始之本克昭；名録銓，則年代之目不墜；經序總，則勝集之時足徵；列傳述，則伊人之風可見。"[2]此書由四部分組成：卷一爲撰緣記，依據佛典所載，記録佛陀圓寂後，弟子結集法藏之事；梵、漢文字之起源與差異以及同一梵語新舊譯語的不同。卷二至卷五爲銓名録部分，主要依據道安《綜理衆經目録》及當時經藏對佛典進行分類與記録。卷六至卷十一爲總經序部分，輯録翻譯經典的題記、序言、後記110篇。卷十二爲雜録，主要記録陸澄《法論》、蕭子良《法集》及僧祐自己所撰著作之目録。卷十三至卷十五爲述列傳部分，共收録譯經求法高僧49人。從以上所舉之内容可知，其實《出三藏記集》并非一單純之譯經目録，而是關於經典傳譯諸種文獻之集録，故僧祐名之爲"集"，而非"録"。可見在僧祐眼中，《出三藏記集》與《弘明集》一樣是文獻結集，而非一種佛教目録。後世録家將《出三藏記集》當作佛教目録也許并不符合僧祐原意。而隋代法經批評《出三藏記集》："小大雷同，三藏雜糅。抄集參正，傳記亂經。"[3]然而如果吾人能尋繹僧祐將其書命爲"集"而非"録"的因由，可知其作此書本非純作一經籍之記録，則法經之批評可爲無的放矢，苛責古人了。

此書銓名録部分將經典分爲十一類，即新集撰出經律論録、新集條解異出經録、新集安公古異經録、新集安公失譯經録、新集安公涼土異經録、新

1　蘇晉仁《〈出三藏記集〉序言》，《出三藏記集》，第9—11頁。

2　僧祐撰，蘇晉仁、蕭鍊子點校《出三藏記集》卷一，第2頁。

3　法經《衆經目録》卷七，《大正藏》第55册，第148—149頁。

集安公關中異經錄、新集續撰失譯雜經錄、新集抄經錄、新集安公疑經錄、新集疑經偽撰雜經錄、新集安公注經及雜經志錄。此部分主要繼承於道安所撰《綜理衆經目錄》。據僧祐每類小序可知：新集撰出經律論錄、新集安公古異經錄、新集安公失譯經錄、新集安公涼土異經錄、新集安公關中異經錄、新集安公疑經錄、新集安公注經及雜經志錄，此七類爲《綜理衆經目錄》原有，僧祐在《道安錄》基礎上增補修訂而成。而新集條解異出經錄、新集續撰失譯雜經錄、新集抄經錄、新集疑經偽撰雜經錄，此四類爲僧祐新增。其中異出經錄即同本異譯之經，失譯雜經爲僧祐自己搜集的失譯經典（具體情形見圖表53）。

圖表53：《出三藏記集》結構圖

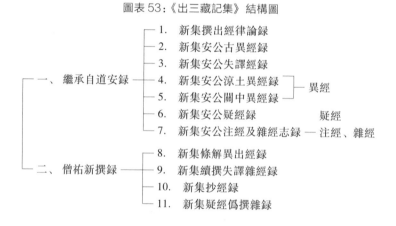

僧祐雖然在體例上對道安錄多所繼承，然對道安錄每一類皆有修訂補充。以卷二"新集撰出經律論錄"爲例，道安錄止於晉代法炬之譯經，衛士度之後，皆爲僧祐所補。而衛士度之前，僧祐也補張騫、秦景、竺朔佛、維祇難、竺將炎、白延、帛法祖七人之譯經。[1]僧祐不僅補充譯經之人，且對於道安錄原有譯人之譯經也時有補訂。如竺法護譯經爲道安錄所有，僧祐則在此基礎上補入四部道安失收之譯經，其文云："晉武帝時，沙門竺法護到西域，得胡

1　僧祐《出三藏記集》卷二："總前出經，自安世高以下，至法立以上，凡十七家，並安公錄所載。其張騫、秦景、竺朔佛、維祇難、竺將炎、白延、帛法祖凡七人，是祐校衆錄新獲所附入。自衛士度以後，皆祐所新撰。"（第44—45頁）

本還。自太始中至懷帝永嘉二年已前所譯出。祐捃摭群録，遇護公所出更得四部。安録先闕，今條入録中。"[1]

除對安録原有類目進行補訂之外，僧祐自撰有四個類目，其中"新集條解異出經録""新集續撰失譯雜經録"，僧祐用力甚深。在"新集條解異出經録"中對《般泥洹經》《法華經》《首楞嚴經》等 42 部經同本異譯的情況進行詳細著録與辨析。而"新集續撰失譯雜經録"收録失譯經 1 306 部，對當時所存 846 部進行了詳細的勘辨，指出此類失譯經典多出自四《阿含》、《六度集經》、《賢愚經》、《生經》等經典。對一千餘部失譯經的勘辨和同本異譯經典的勘同，是僧祐"銓名録"一部最爲重要的貢獻。

僧祐修撰經録，態度極爲審慎。在"新集續撰失譯經録"序言中，僧祐曾自言校理群經的方法乃是"總集衆經，遍閱群録"，也即首先總集衆經，親自目驗；其次遍閱群録，採前人之記録。此一原則，在書中多有體現。如在"新集安公古異經録"首經《道地經中要語章》下注："今有此經。自此以下，不稱有者，並闕本。"在《梵志頗波羅延問尊種經》《魔王入目犍蘭腹經》《河中大聚沫經》《聞城譬經》《自守亦不自守經》等下，皆注："今有此經。"[2]可以見出，對於道安所録經典，僧祐皆目驗之後，加以記録，非直接襲用，其態度嚴謹可知。再如"新集續撰失譯雜經録"，前 846 部，僧祐言："右八百四十六部，凡八百九十五卷，新集所得。今並有其本，悉在經藏。"此即是"總集衆經"所得成果。而後 460 部，則曰："右合四百六十部，凡六百七十五卷，詳校群録，名數已定，並未見其本，今闕此經。"[3]此則"遍校群録"之所得。因僧祐著録經典，多親見其經，未曾目驗者也予注明，態度審慎，故其著録可信。不同於費長房、道宣多據前人經録抄撰，未能目驗

---

1 僧祐撰，蘇晉仁、蕭鍊子點校《出三藏記集》卷二，第 43 頁。

2 僧祐撰，蘇晉仁、蕭鍊子點校《出三藏記集》卷三，第 92、94、95 頁。

3 僧祐撰，蘇晉仁、蕭鍊子點校《出三藏記集》卷四，第 180、211 頁。

其書。

僧祐著録的審慎，還表現在疑僞經的著録上。一般而言，道安録原有的類目，僧祐并不新撰，而是在道安原目基礎上，秉"述而不作"之態度補充修訂而成，而在疑僞經這個類目上，僧祐則設有兩個條目：一爲"新集安公疑經録"，二爲"新集疑經僞撰雜録"。爲何僧祐要新增類目，而不在道安舊疑僞經録基礎上加以修訂呢？前人認爲是僧祐"没有很好地將《安録》原有的録目，與他新編的統一起來"而造成一類二目的情況。[1] 筆者認爲，這并非僧祐未能將道安録與自己新撰統合，而恰恰表現了僧祐的審慎。也即明確告訴讀者："新集安公疑經録"所收 26 部爲安公所勘定的"疑經"，而"新集疑經僞撰雜録"中所收 20 部"疑經僞撰"則爲自己所勘定，自己對此 20 部經的勘辨真僞負有責任。而且從題名也可看出，道安所用爲"疑經"，即僅表存疑；而僧祐所用爲"疑經僞撰"，即其中有存疑者（前 12 部），也有明確爲僞撰者（後 8 部）。

綜上所述，僧祐所撰《出三藏記集》并非一單純經典目録，而是涵括了佛教經典結集、梵漢語言差異、新舊譯語不同，譯述經典分類、著録，翻經序、記、題跋集録，譯人生平事業記述等不同内容的文獻"集"録，其性質近於佛教經典結集傳譯之類書。"銓名録"一部，則更近於後世之經録。此部在道安録基礎上，僧祐"總集衆經，遍閱群録"，手勘目驗，不僅對道安原有類目進行增修補訂，而且廣收新經，創立類目。其中同本異譯的"異出録"，抄撰經籍的"抄經録"，皆爲僧祐首創。對於疑僞經典，僧祐在道安"疑經"基礎上，增入"僞撰"一目，將有懷疑之經典與確定爲僞作之經典分開，使"疑經""僞經"各有所屬，"疑僞"遂成爲佛教目録中重要的一目。

---

1 陳士強《佛典精解》，第 27 頁。

2. 歷代三寶紀

十五卷，原名《開皇三寶録》《三寶録》，隋翻經學士費長房撰。收入麗藏、金藏"筵""設"函，宋崇寧、思溪藏"設""席"函，明南藏"主""雲"函，北藏"營""桓"函，清藏"伊"函，大正藏第49册。

費長房，生平見於《續高僧傳·達摩笈多傳》所附，其文曰：

> 時有翻經學士成都費長房，本預緇衣，周朝從廢，因俗博通，妙精玄理。開皇之譯，即預搜揚，敕召入京，從例修緝。以列代經録，散落難收；佛法肇興，年載蕪没，乃撰《三寶録》一十五卷。[1]

從此僅知其爲成都人，原曾出家，北周武帝滅佛而還俗。隋開皇初年，敕召入京，爲翻經學士。據陳志遠先生之研究，費長房另有一名曰費節。[2]

又據《歷代三寶紀》之記載，費長房曾爲那連提耶舍、闍那崛多譯場之筆受。開皇四年至五年間，助那連提耶舍譯經，爲《大方等日藏經》《力莊嚴三昧經》二經之筆受。[3]開皇七年之後，又助闍那崛多譯經。七年爲《佛本行集經》筆受，十一年爲《善思童子經》《移識經》二經筆受，十五年，又爲《觀察諸法行經》及《商主天子問經》之筆受。[4]

費長房在《開皇三寶録總目序》中自言此書之内容曰："位而分之，爲十五軸：一卷總目，兩卷入藏，三卷帝年，九卷代録。代録編，鑒經翻譯之少多；帝年張，知佛在世之遐邇；入藏别，識教小大之淺深。"[5]此書主要内容

---

1 道宣撰，郭紹林點校《續高僧傳》卷二，第47頁。

2 陳志遠《〈歷代三寶紀〉三題》，《文獻》2016年第5期，第127—129頁。

3 費長房《歷代三寶紀》卷十二，《大正藏》第49册，第102頁。

4 費長房《歷代三寶紀》卷十二，《大正藏》第49册，第103—104頁。

5 費長房《歷代三寶紀》卷十五，《大正藏》第49册，第120—121頁。

有三：一爲帝年，二爲代録，三爲入藏録。另於書末附有《上開皇三寶録表》
《開皇三寶録總目序》及全書之目録。長房之書或名《開皇三寶録》，或名
《歷代三寶紀》，從其題名來看，皆有"三寶"之字樣，説明其撰此書并非僅
著眼於佛教經典，而是對佛、法、僧三寶皆有記述。[1]

　　帝年部分以編年體形式，記録每年的政治事件與佛教大事，卷一爲周秦，
卷二爲前漢、新朝與後漢，卷三爲魏、晉、宋、齊、梁、周、隋七代。其文
先列甲子，次列年號，下注政事與佛教事件，如：

　　　　辛丑，開皇元（年）
　　　　春，奉璽禪隋。冬，沙門智周等齎婆羅門經論二百六十部，應運來
　　　至，敕旨付司，訪人令翻譯。[2]

　　代録部分共九卷，卷四爲後漢録，卷五爲魏吴録，卷六爲西晉録，卷七
爲東晉録，卷八爲二秦録，卷九爲乞伏西秦、沮渠北涼、元魏、高齊、陳氏
數代之譯經，卷十爲宋録，卷十一爲齊、梁、周之譯經，卷十二爲大隋録。
每一録由小序、譯人姓氏及所譯經典組成。如劉宋代録之小序：

　　　　宋世録者，劉裕，字德輿，彭城都鄉人。初生之辰，神光照室，長
　　　七尺六寸，受東晉禪，稱宋，仍都建康。……自是宋朝釋教隆盛，名僧
　　　智士欝若稻麻，寶刹金輪森如竹葦。相承八主五十九年，其諸譯人華戎
　　　道俗二十有三。合出修多羅、毗尼戒本、羯磨、優波提舍、阿毗曇論、
　　　傳録等，凡二百一十部四百九十卷，結爲宋代建康録云。[3]

---

　　1 以"三寶"爲名之書，南北朝時期頗爲流行，如蕭子良撰有《三寶記》（又名《佛史法傳僧録》）
十卷，釋淨藹撰有《三寶集》十一卷等。
　　2 費長房《歷代三寶紀》卷三，《大正藏》第49冊，第48頁。
　　3 費長房《歷代三寶紀》卷十，《大正藏》第49冊，第88—89頁。

入藏録爲卷十三、卷十四兩卷，卷十三爲大乘入藏録，卷十四爲小乘入藏録。《歷代三寶紀》入藏録的分類方式是先分大小乘，再分經律論，於其下，再依譯者分爲有譯、無譯兩類（分類方式見圖表5）。

由上可知，《歷代三寶紀》的帝年部分相當於編年體的佛教史，而代録、入藏録部分則爲目録之正軌。帝年部分實爲費長房之創造，故《隋書・經籍志》《舊唐書・經籍志》《新唐書・藝文志》皆僅著録此書前三卷帝年部分，明智旭《閱藏知津》將《歷代三寶紀》收入傳記類，也皆著眼於其帝年部分，故陳士強先生認爲："《房録》兼有佛教史和經録兩重性質。"[1]

費長房生於周隋之際，親歷北周武帝的滅法及隋代佛法再興，護教之心頗盛，對於所搜集之史料，辨別不嚴，而經録所收之書，多未目驗，[2]是故此録頗傷於蕪。如道宣評之云："《房録》後出，該贍前聞。然三寶共部，僞真淆亂。"[3]智昇《開元釋教録》舉其十誤，且言："余檢長房《入藏録》中，事實雜謬，其闕本疑僞，皆編入藏，竊爲不可。"[4]《歷代三寶紀》最爲人詬病者，乃在於費長房將諸多前代判爲失譯的經典，歸入早期譯經家身上。如安世高譯經，據《出三藏記集》爲34部，《高僧傳》引道安録則言："安世高以漢桓帝建和二年至靈帝建寧中二十餘年，譯出三十餘部經。"[5]而《歷代三寶紀》卷二則言："《高僧傳》云：'安世高從建初二年至靈帝建寧中，凡二十餘載，合譯《法句》等經一百七十四部一百八十八卷。'"[6]將《高僧傳》"譯出三十餘部經"妄改爲"合譯《法句》等經一百七十四部一百八十八卷"，以證成其説。而卷四又言："其《釋道安録》、僧祐《出三藏集記》、慧皎

1　陳士強《佛典精解》，第38頁。

2　費長房《歷代三寶紀》卷十三"大乘録入藏目"序言："未觀經身，猶懷悜咎，庶後敏達賢智，共同扇簸糠粃乎。"（《大正藏》第49冊，第109頁）

3　道宣《大唐内典録》卷十，《大正藏》第55卷，第338頁。

4　智昇撰，富世平點校《開元釋教録》卷十，第603頁。

5　慧皎撰，湯用彤校注《高僧傳》卷一，第7頁。

6　費長房《歷代三寶紀》卷二，《大正藏》第49冊，第33頁。

《高僧傳》等，止云世高翻三十九部。……房廣詢求究，檢衆録紀述，世高
互有出没。將知權迹，隱顯多途；或由傳者，頗致乖舛。量傳所載三十九部，
或但路出，自燉煌來，届止京邑。靈帝之末，關中擾攘，便渡江南。達人見
機，在所便譯。得知他處闕而未傳。"[1]此處又言《高僧傳》"止云世高翻三十
九部"，由此可知，其卷二、卷四自相矛盾。然費長房言三十部之外之經或世
高末年至江南所譯，此説并非長房所造，乃承前人之誤。《高僧傳》安世高
本傳末引證多種南朝文獻，力辟世高高壽并至江南譯經事。[2]從此可知，在慧
皎時代，即有安世高江南譯經之偽説，長房不查，遂引以爲據。

　　費長房妄改前人，尚有一例，即改胡爲梵。《歷代三寶紀》卷四，將支讖
所譯《胡般泥洹經》改爲《梵般泥洹經》，又自言改"胡"爲"梵"之因由
曰："又'胡'既是西域邊俗，類此氐、羌、蠻、夷、獦獠，何有經書？乃
云胡語，創標胡言，模楷世間，誰之過歟？佛生天竺，彼土士族婆羅門是總
稱爲梵。梵者，清浄，承胤光音，其光音天，梵之最下，劫初成就，水竭地
乾，下食地肥，身體麤重，不能飛去，因即生人。緣本祖宗，故稱爲梵。是
以應作梵語、梵書。……但上代來有胡言處，今録並以梵字代之，庶後哲善
言，得其真正者也。"[3]費氏以護教之切，認爲梵乃五印之正宗，胡則邊俗之
族，不可能有經書，故《歷代三寶紀》將前人之"胡"統改爲"梵"。殊不
知，胡言本指西域之本，改胡爲梵，意義盡失。

　　如前所説，費長房撰録態度過於熱誠，加之識力有限，故其録頗爲蕪雜。
然正因其不做揀擇，諸多資料也因此書而得以保存。如《歷代三寶紀》中保
存《金光明經》的僧隱序，即與日本正倉院聖語藏寫經相符。[4]其書卷十五所
列古佚經録，也多有可信。釋道宣《大唐内典録》評《歷代三寶紀》曰：

1　費長房《歷代三寶紀》卷四，《大正藏》第49冊，第52頁。
2　慧皎撰，湯用彤校注《高僧傳》卷一，第7—8頁。
3　費長房《歷代三寶紀》卷四，《大正藏》第49冊，第53頁。
4　陳志遠《〈歷代三寶紀〉三題》，《文獻》2016年第5期。

“得在繁富，失在覈通，非無憑准，未可偏削。”[1]乃實事求是的持平之論。

3. 大唐內典録

十卷，唐釋道宣撰，存。收入麗藏、金藏“席”“鼓”函，宋崇寧、思溪藏，元普寧藏“鼓”函，明南藏“併”“岳”函，明北藏“侈”“富”函，清藏“阜”“微”函，大正藏第 55 册。道宣有《西明寺録》，已著録。

《大唐內典録》吸收了隋代佛教目録編撰的經驗與遺産，内容非常豐富，共有十録：1.“歷代衆經傳譯所從録”，據年代載録歷代譯經、譯人及撰述；2.“歷代翻本單重人代存亡録”，載録歷代翻傳中同本異譯（同一梵本、胡本的不同漢譯本）、别品殊翻（同一梵、胡底本，不同品目的漢譯本）的情況；3.“歷代衆經總撮入藏録”據大小乘、單重譯載録入藏經籍，即入藏録；4.“歷代衆經舉要轉讀録”，爲導讀目録，標列藏經中應讀的經典，重本則舉其最優之譯，眷屬則舉其根本之經；5.“歷代衆經有目闕本録”，載録古來目録所載，而當時無傳本之經籍；6.“歷代道俗述作注解録”，載録歷代高僧士人注釋、弘揚佛法之作；7.“歷代諸經支流陳化録”，載録别生、抄集之經籍；8.“歷代所出疑僞經論録”，載録道安、僧祐、長房、法經及道宣自己所判定的疑經、僞經；9.“歷代衆經録目終始序”，載録歷代亡佚、現存經録三十餘種，爲經録之目録；10.“歷代衆經應感興敬録”，輯録歷代道俗閱讀、供養、傳持經典的感應故事。此十録既有依時代之代録，依翻譯狀況之單重存亡録；復有依典籍存佚之有目闕本録，導讀舉要之轉讀録。可以説此録分别從時代、經典性質真僞、流傳狀況、譯撰者身份等不同標準對佛教經籍進行了全面而嚴密的分類。

梁啓超評論《大唐內典録》云：“其書集法經、長房兩派之所長而去其

---

1 道宣《大唐内典録》卷五，《大正藏》第 55 册，第 279 頁。

所短，更爲有系統的且合理的組織，殆經録中之極軌矣。"[1]此録是否爲"經録中之極軌"可以商榷，然其指出道宣取法經、長房兩派之長，組織嚴密，則爲的評。《大唐内典録》正是在充分吸收前代經録遺産，又自創類例基礎上，形成其嚴密的分類體系的。十録之中，"歷代衆經傳譯所從録""歷代衆經總撮入藏録"取法《歷代三寶紀》之代録與入藏録；"歷代翻本單重人代存亡録""歷代諸經支流陳化録""歷代所出疑僞經論録"則取法於《法經録》中之"一譯""異譯""別生""疑惑""僞妄"諸録；"歷代衆經有目闕本録""歷代道俗述作注解録"則取法於道安、僧祐之録。唯"歷代衆經舉要轉讀録""歷代衆經録目終始序"及"歷代衆經應感興敬録"爲道宣之首創（具體情形見圖表54）。

圖表54：《大唐内典録》取法前代經録圖

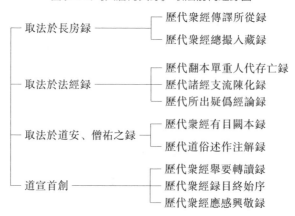

道宣《大唐内典録》除了分類體系十分嚴密之外，尚有兩點值得表而出之：

第一，入藏録記載了當時某寺院（或即是西明寺）藏經的存藏情況，爲吾人了解中古佛教藏經的存藏提供了不可多得的資料。在入藏録序中，道宣言："依別入藏，架閣相持，帙軸籤牓，標顯名目。須便抽撿，絶於紛亂。"[2]

---

1 梁啓超《佛學研究十八篇》，第354頁。
2 道宣《大唐内典録》卷八，《大正藏》第55冊，第302頁。

并詳細記録了經籍的排架與合帙之情況，其排架情形如圖表 55 所示：

圖表 55：《大唐内典録》所載排架圖

	右　　格	中　　格	左　　格
1	《大智度論》1 論 10 帙 大乘論第一	《大方廣佛華嚴經》1 經 6 帙 大乘經一譯第一	《放光般若波羅蜜經》至《大乘大集地藏十輪經》6 經 8 帙 大乘經重翻第一
2	《瑜伽師地論》至《攝大乘論》等 10 論 25 帙（兩格） 大乘論第二	《大方等大集經》至《大菩薩藏經》4 經 11 帙 大乘經一譯第二	《悲華經》至《聖善住意天子所問經》18 經 14 帙 大乘經重翻第二
3	《攝大乘論》至《十二因緣論》61 論 16 帙 大乘論第三	《摩訶般若波羅蜜經》至《賢劫經》7 經 11 帙 大乘經一譯第三	《正法念處經》《增一阿含經》2 經 12 帙 小乘經一譯第一
4	《阿毗達磨大毗婆沙論》至《法蘊論》8 論 46 帙 小乘論第一	《華手經》至《深密解脱經》14 經 13 帙 大乘經一譯第四	《中阿含經》《雜阿含經》2 經 11 帙 小乘經一譯第二
5	《舍利弗阿毗曇論》至《阿毗達磨識身足論》6 論 12 帙 小乘論第二	《大集賢護菩薩經》至《佛華嚴入如來德智不思議境界經》40 經 12 帙 大乘經一譯第五	《長阿含經》至《大安般經》26 經 13 帙 小乘經一譯第三
6	《鞞婆沙阿毗曇論》至《明了論》19 論 9 帙 小乘論第三	《文殊師利問經》至《菩薩受齋經》141 經 10 帙 大乘經一譯第六	《净飯王般涅槃經》至《耶祇經》79 經 3 帙 小乘經一譯第四 《樓炭經》至《阿難同學經》97 經 6 帙 小乘經重翻第一
7	《佛本行集經》至《佛本行經》5 集傳 10 帙 聖賢集傳第一	《信力入印法門經》至《無量清净平等覺經》36 經 12 帙 大乘經重翻第三	《四分律》《僧祇律》2 律 10 帙 小乘律第一
8	《付法藏因緣傳》至《大唐内典録》44 集傳 8 帙 聖賢集傳第二	《大雲輪請雨經》至《兜沙經》136 經 12 帙 大乘經重翻經第四	《十誦律》《彌沙塞律》《善見律毗婆沙》3 律 11 帙 小乘律第二
9			《鼻奈耶》至《沙彌尼離戒文經》30 律 7 帙 小乘律第三

從上表可以看出，全部入藏經籍儲於 3 格 9 層 27 個架隔之内，每格約在十帙左右，多少不等。大乘經一譯居中間一至六格内；大乘經重翻居左邊一、二格與中間七、八格内；小乘經一譯和重翻居左邊三、四、五、六四格之内；小乘律居左邊七、八、九三格内；大乘論居右邊一、二、三格内；小乘論居右邊四、五、六三格；聖賢集傳居右邊七、八格内。這樣的安排，使大乘經一譯居於最中，而大乘經一譯、重翻與大乘論居於最上；而小乘經論及聖賢集傳居於兩邊靠下的位置，體現了在儲藏中尊崇大乘的思想，也體現了當時佛典書籍的秩序。《大唐内典録》入藏録極有可能來自西明寺所藏之藏經，道宣對藏經典藏情況的詳細記述，爲吾人了解唐代經藏的合帙典藏情況提供了一手資料。

第二，道宣創設"歷代衆經舉要轉讀録""歷代衆經録目終始序""歷代衆經應感興敬録"三個新的類目。記録歷代經録情況，雖然《歷代三寶紀》已有，然僅作爲正文之附録，而未立一目，道宣設立"歷代衆經録目終始序"，可以説是最早的關於經録的目録。"應感興敬録"雖然非目録之作，[1]然其中保存了諸多關於經典崇拜的故事與思想，爲研究經典崇拜提供了不可多得的資料。而"歷代衆經舉要轉讀録"之設立，更是道宣對佛教目録的重要貢獻。前此藏經目録以辨真僞、存典籍爲首要任務，而不重視藏經的閲讀功能，此録之設，爲閲藏提供了參考，開創了佛教目録中導讀目録一派。

當然，由於此録作於晚年，其時道宣的精力已大不如前，疏失闕漏也在所難免。[2]智昇作《開元釋教録》，稱贊此録"類例明審，實有可觀"，同時指出此録有"九誤""八不然"。[3]除智昇所指出的闕失之外，《大唐内典録》代

1　道宣曾批評僧祐將譯人的生平收入《出三藏記集》，認爲是"傳記亂經"，其實"應感興敬録"也是他自己所批評的"傳記亂經"之一例。

2　道宣自言其作録云："今余所撰，望革前弊。然以七十之年，獨運神府，撿括漏落，終陷前科。"又言："余以從心之年，強加直筆，舒通經教，庶幾無没。"《大唐内典録》末題"龍朔四年春正月於西明寺出之"，可知此録作於道宣晚年。

3　智昇撰，富世平點校《開元釋教録》卷十，第 610—611 頁。

録部分，多直接抄録費長房《歷代三寶紀》之説，無所建明，多承其誤。道宣在《大唐内典録》中評論《歷代三寶紀》云："首列甲子，傍列衆經，翻譯時代，附見綸綜。今所集録，據而本之。"[1] "今所集録，據而本之"正説明道宣《大唐内典録》代録部分承自《歷代三寶紀》。如上所述，對於安世高譯經，道安、僧祐、慧皎皆認爲安世高譯經三十餘部，而費長房《歷代三寶紀》則認爲安世高譯經有百餘部，道宣不僅直承費氏之説，而且語言表述也完全相同，兹對比如次（圖表56）：

圖表56：《大唐内典録》與《歷代三寶紀》對比1

歷 代 三 寶 紀	大 唐 内 典 録
其《釋道安録》、僧祐《出三藏集記》、慧皎《高僧傳》等，止云世高翻三十九部。義理明析，文字允正，辯而不華，質而不野，凡在讀者，皆亹亹然而不倦焉。**房**廣詢求究，檢衆録紀述，世高互有出没。將知權迹，隱顯多途；或由傳者，頗致乖舛。量傳所載三十九部，或但路出，自燉煌來，屆止京邑。靈帝之末，關中擾攘，便渡江南。達人見機，在所便譯。得知他處闕而未傳。又其傳末果云：而古、舊録所載之者，此並世高删正前譯，不必全翻。	其《釋道安録》、僧祐録《三藏記》、慧皎《高僧傳》等，只云高出經三十九部。義理明析，文字允正，辯而不華，質而不野。凡在讀者，皆亹亹然而不倦焉。**余**廣詢求究，撿群録紀述，世高互有出没。將知權迹，隱顯多在，見機隨便開譯，致有他所闕而未傳者。又其傳録之末果云：古、舊二録所載之者，此並世高删正前譯，不必全翻。然世高從西至於中原，巡歷江南、嶺表、東越，方始現隱，周行顯迹，是聖不凡。
今總群篇，備搜雜記。有題注者，多是河西。江南道路，隨逐因緣，從大部出。録目分散，未足致疑。彼見故存，此寧不續。敢依集編，緝而維之。冀廣法流，知本源注。欲識其迹，具諸傳詳。	今總群篇，備搜雜紀。有題注者，多是河西。江南道路，隨逐因緣，從大部出。録目分散，未足致疑。彼見故在，此寧不續。敢依諸集，緝而編之。散在諸分，詳覈可委。冀廣法流，知本源注，欲識其迹，具諸僧傳。任其鏡也。

對比二傳可知，道宣之傳完全承襲費長房之説，只是作了次序的調整。最爲明顯的是《歷代三寶紀》言"房廣詢求究"，道宣則改爲"余廣詢求究"，抄集而没落"長房"之名，可謂殺鄧析而用竹刑。

再比如，費長房妄改"胡"爲"梵"，而道宣也承襲之（圖表57）：

---

1 道宣《大唐内典録》卷五，《大正藏》第55册，第279頁。

圖表 57：《大唐內典録》與《歷代三寶紀》對比 2

歷 代 三 寶 紀	大 唐 內 典 録
又"胡"既是西域邊俗，類此氐、羌、蠻、夷、玁獠，何有經書，乃云胡語？創標胡言，模楷世間，誰之過歟？佛生天竺，彼土土族婆羅門是總稱爲梵。梵者，清浄，承胤光音。其光音天，梵之最下，劫初成就，水竭地乾，下食地肥，身體羸重，不能飛去，因即生人。緣本祖宗，故稱爲梵。是以應作梵語、梵書。……但上代來有胡言處，今録並以梵字代之，庶後哲善言，得其真正者也。	又"胡"之雜戎，乃是西方邊俗，類此氐、羌、蠻夷之屬，何得經書，乃云胡語？佛生天竺，彼土土族婆羅門者，總稱爲梵。梵者，清浄也，承胤光音天。其光音天，梵世最下，劫初來此，食地肥者，身重不去，因即爲人，仍其本名，故稱爲梵。語言及書既象於天，是以彼云梵書、梵語。……但上來有胡言處，並以梵字替之，庶後哲善談，得其正真者也。

兩相對比，承襲之迹至爲明顯。再如，智嚴之傳記（圖表 58）：

圖表 58：《大唐內典録》與《歷代三寶紀》對比 3

歷 代 三 寶 紀	大 唐 內 典 録
涼州沙門釋智嚴，弱冠出家，游方博學。遂於西域遇得前經梵本，齎來，達到楊都。於枳園寺，共寶雲出。嚴之神德，備《高僧傳》，不復**委載**。	涼州沙門釋智嚴，弱冠出家，游方博學。遂於西域遇得前經梵本，齎至揚都。於枳園寺，共寶雲出。嚴之神德，備《高僧傳》，不復**妄載**。

對比二傳，僅二處文字稍異。《歷代三寶紀》言"齎來，達到楊都"，道宣改爲"齎至揚都"。《歷代三寶紀》曰"不復委載"，道宣改爲"不復妄載"。其他部分，則完全相同。

　　道宣代録中不僅譯者小傳多抄自《歷代三寶紀》，而且代録之小序也多與《歷代三寶紀》同，如西晋録之小序（圖表 59）：

圖表 59：《大唐內典録》與《歷代三寶紀》對比 4

歷 代 三 寶 紀	大 唐 內 典 録
西晋録者，司馬炎，字安世，河內温人。魏大將軍侍中録尚書相國晋王昭之太子。昭薨，炎嗣爲王。元帝知曆數有歸，使太保鄭沖奉璽致位。炎垂拱受禪，是爲武帝，稱晋。都雒及長安，舊東、西京也。晋武在馭十有五	西晋録者，司馬炎，字安世，河內温人。魏大將軍侍中録尚書相國晋王昭之太子也。昭薨，炎嗣爲王。元帝知曆數有歸，使太保鄭沖奉璽致位。炎垂拱受禪，是爲武帝，稱晋。都洛及長安，舊東、西京也。晋武在馭十有五年，到

續　表

歷代三寶紀	大唐内典録
年，到咸寧中，命司馬伷平吳，得皓，封歸命侯。自後漢永安二十四年至晉泰康肇元庚子歲首，於是九州還一統矣。又吳黃武初，陸績有言曰：從今已後更六十年，天下車同軌，書同文。至是果如績言。蜀平吳滅，將六十年。二十載後，于于惠帝永寧之初，政道虧頹，群雄嶽峙。趙王創基構逆，篡立於朝；張軌繼迹弗臣，擅牧涼土。内外麋沸，仍漸亂階。劉淵所以平陽，李雄因兹井絡。懷帝蒙塵咸谷，愍帝播越長安。既道藉時興，而兩都板蕩；法由人顯，屬二主栖遑。萬姓崩離，歸信靡托。百官失守，釋種無依。時有沙門竺法護及彊梁婁至等，亡身利物，誓志弘宣，匪憚苦辛，闡法爲務。護於晉世出經最多，其法欽、羅叉、聶遠父子、竺法蘭等相繼度述。所以五十年間，華戎道俗十有三人，并前失譯諸經戒等合四百五十一部，七百一十七卷，集爲西晉二京四主五十二年世録云爾。	咸寧中，命司馬伷平吳，得晧，封歸命侯。自後漢永安二十四年至晉泰康肇元庚子歲首，於是九州還一統矣。又吳黃武初，陸績有言曰：從今已後更六十年，天下車同軌，書同文。至是果如績言。蜀平吳滅，將六十年。二十載後，至于惠帝永寧之初，政道虧頹，群雄岳峙。趙王創基搆逆，篡立於朝；張軌繼迹弗臣，擅牧涼土。内外麋沸，仍漸亂階。劉淵所以平陽，李雄因兹井絡。懷帝蒙塵咸谷，愍帝播越長安。既道藉時興，而兩都板蕩；法由人顯，屬二主栖遑。萬姓崩離，歸信靡托。百官失守，釋種無依。時有沙門竺法護及彊梁婁至等，忘身利物，誓志弘宣，匪憚苦辛，闡法爲務。護於晉世出經最多，弘護法網，由其而起。其法欽、羅叉、聶遠父子、竺法蘭等相繼度述。所以五十年間，華戎道俗十有三人，并前失譯諸經戒等合四百五十一部，七百一十七卷，集爲西晉二京四主五十二年世録云爾。

兩造相對，幾無不同，益可證道宣之代録實抄集自費氏。梁啓超稱《大唐内典録》"自卷一至卷五之'傳譯所從録'，將《長房録》全部攝入，但彼則務炫博而真僞雜收，此則務求真而考證綦審"。[1]自上述引證觀之，任公之褒獎似有過當。

綜上所述，《大唐内典録》在繼承前代經録遺産的基礎上，於經録體制類例之完善，甚有貢獻。自創"轉讀録"及"歷代衆經録目"，爲導讀目録及經録目録之先聲，而録中所載唐代藏經之排架，也爲不可多得之史料。然其代録部分多襲費長房之舊，無所建明，這也是不可否認的。

4. 大唐開元釋教録

二十卷，唐釋智昇撰，存。收於麗藏、金藏"笙"至"階"函，宋崇

1　梁啓超《佛學研究十八篇》，第355頁。

寧、思溪藏，元普寧藏"笙"至"昇"函，明南藏"宗"至"禪"函，明北藏"車"至"肥"函，清藏"感"至"丁"函，大正藏第55冊。

智昇，生平不甚詳。贊寧《宋高僧傳》有一簡短之傳記，現具錄如次：

釋智昇，未詳何許人也。義理懸通，二乘俱學，然於毗尼，尤善其宗。此外文性愈高，博達今古。每慊聶道真、道安，至于明佺、宣律師各著大藏目錄，記其翻傳年代人物者，謂之晋錄、魏漢等錄。乃於開元十八年歲次庚午，撰《開元釋教錄》二十卷，最爲精要。何耶？諸師於同本異出、舊目新名，多惑其文，真僞相亂。或一經爲兩本，或支品作別翻，一一裁量，少無過者。如其舊錄江泌女子誦出經，黜而不留，可謂藻鑒。杜塞妖僞之源，有茲獨斷。後之圓照《貞元錄》也，文體意宗，相岠不知幾百數里哉。麟德中道宣出《內典錄》十卷，靖邁出《圖紀》四卷，昇各續一卷。經法之譜，無出昇之右矣。[1]

細繹此傳，太半爲對《開元釋教錄》之記述評價，而對智昇生平無所述及，僅知智昇長於律學而已。

對於智昇之著作，《開元釋教錄》有詳細記述：

《開元釋教錄》二十卷，上表總錄，下表別錄，十八年庚午，於西崇福寺東塔院撰。

《續大唐內典錄》一卷，同前，十八年撰。

《續古今譯經圖紀》一卷，同前，十八年撰。

《續集古今佛道論衡》一卷，同前。

---

1 贊寧撰，范祥雍點校《宋高僧傳》卷五，第95頁。

《集諸經禮懺儀》二卷，同前。[1]

對於智昇之生平，方廣錩先生於房山雲居寺“金仙公主塔”背面王守泰《山頂石浮圖後記》中發現智昇的一則史料，知其於開元十八年，曾參與護送大藏經至“幽府范陽縣爲石經本”之事。[2]結合上文所列智昇之著作皆作爲開元十八年，可知，智昇對佛教經籍的整理與其爲金仙公主護送大藏至幽州事必有相當之聯繫。然史料闕失，其具體情狀不可悉知。

《開元釋教録》吸收了前此諸録的優長，形成頗爲嚴密的體系。全録由總録與別録兩部分組成。智昇自言此録之組織云：

新録合二十卷，開爲總、別：總録括聚群經，別録分其乘藏。二録各成十卷，就別更有七門。今先叙科條，餘次編載。

總括群經録上，右從漢至唐所有翻述，具帝王年代，并譯人本事、所出教等，以人代先後爲倫，不依三藏之次，兼叙目録新舊同異。

別分乘藏録下，右別録之中，曲分爲七：一有譯有本，二有譯無本，三支派別行，四刪略繁重，五拾遺補闕，六疑惑再詳，七僞邪亂正。就七門中，二乘區別，三藏殊科，具悉委由，兼明部屬。[3]

總録部分相當於代録，依時間爲次詳載歷代譯人譯經，不以經、律、論三藏分經。別録部分又分爲七録：“有譯有本”録載當時所存佛教經籍；“有譯無本”載録雖有記録而當時已亡佚之作；“支派別行”著録從大經中抄録摘譯之作；“刪略繁重”著録同本異名重出之經典；“拾遺補闕”記載歷代遺

1 智昇撰，富世平點校《開元釋教録》卷九，第574頁。
2 方廣錩《中國寫本大藏經研究》，第40頁。
3 智昇撰，富世平點校《開元釋教録》卷一，第2頁。

漏及新譯經論；"疑惑再詳"與"僞邪亂正"則載録疑僞經籍。別録之分類依據大小乘、經律論之藏乘分類法。最末附入藏録。自《歷代三寶紀》以來，就形成代録與入藏録的體制。《大唐内典録》又吸收法經録依經典性質真僞分經的部分，形成代録、入藏録、別録的體制。《開元釋教録》二録三體（總録、別録、入藏録）正是在前人經録基礎上發展而來的。

《開元釋教録》在《大唐内典録》的基礎上，分類更趨詳明嚴密，如將論分爲二類：一者解釋契經，二者詮法體相。第一類爲解釋某部經典的論書，第二類爲解釋某一法義的論書，亦所謂釋經論與宗經論。再如將聖賢撰述類經典依内容分爲讚揚佛德、明法真理、述僧行軌、摧邪護法、外宗異執五類，比較清晰地概括了聖賢撰述類經典的主要内容。然而，智昇真正對經録的貢獻在於對具體問題、具體經典的考訂上。

智昇在《開元釋教録》卷九對自己的著作進行評價時言："雖文詞靡叙，而事有所憑。"[1]於文辭方面頗爲謙抑的同時，智昇對自己"事有所憑"的考訂功夫則頗爲自信。細繹《開元釋教録》，於佛典考訂主要體現於以下方面：

第一，考訂歷代之失譯經典。

自道安、僧祐始，即廣録歷代失譯之經籍，至費長房《歷代三寶紀》總撮前人所録失譯之經，然未見其書，考訂不精，故其記録歷代失譯之經典甚多。而智昇則一一考其本書，訂其譯人。如《歷代三寶紀》記録後漢失譯經典總有 125 部 148 卷，而據智昇之考證，其中自《佛遺日摩尼寶經》至《賢劫千佛名經》共 66 部 71 卷，有的可以確定譯人（翻譯有憑），有的則是別生經、疑僞經。[2]如此，經智昇之考證，後漢失譯經典僅剩 59 部。

第二，考訂著名譯者所譯之經籍。

---

1 智昇撰，富世平點校《開元釋教録》卷九，第 575 頁。

2 智昇撰，富世平點校《開元釋教録》卷一："右《佛遺日》下六十六部七十一卷，或翻譯有憑，或別生疑僞。今既尋知所據，故非漢代失源。"（第 49 頁）

如前文所述，費長房出於護教心切，往往不加考訂，將失譯别生經典歸於某著名譯家名下，造成諸多混亂。而智昇則一一校勘核查，加以仔細之考訂。如安世高譯經，僧祐、慧皎皆言其譯經 30 餘部，而在《歷代三寶紀》中，世高譯經總 176 部，經智昇之考訂，多爲大部中别生之本。智昇言：“其《釋道安録》、僧祐《出三藏記》、慧皎《高僧傳》等，止云高譯三十九部。費長房《録》便載一百七十六部，今以房録所載，多是别生，從大部出，未可以爲翻譯正數。今隨次删之。”[1]最終定爲 95 部。再如支謙之譯經，僧祐《出三藏記集》載 36 部，慧皎《高僧傳》載有 49 經，《歷代三寶紀》則增爲 129 部，智昇經考訂，確定自《鹿子經》至《度脱狗子經》等 38 部或爲抄經，或爲别生，非支謙所譯。[2]康僧會譯經之中，《歷代三寶紀》載有《阿難念彌經》《鏡面王經》《察微王經》《梵皇王經》，而智昇經過考訂，認爲：“上之四經，雖云會譯，然並出《六度集》中，不合爲正譯之數，今載别生録中。”[3]而對於竺法護之譯經，智昇經考訂，認爲舊題爲法護所譯《師子月佛本生經》《法社經》至《瘕意經》等 27 部，或爲疑僞，或是别生，或是抄集，皆非法護所譯。[4]

智昇在將非某譯家所譯之經典删除的同時，對某譯家雖有記録而未見其本之經也多方搜集。如康僧鎧之譯經，《高僧傳》記有四部，然不録具體之經名。歷代經録僅記康氏譯經二部，即《郁伽長者所問經》《無量壽經》，智昇多方搜集，又尋得一部，即《四分雜羯磨》一卷，而另一部“檢亦未獲”。[5]由此一例，足見智昇態度嚴謹，考據詳密。

第三，考訂具體經典的譯人、譯時。

---

1 智昇撰，富世平點校《開元釋教録》卷一，第 23 頁。
2 智昇撰，富世平點校《開元釋教録》卷二，第 78—81 頁。
3 智昇撰，富世平點校《開元釋教録》卷二，第 89 頁。
4 智昇撰，富世平點校《開元釋教録》卷二，第 119—121 頁。
5 智昇撰，富世平點校《開元釋教録》卷一，第 60 頁。

（1）考訂譯時

歷代經録記載，多有譯時不確或失誤者，智昇考訂糾正之。如沙門支道根譯有二經，即《阿閦佛剎諸菩薩學成品經》《方等法華經》。《方等法華經》爲咸康年間所譯，而《阿閦佛剎諸菩薩學成品經》，《歷代三寶紀》記爲太康年間譯。智昇考曰："其太康年在西晉武帝代，與咸康相去向六十年，同是一人，兩朝出經者，恐時太懸也。此應傳寫差誤，多是咸康耳。"[1]再如支施崙所譯經有四部，即《須賴經》《如幻三昧經》《上金光首經》及《首楞嚴經》，智昇據《出須賴經後記》及《首楞嚴經後記》，考訂四部經皆譯於咸安三年。

（2）考訂譯人

前代經録多有譯人不確者，智昇亦有考訂。如《時非時經》，《歷代三寶紀》言其爲法炬所譯，然智昇據譯經後記，定其爲若羅嚴所譯。[2]再如費長房據《李廓録》載鳩摩羅什曾譯《樂瓔珞莊嚴方便品經》一卷，智昇據譯經後記，考其爲曇摩耶舍所譯。[3]《毗耶娑問經》，費長房言其爲寶意譯於洛陽，智昇據譯經序，考訂其乃瞿曇流支興和四年於鄴都譯出。[4]

在《長房録》中，菩提留支與瞿曇留支之譯經，常多混淆。如《奮迅王問經》《不必定入印經》《一切法高王經》《第一義法勝經》及《順中論》五部，《長房録》歸於菩提留支名下，智昇據譯序記，定其爲瞿曇留支所譯。而《寶髻菩薩四法經論》《三具足經論》《轉法輪經論》三部論書，費長房認爲亦爲菩提留支所譯，智昇據譯經之序記，考其爲毗目智仙所譯。[5]

除考訂經典譯者之外，智昇還利用譯經序、記考訂譯家之生平。如竺叔蘭，智昇言："今准僧祐《録》中《朱士行傳》《竺叔蘭傳》《放光經後記》

1　智昇撰，富世平點校《開元釋教録》卷三，第171頁。
2　智昇撰，富世平點校《開元釋教録》卷二，第157頁。
3　智昇撰，富世平點校《開元釋教録》卷四，第240頁。
4　智昇撰，富世平點校《開元釋教録》卷六，第400頁。
5　智昇撰，富世平點校《開元釋教録》卷六，第406頁。

支敏度《合首楞嚴記》，皆云叔蘭是‘河南居士’，長房、《內典》等録云是‘沙門’者，誤也。”[1]智昇以《出三藏記集》中傳記及譯經記，考竺叔蘭爲居士而非僧人，糾正費長房、道宣之誤。對於鳩摩羅什的卒年，慧皎《高僧傳》記爲弘始十一年，然智昇據譯經記指出：“什公卒時，諸記不定。《高僧傳》云：弘始十一年八月二十日卒於常安。或云七年，或云八年，傳取十一爲正。此不然也。准《成實論後記》云：大秦弘始十三年歲次玄韋九月八日尚書令姚顯請出此論，至來年九月十五日訖。准此，十四年末什仍未卒。又准僧肇上秦主姚興《涅槃無名論表》云：肇在什公門下十有餘載。若什四年出經，十一年卒，始經八載，未滿十年，云何乃言‘十有餘載’？故知但卒弘始年中，不可定其年月也。”[2]智昇據《成實論後記》，推考羅什弘始十四年九月尚在世，又以僧肇之言作爲輔證，證明《高僧傳》所載羅什卒於弘始十一年之論不確。雖未能考出什公卒於弘始十五年，[3]然其對《高僧傳》所載的懷疑，促進後世學者對羅什卒年的探究。

（3）考訂經典性質

經典性質主要是指某一經典屬經、律、論還是撰述，屬於大乘還小乘，屬於抄經還是正典。智昇對前此經録中把大乘歸於小乘、小乘歸於大乘，撰述歸於三藏，抄經誤爲正典的情況，也做了不少考訂。

如將抄經誤爲正典者，如《迦葉詰阿難經》，智昇認爲：“余親見其本，乃是諸經之抄，有數條事。《隋衆經録》云：出《雜譬喻》。安世高、聶承遠《録》內並有此經，録家誤也。既是別生抄經，不合爲翻譯正數。”[4]將西方聖賢撰述當作三藏經典者，如《賢愚經》，智昇認爲：“謹按梁沙門僧祐《賢愚

1　智昇撰，富世平點校《開元釋教録》卷二，第 132 頁。
2　智昇撰，富世平點校《開元釋教録》卷四，第 239—240 頁。
3　湯用彤先生據僧肇《鳩摩羅什法師誄序》稱“癸丑之年，年七十……”，考證出羅什卒年爲弘始十五年。見《高僧傳》第 59—60 頁注 ［一四二］。
4　智昇撰，富世平點校《開元釋教録》卷一，第 37 頁。

序》云：河西慧覺等八僧游方問道，到于闐大寺，遇五年大會，八人分聽，各記所聞。還至高昌，乃集爲一部。即上《賢愚經》是。上代群録，皆編經藏。今以共集所聞，則非慶喜本誦，與餘集等，亦復何殊？編入正經，理將未當，故今移附集傳録中。"[1]據僧祐序言，《賢愚經》乃是慧覺等人於于闐大寺聽聞所記，并非阿難誦出，所以不能編入經中，納於"集傳"中比較合理。將東土聖賢集傳誤作經者，如《般若經論集》費長房將其歸於羅什譯經，智昇勘正曰："此集乃是盧山遠法師以《大智度論》文句繁積，初學難尋，乃删煩剪亂，令質文有體，撰爲二十卷。亦云《大智論要略》，亦云《釋論要抄》。此乃遠公撮略前論，非什别翻也。"[2]

　　智昇對經典性質考證，更多集中於經典大小乘性質上。如《佛垂般涅槃略説教誡經》，前此經録，多收入小乘律或小乘經中，智昇認爲"彼中解釋，多約大乘，小宗不顯"，將其移入大乘經中。[3]再如《長壽王經》，《大周録》認爲此經出於《阿含》，故應入小乘，智昇經查考認爲，雖然《增一阿含》中確有《長壽王緣起》，但與此經"文意全異"，將其歸於大乘經中。[4]《優婆塞五戒威儀經》，前此經録多入小乘律，智昇查其內容，"初是菩薩戒本，後是受菩薩戒文及捨懺等法，既非小宗，故移編此（大乘律）"。[5]前人經録除將大乘誤作小乘者外，尚有將小乘誤作大乘者，智昇亦一一考其源脉。如康孟祥譯《舍利弗摩目犍連游四衢經》，《大周録》納於大乘經重譯中，經智昇查考，此爲《增一阿含經》四十一卷《馬王品》異譯，當入小乘。[6]再如玄奘所譯《緣起經》，《大周録》歸於大乘經單本中，智昇查其爲《增一阿含經》

1 智昇撰，富世平點校《開元釋教録》卷十三，第890頁。
2 智昇撰，富世平點校《開元釋教録》卷四，第240頁。
3 智昇撰，富世平點校《開元釋教録》卷十二，第770頁。
4 智昇撰，富世平點校《開元釋教録》卷十二，第778頁。
5 智昇撰，富世平點校《開元釋教録》卷十二，第785頁。
6 智昇撰，富世平點校《開元釋教録》卷十三，第831頁。

四十六卷《放牛品》異譯，應入小乘。[1]

除以上所舉之外，智昇對前代經録之誤多有評述，認爲《出三藏記集》有"四誤"，[2]《法經録》有"四誤"，[3]《歷代三寶紀》有"十誤"，[4]《仁壽録》有"六誤"，[5]《大唐内典録》則有"九誤""八不然"。[6]智昇何以能發現前人經録如此多之錯失，而前人之録又何以有如此多闕失？細繹智昇録可知，智昇對其著録之書，皆能親見目驗，故能發現前人之闕失。智昇評論《大周録》云："當刊定此録，法匠如林，德重名高，未能親覽，但指撝末學，令緝撰成之。中間乖失，幾將太半。"[7]明確指出《大周録》失誤的原因乃在於：當時撰録之名匠"德重名高，未能親覽"。正是基於此種認識，智昇對著録之書，多能目驗。

如支曜譯經，《歷代三寶紀》載有《首至問佛十四事經》，智昇"親見其本，乃是經抄"。[8]《在家菩薩戒》，智昇言："今親見其本，雖未知出處，是抄不疑。乃取《五分戒序》置之於初，後方是戒。此是人集，非翻譯出也。"[9]《慧定普遍國土神通菩薩經》，智昇曰："余親見其本，全非聖言。"[10]《無爲道經》，智昇曰："右一經，余親見其本，似是漢魏之代此方撰集，非梵本翻。"[11]從上引數例可以看出，智昇撰録之態度極爲審慎，對所著録之書多能心知目驗，故《開元釋教録》能删重補闕，考誤校非，辨疑析紛，實事

---

1 智昇撰，富世平點校《開元釋教録》卷十三，第831頁。

2 智昇撰，富世平點校《開元釋教録》卷十，第591—592頁。

3 智昇撰，富世平點校《開元釋教録》卷十，第597頁。

4 智昇撰，富世平點校《開元釋教録》卷十，第602頁。

5 智昇撰，富世平點校《開元釋教録》卷十，第605頁。

6 智昇撰，富世平點校《開元釋教録》卷十，第610—611頁。

7 智昇撰，富世平點校《開元釋教録》卷十，第616頁。

8 智昇撰，富世平點校《開元釋教録》卷一，第35頁。

9 智昇撰，富世平點校《開元釋教録》卷十六，1115頁。

10 智昇撰，富世平點校《開元釋教録》卷十八，1231頁。

11 智昇撰，富世平點校《開元釋教録》卷十八，1242頁。

求是，逾邁前人。當然百密一疏，也在所難免，比如定僧祐《出三藏記集》
爲齊時所撰，論證《占察善惡業報經》爲真經，皆有不妥。然白璧微瑕，終
難掩其充實之光彩。

5. 開元釋教録略出

四卷，佚名撰，存。收於宋崇寧、思溪藏，元普寧藏 "英" 函，明南藏
"禪" 函，明北藏 "輕" 函，清龍藏 "俊" 函，大正藏第 55 册。

對於本録之作者，從《崇寧藏》本開始，即署 "唐西崇福寺沙門智昇
撰"。而此後之《資福藏》《普寧藏》及《永樂南藏》本，更於 "唐西崇福
寺沙門智昇撰" 前冠以 "庚午歲" 字樣，將此録確定爲開元十八年智昇所
作。然方廣錩先生考證，此説實不足據。方先生分别從外證、旁證與内證三
個方面力陳此録非智昇所撰：第一，從經録的記載來看，圓照《貞元續開元
釋教録》未載《開元釋教録略出》，也未用千字文編號，"由此可以證明，
《略出》非但非智昇所撰，它的出現年代也應晚於《貞元録》"。此爲外
證。第二，從《略出》與《開元釋教録》《開元釋教録·入藏録》的關係
來看，《略出》與《開元釋教録》的 "入藏録" 功能相同，故而 "很難設
想，智昇在撰寫了《有譯有本録》《開元録·入藏録》之後，再去撰寫一
個與上録内容相互重複、用途完全相同的《略出》"。此爲旁證。第三，
《略出》在帙數、部數、卷數、紙數方面皆與《開元録·入藏録》不同，
《開元釋教録·入藏録》是依據智昇所在的西崇福寺藏經編撰的，"現《略
出》的帙、部、卷、紙——都與《開元録·入藏録》不合，這説明它不是
出於西崇福寺，自然也就不可能是智昇所撰"。此爲内證。[1] 方先生論證細
密，可爲定讞。

---

1 方廣錩《中國寫本大藏經研究》，第 408—415 頁。

此録雖非智昇所作，然與《開元釋教録・入藏録》關係至爲緊密。雖如方先生所列，《略出》與《開元録・入藏録》在帙、部、卷、紙等方面存在著關鍵的差異，但無論是組織、分類，還是著録特點，《略出》皆與《開元録・入藏録》存在著親緣關係，應是據《開元録・入藏録》改寫而成的隨架檢經目録。而現在流傳的《開元釋教録略出》，據方廣錩先生的推斷，應該產生於南方，并主要在南方流傳，屬於南方系藏經的隨架檢經目録。[1]

《開元釋教録略出》作者雖不可詳考，然其對後世產生了重要的影響。此録所著録之經典、分類之方式以及千字文編號都成爲後世藏經遵循的法則。同時，《略出》這種撰作體式對後世也產生了一定的影響。20 世紀初，金藏於山西廣勝寺發現，其中收有宋代的《大中祥符法寶録》《景祐新修法寶録》，南京支那內學院分別於 1934 年 9 月、10 月編撰出版《祥符法寶録略出》《景祐法寶録略出》，其《略出》之體例，應是受《開元釋教録略出》之影響與啓發。[2]

6. 大唐貞元續開元釋教録

三卷，唐釋圓照撰，存。收於麗藏 "惠" 函，金藏 "世" 函，大正藏第 55 册，又有房山石經本。[3]

圓照，俗姓張氏，京兆藍田（今陝西藍田）人。年十歲，依西明寺景雲出家習律，習《維摩》《華嚴》《涅槃》諸經，又旁涉外學。唐玄宗開元年間，參與譯場。代宗大曆十三年（778）年，奉詔與曇邃、如净、慧徹諸人定《四分律》新舊兩疏是非，并奉敕修撰《僉定四分律疏》，至德宗建中元

---

1 方廣錩《中國寫本大藏經研究》言："從它（《開元釋教録略出》）對《金剛經》收納的情況看，與宋代在福州刊刻的《崇寧藏》《毗盧藏》等南方系藏經接近，而與《可洪音義》《高麗藏》（《開寶藏》複刻本）等北方系、中原系藏經不類。另外，該《略出》最初見收於《崇寧藏》《毗盧藏》，因此，看來它產生於南方，并主要在南方流傳。"（第 418 頁）

2 詳見 "祥符法寶録略出" "景祐法定録略出" 條。

3 參姚長壽《房山石經本〈大唐貞元續開元釋教録〉考釋》，《法音》（學術版）第 2 輯，1988 年。

年（780）五月，書成上奏。圓照於律學之外，長於佛教文史之學，著有
《先天開元天寶誥制集》三卷、《肅宗制旨碑表集》一卷、《代宗制旨碑表集》
一卷、《贈司空諡大辯正大廣智不空三藏碑表集》七卷、《大唐再修隋故傳法
高僧信行禪師塔碑表集》五卷等作，於唐代佛教碑表制誥的搜集頗有勞績。
生平見《宋高僧傳》卷十五本傳、《大唐貞元續開元釋教錄》卷二。

　　據此錄中卷、下卷末所附圓照上表，知上、中二卷作於貞元十年十二月，
下卷作於貞元十一年四月。然下卷載有般若貞元十二年所譯《新譯大方廣佛
花嚴經》，[1]可知此錄在貞元十一年四月完成之後，又有增補。此錄乃補續《開
元釋教錄》之作，圓照於其上表中言：

　　　　伏以開元十八年歲在庚午，西崇福寺沙門智昇修《開元釋教錄》二
　　十卷，洎去年甲戌（貞元十年），又經六十五年。中間三藏翻經，藏內無
　　憑收管，恐年代浸遠，人疑偽經。先聖大曆七年許編入錄，制文具如上
　　卷，令宣示中外流行。又修經律疏義，已制流傳。又貞元新集者，共有
　　八十六卷。或先皇制旨，或今上湛恩，留獎勸釋，勵己書之，錄成三
　　卷。……貞元十一年四月二十四日，翻經臨壇西明寺沙門圓照啓上。[2]

　　由此可知，圓照作《大唐貞元續開元釋教錄》正是鑒於開元十八年《開
元釋教錄》成書之後，玄宗、肅宗、代宗、德宗四朝新譯之經未能入藏，故
撰成此錄，收錄四朝翻譯經典及聖賢著述。

　　圓照曾於書末自述此錄之內容曰："《大唐貞元續開元釋教錄》三卷：上
卷翻經，中卷疏記，下卷入藏。"[3]此錄上卷收錄《開元釋教錄》之後，金剛

---

1 圓照《大唐貞元續開元釋教錄》卷下，《大正藏》第55冊，第770頁。
2 圓照《大唐貞元續開元釋教錄》卷下，《大正藏》第55冊，第770頁。
3 圓照《大唐貞元續開元釋教錄》卷下，《大正藏》第55冊，第770頁。

智、無能勝、利言、不空、般若於四朝（玄、肅、代、德）所譯密教經籍162卷，以及譯經時所上表奏。中卷分兩部分，一爲良賁《仁王護國般若波羅蜜多經疏》、良秀《大乘理趣六波羅蜜多經疏》等經論注疏64卷，以及奉敕修撰時所上表奏；二爲圓照、道宣、一行所撰集之著作86卷。下卷爲入藏錄，收錄四朝所翻經論、及疏記碑表等總345卷30帙。從此可以看出，上、中二卷主要依據譯人、撰者排列經典及相應表奏，實爲代錄，下卷爲入藏錄。則此錄之體制，也由代錄與入藏錄兩部分組成。

圖表60：《大唐貞元續開元釋教錄》綱目圖

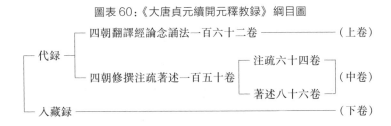

《貞元續開元釋教錄》的特點是代錄部分收錄了譯經、注經相關的表制章奏。如不空大曆七年上表奏上所譯之經，其文曰：

> 右特進試鴻臚卿三藏沙門大廣智不空奏：爰自幼年，承事先師大弘教三藏和上二十有四載，稟受瑜伽法門。後游五天，尋求所未受者并諸經論，更重學習。凡得梵本瑜伽真言經論五百餘部，奉爲國家詳譯聖言，廣崇福祐。……自開元至今大曆六年，凡一百一卷，七十七部，并目一卷，及題筆受僧俗名字，繕寫已訖。謹因降誕之辰，謹具進奉。庶得真言福祐，長護聖躬，大乘威力，永康國界。[1]

再如般若譯《大乘理趣六波羅蜜多經》，錄中記曰：

---

1 圓照《大唐貞元續開元釋教錄》卷上，《大正藏》第55冊，第749—750頁。

　　　貞元四年四月十九日牒，次牒祠部，准敕亦然。轉牒京城諸寺大德。
罽賓三藏沙門般若宣譯梵本，翰林待詔光宅寺沙門利言譯梵語，西明寺
沙門圓照筆受，資聖寺沙門道液、西明寺沙門良秀、莊嚴寺沙門圓照並
潤文，慈恩寺沙門應真、醴泉寺沙門超悟、光宅寺沙門道岸、西明寺沙
門窅空並同證義。自六月八日欲創經題……自後日來月往，兩上翻經，
十月中旬譯文周畢，至十一月十五日繕寫復終。二十八日，大設威儀，
綵車音樂，入於光範甫光順門，修表上聞，奏進新經。[1]

詳細記述了《大乘理趣六波羅蜜多經》翻譯的主譯、筆受、潤文、證義等
人，以及翻譯、進獻之過程，爲吾人了解唐代譯場譯經的具體程序提供了不
可多得的史料。而這詳載譯經表奏制文及譯經人員的形式，也爲宋代兩部經
録《大中祥符法寶録》及《景祐新修法寶録》所繼承。

7. 貞元新定釋教目録

　　三十卷，唐釋圓照撰，存。收於麗藏“説”至“丁”函，大正藏第55
册，日本古寫本多種。圓照有《大唐貞元續開元釋教録》，已著録。

　　《貞元新定釋教目録》始撰於貞元十五年，成於十六年，乃是圓照以
《開元釋教録》爲基礎，加入玄宗、肅宗、代宗、德宗四朝新譯經纂集而成。
圓照序曰：

　　　謹按舊録云：夫目録之興也，蓋所以別真僞，明是非。記人代之古
　　今，標卷部之多小……今觀先賢所撰，冠絕群英。伏從庚午以來，增七
　　十祀，三藏繼踵，于今四朝。聖上欽明，翻譯相次一百餘部，經律特明，

---

1 圓照《大唐貞元續開元釋教録》卷上，《大正藏》第55册，第756頁。“京城”原作“京誠”據
金藏本改。

累降鴻私，許令修述。圓照等才智短淺，思不延文，祇奉皇恩，俛仰恭命。今所譯者，約以類分，隨三藏文相次附入。自惟以索繼組，以礫次金，疑則闕之，以俟來哲也。[1]

其中之舊録即智昇《開元釋教録》。圓照認爲《開元釋教録》雖然"冠絶群英"，然而自開元庚午（十八年）之後，又經四朝七十餘年，僧俗傳譯經籍一百餘部，未能整理入藏。故而自己繼踵智昇，將新譯之文附入三藏之中。

《貞元新定釋教目録》在《開元釋教録》基礎上，共收録自後漢明帝永平十年至唐德宗貞元十六年計734年187人，所譯經典及賢聖集傳2417部7388卷。[2]與《開元釋教録》一樣，此録亦開爲總録、別録二分。總録又分爲二部：一爲特承恩旨録，記録四朝新譯經典；二爲總集群經録，記録自漢至唐譯人譯事，以時代先後排列，不據三藏分經。別録也分爲二部：一爲乘藏差殊録，包括有譯有本録、有譯無本録、支派別行録、删略繁重録、拾遺補闕録、疑惑再詳録及僞邪亂正録七部；二爲賢聖集傳録，包括梵本翻譯與此方撰述兩類（其綱目見圖表61）。

圖表61：《貞元新定釋教目録》綱目圖

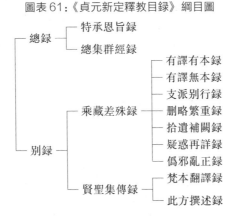

```
              ┌── 特承恩旨録
      總録 ───┤
      │       └── 總集群經録
      │                      ┌── 有譯有本録
      │                      ├── 有譯無本録
      │                      ├── 支派別行録
      │       ┌── 乘藏差殊録 ─┼── 删略繁重録
      │       │              ├── 拾遺補闕録
      │       │              ├── 疑惑再詳録
      別録 ───┤              └── 僞邪亂正録
              │              ┌── 梵本翻譯録
              └── 賢聖集傳録 ─┤
                             └── 此方撰述録
```

1　圓照《貞元新定釋教目録》卷首，《大正藏》第55册，第771頁。

2　大正藏本、高麗藏本所載卷數、部數互有出入，以2417部7388卷爲確。參小野玄妙主編《佛書解説大辭典》第六卷，第49頁。

《貞元録》除總録"特承恩旨録"及"總集群經録"唐代部分外，多直接纂集於《開元釋教録》，圓照自己則無多建明，故贊寧《宋高僧傳·智昇傳》稱贊智昇《開元釋教録》"最爲精要"的同時，批評《貞元新定釋教録》曰："後之圓照《貞元録》也，文體意宗，相岠不知幾百數里哉。"[1]

《貞元録》現存日本古寫本二十餘種，與高麗藏本多有不同。主要爲：一、後世經典的竄入，二、三階教經典的删除。[2]

8. 大唐保大乙巳歲續貞元釋教録

一卷，又作《續貞元釋教録》，南唐釋恒安撰，存。收録於趙城金藏"世"字函，麗藏"惠"字函，大正藏第55册。

恒安，生平不詳，唐末五代禪宗僧人。《續貞元釋教録》題曰"西都右街報恩禪院取經禪大德恒安集"，知恒安住西都報恩禪院。又據陸游《南唐書·烈祖紀》載："（昇元元年）以建康爲西都，廣陵爲東都。"[3]當時之西都，即建康，故恒安爲建康僧人。又《釋氏稽古略》卷三《清涼文益傳》載："南唐有國，唐主迎師（文益）住金陵報恩禪院，署號净慧禪師。"[4]可知法眼宗師文益亦曾住金陵報恩禪院，而恒安又自署爲禪僧，或即是法眼宗僧人。據《續貞元釋教録序》，恒安於唐昭宣帝天祐年間，至江南。又於南唐烈祖昇元二年（938），前往五臺山寫經。南唐元宗李璟保大三年（945），回到建康，并撰成《續貞元釋教録》。餘則不詳。

此録前有恒安序，言其撰録之緣起云：

開元一十八年庚午之歲，西京西崇福寺沙門智昇，撰《開元釋教録》

---

1 贊寧撰，范祥雍點校《宋高僧傳》卷五，第95頁。

2 相關研究參張旭《編目與造藏：唐宋之際的經録與藏經》，浙江大學博士論文2020年，馮國棟指導。

3 陸游《南唐書》卷一，中華書局，1985年，第6頁。

4 覺岸《釋氏稽古略》卷三，《大正藏》第49册，第854頁。

二十卷，目爲開元録藏。總大小乘經律論，及賢聖傳集，共五千四十八卷，計四百八十一帙，盛行於世。又經歷四朝，玄宗、肅宗、代宗、德宗，屆德宗皇帝貞元十年甲戌之歲，又計六十五年，其間梵僧七人，同共宣譯，得大小乘經律論，及《開元目》中遺編，義净所譯律文，及《大佛名經》《別傳》等，共一百三十四部，二百九十九卷，西京西明寺沙門圓照集《續開元録》三卷。又於貞元十五年，奉敕撰《貞元釋教録》三十卷，并前七人梵僧等所譯文，共三百三十二卷。通前《開元録藏》，都共五千三百八十卷，計五百一十帙，目爲貞元録藏，宣示流行。唯江表已來，其間一兩部，雖有餘，未編藏内。但恒安頃於天祐丁丑之歲，屆于江表，歷謁名山，參尋知識。以問參之外，看覽藏經之次，因共道友言論，述其《貞元藏》。猷遂啟私懇，誓取兹經，將還上國。冀資皇化，永福邦家。以潛賴聖朝，仰憑叡力，於大唐昇元二年，特遠游禮五臺山，迴於關右已來，寫録得前件《貞元録藏》經律論等，於大唐保大三年，却迴帝闕。……除《開元録》藏經數外，今都新計數，總共一百四十部，計四百一十三卷（内續新經目一卷），合四十三帙。[1]

唐武宗會昌滅佛，南方經籍殘損最重，而河朔三鎮政治相對獨立，故滅佛之事未大行，經籍保存較好。[2]故宣宗朝有南方寺院入太原求經之事，唐李節《餞潭州疏言禪師詣太原求藏經詩序》載，潭州道林寺僧疏言於宣宗大中九年北上太原求得佛經五千餘卷。[3]可見當時南方僧人求經於河北之情況。恒安北游五臺與關右寫經，當與此風潮有關。

1 恒安《大唐保大乙巳歲續貞元釋教録》卷首，《大正藏》第55冊，第1048頁。
2 參圓仁撰，小野聖年校注，白化文等補校《入唐求法巡禮行記校注》，花山文藝出版社，1992年。
3 董誥編《全唐文》卷七百八十八，第8249—8250頁。關於疏言募緣補藏事，請參方圓《會昌法難後地方僧人募緣復藏研究：從唐大中三年潭州道林寺銘文撰滿談起》，武漢大學中國三至九世紀研究所編《魏晉南北朝隋唐史資料》第三十九輯，上海古籍出版社，2019年，第181—200頁。

此録之入藏録，作者自云收經 140 部，實收經 144 部。筆者對照圓照《大唐貞元續開元釋教録》發現：恒安《續貞元釋教録》中所收大乘經論部分僅《大方廣佛花嚴經》與《千臂千鉢曼殊室利經》二經在録中位置有所不同外，其餘部分與《大唐貞元續開元釋教録》卷下入藏録完全相同。故恒安所續入者僅義净所譯小乘律五部，及圓照《續開元録》《貞元新定釋教目録》、從梵《一切經源品次録》及自己所撰《大唐續貞元釋教録》等近十部經典。有學者認爲："衆多要籍因斯入藏而得流傳不絶，尤以密宗儀軌爲甚，其有功於教乘者亦偉矣。"[1]其實此録中所收密教儀軌完全抄録於圓照《大唐貞元續開元釋教録》，并非恒安所集。

9. 天聖釋教總録

原作二帙，宋釋惟净撰。僅有金藏廣勝寺本，共三册，上册已亡佚，現存中、下二册，現存二册中亦時有缺頁。又收入《宋藏遺珍》第 6 册、《中華大藏經》第 72 册。

惟净，生卒年不詳，金陵人，真宗曾賜"光梵大師"之號。俗姓李，南唐後主李煜之侄。七歲出家，十一歲誦《法華經》。太平興國八年（983），朝廷爲續譯經之業，選拔童子五十名習梵，惟净入選。後受度爲僧，深通瑜伽秘密教及天竺音義、真言秘印，又習《維摩》《般若心經》等。大中祥符二年（1009）賜朝散大夫試光禄卿，專事譯經。師於天禧二年（1018）至三年，與施護、法護等合譯經 27 部 172 卷。後不知所終。依成尋之《參天台五臺山記》卷四熙寧五年十月條，可推知其示寂於熙寧五年以前，追謚爲"明教三藏"。[2]師撰有《新譯經音義》《景祐天竺字源》等。生平見《佛祖統紀》卷四十三、卷四十四、卷四十五，《釋門正統》卷四，《補續高僧傳》卷一。

---

1 周叔迦《釋家藝文提要》，第 601 頁。
2 成尋著，王麗萍校點《新校參天台五臺山記》卷四，第 285 頁。

此録上册亡佚，中册前亦有缺頁。從現存情況來看，中册所記多小乘阿含部經典。而下册主要由三部分組成：一爲《貞元録》入藏録部分；二爲《大中祥符法寶録·總排新經入藏録》部分；三爲大中祥符五年五月後續譯出之經論，即《大中祥符法寶録》之後的宋代譯經。又此録卷末云：“右《天聖釋教總録》中都收《開元舊録》并附續新編及《正元法寶》等録，共計六百二帙，六百二號。”由以上資料可知，《天聖釋教總録》爲通紀各代入藏經典之目録，其卷一、卷二爲《開元録》入藏録部分，而卷三爲《貞元録》入藏録部分及宋代新譯入藏經論。據《佛祖統紀》卷五十三“經目僧數”條：“宋仁宗，三藏惟净進《天聖釋教録》，凡六千一百九十七卷。”[1]由此可知，此録所收經籍之總數爲 6 197 卷，較《開元釋教録》5 048 卷，增加 1 149 卷。

關於此録之撰作時間，《玉海》載：“天聖四年，惟净請以皇朝經總成一録。詔合三録（馮案：即《開元釋教録》《貞元録》《大中祥符法寶録》），令續譯經律論、西方東土聖賢集傳爲之，凡六千一百九十七卷。”[2]又《佛祖統紀》載：“（天聖）五年，三藏惟净進大藏經目録二帙，賜名《天聖釋教録》，凡六千一百九十七卷。”[3]綜合以上兩則材料可知，《天聖釋教總録》始撰於天聖四年（1026），成於五年。

亡 佚 諸 録

1. 綜理衆經目録

一卷，東晋道安撰，佚。

道安（312—385），常山扶柳縣（今河北冀州境），爲中國佛教史上最傑

---

1 志磐撰，釋道法校注《佛祖統紀校注》卷五十四，第 1270 頁。
2 王應麟《玉海》卷一百六十八，第 3082 頁。
3 志磐撰，釋道法校注《佛祖統紀校注》卷四十六，第 1068 頁。

出高僧之一。道安一生可分爲三個階段，即華北時期（53歲之前）、襄陽時期（53—67歲）、長安時期（67—74歲）。五十三歲之前，道安主要在今華北河北、山西、河南三省活動。年十八出家，二十四歲於鄴城受業於高僧佛圖澄。晋穆帝永年五年（349）左右，先後避難於山西濩澤（今山西陽城）、河北飛龍山（今河北涿鹿縣境）。約於永和十年，於太行恒山立寺，後應武邑（今河北武邑）太守盧歆之邀，暫住武邑。晋穆帝升平元年（357），年四十五，還鄴都，住受都寺。其後又至山西王屋女林山，河南省陆浑县（今河南嵩县境）。此即爲道安生平之第一階段。晋哀帝興寧三年（365），慕容恪略河南，道安南投襄陽，開始長達十五年的襄陽之行。道安在襄陽，先居白馬寺，後居檀溪寺，設立規制，接引徒衆；疏解講説，校理經典。晋武帝太元四年（379），前秦苻氏克襄陽，道安隨之長安，參與譯場，弘護譯經。道安一生流離亂世，幾經播遷，然志意堅確，弘法不輟。兩次分張徒衆，將北方禪數之學引入南方，居功至偉。道安對經典之傳譯、整理、講明三致其意。據《出三藏記集》之記載，道安撰有《光讚折中》《光讚抄解》等二十七卷解説經典之作，疏解之經典，多爲禪學與般若學。僧祐作傳，稱："安窮覽經典，鈎深致遠。其所注《般若》《道行》《密迹》《安般》諸經，並尋文比句，爲起盡之義，及《析疑》《甄解》，凡二十二卷。序致淵富，妙盡玄旨。條貫既叙，文理會通，經義克明，自安始也。"[1]湯用彤先生盛贊其偉業曰："蓋安法師於傳教譯經，於發明教理，於厘定佛規，於保存經典，均有甚大之功績。"[2]

　　道安《綜理衆經目録》雖已亡佚，然僧祐撰作《出三藏記集》"銓名録"一部則以道安之録爲基礎增訂而成，故道安録雖亡而未亡。吾人亦可借《出三藏記集》之記載，了解安公於經録之貢獻。僧祐《〈出三藏記集〉序》言：

1　僧祐撰，蘇晋仁、蕭錬子點校《出三藏記集》卷十五，第561頁。
2　湯用彤《漢魏兩晋南北朝佛教史》，第135頁。

"昔安法師以鴻才淵鑒，爰撰經録。訂正聞見，炳然區分。"[1] 在 "新集撰出經律論録" 之小序中，僧祐又言："爰自安公，始述名録，銓品譯才，標列歲月。"[2] 結合僧祐之評價及《出三藏記集》之引録，《綜理衆經目録》之特點約爲三點：一曰訂正聞見，二曰炳然區分，三曰銓品譯才。

一、訂正聞見。從《出三藏記集》所引可知，道安對所著録之佛教經典進行過經較詳細的對勘與考證。如《出三藏記集》卷二：

> 《大道地經》下注："安公云：《大道地經》者，《修行經》抄也。"
> 《漏分布經》《四諦經》二經下注："安公云：上二經出《長阿含》。"
> 《難提迦羅越經》下注："安公云：似世高（安世高）撰也。"
> 《道行經》下："安公云：《道行品經》者，《般若》抄也。"
> 《問署經》下："安公云：出方等部。"
> 《老女人經》下注："安公云：出阿毗曇。"

卷三：

> 《修行本起經》下注："安公言：南方近出，直益《小本起》耳。"
> 《三十七品經》下注："安公云：出律經。"

從上面的引證，道安對所著録經典既有摘譯小經、同本異譯的勘同，也有譯者推定，復有譯出地點的記録，可以看出道安 "訂正聞見" 之功。

二、炳然區分。道安不僅對所著録之單部經籍進行考證，對所著録之經

---

1 僧祐撰，蘇晉仁、蕭鍊子點校《出三藏記集》序，第2頁。
2 僧祐撰，蘇晉仁、蕭鍊子點校《出三藏記集》卷二，第22頁。

典也進行了分類，其分類之標準則爲經籍的真僞程度。依據《出三藏記集》之記載，《綜理衆經目録》共有七個類目，即經論録第一、失譯經録第二、涼土異經録第三、關中異經録第四、古異經録第五、[1]疑經録第六、注經及雜經録第七。據此道安分經之大類有五：有譯經、失譯經、異經、疑經及注經。其中有譯經與失譯經雖然有有譯者與失譯者之差別，但皆爲有源之經，可信度最高。異經雖不屬於疑經，然其來源不清，故安公特設"異經"一類，以處上不至於有源之經，下不至於疑經的經典，其可信程度也在疑經與失譯經之間。從此可見，安公分類的目的在於別真僞，有譯經、失譯經、異經、疑經，依此順序，可信度逐漸下降（分類見圖表2）。

三、銓品譯才。道安除對經籍進行分類考訂之外，還對譯人翻譯的水平、風格進行評論。部分評論尚保存在《出三藏記集》"序列傳"中。如"安玄傳"所附"嚴佛調""康孟詳"傳：

> 安公稱："佛調出經，省而不煩，全本妙巧。"
> 安公稱："孟詳出經，奕奕流便，足騰玄趣。"

此二例，即是道安對嚴佛調、康孟詳譯經風格的評述，亦即僧祐所言"銓品譯才"的部分。後敦煌本《衆經別録》於譯人、譯經之下標列"文""質""文質均"等評述，或是受道安《綜理衆經目録》之影響。

道安之前，雖有佛教經録之撰，然多僅記一人、一時、一地之譯經，對當時所有佛教經典進行綜理校理者，尚未之見。道安一方面搜集經籍，一方面參閱衆録，對當時之佛教經籍進行全面之整理，居功甚偉。《綜理衆經目

---

1 在《出三藏記集中》中，"古異經録"在"失譯經""涼土異經録"及"關中異經録"之前，然據僧祐序言："安公覈其古異，編之於末；祐推其歲遠，列之于首"，可知"古異"一録在《綜理衆經目録》中應在其他類目之後。

録》不僅成爲僧祐《出三藏記集》"銓名録"部分的主要基礎，而其所創之
"有譯録""失譯録""疑經録""注經録"皆爲後世所繼承。

2. 續大唐内典録

一卷，釋智昇撰，佚。

智昇《開元釋教録》卷九，記録自己的著作，其中有《續大唐内典録》
一卷，下注："同前十八年撰。""同前"即言此書與《開元釋教録》同撰於
開元十八年。而卷十"叙列古今諸家目録"中於道宣《大唐内典録》後亦著
録《續大唐内典録》，并對此録之内容有所交代，其言曰：

> 《續大唐内典録》一卷，開元庚午歲西崇福寺沙門智昇撰。
> 歷代衆經傳譯所從録，從麟德元年甲子至開元十八年庚午，前録未
> 載，今故續之。

此處之"前録"，即《大唐内典録》。如前所述，《大唐内典録》十録中第一
録即爲"歷代衆經傳譯所從録"，記録歷代之譯經與譯人。《大唐内典録》代
録斷自麟德元年，此後之譯人譯經未能收録。由此可知，智昇《續大唐内典
録》實是續道宣《大唐内典録》的代録部分，時間從麟德元年至開元十八年
智昇撰作《開元釋教録》爲止。

今日存世之大藏經，如高麗藏、金藏、普寧、明代南北藏，皆收有一卷
題爲《續大唐内典録》之著作，然此作并非智昇所撰《續大唐内典録》，何
以知之？

大藏所收題爲《續大唐内典録》之作由三部分組成，首爲佚名之讚序，
次爲序言及代録簡目，末爲東漢之譯經與譯人。然考其内容，除讚序之外，
其他内容與道宣《大唐内典録》卷一代録部分多同，主要記載東漢之譯人譯

經。爲方便比較，兹列表如次（圖表62）：

圖表62：《大唐内典録》與題爲《續大唐内典録》比較表

題爲《續大唐内典録》代録序	《大唐内典録》代録序
自教流東夏，代涉帝朝，必假時君，弘傳聲略。然後玄素依繕，方開基構。明后重其義方，情在監護；闇君順其倫軌，相從而已。故始自後漢，爰泊惟唐，世變澆淳，宗猷莫二。皆欽承至訓，爲滅結之元標；體解玄圖，鏡死生之本據。故能傳度梵網，代代滋彰；斯即法施奔流，時時不絶。然則西番五竺，祖尚天言；東夏九州，聿遵鳥迹。故天書天語，海縣之所絶思；八體六文，大夏由來罕觀。致令昔聞重譯，方見於斯。然夫國史之與禮經，質文互舉；佛言之與俗典，詞理天分。何以知耶？佛之布教，説道爲先，開蒙解樸，決疑去滯。不在文華，無存卷軸。意在啓情理之昏明，達神思之機敏。斯其致也。諦聽諦聽，善思念之，吾當爲汝分別解説斯聖言也。善哉善哉，願樂欲聞，唯願世尊分別解説，斯受法也。言重意得，不慮煩筆。但論正語，莫叙文對，斯本經也。譯從方俗，隨俗所傳，多陷浮訛，所失多矣。所以道安著論，五失易從，彦琮屬詞，八倒難及。斯誠證也。諸餘俗習，不足涉言。今録彼帝世翻譯賢明，并顯時君信毀偏競，以爲初録。且夫漢晋隋唐之運，天下大同，歲朔所臨，法門一統。魏宋齊梁等朝，地分圮裂，華夷參政，翻傳並出。至於廣部傳俗，絶後超前。即見敷揚，聯輝惟遠。今則隨其時代，即而編之。仍述道俗所撰，附之於後。庶將來同覩其若面焉。	自教流東夏，代涉帝朝，必假時君，弘傳聲略。然後玄素依繕，方開基搆。明后重其義方，情存監護；闇君順其倫軌，相從而已。故始自後漢，爰泊巨唐，世變澆淳，宗猷莫二。皆欽承至訓，爲滅結之元標；體解玄圖，鏡死生之本據。故能傳度梵網，代代滋彰；斯即法施奔流，時時不絶。然則西蕃五竺，祖尚天言；東夏九州，聿遵鳥迹。故天書天語，海縣之所絶思；八體六文，大夏由來罕觀。致令昔聞重譯，方見於斯。然夫國史之與禮經，質文互舉；佛言之與俗典，詞理天分。何以知耶？故佛之布教，説導爲先，開蒙解樸，決疑去滯。不在文華，無存卷軸。意在啓情理之昏明，達神思之機敏。斯其致也。諦聽諦聽，善思念之，吾當爲汝分別解説斯聖言也。善哉善哉，願樂欲聞，唯願世尊分別解説，斯受法也。言重意得，不慮煩筆。但論正悟，莫叙文對，斯本經也。譯從方俗，隨俗所傳，多陷浮訛，所失多矣。所以道安著論，五失易從；彦綜屬詞，八例難及。斯誠證也。諸餘俗習，不足涉言。今録彼帝世翻譯賢明，并顯時君信毀偏競，以爲初録。且夫漢晋隋唐之運，天下大同，正朔所臨，法門一統。魏宋齊梁等朝，地分圮裂，華夷參政，翻傳並出。至於廣部傳俗，絶後超前，即見敷揚，聯耀惟遠。今則隨其時代，即而編之。仍述道俗所撰，附之於後。庶將來同覩其若面焉。

對比所謂《續大唐内典録》代録之序與《大唐内典録》代録之序，二者除個別詞語有別外，大類皆同。而大藏所收《續大唐内典録》記載主要爲東漢之譯人譯經，并無麟德元年至開元十八年之譯經。職是之故，姚名達先生認爲，歷代大藏中所收所謂《續大唐内典録》實即道宣《大唐内典録》之草稿殘本：

《大藏》又收有《續大唐内典録》一卷，序下注云："麟德元年於西明寺起首，移總持寺釋氏撰。"元明兩本并云："大唐西明寺沙門釋道宣撰。"按其文字，前半序目全抄宣《録》卷一，後半略異，且没其譯人。仔細比較，知此本决非續録，或爲道宣初稿之殘本。《大藏》存之，殊無謂也。而昇《録》卷十載有《續大唐内典録》一卷，自注："開元庚午歲，西崇福寺沙門智昇撰"。并云即"歷代衆經傳譯所從録"，又注云："從麟德元年甲子至開元十八年庚午，前録未載，今故續之。"寧《傳》亦謂昇有此續録。據此實録，則此書爲智昇所撰，并非道宣。而現存之本，亦非昇之舊也。[1]

確如姚名達所言，大藏中所收《續大唐内典録》絕非智昇之作。然而，大藏中所收題爲《續大唐内典録》歷時甚久。唐元和二年（807）慧琳所撰《一切經音義》及後晉可洪《新集藏經音義隨函録》於道宣《大唐内典録》之後皆有《續大唐内典録》。而據此二書解釋之字、詞，與今日大藏所收題爲《續大唐内典録》者，皆若合符契。兹列《一切經音義》與《新集藏經音義隨函録》所釋之字與《大正藏》所收以高麗本爲底本的題爲《續大唐内典録》相應文句如次（圖表63）：

圖表63：慧琳、可洪音義與大正藏本《續大唐内典録》對照表

慧琳《一切經音義》	可洪《新集藏經音義隨函録》	大正藏本《續大唐内典録》
序文		
	動揰	**動植**同熟
	嵯峨	或藏**嵯峨**
部裹	部裹	不失得**部帙**深大卷

1 姚名達《中國目録學史》，第243頁。

慧琳《一切經音義》	可洪《新集藏經音義隨函録》	大正藏本《續大唐内典録》
	尋痒（正作"詳""庠"二形）	執杖尋庠
	弃溾	棄時俗如棄溾
	操律	操律建迹於總持寺
録文		
筌蹏		我倒之筌蹏
	從帣	從帙入藏
爰暨（録作"洎"非）	爰洎	故始自後漢爰洎惟唐
澆淳		世變澆淳宗猷莫二
	聿遵	東夏九州聿遵鳥迹
	罕覿	八體六文大夏由來罕覿
	解撲	開蒙解撲决疑去滯
煩挐	煩挐	不慮煩挐
	彦琮	彦琮屬詞八倒難及
	聯輝	即見敷揚聯輝惟遠
	圮裂	地分圮裂
	編之	今則隨其時代即而編之
	摩騰	後漢沙門迦葉摩騰
	蔡愔	隨漢使蔡愔東返至雒邑
蕴其		使摩騰蕴其深解不復多翻
	邠邸	阿那邠邸化七子經
抆飾（録文作"潤"誤）		並言直旨詣不加潤飾
孛本	孛本	孛本經二卷
兜沙		兜沙經二卷

從以上對比可以看出，唐代慧琳與後晉可洪當日所見之《續大唐内典録》與今日藏經所收爲同一著作。亦即是説，從中唐開始，今日藏經所收實爲道宣

《大唐内典録》作品的草稿就被誤認爲是智昇所撰《續大唐内典録》了。那麼，這又是爲何？依筆者之懸想：唐代某部大藏中收録了道宣《大唐内典録》全文及卷一的草稿，而整理藏經之人據智昇《開元釋教録》校理藏經，將這部附於《大唐内典録》後的草稿命名爲《續大唐内典録》。之所以産生這樣的錯誤，在於《開元釋教録》入藏録《大唐内典録》之後即爲智昇之《續大唐内典録》。

綜上所考，智昇原撰有《續大唐内典録》一卷，其内容是續補道宣“歷代衆經傳譯所從録”中自麟德元年至開元十八年的部分，可能即是後來收入《開元釋教録》卷九“總括群經録・大唐傳譯之餘”這一部分。此後，由於《續大唐内典録》與《開元釋教録》相重複，故而智昇《續大唐内典録》不久即亡佚了。而唐代某部寫本大藏中，於道宣《大唐内典録》後收了道宣《内典録》卷一的底稿，而整理者據《開元釋教録》，遂將道宣《大唐内典録》卷一底稿殘本誤作了已亡佚的智昇的《續大唐内典録》，於是便有了今日大藏中所收題爲《續大唐内典録》的著作。

以上合現存、亡佚共十一種

其他目録第九

其他目録者，或以性質不明，或以數量寡少，不足以獨立部類，故概歸入此部中。《廬山録》《弘充録》《貞元捨拾録》《大藏經隨函索隱》《釋書目録》等，其書久佚，復無相關材料以證其性質，故入此類。《南山律師撰集録》《天台智者大師所著經論章疏科目》《大唐代州五臺山大華嚴寺般若院比丘貞素所習天台智者大師教迹等目録》爲個人著述目録，葉恭綽《旅順關東廳博物館所存敦煌出土之佛教經典》及胡文玉《敦煌寫本佛經草目》爲敦煌佛經目録，慶吉祥《至元法寶勘同總録》爲蕃漢勘同目録，而周叔迦《窺基大師著述引經目》則爲引書目録。凡此數類，或一種或二種，雖不足獨立分部，然亦足徵佛教經録體例豐富，撰作多門，今并於此部述之。

今通考現存、亡佚、未見，得二十二種，列其他目録第九。

現 存 諸 録

1. 南山律師撰集録

一卷，元照撰，存。見元照《芝園遺編》卷下。

元照（1048—1116），字湛然，俗姓唐，餘杭（今屬浙江杭州）人，爲北宋律宗、浄土宗高僧。少依祥符寺東藏惠鑒爲童行，治平二年（1065）試《法華經》得度。熙寧元年（1068），從神悟處謙習天台教觀，并精研戒律。元豐元年（1078），從廣慈慧才受菩薩戒。後嗣法律宗名家允堪，博究南山律學。元豐八年（1085），高麗義天入杭求法，曾從元照學律，并將元照著作攜歸高麗。紹聖五年（1098），於明州（今浙江寧波）開元寺築戒壇，依律傳戒，影響甚大。政和六年圓寂，年六十九。南宋高宗紹興十一年（1141），謚號大智律師。元照弟子見於史傳者有用欽、戒度、行詵、慧亨、道言、宗利、思敏等人。元照一生勤於著述，《新續集高僧傳》本傳稱："（元照）嘗謂其徒曰：'欲化當世，無如講説；若垂來兹，必資著述。'故口誦手書，孜孜不輟，累歲積學，老而忘疲。"[1] 著有《四分律行事鈔資持記》《四分律羯磨疏濟緣記》《四分律含注戒本疏行宗記》《觀無量壽佛經義疏》《阿彌陀經義疏》。又有《芝園集》《補續芝園集》《芝園遺編》等著作。生平見《釋門正統》卷八、《新續集高僧傳》卷二十七、《往生集》卷一。

元照一生弘傳南山律宗，心儀道宣，而《南山律師撰作集》即爲蒐羅道宣著作而編成的一部專録。在元豐元年爲此録所作後叙中，元照首先回顧了佛教戒律弘傳的歷史及南山一宗的發展，并言撰作此録之因緣曰：

　　後况經會昌之孽，五代之亂，諸宗典籍，率爲煨燼。故祖師之訓，亡逸過半矣。且夫教者所以辨其道，文者所以持其教，文或墜則教不存，教不存則道不明。故文之於世，是可廢耶？是以在昔尊道輔教之士，患斯文之將喪，嘗攬諸名題，集爲別録，使來者得其名而獲其本，其所列亦已博矣。但搜括未詳，時代差誤，布屑紊雜，不足披撿。今以《内典》《開元》等録及戒疏、後序諸文，批誌看詳對會，重纂一本，各從其類，節爲五科：以其遠惡清身，行根道本者，莫大乎戒律，故有初也。窮神蕩累，莫深乎經論，故有次也。持危禦侮，必在乎弘護，故有三也。克勤自進，必假乎軌度，故有四也。勝迹光遠，必藉乎傳録，故有五也。

---

1 喻謙《新續集高僧傳》卷二十七，民國十二年鉛印本。

至於卷數之開合，年曆之前後，若見行、若遺逸。或編入大藏，或標題
不同，悉備見于注。[1]

元照認爲文以持教，教以辨道，故文獻對於辨道持教甚爲關要，然因會昌滅
法，五代戰亂，典籍散亡，故有搜集前人著作之必要。對於道宣著作，前人
雖有所搜集整理，然而"搜括未詳"，考訂不精，分類不當，"時代差誤"，
故而參考《大唐内典録》《開元釋教録》及各家注疏、序跋撰成此録。

全録分五部，即宗承律藏部、弘贊經論部、護法住持部、禮敬行儀部、
圖傳雜録部。其中宗承律藏部收《四分律删繁補闕行事鈔》《教俗士設齋儀》
等 21 部 37 卷律部注疏作品。弘贊經論部收録《妙法蓮華經苑》《注時非時
經》等解釋弘揚經論的著作 7 部 64 卷。護法住持部收録《廣弘明集》《結集
正教住持遺法儀》《付囑儀》等護教著作 15 部 76 卷。禮敬行儀部收録《釋
門正行懺悔儀》《釋門歸敬儀》等 4 部 6 卷。圖傳雜録部收録《續高僧傳》
《後集高僧傳》《終南山化感寺制》等傳記圖贊類作品 14 部 84 卷。

此録於道宣之著作，注存、亡、未見，或略有解題，辨其卷帙分合、書
名遷變等。如《四分律删繁補闕行事鈔》下注云：

《内典録》題云：《行事删補律儀》，武德九年製，貞觀四年重修，或
云"八年"。或爲"六卷"，今分十二卷，並後人支開，然非本數。有云
"祖師自分"者，非也。見行。[2]

對此作之作時、卷數之開合、流傳情況進行了著録與考訂。再如《四分律拾
毗尼義鈔》：

1 元照《芝園遺編》卷下，《卍續藏》第 105 册，第 575 頁。
2 元照《芝園遺編》卷下，《卍續藏》第 105 册，第 570 頁。

有本題云《拾毗尼要》，貞觀元年製，後流新羅，此方絶本。至大中
四年，彼國附還。元有三卷，今始獲上、中二卷，未見下卷。近人分中
爲下，且成上數，失其本矣。今以兩卷，開爲四卷。見行。[1]

記載此書流傳新羅并回流，以及卷數分合及亡佚之情況。再如《釋迦略譜》：

麟德二年九月十八日，於西明寺撰。或云"釋氏譜"，或無"略"
字，或云一卷。見大藏。[2]

著録此書之撰集時、地，書名、卷數之變化，及附於大藏的情況。

元照一生對道宣甚爲仰慕，對道宣著作搜集甚勤，但也因搜集務求全面，
故也時有誤收。如《諸經要集》一書，本爲道世著作，而元照則將其録爲道
宣之作。[3]

2. 至元法寶勘同總録

十卷，元釋慶吉祥撰，存。收於磧砂藏第 586 册，南藏"盟"字函，北
藏、嘉興藏"禪"字函，清藏"農"字函，《昭和法寶總目録》第 2 册。另
有姚振宗師石山房抄本，嚴靈峰《書目類編》影印天津刻經處民國二十年
刻本。

元釋念常《佛祖歷代通載》卷二十二載："帝（元世祖）見西僧經教與

1 元照《芝園遺編》卷下，《卍續藏》第 105 册，第 570 頁。
2 元照《芝園遺編》卷下，《卍續藏》第 105 册，第 573 頁。
3 元照《芝園遺編》卷下："《諸經要集》二十卷，今藏中題云'玄惲撰'，《隨函音》云'道世撰'。
又云'道集''道譯'等，皆誤也。今據卷首，祖師自序云：嘗於顯慶中，讀一切經，隨情逐要，人堪行
者，善惡業報，條出於此。述篇三十，勒成兩帙，冀道俗依行等。則驗非他撰明矣。見大藏。"（《卍續
藏》第 105 册，第 572 頁）案：玄惲即道世之字，因避唐太宗諱而以字行。而元照所引序言，也爲道世
所撰。

漢僧經教，音韻不同，疑其有異，命兩土名德對辯，一一無差。帝曰：'積年
疑滯，今日決開。'"下有小注曰："故有《法寶勘同》。"[1]可知《至元法寶勘
同總録》之作緣於元世祖對蕃漢二家經教不同之懷疑。

　　《昭和法寶總目録》第 2 册所收之《至元録》前有大德十年釋克己序言、
《至元録》編校人員名單、至元二十六年杭州靈隱寺住持浄伏序，卷一又有
慶吉祥自序。據此四序，大概可推知此録之成書及刊印情況。慶吉祥序曰：
"惟我大元世主……搜遺訪闕，有教必申，念藏典流通之久，蕃漢傳譯之殊，
特降綸言，溥令對辯，諭釋教總統合台薩里，召西蕃板底答、帝師拔合思八
高弟葉璉國師、湛陽宜思、西天扮底答尾麻囉室利，漢土義學亢、理二講主、
慶吉祥及畏兀兒齋牙答思，翰林院承旨旦壓孫、安藏等，集於大都。二十二
年己酉春至二十四年丁亥夏，大興教寺，各秉方言，精加辯質。自至元頂踵
三齡，銓讎乃畢。"[2]由此可知，此録之撰作聚集當時諸多蕃漢高僧居士，[3]始撰
於至元二十二年（1285），終成於二十四年。

　　而浄伏之序言："大元天子，佛身現世間，佛心治天下。萬幾暇餘，討論
教典，與帝師語，詔諸講主，以西蕃大教目録，對勘東土經藏部帙之有無，
卷軸之多寡。……於是宣授江淮都總統永福大師……敬入梓，以便披閱，庶
廣流傳。"[4]此序作於至元二十六年，亦即《至元録》完成之二年，當即是此
録最初刻本之序。此録由永福大師所刊，此永福大師即楊璉真佳，曾於江南
大興佛法。[5]而另據普寧藏《大方廣華嚴經入不思議解脱境界普賢行願品》刊
記，永福大師曾作普寧藏都勸緣。故此録之初刊本當即刻於至元二十六年，

1　念常《佛祖歷代通載》卷二十二，《大正藏》第 49 册，第 724 頁。
2　慶吉祥《至元法寶勘同總録序》，《昭和法寶總目録》第 2 册，第 180 頁。
3　具體參與之人，參釋法賢《〈至元法寶勘同總録〉之探究》，臺灣法光出版社，2005 年，第 35—
120 頁。
4　慶吉祥《至元法寶勘同總録》，《昭和法寶總目録》第 2 册，第 180 頁。
5　志磐撰、釋道法校注《佛祖統紀校注》卷四十九載："（至元二十二年）時江南釋教都總統永福大
師楊璉真佳大弘聖化，凡三載，恢復佛寺三十六所。"（第 1154 頁）

由永福大師楊璉真佳刊於杭州。

　　釋克己序稱："惟我世祖薛禪皇帝……特旨宣諭臣佐，大集帝師、總統、名行、師德，命三藏義學沙門慶吉祥，以蕃漢本參對，楷定大藏聖教，名之曰《至元法寶勘同總録》。華梵對辨，名題各標，陳諸代譯經之先後，分大小乘教之品目。言簡意密，文約義豐。舊梓方册，未類梵典。今前松江府僧録廣福大師管主八欽念天朝盛事，因循未影；睿澤鴻恩，報稱何及。謹刊入大藏，節續隨函，于以對揚明命，昭示萬世。"[1]此序作於大德十年，其時管主八正於南方續刻磧砂藏。當時之《至元録》并未入藏，而僅作爲方册本流通，管主八認爲方册本"未類梵典"，故將其改爲經折裝，刊入續補之磧砂藏。而釋克己於此時，正供職於管主八之刻經局，[2]故有此序之作。

　　綜上所述，元世祖至元二十二年，詔集大德，對勘蕃漢，至二十四年，集成《至元録》。此録初由永福大師楊璉真佳於至元二十六年刊於杭州，似作方册流傳。至大德十年，方由管主八改爲經折裝，刊入《磧砂藏》內。此即爲此録成書及初期刊刻之情狀。

　　此録分總叙與正文兩部分。總叙又分四科：第一"總標年代，括人法之弘綱"，記録自後漢明帝永平十年（67）到元至元二十二年所譯三藏之總部卷。第二"別約歲時，分記録之殊異"，列載自漢明帝至唐開元，開元至貞元，貞元至宋太平興國，大中祥符至景祐，景祐至至元五期之譯人與譯經部卷。第三"略明乘藏，顯古録之梯航"，著録《開元》《貞元》《祥符》《景祐》《弘法》五録所記的經律論部卷數目。第四"廣列名題，彰今目之倫序"，標明本録之分類及部卷數目。正文部分則依先經律論，後大小乘之法分類。其詳細分類見綱目圖（圖表64）。

　　此録之作，本因元世祖對蕃漢經教不同之疑而起，故此録之主要任務即

1　慶吉祥《至元法寶勘同總録》，《昭和法寶總目録》第2册，第179頁。
2　參"大藏聖教法寶標目"條。

對勘漢藏。凈伏序言："（世祖）詔諸講主，以西蕃大教目録，對勘東土經藏部帙之有無，卷軸之多寡。"正是此種情形之真實反映。此録對於蕃漢相同之經標明同。如卷二在晋譯《華嚴》與唐譯《華嚴》下注曰："右二經同本異譯，此經蕃本從漢本譯出，對同。"對相異之經，則注明其不同之處。如卷一《大般若經》第一會下注："此會經與蕃本《十萬頌般若》對同。"又小注："此會比西蕃本多'常啼''囑累''法涌'三品，其蕃本却在第五會中。"再如卷二《大集會正法經》下注："此經與蕃本相對，彼經稍少。"此録又時於漢文經本下注出梵名。如般若部下注："梵云：麻訶鉢囉（二合）提亞波囉蜜怛（二合）蘇怛囉（二合）。"即梵語 Mahāprajñāpāramitā-sūtra。[1]

圖表 64：《至元法寶勘同總録》結構圖

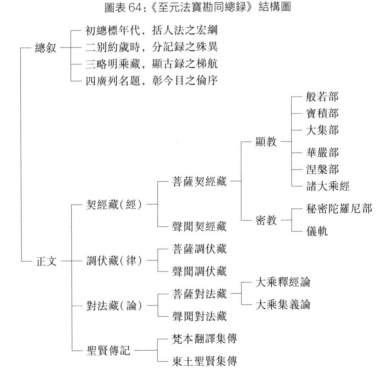

---

　　1 據釋法賢之研究，勘同中提到蕃本情况的有 1 150 條。《〈至元法寶勘同總録〉之探究》，第494 頁。

3. 至元法寶録略出

一册，支那内學院編。存。有民國二十一年（1932）支那内學院刊本，南京大學圖書館有藏。

前有編校凡例云：“是録原本綜合《開元》《貞元》《祥符》《景祐》《弘法》五録而成。《貞元》《祥符》《景祐》，舊未單行，《弘法》又久佚。開元以後續出經目之可考見者，僅此而已。今從原本略出。《貞》《祥》《景》《弘》四録，舊目兼存，《至元》補輯之文，改式刊行，取便稽索，因名之爲《至元録略出》。”

由此録之編例及本文，可知此録對《至元法寶録》之略出與補充工作有如下數項：

一、删除《至元録》中所收《開元入藏録》中諸經。編例云：“原本所列《開元録》經目，今悉從删。但注出所列經目起訖次第、部卷及見於《開元録》（内院本）何卷何頁，以備檢閱。”如《至元録》大乘般若部中，原有《開元録》所收般若類經典 21 部 736 卷，而《略出》全部删去。加小注曰：“按原録此下列舉《開元録》般若經類二十一部七百三十六卷。其目見於内院刊本卷十一第二頁至六頁，今從略不列。”

二、删除勘同與梵文名字、千字文編號。《至元録》爲勘同目録，除校勘蕃漢異同之外，許多經典之下，常有經名之梵語。《略出》則將其全部删除。如《至元録》卷六載：

> 大藥叉女歡喜母并愛子成就法一卷，唐天竺三藏大廣智不空譯。梵云：瓦枳羅、姑麻囉、單特囉。

而《略出》删去“梵云”以下之文。再如《至元録》卷十：

《景德傳燈錄》三十卷，沙門道源纂，上一集三十卷三帙，“勉、其、祇”三號。

《略出》則除去“上一集”以下之文字。

三、增出《貞元、祥符、景祐、弘法、至元五錄譯師表》。《祥符》《景祐》《弘法》諸錄與《開元錄》體例不同。《開元錄》除按大小乘經律論分類之入藏錄外，尚有代錄，即在每一時代之下，將各個經師所譯之經典合在一處。而《祥符》《景祐》《弘法》三錄乃是依譯經之時間爲序排列經典，故某一譯師所譯經籍，散在各處，故某一譯師究竟譯有多少經典，并不甚明確。職是之故，《至元法寶錄略出》於卷末特設《譯師表》，記自阿質達霰至八思拔共二十人，其中據《貞元錄》者八家，據《祥符》《景祐》二錄者六家，據《弘法錄》者四家，見《至元錄》者二家。每譯師之下，介紹其生平及譯經，如：

法賢，即天息災，端拱元年以後所改名。宋太宗時譯經五十六部，九十四卷。

八思拔，西番三藏，元世祖時譯經二部二卷。

四、改正《至元錄》中之錯誤。編例曰：“原本所列貞、祥、景、弘四錄經目，或漏注（如《仁王護國》等六種儀軌皆出《貞元錄》而雜入拾遺內，無所記別。餘錄經目漏注尤多），或誤題（如《摩尼陀羅尼》本出《祥符錄》而誤題爲“新編”），或重錄（如《仁王念誦儀軌》，前後兩見），或遺文（如《貞元錄》有《降三世儀軌》一種，未見列入），或改譯家（如《千臂千鉢經》爲金剛智所譯而改爲不空），或錯部卷（如《弘法拾遺經目》應有七十七部三百單五卷，而錯計爲七十五部二百五十六卷）。今均詳爲厘訂，附注辨明。”

4. 旅順關東廳博物館所存敦煌出土之佛教經典

葉恭綽撰，存。此録最初發表於 1926 年《圖書館學季刊》第一卷第四號，後收入王重民先生編《敦煌遺書總目索引》附録中。

葉恭綽（1881—1968），原籍浙江餘姚，後遷廣東番禺。字裕甫、玉甫、玉父、譽虎，號遐庵、遐翁，晚年別署矩園。葉氏出生於書香門第，祖父葉衍蘭以金石、書、畫名世。父親佩含通詩、書、文。葉恭綽 1902 年入京師大學堂仕學館，1904 年後，歷任湖北農業學堂、方言學堂、西路高等小學堂、兩湖師範學堂教習。1912 年，任北洋政府交通部路政司司長兼鐵路總局局長，同年任中華全國鐵路協會副會長。1921 年，以交通部總長兼任交通大學（上海）校長。1923 年，應孫中山召，到廣州任財政部長。1924 年任北洋政府交通部總長。1933 年任中山文化教育館常務理事，倡設上海博物館。1951 年任中央人民政府政務院文化教育委員會委員，中央文史研究館副館長。1955 年出任北京中國畫院院長。1968 年病逝，終年 87 歲。葉恭綽爲著名詞學家、書畫家、鑒賞家、收藏家。著作甚豐，主要有《遐庵詩》《遐庵詞》《遐庵談藝録》《遐庵彙稿》《交通救國論》《歷代藏經考略》《梁代陵墓考》《矩園餘墨》等。另編有《全清詞鈔》《五代十國文》《清代學者像傳合集》《廣東叢書》等。生平見遐庵年譜彙稿編印會《葉遐庵先生年譜》、于凌波《中國近現代佛教人物志》、張中行《負暄瑣話》。

遐庵一生熱心佛教事業，爲上海佛教會淨業社居士。1918 年助楊仁山創立支那內學院，又與北京居士蒯若木、蔣維喬、江味農、徐蔚如等人發起講經會，迎請諦閑入京，又助諦閑成立"觀宗學社"。1931 年助倓虛法師於青島弘法，創湛山寺。1930—1935 年與上海居士發起影印《磧砂藏》，又與周叔迦等人發起影印《宋藏遺珍》。於佛教文獻之保存，不遺餘力。

敦煌遺書發現之後，多爲英、法、日人所竊取。1921 年葉恭綽發起敦煌經籍輯存會，參加者有李盛鐸、王樹楠、羅振玉等人，多爲當時收藏有敦煌遺書或對敦煌遺書有所研究者。該會設有採訪部、考訂部、流通部、總務部。事務所設在北京午門歷史博物館内。而《旅順關東廳博物館所存敦煌出土之佛教經典》，正是此背景下之作品。

旅順關東廳博物館之前身爲 1917 年開館的關東都督府滿蒙物産館，1919年又改稱關東廳博物館。日本大谷探險隊成員橘瑞超和吉川小一郎所獲敦煌漢藏文寫本 639 件，曾保存於此館。此録即爲大谷光瑞探險隊所獲敦煌佛經之目録。此録前有"大谷光瑞出品"字樣，全録共著録《妙法蓮華經》等佛教經籍寫本 110 餘種。

5. 敦煌寫本佛經草目

一册，胡鳴盛編，存。北京中央刻經院 1933 年排印本，又發表於 1934年《康健雜志》第 2 卷第 3 期。

胡鳴盛有《藏經目録索引》，已著録。此目編於胡氏任職北平圖書館寫經組組長之時，本是其所編敦煌經書之草目。釋範成《跋敦煌寫本佛經草目》："案此種經目，出自敦煌石室，被東西各國收羅後，所剩殘餘最少部分也。現存北平圖書館。經胡文玉居士歷年整理，共有四百十種，計八千餘卷。此係大綱草稿，而細目仍在整頓中。現與各經目對校，内有數十種係他藏經所無。與國粹佛學悉有關係。必須設法流通。又聞諸該館編輯主任徐森玉云：石室寫經有二萬餘卷，散見英美法日等國各種雜志，已請徐君採集。一俟成功，再爲續印，以供海内同志之研究。"[1]釋範成受影印宋藏委員會之托，尋訪宋元舊藏，於北平圖書館見此草目，并與各藏經校對，覺此目甚有價值，故雇工抄出，由中央刻經院刻印流通。釋範成《與李圓凈居士書》云："《唐人寫經

---

1 釋範成《跋敦煌寫本佛經草目》，《佛學半月刊》1933 年第 64 期。

目録》已付印，不日成功，奉贈玩賞。"[1]此信寫於 1933 年 3 月，知此草目之付印即在此時。1934 年，釋範成又將此草目發表於《康健雜志》第 2 卷第 3 期。

6. 佛學論文分類目録

一册，許國霖撰。油印本，藏國家圖書館。又曾連載於《微妙聲》1—4 期（1936 年 11 月至 1937 年 2 月）。

許國霖，字雨新，湖南湘陰人，生卒年不詳。北平平民大學畢業，曾任湘陰縣鄉村教育籌辦委員會委員。1929 年國立北平圖書館與北海圖書館合并，於善本部下設寫經組，由胡鳴盛任組長。寫經組之主要任務爲考訂并重編敦煌遺書目録。許氏於此時應聘入館，任館員。1929 至 1935 年，參與編寫《敦煌石室寫經詳目》及《敦煌石室寫經詳目續編》。撰有《敦煌石室寫經題記》《敦煌石室寫經題記彙編》《敦煌雜録》《越縵堂東都事略劄記》等。生平見余欣《許國霖與敦煌學》（《敦煌吐魯番研究》第七卷，中華書局，2004 年）。

此録收録 1936 年前我國報刊所載之佛教論文，分總類、經籍、諸宗、史傳、文化、雜類及外國佛教七門，下又分若干部（分類目録圖表 65）。此録所收之論文範圍極廣，舉凡佛教思想、儀式、文化、歷史，無不包羅，而又專列外國佛教一門，亦可謂眼光獨到。而所收之期刊種類亦甚多，不僅有當時極具影響之佛教期刊如《海潮音》《内學》《佛學半月刊》《世界佛教居士林林刊》《人海燈》《微妙聲》等，亦收録其他期刊如《金陵學報》《民鐸雜誌》《學風》《康健雜誌》《國風半月刊》等非佛教刊物上所登載之佛教論文，所搜集資料極爲詳盡，於今日之佛教研究仍具甚高之參考價值。

---

1 釋範成《與李圓淨居士書》，《佛學半月刊》1933 年第 53 期。

圖表 65：許國霖《佛學論文分類目錄》分類表

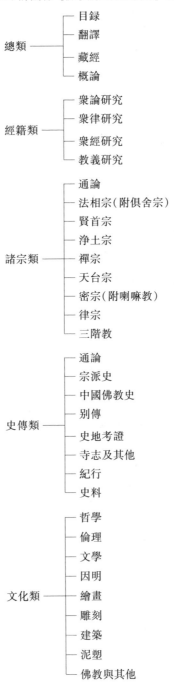

總類 ── 目錄
　　　── 翻譯
　　　── 藏經
　　　── 概論

經籍類 ── 衆論研究
　　　── 衆律研究
　　　── 衆經研究
　　　── 教義研究

諸宗類 ── 通論
　　　── 法相宗（附俱舍宗）
　　　── 賢首宗
　　　── 淨土宗
　　　── 禪宗
　　　── 天台宗
　　　── 密宗（附喇嘛教）
　　　── 律宗
　　　── 三階教

史傳類 ── 通論
　　　── 宗派史
　　　── 中國佛教史
　　　── 別傳
　　　── 史地考證
　　　── 寺志及其他
　　　── 紀行
　　　── 史料

文化類 ── 哲學
　　　── 倫理
　　　── 文學
　　　── 因明
　　　── 繪畫
　　　── 雕刻
　　　── 建築
　　　── 泥塑
　　　── 佛教與其他

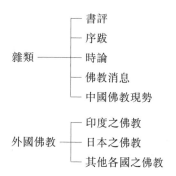

```
        ┌─ 書評
        ├─ 序跋
雜類 ────┼─ 時論
        ├─ 佛教消息
        └─ 中國佛教現勢
          ┌─ 印度之佛教
外國佛教 ──┼─ 日本之佛教
          └─ 其他各國之佛教
```

7. 窺基大師著述引經目

周叔迦撰，存。載於《周叔迦佛學論著集》下册，《周叔迦佛學論著全集》第四册。

録前有序："古云，智及於師，學及師半；智過於師，方堪傳授。良以先賢貫達群經，熔冶衆典，而後獨成一家之言，建立門庭。從之學者，若無聞一知十之才，不能窮達本源，往往拘於偏見，淪爲邪執。所謂一法才立，一弊隨生也。慈恩之學，斷絶於中土者數百年。邇來由東瀛得其遺著，頗有中興之望，而學者多競於枝末，沉淪日滋。所謂非徒無益，而又害之者也。余有感於斯，爰輯《窺基大師著述引經目》，使學者知其學識之淵源，能先探討於諸經，而後再披尋其宗典，庶乎可得慈恩之旨歸歟?"[1]近代以來，唯識之學復興，故群起而講之。然唯識之學，於佛學中屬後出而轉精深之學，不有前此大小乘諸部之積累，而徑入唯識者不徒無益，反而有害，故先生輯窺基著述之引書，以見百部疏主堂廡之大。

全録收華嚴3種、方等73種、秘密4種、般若10種、法華7種、涅槃6種、阿含27種、大乘律部6種、小乘律8種、釋經諸部11種、大乘論部32種、小乘論部14種、西土撰集10種、中土撰集5種、佚典4種、疑僞部5種、待考29種，共17部類254種之多。末後附《唐釋窺基妙法蓮花經玄贊

---

1 周叔迦《周叔迦佛學論著集》下册，第756頁。

所引世典目》,《妙法蓮花玄贊》一書所引世典亦達 30 餘種。

　　其著錄方式爲先列所引之經名、卷數、譯人,次標其出處。如:

　　　　《妙法蓮華經》七卷,姚秦天竺沙門鳩摩羅什譯

　　　　《無垢稱疏》《勝鬘述記》《彌陀通贊》《彌勒上生經》《金剛贊述》

　　《唯識樞要》《唯識科簡》《雜集述記》。

此即表明窺基之作《無垢稱疏》《勝鬘述記》諸書皆曾引用鳩摩羅什所譯
《法華經》。

亡 佚 諸 錄

1. 釋弘充錄

一卷,釋弘充撰,佚。

弘充,生卒年不詳,涼州武威(今屬甘肅)人。通老莊之學,又善經律。
於劉宋武帝大明(457—464)初年,[1]渡江至多寶寺,巡迴講席,與學者論難。
常宣講《法華》《十地》等經論。明帝即位時,起湘宮寺,弘充任綱領之職。
南齊武帝永明年間(483—493)示寂,世壽七十二。著有《注文殊問菩提
經》《注首楞嚴》,生平見《出三藏記集》卷七《新出首楞嚴經序》、《高僧
傳》卷八本傳。

此錄雖也爲《歷代三寶紀》《大唐内典錄》《開元釋教錄》等著錄,然却
不爲後世經錄所引述,故此錄之情況也頗不明。姚名達《中國目錄學史》
云:"據皎《傳》八卷所載:'釋弘充,涼州人,大明末,過江,初止多寶

1《高僧傳》言其於大明末年過江,然《出三藏記集·新出首楞嚴經序》言其於大明二年(458),已
爲宋江夏王劉義恭寫出《注首楞嚴經》,可知此時其已在江左。

寺。明帝踐祚，起湘宫寺，請充爲綱領，於是移居焉。以齊永明中卒。’其所
撰目録，或係專記湘宫寺所藏，亦未可知。”[1]推測其爲湘宫寺之藏經目録，然
亦無過硬之證據。

2. 釋道憑録

一卷，釋道憑撰，佚。

《歷代三寶紀》卷十五著録：“《釋道憑録》一卷。”[2]未言道憑爲何時人。
道宣《大唐内典録》卷十云：“後齊沙門釋道憑《録》。”[3]將道憑定爲北齊人。
然同爲道宣所撰《續高僧傳》卷八《齊鄴西寶山寺釋道憑傳》却未言道憑曾
作經録。然則，此道憑是否就是《道憑録》之作者呢？

檢慧皎《高僧傳》中又載一道憑，見於卷七《宋山陰靈嘉寺釋超進傳》
附。此二道憑，究竟何人爲《道憑録》之作者？如做一分析，似寶山寺道憑
最有可能，何以言之？山陰靈嘉寺道憑，《高僧傳》卷七記載甚簡，僅云：
“時又有釋道憑者，亦是當世法匠。而執性剛忤，論者少之。”[4]由此無法推知
此人是否撰有經録。

再考《續高僧傳》卷八寶山寺道憑。此道憑生平較爲清楚：其爲北齊僧
人，生於北魏孝文帝太和十二年（488），卒於北齊天保十年（559）。道憑爲
北朝著名地論師，師從慧光大師，與法上爲師兄弟，而其高足弟子即是靈裕。
其師資關係如下（圖表66）：

圖表66：道憑師資圖

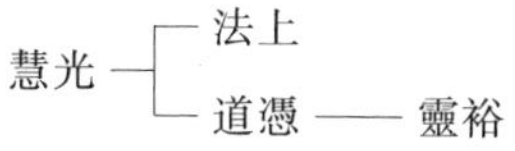

```
          ┌ 法上
慧光 ─┤
          └ 道憑 ── 靈裕
```

1 姚名達《中國目録學史》，第207頁。
2 費長房《歷代三寶紀》卷十五，《大正藏》第49册，第127頁。
3 道宣《大唐内典録》卷十，《大正藏》第55册，第337頁。
4 慧皎撰，湯用彤校注《高僧傳》卷七，第298頁。

法上、靈裕皆撰有經録，似編撰經録爲此門學風。聯係僧祐一門，僧祐撰有《出三藏記集》，而其弟子劉勰有《定林寺經藏目録》，寶唱撰有《梁世衆經目録》，故齊梁時代，佛教目録似爲世守之學。如此看來，與法上爲師兄弟而又爲靈裕之師的寶山寺道憑，實比山陰靈嘉寺道憑，更有撰作經録之可能。當然，這并不能説明，山陰道憑就絕對沒有撰作經録之可能。

3. 釋正度録

一卷，釋正度撰，佚。

費長房《歷代三寶紀》卷十五最早著録是書云："《釋正度録》一卷。"[1]後《大唐内典録》卷十、《開元釋教録》卷十、《貞元新定釋教目録》卷十八皆據此著録。未顯撰人，亦未言其年代。

慧皎《高僧傳·僧祐傳》載："（僧祐）以天監十七年五月二十六日卒於建初寺，春秋七十有四。因窆于開善路西，定林之舊墓也。弟子正度立碑頌德，東莞劉勰製文。"[2]知僧祐有弟子曰"正度"。再考《歷代三寶紀》卷十五將此録列於南齊道慧《宋齊録》及《道憑録》之後，與正度所處之梁代相合。而僧祐一門如僧祐、寶唱、劉勰皆曾從事經録之編撰，則正度作録，也與其師門風氣相合。故推測《歷代三寶紀》所載之《釋正度録》當即是僧祐弟子正度所撰之經録。

據《歷代三寶紀》卷六、卷七所引，《正度録》載有西晋竺法護所譯《四不可得經》及東晋恭帝元熙元年（419）竺法力所譯《無量壽至真等正覺經》。以此推斷此録當爲通録各代之目録，最少記載有兩晋之譯經。姚名達先生曾推測曰："費《録》有'《釋正度録》一卷'，或爲拾補祐《録》之

---

1 費長房《歷代三寶紀》卷十五，《大正藏》第49册，第127頁。
2 慧皎撰，湯用彤校注《高僧傳》卷十一，第440頁。

遺。"[1]然此録與《出三藏記集》、劉勰《定林寺目録》間究竟有何關係，文獻不足，實難言之。

4. 王車騎録

一卷，佚名撰，佚。

此録最早爲《歷代三寶紀》著録，其文云："《王車騎録》一卷。"[2]其後雖亦爲道宣《大唐内典録》、智昇《開元釋教録》及《貞元新定釋教總録》等經録所載。然皆承《長房録》之舊，無所發明。《歷代三寶紀》將其置於《道憑録》《正度録》之後，或亦爲梁代之目録歟？然此録不爲歷代經録所引述，故其作者、撰作時代及内容大概皆無從懸測。

5. 始興録

一卷，又稱《南録》，佚名撰，佚。

費長房《歷代三寶紀》卷十五載："《始興録》一卷。"又於卷九晋沙門聖堅譯經下注云："依驗群録，一經江陵出，一經見《趙録》，十經見《始興録》，《始興》即《南録》。"[3]可知《始興録》又稱《南録》。後《開元釋教録》卷十據此著録曰："《始興録》一卷。未詳撰者，亦云《南録》。"[4]

從《歷代三寶紀》之徵引來看，《始興録》載有建安年間曇果與康孟詳之譯經（《歷代三寶紀》卷四），魏高貴鄉公甘露年間白延於洛陽之譯經（卷五），甘露元年支疆梁接於交州之譯經（卷五），魏明帝世竺律炎之譯經（卷五），支謙於吳黃武年間之譯經（卷五），武帝泰始年間彊梁婁至於廣州之譯

1　姚名達《中國目録學史》，第211頁。

2　費長房《歷代三寶紀》卷十五，《大正藏》第49册，第127頁。

3　費長房《歷代三寶紀》卷九，《大正藏》第49册，第83頁。

4　智昇撰，富世平點校《開元釋教録》卷十，第579頁。

經（卷六），晋惠帝時聶承遠、法炬、法立之譯經（卷六），晋末法勇、慧嵩、竺難提之譯經（卷七），宋文帝元嘉二十九年求那跋陀羅於荆州之譯經（卷十），以及晋孝武世沙門聖堅爲西秦乞伏乾歸所譯之經、僧伽陀於張掖爲河西王沮渠氏所譯之經（卷九）。所涉及之譯人自後漢至劉宋，而地域也有洛陽、交州、荆州、張掖之別，故知其并非僅記一時一地譯經之專錄。此錄記錄最晚之譯經爲宋文帝元嘉二十九年，即公元 452 年，故是錄當作於是年之後。

關於此錄之性質，馮承鈞云：“考《高僧傳》卷三求那跋摩傳：‘始興有虎市山，跋摩謂其髣髴耆闍，乃改名靈鷲，於山寺之外別立禪室。’此錄殆爲始興山寺藏經目錄，不詳其撰年。”[1]將此錄定爲始興虎山寺之藏經目錄。然檢《高僧傳》并未言虎山寺有經藏，故馮氏之推斷，僅備一說，非是定論。姚名達則認爲此錄可能爲藏經錄，亦可能爲古今通錄，其說較爲通達。[2]再檢《高僧傳》卷三釋智嚴傳載：宋武帝西征，始興公王恢於山東遇智嚴，慕其高節，請其往建康，“還都，即住始興寺”。[3]可知，當時宋都建康有寺曰“始興”，《始興錄》也可能與此寺有關，然并無確證，闕疑可也。

6. 南來新錄

卷數未詳，佚名撰，佚。

《歷代三寶紀》卷七於晋僧祇多蜜所譯《瓔珞經》等四經下注：“已上四部二十四卷，見《南來新錄》。”[4]後《大唐內典錄》卷三、《開元釋教錄》卷三、《貞元新定釋教目錄》卷五皆徵引此錄，然皆不出《歷代三寶紀》所引

1 馮承鈞《大藏經錄存佚考》，《現代佛教學術叢刊》第 10 册，第 343 頁。
2 姚名達《中國目錄學史》言：“又如《始興錄》：梵僧之自南洋來者，必經始興。（例如皎《傳》之求那跋摩，即停留始興歲許。）始興即今廣東韶州。故費《錄》卷九云：‘《始興錄》即《南錄》。’其書所載，却不限於南人譯人……故知其爲藏經錄，或古今通錄也。”（第 220—221 頁）
3 慧皎撰，湯用彤校注《高僧傳》卷三，第 99 頁。
4 費長房《歷代三寶紀》卷七，《大正藏》第 49 册，第 71 頁。

祇多蜜之四部譯經，知此三録皆承襲《歷代三寶紀》，并未見原書。

考《歷代三寶紀》雖於卷七徵引此録，而於卷十五通録古今經録之時却又未提及是書。而《歷代三寶紀》卷十五搜集古今經録頗爲齊備，正文中徵引之經録，卷十五皆有記述，唯此録僅徵引，而未見卷十五之著録，故推測此録極有可能即是《南録》（亦即《始興録》）之全稱。長房既已著録《始興録》，故不必再録《南録》或《南來新録》。

7. 岑號録

一卷，佚名撰，佚。

此録最早見於費長房《歷代三寶紀》，《長房録》云："《岑號録》一卷。"[1]并不言其撰人名氏與時代。後《大唐内典録》《開元釋教録》《貞元新定釋教總録》皆載："《岑號録》一卷。"因襲《長房録》，無所增益。此録後世諸録徵引不多，僅《長房録》卷四於嚴佛調所譯《迦葉詰阿難經》下注云："第二出，見《岑號》及《寶唱》二録。"[2]《長房録》卷十五，將此録列於《菩提留支録》之前，《正度録》《盧山録》之後，當亦爲齊梁時之經録。而其記載有後漢嚴佛調之譯經，故推測其或亦爲兼記各代之通録。

8. 盧山録

一卷，佚名撰，佚。

《歷代三寶紀》卷十五於《始興録》後著録："《盧山録》一卷。"[3]并未言其撰時、撰地及撰人。《大唐内典録》卷十亦云："未詳作者。"關於此録之性質，馮承鈞先生認爲："顧名思義，此録當然出於盧山山寺。"[4]將此録定

1　費長房《歷代三寶紀》卷十五，《大正藏》第49册，第127頁。
2　費長房《歷代三寶紀》卷四，《大正藏》第49册，第54頁。
3　費長房《歷代三寶紀》卷十五，《大正藏》第49册，第127頁。
4　馮承鈞《大藏經録存佚考》，《現代佛教學術叢刊》第10册，第343頁。

爲廬山山寺之典藏目録。而姚名達先生則據慧遠入廬山，曾遺弟子西行求法，搜集經典，故推斷曰：“費《録》載有《廬山録》一卷，殆即廬山譯經之目録歟。”[1]然此録不見現存經録之引述，故其内容不可懸測。

9. 貞元捨拾録

一卷，佚名撰，佚。

日本圓珍《青龍寺求法目録》卷一載：“《貞元捨拾録》，一卷。”[2]據圓珍稱，《貞元捨拾録》與其他多部密教經典，皆見於《貞元拾遺目録》中。《貞元拾遺目録》當即圓照《貞元新定釋教目録》中卷二十七《別録中補闕拾遺録》，然查大正藏本《貞元新定釋教目録》，并無《貞元捨拾録》之名，不知圓珍據何而録此？待考。

10. 天台智者大師所著經論章疏科目

一卷，佚名撰，佚。

日僧圓仁所撰《日本國承和五年入唐求法目録》卷一載：“《天台智者大師所著經論章疏科目》一卷。”[3]圓仁之目録撰於唐開成四年（839），故知此録當成於此年之前。圓仁《入唐新求聖教目録》卷一亦載此録。

11. 大唐代州五臺山大華嚴寺般若院比丘貞素所習天台智者大師教迹等目録

一卷，佚名撰，佚。

圓仁《入唐新求聖教目録》卷一載：“《大唐代州五臺山大華嚴寺般若院

---

1 姚名達《中國目録學史》，第 205 頁。

2 圓珍《青龍寺求法目録》卷一，《大正藏》第 55 册，第 1096 頁。

3 圓仁《日本國承和五年入唐求法目録》卷一；《大正藏》第 55 册，第 1075 頁。

比丘貞素所習天台智者大師教迹等目録》，一卷。"[1] 從題目看，此録與前所舉《天台智者大師所著經論章疏科目》皆爲天台智者大師著述之目録，二者是否即是同一目録？考此録與前録皆載於圓仁《入唐新求聖教目録》之同一卷中，故知二者并非一録。

又《入唐新求聖教目録》作於唐大中三年（849），知此録當作於此年之前。

12. 大藏經隨函索隱

六百六十卷，宋釋文勝撰，佚。

文勝，生平不詳。志磐《佛祖統紀》卷四十四"乾德五年"載："右街應制沙門文勝，奉敕編修《大藏經隨函索隱》，凡六百六十卷。"[2] 同書卷五十二"沙門著書"條"宋太祖"下亦載："沙門文勝奉敕修《大藏隨函索隱》，六百六十卷。"[3]

13. 釋書目録

二卷，佚名撰，佚。

葉德輝輯《宋秘書省續編到四庫闕書目》卷一"目録"載："《釋書目録》二卷。"[4]

未 見 諸 録

1. 佛教中文譯著經籍統一分類編目法

一冊，陳信行撰，未見。

1　圓仁《入唐新求聖教目録》卷一，《大正藏》第 55 冊，第 1085 頁。

2　志磐撰，釋道法校注《佛祖統紀校注》卷四十四，第 1020 頁。

3　志磐撰，釋道法校注《佛祖統紀校注》卷五十二，第 1228 頁。

4　葉德輝輯《秘書省續編到四庫闕書目》，許逸民等編《中國歷代書目叢刊》第 1 輯，第 278 頁。

　　《獨盦佛教經籍目録叢書目録》著録。台灣中華佛學研究所圖書館有藏。張琪玉《中國情報語言 20 世紀回顧》分類法中提及："陳信行編的《佛教經籍統一分類表》（1957）。"[1]即爲此録。

2. 同經異譯及別生經目録

　　一册，陳信行撰，未見。《獨盦佛教經籍目録叢書目録》載："《同經異譯及別生經目録》一册，已出。"

以上現存、亡佚、未見共二十二種

---

1 張琪玉《中國情報語言 20 世紀回顧》，《圖書與情報》1999 年第 4 期。

附錄一 漢文佛教目録學年表

凡例：

1. 本年表起於魏高貴鄉公甘露年間，止於公元 2000 年。

2. 本表以公元紀年居前，1911 年之前紀年後以括號標明相應之王朝年號。

3. 每年紀事，先列有明確月份者，後列無明確月份者。

4. 本表所考訂之年月、事件皆據本著"經録考稿"，可參詳。

256—260（魏高貴鄉公甘露年間）

約於此數年間，朱士行撰作《漢録》一卷。

313（晉愍帝建興元年）

約於此年後聶道真撰成《衆經録目》一卷。

374（晉孝武帝寧康二年）

釋道安撰《綜理衆經目録》於襄陽。

413（後秦弘始十五年）

約於此年鳩摩羅什示寂於長安。

約於此年後，僧叡撰《二秦衆經録目》一卷。

419（晉恭帝元熙元年）

竺道祖卒，撰有《衆經目録》。

473（宋後廢帝元徽元年）

8月，王儉上《七志》，外附佛録。

483—493（齊武帝永明年間）

沙門王宗撰《經目》一卷。

499—505（齊東昏侯永元元年至天監初年）

約於此數年間，劉勰助僧祐校定定林寺經藏，并編目録。

508—512（北魏宣武帝永平年間）

李廓奉敕撰《元魏衆經目録》四卷。

515（梁武帝天監十四年）

僧紹奉敕編集《華林佛殿衆經目録》四卷。

518（天監十七年）

敕沙門寶唱，撰《梁世衆經目録》四卷，記録經籍 1 433 部 3 741 卷。

519（天監十八年）

慧皎撰成《高僧傳》。

523（梁武帝普通四年）

阮孝緒作《七録》，其中《佛法録》分戒律、禪定、智慧、疑似、論記五部，收佛經 2 410 種 5 400 卷。

563（北周武帝保定三年）

北周造一切經藏。

569（陳宣帝太建元年）

真諦示寂。

約於此年後，其弟子曹毗撰《別歷》，智敫撰《翻譯歷》，記其譯經。

570—575（北齊後主武平中）

釋法上撰成《齊世衆經目録》，收經 787 部 2 334 卷。

572（陳宣帝太建四年）

約於此年後《陳朝大乘寺藏録》撰成。

陳隋之際

《一乘寺藏衆經目録》約成於此時。

581（隋文帝開皇元年）

詔令京師及諸大都邑官寫一切經，置寺内，又別寫藏經於秘閣。

583（開皇三年）

隋尚書左僕射齊國公高熲捨宅爲眞寂寺。

589（開皇九年）

平陳，楊廣於江都建寶臺四法藏。

593（開皇十三年）

5月，法經等二十大德奉敕撰修經録。

約於此年前後，靈裕撰成《佛法東行記》。

594（開皇十四年）

7月，法經等修《大隋衆經目録》七卷，總計衆經 2 257 部 5 310 卷。

597（開皇十七年）

費長房撰成《歷代三寶紀》十五卷，分帝年、代録、入藏録三目，收經 2 146 部 6 235 卷。

602（隋文帝仁壽二年）

彦琮等奉敕撰《隋仁壽年内典録》五卷，收經 2 109 部 5 058 卷。

604（仁壽四年）

7月，文帝卒。在位寫佛經 46 藏，凡 13 萬卷，修治故藏 400 部。

606（隋煬帝大業二年）

彦琮居洛陽上林園翻經館，爲林邑國所獻千餘部佛經編撰目録，即《崑崙經録》。

605—616（大業年間）

約於此數年間，智果撰成《寶臺四法藏目録》一百卷。

618（大業十四年）

煬帝卒。在位修治故經 612 藏。

619（唐高祖武德二年）

真寂寺改名化度寺。約於此年前，《真寂寺録》撰成。

619—695（唐高祖武德二年至則天天册萬歲元年）

約於此數年間，《化度寺録》撰成。

631（唐太宗貞觀五年）

敕法師玄琬，於苑内德業寺爲皇后寫佛藏經。玄琬約於此時撰成《唐衆經目録》五卷。

637（貞觀十一年）

太子於延興寺造一切經。

645（貞觀十九年）

正月，玄奘由印度返長安，得經論 657 部，住弘福寺。

夏，丹陽牛頭山佛窟寺大火，七藏藏書燒毁。

此年義善寺更名爲杜光寺。約於此年前，《義善寺録》撰成。

656（唐高宗顯慶元年）

高宗爲太子李弘祈福，於京師立西明寺，以沙門道宣爲上座。

657（顯慶二年）

太子李弘爲高宗、武后祈福，於東都立敬愛寺，其規制與西明寺等。

659（顯慶四年）

西明寺奉敕寫經，約於此年道宣撰成《西明寺録》三卷，正録收經 799 部 3 361 卷。

663（唐高宗龍朔三年）

正月，敕令於敬愛寺寫一切經典。

664（唐高宗麟德元年）

玄奘卒。

道宣撰成《大唐内典録》，分傳譯所從、人代存亡、總撮入藏、舉要轉讀、有目闕本等十録。

665（麟德二年）

静泰撰成《大唐東京大敬愛寺一切經論目釋》，收經論 2 219 部 6 994 卷。

約於此年，靖邁撰《古今譯經圖紀》四卷成。記載自後漢迦葉摩騰至唐玄奘等 110 餘人之生平與譯經。

672—695（咸亨三年至武后證聖元年）

咸亨三年，改太原寺爲福林寺。

約於此數年間，《福林寺録》撰成。

695（武周天册萬歲元年）

命沙門明佺等撰《大周刊定衆經目録》十四卷、《僞經目録》一卷。

721（唐玄宗開元九年）

約於此年後，毋煚撰成《開元内外經録》十卷，收道釋書 2 500 餘部 9 500 餘卷。

730（開元十八年）

智昇撰成《續古今譯經圖紀》一卷、《開元釋教録》二十卷、《續大唐内典録》一卷。

此後，玄逸據《開元釋教録》入藏録撰成《大唐開元釋教廣品歷章》三十卷。

792—794（唐德宗貞元八年至十年間）

圓照撰成《般若三藏續古今翻譯經圖記》二卷。

794（貞元十年）

圓照撰成《大唐貞元續開元釋教録》三卷。

799（貞元十五年）

敕圓照等撰《貞元新定釋教目録》三十卷。

809（唐憲宗元和四年）

雲門僧靈澈，於廬山東林寺重造經藏。

812（元和七年）

李肇撰寫《東林寺經藏碑銘并序》。

約於此年稍前，義彤依廬山東林寺經藏撰成《開元崇福舊録》，總一萬卷，收得新譯經與中土著述 4 900 餘卷。

837（唐文宗開成二年）

王彦威撰成《内典目録》十二卷。

855—860（唐宣宗大中九年至唐懿宗咸通元年）

約於此數年間，釋從梵編成《一切經源品次録》三十卷，依《貞元釋教入藏録》解説經典。

945（南唐元宗李璟保大三年）

恒安撰成《續貞元釋教録》一卷。

961（宋太祖建隆二年）

高麗諦觀攜天台教典至吳越國，天台一宗典籍大備。

967（宋太祖乾德五年）

沙門文勝編修《大藏經隨函索隱》，凡 660 卷。

971（宋太祖開寶四年）

宋太祖命張從信赴蜀刻《開寶藏》。

983（宋太宗太平興國八年）

《開寶藏》刻成，運至東京。詔於傳法院西設印經院，貯《開寶藏》

版片。

987（遼聖宗統和五年）

約於此年前，遼僧詮曉撰成《續開元釋教録》三卷。

1013（宋真宗大中祥符六年）

8月，趙安仁、楊億《大中祥符法寶録》基本完成，真宗製序。

1015（大中祥符八年）

6月，太宗御製《妙覺集》五卷入藏。《大中祥符法寶録》完成。

1024（宋仁宗天聖二年）

詔天台教文入藏，沙門遵式著《教藏隨函目録》，述諸部著作大意。

1026（天聖四年）

惟净始撰《天聖釋教總録》。

1027（天聖五年）

惟净撰《天聖釋教總録》成，三卷，收經 6 197 卷。

1032—1055（遼興宗重熙年間）

遼僧覺苑撰成《太保大師入藏録》。

1037（仁宗景祐四年）

吕夷簡、宋綬編成《景祐新修法寶録》二十一卷。

1071（宋神宗熙寧四年）

廢傳法院與印經院，并將開寶藏版賜顯聖寺聖壽禪院，負責印造事宜。

1078（神宗元豐元年）

10月，命參政元絳參定《新編法寶録》。

元照撰成《南山律師撰作集》。

1080（元豐三年）

福州東禪寺大藏經開刻。首先刊刻《光讚般若經》《法苑珠林》與《景德傳燈録》諸書。

1082（元豐五年）

4 月，由元絳、蔡確所編《元豐法寶錄》成。

1103（徽宗崇寧二年）

秋，惟白至婺州金華山智者禪寺，閱大藏經。11 月，始撰《大藏經綱目指要録》。

福州東禪寺大藏經基本刻成，得賜"崇寧萬壽"之名。

1104（崇寧三年）

春，惟白撰《大藏經綱目指要録》成。

1105（崇寧四年）

尚書王古因閱大藏，撰《大藏聖教法寶標目》十卷。

1126（宋欽宗靖康元年）

思溪王永從與其弟王永錫發起開雕思溪圓覺藏，主持人爲思溪圓覺禪院住持懷深。

1151（宋高宗紹興二十一年）

晁公武撰成《郡齋讀書志》，子部釋書類收書三十餘種。

1155（紹興二十五年）

嘉禾延恩寺元偉律師卒，師於生前曾撰《湖州思溪圓覺禪院新雕大藏經律論等目録》。

1157（紹興二十七年）

周葵閱藏，擬仿《崇文總目》之例撰《内典總目》。

1171—1176（南宋孝宗乾道七年至淳熙三年）

東禪寺大藏續刻十六函（函號爲"多"至"虢"）。所刻的經典，以天台宗"三大部"及其注釋爲主，兼及禪宗、華嚴宗撰著。

約於淳熙三年後，《福州東禪大藏經目録》編成。此録收經自"天"字函至"虢"字函，共 580 函。

1173（金世宗大定十三年）

金藏刊刻完成。

1216（宋寧宗嘉定九年）

磧砂延聖院開始刊刻《大般若經》，并於紹定年間始有刻全藏之計劃。

1234（宋理宗端平元年）

4月，磧砂藏刻完四大部經。并依《圓覺藏目録》刻成《平江府磧砂延聖院新雕大藏經律論等目録》，從“天”字號至“合”字函，共收經籍548函1 429種。

1246（宋理宗淳祐六年）

臨安明慶思聞奏，南山律宗諸典籍共七十三卷，乞附入大藏，制可，令諸郡經坊，鏤版印行。

1258（宋理宗寶祐六年）

磧砂延聖院大火，藏版受損，刻藏事中斷三十餘年。

1277（元世祖至元十四年）

普寧藏開雕。

1285（至元二十二年）

元世祖命慶吉祥諸人集於大都，校勘蕃漢藏經。

1287（至元二十四年）

慶吉祥等撰成《至元法寶勘同總録》十卷。

1289（至元二十六年）

永福大師楊璉真佳刊《至元法寶勘同總録》於杭州。

1290（至元二十七年）

普寧藏經道安、如一、如志、如賢等多位僧人之主持，於此年刻成正藏。

1297（元成宗大德元年）

松江府僧録管主八，有感於宋末所開雕之磧砂藏，遷延歲久而不能成，發心主持續雕。

1299（大德三年）

如瑩爲檢索方便起見，編成《杭州餘杭縣白雲宗南山大普寧寺入藏經目錄》，由"天"字號至"約"字號，收經籍 1 437 種。

1306（大德十年）

松江府僧録管主八將弘法藏所有而南方大藏所無之秘密教典百餘卷補入大藏，并將王古《大藏經綱目指要録》、慶吉祥《至元法寶勘同總録》收入大藏流行。

1322（元英宗至治二年）

管主八續雕磧砂藏全藏刻成。

1329 年（元文宗天曆二年）

12 月，命江浙行省印佛經二十七藏。

1372（明太祖洪武五年）

春，於蔣山寺建廣薦法會，命四方名德沙門先點校藏經。

1398—1404（明太祖洪武末年至惠帝建文年間）

約於此數年間，初刻南藏刻成，版藏金陵天禧寺。

1408（明成祖永樂六年）

天禧寺火，初刻南藏經板盡毁。

1413（永樂十一年）

約於此年，永樂南藏開雕於金陵大報恩寺。

1419（永樂十七年）

約於此年，永樂南藏刻完全藏。藏經"塞"字函收入《大明重刊三藏聖教目録》三卷，爲南藏初期目録，千字文編號自"天"字號至"碣"字號。

1421（永樂十九年）

永樂北藏於北京開雕。

1440（明英宗正統五年）

永樂北藏完成，歷時二十年，刻成 636 函。

1579—1583（明神宗萬曆七年至十一年）

永樂北藏續刻《華嚴懸談會玄記》等各宗著述 36 種 41 函 410 卷。

1586（萬曆十四年）

由紫柏真可、密藏道開、幻餘法本與陸光祖、馮夢禎、袁了凡諸人發起刊刻嘉興藏。

1589（萬曆十七年）

嘉興藏正式開板於山西五臺山。

1589—1592（萬曆十七年至二十年）

密藏道開撰成《藏逸經書標目》，收北藏所無中土著述 100 餘種。

1593（萬曆二十一年）

因五臺地勢高寒，嘉興藏之刻遷於徑山化城寺。

1593—1595（萬曆二十一年至二十三年）

約於此數年間，嘉興藏經局撰成《經直畫一》，開始於楞嚴寺流通經籍。

1613（萬曆四十一年）

釋廣莫爲蘊空寂曉所撰《大明釋教彙目義門》撰序。

約於此年前，寂曉撰成《大明釋教彙目義門》四十一卷，全書共彙釋經籍 1 801 部 7 349 卷。同時撰出《彙門目録》四卷。

1618（萬曆四十六年）

約於此年前，寂曉將《彙目義門》四十一卷約爲《彙門標目》四卷。

1626（明熹宗天啓六年）

王在公撰成《閱藏隨録》。

1627（天啓七年）

葛寅亮作《金陵梵刹志》成，卷四十九收入《南藏目録》，詳載藏於南京大報恩寺永樂南藏之版片。

1631（明思宗崇禎四年）

佛閑於半峰庵閲大藏三年，約於此年前後撰成《南藏目録略記》六卷。

1647（清世祖順治四年）

白法性琮與朱茂時等重定嘉興藏價目，撰成《藏版經直畫一目録》。

1654（順治十一年）

9月，智旭編成《閲藏知津》四十八卷。師閲藏二十七年，成此一書，解題多有可觀。

1676 年（清聖祖康熙十五年）

始刻於明萬曆年間之《嘉興藏》基本刊刻完成。

康熙年間

鼓山刻經頗多，爲霖道霈撰《鼓山永通齋流通法寶畫一經目》，以廣流通。

1733（清世宗雍正十一年）

命王公大臣、漢僧及喇嘛一百三十餘人，於北京賢良寺廣集經本，校勘編稿，準備刻藏。

1735（雍正十三年）

設藏經館，由和碩莊親王允禄、和碩和親王弘畫及名僧超盛主持刊刻龍藏。

1738（清高宗乾隆三年）

龍藏版片全部刻成。内有《大清三藏聖教目録》五卷，收經共 724 函 1 669 種。

約於此年後，釋超盛撰成《龍藏彙記》一卷。

1793（乾隆五十八年）

王昶乞歸。約於此年後，撰成《大藏聖教解題》。

1866（清穆宗同治五年）

楊仁山於南京創立金陵刻經處，開始刊刻方冊本佛經。

約於此年，鄭學川亦於揚州磚橋鄉創立刻經處。

1883（清德宗光緒九年）

楊守敬於日本購得《思溪藏》，現藏國家圖書館。

1896（光緒二十二年）

禪師冶開任天寧寺方丈，重興毗陵刻經處。天寧寺曾編《江蘇常州佛經流通處所有板經目》，共收録經論著述 411 種。

1897（光緒二十三年）

楊守敬《日本訪書志》刊行，卷十五收《大藏經未收古經目録》，收高麗、宋元明各藏所未收之經典 150 餘種。

1902（光緒二十八年）

楊文會編《佛學書目表》由新安汪氏以活字印行，分華嚴、方等、净土、法相等十六類，共收經籍 109 部。

1908（光緒三十四年）

丁福保創辦上海醫學書局，除刊世典外，曾刊佛教經籍多種，并編輯出版《佛學大辭典》。印行本局流通佛經目録爲《佛學書目提要》。

1909（宣統元年）

羅迦陵發願刊印大藏經，鎮江金山寺僧人宗仰主持其事。

1911 年

學部將敦煌遺書八千餘卷交京師圖書館，李證剛來館編目，并撰成《敦煌石室經卷中未入藏經論著述目録》一卷，收録藏外佛典 160 餘種。

1912 年

夏，張采田撰成《多伽羅香館所藏像教書目》二卷。《正目》著録契經類 412 種，戒律類 29 種，論頌類 95 種，著述類 153 種。《續目》著録契經 15

種，論頌 13 種，著述 20 種。

冬，狄葆賢、濮一乘等於上海發刊《佛學叢報》，爲我國近代最早之佛教雜志。

廣東省佛教總會於廣州六榕寺成立。此會後刊有《廣州六榕寺佛教會經坊流通經目》。

1913 年

莊蘊寬、徐蔚如、蔣維喬、徐森玉、陳正有、梅光羲等人於北京創建北京佛經流通處，設址於東城區大佛寺内。

萬鈞創立中央刻經院於北京，地址在北京宣武門外大街 229 號。

由羅迦陵所刊《頻伽藏》成，全藏收經、律、論 1 916 部 8 416 卷。

1915 年

歐陽漸設金陵刻經處研究部，從學者有姚柏年、吕澂、黄艮、劉抱一、黄建、陳銘樞、黄懺華等。

1917 年

11 月，王與楫、沈惺叔、陳完，訪王一亭、了餘、太虚等，擬發起佛教居士林。

1918 年

冬，佛教居士林成立於上海錫金公所。

1919 年

12 月，太虚隱居浄梵院編《海潮音》月刊，付滬上中華書局印行。

1920 年

《海潮音》第 1 期出版。

周貞亮、李之鼎《書目舉要》刊行，内收佛教經録 24 種。

北京佛經流通處編《北京佛經流通處目録》石印刊行，共收經籍 1 923 種。

1922 年

4 月，上海實業家、佛教居士簡照南、簡玉階昆仲捐資創立上海功德林佛經流通處，由江味農總領其事。

9 月，余重耀撰成《鐵山居士所藏經目》。

1923 年

3 月，上海世界佛教居士林成立，并請諦閑、太虛、印光等爲導師。

12 月，南京支那內學院發行《內學》年刊，內容精湛。

上海功德林佛經流通處編《增訂簡要書目》刊行。

1925 年

7 月，廈門南普陀住持會泉請常惺設立閩南佛學院。

李石岑於《民鐸雜志》第 6 卷第 1 號發表《關於佛法研究之重要書籍》。

1926 年

梁啓超於《圖書館學季刊》第 1 卷第 1 期發表《佛家經錄在中國目錄學之位置》，對佛家經錄推崇備至，并總結佛家經錄之五大特點，廣爲後人所引證。

葉恭綽撰《旅順關東廳博物館所存敦煌出土之佛教經典》於《圖書館學季刊》第 1 卷第 4 號發表，著錄敦煌佛經寫本 110 餘種。

1928 年

邵瑞彭《書目長編》刊行，收佛教經錄 87 種，內有韓、日人所編目錄多種。

馮承鈞撰成《歷代求法翻經錄》，載後漢至唐翻經求法僧俗人士 200 餘人。

傅芸子撰《雍和宮所藏經典要目》發表於《文字同盟》第 12 號。

1930 年

1 月，上海佛學書局發行第一期營業書目，即《佛學書局圖書目録》。

同月，中央刻經院編《佛教經象各種善書書目總錄》出版。

5月，上海佛學書局發行第二期營業書目。

10月，上海佛學書局編《佛學半月刊》於上海創刊，先後由范古農、余了翁等任主編。

觀本至鼓山，虛雲法師囑其整理鼓山經版。

1931 年

5月，劉國鈞於《金陵學報》第 1 卷第 2 期發表《後漢譯經錄》。

7月，朱慶瀾在西安募修大慈恩塔及興教寺等古迹，并成立佛教法物採集處。於陝西西安開元、臥龍兩寺發現南宋磧砂藏。

12月，馮承鈞於《燕京學報》第 10 期發表《大藏經錄存佚考》。

朱慶瀾、葉恭綽等發起影印磧砂宋版大藏經，徵股并發售預約。

金陵刻經處編《金陵刻經處流通經典目錄》刊行。

1932 年

3月，李一超撰《日本所傳之真言宗經軌書目提要》發表於《海潮音》13 卷 3 期。

5月，劉國鈞於《金陵學報》第 2 卷第 2 期發表《三國佛典錄》。

9月，影印宋版藏經會西安辦事處開始拍攝磧砂藏，由範成主其事。

11月，支那內學院刊行《至元法寶錄略出》。

馮承鈞撰《歷代求法翻經錄》由商務印書館印行。

觀本整理鼓山經版成《鼓山涌泉禪寺經版目錄》一卷。著錄鼓山涌泉寺自明萬曆間至 1932 年所刻經書，共計有 359 種。

余了翁編《佛學出版界》第一編出版。

1933 年

2月，釋南亭撰《華嚴宗著述彙目》發表於《海潮音》第 14 卷第 2 期。此錄共收羅自後魏至清華嚴宗之著述 110 餘種。

春，釋範成爲尋宋《磧砂藏》闕本於山西趙城廣勝寺意外發現《趙城金藏》，一時學術界頗爲震動。

5 月，上海佛學書局發行第六期圖書目録。

胡鳴盛所編《敦煌寫本佛經草目》，由北京中央刻經院排印出版。

余了翁《佛學出版界》第二編出版。

1934 年

9 月，支那内學院編《祥符法寶録略出》刊行。

10 月，支那内學院編《景祐法寶録略出》刊行。

秋，蔣唯心奉歐陽漸之命，前往山西調查廣勝寺金藏情況。10 月至廣勝寺，經四十餘日，撰成《廣勝寺大藏經簡目》。

12 月，《國風》第 5 卷第 12 號刊出蔣唯心《金藏雕印始末考》，後附《廣勝寺大藏經簡目》。

余了翁《佛學出版界》第三編出版。

馮承鈞《歷代求法翻經録》再版，收入商務印書館《史地小叢書》中。

胡鳴盛於《康健雜志》第 2 卷第 3 期發表《敦煌寫本佛經草目》。

1935 年

1 月，上海佛學書局編成第八期營業書目。

2 月，劉天行《佛學入門書舉要》發表於《海潮音》第 16 卷第 2 期。

支那内學院出版單行本《金藏雕印始末考》，後附《廣勝寺大藏經簡目》。歐陽漸、葉恭綽、周叔迦等發起影印《宋藏遺珍》。

上海佛學書局與鼓山簽訂合同，約定鼓山經籍由上海佛學書局向全國流通。

1936 年

3—4 月，上海佛學書局編《本局重印鼓山槧本書目》發表於《佛學半月刊》第 123—125 期。此録共收經籍 60 餘部。

5—6 月，上海佛學書局編《本局重印鼓山涌泉寺佛經目録》發表於《佛學半月刊》第 126—128 期。此録爲佛學書局流通鼓山經籍之第二期目録，共收經典 139 種。

8 月，周叔迦、高觀如、湯用彤等編輯發行《微妙聲》月刊。

11 月起，許國霖《佛學論文分類目録》連載於《微妙聲》第 1—4 期。

周叔迦、徐森玉、徐蔚如發起捐資補刻百衲本大藏經。

《日華佛教研究會年報》發表梅光羲撰《净土宗要典目録》。

1937 年

5 月，上海佛學書局刊出第九期目録，共收録佛學典籍和佛教通籍共 3 319 種。

12 月，支那内學院連同歷年所刻經版遷四川江津，并於此設蜀院。

姚名達《中國目録學史》由商務印書館出版，内有《宗教目録篇》，對佛教目録有深細之研究。

1940 年

周叔迦於北京設立佛學研究會，擬編輯佛教史志六種，即《佛教金石志》（楊殿珣擔任）、佛教藝文志（蘇晋仁擔任）、佛教寺塔志（劉汝林擔任）、佛教法論志（未作）、《佛典輯佚》（王森、韓鏡清擔任）、《二十四史佛教史料彙輯》（黄誠一擔任）。

歐陽漸發願精刻《大藏》以慰抗日捐軀之忠魂。

1941 年

歐陽漸撰成《精刻大藏經緣起》。

1942 年

9 月，陳垣《中國佛教史籍概論》初稿成。共收佛教史籍 35 種，一一皆爲提要鈎玄。

1943 年

9 月，盛幼盦、興慈、應慈、圓瑛、趙樸初、葉恭綽、夏丏尊、丁福保、黃幼希等人於上海靜安寺成立《普慧大藏經》刊行會，編纂刊行《普慧藏》。

陳垣爲輔仁大學研究生開設“中國佛教史籍概論”課程。

1944 年

普慧大藏經刊行會校編刊印經典 50 部 100 冊，并編印《大藏經第一期單行本目録》一冊。

1945 年

支那内學院編《精刻大藏經目録》刊行。録内收經 1 494 部 5 735 卷。

《普慧大藏經》刊行會停辦。

虛雲、圓瑛等人發起組織民國增修大藏經會，刊行《民國增修大藏經》。

1946 年

3 月，民國增修大藏經會編《民國增修大藏經會出版大藏經第一期單行本目録》發表於《覺有情》半月刊。此録共收經論 51 種。

1946—1947 年

陳垣《中國佛教史籍概論》由《天津大公報》等刊物陸續刊出。

1948 年

張令瑄撰成《秦涼譯經目》，收隴右譯經僧侶 27 人，經論 450 種。

1950 年

石英於《覺有情》第 8 期發表《文字佛教法——佛教典籍略述》。

1951 年

台灣蔡運辰於《覺生》月刊發表《編輯藏經的建議》，呼籲新編大藏經。

蘇晉仁於《現代佛學》第 7 期發表《經録概説》一文。

1953 年

蔡運辰復於《人生》雜志發表《編印藏經的再建議》，正式提出以《中華大藏經》爲名，重編藏經之計劃，此爲台灣版《中華大藏經》編輯之緣起。

1955 年

李經緯編成《五種藏經目録匯編》一册，由上海佛教居士林油印出版。

陳垣《中國佛教史籍概論》由科學出版社出版。

台灣佛教界成立"修訂中華大藏經會"，開始編撰藏經。

1956 年

谷響於《現代佛學》第 6 期發表《佛典分類溯源》。

1957 年

陳信行編成《藏餘佛學目録》一册，由作者油印發行。

1960 年

約於此年，吕澂針對舊有漢文大藏存在的問題，向原哲學社會科學學部提出新編漢文大藏經之計劃，得到學部同意。

1962 年

陳垣《中國佛教史籍概論》由中華書局再版。

1963 年

吕澂撰成《新編漢文大藏經目録》初稿，廣泛徵求意見。

1965 年

吕澂《新編漢文大藏經目録》最後編成，收經籍 2 086 部 9 874 卷。

1971 年

台灣大學中國文學研究所唐龍完成碩士論文《晋南北朝隋唐兩宋釋家傳記提要》。

1978 年

張曼濤主編《現代佛教學術叢刊》第 40 册《佛教目録學述要》由台北大乘文化出版社出版，内收佛教目録學論文數篇。

1980 年

呂澂《略談〈新編漢文大藏經目錄〉中譯本部分的編次》發表於《中國哲學史研究集刊》。

金克木於《江淮論壇》1980 年第 5 期發表《談談漢譯佛教文獻》。

1981 年

呂澂《新編漢文大藏經目錄》由齊魯書社出版。

楊曾文於《世界宗教研究》1981 年第 1 期發表《佛教經錄與〈大藏經〉》。

1982 年

5 月，中國社科院世界宗教研究所所長任繼愈倡議重編《中華大藏經》。

7 月，由李一氓主持成立《中華大藏經》編輯局。

張春波於《哲學研究》1982 年第 2 期發表《嚴謹的考核，科學的分類——重讀呂澂編〈新編漢文大藏經目錄〉》。

《法音》1982 年第 4 期發表周叔迦遺著《漢文〈大藏經〉中大乘經分類法的商榷》。

巨贊於《法音》1982 年第 5 期發表《我對於〈中華大藏經目錄〉的一點意見》。

1983 年

蔡運辰《二十五種藏經目錄對照釋》由台灣新文豐出版公司出版。

金克木於《南開學報》1983 年第 3 期發表《關於漢譯佛教文獻的編目、分類和解題》。

1984 年

《中華大藏經》出版前五冊。

1985 年

胡平《我國佛經目錄特點和成就》一文發表於《圖書館學刊》1985 年第

1 期。

1986 年

藍吉富主編《大藏經補編》由台北華宇出版社出版。全書 36 册，内收經籍 200 餘種。

潘猛補《佛藏目錄學淺釋》發表於《津圖學刊》1986 年第 3 期。

蘇晉仁《佛教經籍目錄綜考》連載於《法音》1986 年第 4、5 期。

1987 年

陳士强於《世界宗教研究》1987 年第 1 期發表《〈大藏經〉十五家經錄平議》，又於《法音》1987 年第 2、3 期發表《〈閱藏知津〉要解》。

蘇晉仁《入唐五家求法目錄外典考》發表於《法音》（學術版）第 1 輯。

1988 年

《敦煌大藏經》編輯部於京成立，北京圖書館分館副館長徐自强爲主任委員，開始編輯《敦煌大藏經》。

台灣大學圖書館學研究所河惠丁撰成碩士論文《歷代佛教目錄初探》。

陳士强於《法音》1988 年第 1 期發表《〈大藏經綱目指要録〉義例》。

蘇晉仁於《法音》（學術版）第 2 輯發表《僧祐律師及〈出三藏記集〉》。

1989 年

白化文、楊寶玉《敦煌學目錄初探》由河北人民出版社出版。

童瑋《〈趙城金藏〉與〈中華大藏經〉》由中華書局出版。

台灣大學圖書館學研究所莊耀輝撰成碩士論文《唐代佛書分類與現代佛學圖書分類之比較研究》。

譚世保於《山東大學學報》1989 年第 1 期發表《道安所撰經録考辨》。

來新夏等撰《兩晉南北朝佛典目錄的突起》發表於《津圖學刊》1989 年第 2 期。

1990 年

《敦煌大藏經》編輯完成，全 63 冊，由北京星星出版公司與台灣前景出版社聯合出版。

台灣大學圖書館學研究所鄭正姬撰成碩士論文《高麗再雕大藏目錄研究》。

徐建華於《文獻》1990 年第 4 期發表《中國古代讀藏目錄叙略》。

1991 年

童瑋《北宋〈開寶大藏經〉雕印考釋及目錄還原》由書目文獻出版社出版。

方廣錩《佛教大藏經史》由中國社會科學出版社出版。

譚世保《漢唐佛史探真》由中山大學出版社出版，其中對《歷代三寶紀》所載大部分經錄進行證偽。

台灣師範大學國文研究所黃志洲撰成碩士論文《〈出三藏記集〉研究》。

1992 年

陳士强《佛典精解》由上海古籍出版社出版，解說中國佛教文史典籍226 部。

1993 年

台灣中國文化大學史學研究所陳雅貞撰成碩士論文《〈大唐内典錄〉——目錄體例探究》。

1994 年

《中華大藏經》漢文部分全 106 冊由中華書局出版。

台灣淡江大學中國文學研究所陳莉玲撰成碩士論文《中國佛教經錄譯典之分類研究》。

1995 年

蘇晋仁、蕭鍊子校點《出三藏記集》由中華書局出版。

1997 年

童瑋編《二十二種大藏經通檢》由中華書局出版。

方廣錩《敦煌佛教經録輯校》由江蘇古籍出版社出版。

1998 年

蘇晉仁《佛教文化與歷史》由中央民族大學出版社出版，收録多篇佛教目録學研究文章。

2000 年

蘇晉仁於《佛學研究》發表《佛教目録研究五題》。

附録二　20 世紀國内佛教文獻研究論文目録

凡例：

1. 本目録輯録自 20 世紀初至 2000 年左右國内佛教文獻研究的相關論文。

2. 目録分總論、目録、藏經、版本與題跋、典藏、譯經及其他七類。因譯經是漢語佛教文獻形成之基礎，故本録予以輯録。

一、總論

黄懺華《論佛教之分類》，《海潮音》第 7 卷第 12 期

梅光羲《佛藏略考》，《世界佛教居士林林刊》第 22 期

梅光羲《佛典略説》，《海潮音》第 11 卷第 8 期

李石岑《關於佛法研究之重要書籍》，《民鐸雜誌》第 6 卷第 1 號

陳鴻飛《佛教典籍分類之研究》，《海潮音》第 13 卷第 9 期

渡邊海旭著，洪林譯《現存佛教梵語聖典概觀》，《海潮音》第 15 卷第 7 期

劉天行《佛學入門書舉要》，《海潮音》第 16 卷第 2 期

石英《文字佛教法——佛教典籍略述》，《覺有情》1950 年第 8 期

谷響《佛典分類溯源》，《現代佛學》1956 年第 6 期

谷響《什麼叫做"三藏"》，《現代佛學》1958 年第 7 期

金克木《談談漢譯佛教文獻》，《江淮論壇》1980 年第 5 期

湯山明著，尚會鵬譯《佛教梵文文獻學》，《世界宗教研究》1983 年第

3 期

　　見心《佛教典籍縱橫談》,《法音》1986 年第 3 期

　　明暘《三藏聖典的結集》,《台州佛教通訊》1991 年第 1 期

　　張鐵山《國外收藏刊布的回鶻文佛教文獻及其研究》,《西域研究》1991
年第 1 期

　　方廣錩《吐魯番出土漢文佛典述略》,《西域研究》1992 年第 1 期

　　蘇晋仁《佛書解説辭典序》,《佛學研究》1995 年

　　蘇晋仁《關於佛教文獻的整理》,《佛學研究》1998 年

　　蘇晋仁《佛教文獻整理談》,《世界宗教文化》1998 年第 4 期

二、目録類

　　劉國鈞《後漢譯經録》,《金陵學報》第 1 卷第 2 期

　　劉國鈞《三國佛典録》,《金陵學報》第 2 卷第 2 期

　　劉國鈞《西晋佛典録》,《金陵學報》第 3 卷第 2 期

　　費範九《敦煌寫本佛經草目》,《康健雜誌》第 2 卷第 3 期

　　《海外所存敦煌經籍分類目録》,《歷史叢刊》第 1 卷第 1 號至第 3 號

　　羅福萇《倫敦博物館敦煌書目》,《國學季刊》第 1 卷第 1 號

　　羅福萇《巴黎圖書館敦煌書目》,《國學季刊》第 1 卷第 4 號

　　錢謙益《内典文獻目録》,《世界佛教居士林林刊》第 33 期至第 35 期

　　常惺《佛學重要書目》,《國學專刊》第 1 卷第 2 期

　　周叔迦《館藏西夏文經典目録》,《國立北平圖書館館刊》第 4 卷第 3 號

　　傅芸子《雍和宮所藏經典要目》,《文字同盟》第 12 期

　　《朝鮮佛教總書目録》,《世界佛教居士林林刊》第 13 期

　　李一超《日本所傳之真言宗經軌書目提要》,《海潮音》第 13 卷第 3 期

　　南亭《華嚴宗著述彙目》,《海潮音》第 14 卷第 2 期

　　塵空《佛教圖書館之組織與編目》,《海潮音》第 15 卷第 7 期

法舫《日人編譯西藏文大藏經總目錄》,《海潮音》第 16 卷第 2 期

法舫譯《日譯南傳大藏經之發刊辭及其總目錄》,《海潮音》第 16 卷第 5 期

梁啓超《佛家經錄在中國目錄學上之位置》,《圖書館學季刊》第 1 卷第 1 號

戴鎦齡《佛教目錄在中國目錄學上之影響》,《文華圖書館季刊》第 7 卷第 3、4 期合刊

馮承鈞《大藏經錄存佚考》,《燕京學報》第 10 期

蘇晋仁《經錄概說》,《現代佛學》1951 年第 7 期

《日本關於中國佛教研究著作目錄》,《世界宗教研究》1979 年第 1 期

呂澂《略談〈新編漢文大藏經目錄〉中譯本部分的編次》,《中國哲學史研究集刊》第 1 輯（1980 年）

楊曾文《佛教經錄與〈大藏經〉》,《世界宗教研究》1981 年第 1 期

張春波《嚴謹的考核,科學的分類——重讀呂澂編〈新編漢文大藏經目錄〉》,《哲學研究》1982 年第 2 期

周叔迦《漢文〈大藏經〉中大乘經分類法的商榷》,《法音》1982 年第 4 期

巨贊《我對於〈中華大藏經目錄〉的一點意見》,《法音》1982 年第 5 期

湯山明著,張瑞芝譯《需要系統的梵文佛教文獻目錄》,《南亞研究》1983 年第 2 期

金克木《關於漢譯佛教文獻的編目、分類和解題》,《南開學報》1983 年第 3 期

胡平《我國佛經目錄特點和成就》,《圖書館學刊》1985 年第 1 期

李傑《梁啓超〈佛家經錄在中國目錄學之位置〉初探》,《江西師大學

報》1985 年第 3 期

潘猛補《佛藏目錄學淺釋》，《津圖學刊》1986 年第 3 期

蘇晉仁《佛教經籍目錄綜考》，《法音》1986 年第 4、5 期

陳士強《〈大藏經〉十五家經錄平議》，《世界宗教研究》1987 年第 1 期

陳士強《〈閱藏知津〉要解》，《法音》1987 年第 2、3 期

蘇晉仁《入唐五家求法目錄外典考》，《法音》（學術版）第 1 輯
（1987 年）

陳士強《〈大藏經綱目指要錄〉義例》，《法音》1988 年第 1 期

路林《佛教文化的傳播與僧祐〈出三藏記集〉》，《武漢大學學報》1988
年第 3 期

蘇晉仁《僧祐律師及〈出三藏記集〉》，《法音》（學術版）第 2 輯
（1988 年）

方廣錩《佛教目錄雜談》，《佛教與中國文化》1988 年

田光烈《出三藏記集》，《中國佛教》第四輯（1988 年）

田光烈《開元釋教錄》，《中國佛教》第四輯（1988 年）

蘇晉仁《至元法寶勘同總錄》，《中國佛教》第四輯（1988 年）

李安《閱藏知津》，《中國佛教》第四輯（1988 年）

蘇晉仁《經錄》，《中國佛教》第四輯（1988 年）

譚世保《道安所撰經錄考辨》，《山東大學學報》1989 年第 1 期

來新夏等《兩晉南北朝佛典目錄的突起》，《津圖學刊》1989 年第 2 期

徐建華《中國古代佛典目錄分類瑣議》，《佛教文化》1989 年創刊號

徐建華《中國古代讀藏目錄敘略》，《文獻》1990 年第 4 期

陳麥青《魏晉至唐初目錄書中的佛、道二教》，《復旦學報》1991 年第
1 期

王晉卿《論智昇佛教經錄思想與方法》，《湘潭大學學報》1992 年第 2 期

　　林申清《佛教文獻目録初探》,《四川圖書館學報》1997 年第 5 期

　　林基鴻《參照新編佛藏道藏目録改進〈中圖法〉佛教道教類表的建議》,《圖書館工作與研究》1999 年第 2 期

　　文平志《目録學苑一奇葩——佛經目録學探勝》,《佛教文化》2000 年第 1 期

　　謝水華《〈出三藏記集〉在佛經目録學方面的貢獻》,《上饒師專學報》2000 年第 1 期

　　劉明鏜《讀〈佛家經録在中國目録學之位置〉——淺析梁啓超目録學思想》,《湖北大學學報（哲學社會科學版）》2000 年第 6 期

　　蘇晋仁《佛教目録研究五題》,《佛學研究》2000 年

三、藏經類

　　《新修大藏經緣起》,《世界佛教居士林林刊》第 6 期

　　《蘇州磧砂延聖院大藏經考》,《新聞報》25 年 2 月 21 日 4 張 15 版

　　朱慶瀾《影印宋板大藏經緣起》,《海潮音》第 12 卷第 12 期

　　蔣維喬《影印宋板磧砂藏經始末記》,《光華大學半月刊》第 3 卷第 3 至 6 期

　　蔣唯心《金藏雕印始末考（附經目）》,《國風半月刊》第 5 卷第 12 號

　　《山西廣勝寺收藏有金刻藏經》,《海潮音》第 14 卷第 11 期

　　聶斯達、石濱純太郎著, 周一良譯《西夏語譯大藏經考》,《國立北平圖書館館刊》第 4 卷第 3 號

　　陳豪楚《徑山寺刻藏述》,《浙江省立圖書館館刊》第 4 卷第 6 期

　　《劫後殘留之山東掖县南海寺之大藏經》,《中國新書月報》第 1 卷第 6、7 期合刊

　　慧敏譯《大正新修大藏經全一百卷完成之辭》,《海潮音》第 15 卷第 11 期

慧敏《熱河現存之滿蒙藏文大藏經》,《海潮音》第 16 卷第 9 期

辻森要修《南禪大藏跋文蒐録》,《國立北平圖書館館刊》第 3 卷第 6 號、第 4 卷第 1、2、4 號

《日譯巴利語藏經出版》,《人海燈》半月刊第 2 卷第 13 期

普欽《藏經之組織及其印刷》,《現代佛教》第 5 卷第 3 期

隆耀《大藏重刊建議》,《現代佛教》第 5 卷第 7 期

常盤大定著,汪友箕譯《佛典中所謂藏者》,《大中華》第 2 卷第 2 號

葉恭綽《歷代藏經考略》,《現代佛學》1950 年第 1、2 期

呂澂《契丹大藏經略考》,《現代佛學》1951 年第 5 期

張德鈞《關於清刻大藏與歷代藏經》,《文史》第 3 輯（1963 年）

宿白《趙城金藏與弘法藏》,《現代佛學》1964 年第 2 期

李孝友《淺談明代刊刻的〈徑山藏〉》,《文獻》第 4 輯（1980 年）

徐自强《〈清藏〉經版小記》,《文獻》第 4 輯（1980 年）

張新鷹《關於佛教大藏經的一些資料》,《世界宗教文化》1981 年第 4 期

拙緇《〈清藏〉雜談》,《法音》1982 年第 4 期

馮友蘭《建議出版中華佛教大藏經》,《文獻》第 13 輯（1982 年）

任繼愈《關於影印漢文大藏經的設想》,《文獻》第 13 輯（1982 年）

盧中岳《我國叢書刊刻始於佛藏辨》,《文獻》第 14 輯（1982 年）

西田龍雄著,潘守民譯《關於西夏文佛經》,《西北史地》1983 年第 1 期

任繼愈《遼藏筆談》,《中國歷史博物館館刊》第 5 期（1983 年）

王堯《遼刻〈契丹藏〉發微》,《中國歷史博物館館刊》第 5 期（1983 年）

羅炤《〈契丹藏〉的雕印年代》,《中國歷史博物館館刊》第 5 期（1983 年）

張季蘭《記趙城藏零本》,《文物》1983 年第 12 期

王雷泉《日本新編〈大藏經索引〉介紹》,《法音》1984 年第 1 期

朱雅珍《趙城金藏考》,《晋陽學刊》1984 年第 4 期

楊繩信《論〈磧砂藏〉》,《文物》1984 年第 8 期

童瑋《元代官刻大藏經的發現》,《文物》1984 年第 12 期

中華大藏經編輯局《〈中華大藏經〉（漢文部分）概論》,《世界宗教研究》1984 年第 4 期

楊玉良、邢順嶺《〈嘉興藏〉整理記》,《文獻》第 19 輯（1984 年）

童瑋《中國佛教和大藏經》,《中國佛教論文集》（1984 年）

張尚瀛《〈大藏經〉簡述》,《西藏研究》1985 年第 1 期

周紹良《文化史上一塊巍峨豐碑:〈中華大藏經〉》,《文史知識》1985 年第 8 期

朱雅珍《關於趙城金藏〈破邪論〉》,《晋陽學刊》1985 年第 4 期

白化文《“高麗大藏經”簡述》,《大學圖書館通訊》1985 年第 5 期

仲連廣《〈趙城藏〉源流小考》,《華聲報》1986 年第 2 期

童瑋等《元代官刻大藏經考證》,《世界宗教研究》1986 年第 3 期

許惠利《〈弘法藏〉新考一得》,《法音》（學術版）第 1 輯（1987 年）

孔毅《“徑山藏”正續藏的刊刻的時間及其它》,《文獻》1986 年第 4 期

許惠利《北京智化寺發現元代〈藏經〉》,《文物》1987 年第 8 期

劉漢忠《貴州高僧利根與〈徑山藏〉》,《貴州文史叢刊》1988 年第 4 期

羅炤《再談〈契丹藏〉的雕印年代》,《文物》1988 年第 8 期

梁玉泉等《法寶重光——在重印〈龍藏〉的時候談龍藏》,《法音》1988 年第 10 期

李萬里《〈趙城金藏〉八百年滄桑記》,《法音》1988 年第 12 期

金剛秀友著,胡樹譯《蒙文大藏經的形成過程》,《世界宗教文化》1991

年第 2 期

業露華《密藏道開與〈嘉興藏〉》,《五臺山研究》1991 年第 2 期

李之檀《〈大藏經〉藏、滿文版現存故宮》,《文獻》1991 年第 4 期

張暢耕《〈龍龕手鑒〉與遼朝官版大藏經》,《中國歷史博物館館刊》第 15—16 期(1991 年)

李國慶《日本宮内省圖書寮所藏宋版〈大藏經〉》,《福建圖書館學刊》1992 年第 3 期

李憑《救護〈趙城金藏〉的策劃者力空法師行略——以〈霍山志〉和力空法師自撰的年譜爲題》,《文獻》1995 年第 2 期

李憑《力空法師救護〈趙城金藏〉問題考實》,《文獻》1995 年第 3 期

劉祖陛《福州崇寧萬壽大藏經毗盧大藏經雕印初探》,《文獻》1995 年第 4 期

周潤年《藏文〈大藏經〉的版本及其内容》,《中國西藏》(中文版)1997 年第 5 期

何梅《山西崇善寺藏〈磧砂藏〉本的價值》,《宗教學研究》1999 年第 1 期

何梅、魏文星《元代〈普寧藏〉雕印考》,《佛學研究》1999 年

李際寧《關於"西夏刊漢文版大藏經"》,《文獻》2000 年第 1 期

東主才讓《幾種藏文〈大藏經〉版本的異同比較》,《中國藏學》2000 年第 1 期

東主才讓《藏文〈大藏經〉版本述略》,《青海民族研究(社會科學版)》2000 年第 2 期

向斯《中國佛經總集〈大藏經〉》,《紫禁城》2001 年第 4 期

朱賽紅《讀乾隆〈清文翻譯全藏經序〉》,《紫禁城》2001 年第 4 期

翁連溪《乾隆版滿文〈大藏經〉刊刻述略》,《故宮博物院院刊》2001

年第 6 期

牛汝極《敦煌吐魯番回鶻佛教文獻與回鶻語大藏經》,《西域研究》2002 年第 2 期

李保文《關於康熙版蒙古文〈甘珠爾〉經的刊刻》,《故宮博物院院刊》2002 年第 5 期

柳富鉉《〈高麗藏〉的底本及雕造考》,《文獻》2002 年第 4 期

四、版本與題跋類

錢稻孫《高麗義天續藏之涅槃實疏》,《北大圖書部月刊》第 1 卷第 1 期

林廬山《北宋開寶藏〈大般若經〉初印本的發現》,《現代佛學》1961 年第 2 期

周一良《跋隋開皇寫本禪教雜事殘卷》,《魏晉南北朝史論集》,中華書局,1963 年

史金波《〈西夏譯經圖〉解》,《文獻》1979 年第 1 期

林元白《〈稱贊浄土佛攝受經〉簡介》,《文物》1979 年第 1 期

蘇州市文管會《談瑞光寺塔的刻本〈妙法蓮華經〉》,《文物》1979 年第 11 期

史金波《西夏文〈過去莊嚴劫千佛名經〉發願文譯證》,《世界宗教研究》1981 年第 1 期

崔巍《山東省莘縣宋塔出土北宋佛經》,《文物》1982 年第 12 期

史金波《西夏文〈金光明最勝王經〉序跋考》,《世界宗教研究》1983 年第 3 期

蘇晋仁《珍貴的遼代逸書》,《中國歷史博物館館刊》1983 年第 5 期

秦明智《跋唐人寫本〈大般涅槃經後分〉》,《西北師院學報》1984 年增刊

周紹良《記宋刊本〈金剛經感應傳〉——兼懷先伯父叔弢先生》,《文

獻》1984 年第 3 期

　　周紹良《明萬曆年間爲九蓮菩薩編造的兩部經》,《故宮博物院院刊》1985 年第 2 期

　　周紹良《明永樂年間内府刊本佛教經籍》,《文物》1985 年第 4 期

　　史金波、黄潤華《北京圖書館藏西夏文佛經整理記》,《文獻》1985 年第 4 期

　　張新鷹《元妙嚴寺版〈大般若經〉卷五五六新見本略考》,《浙江學刊》1986 年第 6 期

　　張秀民《美國新發見的金刻本佛經》,《文獻》1987 年第 2 期

　　周紹良《明代皇帝、貴妃、公主印施的幾本佛經》,《文物》1987 年第 8 期

　　王因《禪門〈曹洞宗譜〉》,《文獻》1988 年第 3 期

　　小川貫弌著,林子青譯《吳興妙嚴寺版藏經雜記》,《法音》1988 年第 10 期

　　沈津《美國所藏宋元刻佛經經眼録》,《文獻》1989 年第 1 期

　　王克孝《蘇聯藏西夏漢文佛經刊本述略》,《文獻》1990 年第 1 期

　　方彦壽《明萬曆刻本〈大方廣佛華嚴經〉》,《文獻》1990 年第 3 期

　　楊訥《元刻本〈盤山棲雲大師語録〉及其作者王志謹》,《文獻》1992 年第 1 期

　　饒宗頤《洪武南藏本〈釋迦方志〉跋》,《文獻》1992 年第 1 期

　　齊秀梅《館藏殿本佛學書籍三種》,《紫禁城》1992 年第 3 期

　　王銘珍《用鮮血寫成的佛教經書》,《文獻》1993 年第 2 期

　　徐紹强《〈華嚴五教章〉版本與思想源流及其影響》,《佛學研究》1994 年

　　牛達生《元刊木活字版西夏文佛經〈大方廣佛華嚴經〉第七十六卷考察

記》,《北京圖書館館刊》1997 年第 1 期

李致忠《〈無垢浄光大陀羅尼經〉譯刻考》,《文獻》1997 年第 2 期

周駬方《跋天童密雲禪師辯天説》,《文獻》1999 年第 4 期

劉文典撰, 諸偉奇輯校《大唐西域記簡端記》,《文獻》2000 年第 2 期

五、典藏類

方廣錩《千字文帙號係智昇所創辦》,《印度宗教與中國佛教》, 中國社會科學出版社, 1988 年

方廣錩《漢文大藏經帙號探源》,《世界宗教研究》1990 年第 1 期

歐明生《衡陽寺觀藏書淺析》,《圖書館》1996 年第 1 期

孔憲風《藏區寺院藏書的形成及其發展概述》,《西藏研究》1996 年第 4 期

王河《兩宋時期佛寺藏書考略》,《江西社會科學》1997 年第 9 期

徐建華《中國古代佛教寺院藏書初探》,《佛學研究》1998 年

白化文《對佛教寺院藏書編目的建議》,《北京圖書館館刊》1998 年第 3 期

柳家英、徐建華《中國古代佛教寺院藏書在中國文化史上的貢獻》,《山東圖書館季刊》1998 年第 4 期

徐建華《中國佛教寺院藏書的構成及其成因》,《聊城師範學院學報（哲學社會科學版）》1999 年第 1 期

徐壽芝《古代寺院藏書及整理》,《圖書館理論與實踐》2003 年第 6 期

沈春樵《開放寺院藏書芻議》,《中國宗教》2004 年第 2 期

許磊《我國古代寺院藏書簡論》,《文獻》2002 年第 4 期

李如斌、范繼玲《山西寺觀藏書史略》,《晋圖學刊》2000 年第 4 期

六、譯經類

羅根澤《佛經翻譯論》,《學風》第 5 卷第 10 期

朱芳圃《佛經原本與翻譯》,《東方雜誌》第 25 卷第 10 號

梁啓超《中國古代之翻譯事業》,《改造》第 3 卷第 11 號

鈞譯《中國大藏經譯人及其譯述》,《大公報・文學副刊》第 105 期

陳垣《雲岡石窟寺之譯經與劉孝標》,《燕京學報》第 6 期

伍劍禪《勝論學派之原起及其經典之譯傳》,《歸納學報》第 1 卷第 1 期

劉玉子《論中國佛教之傳譯及其教義之變遷》,《佛化新青年》第 1 卷第 6 號

于道泉《乾隆御譯衍教經》,《北平圖書館館刊》第 5 卷第 2 號

法舫《西藏文聖典巴利文聖典之中日翻譯》,《海潮音》第 15 卷第 11 期

江紹原《英譯巴利文大涅槃經和三支那大涅槃經之比較》,《建設》第 2 卷第 6 號、第 3 卷第 1 號

呂碧城《普門品中英譯文之比較》,《世界佛教居士林林刊》第 33 期

陳炳應《天梯山石窟西夏文佛經譯釋》,《考古與文物》1983 年第 3 期

周齊《譯經大師鳩摩羅什》,《佛教文化》1994 年第 1 期

吳亨根《玄奘法師的譯經與佛教的中興》,《佛學研究》1994 年

杜斗城《北涼沮渠京聲譯經述論》,《敦煌學輯刊》1995 年第 1 期

張德宗《玄奘譯經活動述論》,《史學月刊》1996 年第 3 期

張弓《唐代譯場的儒臣參譯》,《中國社會科學院研究生院學報》1999 年第 2 期

王鴻賓、胡春英《"風峪石經"初探──兼談武則天時期佛典翻譯中的譯場組織》,《文物世界》1999 年第 2 期

劉曼麗《竺法護譯經數量及時間考》,《西北大學學報（哲學社會科學版）》2000 年第 2 期

七、其他

李翊灼《佛學僞書辨略》,《國立中央大學文藝叢刊》第 1 卷第 2 期

湯用彤《讀慧皎〈高僧傳〉札記》,《史學雜誌》第 2 卷第 3、4 期

烈維著, 馮承鈞譯《大藏方等部之西域佛教史料》,《西域南海史地考證譯叢》九編（1958 年）

了參《讀經散記》,《現代佛學》1958 年第 7 期

鑒安《饒雲隨録》,《現代佛學》1962 年第 2 期

蘇慧澂《關於尼泊爾梵本佛經的發現》,《現代佛學》1962 年第 6 期

周雲青《〈永樂大典〉的編修和佛典》,《現代佛學》1964 年第 2 期

史金波《明代西夏文經卷和石幢初探》,《考古學報》1977 年第 1 期

湯用彤《〈高僧傳初集〉按語選録》,《文獻》1980 年第 2 期

蘇晋仁《佛典文選叙録》,《法音》1983 年第 5 期

石峻《讀〈中國佛教典籍選刊〉兩種》,《讀書》1984 年第 12 期

涂宗濤《魯迅與〈百喻經〉》,《文獻》1984 年第 3 期

周叔迦《最上雲音室讀書記》,《法音》1985 年第 2—6 期

李希泌《鄭和印施〈大藏經〉題記——鄭和皈依佛門的左證》,《文獻》1985 年第 3 期

宮静《談漢文佛經中的印度哲學史料——兼談印度哲學對中國思想的影響》,《南亞研究》1985 年第 4 期

邵瑞祺、鮑菊隱、黄盛璋等《新出〈十誦律〉中〈迦絺那衣法〉梵文寫本殘頁考釋》,《新疆社會科學》1987 年第 2 期

杜偉生《北圖所藏經幢拓本》,《文獻》1988 年第 3 期

朱越利《〈道藏〉中題屬佛教的著作》,《法音》（學術版）第 2 輯（1988 年）

吕建福《一行著述叙略》,《文獻》1991 年第 2 期

張朝發《〈舊唐書〉所載佛教史料及評價》,《古籍整理研究學刊》1991 年第 6 期

徐時儀《慧琳〈一切經音義〉的學術文獻價值》,《文獻》1992 年第 3 期

落合俊典《七寺所藏古逸經典群籍與中國佛教》,《第四屆中日佛教學術交流會議論文集》(1992 年)

明珂《虛雲大師及〈虛雲和尚開示録〉》,《文獻》1993 年第 2 期

李希泌《虛雲大師及〈虛雲和尚開示録〉一文正誤》,《文獻》1994 年第 1 期

王菡《法源寺聖旨碑及其他》,《文獻》1995 年第 2 期

黃夏年《王恩洋先生著述小考(1920—1923 年)》,《佛學研究》1998 年

尚永琪《〈楞嚴〉真偽與〈大唐舍利塔之碑〉考辨》,《文獻》1999 年第 4 期

徵 引 文 獻

專著之屬

《藏版經直畫一目録》，高楠順次郎《昭和法寶總目録》第 2 册，東京一切經刊行會，1929 年。

白化文、楊寶玉《敦煌學目録初探》，河北人民出版社，1989 年。

北京佛經流通處編《北京佛經流通處目録》，1920 年，北京善果寺佛教會教養院石印本，藏國家圖書館。

北京圖書館編《民國時期總書目·宗教》，書目文獻出版社，1994 年。

卞孝萱、唐文權編《民國人物碑傳集》，鳳凰出版社，2011 年。

蔡運辰《二十五種藏經目録對照考釋》，台灣新文豐出版公司，1983 年。

曹仕邦《中國佛教史學史》，台灣法鼓文化出版社，1999 年。

常盤大定《後漢より宋齐に至る訳経総録》，東京國書刊行會，1973 年影印 1938 年本。

晁公武撰，孫猛校證《郡齋讀書志校證》，上海古籍出版社，1990 年。

晁瑮《晁氏寶文堂書目》，馮惠民等編《明代書目題跋叢刊》，書目文獻出版社，1993 年。

陳乃乾《目録之目》，民國間海寧陳氏慎初堂稿本，藏國家圖書館。

陳璞、尹恒編《昆明元寧齋藏雲南古本經籍遺珍十種》，雲南美術出版社，2013 年。

陳士强《佛典精解》，上海古籍出版社，1992 年。

陳信行《藏餘佛學目録》，1957 年，油印本，國家圖書館。

陳垣《明季滇黔佛教考（外宗教史論著八種）》，河北教育出版社，2000 年。

陳垣《中國佛教史籍概論》，中華書局，1962 年。

陳振孫撰，徐小蠻等點校《直齋書録解題》，上海古籍出版社，1987 年。

成尋著，王麗萍校點《新校參天台五臺山記》，上海古籍出版社，2009 年。

程千帆、徐有富《校讎廣義·目録編》，齊魯書社，2001 年。

川口義照《中国仏教における経録研究》，京都法藏館，2000 年。

道世撰，周叔迦、蘇晋仁校注《法苑珠林校注》，中華書局，2003 年。

道宣《大唐内典録》，《大正藏》第 55 册。

道宣《廣弘明集》，《大正藏》第 52 册。

道宣撰，郭紹林點校《續高僧傳》，中華書局，2014 年。

德清《憨山大師夢游全集》，藍吉富主編《禪宗全書》第 51 册，北京圖書館出版社，2004 年。

丁丙《善本書室藏書志》，《續修四庫全書》第 927 册。

丁仁《八千卷樓書目》，《續修四庫全書》第 921 册。

董誥編《全唐文》，中華書局，1983 年。

段成式《酉陽雜俎》，中華書局，1981 年。

法經《衆經目録》，《大正藏》第 55 册。

法琳《破邪論》，《大正藏》第 52 册。

法賢《〈至元法寶勘同總録〉之探究》，台灣法光出版社，2005 年。

法雲《翻譯名義集》，《大正藏》第 54 册。

圓澄述，凡録編《湛然圓澄禪師語録》，《卍續藏》第 126 册。

方廣錩《敦煌佛教經録輯校》，江蘇古籍出版社，1997 年。

方廣錩《佛教大藏經史》，中國社會科學出版社，1991 年。

方廣錩《佛教典籍概論》，中國邏輯與語言函授大學教材，1993 年。

方廣錩《中國寫本大藏經研究》，上海古籍出版社，2006 年。

房玄齡等《晋書》，中華書局，1974 年。

費長房《歷代三寶紀》，《大正藏》第 49 册。

馮國棟《佛教文獻與佛教文學》，宗教文化出版社，2011 年。

馮承鈞《歷代求法翻經錄》，山西人民出版社，2014 年。

福善記錄，福徵疏《憨山老人年譜自叙實錄疏》，北京圖書館編《北京圖書館藏珍本年譜叢刊》第 53 册，北京圖書館出版社，1999 年。

葛寅亮《金陵梵刹志》，杜潔祥主編《中國佛寺史志彙刊》第 1 輯第 3 册，台灣明文書局，1980 年。

廣州市宗教志編纂委員會編《廣州宗教志》，廣東人民出版社，1996 年。

國史館編，王鍾翰點校《清史列傳》，中華書局，1987 年。

恒安《大唐保大乙巳歲續貞元釋教錄》，《大正藏》第 55 册。

黃碧姬《費長房〈歷代三寶紀〉研究》，台灣花木蘭文化出版社，2009 年。

黃啓江《北宋佛教史論稿》，台灣商務印書館，1997 年。

惠英《大方廣佛華嚴經感應傳》，《大正藏》第 51 册。

惠沼《成唯識論了義燈》，《大正藏》第 43 册。

季振宜《季滄葦藏書目》，《續修四庫全書》第 920 册。

寂曉《大明釋教彙目義門》，《四庫未收書輯刊》第 3 輯第 20 册。

蔣伯潛《校讎目錄學纂要》，台灣正中書局，1969 年。

蔣維喬《中國佛教史》，上海古籍出版社，2004 年。

焦竑《國史經籍志》，馮惠民等編《明代書目題跋叢刊》，書目文獻出版社，1993 年。

静泰《大唐東京大敬愛寺一切經論目》,《大正藏》第 55 冊。

覺岸《釋氏稽古略》,《大正藏》第 49 冊。

空海《御請來目録》,《大正藏》第 55 冊。

來新夏、徐建華主編《古典目録學研究》,天津古籍出版社,1997 年。

來新夏《古典目録學》,中華書局,1991 年。

來新夏《古典目録學淺説》,中華書局,2003 年。

藍吉富《聽雨僧廬佛學雜集》,現代禪出版社,2003 年。

李端良《中國目録學史》,台灣文津出版社,1993 年。

李富華、何梅《漢文佛教大藏經研究》,宗教文化出版社,2003 年。

李經緯編《五種藏經目録彙編》,上海佛教居士林 1955 年油印本,藏國家圖書館。

李濂《汴京遺迹志》,景印文淵閣四庫全書本。

李燾《續資治通鑑長編》,中華書局,1992 年。

梁启超《佛學研究十八篇》,上海古籍出版社,2001 年。

梁詩正、沈德潜等《西湖志纂》,景印文淵閣四庫全書本。

梁漱溟《我生有涯願無盡:梁漱溟自述文録》,中國人民大學出版社,2004 年。

梁天錫《北宋傳法院及其譯經制度——北宋傳法院研究之二》,香港志蓮净苑出版,2003 年。

林屋友次郎《經録研究・前篇》,東京岩波書店,1941 年。

劉保金《中國佛典通論》,河北教育出版社,1997 年。

劉乃和、周少川等《陳垣年譜配圖長編》,遼海出版社,2000 年。

劉昫等《舊唐書》,中華書局,1975 年。

劉於義等監修《陝西通志》,景印文淵閣四庫全書本。

劉元亮《玉軒新纂古今書目》,抄本,藏山東大學圖書館。

陸心源《皕宋樓藏書志》，《續修四庫全書》第 929 冊。

陸游《南唐書》，中華書局，1985 年。

羅孟禎《中國古代目錄學簡編》，重慶出版社，1983 年。

呂澂《呂澂佛學論著選集》，齊魯書社，1991 年。

呂澂《新編漢文大藏經目錄》，齊魯書社，1980 年。

呂紹虞《中國目錄學史稿》，安徽教育出版社，1984 年。

呂夷簡等編《景祐新修法寶錄》，《中華大藏經》第 73 冊，中華書局，1994 年。

馬端臨《文獻通考》，中華書局，1986 年。

孟元老撰，伊永文箋注《東京夢華錄箋注》，中華書局，2006 年。

明佺《大周刊定眾經目錄》，《大正藏》第 55 冊。

牟世金《劉勰年譜匯考》，巴蜀書社，1988 年。

南開大學圖書館編《南開大學圖書館建館八十周年紀念集》，南開大學出版社，1999 年。

念常《佛祖歷代通載》，《大正藏》第 49 冊。

歐陽漸《精刻大藏經目錄》，支那內學院，1945 年，南京大學圖書館藏本。

歐陽修、宋祁撰《新唐書》，中華書局，1975 年。

彭斐章、喬好勤《目錄學》，武漢大學出版社，2003 年。

菩提留支譯《十地經論》，《大正藏》第 26 冊。

普度《廬山蓮宗寶鑒》，《大正藏》第 47 冊。

錢東垣等輯《崇文總目》，許逸民等編《中國歷代書目叢刊》第 1 輯，現代出版社，1987 年。

慶吉祥《至元法寶勘同總錄》，《昭和法寶總目錄》第 2 冊。

求那跋陀羅譯《雜阿含經》，《大正藏》第 2 冊。

瞿世瑛《清吟閣書目》，《叢書集成續編》第 5 冊，台灣新文豐出版公司，1988 年。

瞿曇僧伽提婆譯《增一阿含經》，《大正藏》第 2 冊。

瞿鏞《鐵琴銅劍樓藏書目録》，《續修四庫全書》第 926 冊。

如卺續補《緇門警訓》，《大正藏》第 48 冊。

僧祐撰，蘇晋仁、蕭鍊子點校《出三藏記集》，中華書局，1995 年。

上海功德林佛經流通處編《增訂簡要書目》，1924 年鉛印本，藏上海圖書館。

邵瑞彭《書目長編》，1928 年北京資研社鉛印本，藏南京大學圖書館。

邵懿辰撰，邵章續録《增訂四庫簡明目録標注》，上海古籍出版社，1979 年。

宋敏求《長安志》，《宋元方志叢刊》第 1 冊，中華書局，1990 年。

蘇晋仁《佛教文化與歷史》，中央民族大學出版社，1998 年。

台灣《“國家圖書館”善本書志初稿》子部（三），台灣“國家圖書館”出版，1998 年。

譚世保《漢唐佛史探真》，中山大學出版社，1991 年。

湯用彤《漢魏兩晋南北朝佛教史》，北京大學出版社，1998 年。

湯用彤《隋唐佛教史稿》，中華書局，1982 年。

童瑋《北宋〈開寶大藏經〉雕印考釋及目録還原》，書目文獻出版社，1991 年。

童瑋《二十二種大藏經通檢》，中華書局，1997 年。

脱脱等《宋史》，中華書局，1977 年。

汪辟疆《目録學研究》，華東師範大學出版社，2000 年。

王昶《春融堂集》，《續修四庫全書》第 1437 冊。

王雷泉編《悲憤而後有學——歐陽漸文選》，上海遠東出版社，1996 年。

王雷泉主編《中國大陸宗教文章索引》，台灣東初出版社，1995 年。

王溥《唐會要》，中華書局，1955 年。

王欽若等編，周勛初等校訂《册府元龜》，鳳凰出版社，2006 年。

王日休《龍舒增廣淨土文》，《大正藏》第 47 册。

王應麟《玉海》，廣陵書社，2003 年。

王重民《敦煌古籍叙録》，中華書局，1979 年。

王重民《中國目録學史論叢》，中華書局，1984 年。

惟白《大藏經綱目指要録》，《昭和法寶總目録》第 2 册。

惟淨《天聖釋教總録》，《中華大藏經》第 72 册，中華書局，1994 年。

魏收等《魏書》，中華書局，1974 年。

魏徵等《隋書》，中華書局，1973 年。

烏林西拉等編《蒙古文甘珠爾·丹珠爾目録》，遠方出版社，2002 年。

武億《安陽縣金石録》，《石刻史料新編》第 18 册，台灣新文豐出版公司，1982 年。

希麟《續一切音義》，《高麗藏》第 41 册。

夏竦《文莊集》，景印文淵閣四庫全書本。

香光尼衆圖書館編《佛教相關博碩論文提要彙編》，台灣香光書鄉出版社，2001 年。

項士元撰，徐三見點校《中國簿録考》，上海古籍出版社，2019 年。

小野玄妙著，楊白衣譯《佛教經典總論》，台灣新文豐出版公司，1983 年。

興膳宏、川合康三《隋書經籍志詳考》，東京汲古書院，1995 年。

興膳宏著，彭恩華譯《興膳宏〈文心雕龍〉論文集》，齊魯書社，1984 年。

徐國仟《目録學》，中國醫藥科技出版社，1994 年。

徐建華《傳統特色文獻整理與收藏研究》，國家圖書館出版社，2010 年。

徐碩《至元嘉禾志》，《宋元方志叢刊》第 5 冊，中華書局，1990 年。

徐松輯，郭聲波點校《宋會要輯稿・蕃夷道釋》，四川大學出版社，2010 年。

許國霖《佛學論文分類目録》，油印本，藏國家圖書館。

許嵩撰，張忱石點校《建康實録》，中華書局，1986 年。

玄逸《大唐開元釋教廣品歷章》，《中華大藏經》第 65 冊。

玄奘譯《大般若波羅蜜多經》，《大正藏》第 6 冊。

荀況撰，王先謙集解《荀子集解》，《諸子集成》本，上海書店，1986 年。

閻鳳梧主編《全遼金文》，山西古籍出版社，2002 年。

嚴耕望《嚴耕望史學論文選集》，中華書局，2006 年。

彦琮《衆經目録》，《大正藏》第 55 冊。

楊仁山著，周繼旨校點《楊仁山全集》，黃山書社，2000 年。

楊億等編《大中祥符法寶録》，《中華大藏經》第 73 冊，中華書局，1994 年。

姚名達《中國目録學史》，商務印書館，1956 年。

姚名達《中國目録學史》，上海古籍出版社，2002 年。

姚名達《中國目録學年表》，商務印書館，1940 年。

姚思廉《梁書》，中華書局，1973 年。

葉德輝輯《秘書省續編到四庫闕書目》，許逸民等編《中國歷代書目叢刊》第 1 輯，現代出版社，1987 年。

葉恭綽《遐庵匯稿》，上海書店，1990 年。

義天《新編諸宗教藏總録》，《大正藏》第 55 冊。

雍正《御選語録》，藍吉富主編《禪宗全書》第 78 冊，北京圖書館出版社，2004 年。

永瑢等《四庫全書總目》，中華書局，1965 年。

于凌波《中國近現代佛教人物志》，宗教文化出版社，1995 年。

余慶蓉、王晋卿《中國目錄學思想史》，湖南教育出版社，1998 年。

余重耀《鐵山居士所藏經目》，藏浙江省圖書館。

喻謙《新續集高僧傳》，民國十二年鉛印本。

元照《芝園遺編》，《卍續藏》第 105 册。

圓仁《日本國承和五年入唐求法目錄》，《大正藏》第 55 册。

圓仁《入唐新求聖教目錄》，《大正藏》第 55 册。

圓仁撰，小野聖年校注，白化文等補校《入唐求法巡禮行記校注》，花山文藝出版社，1992 年。

圓照《大唐貞元續開元釋教録》，《大正藏》第 55 册。

圓珍《青龍寺求法目錄》，《大正藏》第 55 册。

贊寧撰，富世平校注《大宋僧史略校注》，中華書局，2015 年。

贊寧撰，范祥雍點校《宋高僧傳》，中華書局，1987 年。

增上寺編《增上寺三大藏經目録解説》，《增上寺史料集別卷》，1982 年。

張禮《游城南記》，景印文淵閣四庫全書本。

張采田《多伽羅香館所藏像教書目》，張氏手稿本，藏上海圖書館。

張金吾《愛日精廬藏書志》，《續修四庫全書》第 925 册。

張曼濤編《大藏經研究彙編》（上），《現代佛教學術叢刊》第 10 册，台灣大乘文化出版社，1977 年。

張曼濤編《佛典翻譯史論》，《現代佛教學術叢刊》第 38 册，台灣大乘文化出版社，1978 年。

張明義等編《北京志·新聞出版廣播電視卷》，北京出版社，2005 年。

張其凡主編《歷史文獻與傳統文化》第十集，蘭州大學出版社，

2003 年。

張之洞撰，范希曾補正《書目答問補正》，上海古籍出版社，2001 年。

趙宏恩等監修《江南通志》，景印文淵閣四庫全書本。

鄭樵撰，王樹民點校《通志二十略》，中華書局，1995 年。

志磐撰，釋道法校注《佛祖統紀校注》，上海古籍出版社，2012 年。

智昇《開元釋教錄》，《大正藏》第 55 冊。

智昇撰，富世平點校《開元釋教錄》，中華書局，2018 年。

智旭撰，孔宏點校《靈峰宗論》，北京圖書館出版社，2005 年。

智旭撰，楊之峰點校《閱藏知津》，中華書局，2015 年。

智者述，諦觀錄《天台四教儀》，《大正藏》第 46 冊。

中國佛教協會編《中國佛教》第五輯，中國社會科學出版社，2004 年。

中國佛教協會編《中國佛教》第二輯，東方出版中心，1982 年。

周少川《古籍目錄學》，中州古籍出版社，1996 年。

周叔迦《釋家藝文提要》，北京古籍出版社，2004 年。

周叔迦《周叔迦佛學論著集》，中華書局，1991 年。

周貞亮、李之鼎《書目舉要》，1920 年南城李氏宜秋館刻本。

周振鶴《晚清營業書目》，上海書店出版社，2005 年，

袾宏《雲棲法彙》，《嘉興藏》第 33 冊。

諸暨縣志編委會《諸暨縣志》，浙江人民出版社，1993 年。

論文之屬

白化文《敦煌寫本〈衆經別錄〉殘卷校釋》，《敦煌學輯刊》1987 年第 1 期。

陳雅真《〈大唐内典錄〉——目錄體例探究》，台灣中國文化大學研究生論文，1993 年。

陳志遠《〈歷代三寶紀〉三題》,《文獻》2016 年第 5 期。

党燕妮《從〈開元釋教録〉看佛經目録的目録學意義》,《圖書館工作與研究》2005 年第 1 期。

丁紅、程小蘭《浙江圖書館的歷史文獻收藏及特色》,《圖書館工作與研究》2002 年第 1 期。

董群、王豔秋《從目録學的角度看佛教——談談〈出三藏記集〉的目録學特色》,《佛教文化》1997 年第 3 期。

杜潔祥《佛教目録學之類例及其編藏思想述論——以唐〈開元釋教録〉爲中心的考察》,《佛光人文社會學刊》2001 年 6 月。

方廣錩《讀敦煌佛典經録劄記》,《敦煌學輯刊》1986 年第 1 期。

方廣錩《也談敦煌寫本〈衆經別録〉的發現》,《中國敦煌吐魯番學會研究通訊》1989 年第 1 期。

馮承鈞《大藏經録存佚考》,《燕京學報》1931 年第 10 期。

高舉紅《談我國古代佛經專科目録學的成就》,《雁北師院學報》1996 年第 2 期。

河惠丁《歷代佛經目録初探》,台灣大學圖書館研究所碩士論文,1988 年。

胡平《我國佛經目録特點和成就》,《圖書館學刊》1985 年第 1 期。

黄志洲《〈出三藏記集〉研究》,高雄師範大學國文研究所博士論文,1991 年。

黄志洲《〈大唐内典録·歷代衆經總撮入藏録〉序説》,台灣《佛教圖書館館訊》第 29 期,2002 年。

蔣唯心《金藏雕印始末考》,《國風》第 15 卷第 12 號,1934 年。

金申《〈嘉興藏〉的主刻僧密藏事輯》,《文史》1997 年第 1 期。

李貴録《王古生平及其交游》,《韶關學院學報(社會科學版)》2003

年第 1 期。

　　李石岑《關於佛法研究之重要書籍》，《民鐸雜誌》第 6 卷第 1 號，1925 年。

　　李最欣、馮國棟《僧祐之學與〈文心雕龍〉》，《西南民族大學學報》2006 年第 1 期。

　　林申清《佛教文獻目録初探》，《四川圖書館學報》1997 年第 5 期。

　　林霞《我國古代佛經目録的目録學思想及成就》，《圖書館論壇》1996 年第 6 期。

　　劉國鈞《後漢譯經録》《三國佛典録》《西晉佛典録》，《金陵學報》第 1 卷第 2 期、第 2 卷第 2 期、第 3 卷第 2 期。

　　劉天行《〈查拉圖如是説〉導言》，《大鵬月刊》第 1 卷第 3 期，1941 年。

　　劉天行《佛學入門書舉要》，《海潮音》第 16 卷第 2 號。

　　内藤龍雄《敦煌殘缺本〈衆経別録〉について》，《印度学仏教学研究》第 15 卷第 2 號，1967 年。

　　潘重規《敦煌寫本〈衆經別録〉之發現》，香港新亞研究所敦煌學會編《敦煌學》第 4 輯，1979 年。

　　沈津《美國所藏宋元刻佛經經眼録》，《文獻》1989 年第 1 期。

　　史金波《〈西夏譯經圖〉解》，《文獻》1979 年第 1 期。

　　釋範成《跋敦煌寫本佛經草目》，《佛學半月刊》1933 年第 64 期。

　　釋範成《與李圓净居士書》，《佛學半月刊》1933 年第 53 期。

　　釋常惺《佛學重要書目》，《國學專刊》第 1 卷第 2 期。

　　蘇晉仁《敦煌寫本衆經別録殘卷》，《現代佛學》1951 年第 7 期。

　　湯用彤《論中國佛教無"十宗"》，《哲學研究》1962 年第 3 期。

　　湯用彤《中國佛教宗派問題補論》，《北京大學學報》1963 年第 5 期。

　　陶禮天《〈出三藏記集〉與〈文心雕龍〉新論》，《安徽師範大學學報》

1999 年第 3 期。

王恩洋《答劉天行》,《文教叢刊》第 3、4 期合刊,第 5、6 期合刊。

王晋卿《論智昇佛教經録思想與方法》,《湘潭大學學報(社會科學版)》1992 年第 2 期。

魏申申《佛教經録文獻之目録學價值管窺》,《江西社會科學》2003 年第 9 期。

魏哲銘《論魏晋南北朝佛典目録的歷史地位》,《西北大學學報》1998 年第 3 期。

文平志《目録學苑一奇葩——佛經目録學探勝》,《佛教文化》2000 年第 1 期。

吳平《論〈出三藏記集〉的目録學價值》,《法音》2002 年第 5 期。

謝水華《〈出三藏記集〉在佛經目録學方面的貢獻》,《上饒師專學報》2000 年第 1 期。

虛雲《鼓山涌泉禪寺經板目録序》,《佛學半月刊》1936 年第 118 期。

徐建華《敦煌本〈衆經別録〉考述》,《津圖學刊》1988 年第 1 期。

徐建華《中國古代讀藏目録叙略》,《文獻》1990 年第 4 期。

徐建華《中國歷代佛教目録類型瑣議》,《佛教圖書館館訊》第 29 期,2002 年。

張雷、李艷秋《遼金元書目考略》,台灣《書目季刊》第 34 卷第 4 期。

張琪玉《中國情報語言 20 世紀回顧》,《圖書與情報》1999 年第 4 期。

張岩《中國古代佛經目録概述》,《世界宗教文化》2005 年第 1 期。

鄭正姬《高麗再雕大藏目録之研究》,台灣大學圖書館學研究所碩士論文,1990 年。

鄒振環《馮承鈞及其在中國翻譯史上的貢獻》,《學術月刊》1996 年第 4 期。

索　引

人　名　索　引

書名篇名索引

後　記

甲申之秋，悵別雲間，負笈東南上庠；暫駐石城，書紳百一硯齋。子張恢閎，張師（伯偉）常示高遠之境；曹洞幽微，曹師（虹）每揭邃深之旨。風格雖殊，護持提攜之心一如也。一日侍坐，張師告語：佛教目錄，如玉之在岡，如珠之蒙塵久矣，子其有意乎？余對曰：小子不敏，甚願學焉。

命題既承，不惶寧處。爬梳文獻，每上下求索；尋訪書藏，常西走東奔。網羅放失，《三藏記》《三寶紀》允稱淵藪；討論類例，《法經錄》《開元錄》實爲府庫。《綱目指要》《法寶標目》，惟白、王古導之於前；《彙目義門》《閱藏知津》，寂曉、智旭踵之於後。彥琮、道宣，連轡於隋唐；趙安仁、呂夷簡，並駕於兩宋。籀讀排比，條目漸暢；沿流討源，類例愈明。

又復蒐文獻於館藏，訪掌故於耆舊。南大館中，時遇金陵李氏（李證剛、李小緣）之遺迹；國家書庫，多有史學二陳（陳垣、陳寅恪）之舊藏。姚名達昔言：研討佛教目錄"如孤入古墓，如長征沙漠"。耆宿遺編，長夜明炬；老輩舊藏，孤征化城。前賢孜孜，後學繩繩，尚友古人，我心則寧。孤山訪書，坐對西湖，長堤橫臥，三面青山接煙雨；文津討源，遠眺北海，孤島崇峙，一尊白塔耀夕陽。徐家匯，海內域外，流通目錄賴茲以存；龍蟠里，舊籍新刊，解題目錄時獲新見。如許雨新，如王蘭泉；如張孟劬，如余鐵山。或手澤，或親撰；或舊藏，或批點。精光射眼，載喜載欣；深思益神，乃抄乃撰。不覺光移樹影，落日銜山。

丙戌炎夏，入職浙大，清風一榻，簞食屢空。幸古籍所爲海內文獻重鎮，典型在焉。心追手摹，日有會心。流風所染，蓬麻自直。辛卯初冬，飄海西行。寄迹薩默維爾，逍遥以藥倦；研學威德納爾，心躍而忘疲。萬聖節，踏雪尋鬼；哈佛園，藉草訪碑。拓視界，廣見聞，蕩去我執；結新朋，訪舊雨，打破虛空。若有新知，則發舊稿。聞見之增益，則條簽於下；思索之深入，則札記於中。益思益明，日積日廣。丁酉暑期，始專力於修訂。晨光微啟，即發舊籍；宵漏既分，方掩書葉。歷時四月，校訂粗就。力微任重，綆短汲深，成此屑小短編，獻曝大方之家。不敢言有得，略記學行之迹而已。

東坡居士昔言：人能磨墨，墨也磨人。我輩著文，文章何嘗不"鑄"我？方承此議題，小犬未出生，内子方攻博。人生似白馬過隙，小犬已健如黄犢。貧賤夫妻，憶昔攜手，追風紫金山巔；文章知己，只今相對，聽雨僧廬之下。壯心其猶烈，鬢已星星也。

壬寅年中秋前一日草
甲辰歲杪政於見南山齋